서집전상설(書集傳詳說) 1

−서집전서상설(書集傳序詳說)·서서설상설(書序說詳說)·
서집전상설1권 (**書集傳詳說 卷之一**)·서집전상설2권(**書集傳詳說 卷之二**)−

이 저서는 2017년 대한민국 교육부와 한국연구재단의 지원을 받아 수행된 연구임
(NRF-217S1A5B45644)

호산 박문호의 칠서주상설 36

서집전상설(書集傳詳說) 1
-서집전서상설(書集傳序詳說)·
서서설상설(書序說詳說)·
서집전상설1권(書集傳詳說 卷之一)·
서집전상설2권(書集傳詳說 卷之二)-

책임역주(주저자): 신창호
전임역주: 김학목·조기영·황봉덕
공동역주: 김언종·임헌규·허동현

연구번역자 서문

　　학문 연구의 토대를 다지는 작업은 지난하면서도 즐겁다. 동양학을 탐구하는 학자들이 상생상극(相生相剋)의 학문적 이치를 노정(路程)한다면, 학문 연구의 난제(難題)와 열락(悅樂)은 서로 스며들게 마련이기 때문이다. 공자가 유교를 집대성(集大成)한 이후, 주자의 주석(註釋)을 거치면서 전변(轉變)해온 유학은, 그 이론과 실천의 차원에서 엄청난 심사숙고를 요청한다. 우주자연과 인간 사회에 대한 근본, 그 알파와 오메가를 진지하고 투철하게 고려하도록 채찍질한다. 선현(先賢)들의 학문 활동을 돌아보건대, 상당수가 그러한 삶을 고민했음이 분명하다.

　　본 저술은 호산(壺山) 박문호(朴文鎬, 1846~1918)의 『칠서주상설(七書註詳說)』을 다양한 차원에서 연구하여 한글로 완역한 연구번역의 성과이다. 『칠서주상설』은 말 그대로 '칠서(七書: 사서삼경인 『논어』 『맹자』 『대학』 『중용』 『시경』 『서경』 『주역』의 7권의 경서를 통틀어 말함)'의 주석에 대해 자세하게 설명한 저술이다. <칠서주>는 회암(晦庵) 주희(朱熹, 1130~120)의 '『논어집주(論語集註)』, 『맹자집주(孟子集註)』, 『대학장구(大學章句)』, 『중용장구(中庸章句)』, 『시집전(詩集傳)』, 『서집전(書集傳)』, 『주역본의(周易本義)』'를 가리키는 것으로, 유교의 핵심 경전인 사서삼경(四書三經)에 관한 주희(『서집전』의 경우는 채침(蔡沈, 1167~1230))의 주석을 말한다. 주지하다시피, 사서삼경과 그 주석은 조선 주자학의 뼈대를 이루는 중심 경전이다. 호산은 이 <칠서주>에 다시 상세하게 주석을 부가하여 조선 유교를 종합해 내었다. 서구 근대 문명이 밀물처럼 밀려오던 19세기 중반에서 20세기 초반에 활동하면서도, 주자학의 정통 학문을 자신의 사명처럼 여기고, 유교의 핵심 경전을 재 정돈한 것이다.

　　호산은 『칠서주상설』을 편찬하면서, 자신이 연구한 나름의 소신을 저술의 편차(編次)에 반영하였다. 중국 송대(宋代)의 성리학자들을 비롯하여 주자학을 신봉하는 대부분의 학자들이 사서(四書)의 독서 순서를 『대학(大學)』으로 시작했던 것과 달리, 호산은 『칠서주상설』의 정돈을 『논어집주』로부터 하나씩 정리해 나갔다. 그것은 유학의 핵심 경전인 『논어』가 맨 앞에 자리해야 하는 당위성이기도 하다.

그렇게 하여 『칠서주상설』은 『논어집주상설』 20권, 『맹자집주상설』 14권, 『대학장구상설』 1권, 『중용장구상설』 1권, 『시집전상설』 18권, 『시서변설상설』 2권, 『주역본의상설』 12권, 『서집전상설』 14권, 「서서변설상설」 1권으로, 전체 83권에 이르는 방대한 저작이 되었다. 마치, 조선의 주자학을 마무리하듯이, 경전의 주석을 짜임새 있게 갖추었다. 사서삼경의 경문에 대한 중국 역대의 주석을 비롯하여, 조선시대 여러 학자들의 주석을 간단명료하게 총망라하였다. 특히, 사서삼경에 대한 주자의 주해(註解)를 의리(義理)와 훈고(訓詁), 그리고 논리(論理)적 차원은 물론 음운(音韻)의 해설에 이르기까지 다양하게 반영하는 등, 여러 측면에서 정밀하고 명확하게 분석하면서도, 사서삼경의 주요 텍스트인 <영락대전(永樂大全)>본의 오류를 바로잡은 엄밀한 주석서로 편찬해내었다.

주자 이후 중국의 주요 주석뿐 아니라, 퇴계(退溪), 율곡(栗谷), 사계(沙溪), 우암(尤庵), 남당(南塘), 농암(農巖) 등 조선 성리학을 대표하는 학자들의 학설과 호산 자신의 견해까지 담은 저술이기에, 주자학의 심오한 이해는 물론 조선 성리학의 맥락과 계보, 발전양상을 포괄할 수 있는 학문성을 담보한다.

본 연구번역은 217년도 한국연구재단의 <토대연구>사업으로 시작되었다. 연구 기획을 할 무렵 연구진의 생각은 좀 단순했다. 『칠서주상설』이 '조선 유교 경전 주석사의 대미를 장식하는 주요한 저작이므로 이를 번역하여 학계에 기여하면 좋겠다!'라는 수준에 머물렀다. 그러나 기획 단계에서 초역을 하고 연구계획서를 작성하면서, <토대연구>사업에 어울리는 작업으로서 연구범위가 상당히 확장되었다. 분량의 방대함도 그렇지만, 원전 자체의 난삽함으로 인해, 원문에는 없는 표점, 찾아보기 힘들게 되어 있는 구절과 문장의 정돈, 내용 가운데 보충 설명이 필요한 부분의 해설 등, 관련 전공자들의 수준 높은 연구를 곁들인 번역의 필요성이 요청되었다. 고민을 거듭한 결과, 연구 작업이 너무나 방대해졌다.

그러나 연구진들은 매월 2,0여 매(20자 원고지 기준)에 달하는 연구 번역에 온힘을 쏟아 부었다. 열정을 바친 만큼 원고는 계획대로 작성되었고 또한 다듬어졌다. 매월 단행본 1권에 해당하는 분량이었다. 원본의 오탈자를 바로잡고, 표점을 찍고, 구절을 바르게 맞추고, 문장을 정렬하고, 관련 전거를 확인하는 등, 초역에서 교열·윤문, 그리고 출판에 이르기까지, 여러 과정을 반복했다. 정말이지, 연구번역이라는 학문의 토대 작업을 자임한, 고난의 행군이었다. 그렇게 5년의 연구 기간 동안, 매년 20,0여 매, 전체 10,0여 매의 원고가 성과물로 만들어졌다. 단행본으로 정돈하여 편집한 결과, 모두 42권이다.

무엇보다도 본 연구번역의 과정에 매진해준 연구진에게 큰 절을 올린다. '고생했습니다! 정말 고맙습니다!'라는 말 이외에, 서로를 격려하고 용기를 북돋우며 동기부여 할 수 있는 표현은 없는 것 같다. 전임연구교수로 연구번역에 힘써준 고려대학교 교육문제연구소의 김학목 박사님, 빈동철 박사님, 윤원현 박사님, 조기영 박사님, 황봉덕 박사님의 초역은 본 연구번역의 밑거름이 되었다. 공동연구에 참여하신 고려대학교 명예교수이자 한국고전번역원장이신 김언종 교수님, 강남대학교의 임헌규 교수님, 경희대학교 교수이자 국사편찬위원회위원장이신 허동현 교수님은 각종자문과 조언, 윤문과 교열 등을 맡아 고생해 주셨다. 이외에 연구보조원으로 참여한 우버들 동양미래대 교수를 비롯하여 석박사급 조교들의 각종 보조 활동도 도움이 컸다. 또한 자문에 응하여 충고를 아끼지 않으신 원로 한학자 중관(中觀) 최권흥 선생님을 비롯하여, 『칠서주상설』의 가치와 중요성을 일깨워주신 일우(一愚) 이충구 선생님, 지면상 일일이 거론하지는 못하지만, 본 연구와 관련하여 다양한 측면에서 도움을 주신 여러 선생님들께 감사의 말씀을 전한다.

본 연구는 연구책임자를 비롯하여 각종 자문에 이르기까지, 참여하신 분들 모두의 땀과 정성이 배어있는 합작의 결실이다. 일종의 집단지성이 빚어낸 결과물이라고 할 수 있다. 다시 한 번 수고해주신 모든 분들에게 고마움과 감사의 인사를 건넨다. 그리고 본 연구번역을 원활하게 수행할 수 있도록 각종 편의를 제공해 준 고려대학교 교육문제연구소와 행·재정적으로 지원해 준 한국연구재단, 고려대학교 산학협력단에도 감사드린다. 그런 지원이 없다면 본 사업은 쉽게 할 수 없는 학술 작업이다.

호산 박문호의 『칠서주상설』은 1921년에 발간되었다. 1918년 그의 사후 3년만이었다. 그 후, 다시 10여년이 지났다. 1세기가 훌쩍 넘긴 224년, 호산 선생 사후 10여 년 만에, 후학에 의해 본 『칠서주상설』이 연구번역 되었다. 이런 점에서 상당한 학술적 의미를 부여할 수도 있겠다. 그러나 연구번역서의 출간 자체에 어떤 자부심을 갖기보다는, 유학에 관심 있는 현대의 학자들이 그저 연구하고 번역하면서 당연히 해야 할 일 가운데 하나를 늦게나마 실천한 것으로 출간의 마음을 대신하려고 한다. 아울러 여러 차원에서, 본 연구번역이 조선 유학을 집대성한 경전 주석서로서, 학계의 연구 토대로 작용할 수 있기를 간절히 소망한다.

어떤 연구번역이건, 완벽을 기하려고 노력한다. 하지만, 한 점의 실수나 오류도 없이 처리하기란 쉽지 않다. 그만큼 완전한 연구번역은 어렵다. 본 연구번역도 최선을 다하려고 했지만, 미비한 부분이 많을 것이다. 분량의 방대함, 제한된 연구 번역 기간, 참여자들의 학문연구 성향이나 번역 스타일의 차이, 한문 고전 번역이 지닌 특성으로 인한 편집과정에서의 복잡함 등, 다양한 사안이 부족함의 이유가 될 수 있다. 오류가 있다면 많은 질정을 바라며, 잘못된 부분이 발견되면, 추후에 수정 보완할 수 있도록 노력할 것이다.

마지막으로, 심심한 감사를 표해야 할 분이 있다. 상당한 어려움을 감수하면서도, 가치 있는 학술도서에 애정을 갖고 출판을 맡아준 <우물이 있는 집>의 강완구 대표님께 고마운 마음을 전한다.

2024. 6. 망종(芒種) 절기에
연구번역자를 대표하여 신창호 씀

일러두기

1. 본서는 1921년 풍림정사(楓林精舍)에서 간행된 박문호의 『칠서주상설(七書註詳說)』(한국학중앙연구원 장서각 소장)을 저본으로 하였다. 아울러 아세아문화사(亞細亞文化社)에서 간행한 『호산전서(壺山全書)』(1~8, 1987~1990)를 참고하였고, <호산 박문호의 『칠서주상설』 연구번역총서>의 번호 순서는 『호산전서』(제4~5책)의 목차에 따랐다.

2. 원전(原典)은 직역(直譯)을 원칙으로 하되, 필요한 경우에는 현대적 의미를 고려하여 의역(意譯)하며 풀이하였다. 원문은 번역문과 함께 제시하되, 원문을 앞에 번역문을 뒤에 배치하였다.

3. 역주(譯註)의 경우 각주(脚註)로 처리하고, 간단한 용어나 개념 설명은 본문에서 그대로 병기하여 노출하였다(예: 잡기(雜記: 잡다하게 기록함)). 주석은 인용 출처 및 근거를 찾아 제시하고, 관련 자료의 원문 또는 번역문을 수록하였다. 내용이 중복되는 부분일지라도 편장이 달라질 경우에는 다시 수록하여 연구 토대 자료로서의 편리성을 도모하였다.

4. 원전의 원문은 『서집전상설(書集傳詳說)』의 '경문(經文)', 채침(蔡沉)의 주석인 '집전(集傳)', 박문호의 주석인 '상설(詳說)'로 구분하되, '경문-집전-상설' 순으로 글자의 모양과 크기를 달리 하였다. 경문의 경우, 별도로 경문이라는 표시 없이 편장별로 번호를 붙였다(예:『우서』「요전」첫 구절은 『서경』의 제1권 제1편 제1장의 제1구절이므로 [1-1-1-1]로 표시; 나머지도 이와 같은 순서에 따라 번호를 매김).

5. 경전의 맨 앞부분(제1권)과 맨 뒷부분(제7권)에 배치되어 있는 「서집전서상설(書集傳序詳說)」·「서서설상설(書序說詳說)」과 「서서변설상설(書序辨說詳說)」은 별도의 권(卷)으로 나누어져 있지 않아, 0-1, 0-2, 0-3으로 표기하여 구분하였다.

6. 박문호의 주석인 '상설(詳說)'은 모든 구절에 ○를 붙여 의미를 분명하게 하였다.

7. 원문의 표점 작업은 연구번역 저본과 참고로 활용한 판본을 대조하여 정돈하였다. 『칠서주상설』 편제의 특성상, 혼란의 소지가 있는 부분은 번역에서 원전을 다시 제시하였다. 필요한 경우에는 원문이나 각주에서 경전(經傳:『 』)이나 편명(篇名:「 」), 구두(句讀); , ; .) 인용문(따옴표; " "; ' ') 강조점(따옴표; ' ') 등을 구분하여 표시하였다.

8. 원전의 특성상, 경문의 바로 아래에 제시되어 있는 음운(音韻)이나 음가(音價)는 여러 주석을 참고하여 정돈한 것이 대부분이지만 상설(詳說)로 처리하였다.

9. 원문이나 역주 가운데, 인명이나 개념어는 기본적으로 한글과 한문을 병기하되, 상황에 맞추어서 정돈하였다(예: 주자(朱子)의 경우, 때로는 주희(朱熹)로 표기하고, 개념어는 원문을 그대로 노출하기도 하고 풀이하기도 하였는데, 도(道)의 경우, 도리(道理), 이치(理致), 방법(方法) 등으로 해석함).

서집전상설 총 목차

서집전상설 1 　　서집전서상설(書集傳序詳說)
　　　　　　　　서서설상설(書序說詳說)
　　　　　　　　서집전상설 1권(書集傳詳說 卷之一)
　　　　　　　　서집전상설 2권(書集傳詳說 卷之二)

서집전상설 2 　　서집전상설 3권(書集傳詳說 卷之三)
　　　　　　　　서집전상설 4권(書集傳詳說 卷之四)
서집전상설 3 　　서집전상설 5권(書集傳詳說 卷之五)
　　　　　　　　서집전상설 6권(書集傳詳說 卷之六)
서집전상설 4 　　서집전상설 7권(書集傳詳說 卷之七)
　　　　　　　　서집전상설 8권(書集傳詳說 卷之八)
서집전상설 5 　　서집전상설 9권(書集傳詳說 卷之九)
　　　　　　　　서집전상설 10권(書集傳詳說 卷之十)
서집전상설 6 　　서집전상설 11권(書集傳詳說 卷之十一)
　　　　　　　　서집전상설 12권(書集傳詳說 卷之十二)
서집전상설 7 　　서집전상설 13권(書集傳詳說 卷之十三)
　　　　　　　　서집전상설 14권(書集傳詳說 卷之十四)
　　　　　　　　서서변설상설(書序辨說詳說)

차례

연구번역자 서문/ 4
일러두기 / 8

서집전서상설(書集傳序詳說)

[0-1-1] 慶元己未冬, 先生文公, 令沈作『書集傳』, 明年先生歿, 又十年始克成編, 總若干萬言. 嗚呼!『書』豈易言哉. 二帝·三王治天下之大經大法, 皆載此書, 而淺見薄識, 豈足以盡發蘊奧. 且生於數千載之下, 而欲講明於數千載之前, 亦已難矣./ 18

[0-1-2] 然二帝·三王之治, 本於道; 二帝·三王之道, 本於心, 得其心, 則道與治, 固可得而言矣. 何者. 精一執中, 堯·舜·禹相授之心法也; 建中·建極, 商湯·周武相傳之心法也; 曰德曰仁 曰敬曰誠, 言雖殊而理則一, 無非所以明此心之妙也. 至於言天, 則嚴其心之所自出; 言民, 則謹其心之所由施, 禮樂·教化, 心之發也; 典章·文物, 心之著也; 家齊國治而天下平, 心之推也, 心之德, 其盛矣乎./ 20

[0-1-3] 二帝·三王, 存此心者也; 夏桀·商受, 亡此心者也; 太甲·成王, 困而存此心者也, 存則治, 亡則亂, 治亂之分, 顧其心之存 不存如何耳. 後世人主, 有志於二帝·三王之治, 不可不求其道, 有志於二帝·三王之道, 不可不求其心, 求心之要, 舍是書, 何以哉./ 22

[0-1-4] 沈, 自受讀以來, 沈潛其義, 參考衆說, 融會貫通, 迺敢折衷, 詳說微辭奧旨, 多述舊聞,「二典」·「禹謨」, 先生蓋嘗是正, 手澤尙新, 嗚呼! 惜哉./ 22

[0-1-5] 『集傳』, 本先生所命, 故凡引用師說, 不復識別. 四代之書, 分爲六卷, 文以時異, 治以道同. 聖人之心, 見於書, 猶化工之妙著於物, 非精深不能識也. 是『傳』也, 於堯·舜·禹·湯·文·武·周公之心, 雖未必能造其微, 於堯·舜·禹·湯·文·武·周公之書, 因是訓詁, 亦可得其指意之大略矣. 嘉定己巳三月旣望, 武夷蔡沈序./ 25

서서설상설(書序說詳說)

[0-2-1] 漢孔安國曰 : "古者, 伏羲氏之王天下也, 始畫八卦, 造書契, 以代結繩之政, 由是文籍生焉./ 30

[0-2-2] 伏羲·神農·黃帝之書, 謂之『三墳』, 言大道也. 少昊·顓頊·高辛·唐·虞之書, 謂之

[0-2-2 계속] 『五典』, 言常道也. 至於夏·商·周之書, 雖設敎不倫, 雅誥奧義, 其歸一揆. 是故歷代寶之, 以爲大訓./ 31

[0-2-3] 八卦之說, 謂之『八索』, 求其義也. 九州之志, 謂之『九丘』, 丘, 聚也, 言九州所有, 土地所生, 風氣所宜, 皆聚此書也. 『春秋左氏傳』曰: '楚左史倚相能讀『三墳』·『五典』·『八索』·『九丘』', 卽謂上世帝王遺書也./ 34

[0-2-4] 先君孔子, 生於周末, 覩史籍之煩文, 懼覽之者不一, 遂乃定禮樂, 明舊章, 刪詩爲三百篇, 約史記而修『春秋』, 讚『易』道以黜『八索』, 述職方以除『九丘』. 討論『墳』·『典』, 斷自唐·虞, 以下訖於周, 芟夷煩亂, 剪截浮辭, 擧其宏綱, 撮其機要, 足以垂世立敎. 典·謨·訓·誥·誓·命之文, 凡百篇, 所以恢弘至道, 示人主以軌範也. 帝王之制, 坦然明白, 可擧而行, 三千之徒, 並受其義./ 36

[0-2-5] 及秦始皇, 滅先代典籍, 焚書坑儒, 天下學士逃難解散, 我先人用藏其家書于屋壁./ 40

[0-2-6] 漢室龍興, 開設學校, 旁求儒雅, 以闡大猷. 濟南伏生年過九十, 失其本經, 口以傳授, 裁二十餘篇. 以其上古之書, 謂之『尙書』. 百篇之義, 世莫得聞./ 43

[0-2-7] 至魯共王, 好治宮室, 壞孔子舊宅, 以廣其居, 於壁中得先人所藏古文虞·夏·殷·周之書及傳『論語』·『孝經』, 皆科斗文字. 王又升孔子堂, 聞金·石·絲·竹之音, 乃不壞宅, 悉以書還孔氏. 科斗書廢已久, 時人無能知者. 以所聞伏生之書, 考論文義, 定其可知者, 爲隸古定, 更以竹簡寫之, 增多伏生二十五篇. 伏生又以「舜典」合於「堯典」,「益稷」合於「皐陶謨」,「盤庚」三篇合爲一,「康王之誥」合於「顧命」, 復出此篇, 幷序, 凡五十九篇, 爲四十六卷. 其餘錯亂磨滅, 弗可復知, 悉上送官, 藏之書府, 以待能者./ 48

[0-2-8] 承詔爲五十九篇作傳, 於是遂硏精覃思, 博考經籍, 探撫羣言, 以立訓傳. 約文申義, 敷暢厥旨, 庶幾有補於將來.「書序」序所以爲作者之意, 昭然義見, 宜相附近, 故引之, 各冠其篇首, 定五十八篇./ 57

[0-2-9] 旣畢, 會國有巫蠱事, 經籍道息, 用不復以聞. 傳之子孫, 以貽後代, 若好古博雅君子, 與我同志, 亦所不隱也."/ 60

[0-2-10] 『漢書』「藝文志」云: "'書'者, 古之號今. 號令於衆, 其言不立具, 則聽受施行者弗曉. 古文讀應爾雅, 故解古今語而可知也."/ 62

[0-2-11] 孔穎達曰: "孔君作傳, 値巫蠱, 不行於終. 前漢諸儒, 知孔本五十八篇, 不見孔傳, 遂有張霸155)之徒, 僞作「舜典」·「汨作」·「九共」九篇,「大禹謨」·「益稷」·「五子之歌」·「胤征」·「湯誥」·「咸有一德」·「典寶」·「伊訓」·「肆命」·「原命」·「武成」·「旅獒」·「冏命」二十四篇, 除「九共」九篇, 共卷爲十六卷, 蓋亦略見百篇之序. 故以伏生二十八篇者, 復出「舜典」·「益稷」·「盤庚」二篇,「康王之誥」及「泰誓」, 共爲三十四篇, 而僞作, 此二十四篇十六卷, 附以求合於孔氏之五十八篇四十六卷之數也. 劉向·班固·劉歆·賈逵·馬融·鄭玄之徒, 皆不見眞古文, 而

誤以此爲古文之書. 服虔·杜預, 亦不之見, 至晉王肅, 始似竊見. 而『晉書』又云: '鄭沖以古文授蘇愉, 愉授梁柳, 柳之內兄皇甫謐, 又從柳得之, 而柳又以授臧曹. 曹始授梅賾, 賾乃於前晉, 奏上其書而施行焉'." / 64

[0-2-12] 今按, 漢儒以伏生之『書』爲今文, 而謂安國之『書』爲古文, 以今考之, 則今文多艱澀而古文反平易. 或者以爲今文自伏生女子口授量錯時失之, 則先秦古書所引之文, 皆已如此, 恐其未必然也. 或者以爲記錄之實語難工, 而潤色之雅詞易好. 故訓·誥·誓·命, 有難易之不同, 此爲近之. 然伏生背187)文暗誦, 乃偏得其所難, 而安國考定於188)科斗古書錯亂磨滅之餘, 反專得其所易, 則又有不可曉者. 至於諸序之文, 或頗與經不合, 而安國之序, 又絶189)不類西京文字, 亦皆可疑. 獨諸序之本不先經, 則賴安國之序而見. 故今定190)此本, 壹以諸篇本文爲經, 而復合序篇於後, 使覽者, 得見聖經之舊, 而又集傳其所可知, 姑闕其所不可知者云. / 71

서집전상설1권 (書集傳詳說 卷之一)

[1-1]「우서(虞書)」/ 78
[1-1-1]「요전(堯典)」/ 80

[1-1-1-1] 曰若稽古帝堯, 曰'放勳', 欽明文思安安, 允恭克讓, 光被四表, 格于上下./ 83

[1-1-1-2] 克明俊德, 以親九族, 九族旣睦, 平章百姓, 百姓昭明, 協和萬邦, 黎民, 於變時雍./ 90

[1-1-1-3] 乃命羲和, 欽若昊天, 曆象日月星辰, 敬授人時./ 93

[1-1-1-4] 分命羲仲, 宅嵎夷, 曰'暘谷', 寅賓出日, 平秩東作, 日中, 星鳥. 以殷仲春, 厥民析, 鳥獸孳尾./ 100

[1-1-1-5] 申命羲叔, 宅南交, 平秩南訛, 敬致, 日永, 星火. 以正仲夏, 厥民因, 鳥獸希革./ 110

[1-1-1-6] 分命和仲, 宅西, 曰'昧谷', 寅餞納日, 平秩西成, 宵中, 星虛. 以殷仲秋, 厥民夷, 鳥獸毛毨./ 114

[1-1-1-7] 申命和叔, 宅朔方, 曰'幽都', 平在朔易, 日短, 星昴. 以正仲冬, 厥民隩, 鳥獸氄毛./ 117

[1-1-1-8] 帝曰: "咨! 汝羲曁和. 朞, 三百有六旬有六日, 以閏月, 定四時成歲, 允釐百工, 庶績咸熙."/ 127

[1-1-1-9] 帝曰: "疇咨若時, 登庸?" 放齊曰: "胤子朱啓明." 帝曰: "吁! 嚚訟, 可乎."/ 139

[1-1-1-10] 帝曰: "疇咨若予采?" 驩兜曰: "都! 共工方鳩僝功." 帝曰: "吁! 靜言

庸違, 象恭滔天."/ 144

[1-1-1-11] 帝曰 : "咨! 四岳. 湯湯洪水方割, 蕩蕩懷山襄陵, 浩浩滔天, 下民其咨, 有能, 俾乂." 僉曰 : "於! 鯀哉." 帝曰 : "吁! 咈哉. 方命圮族." 岳曰 : "异哉, 試可乃已." 帝曰 : "往欽哉." 九載, 績用弗成./ 148

[1-1-1-12] 帝曰 : "咨! 四岳. 朕在位七十載, 汝能庸命, 巽朕位." 岳曰 : "否德, 忝帝位." 曰 : "明明, 揚側陋." 師錫帝曰 : "有鰥在下, 曰'虞舜'." 帝曰 : "俞. 予聞, 如何?" 岳曰 : "瞽子, 父頑, 母嚚, 象傲, 克諧以孝, 烝烝乂, 不格姦." 帝曰 : "我其試哉. 女于時, 觀厥刑于二女." 釐降二女于嬀汭, 嬪于虞, 帝曰 : "欽哉."/ 154

[1-1-2] 「순전(舜典)」/ 167

[1-1-2-1] 曰若稽古帝舜, 曰重華協于帝, 濬哲文明, 溫恭允塞, 玄德升聞, 乃命以位./ 173

[1-1-2-2] 愼徽五典, 五典克從; 納于百揆, 百揆時敘; 賓于四門, 四門穆穆; 納于大麓, 烈風雷雨, 不迷./ 176

[1-1-2-3] 帝曰 : "格. 汝舜! 詢事考言, 乃言, 底可績, 三載, 汝陟帝位." 舜, 讓于德, 弗嗣./ 182

[1-1-2-4] 正月上日, 受終于文祖./ 184

[1-1-2-5] 在璿璣·玉衡, 以齊七政./ 186

[1-1-2-6] 肆類于上帝, 禋于六宗, 望于山川, 徧于羣神./ 205

[1-1-2-7] 輯五瑞, 旣月, 乃日覲四岳羣牧, 班瑞于羣后./ 211

[1-1-2-8] 歲二月, 東巡守, 至于岱宗, 柴; 望秩于山川, 肆覲東后, 協時月, 正日; 同律·度·量·衡, 修五禮, 五玉·三帛·二生·一死贄. 如五器, 卒乃復. 五月南巡守, 至于南岳, 如岱禮; 八月西巡守, 至于西岳, 如初; 十有一月朔巡守, 至于北岳, 如西禮, 歸格于藝祖, 用特./ 215

[1-1-2-9] 五載一巡守, 羣后四朝, 敷奏以言, 明試以功, 車·服以庸./ 232

[1-1-2-10] 肇十有二州, 封十有二山, 濬川./ 235

[1-1-2-11] 象以典刑, 流宥五刑, 鞭作官刑, 扑作教刑, 金作贖刑, 眚災肆赦, 怙終賊刑, 欽哉欽哉, 惟刑之恤哉./ 240

[1-1-2-12] 流共工于幽洲, 放驩兜于崇山, 竄三苗于三危, 殛鯀于羽山, 四罪, 而天下咸服./ 251

[1-1-2-13] 二十有八載, 帝乃殂落, 百姓如喪考妣, 三載, 四海遏密八音./ 256

[1-1-2-14] 月正元日, 舜格于文祖./ 259

[1-1-2-15] 詢于四岳, 闢四門, 明四目, 達四聰./ 261

[1-1-2-16] 咨十有二牧, 曰 : "食哉惟時, 柔遠能邇, 惇德允元, 而難任人, 蠻夷率

服."/ 262

[1-1-2-17] 舜曰 : "咨! 四岳. 有能奮庸, 熙帝之載, 使宅百揆, 亮采惠疇." 僉曰 : "伯禹作司空." 帝曰 : "兪. 咨! 禹. 汝平水土, 惟時懋哉." 禹拜稽首, 讓于稷·契曁皐陶, 帝曰 : "兪. 汝往哉."/ 265

[1-1-2-18] 帝曰 : "棄. 黎民阻飢, 汝后稷, 播時百穀."/ 271

[1-1-2-19] 帝曰 : "契! 百姓不親, 五品不遜, 汝作司徒, 敬敷五敎, 在寬."/ 272

[1-1-2-20] 帝曰 : "皐陶! 蠻夷猾夏, 寇賊姦宄, 汝作士, 五刑有服, 五服三就; 五流有宅, 五宅三居, 惟明克允."/ 277

[1-1-2-21] 帝曰 : "疇若予工?" 僉曰 : "垂哉." 帝曰 : "兪. 咨垂. 汝共工." 垂拜稽首, 讓于殳·斨曁伯與, 帝曰 : "兪. 往哉汝諧."/ 283

[1-1-2-22] 帝曰 : "疇若予上下草木·鳥獸?" 僉曰 : "益哉." 帝曰 :"兪. 咨益! 汝作朕虞." 益拜稽首, 讓于朱·虎·熊·羆, 帝曰 : "兪. 往哉汝諧."/ 287

[1-1-2-23] 帝曰 : "咨, 四岳! 有能典朕三禮?" 僉曰 : "伯夷." 帝曰 : "兪. 咨, 伯! 汝作秩宗, 夙夜惟寅, 直哉惟淸." 伯拜稽首, 讓于夔·龍, 帝曰 : "兪. 往欽哉."/ 290

[1-1-2-24] 帝曰 : "夔! 命汝典樂, 敎胄子, 直而溫, 寬而栗, 剛而無虐, 簡而無傲. 詩言志, 歌永言, 聲依永, 律和聲, 八音克諧, 無相奪倫, 神人以和." 夔曰 : "於予擊石拊石, 百獸率舞."/ 293

[1-1-2-25] 帝曰 : "龍! 朕堲讒說, 殄行, 震驚朕師, 命汝作納言, 夙夜出納朕命, 惟允."/ 308

[1-1-2-26] 帝曰 : "咨! 汝二十有二人, 欽哉, 惟時亮天功."/ 312

[1-1-2-27] 三載考績, 三考黜陟幽明, 庶績咸熙, 分北三苗./ 315

[1-1-2-28] 舜生三十, 徵庸, 三十在位, 五十載, 陟方乃死./ 322

서집전상설2권(書集傳詳說 卷之二)

[2-1-3]「대우모(大禹謨)」/ 330

[2-1-3-1] 曰若稽古大禹, 曰: "文命, 敷于四海, 祗承于帝."/ 332

[2-1-3-2] 曰 : "后克艱厥后, 臣克艱厥臣, 政乃乂, 黎民敏德."/ 335

[2-1-3-3] 帝曰 : "兪. 允若茲, 嘉言罔攸伏, 野無遺賢, 萬邦咸寧, 稽于衆, 舍己從人, 不虐無告, 不廢困窮, 惟帝時克."/ 337

[2-1-3-4] 益曰 : "都. 帝德廣運, 乃聖乃神, 乃武乃文, 皇天眷命, 奄有四海, 爲天下君."/ 341

[2-1-3-5] 禹曰 : "惠迪, 吉; 從逆, 凶, 惟影·響."/ 346

[2-1-3-6] 益曰 : "吁! 戒哉. 儆戒無虞, 罔失法度, 罔遊于逸, 罔淫于樂, 任賢勿貳,

去邪勿疑. 疑謀勿成, 百志惟熙. 罔違道, 以干百姓之譽, 罔咈百姓, 以從己之欲, 無怠無荒, 四夷來王."/ 347

[2-1-3-7] 禹曰: "於! 帝. 念哉. 德惟善政, 政在養民, 水·火·金· 木·土·穀, 惟修; 正德·利用·厚生, 惟和, 九功惟敍, 九敍惟歌, 戒之用休, 董之用威, 勸之以九歌, 俾勿壞."/ 354

[2-1-3-8] 帝曰: "兪. 地平天成, 六府三事允治, 萬世永賴時乃功."/ 366

[2-1-3-9] 帝曰: "格. 汝禹. 朕宅帝位, 三十有三載, 耄期, 倦于勤, 汝惟不怠, 摠朕師."/ 369

[2-1-3-10] 禹曰: "朕德罔克, 民不依; 皐陶邁種德, 德乃降, 黎民懷之, 帝念哉. 念玆在玆, 釋玆在玆, 名言玆在玆, 允出玆在玆, 惟帝念功."/ 371

[2-1-3-11] 帝曰: "皐陶. 惟玆臣庶, 罔或干予正, 汝作士, 明于五刑, 以弼五敎, 期于予治, 刑期于無刑, 民協于中, 時乃功, 懋哉."/ 377

[2-1-3-12] 皐陶曰: "帝德罔愆, 臨下以簡, 御衆以寬; 罰弗及嗣, 賞延于世; 宥過無大, 刑故無小; 罪疑惟輕, 功疑惟重; 與其殺不辜, 寧失不經, 好生之德, 洽于民心, 玆用不犯于有司."/ 379

[2-1-3-13] 帝曰: "俾予, 從欲以治, 四方風動, 惟乃之休."/ 384

[2-1-3-14] 帝曰: "來. 禹. 洚水儆予, 成允成功, 惟汝賢, 克勤于邦, 克儉于家, 不自滿假, 惟汝賢. 汝惟不矜, 天下莫與汝, 爭能; 汝惟不伐, 天下莫與汝, 爭功. 予懋乃德, 嘉乃丕績. 天之曆數, 在汝躬, 汝終陟元后."/ 385

[2-1-3-15] 人心惟危, 道心惟微, 惟精惟一, 允執厥中./ 390

[2-1-3-16] 無稽之言, 勿聽; 弗詢之謀, 勿庸./ 398

[2-1-3-17] 可愛, 非君; 可畏, 非民. 衆非元后, 何戴, 后非衆, 罔與守邦, 欽哉, 愼乃有位, 敬修其可願. 四海困窮, 天祿永終. 惟口出好, 興戎, 朕言不再.400

[2-1-3-18] 禹曰: "枚卜功臣, 惟吉之從." 帝曰: "禹. 官占, 惟先蔽志, 昆命于 元龜, 朕志先定, 詢謀僉同, 鬼神其依, 龜筮協從, 卜不習吉." 禹拜稽首, 固辭, 帝曰: "毋. 惟汝諧."/ 403

[2-1-3-19] 正月朔旦, 受命于神宗, 率百官, 若帝之初./ 406

[2-1-3-20] 帝曰: "咨. 禹! 惟時有苗弗率, 汝徂征." 禹乃會羣后, 誓于師曰: "濟濟有衆. 咸聽朕命. 蠢玆有苗, 昏迷不恭, 侮慢自賢, 反道敗德, 君子在野, 小人在位, 民棄不保, 天降之咎, 肆予以爾衆士, 奉辭伐罪, 爾尚一乃心力, 其克有勳."/ 408

[2-1-3-21] 三旬, 苗民逆命, 益贊于禹曰: "惟德動天, 無遠弗屆, 滿招損, 謙受益, 時乃天道. 帝初于歷山, 往于田, 日號泣于旻天. 于父母, 負罪引慝, 祗載見瞽瞍, 夔夔齊慄, 瞽亦允若. 至誠感神, 矧玆有苗." 禹拜昌言曰: "兪." 班師振旅, 帝乃誕敷文德, 舞干羽于兩階, 七旬, 有苗格."/ 413

[2-1-4] 「고요모(皐陶謨)」/ 424

    [2-1-4-1] 曰若稽古皐陶, 曰："允迪厥德, 謨明, 弼諧." 禹曰："俞. 如何?" 皐陶曰：" 都. 愼厥身修, 思永, 惇敍九族, 庶明勵翼, 邇可遠, 在玆." 禹拜昌言曰："俞."/ 425

    [2-1-4-2] 皐陶曰："都. 在知人, 在安民." 禹曰："吁. 咸若時, 惟帝其難之. 知人則哲, 能官人; 安民則惠, 黎民懷之. 能哲而惠, 何憂乎驩兜, 何遷乎有苗, 何畏乎巧言令色孔壬."/ 432

    [2-1-4-3] 皐陶曰："都. 亦行有九德, 亦言其人有德, 乃言:'載采采'." 禹曰："何?" 皐陶曰："寬而栗, 柔而立, 愿而恭, 亂而敬, 擾而毅, 直而溫, 簡而廉, 剛而塞, 彊而義, 彰厥有常, 吉哉."/ 436

    [2-1-4-4] 日宣三德, 夙夜浚明有家, 日嚴祇敬六德, 亮采有邦, 翕受敷施, 九德咸事, 俊乂在官, 百僚師師, 百工惟時, 撫于五辰, 庶績其凝./ 441

    [2-1-4-5] 無敎逸欲有邦, 兢兢業業. 一日二日, 萬幾. 無曠庶官. 天工, 人其代之./ 445

    [2-1-4-6] 天敍有典, 勅我五典, 五, 惇哉; 天秩有禮, 自我五禮, 有庸哉. 同寅協恭, 和衷哉. 天命有德, 五服, 五章哉. 天討有罪, 五刑, 五用哉. 政事, 懋哉懋哉./ 449

    [2-1-4-7] 天聰明, 自我民聰明; 天明畏, 自我民明威. 達于上下, 敬哉. 有土./ 456

    [2-1-4-8] 皐陶曰："朕言惠, 可厎行." 禹曰："俞. 乃言, 厎可績." 皐陶曰："予未有知, 思曰贊贊襄哉."/ 459

서집전서상설
書集傳序詳說

詳說

○ '書'者, 經文也; '集傳'者, 註名也.『詩』・『書』註, 皆集漢・唐以來諸家說, 爲之折衷, 故依『論』・『孟』例, 亦以集名傳云. ○今此『詳說』, 專爲讀朱子經書註而設也.『書傳』雖係蔡氏, 事實受師命, 以續其所註「二典」・「禹謨」之後而撰述. 是亦不害爲朱子之註, 故今一槩取之, 但置諸『周易』註後以終焉.

'서(書)'라는 것은 경서(經書)의 글이고, '집전(集傳)'이라는 것은 주(註)의 이름이다.『시경(詩經)』과『서경(書經)』의 주(註)는 모두 한(漢)나라와 당(唐)나라 이래 여러 학자들의 말을 모아서 절충했기 때문에『논어(論語)』와『맹자(孟子)』의 예에 의거하여 또한 모은 것으로써 전(傳)이라고 명명한 것이다. ○이제 이『서집전상설(書集傳詳說)』은 오로지 주자(朱子: 朱熹)[1]의 경서(經書) 주(註)를 읽고서 설정한 것이다.『서전(書傳)』이 비록 채씨(蔡氏: 蔡沈)[2]와 관계되지만, 사실은 스승의 가르쳐주신 것을 받아서 그 「요전(堯典)」・「순전(舜典)」과 「대우모(大禹謨)」의 주석한 뒤를 이어 찬술한 것이다. 이 또한 주자(朱子)의 주(註)가 되는 데 방해되지 않기 때문에 이제 그것을 전부 취하였는데, 다만『주역(周易)』의 주(註) 뒤에 두어서 마쳤던 것이다.

[0-1-1]

慶元己未冬, 先生文公, 令沈作『書集傳』, 明年先生歿, 又十年始克成編, 總若干萬言. 嗚呼!『書』豈易言哉. 二帝・三王治天下之大經大法, 皆載此書, 而淺見薄識, 豈足以盡發蘊奧. 且生於數千載之下, 而欲講明於數千載之前, 亦已難矣.

---

1) 주자(朱子: 朱熹): 주희(1130-120)은 남송(南宋)의 학자로, 자는 원회(元晦) 또는 중회(仲晦)이고, 호는 회암(晦庵) 또는 회옹(晦翁)이다. 19세에 진사과에 급제하여 영종(寧宗) 때 환장각(煥章閣) 시제(侍制) 겸 시강(侍講)이 되어 강학(講學)하였으며, 만년에 이르러 경원당금(慶元黨禁)을 만나 벼슬을 잃은 뒤에는 학문에 전력하였다. 죽은 뒤에 태사(太師)・휘국공(徽國公)에 추증되었고, 시호가 문(文)이어서 주문공(朱文公)이라고 불렀으며, 정자(程子)의 학문을 계승하고 이학(理學)을 집대성하여 주자(朱子)라고 높여 불렀다. 저서로는 『사서장구집주(四書章句集註)』・『주역본의(周易本義)』・『역학계몽(易學啓蒙)』・『시경집전(詩經集傳)』・『서경집전(書經集傳)』・『초사집주(楚辭集註)』・『통서해설(通書解說)』 등과, 『주자대전(朱子大全)』・『주자어류(朱子語類)』 등이 있다.

2) 채씨(蔡氏: 蔡沈): 채침(1167-1230)은 주자의 제자로, 자는 중묵(仲默)이고, 호는 구봉(九峰)이다. 벼슬에 뜻을 두지 않고 어려서부터 주자를 좇아 배웠으며, 구봉산 아래 은거하여『서경집전(書經集傳)』을 완성하였다.

경원(慶元) 기미년(己未年: 1199) 겨울에 선생 주문공(朱文公: 朱熹)께서 침(沈)으로 하여금 『서경집전(書經集傳)』을 짓게 하시고 이듬해 선생께서 돌아가셨는데, 10년이 되어 비로소 책을 이루었으니, 모두 대략 만 글자나 되었다. 아! 『서경(書經)』을 어찌 쉽게 말하겠는가. 두 황제와 세 군왕3)이 천하를 다스린 근본적인 원칙과 법규가 모두 이 책에 실려 있으나, 견문이 얕고 학식이 적었으니 어찌 심오한 뜻을 다 드러낼 수 있었겠는가. 또 수천 년 뒤에 태어나서 수천 년 앞을 연구하여 밝히려고 했으나, 또한 너무 어려웠던 것이다.

詳說

○ 宋寧宗年號.4)
'경원(慶元)'은 송(宋)나라 영종(寧宗)의 연호(1195-120)이다.

○ 平聲.5)
'영(令)'은 평성(平聲)이다.

○ 去聲, 下並同.6)
'전(傳)'은 거성(去聲)이니, 아래도 아울러 같다.

○ 數未定之辭.
'약간(若干)'은 숫자를 확정하지 못한 말이다.

○ 以一字爲一言. ○以『集傳』本事, 起之.
'만언(萬言)'은 한 글자로써 한 마디 말을 삼은 것이다. ○『서경집전(書經集傳)』의 근본적인 일로써 시작한 것이다.

○ 去聲.7)

---

3) 두 황제와 세 군왕: 채침(蔡沈) 찬, 『서경집전(書經集傳)』의 소주(疏註)에 의하면, 이제(二帝)는 요(堯)임금과 순(舜)임금이며, 삼왕(三王)은 하(夏)나라·상(商)나라·주(周)나라의 임금인 우(禹)임금과 탕(湯)임금과 문왕(文王) 및 무왕(武王)이라고 하였다.
4) 채침(蔡沈) 찬, 『서경집전(書經集傳)』의 소주(疏註)를 수용한 것이다. 내각본에는 소주가 없다. 호광(胡廣) 등 찬, 『서경대전(書經大全)』에는 「서집전서(書集傳序)」가 없다.
5) 채침(蔡沈) 찬, 『서경집전(書經集傳)』의 소주를 수용한 것이다. 내각본에는 소주가 없다. 『광운(廣韻)』에 의하면 그 뜻이 '하여금'일 경우에는 평성(平聲)이고, 그 뜻이 '명령하다'일 경우에는 거성(去聲)이라고 하였다.
6) 채침(蔡沈) 찬, 『서경집전(書經集傳)』의 소주에는 "去聲.(거성이다.)"으로 되어 있다. 내각본에는 소주가 없다. 『광운(廣韻)』에 의하면 그 뜻이 '주석(註釋)'일 경우에는 거성(去聲)이고, 그 뜻이 '전수(傳授)하다'일 경우에는 평성(平聲)이라고 하였다.

'이(易)'는 거성(去聲)이다.

[0-1-2]

然二帝·三王之治, 本於道; 二帝·三王之道, 本於心, 得其心, 則道與治, 固可得而言矣. 何者. 精一執中, 堯·舜·禹相授之心法也; 建中·建極, 商湯·周武相傳之心法也; 曰德曰仁曰敬曰誠, 言雖殊而理則一, 無非所以明此心之妙也. 至於言天, 則嚴其心之所自出; 言民, 則謹其心之所由施, 禮樂·敎化, 心之發也; 典章·文物, 心之著也; 家齊國治而天下平, 心之推也, 心之德, 其盛矣乎.

그러나 두 황제와 세 군왕의 정치는 도(道)에 근본하였고, 두 황제와 세 군왕의 도는 마음에 근본하였으니, 그 마음을 얻으면 도(道)와 정치를 진실로 얻어서 말할 수 있는 것이다. 왜 그런 것인가. 정진(精進)하고 전일(專一)해야 중용(中庸)의 도를 잡음은 요(堯)임금과 순(舜)임금과 우(禹)임금이 서로 전해준 마음속의 법도이고, 중정(中正)한 도를 세우고 중정한 표준을 세움은 상(商)나라 탕왕(湯王)과 주(周)나라 무왕(武王)이 서로 전해준 마음속의 법도이다. 덕(德)이라 하고, 인(仁)이라 하고, 경(敬)이라 하고, 성(誠)이라 하여 말이 비록 다르지만 이 치는 하나이니, 이 마음의 오묘함을 밝힌 것이 아님이 없다. 하늘을 말함에 이르러서는 곧 그 마음이 비롯하여 나온 근본을 엄정하게 하였고, 백성을 말함에 이르러서는 그 마음이 말미암아 베풀어지는 근거를 삼았으니, 예악(禮樂)과 교화(敎化)는 마음이 나온 것이며, 전장(典章)과 문물(文物)은 마음이 드러난 것이며, 집안이 가지런해지고 나라가 다스려져서 천하가 평안해짐은 마음이 추진(推進)한 것이니, 마음의 덕이 훌륭하고 위대하다고 하겠다.

詳說

○ 去聲, 下並同.[8]

'치(治)'는 거성(去聲)이니, 아래도 아울러 같다.

---

7) 채침(蔡沈) 찬, 『서경집전(書經集傳)』의 소주에는 "音異.(음이 이다.)"로 되어 있다. 내각본에는 소주가 없다. 『광운(廣韻)』에 의하면 그 의미(音義)가 '용이(容易)할 이'일 경우에는 거성(去聲)이고, 그 의미가 '교환(交換)할 역'일 경우에는 '입성(入聲)이라고 하였다.

8) 채침(蔡沈) 찬, 『서경집전(書經集傳)』의 소주에는 "去聲, 下同.(거성이니, 아래도 같다.)"으로 되어 있다. 내각본에는 소주가 없다. 『광운(廣韻)』에 의하면 그 뜻이 '다스리다'일 경우에는 거성(去聲)이라고 하였다.

○ 此序之綱領.
'본어심(本於心)'에서 '심(心)'자는 이 서문의 강령이다.

○ 見「大禹謨」.9)
'정일집중(精一執中)'은 「대우모(大禹謨)」에 보인다.

○ 見「中虺之誥」.10)
'건중(建中)'은 「중훼지고(中虺之誥)」에 보인다.

○ 見「洪範」.11)
'건극(建極)'은 「홍범(洪範)」에 보인다.

○ 如字.12)
'전(傳)'은 본래의 음 대로 읽는다.

○ 一作'所'.13)
'심지발야(心之發也)'에서 '지(之)'는 어떤 판본에는 '소(所)'로 썼다.

---

9) 채침(蔡沈) 찬, 『서경집전(書經集傳)』 권1, 「우서(虞書)·대우모(大禹謨)」와, 호광(胡廣) 등 찬, 『서경대전(書經大全)』 권2, 「우서(虞書)·대우모(大禹謨)」에 보인다. 그 전문은 다음과 같다. "人心惟危, 道心惟微, 惟精惟一, 允執厥中.(인심은 오직 위태롭고 도심은 오직 은미하니, 오직 정진하고 오직 전일해야 진실로 그 중용의 도를 잡을 수 있을 것이다.)"
10) 채침(蔡沈) 찬, 『서경집전(書經集傳)』 권3, 「상서(商書)·중훼지고(仲虺之誥)」와, 호광(胡廣) 등 찬, 『서경대전(書經大全)』 권4, 「상서(商書)·중훼지고(仲虺之誥)」에 보인다. 그 전문은 다음과 같다. "德日新, 萬邦惟懷; 志自滿, 九族乃離, 王懋昭大德, 建中于民. 以義制事, 以禮制心, 垂裕後昆. 予聞, 曰: '能自得師者, 王; 謂人莫己若者, 亡. 好問則裕, 自用則小.'(덕이 날로 새로우면 모든 나라가 그리워하고, 뜻이 스스로 거드름을 부리며 만족해하면 모든 친족이 이에 떠날 것이니, 임금께서는 힘써 큰 은덕을 밝히시어 백성들에게 중정의 도를 세우소서. 의로써 정사를 제어하시고 예로써 마음을 제어하셔야 후손들에게 덕업을 남겨주실 것입니다. 제가 듣건대, '능히 스스로 스승을 얻는 이는 임금을 할 수 있고, 남들이 자기만 못하다고 말하는 이는 망하니, 남들에게 묻기를 좋아하면 여유가 있으며, 스스로 옳다 여기고 행하면 작아진다.'고 하였습니다.)"
11) 채침(蔡沈) 찬, 『서경집전(書經集傳)』 권4, 「주서(周書)·홍범(洪範)」과, 호광(胡廣) 등 찬, 『서경대전(書經大全)』 권6, 「주서(周書)·홍범(洪範)」에 보인다. 그 전문은 다음과 같다. "五皇極, 皇建其有極, 斂時五福, 用敷錫厥庶民, 惟時厥庶民, 于汝極, 錫汝保極.(다섯째 황극은 임금이 중정한 표준을 세움이니, 이 다섯 가지 복을 거두어 많은 백성들에게 복을 펼치면 오직 이 많은 백성들이 너의 중정한 표준에 대하여 너에게 중정한 표준을 보존하게 할 것이다.)"
12) 본래 글자의 뜻인 '전수(傳授)하다'의 평성(平聲)을 말하는 것이다.
13) 출처가 자세하지 않다.

[0-1-3]

二帝・三王, 存此心者也; 夏桀・商受, 亾此心者也; 太甲・成王, 困而存此心者也, 存則治, 亾則亂, 治亂之分, 顧其心之存不存如何耳. 後世人主, 有志於二帝・三王之治, 不可不求其道, 有志於二帝・三王之道, 不可不求其心, 求心之要, 舍是書, 何以哉.

두 황제와 세 군왕은 이 마음을 간직한 이들이고, 하(夏)나라 걸왕(桀王)과 상(商)나라 수왕(受王: 紂)은 이 마음을 잃은 이들이며, 태갑(太甲)과 성왕(成王)은 힘들게 이 마음을 간직한 이들이니, 이 마음을 간직하면 다스려지고 잃으면 어지러워지니, 다스려짐과 어지러움의 나뉘짐은 다만 그 마음을 간직함과 간직하지 못함의 여하에 달려있을 뿐이다. 후세의 임금이 두 황제와 세 군왕의 정치에 뜻을 두었다면 그 도(道)를 구하지 않을 수 없고, 두 황제와 세 군왕의 도에 뜻을 두었다면 그 마음을 구하지 않을 수 없으니, 마음을 구하는 요령을 이 책을 놔두고 무엇으로써 구할 수 있겠는가.

詳說

○ 上聲.14)
 '사(舍)'는 상성(上聲)이다.
○ '嗚呼'至此, 敍『書』本事.
 '하이재(何以哉)'에서 볼 때, '오호(嗚呼)'부터 여기까지는 『서경(書經)』의 근본적인 일을 서술한 것이다.

[0-1-4]

沈, 自受讀以來, 沈潛其義, 參考衆説, 融會貫通, 廼敢折衷, 微辭奥旨, 多述舊聞,「二典」・「禹謨」, 先生蓋嘗是正, 手澤尚新, 嗚呼! 惜哉.

---

14) 채침(蔡沈) 찬, 『서경집전(書經集傳)』의 소주에는 "音捨.(음이 사이다.)"로 되어 있다. 내각본에는 소주가 없다. 『광운(廣韻)』에 의하면 그 뜻이 '버리다'일 경우에는 상성(上聲)으로 사(捨)와 같고, 그 뜻이 '집'일 경우에는 거성(去聲)이라고 하였다.

침(沈)은 이 책을 수업하여 읽은 이래로 그 뜻에 침잠하고 여러 말씀들을 참고하여 자세하게 이해하여 꿰뚫고서 이에 감히 절충하였는데, 은미(隱微)한 말과 깊은 뜻은 대부분 옛날에 들은 것을 기술하였고,「요전(堯典)」·「순전(舜典)」과「대우모(大禹謨)」는 선생께서 대개 일찍이 바로 잡으신 것으로 손때가 여전히 새로우니, 아! 애석하도다.

詳說

○ 受於師.
'침자수독이래(沈自受讀以來)'의 경우, 스승에게 전해 받은 것이다.

○ 當有商量.
'선생개상시정(先生蓋嘗是正)'에서 '시정(是正)' 두 글자는 마땅히 헤아려 생각해 보아야 한다.

○ 陳氏曰 : "晦菴, 惟「二典」·「禹謨」·「召誥」·「洛誥」·「金縢」, 有解; 及九江彭蠡'皇極', 有辨."15)
진씨(陳氏: 陳振孫)16)가 말하였다. "회암(晦菴: 朱熹)이 오직「요전(堯典)」·「순전(舜典)」·「대우모(大禹謨)」·「소고(召誥)」·「낙고(洛誥)」·「금등(金縢)」에 해설한 것이 있고, 구강(九江) 팽려(彭蠡)17)가 '황극(皇極)18)'에 미쳐서 논변한 것이 있다."

○ 惜其不及卒事.

---

15) 송(宋) 진진손(陳振孫) 찬, 『직재서록해제(直齋書錄解題)』 권2, 「서류(書類)·회암서설칠권(晦庵書說七卷)」. "朱熹門人黃士毅, 集其師說之遺, 以爲此書. 晦庵於『書』一經, 獨無訓傳, 每以錯簡脫文處多, 不可彊通. … 今文多艱澁, 古文多平易, 伏生肯文暗誦, 乃偏得其所難, 而安國攷定於科斗古書, 錯亂磨滅之餘, 反專得其所易, 此誠有不可曉者. 今惟「二典」·「禹謨」·「召誥」·「洛誥」·「金縢」有解, 及九江彭蠡, 皇極有辨, 其他皆文集語錄中摘出.(주희의 문인인 황사의가 그 스승의 말씀하여 남기신 것을 모아서 이 책을 만들었다. 회암은 『서경』의 한 경서에 있어서 홀로 자구를 해설함이 없어 매양 순서가 잘못되고 글귀가 빠진 곳이 많으니 도저히 통할 수 없었다. … 이제 오직「요전(堯典)」·「순전(舜典)」·「대우모(大禹謨)」·「소고(召誥)」·「낙고(洛誥)」·「금등(金縢)」에 해설한 것이 있고, 구강(九江) 팽려(彭蠡)가 '황극'에 미쳐서 논변한 것이 있으며, 그밖에는 모두 문집과 어록 가운데에서 가져온 것이다.)"
16) 진씨(陳氏: 陳振孫): 진진손(1179-1261)은 남송의 학자로 초명이 원(瑗)이고, 자가 백옥(伯玉)이며, 호가 직재(直齋)이다. 벼슬은 국자감(國子監) 사업(司業)을 거쳐 보장각(寶章閣) 시제(待制)에 이르렀다. 어려서부터 배우기를 좋아하였고, 장서가 5만 1천여 권에 이를 정도로 고금의 서적에 해박하고 정통하여 목록학의 선구적 업적을 남겼다는 평가를 받았다. 저서로는 『서해(書解)』·『역해(易解)』·『직재서록해제(直齋書錄解題)』·『오흥인물지(吳興人物志)』·『씨족지(氏族志)』 등이 있다.
17) 팽려(彭蠡): 팽려(1146-120)은 주자의 문인으로 자가 사범(師範)이고, 호가 매파(梅坡) 또는 구강(九江)이며, 강서(江西) 도창(都昌) 사람이다. 벼슬은 이부상서(吏部尙書)에 이르렀다.
18) 황극(皇極): 임금이 천하를 다스리는 준칙으로, 이른바 대중지정(大中至正)한 도를 말한다. 「주서(周書)·홍범(洪範)」에 나오는 말이다. "五皇極, 皇建其有極.(다섯째 황극은 임금이 중정한 표준을 세움이다.)"

'석재(惜哉)'는 그 일을 마침에 미치지 못한 것을 애석해 한 것이다.

集傳

先生改本, 已附文集中, 其間亦有經, 承先生口授指畫, 而未及盡改者, 今悉 更定, 見本篇.
선생께서 본문을 개정하여 이미 문집 가운데 붙였고, 그 사이에 또한 경과함이 있지만 선생께서 말로 전해주고 손수 그려준 것을 받들었는데, 다 고치지 못했던 것을 이제 모두 고쳐서 정했으니, 본편에 보인다.

詳說

○ 『朱子大全』.19)
'문집중(文集中)'은 『주자대전(朱子大全)』이다.

○ 過也.
'경(經)'은 시간이 지나감이다.

○ 平聲.20)
'경(更)'은 평성(平聲)이다.

○ 音現, 下同.
'현(見)'은 음이 현(現)이니, 아래도 같다.

○ 「二典」·「禹謨」.
'본편(本篇)'은 「요전(堯典)」·「순전(舜典)」·「대우모(大禹謨)」이다.

○ 讀者, 並取『朱子大全』中所載者, 而叅考, 可也.
읽은 이는 『주자대전(朱子大全)』 가운데 실려 있는 것을 아울러 취하여 참고하는 것이 좋다.

---

19) 『주자대전(朱子大全)』 권65, 「잡저(雜著)·상서(尙書)」를 말한다.
20) 『광운(廣韻)』에 의하면 그 뜻이 '고치다'일 경우에는 평성(平聲)이라 하였고, 그 뜻이 '다시'일 경우에는 거성(去聲)이라고 하였다.

[0-1-5]

『集傳』, 本先生所命, 故凡引用師說, 不復識別. 四代之書, 分
爲六卷, 文以時異, 治以道同. 聖人之心, 見於書, 猶化工之妙
著於物, 非精深不能識也. 是『傳』也, 於堯·舜·禹·湯·
文·武·周公之心, 雖未必能造其微, 於堯·舜·禹·湯·
文·武·周公之書, 因是訓詁, 亦可得其指意之大略矣.
嘉定己巳三月旣望, 武夷蔡沈序.

『서경집전(書經集傳)』은 본래 선생께서 가르쳐주신 것이기 때문에 무릇 스승의 말씀을 인용함에 다시 분별하여 알아볼 수 있게 하지 않았다. 우(虞)·하(夏)·상(商)·주(周) 네 시대의 글을 여섯 권(卷)으로 나누었는데, 글은 시대에 따라서 달랐지만 정치는 다스리는 방도가 같았다. 성인(聖人)의 마음이 글에 나타난 것이 천지조화의 신묘함이 사물에 드러난 것과 같았으니, 정밀하고 심오하지 않으면 알 수 없는 것이다. 이 『서경집전(書經集傳)』이 요(堯)·순(舜)·우(禹)·탕(湯)·문(文)·무(武)·주공(周公)의 마음에 있어서 비록 반드시 그 은미함에 나아가지는 못하였으나, 요(堯)·순(舜)·우(禹)·탕(湯)·문(文)·무(武)·주공(周公)의 글에 있어서 이 훈고에 말미암으면 또한 그 뜻의 대략을 얻을 수 있을 것이다.
가정(嘉定) 기사년(己巳年: 129) 3월 16일에 무이(武夷)의 채침(蔡沈)이 서문을 쓰다.

詳說

○ 名也.[21]
  '명(命)'은 명명(命名)함이다.

○ 如李復·邢恕註[22], 及「考定武成」註之類.[23]
  '사설(師說)'은 이복(李復)과 형서(邢恕)[24]의 주(註) 및 「고정무성(考定武成)」의

---

[21] '명(命)'은 명명(命名), 곧 이름을 지어 붙인다는 의미보다는 교령(敎令), 곧 가르쳐 이끌면서 감화시키는 것으로 봄이 낫다.
[22] 「하서(夏書)·우공(禹貢)」에서, 조운사(漕運使) 이복(李復)과 책사(策士)인 형서(邢恕)가 언급한 것을 "邢恕之策, 如李復之言, 可謂謬矣.(형서의 계책이 이복의 말과 같았다면 잘못되었다고 할 수 있을 것이다.)"라고 하여 시정한 것을 말한다.
[23] 「주서(周書)·무성(武成)」에서, 채침이 사설(師說)을 참고하여 「금고정무성(今考定武成)」을 다시 지은 것을 말한다.
[24] 형서(邢恕)는 자가 화숙(和叔)이고, 정주(鄭州) 원무(原武) 사람이다. 이른 나이에 이정(二程)을 좇아 배웠으

주(註)와 같은 유형이다.

○ 去聲.25)

'부(復)'는 거성(去聲)이다.

○ 音志.26)

'지(識)'는 음이 지(志)이다.

○ 彼列反.27)

'별(別)'은 피(彼)와 렬(列)의 반절이다.

○ 虞·夏·商, 各一卷; 周三卷. ○『書』凡百篇, 遭秦火後, 今所存者, 僅五十八篇, 而今文又止於二十九篇而已.28)

'분위육권(分爲六卷)'의 경우, 우(虞)·하(夏)·상(商)이 각각 1권이고, 주(周)는 3권이다. ○『서경(書經)』은 모두 10편이었는데, 진시황제(秦始皇帝)의 분서갱유(焚書坑儒)를 만난 뒤에 지금껏 남아 있는 것이 겨우 58편이며, 금문(今文)은 또 29편에 그칠 따름이다.

○ 文雖以時而異, 治則以道而同.

'치이도동(治以道同)'의 경우, 글은 비록 시기로써 하여 다르지만, 정치는 다스리는 방도로써 하여 같은 것이다.

○ 音糙.29)

'조(造)'는 음이 조(糙)이다.

며, 진사과에 급제하여 관직에 나아갔다. 많은 서적에 정통하고 언변이 뛰어나 전국시대 종횡가를 능가했으며, 스스로 책사(策士)를 자부하고 목적 달성을 위하여 수단을 가리지 않았다고 한다.
25) 채침(蔡沈) 찬,『서경집전(書經集傳)』의 소주에는 "扶又反.(부와 우의 반절이다.)"으로 되어 있다. 내각본에는 소주가 없다.『광운(廣韻)』에 의하면 그 뜻이 '다시, 또'일 경우에는 거성(去聲)이라 하였고, 그 뜻이 '돌아오다, 중복하다'일 경우에는 입성(入聲)이라고 하였다.
26) 채침(蔡沈) 찬,『서경집전(書經集傳)』의 소주를 수용한 것이다. 내각본에는 소주가 없다.
27) 채침(蔡沈) 찬,『서경집전(書經集傳)』의 소주를 수용한 것이다. 내각본에는 소주가 없다.
28) 채침(蔡沈) 찬,『서경집전(書經集傳)』의 소주에는 "虞·夏·商·周·虞一卷, 夏一卷, 商一卷, 周三卷.『書』凡百篇, 遭秦火後, 今所存者, 僅五十八篇."으로 되어 있다. 내각본에는 소주가 없다.
29) 채침(蔡沈) 찬,『서경집전(書經集傳)』의 소주에는 "七到反.(칠과 도의 반절이다.)"으로 되어 있다. 내각본에는 소주가 없다.『광운(廣韻)』에 의하면 그 뜻이 '이르다, 나아가다'일 경우에는 "七到切, 去.(칠과 도의 반절이고, 거성이다.)라 하였고, 조(糙)도 또한 "七到切, 去.(칠과 도의 반절이고, 거성이다.)라고 하였다.

○ 果五·古慕二反.30)
'고(詁)'는 과(果)와 오(五)·고(古)와 모(慕) 두 개의 반절이다.

○ 遂敘『集傳』本事, 以終之.
'역가득기지의지대략의(亦可得其指意之大略矣)'의 경우, 마침내 『서경집전(書經集傳)』의 근본적인 일을 서술하여 마친 것이다.

○ 亦寧宗年號.31)
'가정(嘉定)'은 또한 영종(寧宗)의 연호(121-124)이다.

○ 字仲默, 西山先生之元定子, 從學朱文公. 隱居不仕, 自號九峰先生.32)
'무이채침서(武夷蔡沈序)'에서 '침(沈)'은 자가 중묵(仲默)이고, 서산선생(西山先生) 채원정(蔡元定)33)의 아들이며, 주문공(朱文公: 朱熹)을 좇아서 배웠다. 은거하여 벼슬하지 않았으며, 스스로 호(號)를 구봉선생(九峰先生)이라고 하였다.

---

30) 채침(蔡沈) 찬, 『서경집전(書經集傳)』의 소주에는 "果五·古慕二切, 通古今之言也.(과와 오·고와 모 두 개의 반절이니, 옛날과 지금에 통용되는 말이다.)"로 되어 있다. 내각본에는 소주가 없다.
31) 채침(蔡沈) 찬, 『서경집전(書經集傳)』의 소주를 수용한 것이다. 내각본에는 소주가 없다.
32) 채침(蔡沈) 찬, 『서경집전(書經集傳)』의 소주에는 "'沈', 俗作沉, 非, 沈音澄洗. 字仲默, 建寧府建陽縣人, 西山先生之仲子, 從學朱文公. 隱居不仕, 自號九峰先生."으로 되어 있다. 『서경대전(書經大全)』 및 내각본 『서전대전(書傳大全)』에는 소주가 없다.
33) 채원정(蔡元定): 채원정(1135-1198)은 남송의 학자로 자가 계통(季通)이고, 학자들이 서산선생(西山先生)이라고 불렀으며, 건양현(建陽縣) 사람이다. 주자의 이학(理學)을 창건한 한 사람으로 평생 벼슬을 하지 않고 이록(利祿)을 구하지 않으며 여러 학문 분야에 정진하면서 저술에 침잠하였다. 저서로는 『율려신서(律呂新書)』, 『서산공집(西山公集)』 등이 있다.

서서설상설
書序說詳說

▢ 「序說」, 今見『朱子大全』「二典」・「禹謨」之卷首, 蔡氏亦增刪檃
括載之.34) 而『大全』本無之, 是闕文也.

「서서설(書序說)」은 지금 『주자대전(朱子大全)』「요전(堯典)」・「순전(舜典)」・「대우모(大禹謨)」의 권머리에 보이니, 채씨(蔡氏: 蔡沈)가 또한 더하고 깎으며 대충 뭉뚱그려 실은 것이다. 그런데 『서경대전(書經大全)』에는 본래부터 없었으니, 이는 글이 빠진 것이다.

[0-2-1]

漢孔安國曰 : "古者, 伏羲氏之王天下也, 始畫八卦, 造書契, 以代結繩之政, 由是文籍生焉.

한나라 공안국(孔安國)35)이 말하였다. "옛날에 복희씨(伏羲氏)가 천하에 왕이 되어 비로소 팔괘(八卦)를 긋고 서계(書契)를 만들어 결승(結繩)의 정치를 대신하였는데, 이로 말미암아 문자와 서적이 생겼다.

▢ 「書傳序」.36)

'한공안국(漢孔安國)', 「서전서(書傳序)」이다.

▢ 去聲.37)

'왕(王)'은 거성(去聲)이다.

---

34) 『주자대전(朱子大全)』 권65, 「잡저(雜著)」・상서(尚書)에 실려 있다. 『상서주소(尚書注疏)』「상서서(尚書序)」의 내용을 채침(蔡沈)이 증산(增刪)하고 개괄(檃栝)하여 실었음을 말하는 것이다.

35) 공안국(孔安國): 공안국(B.C.156-74)은 전한(前漢)의 학자로, 자가 자국(子國)이고, 노(魯)나라 사람으로 공자(孔子)의 12세손이다. 신공(申公)에게 『시경(詩經)』을 수학하고, 복생(伏生)에게 『상서(尚書)』를 전해 받았다. 노(魯)나라 공왕(共王)이 공부(孔府)의 옛집을 허물 때 벽 속에서 『고문상서(古文尚書)』・『예기(禮記)』・『논어(論語)』・『효경(孝經)』 등이 나왔는데 모두 과두문자(蝌蚪文字)로 되어 있는 것을 금문(今文)으로 해독하였으니 이것이 『고문상서(古文尚書)』이다. 저서로는 『고문효경전(古文孝經傳)』・『논어훈해(論語訓解)』 등이 있다.

36) 호광(胡廣) 등 찬, 『서경대전(書經大全)』의 소주에는 "先聖十二世孫."으로 되어 있다. 채침(蔡沈) 찬, 『서경집전(書經集傳)』과 내각본에는 「서서설(書序說)」이 없다. '「書傳序」'는 『상서주소(尚書注疏)』의 「상서서(尚書序)」를 말한다.

37) 호광(胡廣) 등 찬, 『서경대전(書經大全)』의 소주를 수용한 것이다. 『광운(廣韻)』에 의하면 그 뜻이 '임금이 되다, 통치하다'일 경우에는 거성(去聲)이라 하였고, 그 뜻이 '임금, 군왕'일 경우에는 평성(平聲)이라고 하였다.

集傳

陸氏38)曰 : "'伏羲', 風姓, 以木德王, 卽太皥也. '書契', 刻木而書其側以約39)事也. 『易』「繫辭」云: '上古結繩而治, 後世聖人, 易之以書契.' '文', 文字也; '籍', 書籍也."40)

육씨(陸氏: 陸德明)41)이 말하였다. "'복희(伏羲)'는 풍(風)성이고, 나무를 다스리는 덕으로써 임금을 하였으니, 곧 태호(太皥)이다. '서계(書契)'는 나무를 깎아 그 측면에 써서 일을 약속하는 것이다. 『주역』「계사전(繫辭傳)」에서 이르기를, '아주 오랜 옛날에는 끈으로 매듭을 지어 다스렸으나, 후세에 성인이 서계(書契)로 바꾸었다.'라고 하였다. '문(文)'은 문자이고, '적(籍)'은 서적(書籍)이다."

詳說

○ 約信.42)
'약(約)'은 약신(約信)이다.

[0-2-2]

伏羲・神農・黃帝之書, 謂之『三墳』, 言大道也. 少昊・顓頊・高辛・唐・虞之書, 謂之『五典』, 言常道也. 至於夏・商・周之書, 雖設敎不倫, 雅誥奧義, 其歸一揆. 是故歷代寶

---

38) 『서경대전』 및 『서집전상설』과 달리 『주자대전(朱子大全)』에는 '陸德明'으로 되어 있다.
39) 호광(胡廣) 등 찬, 『서경대전(書經大全)』에는 '紀'자로 되어 있다.
40) 『상서주소(尙書注疏)』「상서서(尙書序)」음의(音義)에서 발췌한 것이다. 그 전문은 다음과 같다. "'伏', 古作처. '犧', 本又作羲, 亦作戲, 許皮反. 『說文』云: '賈侍中說, 此犧非古字.' 張揖『字詁』云: '羲, 古字; 戲, 今字.' '氏', 一號庖犧氏, 三皇之最先, 風姓, 母曰華胥, 以木德王, 卽太皥也. '王', 于況反. '書', 平麥反. '卦', 俱賣反. '契', 苦計反. '書'者, 文字. '契'者, 刻木而書其側, 故曰'書契'也. 一云: '以書契約其事也.' 鄭玄云: '以書書木邊, 言其事, 刻其木, 謂之書契也.' '結繩', 『易』「繫辭」云: '上古, 結繩而治, 後世聖人易之以書契.' '文', 文字也. '籍', 書籍也.('복'은 옛날에 복으로 썼다. '희'는 또 희로 쓰고, 또한 희로도 쓰니, 허와 피의 반절이다. ….)"
41) 육씨(陸氏: 陸德明): 육덕명(550-630?)은 당나라 학자로 이름은 원랑(元朗)이고, 자는 덕명(德明)이다. 진(陳)나라에서 시흥국좌상시(始興國左常侍)·국자감(國子監) 조교(助敎)를 지냈고, 수(隋)나라에서 비서학사(秘書學士)·국자감 조교를 지냈으며, 당나라에서 문학관학사(文學館學士)·태학박사(太學博士)·국자감 박사(博士) 등을 지냈다. 훈고학(訓詁學)에 뛰어났으며, 저서로는 『경전석문(經典釋文)』·『노자소(老子疏)』·『역소(易疏)』 등이 있다.
42) 호광(胡廣) 등 찬, 『예기대전(禮記大全)』권2, 「곡례(曲禮)」에서 "約信曰誓, 涖牲曰盟.(말로 약속하여 서로 믿고 지키는 것을 서라 하고, 희생 앞에 임하여 희생의 피를 나누어 마시는 것을 맹이라고 한다.)"이라고 하였다.

之, 以爲大訓.

복희(伏羲)·신농(神農)·황제(黃帝)의 책을 『삼분(三墳)』이라 이르니, 큰 도리를 말한 것이다. 소호(少昊)·전욱(顓頊)·고신(高辛)·당(唐)·우(虞)의 책을 『오전(五典)』이라 이르니, 떳떳한 도리를 말한 것이다. 하(夏)나라와 상(商)나라와 주(周)나라의 책에 이르러서는 비록 가르침을 베푼 것이 서로 닮지 않았으나 깊은 뜻을 바르게 알려주었으니, 그것들은 서로 똑같은 도(道)로 귀결되었다. 이러한 까닭으로 지나온 시대마다 그것을 보배롭게 여겨 위대한 교훈으로 삼았던 것이다.

詳說

○ 去聲.43)
'소(少)'는 거성(去聲)이다.

○ 吁玉反.44)
'욱(頊)'은 우(吁)와 옥(玉)의 반절이다.

○ 典常也.
'상도야(常道也)'는 전상(典常)45)이다.

○ 未必相類.
'불륜(不倫)'은 반드시 서로 닮지 않은 것이다.

○ 正也.46)

---

43) 『광운(廣韻)』에 의하면 그 뜻이 '어리다'일 경우에는 거성(去聲)이라 하였고, 그 뜻이 '적다'일 경우에는 상성(上聲)이라고 하였다.
44) 호광(胡廣) 등 찬, 『서경대전(書經大全)』에는 "音專頊.(음이 전욱이다.)"으로 되어 있다. 『광운(廣韻)』에 의하면 "許玉切.(허와 옥의 반절이다.)"이라고 하였다.
45) 전상(典常): 『주역전의대전(周易傳義大全)』 권23, 「계사하전(繫辭下傳)」. "처음부터 그 말을 따르면서 그 방도를 헤아리면 이윽고 변함없는 준칙과 떳떳한 법도가 있게 되지만, 진실로 그 바람직한 사람이 아니면 도는 헛되이 행해지지 않는다.(初率其辭而揆其方, 旣有典常, 苟非其人, 道不虛行.)" 『주역전의대전(周易傳義大全)』 권23, 「계사하전(繫辭下傳)」 제8장·본의(本義)」의 소주에 의하면, "朱子曰 : '旣有典常, 是一定了. 占得他這爻了, 吉凶自定, 這便是有典常.'(주자가 말하였다. '이미 변함없는 준칙과 떳떳한 법도가 있다고 함은 일정한 것이다. 점쳐서 이 효를 얻게 되면 길흉이 자연히 정해지니, 이것이 바로 변함없는 준칙과 떳떳한 법도가 있는 것이다.')"라고 하였다.
46) 주자(朱子) 변설(辨說), 『시서(詩序)』 권상, 자하(子夏) 「대서(大序)」. "是以, 一國之事, 繫一人之本, 謂之風. 言天下之事, 形四方之風, 謂之雅. 雅者, 正也.(이 때문에 한 나라의 일이 한 사람의 근본에 매달려있으니, 이를 일러 풍이라고 한다. 천하의 일이 사방의 풍에 나타난다고 말하니, 이를 일러 아라고 한다. 아라는 것은 바르다는 것이다.)"

'아(雅)'는 바름이다.

○ 二字, 出『孟子』「萬章」.47)
'일규(一揆)'의 두 글자는 『맹자(孟子)』「만장(萬章)」에 나온다.

○ 二字, 見「顧命」.48)
'대훈(大訓)'의 두 글자는 「고명(顧命)」에 보인다.

集傳

陸氏曰 : "'神農', 炎帝也, 姜姓, 以火德王. '黃帝', 軒轅也, 姬姓, 以土德王, 一號有熊氏. '塡', 大也. '少昊', 金天氏, 己姓, 黃帝之子, 以金德王. '顓頊', 高陽氏, 姬姓, 黃帝之孫, 以水德王. '高辛', 帝嚳也, 黃帝之曾孫, 姬姓, 以木德王. '唐', 帝堯也, 姓伊耆氏, 帝嚳之子, 初爲唐侯, 後爲天子, 都陶, 故號陶唐氏, 以火德王. '虞', 帝舜也, 姓姚氏, 國號有虞, 顓頊六世孫, 以土德王."49) "'夏', 禹有天下之號也, 以金德王. '商', 湯有天下之號也, 亦號殷, 以水德王. '周', 文王·武王有天下之號也, 以木德王. '揆', 度也."50)

---

47) 『맹자(孟子)』「만장(萬章)」이 아니라 『맹자(孟子)』「이루하(離婁下)」에 실려 있다. 그 전문은 다음과 같다. "孟子曰 : '舜生於諸馮, 遷於負夏, 卒於鳴條, 東夷之人也. 文王生於岐周, 卒於畢郢, 西夷之人也. 地之相去也, 千有餘里, 世之相後也, 千有餘歲, 得志行乎中國, 若合符節. 先聖後聖, 其揆一也.'(맹자가 말하였다. '순임금은 제풍에서 태어나 부하로 옮겨갔다가 명조에서 죽었는데 동이의 사람이다. 문왕은 기주에서 태어나 필영에서 죽었는데 서이의 사람이다. 땅이 서로 떨어진 것이 1천여 리나 되고, 시대가 서로 뒤쳐진 것이 1천여 년이지만, 뜻을 얻어 나라 안에 행한 것은 부절을 맞춘 것과 같았다. 앞의 성인과 뒤의 성인이 그 법도가 똑같았던 것이다.')"

48) 『서경대전(書經大全)』「주서(周書)·고명(顧命)」. "在後之侗, 敬迓天威, 嗣守文·武大訓, 無敢昏逾.(후세의 어리석은 내가 공경히 하늘의 위엄을 맞이하여 문왕과 무왕의 위대한 교훈을 받들어 지키며 감히 어둡거나 지나침이 없었노라.)"

49) 『상서주소(尙書注疏)』「상서서(尙書序)·음의(音義)」에서 발췌한 것이다. 그 전문은 다음과 같다. "'神農', 炎帝也, 姜姓, 母曰女登. 以火德王, 三皇之二也. '黃帝', 軒轅也, 姬姓, 少典之子, 母曰附寶. 以土德王, 三皇之三也. 『史記』云: '姓公孫, 名軒轅, 一號有熊氏.' '塡', 扶云反, 大也. '少', 詩照反. '昊', 胡老反. '少昊', 金天氏, 名摯, 字青陽, 一曰玄囂, 己姓, 黃帝之子, 母曰女節. 以金德王, 五帝之最先. '顓', 音專. '項', 許玉反. '顓頊', 高陽氏, 姬姓, 黃帝之孫, 昌意之子, 母曰景僕, 謂之女樞. 以水德王, 五帝之二也. '高辛', 帝嚳也, 姬姓. '譽', 口毒反. 母名不見, 以木德王, 五帝之三也. '唐', 帝堯也, 姓伊耆氏, 堯初爲唐侯, 後爲天子, 都陶, 故號陶唐氏. 帝嚳之子, 帝摯之弟, 母曰慶都, 以火德王, 五帝之四也. '虞', 帝舜也, 姓姚氏, 國號有虞, 顓頊六世孫. 瞽瞍之子, 母曰握登, 以土德王, 五帝之五也. 先儒解三皇五帝, 多與孔不同, 並見發題.('신농'은 염제이니, 강성이고 어머니가 문등이다. 불을 다스리는 덕으로써 임금이 되었으며, 삼황 가운데 두 번째이다. '황제'는 헌원이니, 희성이고 소전의 아들이며 어머니는 부보이다. 흙을 다스리는 덕으로써 임금을 하였으며, 삼황 가운데 세 번째이다. 『사기』에 이르기를, '성이 공손이고 이름이 헌원이며, 한편으로는 유웅씨라고 부른다. ….)"

50) 『상서주소(尙書注疏)』「상서서(尙書序)·음의(音義)」에서 발췌한 것이다. 그 전문은 다음과 같다. "'夏', 禹天下號也, 以金德王, 三王之最先. '商', 湯天下號也, 亦號殷, 以水德王, 三王之二也. '周', 文王·武王有天下號也, 以木德王, 三王之三也. '誥', 故報反, 告也, 示也. '奧', 烏報反, 深也. '揆', 葵癸反, 度也.('하'는 우가

육씨(陸氏: 陸德明)가 말하였다. "'신농(神農)'은 염제(炎帝)이니, 강(姜)성이고 불을 다스리는 덕으로써 임금을 하였다. '황제(黃帝)'는 헌원(軒轅)이니, 희(姬)성이고 흙을 다스리는 덕으로써 임금을 하였으며, 한편으로는 유웅씨(有熊氏)라고 부른다. '분(墳)'은 큼이다. '소호(少昊)'는 금천씨(金天氏)이니, 기(己)성이고 황제(黃帝)의 아들이며, 쇠를 다스리는 덕으로써 임금을 하였다. '전욱(顓頊)'은 고양씨(高陽氏)이니, 희(姬)성이고 황제(黃帝)의 손자이며, 물을 다스리는 덕으로써 임금을 하였다. '고신(高辛)'은 제곡(帝嚳)이니, 황제(黃帝)의 증손자이고 희(姬)성이며, 나무를 다스리는 덕으로써 임금을 하였다. '당(唐)'은 임금 요(堯)이니, 성은 이기씨(伊耆氏)이고 제곡(帝嚳)의 아들로 처음에 당(唐)나라의 제후가 되었다가 뒤에 천자가 되었으며, 도(陶)에 도읍하였기 때문에 도당씨(陶唐氏)라고 불렀으며, 불을 다스리는 덕으로써 임금을 하였다. '우(虞)'는 임금 순(舜)이니, 성은 요씨(姚氏)이고 나라의 이름은 유우(有虞)이며, 전욱(顓頊)의 6세손으로 흙을 다스리는 덕으로써 임금을 하였다." "'하(夏)'는 우(禹)가 천하를 소유한 칭호이니, 쇠를 다스리는 덕으로써 임금을 하였다. '상(商)'은 탕(湯)이 천하를 소유한 칭호이니, 또한 은(殷)으로도 불렀으며, 물을 다스리는 덕으로써 임금을 하였다. '주(周)'는 문왕(文王)과 무왕(武王)이 천하를 소유한 칭호이니, 나무를 다스리는 덕으로써 임금을 하였다. '규(揆)'는 법도이다."

詳說

○ 句.

'당, 제요야(唐, 帝堯也)'에서 '당(唐)'은 문장이 끊어지는 곳이다.

○ 入聲.51)

'탁(度)'은 입성(入聲)이다.

[O-2-3]

八卦之說, 謂之『八索』, 求其義也. 九州之志, 謂之『九丘』,

천하를 소유한 칭호이니, 쇠를 다스리는 덕으로써 임금을 하였으며, 삼왕 가운데 가장 앞이다. ….)"
51) 호광(胡廣) 등 찬, 『서경대전(書經大全)』에는 "唐, 入聲.(당음이니, 입성이다.)"으로 되어 있다. 『광운(廣韻)』에 의하면 그 뜻이 '헤아리다, 계산하다'일 경우에는 입성(入聲)이라 하였고, 그 뜻이 '도량, 법도'일 경우에는 거성(去聲)이라고 하였다.

丘는 聚(모음)이니, 九州가 所有한 것과 土地에서 생산되는 것과 風氣에 마땅한 것이 모두 이 책에 모여 있음을 말한 것이다. 『春秋左氏傳』에 말하기를 '楚나라 左史 倚相이 능히 『三墳』・『五典』・『八索』・『九丘』를 읽었다.'라고 하였으니, 곧 上世 帝王의 遺書를 이른 것이다.

팔괘(八卦)의 말을 『팔삭(八索)』이라고 한 것은 그 뜻을 탐구해서이다. 구주(九州)의 기록을 『구구(九丘)』라고 한 것은 '구(丘)'가 모임이어서이니, 구주(九州)가 소유한 것과 토지에서 생산되는 것과 풍기(風氣)에 마땅한 것을 모두 이 책에 모았음을 말한다. 『춘추좌씨전(春秋左氏傳)』에서 말하기를, '초나라의 좌사(左史) 의상(倚相)이 능히 『삼분(三墳)』・『오전(五典)』・『팔삭(八索)』・『구구(九丘)』를 읽어냈다.'라고 하였는데, 곧 위 시대의 제왕이 남긴 서책을 이른 것이다.

詳說

○ 山客反, 下並同.[52]
'삭(索)'은 산(山)과 객(客)의 반절이니, 아래도 아울러 같다.

○ 誌通.
'지(志)'는 지(誌)와 통한다.

○ 昭十二年.[53]
'『춘추좌씨전(春秋左氏傳)』'은 소공(昭公) 12년이다.

○ 去聲.[54]
'상(相)'은 거성(去聲)이다.

集傳

---

[52] 호광(胡廣) 등 찬, 『서경대전(書經大全)』에는 "音色.(음이 색이다.)"으로 되어 있다. 『광운(廣韻)』에 의하면 그 뜻이 '거친 끈'일 경우에는 "蘇各切, 入.(소와 각의 반절이니, 입성이다.)"이라 하였고, 그 뜻이 '탐색하다, 연구하다'일 경우에는 "山責切, 入.(산과 책의 반절이니, 입성이다.)"이라고 하였다. 따라서 '팔삭'도 '팔색'이라고 해야 옳다.
[53] 『춘추좌전주소(春秋左傳注疏)』 권45. "王出復語, 左史倚相趨過, 王曰: '是良史也, 子善視之. 是能讀『三墳』・『五典』・『八索』・『九丘』."(왕이 나와서 다시 말을 하는데, 좌사 의상이 달려서 지나가자 왕이 말하기를 '이는 좋은 사관이니, 그대들은 잘 살펴보시오. 이는 능히 『삼분』・『오전』・『팔삭』・『구구』를 읽을 수 있소.'라고 하였다.)"
[54] 호광(胡廣) 등 찬, 『서경대전(書經大全)』의 소주를 수용한 것이다. 『광운(廣韻)』에 의하면 그 뜻이 '보다, 돕다'일 경우에는 거성(去聲)이라 하였고, 그 뜻이 '서로'일 경우에는 평성(平聲)이라고 하였다.

陸氏曰:"'索', 求也."55) "'倚相', 楚靈王時史官也."56)
육씨(陸氏: 陸德明)가 말하였다. "'삭(索)'은 구함이다. '의상(倚相)'은 초나라 영왕(靈王) 때의 사관이다."

詳說

○ 名也.
'의상(倚相)'은 이름이다.

[O-2-4]

先君孔子, 生於周末, 觀史籍之煩文, 懼覽之者不一, 遂乃定禮樂, 明舊章, 刪詩爲三百篇, 約史記而修『春秋』, 讚『易』道以黜『八索』, 述職方以除『九丘』. 討論『墳』·『典』, 斷自唐·虞, 以下訖於周, 芟夷煩亂, 剪截浮辭, 擧其宏綱, 撮其機要, 足以垂世立敎. 典·謨·訓·誥·誓·命之文, 凡百篇, 所以恢弘至道, 示人主以軌範也. 帝王之制, 坦然明白, 可擧而行, 三千之徒, 並受其義.

선군(先君)이신 공자(孔子)는 주(周)나라 말기에 태어났는데, 역사책의 번잡한 글을 보고, 읽어본 것이 한결같지 않음을 걱정하여 마침내 이에 예악(禮樂)을 정하고, 옛 법규를 밝혔으며, 시(詩)를 깎아내어 3백편을 만들고, 노(魯)나라의 역사 기록을 간추려 『춘추』을 편찬하고, 『주역(周易)』의 도(道)를 찬술하여 『팔삭(八索)』을 몰아내고, 직방(職方)을 기술하여 『구구(九丘)』를 없애버렸다. 『삼분(三墳)』과 『오전(五典)』을 토론함에 단연코 당(唐)과 우(虞)로부터 시작하여 아래로 주(周)나라에 이르기까지 번잡하고 어지러운 것을 없애버리고 허황한 말을 잘라버리며, 그 대강(大綱)을 들고 그 요령을 취하여 후세에 전하고 가르침을 세우기에 충분하였다. 전(典)·모(謨)·훈(訓)·고(誥)·서(誓)·명(命)의 글이 모두 백편이니, 지극한 도를 넓혀서 임금에게 모범적인 법도로써 해야 함을 보인 것이다. 제왕의 제도가 거리낄 것 없이

---

55) 『상서주소(尙書注疏)』 「상서서(尙書序)·음의(音義)」에서 발췌한 것이다. 그 전문은 다음과 같다. "'索', 所白反, 下同, 求也. '徐', 音素, 本或作素."
56) 『상서주소(尙書注疏)』 「상서서(尙書序)·음의(音義)」에서 발췌한 것이다. 그 전문은 다음과 같다. "'左史', 史官, 在左. '倚', 於綺反. 劉, 琴綺反. '相', 息亮反. '倚相', 楚靈王時, 史官."

명백하고 들어서 시행할 만하므로 3천 명의 제자들이 아울러 그 뜻을 받아들인 것이다.

詳說

○ 魯史記.
'사기(史記)'는 노(魯)나라 역사 기록이다.

○ 『周禮』「夏官」.57)
'직방(職方)'은 『주례(周禮)』「하관(夏官)」이다.

○ 乃及於『書』.
'토론『분』·『전』(討論『墳』·『典』)'은 바로 『상서(尙書)』에 이른 것이다.

○ 都玩反.58)
'단(斷)'은 도(都)와 완(玩)의 반절이다.

○ 滅也.
'삼이(芟夷)'는 없앰이다.

○ 六體.
'전·모·훈·고·서·명지문(典·謨·訓·誥·誓·命之文)', 여섯 가지 문체이다.

集傳

程子59)曰: "所謂'大道', 若性與天道之說, 聖人豈得而去之哉. 若言陰陽·四時·七政·五行之道, 亦必至要之理, 非如後世之繁衍末術也. 固亦常道, 聖人所以不去也. 或者所謂羲·農之書, 乃後人稱述當時之事, 失其義理, 如許行爲神農之言, 及陰陽·權變·醫方, 稱黃帝之說耳. 此聖人所以去之也.『五典』

---

57) 직방(職方):『주례(周禮)』「하관(夏官)·사마(司馬)」. "職方氏, 掌天下之圖, 以掌天下之地, 辨其邦國·都鄙·四夷·八蠻·七閩·九貉·五戎·六狄之人民與其財用·九穀·六畜之數要, 周知其利害.(직방씨는 천하의 지도를 관장하니, 천하의 땅을 맡아서 그 큰 나라와 작은 나라, 도읍과 시골, 사방 오랑캐와 팔방 오랑캐, 일곱의 민과 아홉의 맥, 다섯 융과 여섯 적의 백성과, 그 재용과 구곡과 육축의 회계를 헤아리고 그 이익과 손해를 두루 아는 것이다.)"
58) 호광(胡廣) 등 찬, 『서경대전(書經大全)』에는 "音煅.(음이 단이다.)"으로 되어 있다.
59) 『서경대전』 및 『서집전상설』과 달리 『주자대전(朱子大全)』에는 '程氏'로 되어 있다.

旣皆常道, 又去其三. 蓋上古雖已有文字, 而制立法度, 爲治有迹, 得以紀載, 有史官以識其事, 自堯始耳." ○今按, 『周禮』, "外史掌三皇·五帝之書", 周公所錄, 必非僞妄, 而60)春秋時『三墳』·『五典』·『八索』·『九丘』之書, 猶有存者. 若果全備, 孔子亦不應悉刪去之. 或其簡編脫落, 不可通曉, 或是孔子所見, 止自唐虞以下, 不可知耳. 今亦不必深究其說也.

정자(程子: 程頤)가 말하였다. "이른바 '대도(大道)'가 성(性)과 천도(天道)와 같은 말이라고 하더라도 성인이 어찌 없앨 수 있었겠는가? 음양(陰陽)과 사시(四時)와 칠정(七政)과 오행(五行)의 도(道)를 말한 것처럼 또한 반드시 지극히 중요한 이치이니, 후세의 아주 많이 번성한 말단의 잡술(雜術)과는 같지 않은 것이다. 진실로 또한 떳떳한 도리여서 성인께서 없애지 않은 것이다. 대개 이른바 복희(伏羲)와 신농(神農)의 책은 바로 후세의 사람들이 당시의 일을 칭찬하여 기술해서 그 의리를 잃었으니, 예를 들면 허행(許行)61)이 신농(神農)의 말을 기술함에 음양(陰陽)·권변(權變)·의술(醫術)에 미쳐서 황제(黃帝)의 말을 칭찬할 뿐이었다. 이러한 것은 성인이 없애버린 것이다. 『오전(五典)』은 이미 모두 떳떳한 도리였지만, 또 그 가운데 셋을 없앴다. 대개 아주 오랜 옛날에 비록 이미 문자가 있어 법도를 제정하고 세워서 정치를 하여 자취를 남겨서 기재할 수 있었으나, 사관(史官)을 두어 그 일을 기록한 것은 요(堯)임금에서부터 시작되었을 뿐이다." ○이제 살펴보건대, 『주례(周禮)』에 "외사(外史)는 세 임금과 다섯 성군(聖君)의 책62)을 관장한다."고 하였으니, 주공(周公)이 기록한 것은 반드시 거짓되고 망령된 것이 아니었고, 춘추시대에도 『삼분(三墳)』·『오전(五典)』·『팔삭(八索)』·『구구(九丘)』의 책이 여전히 존재했던 것이다. 만약 과연 온전하게 갖추어졌더라면, 공자(孔子)도 또한 응당 깎아내고 없애지 않았을 것이다. 혹시라도 엮은 책이 떨어지거나 빠졌다면 환하게 깨달아 알 수 없었을 것인데, 혹시 공자(孔子)가 본 것이 다만 당(唐)·우(虞)의 시대로부터 아래였는지 알 수 없을 뿐이다. 지금 또한 그 말을 깊이 구명할 필요는 없을 것이다.

---

60) 『서경대전』 및 『서집전상설』과 달리 『주자대전(朱子大全)』에는 '知'로 되어 있다.
61) 허행(許行): 허행(B.C.372-289?)은 전국시대 초나라 사람으로 농학가(農學家)로 유명하였다. 맹자(孟子)와 같은 시대에 살았으나 저작의 상세한 내용과 기타 사적을 상고할 수 없다.
62) 세 임금과 다섯 성군(聖君)의 책: 공안국(孔安國)은 「서서(書序)」에서 삼황(三皇)은 복희(伏羲)·신농(神農)·황제(黃帝)이며, 오제(五帝)는 소호(少昊)·전욱(顓頊)·고신(高辛)·당요(唐堯)·우순(虞舜)이라고 하였다. 또 공안국(孔安國)은 「서서(書序)」에서 "복희·신농·황제의 책을 『삼분』이라고 이른다.(伏犧·神農·黃帝之書, 謂之『三墳』.)"라고 하였다. 『주례(周禮)』 「춘관(春官)·외사(外史)」에서 "외사는 밖으로 나가는 문서 명령을 관장하며, 사방 제후나라의 기록도 관장하며, 세 황제와 다섯 임금의 책을 관장한다.(外史, 掌書外令, 掌四方之志, 掌三皇五帝之書.)"라고 하였는데, 정현(鄭玄)은 그 주에서 "초나라 영왕이 이른바 『삼분』과 『오전』이다.(楚靈王所謂『三墳』·『五典』.)"라 하였고, 공영달(孔穎達)은 "『삼분』은 삼황 때의 책이다.(『三墳』, 三皇時書.)"라고 하였다.

詳說

○ 見『論語』「公冶長」.63)

'성여천도지설(性與天道之說)'에서, 『논어(論語)』「공야장(公冶長)」에 보인다.

○ 上聲, 下並同.64)

'거(去)'는 상성(上聲)이니, 아래도 아울러 같다.

○ 二字, 見「舜典」.65)

'칠정(七政)'의 두 글자는 「순전(舜典)」에 보인다.

○ 猶言意者.

'혹자(或者)'는 의자(意者: 대개)라고 말함과 같다.

○ 見『孟子』「滕文公」.66)

'허행위신농지언(許行爲神農之言)'은 『맹자(孟子)』「등문공(滕文公)」에 보인다.

○ 二字, 蓋指兵法.

'권변(權變)67)'의 두 글자는 대개 병법(兵法)을 가리킨다.

---

63) 『논어집주대전(論語集註大全)』「공야장(公冶長)」. "子貢曰 : '夫子之文章, 可得而聞也; 夫子之言性與天道, 不可得而聞也.'(자공이 말하였다. '선생님의 문장은 얻어서 들을 수 있지마는 선생님의 성과 천도를 말씀하신 것은 얻어 들을 수 없었다.')" 이에 정자(程子)는 「술이(述而)」에서 공자가 항상 평소에 하신 말씀이 시서(詩書)와 예악(禮樂)이며, 성과 천도 같은 것을 얻어서 들을 수 없었다고 한 것은 요점이 말하지 않으면서 알고 있었던 것이라고 하였다.(程子曰 : '孔子雅素之言, 止於如此[詩書執禮], 若性與天道, 則有不可得而聞者, 要在黙而識之也.')"
64) 호광(胡廣) 등 찬, 『서경대전(書經大全)』의 소주를 수용한 것이다. 『광운(廣韻)』에 의하면 그 뜻이 '제거하다'일 경우에는 거성(去聲)이라 하였고, 그 뜻이 '가다'일 경우에는 상성(上聲)이라고 하였다.
65) 『서경대전(書經大全)』「우서(虞書)」순전(舜典)」. "在璇璣玉衡, 以齊七政.(선기와 옥형으로 살펴 칠정을 가지런히 하였다.)" 집전에서 "칠정은 해와 달과 수(水)·목(木)·금(金)·화(火)·토(土)이다.(七政, 日月五星也.)"라고 하였다.
66) 『맹자집주대전(孟子集註大全)』「등문공상(滕文公上)」. "有爲神農之言者許行, 自楚之滕, 踵門而告文公曰: '遠方之人, 聞君行仁政, 願受一廛而爲氓.' 文公與之處, 其徒數十人, 皆衣褐, 捆屨織席, 以爲食.(신농씨의 말을 하는 사람인 허행이 초나라로부터 등나라에 가서 궁문에 이르러 문공에게 아뢰어 말하기를, '먼 지방의 사람들이 임금께서 어진 정치를 행하심을 듣고 원컨대 한 자리를 받아 백성이 되려고 합니다.'라고 하니 문공이 그에게 머물 곳을 주었는데, 그 무리 수십 사람이 모두 갈옷을 입고 신을 삼으며 자리를 짜서 먹는 것을 장만하였다.)"
67) 권변(權變): 권도(權道)인 임기응변(臨機應變)을 말한다. 『주자어류(朱子語類)』권37, 「논어(論語)19·자한편하(子罕篇下)」에서, "소의구(蘇宜久)가 '함께 권도를 행할 만하다'는 것에 대하여 물으니, 주자가 말하였다. '권도와 경도는 하나의 물건이라고 말할 수 없다. 결국 권도는 스스로 권도이고, 경도는 스스로 경도이다. 다만 한나라 선비들이 이른바 권변과 권술의 말이 아니다. 성인의 권도는 비록 경도와 다르지만 그 권도도 또한 일의 형편이 이를 때 거기에 맞춰서 하는 것이 바야흐로 좋은 것이다.(蘇宜久問'可與權', 曰: '權

○ 只存唐·虞.

'우거기삼(又去其三)'의 경우, 다만 당(唐)과 우(虞)만 남겨두었다.

○ 去聲.68)

'위치(爲治)'에서 '치(治)'는 거성(去聲: 다스리다)이다.

○ 音志.69)

'지(識)'는 음이 지(志)이다.

○ 春官.

'외사(外史)'는 춘관(春官)70)이다.

○ 平聲.71)

'응(應)'은 평성(平聲: 응당)이다.

[O-2-5]

及秦始皇, 滅先代典籍, 焚書坑儒, 天下學士逃難解散, 我先人用藏其家書于屋壁.

진시황(秦始皇)에 이르러 앞 시대의 전적(典籍)들을 없애버림에 책을 불태우고 유학자들을 구덩이에 묻어 죽이니, 세상의 학자와 선비들이 화난(禍難)을 피하여 흩어졌는데, 우리 선인(先人)께서는 그 집안의 책들을 집의 벽속에 감추었다.

詳說

○ 去聲.72)

與經, 不可謂是一件物事. 畢竟權自是權, 經自是經. 但非漢儒所謂權變·權術之說. 聖人之權, 雖異於經, 其權亦不是事體到那時, 合恁地做, 方好.')"라고 하였다.
68) 『광운(廣韻)』에 의하면 그 뜻이 '다스리다'일 경우에는 거성(去聲)이라 하였고, 그 뜻이 물 이름이나 장소일 경우에는 평성(平聲)이라고 하였다.
69) 호광(胡廣) 등 찬, 『서경대전(書經大全)』의 소주를 수용한 것이다.
70) 춘관(春官): 옛날 관직 이름으로 전욱씨(顓頊氏) 때에 오행관(五行官) 가운데 하나이니, 목정(木正)이다.
71) 『광운(廣韻)』에 의하면 그 뜻이 '응당'일 경우에는 평성(平聲)이라 하였고, 그 뜻이 '받다, 응하다'일 경우에는 거성(去聲)이라고 하였다.
72) 호광(胡廣) 등 찬, 『서경대전(書經大全)』의 소주를 수용한 것이다. 『광운(廣韻)』에 의하면 그 뜻이 '화난'일 경우에는 거성(去聲)이라 하였고, 그 뜻이 '곤란하다, 어렵다'일 경우에는 평성(平聲)이라고 하였다.

'난(難)'은 거성(去聲: 禍難)이다.

○ 以別於先君.
'선인(先人)'은 선군(先君)과 구별한 것이다.

集傳
'秦', 國名. '始皇', 名政, 並六國爲天子, 自號始皇帝. 焚『詩』·『書』, 在三十四年; 坑儒, 在三十五年. 顔師古曰: "『家語』云: '孔騰, 字子襄, 畏秦法峻急, 藏『尙書』·『孝經』·『論語』於夫子舊堂壁中', 而『漢記』「尹敏傳」云: '孔鮒所藏', 二說不同, 未知孰是."73)

'진(秦)'은 나라 이름이다. '시황(始皇)'은 이름이 정(政)이니, 여섯 나라74)를 아울러서 천자가 되었으며, 스스로 시황제라고 불렀다. 『시경(詩經)』과 『상서(尙書)』를 불태운 것은 34년에 있었고, 유학자들을 구덩이에 파묻은 것은 35년에 있었다. 안사고(顔師古)75)가 말하기를, "『공자가어(孔子家語)』에서 '공등(孔騰)은 자가 자양(子襄)인데 진(秦)나라의 법이 준엄하고 혹독한 것을 두려워하여 『상서(尙書)』·『효경(孝經)』·『논어(論語)』를 공자(孔子)의 옛집 벽속에 감추었다.'고 했는데, 『한기(漢記)』 윤민(尹敏)의 전(傳)에 이르기를, '공부(孔鮒)76)가 감춘 것이다.'라고 하여 두 말이 같지 않으니, 누가 옳은지 모르겠다."라고 하였다.

詳說
○ 並見『史記』「始皇紀」.
'갱유재삼십오년(坑儒在三十五年)'은 『사기(史記)』「시황기(始皇紀)」에 아울러 보인다.

○ 字籒, 唐萬年人.

---

73) 반고(班固) 찬, 『전한서(前漢書)』 권30, 「예문지(藝文志)」의 소주에 "師古曰: '『家語』云: 孔騰, 字子襄, 畏秦法峻急, 藏『尙書』·『孝經』·『論語』於夫子舊堂壁中, 而『漢記』尹敏傳云: 孔鮒所藏, 二說不同, 未知孰是.'(안사고가 말하였다. '『가어』에 이르기를, ….')"
74) 여섯 나라: 호광(胡廣) 등 찬, 『서경대전(書經大全)』의 소주에서 "제나라·초나라·연나라·조나라·한나라·위나라(齊·楚·燕·趙·韓·魏)"라고 하였다.
75) 안사고(顔師古): 안사고(581-645)는 이름이 주(籒)이고, 자가 사고(師古)이며, 옹주(雍州) 만년(萬年) 사람이다. 수(隋)나라와 당(唐)나라 때 자학(字學)으로써 이름을 알렸다.
76) 공부(孔鮒): 공부(B.C.264?-28)는 진(秦)나라 말기의 학자로 본명이 부갑(鮒甲)이고, 자가 자어(子魚)이며, 노나라 곡부(曲阜) 사람이다. 공자의 8세손으로 경사(經史)에 널리 통달하고 고문(古文)을 잘 하였으며, 벼슬은 박사(博士)에 이르렀다.

'안사고(顔師古)'는 자가 주(籀)이고, 당나라의 만년(萬年) 사람이다.

○ 「家語序」.
'『가어(家語)』'는 「가어서(家語序)」이다.

○ 孔子九世孫, 安國曾祖, 漢高帝封奉嗣君.
'자자양(字子襄)'의 경우, 공자(孔子)의 9세손으로 공안국(孔安國)이 증조(曾祖)이고, 한나라 고제(高帝) 때 봉사군(奉嗣君)에 봉해졌다.

○ 『東觀漢記』, 東漢劉珍撰.
'『한기(漢記)』'에서, 『동관한기(東觀漢記)』이니, 동한(東漢)의 유진(劉珍)이 지었다.

○ 字幼季, 東漢南陽人.
'윤민(尹敏)'은 자가 유계(幼季)이고, 동한(東漢) 남양(南陽) 사람이다.77)

○ 去聲.78)
'전(傳)'은 거성(去聲: 註釋)이다.

○ 字子魚, 騰之兄, 陳涉博士, 著『孔叢子』.
'공부(孔鮒)'는 자가 자어(子魚)이고, 등(騰)의 형이며, 진섭박사(陳涉博士)를 지내고, 『공총자(孔叢子)』79)를 지었다.

---

77) 윤민(尹敏)은 동한(東漢) 초기의 유가 고문경학(古文經學)을 대표하는 인물로 자가 유계(幼季)이고, 남양 도양(堵陽) 사람이다. 『구양상서(歐陽尙書)』・『고문상서(古文尙書)』・『모시(毛詩)』・『춘추곡량전(春秋穀梁傳)』・『춘추좌씨전(春秋左氏傳)』 등을 열심히 읽었으며, 참위(讖緯) 사상을 반대하였다. 벼슬은 간의대부(諫議大夫) 등에 이르렀다.
78) 호광(胡廣) 등 찬. 『서경대전(書經大全)』의 소주를 수용한 것이다. 『광운(廣韻)』에 의하면 그 뜻이 '註釋'일 경우에는 거성(去聲)이라 하였고, 그 뜻이 '전하다'일 경우에는 평성(平聲)이라고 하였다.
79) 『공총자(孔叢子)』: 공자(孔子)부터 자사(子思)・자상(子上)・자고(子高)・자순(子順)의 언행을 모아 엮은 책이다. 그 뒤 효무(孝武) 때 공장(孔藏)이 자신의 부(賦)와 서(書)인 연총상하편(連叢上下篇)을 붙여서 『공총자』라고 하였다. 가언(嘉言)・논서(論書)・기의(記義)・형론(刑論)・기문(記問)・잡훈(雜訓)・거위(居衛)・순수(巡狩)・공의(公儀)・항지(抗志)・소이아(小爾雅)・공손용(公孫龍)・유복(儒服)・대위왕(對魏王)・진사의(陣士義)・논세(論勢)・집질(執節)・힐묵(詰墨)・독치(獨治)・문군례(問軍禮)・문답(問答)의 21편과 연총상하편(連叢上下篇)으로 이루어졌다.

[0-2-6]

漢室龍興, 開設學校, 旁求儒雅, 以闡大猷. 濟南伏生年過九十, 失其本經, 口以傳授, 裁二十餘篇. 以其上古之書, 謂之『尚書』. 百篇之義, 世莫得聞.

한나라 왕실에서 왕들이 일어나서 학교를 개설하고 널리 올바른 선비들을 구하여 원대한 계획을 천명하였다. 제남(濟南)의 복생(伏生)80)이 나이가 아흔을 넘은 데다 본래의 경서(經書)를 잃어버려 입으로 전해주다 보니 겨우 20여 편뿐이었다. 그것이 아주 오랜 옛날의 책이었으므로『상서(尚書)』라고 하였는데, 10편의 뜻은 세상 사람들이 들을 수 없었다.

詳說

○ 音效.
'효(校)'는 음이 효(效)이다.81)

○ 上聲.82)
'제(濟)'는 상성(上聲)이다.

○ 纔通.
'재(裁)'는 재(纔)와 통한다.

○ 上也.
'상(尚)'은 상(上: 上古)이다.

集傳

『漢』「藝文志」云 : "『尚書』經二十九卷."83) 註84)云: "伏生所授者."85) 「儒林

---

80) 복생(伏生): 한나라의 학자로 이름은 승(勝)이고, 자는 자천(子賤)이며, 제남(濟南) 사람이다. 복생(伏生)은 비문(碑文)에서 이른 것이며, 원래는 진(秦)나라 박사를 지냈다. 분서(焚書) 때 벽속에『상서(尚書)』를 감추었다가 한나라 초에 벽을 열어보니 겨우 28편만 남아있어 그것으로 제(齊)나라와 노(魯)나라에서 가르쳐서 금문(今文)『상서(尚書)』를 배운 이들은 모두 그 문하에서 나온 것이다.
81)『광운(廣韻)』에 의하면 그 뜻이 '옛날 학교'일 경우에는 "胡教切, 去.(호와 교의 반절이고, 거성이다)"라고 하였다.
82) 호광(胡廣) 등 찬, 『서경대전(書經大全)』의 소주를 수용한 것이다. 『광운(廣韻)』에 의하면 그 뜻이 '물 이름'일 경우에는 상성(上聲)이라 하였고, 그 뜻이 '건너다'일 경우에는 거성(去聲)이라고 하였다.
83) 반고(班固) 찬, 『전한서(前漢書)』권30, 「예문지(藝文志)」. "『尚書』, 古文, 經四十六卷, 經二十九卷."

傳」云: "伏生, 名勝, 故爲秦博士. 以秦時焚書, 伏生壁藏之. 其後大兵起, 流亡, 漢定, 伏生求其書, 亡數十篇, 獨得二十九篇, 卽以敎于齊·魯之間. 孝文時求能治『尙書』者, 天下無有. 聞伏生治之, 欲召. 時伏生年九十餘, 老不能行. 於是詔太86)常使掌故晁錯, 往受之."87) 顔師古曰: "衛宏, 定古文『尙書』, 「序」云: '伏生老, 不能正言, 言不可曉, 使其女傳言敎錯, 齊人語多與潁川異, 錯所不知, 凡十二三, 略以其意屬讀而已'."88) 陸氏曰: "二十餘篇, 卽馬·鄭所註89)二十九篇",90) 是也. 孔穎達曰: "『泰誓』本非伏生所傳, 武帝之世, 始出而得行. 史因以入於伏生所傳之內, 故云二十九篇耳."91) ○今按, 此序言伏生失其本經, 口以傳授, 『漢書』乃言初亦壁藏, 而後亡數十篇, 其說如此序不同92), 蓋傳聞異辭爾. 至於篇數, 亦復不同者, 伏生本但有「堯典」·「皐陶謨」·「禹貢」·「甘誓」·「湯誓」·「盤庚」·「高宗肜日」·「西伯戡黎」·「微子」·「牧誓」·「洪範」·「金縢」·「大誥」·「康誥」·「酒誥」·「梓材」·「召誥」·「洛誥」·「多方」·「多士」·「立政」·「無逸」·「君奭」·「顧命」·「呂刑」·「文侯之命」·「費誓」·「秦誓」93), 凡二十八篇. 今加「泰誓」一篇, 故爲二十九篇耳. 其「泰誓」眞僞之說, 詳見本篇, 此未暇論也.

『한서(漢書)』「예문지(藝文志)」에서 이르기를, "『상서(尙書)』는 대쪽으로 29권이다."라 하고, 주(註)에 이르기를, "복생(伏生)이 전해준 것이다."라고 하였다. 「유림

---

84) 『서경대전』 및 『서집전상설』과 달리 『주자대전(朱子大全)』에는 '篇, 注'로 되어 있다.
85) 반고(班固) 찬, 『전한서(前漢書)』 권30, 「예문지(藝文志)」의 소주에 "… 師古曰: '此二十九卷, 伏生傳授者.' (… 안사고가 말하였다. ….)"라고 하였다.
86) 『서경대전』 및 『서집전상설』과 달리 『주자대전(朱子大全)』에는 '大'로 되어 있다.
87) 반고(班固) 찬, 『전한서(前漢書)』 권88, 「유림전(儒林傳)」. "伏生, 濟南人也, 故爲秦博士. 孝文時, 求能治『尙書』者, 天下亡有. 聞伏生治之, 欲召, 時伏生年九十餘, 老不能行. 於是詔太常, 使掌故朝錯往受之. 秦時禁書, 伏生壁藏之, 其後大兵起, 流亡. 漢定, 伏生求其書, 亡數十篇, 獨得二十九篇, 卽以敎于齊·魯之間, 齊學者, 由此頗能言『尙書』.(복생은 제남 사람으로 본래는 진나라 박사였다. ….)" 그리고 소주에서 "張晏曰: '名勝, 伏生碑云也.'(장안이 말하였다. '이름은 승이고, 복생은 비문에서 이른 것이다.')"라고 하였다.
88) 반고(班固) 찬, 『전한서(前漢書)』 권88, 「유림전(儒林傳)」의 소주에서 "師古曰 : '衛宏, 定古文『尙書』, 序云: 伏生老不能正言, 言不可曉也, 使其女傳言敎錯. 齊人語多與潁川異, 錯所不知者凡十二三, 畧以其意屬讀而已.'(안사고가 말하였다. ….')"
89) 『서경대전』 및 『서집전상설』과 달리 『주자대전(朱子大全)』에는 '注'로 되어 있다.
90) 『상서주소(尙書注疏)』「상서서(尙書序)·음의(音義)」. "'校', 戶敎反. '詩箋': 鄭國, 謂學爲校.' '閒', 尺善反, 下同, 明也. '濟', 子禮反, 郡名也. '伏生', 名勝. '過', 古卧反, 後同. '傳', 直專反, 下傳之'子孫'同. '二十餘篇', 卽馬·鄭所注二十九篇也.('校'는 호와 교의 반절이다. ….)"
91) 『상서주소(尙書注疏)』「상서서(尙書序)·소(疏)」. "… 案, 『史記』及『儒林傳』皆云: '伏生獨得二十九篇, 以敎齊·魯, 則今之『泰誓』, 非初伏生所得.' 案, 馬融云: '『泰誓』後得.' 鄭玄書論亦云: '民間得『泰誓』.' 別錄曰: '武帝末, 民有得『泰誓』, 書於壁內者獻之, 與博士, 使讀說之, 數月皆起傳, 以敎人, 則『泰誓』非伏生所傳, 而言二十九篇者, 以司馬遷在武帝之世, 見『泰誓』出, 而得行入於伏生所傳內, 故爲史總之幷云, 伏生所出, 不復曲別分析云.' ….(… 살펴보건대, 『사기』 및 『유림전』에서 모두 이르기를, ….)"
92) 『서경대전』 및 『서집전상설』과 달리 『주자대전(朱子大全)』에는 '其說不同'으로 되어 있다.
93) 『서경대전』 및 『서집전상설』과 달리 『주자대전(朱子大全)』에는 「秦誓」가 없다.

전(儒林傳)」에서 이르기를, "복생(伏生)의 이름은 승(勝)이며, 본래는 진(秦)나라 박사였다. 진나라 때에 책을 불태웠기 때문에 복생(伏生)이 벽속에 『상서(尙書)』를 감추었던 것이다. 그 뒤에 크게 전쟁이 일어나 흩어져서 없어졌는데, 한(漢)나라가 안정됨에 복생(伏生)이 그 책을 찾았으나 수십 편이 없어지고 홀로 29편만을 얻어서 제(齊)나라와 노(魯)나라 사이에서 가르쳤다. 효문제(孝文帝) 때 능히 『상서(尙書)』를 바로잡을 수 있는 사람을 구하였으나 세상에 없었다. 복생(伏生)이 바로잡을 수 있다는 말을 듣고 그를 불렀는데, 이 때 복생(伏生)은 나이가 아흔을 넘었고 늙어서 다닐 수 없었다. 이에 태상사장고(太常使掌故)94) 조조(晁錯)95)에게 명하여 직접 가서 배워오게 하였다."라고 하였다. 안사고(顔師古)가 말하였다. "위굉(衛宏)이 고문(古文) 『상서(尙書)』를 정하고 「서(序)」에 이르기를, '복생(伏生)이 늙어서 말을 바르게 할 수 없고 말을 알아들을 수 없으므로 그의 딸로 하여금 조조(晁錯)에게 말을 전하게 하여 가르쳤는데, 제(齊)나라 사람(복생)의 말이 영천(潁川) 사람(조조)과 달라서 조조(晁錯)가 알지 못하는 것이 무릇 열에 두셋이었으나 대략 그 뜻을 이으면서 읽었을 따름이다.'라고 하였다." 육덕명(陸德明)이 말하기를, "20여 편은 곧 마융(馬融)96)과 정현(鄭玄)97)이 주(註)를 붙인 29편이다."이라고 한 것이 이것이다. 공영달(孔穎達)98)이 말하기를, "「태서(泰誓)」는 본래 복생(伏生)이 전한 것이 아니며, 무제(武帝)의 시대에 비로소 나와서 유행되었다. 역사책에서 복생(伏生)이 전한 것의 안에다 넣었기 때문에 29편이라고 말하였을 뿐이다."라고 하였다. ○이제 살펴보건대, 서문에서 복생(伏生)이 그 본경(本經)을 잃어

---

94) 태상사장고(太常使掌故): 태상장고(太常掌故)를 말하니, 종묘의 예악제도에 관한 일을 관장하고, 겸하여 박사를 가려 시험하는 일을 관장하였다.
95) 조조(晁錯): 조조(B.C.20-154)는 서한(西漢)의 사람으로 영천(潁川) 사람이다. 한나라 문제(文帝) 때 태상장고(太常掌故)를 맡았다가 태자박사(太子博士)로 일을 역임하고 경제(景帝) 즉위 뒤에 어사대부(御史大夫)에 이르렀다. 중농억상(重農抑商)의 정책으로 경제를 진흥하고, 흉노의 침략을 이민(移民)이과 권농(勸農)의 대책으로 대비하며, 제후들의 특권을 삭탈하여 중앙집권을 공고히 하였다. 소탈 정직하고 격절한 필치로 하고자 하는 말을 다하는 홍문(鴻文)의 문장이라는 평가를 받았다.
96) 마융(馬融): 마융(79-166)은 동한(東漢)의 학자로, 자가 계장(季長)이고, 부풍(扶風) 무릉(茂陵) 사람이며 동한의 명장 마원(馬援)의 종손이다. 어려서부터 글재주가 있었으며, 학식이 넓고 고문경학(古文經學)에 뛰어났다.
97) 정현(鄭玄): 정현(127-20)은 한대의 학자로. 자가 강성(康成)이고, 북해(北海) 고밀(高密) 사람이다. 일찍이 태학에 들어가『경씨역(京氏易)』·『공양춘추(公羊春秋)』 등을 전공하고, 장공조(張恭祖)로부터『고문상서(古文尙書)』·『주례(周禮)』·『좌전(左傳)』을 배웠으며, 마융(馬融)으로부터 고문경(古文經)을 배웠다. 저서로는『천문칠정론(天文七政論)』·『중후(中侯)』외에『주역(周易)』·『논어(論語)』·『상서(尙書)』·『모시(毛詩)』등에 주석을 붙인 것으로 유명하다.
98) 공영달(孔穎達): 공영달(574-648)은 당대 학자로. 자가 중원(仲遠) 또는 중달(仲達) 또는 충담(冲澹)이고, 기주(冀州) 형수(衡水) 사람이다. 공자의 31세손으로 경학(經學)에 밝았으며, 태종 때 국자감 박사(博士)·좨주(祭酒)를 거쳐 동궁시강(東宮侍講)을 지냈다. 태종의 명으로『오경정의(五經正義)』를 편찬하였다. 저서로는『오경정의(五經正義)』등을 편찬하고, 위징(魏徵)과 함께『수서(隋書)』등 편찬하는 등 많은 업적을 남겼다.

버려 입으로 전했다고 말하였으며, 『한서(漢書)』에서는 이에 처음에 또한 벽속에 감추었는데 뒤에 수십 편이 없어졌다고 말하여 그 말이 이 서문처럼 같지 않으니, 대개 다른 말을 전해 들어서 그럴 뿐이다. 편수에 있어서도 또한 다시 같지 않은 것은 복생(伏生)에게는 본래 다만 「요전(堯典)」·「고요모(皐陶謨)」·「우공(禹貢)」·「감서(甘誓)」·「탕서(湯誓)」·「반경(盤庚)」·「고종융일(高宗肜日)」·「서백감려(西伯戡黎)」·「미자(微子)」·「목서(牧誓)」·「홍범(洪範)」·「금등(金縢)」·「대고(大誥)」·「강고(康誥)」·「주고(酒誥)」·「재재(梓材)」·「소고(召誥)」·「낙고(洛誥)」·「다방(多方)」·「다사(多士)」·「입정(立政)」·「무일(無逸)」·「군석(君奭)」·「고명(顧命)」·「여형(呂刑)」·「문후지명(文侯之命)」·「비서(費誓)」·「진서(秦誓)」가 있어서 모두 28편이었다. 이제 「태서(泰誓)」 한 편을 더하였기 때문에 29편이 되었을 뿐이다. 그 「태서(泰誓)」가 참이냐 거짓이냐 하는 변설(辨說)은 본편에 상세하게 보이니, 여기에서 틈을 내서 논의하지 않는다.

詳說

○ 去聲.99)

'전(傳)'은 거성(去聲: 註解)이다.

○ 『尚書』.

'분서(焚書)'는 『상서(尚書)』이다.

○ 其『書』散亾.

'유망(流亾)'은 그 『상서(尚書)』가 흩어져서 없어진 것이다.

○ 定天下.

'한정(漢定)'은 천하를 안정시킨 것이다.

○ 句.

'천하무유(天下無有)'에서, 문장이 끝이지는 곳이다.

○ 太常屬官.

'장고(掌故)'는 태상(太常)에 속하는 벼슬이다.

---

99) 호광(胡廣) 등 찬, 『서경대전(書經大全)』의 소주를 수용한 것이다.

○ 音潮, 措.[100]
　'조(錯)'는 음이 조(潮)이니, 조(措)이다.

○ 濟南.
　'제(齊)'는 제남(濟南)이다.

○ 錯穎川人.
　'제인어다여영천이(齊人諸多與穎川異)'에서 조(錯)는 영천(穎川) 사람이다.

○ 音燭.
　'촉(屬)'은 음이 촉(燭)이다.

○「典」·「謨」·「禹貢」等篇, 沒是本經全文.
　'촉독이이(屬讀而已)'에서, 「전(典)」·「모(謨)」·「우공(禹貢)」 등의 편에 본경(本經)의 전문(全文)이 없어진 것이다.

○ 融.
　'마(馬)'는 마융(馬融)이다.

○ 玄.
　'정(鄭)'은 정현(鄭玄)이다.

○『唐書』曰：" 馬融, 傳十卷; 鄭玄, 註九卷."[101]
　'소주(所註)'에 대해, 『당서(唐書)』에서 말하였다. "마융(馬融)은 전(傳)한 것이 10권이고, 정현(鄭玄)은 주해한 것이 9권이다."

○ 僞「泰誓」.
　'「태서(泰誓)」'는 위서(僞書) 「태서(泰誓)」이다.

---

100) 호광(胡廣) 등 찬, 『서경대전(書經大全)』의 소주에는 "音措.(음이 조이다.)"로 되어 있다.
101) 구양수(歐陽修) 찬, 『당서(唐書)』 권57, 「예문지(藝文志)」. "馬融, 傳十卷; 王肅·孔安國, 問答三卷; 鄭玄, 注古文『尙書』九卷, 又注『釋問』四卷.(마융은 전 10권이고, ….)"

○ 『漢書』.
  '사(史)'는 『한서(漢書)』이다.

○ 一作'也'.
  '이(耳)'는 어떤 판본에는 '야(也)'로 썼다.

○ 此句, 見『公羊傳』.102)
  '개전문이사이(蓋傳聞異辭爾)'의 경우, 이 구절은 『공양전(公羊傳)』에 보인다.

○ 去聲.
  '부(復)'는 거성(去聲: 다시)이다.

○ 音遙.
  '요(陶)'는 음이 요(遙)이다.

○ 音適.
  '적(奭)'은 음이 적(適)이다.

○ 音秘.
  '비(費)'는 음이 비(秘)이다.

○ 音現.103)
  '현(見)'은 음이 현(現)이다.

[O-2-7]

至魯共王, 好治宮室, 壞孔子舊宅, 以廣其居, 於壁中得先人所
藏古文虞・夏・殷・周之書及傳『論語』・『孝經』, 皆科斗文字.

---

102) 『춘추공양전(春秋公羊傳)』「은공원년(隱公元年)」에 보인다. 그 원문은 다음과 같다. "所見異辭, 所聞異辭, 所傳聞異辭."
103) 호광(胡廣) 등 찬, 『서경대전(書經大全)』의 소주를 수용한 것이다.

王又升孔子堂, 聞金·石·絲·竹之音, 乃不壞宅, 悉以書還孔
氏. 科斗書廢已久, 時人無能知者. 以所聞伏生之書, 考論文
義, 定其可知者, 爲隸古定, 更以竹簡寫之, 增多伏生二十五
篇. 伏生又以「舜典」合於「堯典」, 「益稷」合於「皐陶謨」, 「盤庚」
三篇合爲一, 「康王之誥」合於「顧命」, 復出此篇, 幷序, 凡五十
九篇, 爲四十六卷. 其餘錯亂磨滅, 弗可復知, 悉上送官, 藏之
書府, 以待能者.

노(魯)나라 공왕(共王)104)에 이르러 궁실을 꾸미는 것을 좋아하여 공자(孔子)의 옛 집을 헐고 그 거처를 넓히다가 벽속에서 선인(先人)105)이 감추어둔 고문(古文) 「우서(虞書)」·「하서(夏書)」·「상서(商書)」·「주서(周書)」 및 전(傳)인 『논어(論語)』와 『효경(孝經)』을 얻었는데, 모두 과두(科斗)문자였다. 공왕(共王)이 또 공자(孔子)의 사당에 올라가 종(鐘)·경(磬)·금슬(琴瑟)·소관(簫管)의 소리를 듣고서 이에 집을 헐지 않고 가지고 있던 모든 책을 공씨(孔氏: 孔安國)에게 돌려주었다. 과두(科斗)문자의 책이 없어진 지 이미 오래되어 당시 사람 가운데 능히 아는 이가 없었다. 복생(伏生)의 책에서 들은 것으로써 고문(古文)의 뜻을 고증하여 논의하고, 알 수 있는 것을 정하여 예서(隸書)로 고문(古文)을 써서 정하고, 다시 죽간(竹簡)에 베껴 써서 복생(伏生)의 것에서 25편이 많아졌다. 복생(伏生)은 또 「순전(舜典)」을 「요전(堯典)」에 합하고, 「익직(益稷)」을 「고요모(皐陶謨)」에 합하고, 「반경(盤庚)」 3편을 합하여 하나로 만들며, 「강왕지고(康王之誥)」를 「고명(顧命)」에 합하여 다시 이 편(篇)을 이루면서 서문(序文)까지 연이으니, 모두 59편이고 46권이 되었다. 그 나머지는 뒤섞어 어지럽고 닳아 없어져서 다시 알 수 없으므로 모두 조정에 올려 보내 서부(書府: 書庫)에 보관하여 능력 있는 이를 기다리도록 하였다.

詳說

○ 音恭.106)

'공(共)'은 음이 공(恭)이다.

---

104) 공왕(共王): 한나라 경제(景帝)의 아들로 이름은 여(餘)이고, 시호는 공(共)이다.
105) 선인(先人): 공안국(孔安國)은 공등(孔滕)의 손자이고, 공충(孔忠)의 아들이다. 공등은 자가 자양(子襄)이고, 공충은 자가 자정(子貞)이다. 여기서는 할아버지인 공등을 말한다.
106) 호광(胡廣) 등 찬, 『서경대전(書經大全)』의 소주를 수용한 것이다.

○ 去聲.107)
'호(好)'는 거성(去聲)이다.

○ 音怪, 下同.108)
'괴(壞)'는 음이 괴(怪)이니, 아래도 같다.

○ 宮.
'기거(其居)'는 궁(宮)이다.

○ 去聲.109)
'전(傳)'은 거성(去聲: 註解)이다.

○ 傳, 是師古所不言者.
'『효경(孝經)』'의 경우, 전(傳)은 안사고(顏師古)가 말하지 않은 것이다.

○ 以其蝌蚪古字, 故謂之古文.
'과두문자(科豆文字)'는 그것이 과두(蝌蚪: 올챙이)의 옛글자이기 때문에 고문(古文)이라고 이른 것이다.

○ 安國之家.
'공씨(孔氏)'는 안국(安國)의 집이다.

○ 平聲.110)
'경(更)'은 평성(平聲: 고치다)이다.

○ 與『漢書』「藝文志」及「劉歆傳」, 詳略互見, 可叅考.111)

---

107) 호광(胡廣) 등 찬, 『서경대전(書經大全)』의 소주를 수용한 것이다. 『광운(廣韻)』에 의하면 그 뜻이 '좋아하다'일 경우에는 거성(去聲)이라 하였고, 그 뜻이 '좋다, 예쁘다'일 경우에는 상성(上聲)이라고 하였다.
108) 호광(胡廣) 등 찬, 『서경대전(書經大全)』의 소주를 수용한 것이다.
109) 호광(胡廣) 등 찬, 『서경대전(書經大全)』의 소주를 수용한 것이다.
110) 호광(胡廣) 등 찬, 『서경대전(書經大全)』의 소주에는 "音庚.(음이 경이다.)"으로 되어 있다. 『광운(廣韻)』에 의하면 그 뜻과 음이 '고칠 경'일 경우에는 평성(平聲)이라 하였고, 그 뜻과 음이 '다시 갱'일 경우에는 거성(去聲)이라고 하였다.
111) 복생(伏生)이 처음에 28편을 얻었는데, 지금 25편이 많아졌다고 하니, 모두 53편이 되는 것이다.

'증다복생이십오편(增多伏生二十五篇)'의 경우, 『한서(漢書)』「예문지(藝文志)」 및 「유흠전(劉歆傳)」과 더불어 상세함과 간략함을 서로 보면서 참고하는 것이 좋다.

○ 音遙.
'요(陶)'는 음이 요(遙)이다.

○ 去聲, 下同.112)
'출(出)'은 거성(去聲: 간행하다)이니, 아래도 같다.

○ 出之而別爲篇.
'차편(此篇)'은 그것을 이루면서 별도로 편을 만든 것이다.

○ 去聲.
'병(幷)'은 거성(去聲: 연잇다)이다.

○ 四十二篇.
'기여(其餘)'는 42편이다.

○ 去聲.113)
'부(復)'는 거성(去聲: 다시)이다.

○ 上聲.
'상(上)'은 상성(上聲: 바치다, 올리다)이다.

○ 朝家.
'관(官)'은 조정(朝廷)이다.

集傳

---

112) 『광운(廣韻)』에 의하면 그 뜻이 '이루다, 간행하다'일 경우에는 거성(去聲)이라 하였고, 그 뜻이 '나오다, 태어나다'일 경우에는 평성(平聲)이라고 하였다.
113) 호광(胡廣) 등 찬, 『서경대전(書經大全)』의 소주에는 "浮, 去聲.(부는 거성이다.)"으로 되어 있다.

陸氏曰 : "'共王', 漢景帝之子, 名餘. '傳', 謂『春秋』也. 一云『周易』十翼, 非經, 謂之傳. '科斗', 蟲名, 蝦蟆114)子, 書形似之."115) '爲隷古定', 謂用隷書, 以易古文. 吳氏曰 : "伏生傳於旣耄之時, 而安國爲隷古, 又特定其所可知者, 而一篇之中一簡之內, 其不可知者, 蓋不無矣. 乃欲以是盡求作書之本意與夫. 本末先後之義, 其亦可謂難矣, 而安國所增多之書, 今篇目具在, 皆文從字順, 非若伏生之書, 詰曲聱牙, 至有不可讀者, 夫四代之書, 作者不一, 乃至二人之手, 而遂定爲二體乎, 其亦難言矣."116) '二十五篇'者, 謂「大禹謨」・「五子之歌」・「胤征」・「仲虺之誥」・「湯誥」・「伊訓」・「太甲」三篇・「咸有一德」・「說命」三篇・「泰誓」三篇・「武成」・「旅獒」・「微子之命」・「蔡仲之命」・「周官」・「君陳」・「畢命」・「君牙」・「冏命」也. '復出'者, 「舜典」・「益稷」・「盤庚」二篇・「康王之誥」, 凡五篇. 又117)百篇之序文, 自118)爲一篇, 共爲五十九篇119), 卽今所行五十八篇, 而以序冠篇首者也. 爲四十六卷者, 孔疏以爲同序者同卷, 異序者異卷也120). '同序'者,「太甲」・「盤庚」・「說命」・「泰誓」, 皆三篇共序, 凡十二篇, 只四卷.121) 又「大禹」・「皐陶謨」・「益稷」・「康誥」・「酒誥」・「梓材」, 亦各三篇共序, 凡六篇, 只二卷外四十篇, 篇各有序, 凡四十卷, 通共序者六卷 故爲四十六卷也.122) 其餘 '錯亂磨123)滅'者, 「汩作」・「九共」九篇・「槀飫」・「帝告124)」・「釐沃」・「湯征」・「汝鳩」・「汝方」・「夏社」・「疑至」・「臣扈」・「典寶」・「明居」・「肆命」・「徂后」・「沃丁」・「咸乂」四篇・「伊陟」・「原命」・「仲丁」・「河亶甲」・「祖乙」・「高宗之訓」・「

---

114) 『서경대전(書經大全)』에는 '蟇'로 되어 있다.
115) 『상서주소(尙書注疏)』「상서(尙書)서·음의(音義)」. "'共', 音恭, 亦作龔, 又作恭. '共王', 漢景帝之子, 名餘. '好', 呼報反, 下好古同. '壞', 音怪, 下同, … 毁也. '傳', 謂『春秋』也, 一云『周易』十翼, 非經, 謂之傳. '論', 如字, 又音倫. '科', 苦禾反. '科斗', 蟲名, 蝦蟆子, 書形似之.('恭'은 음이 공이니, 또한 공으로도 쓰고, 또 공으로도 쓴다. ….)"
116) 호광(胡廣) 등 찬, 『서경대전(書經大全)』의 소주에서 발췌한 것이다. 그 전문은 다음과 같다. "吳才老曰 : '增多之書, 皆文從字順, 非若伏生之『書』, 詰曲聱牙. 夫四代之書, 作者不一, 乃至二人之手, 而定爲二體, 其亦難言矣.'(오재로가 말하였다. '….')" 『서경대전』 및 『서집전상설』과 달리 『주자대전(朱子大全)』에는 "吳氏曰 … 其亦難言矣."의 내용이 없다.
117) 『서경대전』 및 『서집전상설』과 달리 『주자대전(朱子大全)』에는 '其'로 되어 있다.
118) 『서경대전』 및 『서집전상설』과 달리 『주자대전(朱子大全)』에는 '合'으로 되어 있다.
119) 『서경대전(書經大全)』에는 '凡五十九篇'으로 되어 있다.
120) 『서경대전(書經大全)』에는 '也'자가 없다.
121) 『서경대전』 및 『서집전상설』과 달리 『주자대전(朱子大全)』에는 '凡十二篇, 只四卷'이 없고, '減八卷'으로 되어 있다.
122) 『서경대전』 및 『서집전상설』과 달리 『주자대전(朱子大全)』에는 '凡六篇, 只二卷外四十篇, 篇各有序, 凡四十卷, 通共序者六卷 故爲四十六卷也.'가 없고, '又減四卷, 通前減十二卷. 以五十八卷減十二卷, 故但爲四十六卷也.'로 되어 있다.
123) 『서경대전(書經大全)』에는 '摩'로 되어 있다.
124) 『서경대전(書經大全)』에는 '嚳'으로 되어 있다.

分器」・「旅巢命」・「歸禾」・「嘉禾」・「成王政」・「將蒲姑」・「賄肅愼之命」・「亳姑」, 凡四十二篇, 今亡.125)

육씨(陸氏: 陸德明)가 말했다. "'공왕(共王)'은 한(漢)나라 경제(景帝)의 아들이니, 이름이 여(餘)이다. '전(傳)'은 『춘추(春秋)』를 이른다. 어떤 판본서는 『주역(周易)』 십익(十翼)이라고 이른다. 경(經)이 아닌 것을 전(傳)이라고 한다. '과두(科斗)'는 벌레의 이름으로 두꺼비이니, 글자의 모양이 이것과 닮았다." '예서(隷書)로써 고문(古文)을 써서 정했다.'는 것은 예서(隷書)를 사용하여 고문(古文)을 바꾼 것을 말한다. 오씨(吳氏: 吳澄)126)가 말하였다. "복생(伏生)이 이미 늙었을 때에 전하였는데, 공안국(孔安國)이 예서(隷書)로써 고문(古文)을 써서 또 알 수 있는 것을 특별히 정하였으니, 한 편 가운데와 한 대쪽 안에 알 수 없는 것이 대개 없지 않았지만, 바로 『상서(尙書)』를 지은 본래의 의도를 다 구하고자 한 것이었다. 본말(本末)과 선후(先後)의 뜻이 그 또한 어렵다고 말할 만한데, 공안국(孔安國)이 늘려놓은 글이 지금 편목(篇目)에 갖추어져 있으나 모든 글이 글자 순서를 좇아서 복생(伏生)의 『상서(尙書)』와 같지 않으니, 글귀가 껄끄럽고 훤히 통하지 않아 읽을 수 없는 것이 있었다. 무릇 네 시대127)의 글은 지은이가 한 사람이 아니고 바로 두

---

125) 호광(胡廣) 등 찬, 『서경대전(書經大全)』의 소주에 실려 있는 내용을 참고한다. "臨川吳氏曰 : '『書』二十五篇, 晉梅賾所奏上者, 所謂古文『書』也. 『書』有今文·古文之異, 何哉. 晁錯所受伏生『書』, 以隷寫之, 隷者, 當世通行之字也. 故曰今文. 魯共王壞孔子宅, 得壁中所藏, 皆科斗『書』, 科斗者, 蒼頡所製之字也. 故曰古文. 然孔壁眞古文『書』不傳, 後有張霸僞作「舜典」·「汨作」·「九共」九篇, 「大禹謨」·「益稷」·「五子之歌」·「胤征」·「湯誥」·「咸有一德」·「典寶」·「伊訓」·「肆命」·「原命」·「武成」·「旅獒」·「冏命」二十四篇目, 名爲『書』「藝文志」云: 『尙書』經二十九篇, 古經十六卷. 二十九篇者, 卽伏生今文『書』二十八篇, 及武帝時, 增爲「泰誓」一篇也. 古經十六卷者, 卽張霸僞古文『書』二十四篇也. 漢儒所治, 不過伏生『書』及僞「泰誓」, 共二十九爾. 張霸僞古文, 雖在而辭義蕪鄙, 不足取, 重於世, 以售其欺. 今梅賾二十五篇之『書』出, 則凡傳記所引『書』語註家, 指爲逸『書』者, 收拾無遺, 旣有證驗, 而其旨率依於禮, 比張霸僞『書』, 遼絶矣. 析伏氏『書』二十八篇, 爲三十三, 雜以新出之『書』, 通爲五十八篇, 幷「書序」一篇, 凡五十九, 有孔安國傳及序, 世遂以爲眞孔壁所藏也. 唐初諸儒, 從而爲之疏義, 自是漢世大小, 夏侯歐陽氏所傳『尙書』, 止有二十九篇者, 廢不復行. 惟此孔傳五十八篇, 孤行於世, 伏氏『書』旣與梅賾所增混淆, 誰復能辨. 竊嘗讀之伏氏『書』, 雖不盡通, 然辭義古奧, 其爲上古之『書』無疑, 梅賾所增二十五篇, 辭製如出一手, 采集補綴, 雖無一字無所本, 而平緩卑弱, 殊不類先漢以前之文. 夫千年古書, 最晩乃出, 而字畫略無脫誤, 文勢畧無齟齬, 不亦大可疑乎.'(임천 오씨가 말하였다. '「상서」 25편은 진나라 매색이 임금에게 아뢴 것이니, 이른바 고문 『상서』이다. 『상서』에 고문과 금문의 다름이 있는 것은 어째서인가. 조조가 복생에게 받은 『상서』를 예서로 베껴 썼는데, 예라는 것은 당시에 통행하던 글자였다. 그러므로 금문이라 한 것이다. 노나라 공왕이 공자의 집을 헐물어 벽속에 감춰있던 것을 얻었는데 모두 과두의 『상서』였으니, 과두라는 것은 창힐이 지은 글자이다. 그러므로 고문이라고 하였다. ….)"

126) 오씨(吳氏: 吳澄): 오징(1249-1333)은 원대 학자로 자가 유청(幼淸) 또는 백청(伯淸)이고, 호가 초려(草廬)이고, 무주(撫州) 숭인(崇仁) 사람이다. 어려서부터 총명하고 배우기를 좋아하여 송나라가 멸망한 뒤로 학문에 전념하니 학자들이 초려선생이라고 불렀다. 원나라 무종(武宗) 1년(138)에 국자감승(國子監丞)에 임명되고, 영종(英宗) 1년(1321)에 한림학사(翰林學士)에 임명되고, 진종(晋宗) 1년(1324)에는 경연강관(經筵講官)이 되었으며, 『영종실록(英宗實錄)』을 수찬하였다. 당대의 학자 허형(許衡)과 이름을 나란히 하여 북허남오(北許南吳)라는 칭송을 들었으며, 죽은 뒤에 임천군공(臨川郡公)에 추봉되고 문정(文正)이라는 시호를 받았다. 이에 임천 오씨(臨川吳氏)라고도 부른다. 저서로는 『오문정공전집(吳文正公全集)』 외에 『역찬언(易纂言)』·『서찬언(書纂言)』·『예기찬언(禮記纂言)』·『춘추찬언(春秋纂言)』·『효경정본(孝經定本)』·『도덕진경주(道德眞經注)』 등이 있다.

사람의 손을 거쳐서 마침내 두 가지 문체가 정해졌으니, 그 또한 말하기 어려운 것이다." "'25편'이라는 것은 「대우모(大禹謨)」·「오자지가(五子之歌)」·「윤정(胤征)」·「중훼지고(仲虺之誥)」·「탕고(湯誥)」·「이훈(伊訓)」·「태갑(太甲)」 3편과, 「함유일덕(咸有一德)」·「열명(說命)」 3편과, 「태서(泰誓)」 3편과, 「무성(武成)」·「여오(旅獒)」·「미자지명(微子之命)」·「채중지명(蔡仲之命)」·「주관(周官)」·「군진(君陳)」·「필명(畢命)」·「군아(君牙)」·「경명(冏命)」을 이른다. '다시 이루었다'는 것은 「순전(舜典)」·「익직(益稷)」·「반경(盤庚)」 2편과, 「강왕지고(康王之誥)」의 모두 5편이다. 또 10편의 서문이 저절로 한 편이 되어 함께 59편이 되니, 곧 지금 유행하는 58편인데다 서문을 편 머리에 올려놓은 것이다. 46권이 된다는 것은 공안국(孔安國)의 소(疏)에서 이르기를, 서문을 같이한 것은 같은 권이 되고 서문을 달리한 것은 다른 권이 되어서라고 하였다. '서문을 같이하는 것'은 「태갑(太甲)」·「반경(盤庚)」·「열명(說命)」·「태서(泰誓)」이니, 모두 3편이 서문을 함께하여 모두 12편이지만 단지 4권이다. 또 「대우(大禹)」128)·「고요모(皐陶謨)」·「익직(益稷)」·「강고(康誥)」·「주고(酒誥)」·「재재(梓材)」는 또한 각각 3편이 서문을 함께하여 모두 6편인데 다만 2권 밖에 40편이고, 편마다 각각 서문이 있어 모두 40권인데 서문을 공통으로 하는 것은 6권이기 때문에 46권이 되는 것이다. 그 나머지 '뒤섞여 어지럽고 닳아서 없어진 것'은 「골작(汨作)」·「구공(九共)」 9편과, 「고어(臯飫)」·「제곡(帝告)」·「이옥(釐沃)」·「탕정(湯征)」·「여구(汝鳩)」·「여방(汝方)」·「하사(夏社)」·「의지(疑至)」·「신호(臣扈)」·「전보(典寶)」·「명거(明居)」·「사명(肆命)」·「조후(徂后)」·「옥정(沃丁)」·「함예(咸乂)」 4편과, 「이척(伊陟)」·「원명(原命)」·「중정(仲丁)」·「하단갑(河亶甲)」·「조을(祖乙)」·「고종지훈(高宗之訓)」·「분기(分器)」·「여소명(旅巢命)」·「귀화(歸禾)」·「가화(嘉禾)」·「성왕정(成王政)」·「장포고(將蒲姑)」·「회숙신지명(賄肅愼之命)」·「박고(亳姑)」의 모두 42편이니 지금은 없는 것이다.

詳說

○ 經文.

'위『춘추』야(謂『春秋』也)'의 경우, 경문(經文)이다.

○ 十傳.129)

---

127) 네 시대: 우(虞)나라와 하(夏)나라와 상(商)나라와 주(周)나라를 말한다.
128) 「대우(大禹)」: 「대우모(大禹謨)」를 말하는 것이다.

'십익(十翼)'은 10개의 전(傳)이다.

○ 非經者.
'비경(非經)'은 경(經)이 아닌 것이다.

○ 古字.
'고문(古文)'은 옛글자이다.

○ 如字.
'복생전(伏生傳)'에서 '전(傳)'은 본래의 음대로 읽는다.

○ 音扶, 下同.130)
'부(夫)'는 음이 부(扶)이니, 아래도 같다.

○ 牛交反.
'오(聱)'는 우(牛)와 교(交)의 반절이다.

○ 非若釋於此.
'지유불가독자(至有不可讀者)'의 경우, 이것을 해석함과 같은 것이 아니다.

○ 悅同, 下同.131)
'열(說)'은 열(悅)과 같으니, 아래도 같다.

○ 一篇.
'서(序)'는 1편이다.

○ 去聲, 下同.
'관(冠)'은 거성(去聲: 머리에 올리다, 이다)이니, 아래도 같다.

---

129) 십익(十翼)은 『주역(周易)』을 보조하는 10개의 전(傳)을 말한다. 「상단(上彖)」·「하단(下彖)」·「상상(上象)」·「하상(下象)」·「상계(上繫)」·「하계(下繫)」·「문언(文言)」·「설괘(說卦)」·「서괘(序卦)」·「잡괘(雜卦)」이니, 공자(孔子)가 지은 것이라고 한다.
130) 호광(胡廣) 등 찬, 『서경대전(書經大全)』의 소주에는 "音扶.(음이 부이다.)"로 되어 있다.
131) 호광(胡廣) 등 찬, 『서경대전(書經大全)』의 소주에는 "音悅.(음이 열이다.)"로 되어 있다.

○ 去聲.132)

'소(疏)'는 거성(去聲: 진술)이다.

○ 其外.

'이권외(二卷外)'는 그 밖이다.

○ 音恭.133)

'공(共)'은 음이 공(恭)이다.

○ 音槀.

'고(槀)'는 음이 고(槁)이다.

○ 依據反.

'어(飫)'는 의(依)와 거(據)의 반절이다.

○ 只有序.

'금망(今亡)'은 다만 서문만 있는 것이다.

○ 二十九篇, 旣云考伏『書』而定之, 則二十五篇, 果考何書以定也. 科豆文一也, 而二十五篇, 則雖無憑猶可考, 而四十二篇, 又何獨不可考也. 若曰錯亂磨滅 則雖片言隻句, 以之存疑, 可也. 何至遽棄, 如孔子之棄刪餘也. 刪與考定事體, 固自別而刪餘, 則或有逸書句傳於世者, 惟此考定之餘, 乃無一字之流傳, 果何故也.

29편은 이미 복생(伏生)의 『상서(尙書)』를 살펴보고 정한 것이라고 하였는데, 곧 25편은 과연 어떤 책을 살펴본 것인가. 과두(科斗)문자는 동일하여 25편이 비록 의지할 데가 없더라도 오히려 상고할 수 있거늘, 42편만은 또 어찌 홀로 상고할 수 없었는가. 만약 뒤섞여 어지럽고 닳아 없어졌다고 한다면 비록 한 마디 말과 한쪽의 글귀라도 거기에 의심을 두는 것이 좋을 것이다. 어찌 갑자기 버리

---

132) 『광운(廣韻)』에 의하면 그 뜻이 '진술, 奏疏'일 경우에는 거성(去聲)이라 하였고, 그 뜻이 '통하다, 멀다'일 경우에는 평성(平聲)이라고 하였다.
133) 호광(胡廣) 등 찬, 『서경대전(書經大全)』의 소주를 수용한 것이다.

기를 마치 공자(孔子)가 나머지를 버리고 깎아낸 것처럼 하였는가. 깎고 살펴서 사물의 본체를 정하고 진실로 스스로 구별하면서 나머지를 깎아낸다면 혹시 잃어버린 『상서』의 글귀 가운데 세상에 전하는 것이 있을 것이다. 오직 이것을 살피고 정한 나머지에도 이에 세상에 퍼져서 전하는 하나의 글자조차 없는 것은 과연 무슨 까닭인가.

[0-2-8]

承詔爲五十九篇作傳. 於是遂硏精覃思, 博考經籍, 採摭羣言, 以立訓傳. 約文申義, 敷暢厥旨, 庶幾有補於將來.「書序」序所以爲作者之意, 昭然義見, 宜相附近, 故引之, 各冠其篇首, 定五十八篇.

조서(詔書)를 받들어 59편의 전(傳)을 지었는데, 이에 마침내 정밀하게 연구하고 깊이 생각하며, 널리 경서(經書)를 상고하고, 여러 말들을 가려모아서 글귀의 해설을 정립하였다. 글을 간략히 하여 의미를 펼치고, 그 뜻을 부연하여 밝혔으니 장래에 보익(補益)이 있을 것이다. 「서서(書序)」는 지은이의 의도에 대하여 밝게 의의를 드러낸 것이니, 마땅히 서로 가까워야 했기 때문에 끌어다가 각각 그 편의 머리에 올려놓고 58편을 정하였다.

詳說

○ 去聲.134)
  '위(爲)'는 거성(去聲: 어조사, 대하다)이다.

○ 去聲, 下並同.135)
  '전(傳)'은 거성(去聲: 주해)이니, 아래도 아울러 같다.

○ 深廣.136)
  '담(覃)'은 깊고 넓다.

---

134) 『광운(廣韻)』에 의하면 그 뜻이 '어조사, 대하다'일 경우에는 거성(去聲)이라 하였고, 그 뜻이 '짓다, 하다'일 경우에는 평성(平聲)이라고 하였다.
135) 호광(胡廣) 등 찬, 『서경대전(書經大全)』의 소주에는 "去聲.(거성이다.)"으로 되어 있다.
136) 호광(胡廣) 등 찬, 『서경대전(書經大全)』의 소주에는 "音談.(음이 담이다.)"으로 되어 있다.

○ 去聲.137)

'사(思)'는 거성(去聲: 사색하다, 고려하다)이다.

○ 音隻.138)

'척(撫)'은 음이 척(隻)이다.

○ 簡其文, 申經義.

'약문신의(約文申義)'는 그 글을 간략하게 하여 경서의 뜻을 펼치는 것이다.

○ 去聲.

'위(爲)'는 거성(去聲: 어조사, 대하다)이다.

○ 不必泥.

'작자지의(作者之意)'에서 '자(者)'자는 억매일 필요가 없다.

○ 音現.139)

'현(見)'은 음이 현(現)이다.

○ 去聲.

'근(近)'은 거성(去聲: 가깝다, 가까이하다)이다.

○ 序一篇減.

'정오십팔편(定五十八篇)'은 서(序) 1편을 줄인 것이다.

集傳

詳此章, 雖說「書序」序所以爲作者之意, 而未嘗以爲孔子所作, 至劉歆·班固, 始以爲孔子所作.140)

---

137) 호광(胡廣) 등 찬, 『서경대전(書經大全)』의 소주를 수용한 것이다. 『광운(廣韻)』에 의하면 그 뜻이 '사색하다, 고려하다'일 경우에는 거성(去聲)이라 하였고, 그 뜻이 '생각, 심정'일 경우에는 평성(平聲)이라고 하였다.
138) 호광(胡廣) 등 찬, 『서경대전(書經大全)』의 소주를 수용한 것이다.
139) 호광(胡廣) 등 찬, 『서경대전(書經大全)』의 소주를 수용한 것이다.
140) 『서경대전』 및 『서집전상설』과 달리 『주자대전』에는 "今按, 此百篇之序, 出孔氏壁中, 『漢書』「藝文志」, 以爲孔子纂書而爲之序, 言其作信. 然以今考之, 其於見存之篇, 雖頗依文立義, 而亦無所發明. 其間如「康誥

이 장을 상고해보면, 비록 「서서(書序)」가 지은이의 뜻을 위하여 서술한 것임을 말하였으나 일찍이 공자(孔子)가 지은 것이라고 한 적이 없었는데, 유흠(劉歆)[141]과 반고(班固)[142]에 이르러 비로소 공자(孔子)가 지은 것이라고 하였다.

詳說

○ 如字, 下同.
　'위(爲)'는 본래의 음(音義: 평성, 하다, 짓다)대로 읽으니, 아래도 같다.

○ 朱子曰 : "只是周·漢間, 低手人作."[143]
　'공자소작(孔子所作)'에 대해, 주자(朱子: 朱熹)가 말하였다. "단지 주(周)나라와 한(漢)나라 사이에 능력이 낮은 사람이 지은 것이다."

○ 其說非是.
　'시이위공자소작(始以爲孔子所作)'의 경우, 그 말이 옳지 않다.

」·「酒誥」·「梓材」之屬, 則與經文又有自相戾者. 其於已亡之篇, 則伊阿簡略, 尤無所補, 其非孔子所作明甚. 然相承已久, 今來未敢輕議. 且據安國此序復合爲一, 以附經後, 而其相戾之說見本篇云.(이제 살펴보건대, 이 백편의 서문은 공씨 집의 벽속에서 나왔는데, 『한서』「예문지」에는 공자가 『상서』를 찬술하고 서문을 지어 그 지은 의도를 말했다고 하였다. 그러나 이제 살펴보면 현존하는 편에는 비록 자못 글에 의존하여 뜻을 세웠으나 또한 드러내 밝힌 것이 없다. 그 가운데 「강고」·「주고」·「재재」같은 등속은 경문과 또 스스로 서로 어그러지는 것이 있다. 이미 없어진 편에는 그저 간략하고 더욱이 보태진 곳도 없으니, 공자가 지은 것이 아님이 아주 분명하였다. 그러나 서로 이어진 지 이미 오래되어 지금 또한 감히 논의를 가벼이 해서는 안 된다. 또 공안국이 이 서문에 의거하여 다시 합쳐서 하나로 만들어 경문의 뒤에 붙이고서 서로 어그러지는 말이 본편에 보인다고 하였다.)"의 내용이 실려 있다.

141) 유흠(劉歆): 유흠(B.C.50-23)은 서한의 학자로 자가 자준(子駿)이고, 뒤에 이름을 유수(劉秀)로 고쳤다. 한나라 종실로 경학가(經學家) 유향(劉向)의 아들이다. 『시경』과 『서경』에 능통하였고, 글을 잘 지었다. 저서로는 『삼통역보(三統歷譜)』가 있다.

142) 반고(班固): 반고(32-92)는 동한(東漢)의 학자로, 자각 맹견(孟堅)이고, 부풍(扶風) 안릉(安陵) 사람이다. 아버지와 할아버지의 훈도(薰陶) 아래 9세 때에 글을 짓고 시부(詩賦)를 암송하였으며, 16세에 태학에 들어가 많은 서적을 보고 유가 경전 및 역사에 정통하게 되었다. 저서로는 『한서(漢書)』·『백호통의(白虎通義)』·「서도부(西都賦)」 등이 있다.

143) 『주자어류(朱子語類)』 권78, 「상서1(尚書一)·강령(綱領)」. "二典·三謨, 其言奧雅, 學者未遽曉會, 後面盤·誥等篇, 又難看. 且據「商書」中伊尹告太甲五篇, 說得極切. 其所以治心修身處, 雖爲人主言, 初無貴賤之別, 宜取細讀, 極好. 今人不於此等處理會, 卻只理會「小序」. 某看得「書小序」不是孔子自作, 只是周·秦間, 低手人作. 然後人亦自理會他本義未得.(두 전과 세 모는 그 말이 심오하고 발라서 학자들이 금방 깨달아 이해하지 못하며, 뒤의 반과 고 등의 편도 또 보기가 어렵다. 또 「상서」 가운데 이윤이 태갑에게 아뢴 다섯 편은 말함이 매우 간절하다. 그 마음을 다스리고 몸을 닦는 까닭은 비록 임금을 위하여 말하였으나 애당초 귀하고 천한 구별이 없었으니, 마땅히 취하여 자세히 읽어본다면 아주 좋을 것이다. 지금 사람들은 이런 곳은 이해하지 않고 도리어 다만 「소서」만 이해할 뿐이다. 내가 보건대, 「서서서」는 공자가 스스로 지은 것이 아니라, 다만 주나라와 진나라 사이에 기능이 낮은 사람이 지은 것이다. 그러나 후세 사람들도 또한 스스로 그 본의를 이해하지 못한 것이다.)"

○ 此註, 是蔡氏刪潤者.
　　이 주(註)는 채씨(蔡氏: 蔡沈)가 깎아내고 윤색한 것이다.

[O-2-9]

既畢, 會國有巫蠱事, 經籍道息, 用不復以聞. 傳之子孫, 以貽後代, 若好古博雅君子, 與我同志, 亦所不隱也."

이미 마치자 마침 나라에 무고(巫蠱)의 일이 있어 경서(經書)의 도(道)가 그쳐서 이 때문에 다시 들을 수 없었다. 자손에게 전해져서 후대까지 끼쳐야 하리니, 만약 옛것을 좋아하는 학식이 넓고 성품이 올바른 군자가 나와 뜻을 같이한다면 또한 가려지지 않을 것이다."

詳說

○ 用是.
　　'용(用)'은 이로써이다.

○ 去聲.144)
　　'부(復)'는 거성(去聲: 다시)이다.

○ 如字.
　　'전(傳)'은 본래의 음(音義: 전하다)대로 읽는다.

○ 去聲.145)
　　'호(好)'는 거성(去聲: 좋아하다)이다.

集傳

陸氏曰 : "漢武帝末征和中, 江充造蠱, 敗戾太子."146) ○今按, 安國147)此序, 不類西京148)文字, 疑或後人所託. 然無所據, 未敢必也. 以其所序本末

---

144) 호광(胡廣) 등 찬, 『서경대전(書經大全)』의 소주에는 "浮, 去聲.(부는 거성이다.)"으로 되어 있다.
145) 호광(胡廣) 등 찬, 『서경대전(書經大全)』의 소주를 수용한 것이다.
146) 『상서주소(尙書注疏)』「상서서(尙書序)·음의(音義)」. "'爲', 于僞反, 又如字. '見', 賢遍反. '冠', 工亂反. '巫蠱', 漢武帝末征和中, 江充造蠱, 敗戾太子, 故經籍道息焉. '巫', 音無. '蠱', 音古. '貽', 以之反, 遺也. ('위'는 우와 위의 반절이고, 또 본래의 음 대로 읽는다. ….)"
147) 『서경대전』 및 『서집전상설』과 달리 『주자대전』에는 '安國'의 두 글자가 없다.

頗詳, 故備載之, 讀者宜細考焉.
육씨(陸氏: 陸德明)이 말하였다. "한(漢)나라 무제(武帝) 말기 정화(征和) 연간에 강충(江充)이 무고(巫蠱)의 일을 만들어 태자(太子)를 해쳤다." ○이제 살펴보건대, 공안국(孔安國)의 이 서문은 서한(西漢)의 문자와 같지 않으니, 의심컨대 혹시 후세 사람들이 가탁(假託)한 것인 듯하다. 그러나 근거한 것이 없으니 감히 기필하지는 못하겠다. 그 서문의 본말이 자못 상세하기 때문에 갖추어 실었으니, 읽는 사람들은 마땅히 자세하게 헤아려 보아야 한다.

詳說

○ 年號.
'정화(征和)'는 연호(年號: B.C.92-89)이다.

○ 趙人.
'강충(江充)'은 조나라 사람이다.149)

○ 名據.
'태자(太子)', 이름이 거(據)이다.

○ 傳亦當同.
'불류서경문자(不類西京文字)'의 경우, 전한 것이 또한 마땅히 같아야 하는 것이다.

---

148) 『서경대전』 및 『서집전상설』과 달리 『주자대전』에는 '漢'으로 되어 있다.
149) 강충(江充: ?-B.C.91)은 본래 이름이 제(齊)이고, 자가 차천(次倩)이며, 의술(醫術)에 밝았다. 월나라 한단(邯鄲) 사람으로 그 누이가 가무(歌舞)와 거문고 연주를 잘하여 월나라 태자 유단(劉丹)에게 시집간 뒤 월나라 경숙왕(敬肅王) 유팽조(劉彭祖)의 상빈(上賓)이 되었다. 태자 유단이 사람을 보내 자신을 죽이려 하자 장안으로 도망하여 이름을 강충으로 바꾸고 무제(武帝)를 만나 벼슬이 수형도위(水衡都尉)에 올랐다. 유단(劉丹)이 후궁 등과 간통했다고 무제에게 글을 올려 유단을 옥에 가두었다. 무제가 만년에 병들자 무당으로 하여금 궁궐에 독기가 있어 없애지 않으면 병이 낫지 않을 것이라 속여 말하게 하고, 신임을 얻어 조사를 맡은 강충이 권세를 갖게 되자 평소 사이가 좋지 않은 태자 유거(劉據)를 모함하여 태자궁에 오동나무로 만든 인형을 묻어두었다가 뒤에 발각되어 태자의 군사에게 죽임을 당하였다. 강충의 무리가 도망하여 무제에게 보고하자 태자가 군사를 일으켜 반란하므로 무제는 승상 유굴(劉屈)에게 명하여 평정하게 하였다. 태자는 도망가서 스스로 목숨을 끊었고, 황후 위자부(衛子夫)도 자살했다. 역사에서 이를 무고지화(巫蠱之禍)라고 일컬었다.

[0-2-10]

『漢書』「藝文志」云: "'書'者, 古之號令. 號令於衆, 其言不立具, 則聽受施行者弗曉. 古文讀應爾雅, 故解古今語而可知也." 150)

『한서(漢書)』「예문지(藝文志)」에서 이르기를, "'서(書)'라는 것은 옛날의 호령(號令)이다. 대중에게 호령함에 그 말이 제대로 갖추어지지 않으면 명령을 받아 시행하는 사람이 알아듣지 못한다. 고문(古文)은 읽을 때 응당 바르게 해야 하기 때문에 옛날과 지금의 말로 풀이해서 알 수 있게 해야 한다."

詳說

○ 立辨.

'입구(立具)'는 입변(立辨: 논변을 세움)이다.

○ 古書.

'고문(古文)'은 고서(古書)이다.

○ 平聲.

'응(應)'은 평성(平聲: 응당)이다.

○ 讀之自當近且正也. 『漢』「志」, 又有云: "文章爾雅."151)

'이아(爾雅)'는 그것을 읽음에 스스로 마땅히 근접해야 하고 또 바르게 해야 하는 것이다. 『한서(漢書)』「예문지(藝文志)」에서 또 이르기를, "문장은 근접하고 발라야 한다."라고 하였다.

集傳

栝152)蒼葉夢得曰 : "『尚書』文皆奇澀, 非作文者故欲如此, 蓋當時語自爾

---

150) 반고(班固) 찬, 『전한서(前漢書)』 권30, 「예문지(藝文志)」.
151) 반고(班固) 찬, 『전한서(前漢書)』 권88, 「유림전(儒林傳)」에 보인다. 그 원문은 다음과 같다. "臣謹案, 詔書·律令下者, 明天人分際, 通古今之誼, 文章爾雅, 訓辭深厚, 恩施甚美, 小吏淺聞弗能究.(신이 삼가 살펴보건대, 조서와 율령을 내리는 이는 하늘과 사람의 분한을 밝히고, 옛날과 지금의 의논을 통달하며, 문장이 근접하고 바르고, 훈과 말이 깊고 도타우며, 은혜를 베풂이 매우 아름다우나 아전들이 견문이 얕아서 궁구할 수 없습니다.)" 그리고 주에 의하면, "師古曰 : '爾雅, 近正也, 言詔辭雅正而深厚也.'(안사고가 말하였다. '이아는 근접하고 바른 것이니, 조서의 말이 모범적으로 바르면서 깊고 도타움을 말한다.')"라고 하였다.

也." ○今按, 此說是也. 大抵『書』文, 訓·誥多奇澁, 而誓·命多平易. 蓋訓·誥皆是記錄當時號令於衆之本語, 故其間多有方言及古語. 在當時則人所共曉, 而於今世反爲難知. 誓·命則是富時史官所撰隲括潤色, 粗有體製, 故在今日, 亦不難曉耳.

괄창(括蒼) 섭몽득(葉夢得)153)이 말하였다. "『상서(尙書)』의 글은 모두 기이하고 껄끄러우니, 글을 지은이가 고의로 이와 같이 하려고 해서가 아니라, 대개 당시의 말이 저절로 그러했던 것이다." ○이제 살펴보건대, 이 말이 옳다. 대개 『상서(尙書)』의 글은 훈(訓)과 고(誥)는 대부분 기이하고 껄끄러우며, 서(誓)와 명(命)은 대부분 평탄하고 용이(容易)하다. 대개 훈(訓)과 고(誥)는 모두 당시에 대중에게 호령한 본래의 말을 기록하였기 때문에 그 사이에 방언(方言) 및 고어(古語)가 많이 있다. 당시에는 사람들이 함께 아는 것이었지만 지금 세상에는 도리어 알기가 어려운 것이다. 서(誓)와 명(命)은 당시에 사관(史官)이 찬술하여 바로잡고 윤색한 것인데 대략적으로 체제가 있기 때문에 오늘날에 있어서도 이해하기가 어렵지 않을 뿐이다.

詳說

○ 音括.
'괄(栝)'은 음이 괄(括)이다.

○ 字少蘊, 蘇州人.
'섭몽득(葉夢得)'은 자가 소온(少蘊)이고, 소주(蘇州) 사람이다.

○ 如此.
'이(爾)'는 이와 같은 것이다.

○ 去聲.154)
'이(易)'는 거성(去聲: 쉽다)이다.

---

152) 『주자대전』 및 『서경대전』의 소주에는 '括'로 되어 있다.
153) 섭몽득(葉夢得): 섭몽득(177-1148)은 송대 문인으로 자는 소온(少蘊)이고, 호는 석림(石林)이며, 소주(蘇州) 장주(長洲) 사람이다. 소성(紹聖) 4년(197)에 진사과에 급제하여 한림학사를 거쳐 호부시랑·강동안무대사 등을 역임하였다. 만년에 호주(湖州) 변산(弁山) 영롱산(玲瓏山) 석림(石林)에 은거하여 호를 석림거사(石林居士)라 하고 시문을 많이 지었다.
154) 호광(胡廣) 등 찬, 『서경대전(書經大全)』의 소주에는 "音異.(음이 이다.)"로 되어 있다.

○ 坐五反.

'조(粗)'는 좌(坐)와 오(五)의 반절이다.

[O-2-11]

孔穎達曰:"孔君作傳, 值巫蠱, 不行以終. 前漢諸儒, 知孔本五十八篇, 不見孔傳, 遂有張霸155)之徒, 僞作「舜典」·「汨作」·「九共」九篇,「大禹謨」·「益稷」·「五子之歌」·「胤征」·「湯誥」·「咸有一德」·「典寶」·「伊訓」·「肆命」·「原命」·「武成」·「旅獒」·「冏命」二十四篇, 除「九共」九篇, 共卷156)爲十六卷, 蓋亦略見百篇之序. 故以伏生二十八篇者, 復出157)「舜典」·「益稷」·「盤庚」二158)篇,「康王之誥」及「泰誓」159), 共爲三十四篇, 而160)僞作, 此161)二十四篇十六卷, 附以求合於孔氏之五十八篇四十六卷之數也. 劉向·班固·劉歆·賈逵·馬融·鄭玄之徒, 皆不見眞古文, 而誤以此爲古文之書. 服虔·杜預, 亦不之見, 至晉王肅, 始似竊見. 而『晉書』又云:'鄭沖162)以古文授蘇愉, 愉授梁柳, 柳之內兄皇甫謐, 又從柳得之, 而柳又以授臧曹. 曹始授梅賾, 賾乃於前晉, 奏上其書而施行焉'."

---

155) 『서경대전』 및 『서집전상설』과 달리 『주자대전』에는 '霸'로 되어 있다.
156) 『서경대전』 및 『서집전상설』과 달리 『주자대전』에는 '卷'자가 없다.
157) 『서경대전』 및 『서집전상설』과 달리 『주자대전』에는 '復出'의 두 글자가 없다.
158) 『서경대전』 및 『서집전상설』과 달리 『주자대전』에는 '三'으로 되어 있다. 호광(胡廣) 등 찬, 『서경대전(書經大全)』의 소주에도 '二'로 되어 있다.
159) 『서경대전』 및 『서집전상설』과 달리 『주자대전』에는 '三篇'이 있다.
160) 『서경대전』 및 『서집전상설』과 달리 『주자대전』에는 '幷'으로 되어 있다.
161) 『서경대전』 및 『서집전상설』과 달리 『주자대전』에는 '此'자가 없다.
162) 『서경대전』 및 『서집전상설』과 달리 『주자대전』에는 '冲'으로 되어 있다.

공영달(孔穎達)이 말하였다. "공군(孔君: 孔安國)이 전(傳)을 지었는데 무고(巫蠱)의 화난(禍難)을 만나 유행되지 못하고 죽었다. 전한(前漢)의 여러 유학자들은 공안국(孔安國)의 『상서(尙書)』본이 58편이라는 것만 알고 공안국의 전(傳)을 보지 못하다가, 마침내 장패(張霸)163)의 무리들이 거짓으로 지은 「순전(舜典)」·「골작(汨作)」·「구공(九共)」 9편과, 「대우모(大禹謨)」·「익직(益稷)」·「오자지가(五子之歌)」·「윤정(胤征)」·「탕고(湯誥)」·「함유일덕(咸有一德)」·「전보(典寶)」·「이훈(伊訓)」·「사명(肆命)」·「원명(原命)」·「무성(武成)」·「여오(旅獒)」·「경명(冏命)」 24편에서 「구공(九共)」 9편과 권수를 모두 합친 것을 제외하고 16편을 만들었는데, 대개 또한 대략 10편의 서문을 보인 것이다. 그러므로 복생(伏生)이 28편으로 한 것에 「순전(舜典)」·「익직(益稷)」·「반경(盤庚)」 2편과, 「강왕지고(康王之誥)」 및 「태서(泰誓)」를 다시 이루어서 모두 34편을 만들고, 거짓으로 지은 이 24편의 16권을 공씨(孔氏: 孔安國)의 58편 46권의 수에 불여서 합치려고 하였다. 유향(劉向)164)·반고(班固)·유흠(劉歆)·가규(賈逵)165)·마융(馬融)·정현(鄭玄)의 무리는 모두 진짜 고문(古文)을 보지 못하여 실수로 이것을 고문(古文) 『상서(尙書)』로 생각하였다. 복건(服虔)166)·두예(杜預)167)도 또한 보지 못하였고, 진(晉)나라 왕숙(王肅)168)에 이르러 비로소 몰래 본 것 같았다. 그런데 『진서(晉書)』에

---

163) 장패(張霸): 동한(東漢)의 대신으로 자가 백요(伯饒)이고, 성도(成都) 사람이다. 7세에 이미 『춘추』에 능통하였고, 오경(五經)에 통달하였다. 회계태수(會稽太守)가 되어 재능 있는 실학(實學)의 선비들을 중용하고 교육을 진흥하며 인재를 배양하였다.

164) 유향(劉向): 유향(B.C.77-6)은 서한(西漢)의 학자로, 원래 이름이 경생(更生)이고, 자가 자정(子政)이며, 세상에서 유중루(劉中壘)라고 부른다. 벼슬은 간대부(諫大夫)·종정(宗正)·광록대부(光祿大夫)·중루교위(中壘校尉) 등을 지냈으며, 문장이 아름다우면서도 뜻이 창달(暢達)하였다는 평을 받았다. 저서로는 『신서(新序)』·『설원(說苑)』·『전국책(戰國策)』·『열녀전(列女傳)』·『열선전(列仙傳)』 등이 있다. 이밖에도 『초사(楚辭)』를 편성했으며, 청대 학자 마국한(馬國翰)이 편집한 『오경통의(五經通義)』가 있으며, 그의 아들 유흠(劉歆)과 함께 편성한 『산해경(山海經)』 등이 있다.

165) 가규(賈逵): 가규(174-228)는 동한(東漢) 말기 삼국시대 조위(曹魏)의 명신으로, 본명이 가구(賈衢)이고, 자가 경백(景伯)이며, 호가 양도(梁道)이다. 하동 양릉(襄陵) 또는 부풍(扶風) 사람이라고 한다. 민생(民生)에 유리한 정치를 펼쳤으며, 『모시(毛詩)』와 『상서(尙書)』에 조예가 있었다.

166) 복건(服虔): 동한(東漢)의 경학가(經學家)로 자가 자신(子愼)이고, 처음 이름이 중(重)이며, 또 이름이 기(祇)이다가 뒤에 건(虔)으로 고쳤다. 하남(河南) 형양(滎陽) 사람으로 어려서부터 부지런히 노력하여 일찍이 태학에 들어가 수업하였고, 벼슬이 상서시랑(尙書侍郞)·고평령(高平令)·구강태수(九江太守)에 이르렀다.

167) 두예(杜預): 두예(222-285)는 위진(魏晉)시대의 학자로, 자가 원개(元凱)이고, 경조군(京兆郡) 두릉현(杜陵縣) 사람이다. 벼슬은 처음에 상서랑(尙書郞)으로 있다가 사마소(司馬昭)의 고급막료(高級幕僚)가 되어 풍락정후(豊樂亭侯)에 봉해졌다. 서진(西晉)이 세워진 뒤에는 하남윤(河南尹)·도지상서(度支尙書) 등을 역임하고, 대장군이 되어 진나라가 오(吳)나라를 멸망시킨 공로로 당양현후(當陽縣侯)에 봉해졌다. 죽은 뒤에는 정남대장군(征南大將軍)·개부의동삼사(開府儀同三司)에 추증되고, 시호는 성(成)이라고 하였다. 널리 배우고 읽기를 좋아하여 두루 통달하였으며 세운 공적이 많아서 당시에 '두무고(杜武庫)'라고 칭송하였다. 저서로는 『춘추좌씨전집해(春秋左氏傳集解)』·『춘추석례(春秋釋例)』 등이 있다.

168) 왕숙(王肅): 왕숙(195-256)은 삼국시대 조(曹)나라와 위(魏)나라의 학자로, 자가 자옹(子雍)이고 동해군(東海郡) 담현(郯縣) 사람이다. 사도(司徒) 왕랑(王朗)의 아들로, 진(晉)나라 문제(文帝) 사마소(司馬昭)의 아버지이다. 동해 왕씨(東海王氏) 출신으로 일찍이 산기황문시랑(散騎黃門侍郞)·산기상시(散騎常侍) 겸 비서감(秘書監) 및 숭문관(崇文館) 좨주(祭酒)를 거쳐 광평태수(廣平太守)·시중(侍中)·하남윤(河南尹) 등을 역임하였다. 당시에 큰 학자인 송충(宋忠)을 스승으로 좋았고, 여러 경서를 두루 주석하였는데 특히 『상서(尙書)』를 주내면서 금문과 고문의 뜻을 종합하였다. 『예기(禮記)』·『좌전(左傳)』·『국어(國語)』 등을 살피고, 『공자가어(孔子家語)』 등을 편찬하여 도덕 가치를 선양하여 그의 정신이념이 관학(官學)에 받아들여져 그가 주석한 경학(經學)이 위진(魏晉)시대에 왕학(王學)이라고 일컬어지게 되었다.

서 또 이르기를, '정충(鄭沖)169)은 고문을 소유(蘇愉)170)에게 전해주고, 소유는 양류(梁柳)171)에게 전해주어 양류의 이종형인 황보밀(皇甫謐)172)이 또 양류로부터 얻어 보았는데, 양류는 또 장조(臧曹)173)에게 전해주었다. 장조는 비로소 매색(梅賾)174)에게 전해주자 매색이 이에 전진(前晉) 때에 그 책을 임금에게 올려 널리 전해지고 유행하게 되었다.'라고 하였다.

詳說

○ 『書』不得行而卒.

'불행이종(不行以終)'은 『상서(尙書)』가 유행되지 못하고서 죽은 것이다.

○ 知有其本而未及見.

'불견공전(不見孔傳)'의 경우, 그 본경(本經)이 있음을 알고서도 보지 못한 것이다.

○ 西漢東萊人.

'장패(張霸)'는 서한(西漢) 동래(東萊) 사람이다.

○ 如字.

'공권(共卷)'에서 '공(共)'은 본래의 음(音義: 함께하다, 도합하다)대로 읽는다.

---

169) 정충(鄭沖): 정충(?-274)은 삼국시대 학자로 자가 문화(文和)이고, 형양(滎陽) 개봉(開封) 사람이다. 한미(寒微)한 집안에도 널리 유학을 탐구하여 처음에 위문제(魏文帝) 조비(曹丕)의 문학(文學)이 되었다가 상서랑(尙書郞)·진유태수(陳留太守)에 이르렀다. 서진(西晉)이 세워지자 태부(太傅)에 제수되었으며, 시호는 성(成)이다. 하안(何晏) 등과 지은 『논어집해(論語集解)』 등이 있다.
170) 소유(蘇愉): 소유(?-271?)는 위진(魏晉) 때의 관리로 자가 휴예(休預) 또는 휴예(休豫)이고, 부풍(扶風) 무공(武功) 사람이다. 벼슬은 상서(尙書)·태상광록대부(太常光祿大夫)를 거쳐 양주자사(凉州刺史)에 이르렀다. 정충(鄭沖)에게 고문 『상서』를 배웠고, 양류(梁柳)에게 고문 『상서』를 가르쳤다.
171) 양류(梁柳): 자는 홍계(洪季)이고, 천수(天水) 사람이며, 황보밀의 외사촌 동생이다. 소유(蘇愉)에게 『상서』를 배웠고, 장조(臧曹)에게 『상서』를 가르쳤다.
172) 황보밀(皇甫謐): 황보밀(215-282)은 삼국 서진(西晉)의 학자로, 어릴 때 이름이 정(靜)이다. 자가 사안(士安)이고, 자호가 현안선생(玄晏先生)이며, 안정(安定) 사람이다. 동한(東漢)의 명장인 황보숭(皇甫嵩)의 증손으로, 저술을 평생의 업으로 삼고 몰두하다가 풍비(風痺)를 얻었는데도 책을 놓지 않았다. 침구(鍼灸)의 비조(鼻祖)라는 칭송을 얻었으며, 『침구갑을경(針灸甲乙經)』이라는 저서가 유명하다. 이밖에 저서로는 『역대제왕세기(歷代帝王世紀)』·『고사전(高士傳)』·『일사전(逸士傳)』·『열녀전(列女傳)』·『원안선생집(元晏先生集)』 등이 있다.
173) 장조(臧曹): 자가 언화(彦和)이고, 양성(陽城) 사람이다. 양류(梁柳)에게 『상서』를 배웠고, 매적(梅頤)에게 『상서』를 가르쳤다.
174) 매색(梅賾): 자는 중진(仲眞)이고, 동진(東晉) 여남(汝南) 사람이다. 예장내사(豫章內史)가 되어 『고문상서(古文尙書)』 및 『상서공씨전(尙書孔氏傳)』을 바쳐서 관학(官學)을 세웠다.

○ 釋於此.
　'권(卷)'에서 볼 때, '제(除)'자는 여기에서 해석한다.

○ 依『書』而作, 如束晳之「補笙詩」.
　'개역약견백편지서(蓋亦略見百篇之序)'의 경우, 『상서(尙書)』에 의거하여 지었으니, 속석(束晳)175)의 「보생시(補笙詩)」와 같은 것이다.

○ 鄒氏季友曰 : "『史記』盡引伏生『書』及僞「泰誓」, 不引孔壁『書』, 是未見, 明矣. 然却引「小序」, 雖亾篇之序, 亦有之. 是西漢之世, 自有百篇之序, 故太史公見之, 造僞『書』者, 亦見之, 非專出於孔壁也."176)
　추씨계우(鄒氏季友: 鄒季友)177)가 말하였다. "『사기(史記)』에서는 복생(伏生)의 『상서(尙書)』 및 거짓 「태서(泰誓)」를 다 인용하면서 공씨(孔氏) 벽속의 『상서(尙書)』를 인용하지 않았으니, 이는 보지 못한 것이 분명하다. 그러나 도리어 「소

---

175) 속석(束晳): 속석(264-33)은 서진(西晉)의 학자로 자가 광미(廣微)이고, 양평(陽平) 원성(元城) 사람이다. 벼슬은 상서랑(尙書郞)에 이르렀으며, 저서로는 『칠대통기(七代通紀)』·『진서(晋書)』·『속광미집(束廣微集)』 등이 있다. 고문자(古文字)에 정통하여 급총서(汲冡書)를 변별하여 분석하였으며, 『시경』 「소아(小雅)」 가운데 「남해(南陔)」·「백화(白華)」 등의 생시(笙詩) 여섯 편이 그 소리는 있고 그 말이 없는 데 말미암아 이에 「모시서(毛詩序)」에 의거하여 보충해서 짓고 「보망시(補亡詩)」라고 하였다.
176) 유삼오(劉三吾) 등 찬, 『서전회선(書傳會選)』 「서서(書序)」의 '음석전(音釋傳)」에 내용이 보인다. 그 전문은 다음과 같다. "'傳', 柱戀反, 下同. 張霸, 前漢東萊人, 見百篇之序. 按, 『史記』盡引伏生今文『書』二十八篇, 及僞『泰誓』一篇, 並不引孔壁所增諸篇, 是太史公未見孔壁『書』, 明矣. 然却多引「小序」, 雖亡篇之序, 亦有之, 是西漢之世, 自有百篇之序, 故太史公見之, 造僞書者, 亦見之, 非專出於孔壁也'. '復', 如字. 劉向, 字子政, 楚元王交玄孫. 班固, 字孟堅, 後漢扶風人. 劉歆, 字子駿, 向之子. 賈逵, 字景伯, 後漢扶風人. 服虔, 字子愼, 後漢河南人. 杜預, 字元凱, 晉京兆杜陵人. 王肅, 字子邕, 東海蘭陵人. 魏衛將軍太常鄭冲, 字文和, 滎陽人, 晉初太傅. 蘇愉, 字休預, 扶風人. 梁柳, 字洪季, 天水人, 内兄舅之子, 長於巳者. 皇甫謐, 覓畢反. 字士安, 安定朝那人. 臧曹, 字彦和, 陽城人. 梅賾, 仕革反. 字仲眞, 汝南人, 爲預章内史. '上', 是掌反.(… 살펴보건대, 『사기』에서는 모두 복생의 금문 『상서』 28편 및 거짓 「태서」 1편을 인용하면서 아울러 공씨 벽속의 『상서』에 더해진 여러 편들을 인용하지 않았으니, 이는 태사공이 공씨 벽속의 『상서』를 보지 못한 것이 분명하다. 그러나 도리어 「소서」를 많이 인용하여 비록 잃어버린 편의 서라고 하더라도 또한 그것을 두었는데, 이는 서한의 시대에 본래 백편의 서가 있었기 때문에 태사공이 그것을 보았고, 거짓 『상서』를 만든 이도 또한 그것을 보았으니, 오로지 공씨의 벽속에서만 나온 것이 아니다. ….)" 그리고 주학령(朱鶴齡) 찬, 『상서비전(尙書埤傳)』 권수(卷首)에서도 내용이 보인다. "鄒季友曰 : '某曾大父魯卿, 從學朱子, 因論『書』「小序」, … 『史記』盡引今文『書』二十八篇, 及僞『泰誓』一篇, 並不引孔壁所增諸篇, 是太公未見孔壁『書』, 明矣. 然却多引「小序」, 雖亡篇之序, 亦有之. 意西漢時, 自有百篇之序, 故太史公見之, 造僞『書』者, 亦見之, 非專出於孔壁也.'(추계우가 말하였다. '저의 증대부 노경께서 주자를 좇아서 배웠는데, 『상서』「소서」를 논의함에 말미암아 … 『사기』에서는 모두 금문 『상서』 28편 및 거짓 「태서」 1편을 인용하면서 아울러 공씨 벽속의 『상서』에 더해진 여러 편들을 인용하지 않았으니, 이는 태사공이 공씨 벽속의 『상서』를 보지 못한 것이 분명하다. 그러나 도리어 「소서」를 많이 인용하여 비록 잃어버린 편의 서라고 하더라도 또한 그것을 두었던 것이다. 생각하건대, 서한 때에 본래 백편의 서가 있었기 때문에 태사공이 그것을 보았고, 거짓 『상서』를 만든 이도 또한 그것을 보았으니, 오로지 공씨의 벽속에서만 나온 것이 아니다.')"
177) 추씨계우(鄒氏季友: 鄒季友): 원대 학자로 자는 진소(晉昭)이고, 번양(番昜) 사람이다. 저서로는 『서전음석(書傳音釋)』이 있다.

서(小序)』를 인용하여 비록 잃어버린 편의 서(序)이더라도 또한 그것을 두었다. 이는 서한(西漢)의 시대에 본래 백편의 서(序)가 있었기 때문에 태사공(太史公: 사마천)이 그것을 보았고, 거짓 『상서(尙書)』를 만든 이도 또한 그것을 보았으니, 오로지 공씨(孔氏)의 벽속에서만 나온 것이 아니다.

○ 如字.
  '공위(共爲)'에서 '공(共)'은 본래의 음(音義: 함께)대로 읽는다.

○ 有兩「舜典」·兩「益稷」.
  '차이십사편(此二十四篇)'의 경우, 두 개의 「순전(舜典)」과 두 개의 「익직(益稷)」이 있는 것이다.

○ 句.
  '십육권(十六卷)'에서 문장이 끊어지는 곳이다.

○ 字景伯, 東漢扶風人.
  '가규(賈逵)'는 자가 경백(景伯)이고, 동한(東漢)의 부풍(扶風) 사람이다.

○ 今本.
  '진고문(眞古文)'은 지금의 본경(本經)이다.

○ 字子愼, 東漢河南人.
  '복건(服虔)'은 자가 자신(子愼)이고, 동한(東漢)의 하남(河南) 사람이다.

○ 註『書』.
  '왕숙(王肅)'은 『상서(尙書)』의 주석을 냈다.

○ 此三字, 是肅所以不能逃於後人之疑者, 而唐孔氏蓋始摘發云.
  '사절견(似竊見)', 이 세 글자는 왕숙(王肅)이 후세 사람들의 의문에서 도망할 수 없었던 것인데, 당나라 공씨(孔氏: 孔穎達)[178]가 대개 비로소 들추어낸 것이다.

---

[178] 공씨(孔氏: 孔穎達): 공영달(574-648)은 당대 학자로, 자가 중원(仲遠) 또는 중달(仲達) 또는 충담(冲澹)이고, 기주(冀州) 형수(衡水) 사람이다. 공자의 31세손으로 경학(經學)에 밝았으며, 태종 때 국자감 박사(博士)·좨주(祭酒)를 거쳐 동궁시강(東宮侍講)을 지냈다. 태종의 명으로 『오경정의(五經正義)』를 편찬하였다.

○ 字文和, 滎陽人.

'정충(鄭沖)'은 자가 문화(文和)이고, 형양(滎陽) 사람이다.

○ 字休豫, 扶風人.

'소유(蘇愉)'은 자가 휴예(休豫)이고, 부풍(扶風) 사람이다.

○ 字洪季, 天水人.

'양류(梁柳)'는 자가 홍계(洪季)이고, 천수(天水) 사람이다.

○ 音密. ○字士安, 安定人.

'황보밀(皇甫謐)'에서 '밀(謐)'은 음이 밀(密)이다. ○자는 사안(士安)이고, 안정(安定) 사람이다.

○ 字彦和, 陽城人.

'장조(臧曹)'는 자가 언화(彦和)이고, 양성(陽城) 사람이다.

○ 仕革反. ○字仲眞, 汝南人.

'매색(梅賾)'에서 '색(賾)'은 사(仕)와 혁(革)의 반절이다. ○자는 중진(仲眞)이고, 여남(汝南) 사람이다.

○ 「舜典」篇題云, 東晉而此云'前晉'. 蓋賾當西晉末東晉初, 而孔氏互見耳.

'전진(前晉)'은 「순전(舜典)」의 편제에서 이른 것이니, 동진(東晉)인데 여기서 '전진(前晉)'이라고 하였다. 대개 매색(梅賾)이 서진(西晉) 말과 동진(東晉) 초에 닥친 것인데, 공씨(孔氏)가 서로 보았을 뿐이다.

○ 上聲.

'상(上)'은 상성(上聲: 올리다, 바치다)이다.[179]

저서로는 『오경정의(五經正義)』 등을 편찬하고, 위징(魏徵)과 함께 『수서(隋書)』 등 편찬하는 등 많은 업적을 남겼다.
[179] 『광운(廣韻)』에 의하면 그 뜻이 '올라가다, 바치다'일 경우에는 상성(上聲)이라 하였고, 그 뜻이 '위, 높은 곳'일 경우에는 거성(去聲)이라고 하였다.

集傳

『漢書』180)所引「泰誓」云: "誣神者, 殃及三世." 又云: "立功立事, 惟以永年." 疑卽武帝之世所得者.「律歷志」所引「伊訓」·「畢命」字畫, 有與古文略同者, 疑卽伏生口傳而鼂181)錯所屬讀者. 其引「武成」, 則伏生無此篇, 必是張霸182)所僞作者矣.

『한서(漢書)』에서 인용한 「태서(泰誓)」에 이르기를, "신(神)을 속이는 이는 재앙이 3대까지 미친다."고 하였다. 또 이르기를, '공훈을 세우고 사업을 세우는 것은 오직 오래도록 사는 것이다.'고 하였으니, 의심컨대 무제(武帝)의 시대에 얻은 것인 듯하다. 『율력지(律歷志)』에서 인용한 「이훈(伊訓)」과 「필명(畢命)」의 글자 획이 고문과 대략 같은 것이 있으니, 의심컨대 복생(伏生)이 입으로 전한 것을 가까이 하여 조조(鼂錯)가 이어가면서 읽은 듯하다. 거기서 「무성(武成)」을 인용하였으나, 복생(伏生)의 『상서(尙書)』에는 이 편이 없으니 반드시 장패(張霸)가 거짓으로 지은 것이다.

詳說

○ 當考.
'『한서(漢書)』'는 마땅히 살펴보아야 한다.

○ 按,「郊祀志」引此, 作『易』「大傳」.183)
'앙급삼세(殃及三世)'에 대해, 살펴보건대,「교사지(郊祀志)」에서 이것을 인용함에 『주역(周易)』「대전(大傳)」184)이라고 썼다.

○ 刑法志.185)

---

180) 『서경대전』 및 『서집전상설』과 달리 『주자대전』에는 '漢書' 위에 '今按' 두 글자가 더 있다.
181) 『서집전상설』과 달리 『주자대전』 및 『서경대전』에는 '晁'로 되어 있다. 『서집전상설』에서도 위에서는 '晁錯'라고 썼다.
182) 『서경대전』 및 『서집전상설』과 달리 『주자대전』에는 '霸'로 되어 있다.
183) 반고(班固) 찬, 『전한서(前漢書)』 권25,「교사지(郊祀志)」. "『易』「大傳」曰: '誣神者, 殃及三世.'(『주역』「대전」에서 말하였다. '….')"
184) 「대전(大傳)」: 『주역(周易)』 가운데 경문을 해석한 「괘사(卦辭)」와 「효사(爻辭)」의 전(傳)이니, 모두 7가지이다. 곧「단전(彖傳)」·「상전(象傳)」·「문언전(文言傳)」·「계사전(繫辭傳)」·「설괘전(說卦傳)」·「서괘전(序卦傳)」·잡괘전(雜卦傳)」을 대전(大傳)이라고 한다.
185) 반고(班固) 찬, 『전한서(前漢書)』 권23,「형법지(刑法志)」. "『書』曰: '立功立事, 可以永年', 言爲政而宜於民者, 功成事立, 則受天祿而永年命, 所謂一人有慶, 萬民賴之者也.(『상서』에서 말하기를, '공훈을 세우고 사업을 세우는 것은 오직 오래도록 사는 것이다.'라고 하였으니, ….)" 師古曰: '今文「泰誓」之辭也. 永, 長也'.(안사고가 말하였다. '금문 「태서」의 말이다. ….')"; 반고(班固) 찬, 『전한서(前漢書)』 권25,「교사지

'우(又)'는 「형법지(刑法志)」이다.

○ 僞「泰誓」.
'의즉무제지세소득자(疑卽武帝之世所得者)'의 경우, 위서(僞書) 「태서(泰誓)」이다.

○ 亦『漢書』.
'「율력지(律歷志)」'는 또한 『한서(漢書)』이다.

○ 猶言文字句語.
'자획(字畫)'은 문자(文字) 구어(句語)라고 말함과 같다.

○ 梅賾古文.
'고문(古文)'은 매색(梅賾)의 고문(古文)이다.

○ 或有所屬讀而未及行於世者歟.
'조조소촉독자(鼂錯所屬讀者)'의 경우, 혹시 이어서 읽은 것에 세상에 유행되지 않은 것이 있을 것이다.

○ 亦指「律歷志」.
'기인「무성」(其引「武成」)'에서, 또한 「율력지(律歷志)」를 가리킨다.

[0-2-12]

今按, 漢儒以伏生之『書』爲今文, 而謂安國之『書』爲古文, 以今考之, 則今文多艱澀而古文反平易. 或者以爲今文自伏生女子口授鼂186)錯時失之, 則先秦古書所引之文, 皆已如此, 恐其

(郊祀志)」. "「太誓」曰:'正稽古, 立功立事, 可以永年. 丕天之大律.'(「태서」에서 말하였다. '옛날 도를 바르게 살펴보고 공훈을 세우고 사업을 세우는 것은 오직 오래도록 사는 것이다. ….')" "師古曰:'今文「泰誓」」, 「周書」也. 稽, 考也. 永, 長也. 丕, 奉也. 律, 法也. 言正考古道而立事, 則可長年享有天下, 是則奉天之大法也.'(안사고가 말하였다. '금문「태서」는 「주서」이다. ….')"
186) 『서집전상설』과 달리 『주자대전』 및 『서경대전』에는 '晁'로 되어 있다.

未必然也. 或者以爲記錄之實語難工, 而潤色之雅詞易好. 故
訓・誥・誓・命, 有難易之不同, 此爲近之. 然伏生背[187]文暗
誦, 乃偏得其所難, 而安國考定於[188]科斗古書錯亂磨滅之餘,
反專得其所易, 則又有不可曉者. 至於諸序之文, 或頗與經不
合, 而安國之序, 又絶[189]不類西京文字, 亦皆可疑. 獨諸序之
本不先經, 則賴安國之序而見. 故今定[190]此本, 壹以諸篇本文
爲經, 而復合序篇於後, 使覽者, 得見聖經之舊, 而又集傳其所
可知, 姑闕其所不可知者云.[191]

이제 살펴보건대, 한나라 유학자들은 복생(伏生)의 『상서(尙書)』를 금문(今文)이라 하고, 공안국(孔安國)의 『상서(尙書)』를 고문(古文)이라고 하였는데, 지금으로써 살펴보면 금문(今文)은 많이도 어렵고 껄끄러우나 고문(古文)은 도리어 평탄하고 용이하다. 어떤 이는 금문이 복생(伏生)의 딸의 입에서 조조(晁錯)에게 전수되던 때부터 잃어버려서 곧 선진(先秦)의 옛 서적에서 인용한 글들이 모두 이미 이와 같을 것이라고 생각하였으나 아마도 그것은 반드시 그렇지 않을 것이다. 어떤 이는 기록한 실제의 말은 어렵고 공교(工巧)하나, 윤색한 아담하고 바른 말은 용이하고 좋다. 그러므로 훈(訓)과 고(誥)와 서(誓)와 명(命)은 어렵고 쉬움에 있어 같지 않음이 있으니 이에 근접하려고 한 것이다. 그러나 복생(伏生)은 글을 등지고 암송하여 그 어려운 것에 치우쳐서 해독하였으나, 공안국(孔安國)은 과두(科斗)문자로 된 옛날『상서(尙書)』의 뒤섞여 어지럽고 닳아서 없어진 나머지를 살펴서 바로잡았는데 도리어 오로지 그 쉬운 것만 해독하고 또 알 수 없는 것이 있었다. 여러 서문의 글에 이르러 간혹 자못 경서(經書)와 맞지 않았는데, 공안국(孔安國)의 서문도 또 절대로 서경(西京)의 문자와 유사하지 않으니, 또한 모두 의심할만하다. 다만 여러 서문의 본문이 경서(經書)에 앞서지 않는 것은 곧 공안국(孔安國)의 서문에 의뢰하여야 보일 것이다. 그러므로 이제 이 본문을 정하여 한결같이 여러 편의 본문을 경문(經文)으로 삼고, 다시 서(序)와 편(篇)을 뒤에 합하여 보는 이로

---

187) 『서경대전』 및 『서집전상설』과 달리 『주자대전』에는 '倍'로 되어 있다.
188) 『서집전상설』 및 『주자대전』과는 달리 『서경대전』에는 '于'로 되어 있다.
189) 『서경대전』 및 『서집전상설』과 달리 『주자대전』에는 '絕'로 되어 있다.
190) 『서경대전』 및 『서집전상설』과 달리 『주자대전』에는 '今別定'으로 되어 있다.
191) 『서경대전』 및 『서집전상설』의 '又集傳其所可知, 姑闕其所不可知者云'은 『주자대전』에는 '不亂乎諸儒之說. 又論其所以不可知者如此, 使學者, 姑務沈潛反復乎其所易, 而不必穿鑿傅會於其難者云.(여러 유학자들의 말에 어지럽지 않을 것이다. 또 알 수 없는 것이 이와 같음을 논의하여 배우는 이들로 하여금 우선 그 쉬운 것에 힘써 침잠하고 반복하되, 반드시 그 어려운 것에 천착하여 부회하지 않게 한 것이다.)'으로 되어 있다.

하여금 성인(聖人) 경전(經典)의 옛 모습을 볼 수 있게 하였는데, 또 알 수 있는 것을 모아서 주해(註解)하고 잠시 그 알 수 없는 것은 빼놓은 것이다.

詳說

○ 去聲, 下並同.192)
'이(易)'는 거성(去聲: 쉽다)이니, 아래도 아울러 같다.

○ 有扶今抑古之意.
'공기미필연야(恐其未必然也)'의 경우, 금문(今文)을 떠받들고 고문(古文)을 억누르는 뜻이 있다.

○ 訓詁.
'기록지실어(記錄之實語)'는 훈고(訓詁)이다.

○ 誓·命.
'윤색지아사(潤色之雅詞)'는 서(誓)와 명(命)이다.

○ 亦有扶抑之意.
'불가효자(不可曉者)'에서, 떠받들고 억누르는 뜻이 있다.

○ 再致意.
'서경문자(西京文字)'에서, 다시 뜻을 얻은 것이다.

○ 朱子曰: "孔傳, 恐是魏晉間人作, 託安國爲名."193)
'역개가의(亦皆可疑)'에 대해, 주자(朱子: 朱熹)가 말하였다. "공안국(孔安國)의 전(傳)은 아마도 위진(魏晉) 연간의 사람이 지어서 공안국(孔安國)에게 의탁하여 명명하였을 것이다."

---

192) 호광(胡廣) 등 찬, 『서경대전(書經大全)』의 소주에는 "音異.(음이 이다.)"로 되어 있다.
193) 호광(胡廣) 등 찬, 『서경대전(書經大全)』의 소주에서 발췌한 것이다. 그 전문은 다음과 같다. "朱仲晦曰 : '….' 又曰 : '伏生所傳, 皆難讀, 如何伏生偏記其所難, 而易者全不能記也.' 又曰 : '孔書, 至東晉, 方出前, 此諸儒皆未見可疑之甚.' 又曰 : '「書序」, 伏生時無之, 其文甚弱, 亦不是前漢人文字, 只似後漢末人.' 又曰 : '「小序」, 決非孔門之舊. 安國序, 亦非西漢文章.' 又曰 : '先漢文字重厚, 今「大序」格致極輕.' 又曰 : '『尚書』孔安國傳, 是魏晉間人作, 托孔安國爲名耳.' ….(주중회가 말하였다. '…' 또 말하였다. '복생이 전한 것은 모두 읽기 어려운데, ….')"

○ 又曰: "孔『書』, 至東晉, 方出前, 此諸儒皆不曾見, 可疑之甚."194)

또 말하였다. "공안국(孔安國)의 『상서』는 동진(東晉)에 이르러 바야흐로 앞에 내놓았는데, 이는 여러 유학자들이 일찍이 보지 못하여 의심함이 심하였던 것이다."

○ 按, 孔傳可疑, 則其本文, 自當隨之耳.

살펴보건대, 공안국(孔安國)의 전(傳)에서 의심할 만한 것은 그 본문을 스스로 마땅히 따랐을 뿐이라는 것이다.

○ 安國自言, 始各冠其篇首.

'뇌안국지서이현(賴安國之序而見)'의 경우, 공안국(孔安國)이 스스로 말한 것을 비로소 각각 그 편의 머리에 올려놓은 것이다.

○ 去聲.195)

'부(復)'는 거성(去聲: 다시)이다.

○ 朱子未及成之, 而蔡氏成之曰 : "「書序」辨說, 亦猶「詩序」之有辨說."196)

'부합서·편어후(復合序·篇於後)'에 대해, 주자(朱子)가 완성함에 미치지 못함에 채씨(蔡氏: 蔡沈)가 완성하였는데 말하기를, "「서서(書序)」의 변설(辨說)도 또한 「시서(詩序)」에 변설(辨說)이 있는 것과 같다."라고 하였다.

---

194) 『주자어류(朱子語類)』 권78, 「상서1(尙書一)·강령(綱領)」. "某嘗疑孔安國『書』, 是假『書』. … 漢儒訓釋文字, 多是如此有疑則闕, 今此卻盡釋之. 豈有千百年前人說底話, 收拾於灰爐屋壁中與口傳之餘, 更無一字訛舛. 理會不得. 兼小序皆可疑. … 況先漢文章, 重厚有力量; 今大序, 格致極輕, 疑是晉宋間文章. 況孔『書』, 至東晉方出, 前此諸儒皆不曾見. 可疑之甚.(나는 일찍이 공안국의 『상서』가 거짓 『상서』라고 의심하였다. … 한나라 유학자들이 글자를 새기고 문장을 해석함에 대부분 이처럼 의심나면 빼놓았는데 지금 이것은 도리어 다 해석하였다. 어찌 천 년 전 사람들이 말한 것을 불타버린 집의 벽속에서 나온 것과 입으로 전한 나머지에서 수습하면서 다시 한 글자도 잘못되거나 어긋남이 없단 말인가. 이해할 수 없다. 「소서」도 아울러 모두 의심할만하다. … 하물며 선한 때의 문장은 중후하면서 역량이 있었으나, 지금 「대서」는 품격과 운치가 매우 가벼우니, 의심컨대 진나라와 송나라 사이의 문장인 듯하다. 하물며 공안국의 『상서』는 동진 때 이르러 바야흐로 나와서 이보다 앞 시대의 여러 유학자들이 모두 일찍이 보지 못하였던 것이다. 매우 의심할 만한 것이다.)"

195) 호광(胡廣) 등 찬, 『서경대전(書經大全)』의 소주에는 "浮, 去聲.(부이니, 거성이다.)"으로 되어 있다.

196) 출처가 자세하지 않다.

○ 集而傳之.197)

'집전(集傳)'은 모아서 주해(註解)한 것이다.

○ 朱子曰: "東坡『書』解, 却好他, 看得文勢好.198) 介甫解, 亦不可不看.199) 伯恭解, 傷於巧.200)"

'고궐기소불가지자운(姑闕其所不可知者云)'에 대해, 주자(朱子: 朱熹)가 말하였다. "동파(東坡: 蘇軾)201)의 『상서(尙書)』해설은 도리어 다른 것보다 좋으니, 글의 기세가 좋음을 볼 수 있다. 개보(介甫: 王安石)202)의 해설도 또한 보지 않을 수 없다. 백공(伯恭: 呂祖謙)203)의 해설은 공교함에 이지러졌다."

---

197) 호광(胡廣) 등 찬, 『서경대전(書經大全)』의 소주에는 "去聲.(거성이다.)"으로 되어 있다.
198) 『주자어류(朱子語類)』 권78, 「상서1(尙書一)·강령(綱領)」.
199) 『주자어류(朱子語類)』 권78, 「상서1(尙書一)·강령(綱領)」. "因論『書』解, 必大曰: '舊聞, 一士人說, 注疏外, 當看蘇氏·陳氏解.' 曰: '介甫解, 亦不可不看. 『書』中不可曉處, 先儒既如此解. ….'(『상서』의 해설을 논의함에 말미암아 필대가 말하였다. '….')"
200) 『주자어류(朱子語類)』 권78, 「상서1(尙書一)·강령(綱領)」. "呂伯恭解『書』, 自『洛誥』始, … 伯恭, 却是傷於巧.(여백공의 『상서』의 해설은 「낙고」부터 시작되는데, ….)"
201) 동파(東坡: 蘇軾): 소식(137-111)은 북송의 삼절(三絶) 학자로, 자가 자첨(子瞻)·화중(和仲)이고, 호가 동파(東坡)·철관도인(鐵冠道人)이며, 시호는 문충(文忠)이다. 세상에서는 동파거사·소동파·소선(蘇仙)이라고 일컬으며, 미주(眉州) 미산(眉山) 사람이라서 미산 소씨라고도 한다. 아버지 소순(蘇洵)과 아우 소철(蘇轍)과 함께 삼소(三蘇)로 일컬어졌다. 벼슬은 한림학사·시독학사(侍讀學士)·예부상서 등에 이르렀으며, 당송팔대가(唐宋八大家)의 한 사람으로 시문과 서화(書畵)에 매우 뛰어난 실력을 보였다. 저서로는 『동파문집』·『동파역전(東坡易傳)』·『서전(書傳)』·『동파악부』 등이 있다.
202) 개보(介甫: 王安石): 왕안석(121-186)은 북송의 학자로, 자는 개보(介甫)이고, 호는 반산(半山)이며, 임천(臨川) 출신이다. 시호가 문(文)이어서 왕문공(王文公)이라고 불렸다. 벼슬에 나아가 지강녕(知康寧)·한림학사(翰林學士) 겸 시강(侍講)에 임명되어 신종의 개혁 의지에 맞는 신법을 단행하면서 재상에까지 이르렀다. 비록 보수파의 반대로 실패하였지만, 관료 체제와 군사 제도의 개혁은 물론이고, 청묘법(靑苗法: 농민에게 낮은 이자로 돈을 빌려주는 제도), 모역법(募役法: 부역 대신 세금을 걷어서 고용을 넓히는 제도), 균수법(均輸法: 산물을 조세로 걷어서 재정을 늘리는 제도), 시역법(市易法: 영세 상인들을 보호 육성하는 제도), 보갑법(保甲法: 향촌에서 민병대를 조직하여 치안을 유지하는 제도), 보마법(保馬法: 기병대를 양성하는 제도) 등을 시행하였다. 저서로는 『임천문집(臨川文集)』·『왕형공시주(王荊公詩注)』·『주관신의(周官新義)』·『논어통(論語通)』·『자설(字說)』 등이 있다.
203) 백공(伯恭: 呂祖謙): 여조겸(1137-1181)은 남송 학자로 자가 백공(伯恭)이고, 호가 동래(東萊)이며, 무주 사람이다. 주희(朱熹)·장식(張栻)과 함께 명성을 떨쳐 당시에 동남3현이라고 일컬었다. 저서로는 『동래집(東萊集)』·『여씨가숙독서기(呂氏家塾讀書記)』·『동래좌전박의(東萊左傳議)』·『서정고(書定考)』·『서설(書說)』·『고주역(古周易)』 등이 있다.

서집전상설 1권
書集傳詳說 卷之一

[1-1]
「우서(虞書)」

集傳

'虞', 舜氏因以爲有天下之號也, 書凡五篇.「堯典」, 雖紀唐堯之事, 然本虞史所作, 故曰「虞書」; 其「舜典」以下, 夏史所作, 當曰「夏書」.'『春秋傳』, 亦多引爲「夏書」, 此云「虞書」, 或以爲孔子所定也.

'우(虞)'는 순(舜)의 씨(氏)가 이에 천하를 소유한 나라이름이 되었으니, 글이 모두 다섯 편이다. 「요전(堯典)」은 비록 당(唐)나라 요(堯)의 일을 기록하였으나 본래 우(虞)나라 사관(史官)이 지은 것이기 때문에 '「우서(虞書)」'라 하였고, 「순전(舜典)」 이하는 하(夏)나라 사관이 지은 것이어서 당연히 '「하서(夏書)」'라고 한 것이다. 『춘추전(春秋傳)』에서도 또한 많이 「하서(夏書)」를 인용하면서 이것을 '「우서(虞書)」'라고 이른 것은 어쩌면 공자(孔子)가 정한 것이기 때문이다.

詳說

○ 舜之氏也.
'순씨(舜氏)'는 순(舜)의 씨(氏)이다.

○ 國號.
'인이위유천하지호야(因以爲有天下之號也)'의 경우, 국호(國號)이다.[204]

○ 陸氏曰: "「虞書」, 凡十六篇, 十一篇亾."[205]
'서범오편(書凡五篇)'에 대해, 육씨(陸氏: 陸德明)가 말하였다. "「우서(虞書)」는 모두 16편이었으니, 11편이 없어진 것이다."

○ 主史官而爲稱.
'고왈「우서」(故曰「虞書」)'의 경우, 사관(史官)을 위주로 하여 지칭한 곳이다.

---

204) '우(虞)'는 옛날 나라 이름이다. 순(舜)의 선조가 우(虞)에 봉해졌는데, 옛 도성이 산서성(山西省) 평륙현(平陸縣) 동북쪽에 있었다. 주나라 무왕(武王)이 은(殷)나라를 정벌하고, 고공단보(古公亶父)의 아들 우중(虞仲)의 후세 사람을 이곳에 봉해주었으니, 이것이 서우(西虞)이다.
205) 호광(胡廣) 등 찬, 『서경대전(書經大全)』의 소주를 수용한 것이다.

○ 『左』「莊八年」·「僖二十四年·二十七年」·「襄二十六年」.

'『춘추전(春秋傳)』은 『좌전(左傳)』의 「장공(莊公) 8년」과, 「희공(僖公) 24년·27년」과, 「양공(襄公) 26년」이다.

○ 主舜而爲稱.

'혹이위공자소정야(或以爲孔子所定也)'의 경우, 순(舜)을 위주로 하여 지칭한 것이다.

○ 夏氏曰 : "見舜上承於堯, 下授於禹."206)

하씨(夏氏: 夏僎)207)가 말하였다. "순(舜)이 위로 요(堯)를 계승하고, 아래로 우(禹)에게 전수하였음을 보인 것이다."

---

206) 호광(胡廣) 등 찬, 『서경대전(書經大全)』의 소주에서 발췌한 것이다. 그 전문은 다음과 같다. "夏氏曰 : '「二典」·「禹謨」, 俱謂之「虞書」者, 蓋三聖授受, 實守一道. 謂之「虞書」, 則可以該舜, 不可以該禹; 謂之「夏書」, 則可以該禹, 不可以該堯. 惟曰「虞書」, 則見舜上承於堯, 下授於禹.'(하씨가 말하였다. '「이전(요전·순전)」과 「우모」를 함께 이르기를 「우서」라고 한 것은 대개 세 성인이 주고받은 것이 실로 동일한 도를 지켜서이다. 「우서」라고 이르면 순을 갖출 수 있되 우를 갖출 수 없으며, 「하서」라고 이르면 순을 갖출 수 있되 요를 갖출 수 없으며, 오직 「우서」라고 해야만 순이 위로 요를 계승하고 아래로 우에게 전수한 것을 볼 수 있는 것이다.')" 이것은 하선(夏僎) 찬, 『상서상해(尙書詳解)』 권1, 「우서(虞書)·요전(堯典)」에서 발췌한 것이니, 그 원문은 다음과 같다. "'堯', 唐帝也. '典', 應謂之唐, 今云'虞'書者, 『正義』謂: '舜登庸追堯.' 作典, 非唐史所錄, 乃作於虞史, 故謂之「虞書」. … 「堯典」雖虞史所錄, 其實題爲唐; 「舜典」雖夏史所錄, 其實題爲虞; 「禹謨」雖後乎禹者所錄, 其實題爲夏. … 蓋堯授舜, 舜授禹, 三聖相授, 實守一道. … 「禹謨」以其所載者, 皆禹之行事, 故謂之「夏書」, 則「堯典」亦應以其所載者, 皆堯之事, 而謂之「唐書」, 可也. … 惟舜上承於堯, 下授於禹, 以'虞'名sære, 則上可以該堯, 下可以該禹. 三聖之道, 觀此則混然一流, 略無間斷, 夫子之意, 故不深歟."

207) 하씨(夏氏: 夏僎): 하선은 송대 학자로 자가 원숙(元肅)이고, 호가 가산(柯山)이며, 용유(龍游) 사람이다. 송나라 순희(淳熙) 5년(1178)에 진사과에 급제하였으나, 성품이 결백하고 비부(比附)함을 좋아하지 않아 사직하고 귀양(歸養)하여 강학하였다. 일찍이 채원정(蔡元定)을 좇아 『상서(尙書)』를 배웠으며, 스스로 깊이 연구한 뒤 『가산서전(柯山書傳)』 40권을 간행하였다. 그 가운데 『상서상해(尙書詳解)』 26권이 『사고전서(四庫全書)』에 들어있다.

[1-1-1]
「요전(堯典)」

集傳

'堯', 唐帝名. 『說文』²⁰⁸⁾曰 : "'典', 從冊在丌上, 尊閣之也." 此篇, 以簡冊 載堯之事, 故名曰「堯典」, 後世, 以其所載之事, 可爲常法, 故又訓爲'常' 也. 今文²⁰⁹⁾·古文²¹⁰⁾, 皆有.

'요(堯)'는 당(唐)나라 임금 이름이다. 『설문(說文)』에서 말하기를, "'전(典)'은 책(冊)이 책상 위에 있는 것을 좇았으니, 높이 두는 것이다."라고 하였다. 이 편(篇)은 간책(簡冊)에 요(堯)의 일을 기재하였기 때문에 이름을 「요전(堯典)」이라 하였고, 후세에 여기에 기재한 일이 고정불변(固定不變)의 법도가 될 만하다고 여겼기 때문에 또 뜻을 새겨서 '상(常: 떳떳하다)'이라고 하였다. 금문(今文: 금문『상서』)과 고문(古文: 고문『상서』)에 모두 있다.

詳說

○ 後人因謂之諡. ○以唐侯起爲天子, 因以爲有天下之號.

'당, 제명(唐帝名)'의 경우, 후세 사람들이 이에 말미암아 시호(諡號)라고 하였다. ○당(唐)나라 제후로써 몸을 일으켜 천자(天子)가 되었으니, 이에 말미암아 천하를 소유한 나라 이름이 된 것이다.

○ 音基.²¹¹⁾

'기(丌)'는 음이 기(基)이다.

○ 句.

'종책재기상(從冊在丌上)'에서 문장이 끊어지는 곳이다.

---

208) 호광(胡廣) 등 찬, 『서경대전(書經大全)』의 소주에 "書名, 後漢許愼叔重作.(책이름이니, 후한의 허신 숙중이 지었다.)"이라는 내용이 있다. 내각본 『서전대전(書傳大全)』에는 소주가 없다.
209) 호광(胡廣) 등 찬, 『서경대전(書經大全)』의 소주에 "伏生所授, 馬·鄭等所注."라는 내용이 있다.
210) 호광(胡廣) 등 찬, 『서경대전(書經大全)』의 소주에 "孔壁所藏, 安國所傳."이라는 내용이 있다.
211) 호광(胡廣) 등 찬, 『서경대전(書經大全)』의 소주에는 "丌, 與基同.('기'는 기와 같다.)"으로 되어 있다. 내각본 『서전대전(書傳大全)』에는 소주가 없다.

○ 猶束也.
'존각지야(尊閣之也)'에서 '각(閣)'은 속(束: 戢, 置, 聚集)과 같다.

○ 取'冊在丌'之義.
'고명왈「요전」(故名曰「堯典」)'의 경우, '책재기(冊在丌: 책이 책상에 있다)'의 뜻을 취한 것이다.

○ 又取'常法'之義, 蓋從其記『書』之始, 而雖先言簡冊載事, 然此則四代之所同也. 若其可爲常法, 則實是「二典」之所獨也, 當以常法之義, 爲重.
'고우훈위상야(故又訓爲常也)'의 경우, 또 '상법(常法)212)'의 뜻을 취하였으니, 대개 『상서(尙書)』를 기재하는 처음을 좇아서 비록 먼저 간책(簡冊)과 기재한 일을 말하였으나, 이는 곧 네 시대213)가 같은 것이다. 만약 그것이 고정불변(固定不變)의 법도가 될 수 있다면 실제로 이 「요전(堯典)」과 「순전(舜典)」이 독차지할 것이니, 마땅히 '상법(常法)'의 뜻으로써 귀중하게 여겨야 한다.

○ 呂氏曰 : "「二典」, 與他書不同, 如『易』之有「乾」·「坤」."214)
여씨(呂氏: 呂祖謙)가 말하였다. "「요전(堯典)」과 「순전(舜典)」은 다른 글과 같지 않으니, 마치 『주역(周易)』에 「건괘(乾卦)」와 「곤괘(坤卦)」가 있는 것과 같다."

○ '今文·古文皆有', 於今文·古文皆有. '此篇', '此', 所謂今文也.
'금문·고문개유(今文·古文皆有)'은 금문(今文)과 고문(古文)에 모두 있다는 것이다. '차편(此篇)'의 '차(此)'는 이른바 금문(今文)이다.

○ 董氏鼎曰 : "篇題下每書, 古·今文有無者, 孔壁伏生二書之分耳, 非以字畫言辭, 論也."215)

---

212) 상법(常法): 고정불변(固定不變)의 법률 제도를 말한다. 이는 『춘추좌전(春秋左傳)』「문공(文公) 6년」에 나오는 말이다. 그 원문은 다음과 같다. "是以宣子於是乎始爲國政, 制事典, 正法罪, 辟獄刑, 董逋逃, 由質要, 治秩禮, 續常職, 出滯淹. 旣成, 以授大傅陽子與大師賈佗, 使行諸晉國, 以爲常法.(이 때문에 선자 조순이 이에 비로소 나라 정사를 다스림에 정사의 법규를 제정하고 … 여러 진나라에 시행하여 상법으로 삼도록 하였다.)"
213) 네 시대: 우(虞)나라와 하(夏)나라와 상(商)나라와 주(周)나라를 말한다.
214) 호광(胡廣) 등 찬, 『서경대전(書經大全)』의 소주를 수용한 것이다.
215) 호광(胡廣) 등 찬, 『서경대전(書經大全)』의 소주에서 발췌한 것이다. 그 전문은 다음과 같다. "董氏鼎曰 :

동씨정(董氏鼎: 董鼎)216)이 말하였다. "편제(篇題) 아래에 매 글마다 고문(古文) 및 금문(今文)에 있거나 없다고 한 것은 공씨(孔氏) 집의 벽속에서 나온 것과 복생(伏生)의 두 『상서(尙書)』를 구분하였을 뿐이지, 글자의 획이나 말로써 논한 것이 아니다."

○ 臨川吳氏曰 : "『孟子』引'放勳徂落'之文, 曰「堯典」, 則知古無「舜典」也. 一篇並載二帝之事, 不名「舜典」而名「堯典」者, 統於尊也. 伏生『書』, 此篇止名「堯典」, 梅賾始分'愼徽五典'以下, 爲「舜典」."217)

임천 오씨(臨川吳氏: 吳澄)가 말하였다. "『맹자(孟子)』에서 '방훈조락(放勳徂落)'의 글218)을 인용하면서 「요전(堯典)」이라고 하였으니, 옛날에는 「순전(舜典)」이 없었음을 알 수 있다. 한 편에 두 임금의 일을 아울러 기재하였는데도 「순전(舜典)」을 이름 붙이지 않고 「요전(堯典)」이라 이름 붙인 것은 높은 것에 총괄한 것이다. 복생(伏生)의 『상서(尙書)』에서는 이 편을 단지 「요전(堯典)」이라고 이

'按, 篇題下每書, 古今文有無者, 孔壁伏生二書之分耳, 非以字畫言辭, 論也.'(동씨 정이 말하였다. '살펴보건대, 편제 아래에 매 글마다 고문 및 금문에 있고 없다고 한 것은 ….')"
216) 동씨(董氏鼎: 董鼎): 동정은 원대 학자로, 자가 계형(季亨)이고, 호가 심산(深山)이며, 요주(饒州) 파양(鄱陽) 사람이라서 파양 동씨(鄱陽董氏)라고 부른다. 동몽정(董夢程)의 한 집안 아우로서 일찍이 가학(家學)이 있었고, 널리 학자들의 글을 읽었으며, 스승을 통한 학문의 계통을 중시하였다. 황간(黃幹)과 동몽정(董夢程)으로부터 주자(朱子)의 학문을 전수받아 주자의 재전(再傳) 제자라는 말을 들었다. 저서로는 『서전찬주(書傳纂註)』라고도 하는 『상서집록찬주(尙書輯錄纂注)』와 『효경대의(孝經大義)』・『십칠사찬고금통요후집(十七史纂古今通要後集)』 등이 있다.
217) 호광(胡廣) 등 찬, 『서경대전(書經大全)』의 소주에서 발췌한 것이다. 그 전문은 다음과 같다. "臨川吳氏曰 : '此篇, 蓋舜崩之後, 虞史紀舜之行事. 然以舜徵庸攝位, 皆在堯時, 故追紀堯之行事, 以該初終. 一篇並載二帝之事, 不名「舜典」而名「堯典」者, 統於尊也. 伏生『書』, 此篇止名「堯典」, 梅賾始分愼徽五典以下, 爲「舜典」」. 陳振孫曰: 『孟子』所引二十有八載放勳乃徂落之文, 曰「堯典」, 則知古無「舜典」也.'(임천 오씨가 말하였다. '이 편은 대개 순임금이 죽은 뒤에 우나라 사관이 순임금이 행한 일을 기록한 것이다. 그러나 순임금이 불리어 쓰이고 자리를 대행하던 것이 모두 요임금 때에 있었기 때문에 요임금이 행한 일을 좇아서 기록함에 처음부터 끝까지 갖춘 것이다. ….')"
218) '방훈조락(放勳徂落)'의 글: 『맹자집주대전(孟子集註大全)』 권9, 「만장장구상(萬章章句上)」. "함구몽이 물어 말하였다. '옛날 말에 이르기를, 성대한 덕의 선비는 임금이 얻어서 신하 삼지 못하며, 아버지가 얻어서 아들 삼지 못하는데, 순임금이 남쪽을 향하여 섰거늘 요임금이 제후들을 거느리고 북쪽을 향하여 조회하였고, 고수 또한 북쪽을 향하여 조회하거늘 순임금이 고수를 보고 그 얼굴에 찡그림이 있었다고 하자 공자가 말씀하시기를, 이때에 천하가 위태하였다. 불안하였다고 하셨는데 모르겠습니다. 이 말이 진실로 그러하였습니까?' 맹자가 말하였다. '아니다. 이는 군자의 말이 아니라 제나라 동쪽 야인들의 말이다. 요임금이 늙음에 순임금이 섭정하였던 것이니, 「요전」에서 말하기를, 28년째에 방훈이 이에 돌아가시거늘 백성들은 아버지와 어머니를 잃은 것 같이 삼년상을 하였고, 온 세상에서는 풍악을 그쳤다고 하였으며, 공자가 말씀하시기를, 하늘에 두 해가 없고, 백성에게 두 임금이 없다고 하셨으니, 순임금이 이미 천자가 되시고, 또 천하의 제후들을 거느려서 요임금의 삼년상을 하였다면 이는 두 명의 천자인 것이다.'(咸丘蒙問曰 : '語云: 盛德之士, 君不得而臣, 父不得而子, 舜南面而立, 堯帥諸侯, 北面而朝之, 瞽瞍亦北面而朝之, 舜見瞽瞍, 其容有蹙. 孔子曰: 於斯時也, 天下殆哉岌岌乎. 不識, 此語誠然乎哉?' 孟子曰 : '否. 此非君子之言, 齊東野人之語也. 堯老而舜攝也, 「堯典」曰: 二十有八載, 放勳乃徂落, 百姓如喪考妣三年, 四海遏密八音. 孔子曰: 天無二日, 民無二王. 舜旣爲天子矣, 又帥天下諸侯, 以爲堯三年喪, 是二天子矣.')"

름 붙였으나, 매색(梅賾)이 비로소 '신휘오전(愼徽五典)' 이하를 나누어 「순전(舜典)」이라고 하였다."

○ 按, 今文先出而奧澀, 古文後出而平易, 二文之體, 殆若二書, 故朱子於每篇之首, 必表出今·古文有無, 以別之. 且必先擧今文, 其抑揚之微意, 有可知也. 然此以其文體也. 若乃論學·論性·論心諸說, 則皆出於古文, 此又不可不知也. ○沙溪曰 : "「仲虺之誥」則不然, 且『朱子大全』, 皆先言古文."219)

살펴보건대, 금문(今文)은 먼저 나왔는데 심오하고 껄끄러우며, 고문(古文)은 뒤에 나왔는데 어렵지 않고 쉬우니,220) 두 글의 양식이 거의 두 『상서(尙書)』와 같기 때문에 주자(朱子)가 매 편의 머리마다 반드시 금문(今文) 및 고문(古文)에 있고 없음을 표출하여 구별한 것이다. 또 반드시 먼저 금문(今文)을 들어서 그 억누르고 드높이는 은미한 뜻을 알 수 있다. 그러나 이것은 그 문체 때문이다. 만약 학문을 논하고, 성(性)을 논하고, 마음을 논하는 여러 변설 같으면 모두 고문(古文)에서 나왔으니, 이는 또 알지 않을 수 없는 것이다. ○사계(沙溪: 金長生)221)가 말하였다. "「중훼지고(仲虺之誥)」는 그렇지 않으며, 또 『주자대전(朱子大全)』에는 모두 고문(古文)을 먼저 말하였다."

[1-1-1-1]

曰若稽古帝堯, 曰 '放勳', 欽明文思安安, 允恭克讓, 光被四

---

219) 『사계전서(沙溪全書)』 권14, 「경서변의(經書辨疑)·서전(書傳)·요전(堯典)」. "今文無, 古文有. 今文, 伏生所傳, 馬融等所註: 古文, 孔壁所藏, 孔安國所傳, 或曰: '今文先出, 故先言之.' 然「仲虺之誥」, 則不然, 且『朱子大全』, 皆先言古文, 或說不是.(금문에는 없고 고문에는 있다. 금문은 복생이 전한 것으로 마융 등이 주를 달았다. 고문은 공씨 집의 벽 안에 간직하던 것으로 공안국이 전한 것이다. 어떤 이가 말하기를, '금문이 먼저 나온 까닭에 이를 먼저 말한 것이다.'라고 하였다. 그러나 「중훼지고」에서는 그렇지 않고, 『주자대전』에서도 모두 먼저 고문을 말하였으니, 어떤 이의 말이 옳지 않다.)"
220) 「서서설상설(書序說詳說)」에 의하면 "이제 살펴보건대. 한나라 유학자들은 복생의 『상서』를 금문이라 하고, 공안국의 『상서』를 고문이라고 하였는데, 지금으로써 살펴보면 금문은 많이도 어렵고 껄끄러우나 고문은 도리어 어렵지 않고 쉽다.(今按, 漢儒以伏生之『書』爲今文, 而謂安國之『書』爲古文, 以今考之, 則今文多顚澀而古文反平易.)"라고 하였다.
221) 사계(沙溪: 金長生): 김장생(1548-1631)은 조선 중기 학자로 자가 희원(希元)이고, 호가 사계(沙溪)이고 시호가 문원(文元)이며, 본관이 광산(光山)이다. 아버지는 대사헌 김계휘(金繼輝)이며, 아들은 김집(金集)이다. 송익필(宋翼弼)로부터 사서(四書)와 『근사록(近思錄)』 등을 배웠고, 20세 무렵에 이이(李珥)의 문하에 들어갔다. 1578년(선조 11)에 학행(學行)으로 천거되어 정계에 입문하였다. 학문적으로 예학(禮學)을 깊이 연구하여 아들 김집에게 계승시켜 조선 예학의 태두가 되었다. 저서로는 『상례비요(喪禮備要)』·『가례집람(家禮輯覽)』·『전례문답(典禮問答)』·『의례문해(疑禮問解)』·『근사록석의(近思錄釋疑)』·『경서변의(經書辨疑)』·『사계선생전서(沙溪先生全書)』 등이 있다.

|表, 格于上下.|

옛날의 요임금을 자세히 살펴보았는데 공훈(功勳)이 지극하다고 하니, 공경하고 밝으며 우아(優雅)하고 생각함이 편안하고 편안하며, 진실로 공손하고 능히 겸양하여 광채(光彩)가 온 세상에 입혀지며, 위와 아래에 이르렀다.

詳說

○ 平聲.222)
'계(稽)'는 평성(平聲)이다.

○ 上聲.223)
'방(放)'은 상성(上聲)이다.

○ 『諺』音誤.224)
'흠(欽)'은 『언해(諺解)』의 음이 잘못되었다.

○ 去聲.225)
'사(思)'는 거성(去聲)이다.

集傳

'曰', 粤·越通, 古文作'粤'. '曰若'者, 發語辭,「周書」'越若來三月', 亦此例也. '稽', 考也,226) 史臣將敍堯事, 故先言: "考古之帝堯者, 其德如下文所云

---
222) 호광(胡廣) 등 찬,『서경대전(書經大全)』의 소주에는 "堅奚反.(견과 혜의 반절이다.)"으로 되어있다. 내각본『서전대전(書傳大全)』에는 소주가 없다. 아래도 같다.『광운(廣韻)』에 의하면 그 뜻이 '자세히 살펴보다, 계산하다'일 경우에는 평성(平聲)이라 하였고, 그 뜻이 '머리를 조아리다'일 경우에는 상성(上聲)이라고 하였다.
223) 호광(胡廣) 등 찬,『서경대전(書經大全)』의 소주에는 "甫兩反.(방과 량의 반절이다.)"으로 되어있다.『광운(廣韻)』에 의하면 그 뜻이 '이르다, 모방하다'일 경우에는 상성(上聲)이라 하였고, 그 뜻이 '놓다, 버리다'일 경우에는 거성(去聲)이라고 하였다.
224)『언해(諺解)』에서 '흠'이라고 한 것이 잘못되었다는 것이다.『광운(廣韻)』에 의하면 "去金切, 平.(거와 금의 반절이니, 평성이다.)"이라고 하여 그 본음이 '흠'이 아니라 '금'이라고 하였다.
225) 호광(胡廣) 등 찬,『서경대전(書經大全)』의 소주에는 "去聲, 傳同.(거성이니, 전도 같다.)"으로 되어있다.『광운(廣韻)』에 의하면 그 뜻이 '생각하다'일 경우에는 거성(去聲)이라 하였고, 그 뜻이 '사상, 심정'일 경우에는 평성(平聲)이라고 하였다.
226) 호광(胡廣) 등 찬,『주역전의대전(周易傳義大全)』권23,「계사하전(繫辭下傳)」에서 "其稱名也, 雜而不越, 於稽其類, 其衰世之意邪.(그 이름을 일컬음이 잡다해도 벗어나지 않으나, 그 부류를 살펴봄에 그 쇠망한 세상의 뜻일 것이다.)"라 하였고, 그 소주에서 "朱子曰 : 稽考其事類.'(주자가 말하였다. '그 일의 부류를

也." '曰'字, 猶言'其說如此'也. '放', 至也, 猶『孟子』言"放乎四海", 是也. '勳', 功也, 言堯之功大而無所不至也. '欽', 恭敬也;'明', 通明也, 敬體而明用也. '文', 文章也;'思', 意思也, 文著見而思深遠也. '安安', 無所勉強也, 言其德性之美, 皆出於自然而非勉強, 所謂性之者也. '允', 信;'克', 能也. 常人德非性有, 物欲害之, 故有强爲恭而不實, 欲爲讓而不能者. 惟堯性之. 是以信恭而能讓也. '光', 顯;'被', 及;'表', 外;'格', 至;'上', 天;'下', 地也, 言其德之盛如此, 故其所及之遠, 如此也. 蓋'放勳'者, 總言堯之德業也, '欽明文思安安', 本其德性而言也, '允恭克讓', 以其行實而言也, 至於'被四表'·'格上下', 則放勳之所極也. 孔子曰 : "惟天爲大, 惟堯則之." 故『書』敍帝王之德, 莫盛於堯, 而其贊堯之德, 莫備於此. 且又首以'欽'之一字爲言, 此『書』中開卷第一義也. 讀者深味而有得焉, 則一經之全體, 不外是矣, 其可忽哉.

'왈(曰)'은 월(粤) 및 월(越)과 통하며, 고문(古文)『상서(尙書)』에는 '월(粤)'로 썼다. '왈약(曰若)'은 발어사이니,「주서(周書)」의 '월약래삼월(越若來三月)'이 또한 이 용례이다. '계(稽)'는 자세히 살펴봄이니, 사신(史臣)이 장차 요(堯)의 정사(政事)를 서술하려고 했기 때문에 먼저 말하기를, "옛날 임금 요(堯)라는 이를 자세히 살펴보았는데, 그 덕(德)이 아래의 글에서 이른 것과 같았다."라고 하였다. '왈(曰)'은 '그 말이 이와 같다'고 말함과 같다. '방(放)'은 이름이니,『맹자(孟子)』에서 "사해(四海)에 이른다."라고 말한 것이 이것이다. '훈(勳)'은 공훈(功勳)이니, 요(帝堯)의 공훈이 커서 이르지 않은 곳이 없음을 말한 것이다. '흠(欽)'은 공경(恭敬)함이고, '명(明)'은 두루 미쳐 밝음이니, 경(敬)은 체(體)이고, 명(明)은 용(用)이다. '문(文)'은 찬란함이며, '사(思)'는 생각함이니, 찬란함은 드러나 보이는 것이고, 생각함은 깊고 원대한 것이다. '안안(安安)'은 힘써서 억지로 하는 것이 없음이니, 그 덕성(德性)의 아름다움이 모두 자연에서 나오고 힘써서 억지로 함이 아님을 말한 것이니, 이른바 '본성(本性)대로 한 이'라는 것이다. '윤(允)'은 진실함이고, '극(克)'은 능함이다. 보통 사람들은 덕(德)이 본성(本性)이 가지고 있는 것이 아니고 물욕이 훼방하기 때문에 억지로 공손함을 해도 성실하지 못하고 겸양하고자 해도 능하지 못한 것이 있다. 오직 요(帝)만이 타고난 본성(本性)대로 하였다. 이 때문에 진실로 공손하고 능히 겸양했던 것이다. '광(光)'은 드러남이고, '피(被)'는 미침이고, '표(表)'는 밖이고, '격(格)'은 이름이고, '상(上)'은 하늘이고, '하(下)'는 땅이니, 그

자세히 살펴본 것이다.')"라고 하였다.『주역주소(周易注疏)』 권12,「계사하(繫辭下)」에서 육덕명(陸德明)의 음의(音義)에는 "'稽', 古兮反. 考也.('계'는 고와 혜의 반절이니, 고이다.)"라 하였고, 공영달(孔穎達)의 소(疏)에는 "'稽', 考也.('계'는 고이다.)"라고 하였다. '고(考)'는 상고(詳考)함이니, 자세히 살펴보는 것이다.

덕의 성대함이 이와 같기 때문에 그 미친 것의 원대함이 이와 같음을 말한 것이다. 대개 '방훈(放勳)'이라는 것은 요(堯)의 덕과 업적을 총괄하여 말한 것이고, '흠명문사안안(欽明文思安安)'은 그 덕성에 근본하여 말한 것이고, '윤공극양(允恭克讓)'은 그 행실로써 말한 것이고, '피사표(被四表)'와 '격상하(格上下)'에 이르면 방훈(放勳)의 지극한 것이다. 공자(孔子)가 말하기를, "오직 하늘만이 위대한데 오직 요(堯)만이 본받았다."고 하였다. 그러므로 『상서(尙書)』에서 임금의 덕을 서술한 것이 요(堯)보다 더 성대한 이가 없으며, 요(堯)의 덕을 찬미한 것이 이것보다 더 갖추어진 것이 없다. 게다가 또 첫머리에 '흠(欽)'이라는 한 글자로써 말하였으니, 이는 『상서(尙書)』 가운데 책을 여는 첫째의 뜻이다. 읽는 이가 깊이 음미하여 터득함이 있으면 하나의 경서(經書) 전체가 여기에서 벗어나지 않을 것이니, 소홀할 수 있겠는가.

詳說

○ 『諺』音, 從俗.227)

'왈, 월·월통(曰, 粤·越通)'의 경우, 『언해(諺解)』의 음은 속음(俗音)을 좇았다.

○ 孔壁之文, 後並同.

'고문(古文)'은 공씨(孔氏) 옥벽(屋壁)에서 나온 『상서(尙書)』의 글이니, 뒤에도 아울러 같다.

○ 按, 『朱子大全』有"古人文字中, 多用之."228) 八字.

'발어사(發語辭)'에 대해, 살펴보건대, 『주자대전(朱子大全)』에 "옛사람의 문자 가운데 많이 사용하였다."의 여덟 글자가 있다.

○ 「召誥」.229)

---

227) 『언해(諺解)』에서 '왈'이라고 한 것을 말한다. 『광운(廣韻)』에 의하면 "王伐切, 入.(왕과 벌의 반절이니, 입성이다.)"이라고 하였다.
228) 『주자대전(朱子大全)』 권65, 「잡저(雜著)·상서(尙書)·요전(堯典)」. "'曰', 奧·越通. '曰若'者, 發諸辭, 古人文字中, 多用之. 「周書」所謂 '越若來三月', 亦此例也.('왈'은 월 및 월과 통한다. '왈약'이라는 것은 발어사이니, 옛사람의 문자 가운데 많이 사용하였다. ….)"
229) 호광(胡廣) 등 찬, 『서경대전(書經大全)』 권8, 「주서(周書)·소고(召誥)」에서 "惟太保先周公相宅, 越若來三月, 惟丙午朏越三日戊申, 太保朝至于洛, 卜宅, 厥旣得卜, 則經營.(태보가 주공보다 먼저 집터를 보고 이에 3월이 됨에 오직 병오일 초사흘에서 3일이 지난 무신일에 태보가 아침에 낙읍에 이르러 집터를 점쳐서 이윽고 길한 점괘를 얻고 곧 경영하였다.)"이라고 하였다.

'「주서(周書)」'는 「소고(召誥)」이다.

○ '放勳'以下.
'하문(下文)'은 '방훈(放勳)' 이하이다.

○ 二'曰'字, 上虛而下實.
'우언기설여차야(猶言其說如此也)'에서 볼 때, 두 '왈(曰)'자에서 위는 허사(虛辭)이고 아래는 실사(實辭)이다.

○ 按, 『朱子大全』無'猶'字.230)
'유(猶)'에 대해, 살펴보건대, 『주자대전(朱子大全)』에는 '유(猶)'자가 없다.

○ 「離婁」.231)
'『맹자(孟子)』'는 「이루(離婁)」이다.

○ 極至之勳.
'언요지공대이무소부지야(言堯之功大而無所不至也)'의 경우, 가장 지극한 공훈(功勳)이다.

○ 音現.232)
'문저현(文著見)'에서 '현(見)'은 음이 현(現)이다.

○ 上聲, 下並同.233)
'강(强)'은 상성(上聲: 억지로)이니, 아래도 아울러 같다.

---

230) 『주자대전(朱子大全)』 권65, 「잡저(雜著)·상서(尚書)·요전(堯典)」. "'放', 至也, 『孟子』言'放乎四海', 是也."
231) 『맹자집주대전(孟子集註大全)』 권8, 「이루장구하(離婁章句下)」. "孟子曰: '原泉混混, 不舍晝夜, 盈科而後進, 放乎四海, 有本者如是, 是之取爾. 苟爲無本, 七八月之間, 雨集, 溝澮皆盈, 其涸也, 可立而待也, 故聲聞過情, 君子恥之.'(맹자가 말하기를, '샘물이 숭숭 솟아나와 밤낮으로 쉬지 않아 구덩이를 채운 뒤에 나아가서 사방의 바다에 이르니, 근본이 있는 것은 이와 같기 때문에 이것을 취하였을 뿐이다. 진실로 근본이 없으면 7, 8월 사이에 비가 모여서 개천과 도랑이 다 가득 차나, 그 마를 것은 서서 기다릴 수 있기 때문에 명성이 실정에 지나침을 군자는 부끄러워한다.')"
232) 호광(胡廣) 등 찬, 『서경대전(書經大全)』의 소주에는 "形甸反.(형과 전의 반절이다.)"으로 되어있다. 내각본 『서전대전(書傳大全)』에는 소주가 없다.
233) 호광(胡廣) 등 찬, 『서경대전(書經大全)』의 소주를 수용한 것이다. 내각본 『서전대전(書傳大全)』에는 소주가 없다.

○ 朱子曰 : "欽明文思."234)
'기덕성지미(其德性之美)'에 대해, 주자(朱子)가 말하였다. "공경하고 밝으며 찬란하고 생각함이다."

○ 見『孟子』「盡心」.235)
'소위성지자야(所謂性之者也)'의 내용은 『맹자(孟子)』「진심(盡心)」에 보인다.

○ 王氏充耘曰 : "是堯之得於天者."236)
왕씨충운(王氏充耘: 王充耘)이 말하였다. "이는 요(堯)가 하늘에서 얻은 것이다."

○ 句.
'상인덕비성유(常人德非性有)'에서 문장이 끊어진다.

○ 先言常人.
'욕위양이불능자(欲爲讓而不能者)'의 경우, 먼저 보통 사람을 말한 것이다.

○ '重華'之'華', 蓋本於此.
'현(顯)'의 경우, '중화(重華)237)'의 '화(華)'도 대개 이것에 근본하였다.

○ '克讓'以上.
'기덕지성여차(其德之盛如此)'의 경우, '극양(克讓)' 이상이다.

○ '光被'以下.

---

234) 호광(胡廣) 등 찬, 『서경대전(書經大全)』의 소주에서 발췌한 것이다. 그 원문은 다음과 같다. "欽明文思, 頌堯之德.(공경하고 밝으며 찬란하고 생각함은 요의 덕을 기린 것이다.)"
235) 『맹자집주대전(孟子集註大全)』 권13, 「진심장구상(盡心章句上)」. "孟子曰 : '堯·舜性之也, 湯·武身之也, 五霸假之也.'(요와 순은 본성대로 하였고, 탕과 무는 몸소 이행하였고, 다섯 패자는 인의를 가장하였다.)"
236) 호광(胡廣) 등 찬, 『서경대전(書經大全)』의 소주에서 발췌한 것이다. 그 전문은 다음과 같다. "王氏充耘曰 : 欽明文思安安, 是堯之得於天者, 異於人; 允恭克讓, 是堯之見諸行事者, 異於人. 欽明文思, 或可能; 安安, 不可能也. 恭讓, 或可能也; 允克, 不可能也.(왕씨충운이 말하였다. '흠명문사안안은 요가 하늘에서 얻은 것이니 사람들과 다른 것이며, 윤공극양은 요가 정사를 행함에 나타나는 것이니 사람들과 다른 것이다. 흠명문사는 혹시 가능할 수 있으나, 안안은 가능할 수 없다. 공양은 혹시 가능할 수 있으나, 윤극은 가능할 수 없다.')"
237) 중화(重華): 호광(胡廣) 등 찬, 『서경대전(書經大全)』 권1, 「우서(虞書)·순전(舜典)」. "曰若稽古帝舜, 曰'重華協于帝', 濬哲文明, 溫恭允塞, 玄德升聞, 乃命以位.(옛날 임금 순을 상고하였는데, 중화가 임금에게 맞았으니, 깊고 명철하고 찬란하고 밝으며, 온화하고 공손하고 성실하고 독실하여 그윽한 덕이 올라가 알려지니, 이에 임금 자리를 명하였다.)" 공영달(孔穎達)은 '화(華)'를 문덕(文德)이라고 하였다.

'여차야(如此也)'의 경우, '광피(光被)' 이하이다.

○ 去聲.238)
'이기행(以其行)'에서 행(行)은 거성(去聲: 행위, 품행)이다.

○ 極之極.
'방훈지소극야(放勳之所極也)'의 경우, 극(極)의 극(極)이다.

○ '蓋'以下, 申論也, 此下則又歸其重於'欽'之一字, 以蔽此一書.
'개(蓋)' 이하는 논의를 펼친 것이니, 이 아래는 또 그 중점을 '흠(欽)'의 한 글자로 귀결하여 이 하나의 글을 개괄하였다.

○ 出『論語』「泰伯」.239)
'유요칙지(惟堯則之)'의 내용이 『논어(論語)』「태백(泰伯)」에 나온다.

○ 朱子曰 : "'敬', 是徹上徹下工夫, '欽明文思', 這箇敬爲首."240)
'차우수이흠지일자위언(且又首以欽之一字爲言)'에 대해, 주자(朱子: 朱熹)가 말하였다. "'경(敬)'은 위에서부터 아래까지 철저하게 관통하는 공부이니, '흠명문사(欽明文思)'에 이러한 경(敬)이 첫머리가 되는 것이다."

---

238) 호광(胡廣) 등 찬, 『서경대전(書經大全)』의 소주를 수용한 것이다. 『광운(廣韻)』에 의하면 그 뜻이 '행위, 품행'일 경우에는 거성(去聲)이라 하였고, 그 뜻이 '길, 다니다'일 경우에는 평성(平聲)이라고 하였다.
239) 『논어집주대전(論語集註大全)』권8, 「태백(泰伯)」. "子曰 : '大哉! 堯之爲君也! 巍巍乎唯天爲大, 唯堯則之, 蕩蕩乎民無能名焉. 巍巍乎其有成功也! 煥乎其有文章!'(공자가 말하였다. '위대하도다! 요(堯)임금의 인군(人君)됨이여! 우뚝우뚝하여 오직 하늘이 위대하거늘 오직 요임금이 고르게 되었으니, 넓찍넓찍하여 백성들이 능히 명명(命名)할 수가 없었도다. 우뚝우뚝하게 그 성공이 있음이여! 번쩍번쩍하게 그 문장이 있음이여!')"
240) 호광(胡廣) 등 찬, 『서경대전(書經大全)』의 소주에서 발췌한 것이다. 그 전문은 다음과 같다. "敬, 是徹上徹下工夫, 做到聖人田地也, 只放下這箇敬, 不得如堯舜也. 只終始是一箇敬, 如說欽明文思, 頌堯之德, 四箇字, 獨將這箇敬, 爲首. …." 이는 다시 『주자어류(朱子語類)』 권7, 「학일(學一)·소학(小學)」에서 발췌한 것이다. 그 전문은 다음과 같다. "器遠前夜說 : '敬, 當不得「小學」', 某看來, 『小學』卻未當得敬. 敬已是包得「小學」. 敬是徹上徹下工夫. 雖做得聖人田地, 也只放下這箇不得. 如堯·舜, 也終始是一箇敬. 如說「欽明文思」, 頌堯之德, 四箇字獨將這箇「敬」做擗頭. 如說「恭己正南面而已」, 如說「篤恭而天下平」, 皆是.(기원이 전날 밤에 말하기를, '경은 당연히 『소학』에 알맞지 않습니다.'라고 하였는데, 내가 보니 『소학』이 도리어 경을 당연히 알맞지 않으나, 경은 이미 『소학』을 포함하고 있다. 경은 위부터 아래까지 철저하게 관통하는 공부이니, 성인의 경지에 이른다고 해도 오직 이 경만은 내버릴 수 없다. 요와 순 같으면 처음부터 끝까지 경으로써 일관하였다. '공경하고 밝으며 찬란하고 생각함'을 말한 것 같으면 요의 덕을 칭송하였는데, 이 네 글자 가운데서 오직 홀로 이 경이 분명하게 글의 첫머리를 열었다. 예를 들어 '몸을 공손히 하고 바르게 왕을 하였을 뿐이다.'라고 말하거나, 예를 들어 '돈독하고 공손하니 천하가 평안해진다.'라고 말한 것은 모두 이것이다.)"

○ 西山眞氏曰 : "堯之德, 以欽爲首, 而其行, 以恭爲先, 學者之學聖人, 此其準的也."241)
　　서산 진씨(西山眞氏: 眞德秀)242)가 말하였다. "요(堯)의 덕은 흠(欽)으로써 첫머리로 삼았으며, 그 행실은 공(恭)으로써 앞을 삼았으니, 배우는 이가 성인을 배움에 이것이 그 표준인 것이다."

○ 此是.
　　'차(此)'는 차시(此是: 이것은 바로 ~이다.)이다.

[1-1-1-2]
克明俊德, 以親九族, 九族旣睦, 平章百姓, 百姓昭明, 協和萬邦, 黎民, 於變時雍.

능히 큰 덕(德)을 밝혀서 구족(九族)이 친목하게 하시니 구족(九族)이 이미 화목하였으며, 골고루 백성들을 밝히시니 백성들이 그 덕을 밝혔으며, 모든 나라와 화합하게 하시니 백성들이 아! 변하여 이에 화락(和樂)하였다.

詳說

○ 音烏.243)
　　'오(於)'는 음이 오(烏)다.

集傳

'明', 明之也. '俊', 大也. 堯之大德, 上文所稱, 是也. 九族, 高祖至玄孫之親, 擧近以該遠, 五服異姓之親, 亦在其中也. '睦', 親而和也. '平', 均, '章', 明也. '百姓', 畿內民庶也. '昭明', 皆能自明其德也. '萬邦', 天下諸侯之國

---

241) 호광(胡廣) 등 찬, 『서경대전(書經大全)』의 소주를 수용한 것이다.
242) 서산 진씨(西山眞氏: 眞德秀): 진덕수(1178-1235)는 남송대의 학자로 자가 경원(景元) 또는 희원(希元)이고, 호가 서산(西山)이고, 시호가 문충(文忠)이며, 복건성 포성(浦城) 사람이다. 본래 성은 신(愼)씨였는데, 효종의 휘(諱)를 피하여 개성(改姓)하였다. 주희의 이학(理學)을 계승하여 전수하였고, 위료옹(魏了翁)과 그 문명(文名)을 나란히 하였는데 당시 학자들이 서산선생(西山先生)이라고 불렀다. 저서로는 『진문충공집(眞文忠公集)』외에 『대학연의(大學衍義)』・『서산독서기(西山讀書記)』・『사서집편(四書集編)』・『심경(心經)』・『정경(政經)』등이 있다.
243) 채침(蔡沈) 찬, 『서경집전(書經集傳)』에는 "於, 音嗚.(어는 음이 오이다.)"로 되어있고, 호광(胡廣) 등 찬, 『서경대전(書經大全)』에는 '오(於)'자 아래의 소주에 "音烏.(음이 오이다.)"로 되어있다.

也. '黎', 黑也, 民首皆黑, 故曰'黎民'. '於', 歎美辭. '變', 變惡爲善也. '時', 是, '雍', 和也. 此言堯推其德, 自身而家而國而天下, 所謂'放勳'者也.

'명(明)'은 밝힘이다. '준(俊)'은 큼이니, 요(堯)의 큰 덕은 윗글에서 말한 것이 이것이다. '구족(九族)'은 고조(高祖)로부터 현손(玄孫)까지의 친족(親族)이다. 가까운 근친(近親)을 들어서 원친(遠親)까지 갖추었으니, 오복(五服)의 성(姓)이 다른 친척도 또한 그 가운데에 들어있는 것이다. '목(睦)'은 친하고 화목함이다. '평(平)'은 고름이고, '장(章)'은 밝음이다. '백성(百姓)'은 경기(京畿) 내의 백성들이다. '소명(昭明)'은 모두 능히 스스로 그 덕을 밝히는 것이다. '만방(萬邦)'은 천하의 제후나라이다. '여(黎)'는 검음이니, 백성들의 머리가 모두 검기 때문에 '여민(黎民)'이라고 한 것이다. '오(於)'는 감탄하고 찬미(讚美)하는 말이다. '변(變)'은 악함을 고쳐서 착함을 하는 것이다. '시(時)'는 이에이고, '옹(雍)'은 화락함이다. 이는 요(堯)가 그 덕을 미루어 자기 몸으로부터 집에 하고 나라에 하고 천하에 함을 말하였으니, 이른바 '방훈(放勳: 공훈에 이름)'이라는 것이다.

詳說

○ '欽明'二句.244)

'시야(是也)'의 경우, '흠명(欽明)'의 두 구이다.

○ 朱子曰 : "'克明俊德', 是'明明德'之意, 不見有用人意."245)

주자(朱子: 朱熹)가 말하였다. "'극명준덕(克明俊德)'은 '명명덕(明明德)'의 뜻이고, 사람을 사용한 뜻이 있음을 볼 수 없다."

○ 同姓近, 異姓遠.

---

244) 위 단락의 '欽明文思安安, 允恭克讓(공경하고 밝으며 찬란하고 생각함이 편안하고 편안하며, 진실로 공손하고 능히 겸양함)'을 말한다.
245) 호광(胡廣) 등 찬, 『서경대전(書經大全)』의 소주에서 발췌한 것이다. 그 전문은 다음과 같다. "朱子曰 : '克明俊德, 是明明德之意. 克明俊德, 只是說堯之德與文王克明德同.' 問 : '「堯典」, 自欽明文思以下, 皆說堯之德, 則所謂克明俊德者, 古注作能明俊德之人, 似有理.' 曰 : '且看文勢, 不見有用人意.'(주자가 말하였다. '극명준덕은 명명덕의 뜻이다. … 또 글의 기세를 보면 사람을 사용한 뜻이 있음을 볼 수 없다.')"이는 다시 『주자어류(朱子語類)』 권78, 「상서일(尚書一)·요전(堯典)」에서 발췌한 것이다. 그 전문은 다음과 같다. "'克明俊德', 只是說堯之德, 與文王'克明德'同.('극명준덕'은 다만 요의 덕을 말한 것이니, 문왕이 '극명덕'과 같은 것이다.)"; "顯道問 : '「堯典」自欽明文思以下, 皆說堯之德. 則所謂克明俊德者, 古注作能明俊德之人, 似有理.' 曰 : '且看文勢, 不見有用人意.'(현도가 물었다. '「요전」에서 공경하고 밝으며 찬란하고 생각함의 이하는 모두 요의 덕을 말한 것입니다. 이른바 능히 높은 덕을 잘 밝힌다는 것은 옛 주에서 능히 높은 덕을 밝히는 사람이라고 하였는데 일리가 있는 듯합니다.' 주자가 말하였다. '장차 글의 기세를 보면 사람을 사용한 뜻이 있음을 볼 수 없다.')"

'거근이해원(擧近以該遠)'의 경우, 같은 성(姓)은 가깝고, 다른 성(姓)은 먼 것이다.

○ 按, 『朱子大全』有'之外'二字.246)
'오복(五服)'에 대해, 살펴보건대, 『주자대전(朱子大全)』에는 '지외(之外)'의 두 글자가 있다.

○ 朱子曰 : "非百官族姓也."247)
'기내민서야(畿內民庶也)'에 대해, 주자(朱子: 朱熹)가 말하였다. "모든 벼슬아치와 같은 성씨의 친족이 아니다."

○ 添'德'字, 蓋本文蒙上而省'德'字.
'개능자명기덕야(皆能自明其德也)'의 경우, '덕(德)'자를 더하였으니, 대개 본문은 윗글을 이어받아서 '덕(德)'를 생략한 것이다.

○ 朱子曰 : "合天下之民, 言之."248)
'고왈여민(故曰黎民)'에 대해, 주자(朱子: 朱熹)가 말하였다. "천하의 백성을 합하여 말한 것이다."

○ 陳氏大猷曰 : "如『詩』'於穆'之'於', 蓋神化之妙, 難以形容."249)
'탄미사(歎美辭)'에 대해, 진씨대유(陳氏大猷: 陳大猷)250)가 말하였다. "『시경(詩

---

246) 『주자대전(朱子大全)』 권35, 「잡저(雜著)」·상서(尙書)·요전(堯典)」. "'九族', 高祖至玄孫之親. 擧近以該遠, 五服之外, 異姓之親, 亦在其中也.('구족'은 고조로부터 현손까지의 친족이다. 가까운 근친을 들어서 원친까지 갖추었으니, 오복의 밖에 성이 다른 친척도 또한 그 가운데에 들어있는 것이다.)"
247) 호광(胡廣) 등 찬, 『서경대전(書經大全)』의 소주에서 발췌한 것이다. 그 전문은 다음과 같다. "'九族', 以三族言者, 較大. 然亦不必如此泥, 但其所親者, 皆是. '平章百姓', 只是近處百姓, 黎民則合天下之民, 言之矣. 典·謨中百姓, 只是說民, 如『罔咈百姓』之類. 若『國語』說'百姓', 則多是說百官族姓. '平章百姓', 只是畿內之民, 非百官族姓也. 此家齊而後國治之意, '百姓昭明', 乃三綱五常, 皆分曉不鶻突也.(… '평장백성'은 단지 경기 내의 백성이지, 모든 벼슬아치와 같은 성씨의 친족이 아니다. ….)"
248) 위와 같음.
249) 호광(胡廣) 등 찬, 『서경대전(書經大全)』의 소주에서 발췌한 것이다. 그 전문은 다음과 같다. "陳氏大猷曰 : '於, 如『詩』於穆之於, 蓋神化之妙, 難以形容. 與直言變者, 氣象不侔矣.'(진대유가 말하였다. '오는 『시경』의 오목의 오와 같으니, 대개 신기한 변화의 오묘함은 형용하기가 어렵다. ….')"
250) 진씨대유(陳氏大猷: 陳大猷): 진대유(1198-1250)는 남송의 학자로, 자가 자모(子謨)·윤승(允升)·충태(忠泰)·문헌(文獻)이고, 호가 동재(東齋)여서 동재 진씨(東齋陳氏)라고도 하며, 동양현(東陽縣) 근계(根溪) 사람이다. 또는 삼택(三澤)이나 도창(都昌) 사람이라고도 한다. 소정(紹定) 2년(1229)에 진사에 급제하여 관직을 두루 거쳐서 병부시랑(兵部侍郞)에 이르렀으며, 1259년에 도창(都昌)에다 동재서원(東齋書院)을 열어 이학(理學)을 강학(講學)하여 금계학파(金溪學派)의 큰 학자가 되었다. 저서로는 『상서집전(尙書集傳)』·『상서집전혹문(尙書集傳或問)』 등이 있다.

經)』에 '오목(於穆)251)'의 '오(於)'와 같으니, 대개 신기한 변화의 오묘함은 형용하기가 어렵다."

○ 按,『朱子大全』有'於是無不和也.'六字.252)
'화야(和也)'에 대해, 살펴보건대,『주자대전(朱子大全)』에 '어시무불화야(於是無不和也)'의 여섯 글자가 있다.

○ 唐氏曰 : "'睦'者, 親之應. '昭明'者, 平章之應. '時雍'者, 協和之應."253) ○西山眞氏曰 : "『大學』之序, 蓋本之「堯典」,「堯典」, 其『大學』之宗祖歟."254)
'자신이가이국이천하(自身而家而國而天下)'에 대해, 당씨(唐氏: 唐聖任)255)가 말하였다. "'목(睦)'이라는 것은 친(親)의 호응함이다. '소명(昭明)'이라는 것은 '평장(平章)의 호응함이다. '시옹(時雍)'이라는 것은 협화(協和)의 호응함이다." ○서산 진씨(西山眞氏: 眞德秀)가 말하였다. "『대학(大學)』의 서문이 대개「요전(堯典)」에 근본하였으니,「요전(堯典)」은 그『대학(大學)』의 시조(始祖)인 것이다."

○ 照上節.
'소위방훈자야(所謂放勳者也)'의 경우, 위의 단락을 참조한 것이다.

[1-1-1-3]

乃命羲和, 欽若昊256)天, 曆象日月星辰, 敬授人時.

---

251) 오목(於穆): 아름답고 훌륭한 대상에 대한 찬탄(讚嘆)의 말이다. 이는 호광(胡廣) 등 찬,『시경대전(詩經大全)』권19,「주송(周頌)·청묘지십(淸廟之什)·유천지명(維天之命)」에 나오며,『중용(中庸)』등에서 인용하였다. 그 전문은 다음과 같다. "오직 하늘의 명이여, 아아! 그치지 않도다. 아, 드러나지 않았는가. 문왕의 덕이 순일함이여!(維天之命, 於穆不已. 於乎不顯. 文王之德之純!)"
252)『주자대전(朱子大全)』권65,「잡저(雜著)·상서(尙書)·요전(堯典)」. "'雍', 和也, 於是無不和也.('옹'은 화락함이니, 이에 화락하지 않음이 없는 것이다.)"
253) 호광(胡廣) 등 찬,『서경대전(書經大全)』의 소주에서 발췌한 것이다. 그 전문은 다음과 같다. "唐氏曰 : '睦者, 親之應. 昭明者, 平章之應. 時雍者, 協和之應也.'(당씨가 말하였다. '목이라는 것은 친의 호응함이다. 소명이라는 것은 평장의 호응함이다. 시옹이라는 것은 협화의 호응함이다.'"
254) 호광(胡廣) 등 찬,『서경대전(書經大全)』의 소주에서 발췌한 것이다. 그 전문은 다음과 같다. "西山眞氏曰 : '欽明文思者, 衆德之目. 俊德, 卽其摠名也. 明俊德者, 修身之事. 其下, 卽齊家治國平天下之事也. 此帝者, 爲治之序也, 先言明俊德, 謂堯自明其德後, 言平章百姓, 而百姓昭明, 謂新民而民, 亦有以明其德也.『大學』以明明德, 爲新民之端與夫修身齊家治國平天下之序, 蓋本之「堯典」也,「堯典」, 其『大學』之宗祖歟.'(서산 진씨가 말하였다. '흠명문사라는 것은 많은 덕의 조목이다. 준덕은 곧 그 좋체적인 이름이다. 명준덕이라는 것은 수신의 일이다. …『대학』은 명명덕으로써 신민의 실마리와 수신제가치국평천하의 순서로 삼았다. 대개「요전」에 근본하였으니,「요전」은 그『대학』의 시조인 것이다.')"
255) 당씨(唐氏: 唐聖任): 당성임은 송대 학자이며, 저서로『서전전해(書傳全解)』가 있다.

이에 희씨(羲氏)·화씨(和氏)에게 명하여 공경히 넓고 큰 하늘을 좇으면서 해와 달과 별들을 기록하고 관찰하여 공경히 농사철을 알려주게 하셨다.

集傳

'乃'者, 繼事之辭. '羲氏'·'和氏', 主曆象授時之官. '若', 順也. '昊', 廣大之意. '曆', 所以紀數之書; '象', 所以觀天之器, 如下篇'璣衡'之屬, 是也. '日', 陽精, 一日而繞地一周; '月', 陰精, 一月而與日一會. '星', 二十八宿, 衆星爲經; 金·木·水·火·土五星爲緯, 皆是也. '辰', 以日·月所會, 分周天之度, 爲十二次也. '人時', 謂耕穫之候, 凡民事早晚之所關也, 其說, 詳見下文.

'내(乃)'는 일을 이어가는 말이다. '희씨(羲氏)'·'화씨(和氏)'는 역상(曆象)하여 농사철을 알려주는 것을 맡은 관리이다. '약(若)'은 좋음이다. '호(昊)'는 넓고 크다는 뜻이다. '역(曆)'은 천지(天地)의 수(數)를 기록하는 책이고, '상(象)'은 하늘을 관찰하는 기구이니, 예를 들면 아래편 기형(璣衡: 璿璣玉衡)의 따위와 이것이다. '일(日)'은 양(陽)의 정수(精髓)이니 하루에 땅을 한 바퀴를 돌고, '월(月)'은 음(陰)의 정수(精髓)이니 한 달에 해와 한 번 만난다. '성(星)'은 이십팔수(二十八宿)와 뭇별들이 세로로 놓이는 것과, 금(金)·목(木)·수(水)·화(火)·토(土) 다섯 개의 별이 가로로 놓이는 것이 모두 이것이다.[257] '신(辰)'은 해와 달이 만나는 곳으로써 하늘을 도는 도수(度數)를 나누니 12차처(次處)가 된다. '인시(人時)[258]'는 밭을 갈고 수확하는 기후(氣候)[259]를 이르니, 모든 백성의 농사일에 이름과 늦음에 관계되는 것이니, 그 말이 아랫글에 자세히 보인다.

詳說

○ 民雍然後, 命羲·和.

'계사지사(繼事之辭)'의 경우, 백성들이 화락한 뒤에 희씨(羲氏)와 화씨(和氏)에게 명한 것이다.

---

256) 채침(蔡沈) 찬, 『서경집전(書經集傳)』에는 "'昊', 下老反."으로 되어있다.
257) 공안국(孔安國)은 중성(中星)이라고 하였다. 이십팔수(二十八宿)가 사방에 분포하여 일정한 궤도를 운행하면서 매월 차례대로 남방 중천에 이르는 별을 관찰하여 네 계절을 확정하는 것이라고 보았다.
258) 인시(人時): 민시(民時)이니, 백성이 살아가는 데 있어 중요한 시기를 말하니, 곧 농사일의 시령(時令), 절기(節氣)이다. 또한 역법(曆法)을 가리키는 말이다.
259) 기후(氣候): 1년의 24절기와 72절후를 가리킨다. 또한 시령(時令)을 가리킨다. 『예기주소(禮記注疏)』 권14, 「월령(月令)」에서 정현(鄭玄)의 주(注)에 "昔周公作時訓, 定二十四氣, 分七十二候, 則氣候之起, 始于太昊, 而定于周公也.(옛날 주공이 시훈을 지어서 이십사기를 정하고 칠십이후를 나누었는데, 곧 기후의 일으킴은 태호에서 시작하여 주공에서 정해진 것이다.)"라고 하였다.

○ 按, 『朱子大全』云 : "此兼命二氏四子, 作爲曆象以授民, 欲其 及時以趨事也."260)

'주역상수시지관(主曆象授時之官)'에 대해, 살펴보건대, 『주자대전(朱子大全)』에 서 말하였다. "이것은 희씨(羲氏)와 화씨(和氏)의 네 사람에게 아울러 명하여 역상(曆象)을 만들어 백성들에게 알려주게 하였으니, 그 때에 미쳐서 일을 좇도록 한 것이다."

○ 新安陳氏曰 : "先總命之, 繼分命之, 末復總命之."261)

신안 진씨(新安陳氏: 陳師凱)262)가 말하였다. "먼저 총괄하여 명하고, 이어서 나누어서 명하고, 끝에는 다시 총괄하여 명한 것이다."

○ 孔氏曰 : "重黎之後, 世掌天地四時."263)

공씨(孔氏: 孔安國)가 말하였다. "중려(重黎)264)의 후손이 대대로 천지(天地)의 네 계절을 관장하였다."

○ 王氏曰 : "少昊命官, 鳳鳥氏, 司曆; 玄鳥氏, 司分; 伯鳥氏, 司至; 靑鳥氏, 司啓; 丹鳥氏, 司閉, 位五鳩·五雉·九扈之上. 及夏羲·和合爲一, 其職已略, 至周, 大史下大夫, 馮相氏中士, 其官

---

260) 『주자대전(朱子大全)』 권65, 「잡저(雜著)·상서(尙書)·요전(堯典)」에 보인다. 그 전문은 다음과 같다. "此兼命二氏四子作爲曆象以授民, 欲其及時以趨事也. '若', 順也. '昊', 廣大之意也. '曆', 所以紀數之書也. '象', 所以觀夫之器, 如後篇'璣衡'之屬, 是也. '日', 陽精, 一日而繞地一周; '月', 陰精, 一月而與日一會. '星', 二十八宿·衆星, 爲經; 金·木·水火·土·五星, 爲緯, 皆是也. '辰', 以日·月所會, 分周天之度, 爲十二次也. '人時', 謂耕穫蠶緖之候, 凡民事早晚之所關也. 其說, 詳見下文.(이것은 희씨와 화씨 네 사람에게 아울러 명하여 역상을 만들어 백성들에게 알려주게 하였으니, 그 때에 미쳐서 일을 좇도록 한 것이다. …)"
261) 호광(胡廣) 등 찬, 『서경대전(書經大全)』의 소주에서 발췌한 것이다. 그 전문은 다음과 같다. "新安陳氏曰 : '重黎, 自掌天地神明; 羲和, 自掌四時作曆, 疑是兩官紛紛之說, 不足深泥. 四子, 先總命之, 繼分命之, 末復總命之. 雖分方與時, 其實通掌正, 如春官正至冬官正, 雖分四時, 實通兼云.'(신안 진씨가 말하였다. '….')"
262) 신안 진씨(新安陳氏: 陳師凱): 진사개는 원대의 학자로 자가 도용(道勇)이고, 강동 회택(匯澤) 사람이다. 저서로는 『서채씨전방통(書蔡氏傳旁通)』이 있다.
263) 호광(胡廣) 등 찬, 『서경대전(書經大全)』의 소주에서 발췌한 것이다. 그 전문은 다음과 같다. "孔氏曰 : '重黎之後, 羲氏·和氏, 世掌天地四時之官. 昊天, 言元氣廣大.'(공씨가 말하였다. '….')" 이는 다시 『상서주소(尙書注疏)』 권1, 「우서(虞書)·요전(堯典)」에서 공안국(孔安國)의 전(傳)에서 발췌한 것이다. 그 전문은 다음과 같다. "重黎之後, 羲氏和氏, 世掌天地四時之官, 故堯命之, 使敬順昊天. '昊天', 言元氣廣大. '星', 四方中星; '辰', 日月所會. 歷象其分節, 敬記天時, 以授人也. 此擧其目, 下別序之."
264) 중려(重黎): 重黎1.重與黎, 爲羲和二氏之祖先. 《書·呂刑》 : "乃命重黎, 絶地天通, 罔有降格." 孔傳 : "重即羲, 黎即和. 堯命羲和世掌天地四時之官, 使人神不擾, 各得其序." 孔穎達疏 : "羲是重之子孫, 和是黎之子孫, 能不忘祖之舊業, 故以重黎言之."

益輕. 蓋創端造始, 非上哲不能及. 成法已具, 有司守之, 亦可占步. 所以始重終輕, 其勢然也."265)

왕씨(王氏: 王十朋)266)가 말하였다. "소호(少昊)267)가 벼슬을 명함에 봉조씨(鳳鳥氏)268)는 역정(曆正)을 맡았고, 현조씨(玄鳥氏)269)는 춘분(春分)과 추분(秋分)을 맡았고, 백조씨(伯鳥氏)270)는 하지(夏至)와 동지(冬至)를 맡았고, 청조씨(靑鳥氏)271)는 입춘(立春)과 입하(立夏)를 맡았고, 단조씨(丹鳥氏)272)는 입추(立秋)와

---

265) 호광(胡廣) 등 찬, 『서경대전(書經大全)』의 소주에서 발췌한 것이다. 그 전문은 다음과 같다. "王氏曰 : '昔少昊氏命官, 鳳鳥氏司歷, 玄鳥氏司分, 伯趙氏司至, 靑鳥氏司啓, 丹鳥氏司閉, 位五鳩·五雉·九扈之上. 古聖人重曆數如此, 堯世步占, 曰欽曰敬, 最爲詳嚴. 及夏義和, 合爲一, 其職已略, 至周爲太史正, 歲年以序事, 以下大夫爲之; 馮相氏掌日月星辰, 以中士爲之, 則其官益輕. 蓋創端造始, 推測天度, 非上哲有所不能. 及成法已具, 有司守之, 亦可步占. 所以始重終輕, 其勢然也.'(왕씨가 말하였다. '옛날에 소호씨가 관직을 명명할 적에 …')"

266) 왕씨(王氏: 王十朋): 왕십붕(1112-1171)은 남송대의 학자로 자가 귀령(龜齡)이고, 호가 매계(梅溪)이며, 온주(溫州) 낙청(樂淸) 사람이다. 고종이 친히 발탁하는 진사과에서 장원하여 비서랑(秘書郞)이 되었고, 효종 때에는 시어사(侍御使)에 중용되었다. 시호는 충문(忠文)이다. 『춘추(春秋)』·『논어(論語)』·『상서(尙書)』·『맹자(孟子)』 등을 연구하여 저술한 강의(講義)의 내용이 『매계집(梅溪集)』에 실려 있다. 그밖에도 『회계삼부(會稽三賦)』·『동파시집주(東坡詩集註)』 등이 있다.

267) 소호(少昊): 소호(少皞)로도 쓰며, 고대 동이족(東夷族)의 수령이다. 황제(黃帝)의 아들로 기성(己姓)이고, 이름은 지(摯) 또는 지(質)이며, 호는 금천씨(金天氏)이다. 일찍이 새로써 토템을 하여 새 이름으로써 관직을 이름하였다. 쇠를 다스리는 덕으로써 천하에 왕을 하여 호가 금천씨이고, 죽어서 서방(西方)의 금신(金神)이 되었다고 한다.

268) 봉조씨(鳳鳥氏): 옛날 관직 이름으로, 천문(天文)과 역수(曆數)를 맡아서 주관하였다. 이에 역정(曆正)이라고도 한다. 봉조(鳳鳥)는 봉황(鳳凰)이다. 『일강춘추해의(日講春秋解義)』 권52, 「소공(昭公) 17년」에서 "我高祖少皞摯之立也, 鳳鳥適至, 故紀于鳥, 爲鳥師而鳥名. 鳳鳥氏, 歷正也."라 하고, 그 주(註)에서 "봉조가 천시를 알기 때문에 역정의 관직으로써 명명하였다.(鳳鳥知天時, 故以名歷正之官.)"라고 하였다.

269) 현조씨(玄鳥氏): 옛날 관직 이름으로, 춘분(春分)과 추분(秋分)을 맡아서 주관하였다. 『춘추좌전(春秋左傳)』「소공(昭公) 17년」에서 "我高祖少皞摯之立也, 鳳鳥適至, 故紀於鳥, 爲鳥師而鳥名. 鳳鳥氏, 歷正也. 玄鳥氏, 司分者也."라고 하였는데, 공영달(孔穎達)은 소(疏)에서 "이 새는 춘분에 와서 추분에 가기 때문에 관직을 이름 붙이고 그로 하여금 춘분과 추분을 주관하게 한 것이다.(此鳥, 以春分來, 秋分去, 故以名官, 使之主二分.)"라고 하였다. 『일강춘추해의(日講春秋解義)』 권52, 「소공(昭公) 17년」에서 "玄鳥氏, 司分者也."라 하고, 그 주(註)에서 "현조는 제비이니, 춘분에 와서 추분에 가기 때문이다.(玄鳥, 燕也, 以春分來, 秋分去.)"라고 하였다. 청나라 부찰돈숭(富察敦崇)은 『연경세시기(燕京歲時記)』「춘분(春分)」에서 "按, 『月令廣義』云 : '分者, 半也, 當九十日之半也. 故謂之分."이라고 하였다.

270) 백조씨(伯鳥氏): 옛날 관직 이름으로, 하지(夏至)와 동지(冬至)를 맡아서 주관하였다. 『일강춘추해의(日講春秋鮮義)』 권52, 「소공(昭公) 17년」에서 "伯鳥氏, 司至者也."라 하고, 그 주(註)에서 "백조는 백로이니, 하지에 울고 동지에 그치기 때문이다.(伯鳥, 伯勞也, 以夏至鳴, 冬至止.)"라고 하였다. '鳥'자가 '趙'자로 되어있어 정정한다.

271) 청조씨(靑鳥氏): 옛날 관직 이름으로, 입춘(立春)과 입하(立夏)를 맡아서 주관하였다. 『일강춘추해의(日講春秋鮮義)』 권52, 「소공(昭公) 17년」에서 "靑鳥氏, 司啓者也."라 하고, 그 주(註)에서 "청조는 창안이니, 입춘에 울고 입하에 그치기 때문이다.(靑鳥, 鶬鴳也, 以立春鳴, 立夏止.)"라고 하였다.

272) 단조씨(丹鳥氏): 옛날 관직 이름으로, 입추(立秋)와 입동(立冬)을 맡아서 주관하였다. 『춘추좌전(春秋左傳)』「소공(昭公) 17년」에서 "현조씨는 춘분과 추분을 맡은 사람이고, 백조씨는 하지와 동지를 맡은 사람이고, 청조씨는 입춘과 입하를 맡은 사람이고, 단조씨는 입추와 입동을 맡은 사람이다.(玄鳥氏, 司分者也; 伯趙氏, 司至者也; 靑鳥氏, 司啓者也; 丹鳥氏, 司閉者也.)"라고 하였는데, 두예(杜預)는 주(注)에서 "단조는 붉은 꿩이니, 입추에 와서 입동에 가기 때문이며, 큰물에 들어가서 무명조개가 된다. 위의 네 가지 새는 모두 역정에 속하는 벼슬이다.(丹鳥, 鷩雉也, 以立秋來, 立冬去, 入大水爲蜃. 上四鳥, 皆曆正之屬官.)"라 하였고, 공영달(孔穎達)은 소(疏)에서 "입추와 입동을 폐라고 이르니, 이 새가 가을에 와서 겨울에 가기 때문에 관직을 이름 붙이고 그로 하여금 입추와 입동을 주관하게 한 것이다.(立秋·立冬, 謂之閉, 此鳥, 以秋來冬去, 故以名官, 使之主立秋·立冬也.)"라고 하였다.

입동(立冬)을 맡았는데, 오구(五鳩)[273]와 오치(五雉)[274]와 구호(九扈)[275]의 위에 자리하였다. 희씨(羲氏)와 화씨(和氏)에 이르러 합쳐서 하나로 만들어 그 관직을 이미 생략하였으며, 주(周)나라에 이르러서는 태사(大史)는 하대부(下大夫)가 하고 풍상씨(馮相氏)[276]는 중사(中士)가 하여 그 관직을 더욱 가볍게 하였다. 대개 처음을 새롭게 만드는 것은 최상의 명철(明哲)한 사람이 아니면 미칠 수가 없다. 잘 이루어진 법식이 이미 갖추어져 있어서 그것을 맡아 지킴에 또한 관측하고 헤아릴 수 있었다. 시작을 무겁게 하고 마침을 가볍게 하는 것은 그 추세가 그러한 것이다."

○ 音秀, 下並同.[277]
'수(宿)'는 음이 수(秀)이니, 아래도 아울러 같다.

○ 二十八宿與他衆星.
'중성(衆星)'은 이십팔수(二十八宿)와 다른 뭇별이다.

○ 隨天而轉, 故謂之經.
'위경(爲經)'의 경우, 하늘을 따라서 돌기 때문에 경(經)이라고 이른 것이다.

---

273) 오구(五鳩): 축구(祝鳩)·조구(鵙鳩)·시구(鳲鳩)·상구(爽鳩)·골구(鶻鳩)이니, 소호(少昊) 때 백성을 맡아 다스리던 다섯 관직을 말한다. 『춘추좌전(春秋左傳)』「소공(昭公) 17년」에 의하면, "축구씨는 사도이고, 조구씨는 사마이고, 시구씨는 사공이고, 상구씨는 사구이고, 골구씨는 사사이다. 오구는 백성을 모으는 사람이다.(祝鳩氏, 司徒也; 鵙鳩氏, 司馬也; 鳲鳩氏, 司空也; 爽鳩氏, 司寇也; 鶻鳩氏, 司事也. 五鳩, 鳩民者也.)"라고 하였다. 두예(杜預)는 "구는 모음이니, 백성을 다스려서 모으기 때문에 비둘기로써 이름한 것이다.(鳩, 聚也, 治民上聚, 故以鳩名焉.)"라고 하였다.
274) 오치(五雉): 준치(鷷雉)·치치(鶅雉)·적치(翟雉)·희치(鵗雉)·휘치(翬雉)이니, 소호(少昊) 때 토목 및 건축을 맡은 벼슬이다. 『춘추좌전(春秋左傳)』「소공(昭公) 17년」에 의하면, "오치는 다섯 공정이 되니 기물의 쓰임을 이용하고 도량을 바르게 하여 백성들을 편안하게 하는 사람이다.(五雉, 爲五工正, 利器用, 正度量, 夷民者也.)"라고 하였는데, 공영달(孔穎達)의 소(疏)에 "치는 소리가 이에 가깝고, 치는 훈이 이인데, 이가 평이기 때문에 치로써 공정의 관직에 이름 붙인 것이다.(雉, 聲近夷, 雉訓夷, 夷爲平, 故以雉名工正之官.)"라고 하였다. 공영달은 또 가규(賈達)의 말을 인용하여 "서방에서 준치라고 하니 나무를 다스리는 장인이며, 동방에서 치치라고 하니 흙을 치는 장인이며, 남방에서 적치라고 하니 쇠를 다스리는 장인이며, 북방에서 희치라고 하니 가죽을 다스리는 장인이며, 이수와 낙수로 해서 남쪽에서 휘치라고 하니 다섯 색을 베풀어 두는 장인이다.(西方曰鷷雉, 攻木之工也; 東方曰鶅雉, 搏埴之工也; 南方曰翟雉, 攻金之工也; 北方曰鵗雉, 攻皮之工也; 伊洛而南曰翬雉, 設五色之工也.)"라고 하였다.
275) 구호(九扈): 소호(少昊) 때 농사를 관장하고 가르치던 아홉 가지 농정(農正)이니, 춘호(春扈)는 반춘(鳽鶞)이고, 하호(夏扈)는 절현(竊玄)이고, 추호(秋扈)는 절람(竊藍)이고, 동호(冬扈)는 절황(竊黃)이며, 극호(棘扈)는 절단(竊丹)이고, 행행호(行扈)는 차차(唶唶)이고, 소호(宵扈)는 책책(嘖嘖)이고, 상호(桑扈)는 절지(竊脂)이고, 노호(老扈)는 안안(鷃鷃)이다.
276) 풍상씨(馮相氏): 주(周)나라 관직 이름으로 천문(天文)을 관장하였다. 『주례(周禮)』「춘관(春官)·서관(序官)」에 의하면, "馮相氏, 中士二人, 下士四人, 府二人, 史四人, 徒八人."이라고 하였다.
277) 호광(胡廣) 등 찬. 『서경대전(書經大全)』의 소주에는 "音秀.(음이 수이다.)"로 되어있다.

○ 金, 太白; 木, 歲星; 水, 辰星; 火, 熒惑; 土, 塡星.

'금·목·수·화·토오성(金·木·水·火·土五星)'의 경우, 금(金)은 태백(太白)[278]이고, 목(木)은 세성(歲星)[279]이고, 수(水)는 진성(辰星)[280]이고, 화(火), 형혹(熒惑)[281]이고, 토(土)는 전성(塡星)[282]이다.

○ 往來縱橫無常, 故謂之緯.

'위위(爲緯)'의 경우, 종횡으로 왕래함이 정해짐이 없기 때문에 위(緯)라고 이른 것이다.

○ 唐孔氏曰 : "正月會亥, 爲陬[283]訾; 二月戌, 降婁; 三月酉, 大梁; 四月申, 實沈; 五月未, 鶉首; 六月午, 鶉火; 七月巳, 鶉尾; 八月辰, 壽星; 九月卯, 大火; 十月寅, 析木; 十一月丑, 星紀; 十二月子, 玄枵."[284]

'위십이차야(爲十二次也)'에 대해, 당(唐)나라 공씨(孔氏: 孔穎達)가 말하였다. "정월에는 해(亥)를 만나니 추자(陬訾)[285]라 하고, 2월에는 수(戌)를 만나니 강루(降婁)라 하고, 3월에는 유(酉)를 만나니 대량(大梁)이라 하고, 4월에는 신(申)을 만나니 실침(實沈)이라 하고, 5월에는 미(未)를 만나니 순수(鶉首)라 하고, 6

---

278) 태백(太白): 금성(金星)이다. 또 이름이 계명(啓明) 또는 장경(長庚)이다. 『사기(史記)』 「천관서(天官書)」의 사마정(司馬貞) 색은(索隱)에서 "태백이 새벽에 동쪽에서 나오므로 계명이라고 한다.(太白, 晨出東方, 曰啓明.)"이라고 하였다.
279) 세성(歲星): 목성(木星)이다. 옛사람들은 목성이 12년 운행하여 천체를 한 바퀴 돈다고 생각하여 하늘을 12분하여 십이차(十二次)라고 이르고, 매년 일차(一次)를 지나가므로 세성(歲星)이라고 하였다.
280) 진성(辰星): 수성(水星)이다.
281) 형혹(熒惑): 화성(火星)이다. 숨고 나타남이 일정하지 않아 사람들을 미혹시키므로 붙여진 이름이다.
282) 전성(塡星): 토성(土星)이다. 진성(鎭星)이라고도 한다.
283) 『서경대전(書經大全)』 및 내각본 『서전대전(書傳大全)』과 『경전석문(經典釋文)』에는 모두 '娵'자로 되어있다.
284) 호광(胡廣) 등 찬, 『서경대전(書經大全)』의 소주에서 발췌한 것이다. 그 전문은 다음과 같다. "唐孔氏曰 : '日月所會之辰, 十有二. 正月會亥冬, 爲娵訾; 二月戌, 爲降婁; 三月酉, 爲大梁; 四月申, 爲實沈; 五月未, 爲鶉首; 六月午, 爲鶉火; 七月巳, 爲鶉尾; 八月辰, 爲壽星; 九月卯, 爲大火; 十月寅, 爲析木; 十一月丑, 爲星紀; 十二月子, 爲玄枵. 星與辰, 一也, 擧其人之所見爲星, 論其日月所會, 謂之辰.'(당나라 공씨가 말하였다. '해와 달이 만나는 별이 12개이다. 정월에 해진을 만나니 추자라고 하며, ….')" 그러나 이는 『상서주소(尙書注疏)』 권1, 「우서(虞書)·요전(堯典)」에 의하면, 공영달(孔穎達)의 소(疏)가 아니라 육덕명(陸德明)의 음의(音義)에 딸려있다. 그 전문은 다음과 같다. "'羲和', 馬云: '羲氏掌天官, 和氏掌地官', 四子掌四時. '昊', 胡老反. '重', 直龍反, 少昊之後. '黎', 高陽之後. '日月所會', 謂日月交會於十二次也, 寅曰析木, 卯曰大火, 辰曰壽星, 巳曰鶉尾, 午曰鶉火, 未曰鶉首, 申曰實沈, 酉曰大梁, 戌曰降婁, 亥曰娵訾, 子曰玄枵, 丑曰星紀." 또 육덕명(陸德明)의 『경전석문(經典釋文)』 권3, 「상서음의상(尙書音義上)」에 실려있는 내용은 다음과 같다. "'日月所會', 謂日月交會於十二次也, 寅曰析木, 卯曰大火, 辰曰壽星, 巳曰鶉尾, 午曰鶉火, 未曰鶉首, 申曰實沈, 酉曰大梁, 戌曰降婁, 亥曰娵訾, 子曰玄枵, 丑曰星紀."
285) 추자(陬訾): 추자(陬觜)·추자(娵訾)·추자(娵觜)로도 쓴다. 이십팔수(二十八宿)에 있어서 실수(室宿)와 벽수(壁宿)가 된다. 북방의 우(牛)·여(女)·허(虛)·위(危)·실(室)·벽(壁) 가운데 여섯째와 일곱째에 해당한다.

월에는 오(午)를 만나니 순화(鶉火)라 하고, 7월에는 사(巳)를 만나니 순미(鶉尾)라 하고, 8월에는 진(辰)을 만나니 수성(壽星)이라 하고, 9월에는 묘(卯)를 만나니 대화(大火)라 하고, 10월에는 인(寅)을 만나니 석목(析木)이라 하고, 11월에는 축(丑)을 만나니 성기(星紀)라 하고, 12월에는 자(子)를 만나니 현효(玄枵)라고 한다."

○ 音現.286)
'현(見)'은 음이 현(現)이다.

○ 四節.
'하문(下文)'에서, 넷째 단락이다.

○ 東萊呂氏曰 : "作曆之前, '欽若昊天', 是先天而天弗違; 作曆之後, '敬授人時', 是後天而奉天時, 皆以'欽'·'敬'爲主."287)
동래 여씨(東萊呂氏: 眞德秀)가 말하였다. "역상(曆象)을 짓기 전에 '공경히 넓고 큰 하늘을 좇음'은 이는 천시(天時)에 앞서서 일을 하는 것이거늘 하늘이 떠나가지 않으며, 역상(曆象)을 지은 뒤에 '공경히 농사철을 알려줌'은 이는 천시(天時)에 뒤에서 일을 하며 천시(天時)를 받드니, '흠(欽)'과 '경(敬)'으로써 으뜸으로 삼은 것이다."

○ 陳氏雅言曰 : "'敬授'與'允釐', 意相似, 聖人何往不敬, 而況於事天治民之大者乎."288)
진씨아언(陳氏雅言: 陳雅言)289)이 말하였다. "'경수(敬授)'와 '윤리(允釐)290)'는

---

286) 호광(胡廣) 등 찬, 『서경대전(書經大全)』의 소주를 수용한 것이다. 내각본『서전대전(書傳大全)』에는 소주가 없다.
287) 호광(胡廣) 등 찬, 『서경대전(書經大全)』의 소주를 수용한 것이다.
288) 호광(胡廣) 등 찬, 『서경대전(書經大全)』의 소주에서 발췌한 것이다. 그 전문은 다음과 같다. "陳氏雅言曰 : '敬授與允釐, 意相似, 聖人事天治民, 亦欽·敬之心而已. 敬天之心, 嚴於歷象之際; 勤民之心, 嚴於授時之際. 聖人於事, 何往不敬, 而況於事天治民之大者乎.'(진씨 아언이 말하였다. '경수와 윤리는 뜻이 서로 비슷하니, 성인이 하늘을 섬기고 백성을 다스림에 또한 공경스럽고 공경하는 마음일 따름이었다. … 성인이 일에 있어서 어디를 가더라도 공경하지 않음이 없거늘, 하물며 하늘을 섬기고 백성을 다스리는 큰일에 있어서랴.')"
289) 진씨아언(陳氏雅言: 陳雅言): 진아언(1318-1385)은 원나라 말기와 명나라 초기의 학자로, 영풍(永豐) 여릉(廬陵) 사람이다. 원나라 말기에 무재(茂材)로 추천되었으나 사양하고 나아가지 않았다. 명나라 때 현학(縣學)을 맡아 가르쳤다. 지현(知縣)을 맡아 공정하고 편리하게 일처리를 하였다. 지부(知府)에 여러 번 천거되었으나 늙은 어머니 봉양을 핑계하며 사양하였다. 저서로는 『서의탁약(書義卓躍)』·『중용유편(中庸類編)』·『사서일람(四書一覽)』·『천대육편(天對六篇)』 등이 있다.

뜻이 서로 비슷하니, 성인이 어디를 가더라도 공경하지 않음이 없거늘, 하물며 하늘을 섬기고 백성을 다스리는 큰일에 있어서이랴."

[1-1-1-4]

分命羲仲, 宅嵎夷, 曰'暘谷', 寅賓出日, 平秩東作, 日中, 星鳥. 以殷仲春, 厥民析, 鳥獸孳尾.

희중(羲仲)에게 명하여 우이(嵎夷)에 있게 하시고 '양곡(暘谷)'이라 하셨는데, 공경히 솟아 나오는 해를 맞이하여 고르게 차례대로 봄농사를 시작하게 하시니, 춘분(春分)의 날이고 별은 조성(鳥星)이다. 그래서 중춘(仲春)을 맞게 되면 그 백성들은 뿔뿔이 흩어져서 살며, 새와 짐승들은 새끼를 낳고 교미한다.

詳說

○ 『諺』音誤.291)
'택(宅)'은 『언해(諺解)』의 음이 잘못되었다.

○ 音隅.
'우(嵎)'는 음이 우(隅)이다.

○ 音陽.
'양(暘)'은 음이 양(陽)이다.

○ 音字.292)
'자(孳)'는 음이 자(字)이다.

集傳

此下四節, 言曆旣成而分職以頒布, 且考驗之, 恐其推步之或差也. 或曰：

---

290) 윤리(允釐): 호광(胡廣) 등 찬, 『서경대전(書經大全)』 권1, 「우서(虞書)·요전(堯典)」. "신실하게 모든 벼슬 아치들을 다스려서 모든 공적이 모두 넓혀질 것이다.(允釐百工, 庶績咸熙.)"
291) 『광운(廣韻)』에 의하면 "場伯切, 入.(장과 백의 반절이니, 입성이다.)"이라고 하였다. 『언해(諺解)』의 '택'이 아니라 '잭'이 되어야 함을 말한 것이다.
292) 채침(蔡沈) 찬, 『서경집전(書經集傳)』 및 호광(胡廣) 등 찬, 『서경대전(書經大全)』의 소주에는 "'嵎', 音隅. '孳'音字.('우'는 음이 우다. '자'는 음이 자다.)"로 되어있다.

"上文所命, 蓋羲伯·和伯; 此乃分命其仲·叔." 未詳是否也. '宅', 居也. '嵎夷', 卽「禹貢」"嵎夷旣略"293)者也. '曰暘谷'者, 取日出之義, 羲仲所居官次之名. 蓋官在國都, 而測候之所, 則在於嵎夷東表之地也. '寅', 敬也; '賓', 禮接之如賓客也, 亦帝嚳曆日月而迎送之意. '出日', 方出之日, 蓋以春分之旦, 朝方出之日, 而識其初出之景也. '平', 均; '秩', 序; '作', 起也, '東作', 春月歲功方興, 所當作起之事也. 蓋以曆之節氣早晚, 均次其先後之宜, 以授有司也. '日中'者, 春分之刻, 於夏永冬短, 爲適中也, 晝夜皆五十刻, 舉晝以見夜. 故曰日. '星鳥', 南方朱鳥七宿, 唐一行. 推以鶉火爲春分昏之中星也. '殷', 中也, 春分, 陽之中也. '析', 分散也. 先時冬寒, 民聚於隩, 至是則以民之散處, 而驗其氣之溫也. 乳化曰孳, 交接曰尾, 以物之生育而驗其氣之和也.

이 아래의 네 단락은 역상(曆象)이 이미 이루어짐에 직무를 나누어 반포하고, 또 이를 상고하고 증험함을 말하였으니, 역상(曆象)을 미루어 헤아림에 혹시 오차가 있을까 염려한 것이다. 어떤 이가 말하기를, "윗글에서 명령한 것은 대개 희백(羲伯)과 화백(和伯)이고, 여기에서는 바로 중(仲)과 숙(叔)에게 명령한 것이다."라고 하였는데, 옳은지 그른지 자세하지 않다. '택(宅)'은 있음이다. '우이(嵎夷)'는 「우공(禹貢)」에서 "이미 우이(嵎夷)가 경략(經略)되었다."는 것이다. '양곡(暘谷)'이라는 것은 해가 나오는 뜻을 취한 것이니, 희중(羲仲)이 거주하여 직무를 계속 유지하던 곳의 이름이다. 대개 관리들은 국도(國都)에 있지만 기후를 관측하는 곳은 우이(嵎夷) 동쪽 밖의 땅에 있었던 것이다. '인(寅)'은 공경함이고, '빈(賓)'은 예(禮)로 접대하기를 귀한 손님처럼 하는 것이니, 또한 제곡(帝嚳)이 해와 달을 책력에 기록하여 마중하고 배웅하는 뜻이다. '출일(出日)'은 바야흐로 솟아나오는 해이니, 대개 춘분(春分)의 아침에 바야흐로 솟아나오는 해를 대하고 그 처음 나온 그림자를 기록한 것이다. '평(平)'은 고름이고, '질(秩)'은 차례이고, '작(作)'은 일어남이니, '동작(東作)'은 봄의 달에 해마다 철따라 짓는 농사일이 한창 일어나니, 마땅히 시작하고 일으켜야 할 일이다. 대개 농력(農曆)의 절기가 이르고 늦음으로써 그 먼저하고 뒤에 해야 하는 마땅함을 고르게 차례대로 하여 담당 관리에게 전해준 것이다. '일중(日中)'이라는 것은 춘분(春分)의 시각(時刻)이 여름에는 해가 길고 겨울에는 해가 짧은 것에 비하여 알맞음이 되니 낮과 밤이 모두 50각(刻)이며, 낮을 들어서 밤을 나타내기 때문에 '일(日)'이라고 한 것이다. '성조(星鳥)'는 남방 주조

---

293) 호광(胡廣) 등 찬, 『서경대전(書經大全)』 권3, 「하서(夏書)·우공(禹貢)」. "嵎夷旣畧.(우이가 이미 경략되었다.)"

(朱鳥)의 일곱 별자리이니, 당나라의 석일행(釋一行)이 유추하기를, 순화(鶉火)를 춘분날 해질 무렵의 중성(中星)이라 하였다. '은(殷)'은 알맞음이니, 춘분(春分)은 양(陽)의 알맞음이다. '석(析)'은 분산함이다. 예전에는 겨울에 추워지면 백성들이 아랫목에 모여 있었으니, 이에 이르면 백성들이 흩어져 살면서 그 기후가 온화함을 경험하는 것이다. 젖을 먹여 키우는 것을 '자(孶)'라 하고, 교접(交接)하는 것을 '미(尾)'라고 하니, 동물이 낳아 기르면서 그 기후에 화응(和應)함을 경험하는 것이다.

詳說

○ 承上節.
'언역기성(言曆既成)'의 경우, 위의 단락을 이은 것이다.

○ 總提四節.
'공기추보지혹차야(恐其推步之或差也)'의 경우, 네 단락을 총괄하여 든 것이다.

○ 新安陳氏曰 : "此敬重之至也."294)
신안 진씨(新安陳氏: 陳師凱)가 말하였다. "이것은 공경하고 중히 여김의 지극함이다."

○ 又總訓四節之仲·叔.
'미상시부야(未詳是否也)'의 경우, 또 넷째 단락의 중과 숙을 총괄하여 새긴 것이다.

○ 朱子曰 : "未必是六人."295)
주자(朱子: 朱熹)가 말하였다. "반드시 여섯 사람이 아니다."

---

294) 호광(胡廣) 등 찬, 『서경대전(書經大全)』의 소주에서 발췌한 것이다. 그 전문은 다음과 같다. "新安陳氏曰 : 諸家解, 皆以分命申命四子, 爲作四時曆. 姑以羲仲言, 使待春分之旦, 賓出日而識其景然後, 作春曆, 不亦晚乎. 其不通可知矣. 惟朱子訂傳, 以此四節, 爲曆既成而分職頒布, 且恐其推步或差, 而審訂考驗之, 方爲可通. 蓋乃命之初, 既按曆法之成法, 以作曆. 分命申命, 又恐其或戾於法, 而審訂之, 以謹後來之曆, 此敬重之至也. 古者常以多頒來歲之朔, 雖今亦然, 豈待分至而後, 觀日景乎. 此訂傳, 所以超出諸解, 而不可及也.'(신안 진씨가 말하였다. '여러 학자의 해설이 모두 네 사람에게 나누어 명령하고 거듭 명령한 것을 네 계절의 책력을 지은 것으로 여겼는데, … 이것은 공경하고 중히 여김의 지극함이다. ….')"
295) 『주자어류(朱子語類)』 권78, 「상서일(尙書一)·요전(堯典)」에서 발췌한 것이다. 그 전문은 다음과 같다. "羲·和, 即是那四子. 或云: '有羲伯·和伯, 共六人', 未必是.(희씨와 화씨는 곧 그 네 사람이다. 어떤 이가 이르기를, '희백과 화백이 있어 모두 여섯 사람이다.'라고 하였으나 반드시 그렇지 않다.)"

○ 地名.296)
'즉「우공」"우이기략"자야(卽「禹貢」"嵎夷旣略"者也)'의 경우, 땅이름이다.

○ 日出.
'양(暘)'은 해가 솟이나오는 것이다.

○ 曰欽·曰敬·曰寅, 不一而足.
'경야(敬也)'에서 볼 때, 흠(欽)이라 하고·경(敬)이라 하고, 인(寅)이라 하여 서로 똑같지 않지만 완미(完美)하다.

○ 見『史記』「五帝紀」.297)
'역제곡력일월이영송지의(亦帝嚳曆日月而迎送之意)'의 내용이 『사기(史記)』「오제기(五帝紀)」에 보인다.

○ 句.
'개이춘분지단(蓋以春分之旦)'에서 문장이 끊어진다.

○ 沙溪曰 : "音潮, 朝時祭之, 故曰'朝'."298)
'조(朝)'는 사계(沙溪: 金長生)가 말하였다. "음이 조(潮)이니, 아침때에 제사지내기 때문에 '조'라고 한 것이다."

○ 音志, 下並同.299)
'지(識)'는 음이 지(志)이니, 아래도 아울러 같다.

○ 古影字, 下並同.
'영(景)'은 옛날의 영(影)자이니, 아래도 아울러 같다.

---

296) 호광(胡廣) 등 찬, 『서경대전(書經大全)』 권3, 「하서(夏書)·우공(禹貢)」의 집전(集傳)에 의하면, "嵎夷, 薛氏曰: '今登州之地.'(우이는 설씨가 말하였다. '지금 등주의 땅이다.')"라고 하였다.
297) 사마천(司馬遷) 찬, 『사기(史記)』 권1, 「오제본기(五帝本紀)」. "帝嚳高辛者, 黃帝之曾孫也. … 脩身而天下服, 取地之財而節用之, 撫敎萬民而利誨之, 歷日月而迎送之, 明鬼神而敬事之.(제곡 고신이라는 이는 황제의 증손이다. …해와 달을 기록하여 맞이하고 보냈으며, ….)"
298) 김종정(金鍾正), 『운계만고(雲溪漫稿)』 권12, 「차록(箚錄)·서전(書傳)」. "沙溪曰 : '朝時祭之, 故曰朝; 夕時祭之, 故曰夕.'(사계가 말하였다. '아침 때 제사지내기 때문에 조라 하고, 저녁 때 제사지내기 때문에 석이라고 한다.')"
299) 호광(胡廣) 등 찬, 『서경대전(書經大全)』의 소주에는 "音志.(음이 지이다.)"로 되어있다.

○ 朱子曰 : "唐時, 尚使人去四方觀望."300)

'이지기초출지영야(而識其初出之景也)'에 대해, 주자(朱子: 朱熹)가 말하였다. "당나라 때에는 오히려 사람으로 하여금 사방으로 떨어져서 관망하도록 하였다."

○ 又曰 : "春·秋分, 無日景, 夏至景短, 冬至景長."301)

또 말하였다. "춘분(春分)과 추분(秋分)에는 해 그림자가 없고, 하지(夏至)에는 그림자가 짧으며, 동지(冬至)에는 그림자가 길다."

○ 與前節文, 不相蒙, 故又特訓之.

'균(均)'은 앞 단락의 글과 서로 이어지지 않기 때문에 또 특별히 뜻을 새긴 것이다.

○ 春爲東, 秋爲西.

'소당작기지사야(所當作起之事也)'의 경우, 봄은 동쪽이고, 가을은 서쪽이다.

---

300) 호광(胡廣) 등 찬, 『서경대전(書經大全)』의 소주에서 발췌한 것이다. 그 전문은 다음과 같다. "朱子曰 : '宅嵎夷之類, 恐只是四方度其日景, 如唐時, 尚使人去四方觀望.'(주자가 말하였다. '… 당나라 때에 오히려 사람으로 하여금 사방으로 떨어져서 관망하도록 한 것과 같다.')"
301) 『주자어류(朱子語類)』 권78, 「상서일(尙書一)·요전(堯典)」에서 발췌한 것이다. 그 전문은 다음과 같다. "問: '寅賓出日, 寅餞納日, 如何?' 曰: '恐當從林少穎解, 寅賓出日, 是推測日出時候; 寅餞納日, 是推測日入時候, 如土圭之法, 是也. 暘谷·南交·昧谷·幽都, 是測日景之處. 宅, 度也. 古書度字, 有作宅字者. 東作·南訛·西成·朔易, 皆節候也. 東作, 如立春至雨水節之類. 寅賓, 則求之於日; 星鳥, 則求之於夜. 厥民析·因·夷·隩, 非是使民如此, 民自是如此. 因者, 因其析後之事; 夷者, 萬物收成, 民皆優逸之意. 孳尾之氄毛, 亦是鳥獸自然如此, 如今曆書記鳴鳩拂羽等事. 程泰之解暘谷·南交·昧谷·幽都, 以爲築一臺巾分爲四處, 非也. 古注以爲羲仲居治東方之官, 非也. 若如此, 只是東方之民, 得東他, 他處更不耕種矣; 西方之民, 享西成, 他方皆不斂穫矣. 大抵羲·和四子, 皆是掌候之官, 觀於咨汝羲暨和之辭, 可見. 敬致, 乃及夏致日, 春秋致月, 是也. 春·秋分無日景, 夏至景短, 冬至景長.'(물었다. '솟아오르는 해를 공경히 맞이함과 저물어 지는 해를 공경히 전송함은 어떻습니까?' 말하였다. '아마 마땅히 임소영의 해설을 좇아야 하니, 솟아오르는 해를 공경히 맞이함은 해가 솟아오를 때의 기후를 헤아리고 관측함이고, 저물어 지는 해를 공경히 전송함은 해가 들어갈 때의 기후를 헤아리고 관측함이니, 예를 들면 토규의 법이 이것이다. 양곡·남교·매곡·유도는 해 그림자를 관측하는 곳이다. 택은 헤아림이다. 고서에 탁자는 택자로 쓴 것이 있다. 동작·남와·서성·삭역은 모두 절후이다. 동작은 입춘에서 우수까지의 절기 따위와 같은 것이다. 인빈은 해에 구하는 것이며, 성조는 밤에 구하는 것이다. 그 백성들이 흩어져 살고, 더욱 흩어져 살며, 평온해 지며, 아랫목에 모인다는 것은 백성들로 하여금 이와 같이 하도록 하는 것이 아니라 백성이 스스로 이와 같이 하는 것이다. 인이라는 것은 흩어진 뒤의 일을 계속하는 것이며, 이라는 것은 만물이 성숙한 뒤에 백성들이 모두 넉넉하고 편안하다는 뜻이다. 자미에서 용모까지는 또한 새나 짐승도 자연스럽게 이와 같으니, 지금의 역서에서 비둘기가 울고 날개를 떨치는 등의 일을 기록한 것과 같다. 정태지는 양곡·남교·매곡·유도를 해석하여, 누대 하나를 지음에 네 곳으로 나누어 만든 것이라고 하였는데 잘못이다. 옛날 주석에는 희중이 동방에 살면서 다스리는 관리라고 하였는데, 잘못되었다. 만약 이와 같다면 다만 동방의 백성들만 농사일을 할 수 있고, 다른 곳은 다시 갈고 씨 뿌리지 못할 것이며, 서방의 백성들은 수확을 누리고 다른 지방은 모두 수확하지 못할 것이다. 대저 희씨와 화씨의 네 사람은 모두 역법을 관장하는 관리이니, 아, 너희 희씨와 화씨라는 말을 보면 알 수 있다. 경치는 바로 겨울과 여름에는 해를 맞이하고, 봄과 가을에는 달을 맞이한다는 것이 이것이다. 춘분과 추분에는 해 그림자가 없고, 하지에는 그림자가 짧으며, 동지에는 그림자가 길다.')"

○ 林氏曰 : "非全取農作之義."302)
임씨(林氏: 林之奇)303)가 말하였다. "농사짓는 뜻을 전적으로 취한 것이 아니다."

○ 朱子曰 : "萬物, 皆有發動之意."304)
주자(朱子: 朱熹)가 말하였다. "모든 사물은 모두 발동(發動)하는 뜻을 가지고 있다."

○ 添此句.
'이수유사야(以授有司也)'의 경우, 이 구절을 더하였다.

○ 音現.
'현(見)'은 음이 현(現)이다.

○ 按, 『朱子大全』云 : "春主陽, 故以晝言也."305)
'고왈일(故曰日)'에 대해, 살펴보건대, 『주자대전(朱子大全)』에서 이르기를, "봄은 양을 위주하기 때문에 낮으로써 말한 것이다."

---

302) 호광(胡廣) 등 찬, 『서경대전(書經大全)』의 소주에서 발췌한 것이다. 그 전문은 다음과 같다. "林氏曰 : '東作, 謂萬物發生於東, 非全取農作之義. 曾云: 春爲陽中萬物以生, 秋爲陰中萬物以成. 且引詩薇, 亦作止老子, 萬物竝作爲證, 可補先儒之失.'(임씨가 말하였다. '동작은 모든 사물이 동쪽에서 발생함을 이르니, 전적으로 농사짓는 뜻을 취한 것이 아니다. ….')"
303) 임씨(林氏: 林之奇): 임지기(1112-1176)는 송대 학자로 자가 소영(少穎)이고, 호가 졸재(拙齋) 또는 삼산(三山)이며, 세상에서 삼산선생(三山先生) 또는 삼산 임씨(三山林氏)라고 불렸다. 여본중(呂本中)에게 학문을 배웠으며, 왕안석(王安石)과 왕소우(王昭禹)의 설명을 받아들여 『주례전해(周禮全解)』를 저술하였다. 저서로는 『주례강의(周禮講義)』・『상서전해(尙書全解)』・『춘추유고(春秋類考)』 등이 있다.
304) 『주자어류(朱子語類)』 권78, 「상서일(尙書一)・요전(堯典)」에서 발췌한 것이다. 그 전문은 다음과 같다. "'東作', 只是言萬物皆作. 當春之時, 萬物皆有發動之意, 與'南訛'・'西成'爲一類, 非是令民耕作. 羲仲一人, 東方甚廣, 如何管得許多.('동작'은 다만 만물이 모두 동작함을 말한다. 봄철을 맞아 만물이 모두 발동하는 뜻이 있으니, '남와'와 '서성'이 동일한 유형이며, 백성들로 하여금 경작하게 하는 것이 아니다. 희중은 한 사람이고, 동방은 매우 넓은데 어떻게 넓은 것을 관리할 수 있겠는가.)"
305) 『주자대전(朱子大全)』 권65, 「잡저(雜著)・상서(尙書)・요전(堯典)」에서 발췌한 것이다. 그 전문은 다음과 같다. "此以下四節, 言曆旣成而分職以頒布, 且考驗之, 恐其推步之或差也. 或曰: '上文所命, 蓋羲伯・和伯, 此乃分命其仲・叔', 未詳是否. '宅', 居也. '嵎夷', 東表之地, 蓋官在國都, 而統治之方, 其極在此, 非往居於彼也. '曰暘谷'者, 以日之所出而名之也. '寅', 敬也. '賓', '作', 起也. '東作', 春月農功方興, 所當作之事也. 蓋以曆之節氣早晚, 均次其先後之宜, 以授有司也. '日中'者, 晝得其中也, 蓋晝夜皆五十刻, 春主陽, 故以晝言也. '星鳥', 南方朱鳥七宿. '殷', 中也. '仲春', 春分之氣, 蓋以日晷中星驗春之中也. '析', 分散也, 先時多寒, 民聚於隩, 至是則以民之散processo而驗其氣之溫也. 乳化曰'孳', 交接曰'尾', 以物之生育而驗其氣之和也.(이 아래의 네 단락은 책력이 이미 이루어져 직무를 나누어 반포하고 또 이를 상고하고 증험하는 것을 말하였으니, 그 미루어 관측함에 혹시 오차가 있을까 염려한 것이다. … 봄은 양을 위주하기 때문에 낮으로써 말한 것이다. ….)"

○ 永嘉鄭氏曰 : "二十八宿, 環列四方, 隨天而西轉, 常半隱半見.
角·亢·氐·房·心·尾·箕, 東方宿也; 斗·牛·女·虛·危·室·壁, 北方宿
也; 奎·婁·胃·昴·畢·觜·參, 西方宿也; 井·鬼·柳·星·張·翼·軫, 南
方宿也."306)

'남방주조칠수(南方朱鳥七宿)'에 대해, 영가 정씨(永嘉鄭氏: 鄭伯熊)307)가 말하였
다. "이십팔수(二十八宿)가 사방에 둘러 늘어서서 하늘을 따르면서 서쪽으로 도
는데, 항상 반은 숨고 반은 나타난다. 각(角)·항(亢)·저(氐)·방(房)·심(心)·미(尾)·기
(箕)는 동방의 별자리이고, 두(斗)·우(牛)·여(女)·허(虛)·위(危)·실(室)·벽(壁)은 북방
의 별자리이고, 규(奎)·루(婁)·위(胃)·묘(昴)·필(畢)·자(觜)·삼(參)은 서방의 별자리
이고, 정(井)·귀(鬼)·류(柳)·성(星)·장(張)·익(翼)·진(軫)은 남방의 별자리이다."

○ 每七宿, 以一時易一方而左.

일곱 별자리마다 한 시각으로써 한 방위를 바꾸는데 왼쪽으로 하는 것이다.

○ 唐孔氏曰 : "'星鳥', 總擧七宿以象言, 夏言星火, 以次言. 獨指
房·心·虛·昴, 爲擧一宿, 以宿言, 文不同者, 互相通也."308)

당(唐)나라 공씨(孔氏: 孔穎達)가 말하였다. "'성조(星鳥)'는 일곱 별자리를 모두
들어서 형상으로써 말한 것이고, 여름을 성화(星火)라고 말한 것은 차례로써 말
한 것이다. 홀로 방(房)·심(心)·허(虛)·묘(昴)를 가리킴에는 하나의 별자리를 드는
데 수(宿)로써 말하였으니, 글이 같지 않은 것은 서로 통용해서이다."

○ 金氏曰 : "午上有鶉, 鳥星在星星之東, 首西尾東, 故星爲星鳥,

---

306) 호광(胡廣) 등 찬, 『서경대전(書經大全)』의 소주에서 발췌한 것이다. 그 전문은 다음과 같다. "永嘉鄭氏曰
: '二十八宿, 環列四方, 隨天而西轉. 角·亢·氐·房·心·尾·箕, 東方宿也; 斗·牛·女·虛·危·室·壁, 北方宿也; 奎·
婁·胃·昴·畢·觜·參, 西方宿也; 井·鬼·柳·星·張·翼·軫, 南方宿也. 四方雖有定星, 而星無定居, 各以時見於南方.
天形北傾, 故北極居天之中, 而常在天北. 二十八宿, 常半隱半見. 日東行歷二十八宿, 故隱見各有時, 必于南
方考之.'(영가 정씨가 말하였다. '이십팔수가 사방에 둘러 늘어서서 하늘을 따르면서 서쪽으로 도니, 각·항·
저·방·심·미·기는 동방의 별자리이고, 두·우·녀·허·위·실·벽은 북방의 별자리이고, 규·루·위·묘·필·자·삼은 서
방의 별자리이고, 정·귀·류·성·장·익·진은 남방의 별자리이다. … 이십팔수는 항상 반은 숨고 반은 나타난
다. ….')"
307) 영가 정씨(永嘉鄭氏: 鄭伯熊): 정백웅(1124-1181)은 남송대의 학자로 자가 경망(景望)이고, 학자들이 부
문선생(敷文先生)이라 불렀으며, 영가(永嘉) 사람이다. 소흥(紹興) 15년(1145)에 진사과에 급제하여 국자감
승(國子監丞)·저작좌랑(著作佐郞) 겸 태자시독(太子侍讀)·영국지부(寧國知府) 등을 역임하였다. 서원(書院)을
설치하여 이정(二程)의 책을 간행하고 생도 2백여 명을 가르쳤다. 저서로는 『정경망집(鄭景望集)』·『정부문
서설(鄭敷文書說)』 등이 있다.
308) 호광(胡廣) 등 찬, 『서경대전(書經大全)』의 소주를 수용한 것이다.

未爲鶉首, 巳爲鶉尾."309)

김씨(金氏: 金履祥)310)가 말하였다. "오(午) 위에 순(鶉)이 있으니 조성(鳥星)이 별에 있어서 별의 동쪽이 된다. 머리가 서쪽이고 꼬리가 동쪽이기 때문에 별이 성조(星鳥)가 되니, 미(未)는 순수(鶉首)이고 사(巳)는 순미(鶉尾)인 것이다."

○ 張氏曰 : "南方星鳥, 則東蒼龍·北玄武·西白虎, 可知; 東言大火, 則南鶉火·西大梁·北玄枵, 可知; 西言虛, 北言昴, 則東房·南星, 可知, 皆互推之也."311)

장씨(張氏: 張栻)312)가 말하였다. "남방이 성조(星鳥)이면 동방이 창룡(蒼龍)이고 북방이 현무(玄武)이고 서방이 백호(白虎)임을 알 수 있으며, 동쪽이 대화(大火)라 하면 남쪽이 순화(鶉火)이고 서쪽이 대량(大梁)이고 북쪽이 현효(玄枵)임을 알 수 있으며, 서쪽이 허(虛)라 하고 북쪽이 묘(昴)라고 하면 동쪽의 방(房)과 남쪽의 성(星)을 알 수 있으니, 모두 서로 유추하는 것이다."

○ 沙溪曰 : "'一行', 僧名, 張公謹之孫, 隱嵩山."313) ○造『大衍

---

309) 호광(胡廣) 등 찬, 『서경대전(書經大全)』의 소주에서 발췌한 것이다. 그 전문은 다음과 같다. "金氏曰 : '午上有鶉, 鳥星在星, 星之東. 首西尾東, 故星爲星鳥, 未爲鶉首, 巳爲鶉尾, 是也.'(김씨가 말하였다. '오 위에 순이 있으니 조성이 별에 있어서 별의 동쪽이 된다. 머리가 서쪽이고 꼬리가 동쪽이기 때문에 별이 성조가 되니, 미는 순수이고 사는 순미인 것이 이것이다.')"

310) 김씨(金氏: 金履祥): 김이상(1232-133)은 원대 학자로 자가 길보(吉父)이고, 호가 차농(次農)·인산(仁山), 자호가 동양숙자(桐陽叔子)이며, 절강(浙江) 난계(蘭溪) 사람이다. 원래 성은 유(劉)였으나 오월(吳越)의 왕 전류(錢鏐)와 이름이 같아 성을 김(金)으로 바꾸었다. 처음에는 왕백(王柏)에게 배우고, 뒤에는 하기(何基)에게 배워 여러 분야에 학문의 조예가 깊었다. 북산사선생(北山四先生: 王柏·何基·金履祥·許謙) 또는 금화사선생(金華四先生)의 한 명이며, 인산(仁山) 아래에 살아서 학자들이 인산선생(仁山先生)이라고 존칭하였다. 송나라가 망한 뒤에 금화인산(金華仁山) 아래 살면서 강학하고 저술하였다. 저서로는 『상서주(尙書注)』·『대학소의(大學疏義)』·『논어집주고증(論語集注考證)』·『맹자집주고증(孟子集注考證)』·『통감전편(通鑑前編)』·『거요(擧要)』·『인산집(仁山集)』·『염락풍아(濂洛風雅)』 등이 있다.

311) 호광(胡廣) 등 찬, 『서경대전(書經大全)』의 소주에서 발췌한 것이다. 그 전문은 다음과 같다. "張氏曰 : '南方星鳥, 則東方蒼龍·北方玄武·西方白虎, 可知; 東言大火, 則南之鶉火·西之大梁·北之玄枵, 可知; 西言虛, 北言昴, 則東之房·南之星, 可知, 皆互推之也.'(장씨가 말하였다. '남방이 성조이면 동방이 창룡이고 북방이 현무이고 서방이 백호임을 알 수 있으며, 동쪽이 대화라고 하면 남쪽이 순화이고 서쪽이 대량이고 북쪽이 현효임을 알 수 있으며, 서쪽이 허라 하고 북쪽이 묘라고 하면 동쪽의 방과 남쪽의 성을 알 수 있으니, 모두 서로 유추하는 것이다.')"

312) 장씨(張氏: 張栻): 장식(1133-1180)은 남송 학자로, 자가 경부(敬夫)·흠부(欽夫)·낙재(樂齋)이고, 호가 남헌(南軒)이며, 한주(漢州) 사람이다. 남헌 선생(南軒先生)·남헌 장씨(南軒張氏)·광한 장씨(廣漢張氏)라고도 불렸으며, 시호가 '선(宣)'이어서 장선공(張宣公)이라고도 불렸다. 주희(朱熹)·여조겸(呂祖謙)과 함께 이름을 나란히 하여 '동남삼현(東南三賢)'이라고 칭송하였으며, 남송(南宋) 이종(理宗) 원년(1241)에 공자 사당에서 제사지내고 이관(李寬)·한유(韓愈)·이사진(李士眞)·주돈이(周敦頤)·주희(朱熹)·황간(黃幹)과 함께 석고서원(石鼓書院) 칠현사(七賢祠)에서 제사지낸 뒤 '석고칠현(石鼓七賢)'이라고도 일컬었다. 저서로는 『남헌선생문집(南軒先生文集)』 외에 『남헌선생논어해(南憲先生論語解)』·『남헌선생맹자설(南軒先生孟子說)』·『남지역설(南地易說)』·『제갈충무후전(諸葛忠武侯傳)』·『남악창수집(南岳倡酬集)』 등이 있으며, 『서설(書說)』·『수사언인설(洙泗言仁說)』·『태극도설(太極圖說)』 등은 이름만 전한다.

313) 『사계전서(沙溪全書)』 권14, 「경서변의(經書辨疑)·서전(書傳)·요전(堯典)」. 호광(胡廣) 등 찬, 『서경대전(書

曆』.

'당일행(唐一行)'에 대해, 사계(沙溪: 金長生)가 말하였다. "'일행(一行)'은 중 이름이니, 장공(張公) 근지(謹之)의 손자로 숭산(嵩山)에 은거하였다." ○『대연력(大衍曆)』을 만들었다.

○ '午', 次之名也, 正當朱鳥之中, 故或以宿言, 或以次言.314)

'추이순화(推以鶉火)'에서 볼 때, '오(午)'는 차처(次處: 만나는 곳)의 이름이니, 바로 주조(朱鳥)의 중앙을 맞았기 때문에 혹은 수(宿)로써 말하거나, 혹은 차(次)로써 말한 것이다.

○ 武夷熊氏曰 : "'中星', 非指天之中, 而言人居之位. 坐北而面南, 故此而取中, 而謂之'中星'."315)

'위춘분혼지중성야(爲春分昏之中星也)'에 대해, 무이 웅씨(武夷熊氏: 熊禾)316)가 말하였다. "'중성(中星)'은 하늘의 가운데를 가리키는 것이 아니라 사람이 거처한 자리를 말하니, 북쪽에 앉아서 남쪽을 향하기 때문에 이로써 가운데를 취하여 '중성(中星)'이라고 이른 것이다."

○ 朱子曰 : "在地之位, 一定不易; 在天之象, 運轉不定317), 天之

經大全)』의 소주에는 "僧名, 張公謹之孫, 出隱嵩山.(중 이름이니, 장공 근지의 손자로 출가하여 숭산에 은거하였다.)"이라고 하였다. 조선 전기 이문재(李文載)의 『석동선생유고(石洞先生遺稿)』 권4, 「잡저(雜著)·선기옥형주해(璿璣玉衡註解)」에는 "鄭國公, 張公謹之孫, 爲僧, 隱嵩山.(담국공이니, 장공 근지의 손자로 중이 되어 숭산에 은거하였다.)"이라고 하였다.

314) 주조의(朱祖義) 찬, 『상서구해(尙書句解)』 권1, 「요전(堯典)」. "春分之時, 晝五十刻, 夜五十刻, 晝夜相半, 而鶉火見於南方正午之位, 不言鶉火而言星鳥, 舉四象也." 순화(鶉火)는 별이 만나는 곳의 이름이니, 남방의 일곱 별자리 정(井)·귀(鬼)·류(柳)·성(星)·장(張)·익(翼)을 주조칠수(朱鳥七宿)라고 부른다. 머리에 위치한 것은 순수(鶉首)라 부르고, 가운데(柳·星·張)은 순화(鶉火: 鶉心)라 부르고, 끝에 위치한 것은 순미(鶉尾)라고 부른다.

315) 호광(胡廣) 등 찬, 『서경대전(書經大全)』의 소주에서 발췌한 것이다. 그 전문은 다음과 같다. "武夷熊氏曰 : '中星者, 非指天之中, 而言人君之位. 坐北而面南, 則日月五星之運行, 皆在北極垣外, 意亦是適在南北極之間, 故此而取中而謂之中星也. 大槩東嵎·西谷·南交·朔方, 是就平地而言東西南北也. 南方朱鳥·東方蒼龍·北方玄武·西方白虎, 是就周天而言東西南北也.'(무이 웅씨가 말하였다. '중성이라는 것은 하늘의 가운데를 가리키는 것이 아니라 임금의 자리를 말한 것이다. ….')"

316) 무이 웅씨(武夷熊氏: 熊禾): 웅화(1247-1312)는 원나라 초기의 학자로 자가 위신(位辛)·거비(去非)이고, 호가 물헌(勿軒)·퇴재(退齋)이며, 건양(建陽) 숭태리(崇泰里) 사람이다. 주자의 문인 보광(輔廣)을 스승으로 삼았고, 절강으로 가서는 유경당(劉敬堂)에게 배웠다. 남송 함순(咸淳) 10년(1274)에 진사과에 급제하여 벼슬하다가 송나라가 망한 뒤 벼슬하지 않겠다 맹세하고 무이산(武夷山) 은거하면서 골짜기에 홍원서실(洪源書室)을 짓고 강학하고 후학을 교육하였다. 저서로는 『시경집소(詩經集疏)』·『서경집소(書經集疏)』·『주역집소(周易集疏)』·『춘추집소(春秋集疏)』·『춘추논고(春秋論考)』·『경서학해(經書學解)』·『물헌집(勿軒集)』 등이 있다.

317) 『서경대전(書經大全)』 소주에는 '停'자로 되어있다.

鳥星, 加於地之午位."318)

주자(朱子: 朱熹)가 말하였다. "땅의 자리에 있어서는 일정하여 바뀜이 없으나, 하늘의 현상에 있어서는 운전하여 일정하지 않으니, 하늘의 조성(鳥星)을 땅의 오위(午位)에 있게 한 것이다."

○ 以正之, 『諺』釋, 合更商.319)

'양지중야(陽之中也)'에서 볼 때, '이은(以殷)'은 그것을 올바르게 함이니, 『언해(諺解)』의 해석은 마땅히 다시 생각해보아야 한다.

○ 按, 『朱子大全』云: "以日晷中星, 驗春之中也."320)

살펴보건대, 『주자대전(朱子大全)』에서 이르기를, "해 그림자와 중성(中星)으로써 봄의 알맞음을 증험한 것이다."

○ 照後節.

'민취어오(民聚於隩)'의 경우, 뒤의 단락을 참조한 것이다.

○ 上聲, 下同.

'처(處)'는 상성(上聲: 거주하다)이니, 아래도 같다.

○ 音孺.321)

'유(乳)'는 음이 유(孺)이다.

○ 生子.

'자(孶)'는 새끼를 낳는 것이다.

---

318) 호광(胡廣) 등 찬, 『서경대전(書經大全)』의 소주에서 발췌한 것이다. 그 전문은 다음과 같다. "在地之位, 一定不易; 在天之象, 運轉不停, 惟天之鳥星, 加於地之午位, 乃與地合得天運之正.(땅의 자리에 있어서는 일정하여 바뀜이 없으나, 하늘의 현상에 있어서는 운전하여 일정하지 않으니, 오직 하늘의 조성만을 땅의 오의 자리에 있게 하였으니, 바로 땅과 천운의 바름을 맞도록 한 것이다.)"
319) 『언해(諺解)』의 해석이 "써곰 隱훈 仲春이면"이라고 하여 '은(隱)'을 '알맞다'로 풀이하였는데, '올바르게 하다'로 풀이해야 한다고 본 것이다.
320) 『주자대전(朱子大全)』 권65, 「잡저(雜著)·상서(尙書)·요전(堯典)」에서 발췌한 것이다. 그 원문은 다음과 같다. "'日中'者, 畫得其中也, 蓋晝夜皆五十刻, 春主陽, 故以晝言也. '星鳥', 南方朱鳥七宿. '殷', 中也. '仲春'者, 春分之氣, 蓋以日晷中星, 驗春之中也.(… '중춘'이라는 것은 춘분의 기운이니, 대개 해 그림자와 중성으로써 봄의 알맞음을 증험한 것이다."
321) 호광(胡廣) 등 찬, 『서경대전(書經大全)』의 소주를 수용한 것이다.

○ '孶'·'尾', 古語倒.
'교접왈미(交接曰尾)'의 경우, '자(孶)'와 '미(尾)'는 옛말의 도치법(倒置法)이다.

○ 朱子曰 : "民·鳥·獸, 自然如此, 如今曆紀鳴鳩拂羽等事."322)
'이물지생육이험기기지화야(以物之生育而驗其氣之和也)'에서, 주자(朱子: 朱熹)가 말하였다. "백성이나 새나 짐승도 자연스럽게 이와 같으니, 지금의 역서(曆書)에서 비둘기가 울고 날개를 떨치는 등의 일을 기록한 것과 같다."

[1-1-1-5]

申命羲叔, 宅南交, 平秩南訛, 敬致, 日永, 星火. 以正仲夏, 厥民因, 鳥獸希革.

희숙(羲叔)에게 신중하게 명명하여 남교(南交)에 있게 하시고, 고르게 차례대로 여름농사를 하여 공경히 힘쓰게 하시니, 해는 길고 별은 대화(大火)이다. 그래서 중하(仲夏)를 맞게 되면 그 백성들은 뿔뿔이 흩어져서 살며, 새와 짐승들은 털갈이를 하여 가죽이 바뀐다.

集傳

'申', 重也. '南交', 南方交趾之地. 陳氏曰 : "'南交'下, 當有'曰明都'三字." '訛', 化也, 謂夏月時物長盛, 所當變化之事也. 『史記』「索隱」, 作'南爲', 謂所當爲之事也. '敬致', 『周禮』所謂'冬夏致日', 蓋以夏至之日中, 祠日而識其景, 如所謂日至之景尺有五寸, 謂之'地中'者也. '永', 長也, '日永', 晝六十刻也. '星火', 東方蒼龍七宿. '火', 謂大火, 夏至昏之中星也. '正'者, 夏至, 陽之極, 午爲正陽位也. '因', 析而又析, 以氣愈熱, 而民愈散處也. '希革', 鳥獸毛希而革易也.

'신(申)'은 거듭함이다. '남교(南交)'는 남방 교지(交趾)의 땅이다. 진씨(陳氏: 陳鵬飛)323)가 말하기를, "'남교(南交)' 아래에 마땅히 '왈명도(曰明都)'라는 세 글자가

---

322) 『주자어류(朱子語類)』 권78, 「상서일(尙書一)·요전(堯典)」에서 발췌한 것이다. 그 원문은 다음과 같다. "問: '寅賓出日, 寅餞納日, 如何?' 曰: '恐當從林少穎解, 寅賓出日, 是推測日出時候; 寅餞納日, 是推測日入時候, 如土圭之法, 是也. … 孶尾至氄毛, 亦是鳥獸自然如此, 如今曆書記鳴鳩拂羽等事. ….'(물었다. '솟아오르는 해를 공경히 맞이함과 저물어 지는 해를 공경히 전송함은 어떻습니까?' 말하였다. '아마 마땅히 임소영의 해설을 좇아야 하니, 솟아오르는 해를 공경히 맞이함은 해가 솟아오를 때의 기후를 헤아리고 관측함이고, 저물어 지는 해를 공경히 전송함은 해가 들어갈 때의 기후를 헤아리고 관측함이니, 예를 들면 토규의 법이 이것이다. … 자미에서 용모까지는 또한 새나 짐승도 자연스럽게 이와 같으니, 지금의 역서에서 비둘기가 울고 날개를 떨치는 등의 일을 기록한 것과 같다. ….')"

있어야 한다."고 하였다. '와(訛)'는 변화함이니, 여름철에 제철의 사물들이 자라고 성대해지면서 마땅히 변화하는 일을 이른다. 『사기(史記)』의 「색은(索隱)」에는 '남위(南爲)'라고 썼으니, 마땅히 해야 할 일을 이르는 것이다. '경치(敬致)'는 『주례(周禮)』에서 이른바 '동지(冬至)와 하지(夏至)에 해그림자를 살펴본다.'는 것이니, 대개 하지(夏至)의 정오(正午) 때에 해에 제사하고 그 그림자를 기록하는 것이다. 예를 들면 이른바 '일지(日至)'324)의 그림자가 한 자하고 다섯 치인 것을 일러서 '지중(地中)'이라고 하는 것과 같다. '영(永)'은 길음이니, '일영(日永)'은 낮이 60각(刻)인 것이다. '성화(星火)'는 동방 창룡(蒼龍)의 일곱 별자리이다. '화(火)'는 대화(大火)를 이르니, 하지(夏至)에 해질 무렵의 가운데 위치한 가장 밝은 별이다. '정(正)'이라는 것은 하지(夏至)가 양(陽)의 지극함이니, 오(午)가 양(陽)에 알맞은 자리가 되는 것이다. '인(因)'은 분산(分散)하고 또 분산함이니, 기후가 더욱 더워짐에 백성들이 더욱 흩어져 서 사는 것이다. '희혁(希革)'은 새와 짐승의 털이 적어지면서 가죽이 바뀌는 것이다.

詳說

○ 去聲.325)

'중(重)'은 거성(去聲: 莊重하다, 愼重하다)이다.

○ 臨川吳氏曰 : "旣命其仲, 復命其叔, 故言'申'."326)

'중야(重也)'에 대해, 임천 오씨(臨川吳氏: 吳澄)가 말하였다. "이미 그 중씨(仲氏)에게 명령하고, 다시 그 숙씨(叔氏)에게 명령하였기 때문에 '신(申)'을 말한 것이다."

---

323) 영가 진씨(永嘉陳氏: 陳鵬飛): 진붕비는 송대 학자로, 자가 소남(少南)이고, 호가 나부(羅浮)이며, 영가(永嘉) 사람이다. 소흥(紹興) 연간에 진사(進士)에 올라 벼슬이 비서소감(秘書少監)·좌적공랑(左迪功郎)·태학박사(太學博士) 겸 숭정전설서(崇政殿說書)·예부시랑(禮部侍郞) 등을 지냈다. 저서로는 『서해(書解)』 30권·『시해(詩解)』 20권과 『나부집(羅浮集)』 10권 등이 있다. 특히 그의 『서해(書解)』는 소식(蘇軾)·임지기(林之奇)·장구성(張九成)의 『서경』학에 비견할 만한 탁월한 저서로 평가되어 당시에 이미 '진박사서해(陳博士書解)'라고 칭송하였다.

324) 일지(日至): 하지(夏至)나 동지(冬至)를 가리킨다. 옛사람이 하늘의 적도(赤道)에 해가 적도 남북으로 운행하는데, 하지에 북극에 이르고 동지에 남극에 이르기 때문에 일지(日至)라고 불렀다는 것이다. 하지에 햇빛이 가장 길기 때문에 장지(長至)라 하고, 동지에 햇빛이 가장 짧기 때문에 단지(短至)라고 하였다.

325) 『광운(廣韻)』에 의하면 그 뜻이 '중량, 장중하다, 신중하다'인 경우에는 거성(去聲)이라 하였고, 그 뜻이 '중복하다, 다시'일 경우에는 평성(平聲)이라고 하였다. 박문호는 '거듭'의 뜻이 아니라 '신중하게'의 뜻이라고 본 것이다.

326) 오징(吳澄) 찬, 『서찬언(書纂言)』 권1, 『우서(虞書)·요전(堯典)』. "又就義之内·和之内, 重分之, 旣命其仲, 復命其叔, 故言'申命'.(… 이미 그 중씨에게 명령하고, 다시 그 숙씨에게 명령하였기 때문에 '신명'을 말한 것이다.)"

○ 按,『朱子大全』云 : "劉氏曰: '當云: 宅南, 曰交趾'."327)
'남방교지지지(南方交趾之地)'에 대해, 살펴보건대,『주자대전(朱子大全)』에서 이르기를, "유씨(劉氏: 劉敞)328)가 말하였다. '마땅히 남교에 머문다는 것은 교지(交趾)라고 해야 한다.'라고 하였다."

○ 以幽都, 可推也.
'당유왈명도삼자(當有曰明都三字)'에서 볼 때, 유도(幽都)로써 유추할 수 있다.

○ 上聲.329)
'장(長)'은 상성(上聲: 성장하다)이다.

○「五帝紀」.330)
'『사기』(『史記』)'는「오제기(五帝紀)」이다.

○ 馮相氏.
'『주례』(『周禮』)'는 풍상씨(馮相氏)331)이다.

○ 朱子曰 : "'致', 是致中."332)

---

327)『주자대전(朱子大全)』권65,「잡저(雜著)·상서(尙書)·요전(堯典)」. "'南交, 南方交趾之地. 劉氏曰: '當云: 宅南, 曰交趾.'('남교'는 남방 교지의 땅이다. 유씨가 말하기를, '마땅히 남교에 머문다는 것은 교지를 말한다고 해야 한다.'라고 하였다.)" 원래 교지(交趾)는 옛날 지역 이름으로 보통 오령(五嶺: 大庾嶺·越城嶺·騎田嶺·萌渚嶺·都龐嶺) 이남을 가리켰다. 동한(東漢) 말에 교주(交州)라고 하다가 월남이 독립한 뒤 송나라 때부터 교지(交趾)라고 하였다.「예기(禮記)」「왕제(王制)」에서는 "南方曰'蠻', 雕題·交趾.(남방을 '만'이라고 하니, 조제와 교지이다.)"라고 하였다.
328) 유씨(劉氏: 劉敞): 류창(119-168)은 북송대의 학자로 자가 원보(原父) 또는 원보(原甫)이고, 호는 공시(公是)이며, 임강(臨江) 신유(新喩) 사람이다. 경력(慶曆) 6년(146)에 아우 유반(劉攽)과 같이 진사과에 급제하여 벼슬이 집현원학사(集賢院學士)에 이르렀으며, 매요신(梅堯臣)·구양수(歐陽修) 등과 교유하였다. 육경(六經)으로부터 천문(天文)·지리(地理) 등에 이르기까지 해박하였고, 문장 또한 민첩하고 풍부하였다. 저서로는 『공시집(公是集)』등이 있다.
329) 호광(胡廣) 등 찬,『서경대전(書經大全)』의 소주를 수용한 것이다. 내각본『서전대전(書傳大全)』에는 소주가 없다.
330) 호광(胡廣) 등 찬,『서경대전(書經大全)』권1,「우서(虞書)·요전(堯典)」의 소주에는 "唐司馬貞作.(당나라 사마정이 지었다.)"이라고 하였다.
331) 풍상씨(馮相氏): 주나라 관직 이름으로 천문(天文)을 관장하였다.『주례(周禮)』「춘관(春官)·서관(序官)」에 보인다.
332)『주자어류(朱子語類)』권113,「주자십(朱子十)·훈문인일(訓門人一)」에서 발췌한 것이다. 그 전문은 다음과 같다. "又曰 : '所謂致中者, 非但只是在中而已, 纔有些子偏倚, 便不可. 須是常在那中心十字上立, 方是致中. 譬如射, 雖射中紅心, 然在紅心邊側, 亦未當, 須是正當紅心之中, 乃爲中也.'(또 말하였다. '이른바 치중이라는 것은 단지 가운데에 있어야 할 따름만 아니라 조금이라도 치우침이 있어서는 안 된다는 것이다. 모름지기 항상 마음 한가운데 십자 위에 서있어야 바야흐로 치중인 것이다. 비유하면 활쏘기와 같으니 비

'소위동하치일(所謂冬夏致日)'에 대해, 주자(朱子: 朱熹)가 말하였다. "'치(致)'는 가운데에 이르는 것이다."

○ 見『周禮』「大司徒」.333)
'위지지중자야(謂之地中者也)'는 『주례(周禮)』「대사도(大司徒)」에 보인다.

○ 林氏曰 : "夏至룸短立八尺之表, 景長一尺五寸八分."334) ○天下之中.
○ 임씨(林氏: 林之奇)가 말하였다. "하지(夏至)에는 해 그림자가 짧아 여덟 자의 밖에 세우면 그림자의 길이가 한 자 다섯 치 팔 푼이다."○천하의 가운데이다.

○ 唐孔氏曰 : "『左傳』言'火中', 『詩』稱'流火', 皆指房心."335)
'위대화(謂大火)'에서, 당(唐)나라 공씨(孔氏: 孔穎達)가 말하였다. "『좌전(左傳)』에서는 '화중(火中)336)'이라 말하였고, 『시경(詩經)』에서는 '유화(流火)337)'라고

록 활을 쏘아서 홍심을 맞추었으나 홍심의 주변에 있으면 또한 합당하지 못한 것이니, 모름지기 홍심의 가운데에 맞아야 바로 중이 되는 것이다.')" 그리고 명말청초 주학령(朱鶴齡) 찬, 『상서비전(尚書埤傳)』 권1, 「우서(虞書)·요전(堯典)」에서 "朱子曰: '致日. 考日中之景.'(주자가 말하였다. '치일은 정오 때의 해 그림자를 헤아리는 것이다.')"라고 하였다. 송나라 주신(朱申) 찬, 『주례구해(周禮句解)』 권6, 「춘관(春官)·종백하(宗伯下)」에서 "冬至, 日在牽牛, 景丈三尺; 夏至, 日在東井, 景尺五寸.(동지에는 해가 견우성에 있어 해 그림자의 길이가 한 길 석 자이고, 하지에는 해가 동정성에 있어 해 그림자의 길이가 한자 다섯 치이다.)"이라 하였고, 명(明)나라 가상천(柯尙遷) 찬, 『주례전경석원(周禮全經釋原)』 권8, 「춘관하(春官下)」에서는 "釋曰: 致者, 至也, 致日·致月, 以土圭立表, 以度其壬否. 冬至, 日在牽牛, 景丈三尺, 長至也; 夏至, 日在東井, 景長尺五寸, 短至也. 日者, 實也.(… 치라는 것은 이름이니, … 동지에는 해가 견우성에 있어 해 그림자의 길이가 한 길 석 자이고, 하지에는 해가 동정성에 있어 해 그림자의 길이가 한자 다섯 치이다. ….)"라고 하였다.

333) 『주례주소(周禮注疏)』 권10, 「지관(地官)·대사도(大司徒)」. "正日景, 以求地中, 日南則景短多暑, 日北則景長多寒, 日東則景夕多風, 日西則景朝多陰, 日至之景, 尺有五寸, 謂之地中.(해 그림자를 바르게 하여 대지의 한가운데를 구하니, … 해가 이른 그림자가 한 자하고 다섯 치를 지중이라고 이른다.)" 지중(地中)은 대지의 한가운데를 말한다.

334) 호광(胡廣) 등 찬, 『서경대전(書經大全)』의 소주에서 발췌한 것이다. 그 전문은 다음과 같다. "林氏曰 : '敬致, 猶『周禮』冬夏致日; 『左氏』曰: 官居卿以底日前; 「天文志」云: 日有黃道, 一曰光道. 黃道, 北至東井, 去北極近, 南至牽牛, 去北極遠. 夏至, 至于東井, 近極故, 룸短立八尺之表, 而룸景長一尺五寸八分; 冬至, 至于牽牛, 遠極故, 룸長立八尺之表, 而룸景長一丈三尺一寸四分. 룸景者, 所以知日之南北也. 春·秋分日, 至婁角, 去極中而룸中立八尺之表, 而룸景長七尺三寸六分, 此日去極遠近之差, 룸룸長短之制也.'(임씨가 말하였다. '경치는 『주례』의 겨울과 여름에 해에 이름과 같으니, … 하지에는 동정에 이르러 극점과 가깝기 때문에 해 그림자가 짧아 여덟 자의 밖에 세우면 그림자의 길이가 한 자 다섯 치 팔 푼이며, ….')"

335) 호광(胡廣) 등 찬, 『서경대전(書經大全)』의 소주에서 발췌한 것이다. 그 전문은 다음과 같다. "唐孔氏曰 : '七宿, 房在其中, 但房·心連體, 心統其名.『左傳』言火中; 火見『詩』, 稱七月流火, 皆指房·心爲火. 故曰火蒼龍之中星, 特擧一星, 與鳥不類.'(당나라 공씨가 말하였다. '일곱 별자리 가운데 방이 그 가운데 있으니, … 『좌전』에서는 화중이라 말하였고, 화가 『시경』에 보이니, 칠월유화라고 일컬은 것은 모두 방수와 심수가 화가 됨을 가리킨 것이다. ….')"

336) 화중(火中): 『춘추좌전주소(春秋左傳)』 권42, 「소공(昭公)」 3년. "'火中', 寒暑乃退.('화중'은 추위와 더위

일컬었는데, 모두 방수(房宿)와 심수(心宿)338)를 가리킨다."

○ 金氏曰 : "心宿, 有三星中, 一星, 名'大火'."339)
김씨(金氏: 金履祥)가 말하였다. "심수(心宿)에 세 개 있는 별 가운데 하나의 별이니, 이름이 '대화(大火)'이다."

○ 猶極也.
'정자하지양지극(正者夏至陽之極)'에서 정(正)은 극(極)과 같다.

○ 改毛.
'조수모희이혁역야(鳥獸毛希而革易也)'의 경우, 털갈이다.

○ 按, 『朱子大全』, 無'鳥獸'字.340)
내가 살펴보건대, 『주자대전(朱子大全)』에는 '조수(鳥獸)'자가 없다.

[1-1-1-6]

分命和仲, 宅西, 曰'昧谷', 寅餞納日, 平秩西成, 宵中, 星虛. 以殷仲秋, 厥民夷, 鳥獸毛毨.

화중(和仲)에게도 나누어주면서 명령하여 서쪽에 있게 하시고 '매곡(昧谷)'이라 하였는데, 들어가는 해를 공경히 전송하며 고르게 차례대로 가을수확을 하게 하시니, 밤은 알맞고 별은 허수(虛宿)이다. 그래서 중추(仲秋)를 맞게 되면 그 백성들은 화평해지며, 새와 짐승들은 털갈이하여 함치르르하도다.

가 이에 물러가는 것이다.)"
337) 유화(流火): 호광(胡廣) 등 찬, 『시전대전(詩傳大全)』 권8, 「국풍(國風)·빈풍(豳風)·칠월(七月)」. "七月流火, 九月授衣.(칠월에 대화심성이 내려오면 구월에 옷을 만들어 주느니라.)" '화(火)'는 대화성(大火星) 심수(心宿)를 가리키니, 하력(夏曆) 5월의 황혼에 화성(火星)이 중천(中天)에 있고, 7월의 황혼에는 별의 위치가 중천에서 점점 서쪽으로 내려간다. 이는 농력(農曆) 7월에 더위가 점점 물러나고 가을이 장차 이름을 말하는 것이다.
338) 방수(房宿)와 심수(心宿): 이십팔수(二十八宿) 가운데 동방 창룡(蒼龍) 일곱 별자리에서 네 번째와 다섯 번째의 별자리이다. 심수(心宿)의 주성(主星)을 또한 상성(商星)·순화(鶉火)·대화(大火)·대진(大辰)이라고도 한다.
339) 호광(胡廣) 등 찬, 『서경대전(書經大全)』의 소주를 수용한 것이다. 대화(大火)는 심수(心宿)를 가리킨다. 『이아(爾雅)』 「석천(釋天)」에서 "'大火', 謂之大辰.('대화'는 대진을 이른다.)"라고 하였는데, 곽박(郭璞)은 하늘 가운데에서 가장 밝기 때문에 시후(時候)의 주성(主星)이 된다고 하였다.
340) 『주자대전(朱子大全)』 권65, 「잡저(雜著)·상서(尚書)·요전(堯典)」. "'希革', 毛希而革易也."

詳說
○ 蘇典反.341)
'선(毨)'은 소(蘇)와 전(典)의 반절이다.

集傳
'西', 謂西極之地也. '曰昧谷'者, 以日所入而名也. '餞', 禮送行者之名. '納日', 方納之日也, 蓋以秋分之莫, 夕方納之日, 而識其景也. '西成', 秋月物成之時, 所當成就之事也. '宵', 夜也, '宵中'者, 秋分夜之刻, 於夏·冬, 爲適中也, 晝夜亦各五十刻, 擧夜以見日, 故曰'宵'. '星虛', 北方玄武七宿之虛星, 秋分昏之中星也. 亦曰'殷'者, 秋分陰之中也. '夷', 平也, 暑退而人氣平也. '毛毨', 鳥獸毛落更生, 潤澤鮮好也.

'서(西)'는 서쪽 끝의 땅을 이른다. '매곡(昧谷)'은 해가 들어가는 곳으로써 이름 붙인 것이다.342) '전(餞)'은 예를 갖추어 길 떠나는 이를 보내는 명칭이다. '납일(納日)'은 바야흐로 들어가는 해이니, 대개 추분(秋分)의 저물녘에 바야흐로 들어가는 해를 제사하고 그 그림자를 기록하는 것이다. '서성(西成)'은 가을철은 만물이 성숙하는 때이니, 마땅히 성취해야 하는 일인 것이다. '소(宵)'는 밤이니, '소중(宵中)'은 추분(秋分) 밤의 시각이 여름과 겨울에 비하여 알맞음이 되어 낮과 밤이 또한 각각 50각(刻)이며, 밤을 들어서 낮을 나타냈기 때문에 '소(宵)'라고 한 것이다. '성허(星虛)'는 북방의 현무(玄武) 일곱 별자리의 허성(虛星)이니, 추분(秋分)에 해질 무렵의 가운데 위치한 가장 밝은 별이다. 또한 은(殷)'이라고 말한 것은 추분(秋分)이 음(陰)의 알맞음이어서이다. 이(夷)는 화평함이니, 더위가 물러가서 사람의 기운이 평온한 것이다. '모선(毛毨)'은 새와 짐승들이 털이 빠지고 다시 나서 윤택하고 선명하며 아름다운 것이다.

詳說
○ 徐氏廣曰 : "今天水之西縣."343)

---

341) 채침(蔡沈) 찬,『서경집전(書經集傳)』및 호광(胡廣) 등 찬,『서경대전(書經大全)』의 소주를 수용한 것이다.
342) 호광(胡廣) 등 찬,『서경대전(書經大全)』의 소주를 참조한다. "孔氏曰: '昧, 冥也, 日入於谷而天下冥, 故曰昧谷. 昧谷曰西, 則嵎夷東, 可知.' 唐孔氏曰: '谷者, 日所行之道, 非實有谷而日入也. 送行飲酒, 謂之餞, 故餞爲送也.'(공씨가 말하였다. '매는 어둠이니 해가 골짜기에 들어가서 천하가 어둡기 때문에 매곡이라고 한 것이다. 매곡에서 서쪽을 말하였다면 우이가 동쪽임을 알 수 있다.' 당나라 공씨가 말하였다. '곡이라는 것은 해가 다니는 길이니 실제로 골짜기가 있어서 해가 들어가는 것이 아니다. 가는 이를 보냄에 술을 마시는 것을 전이라고 했기 때문에 전이 송별함이 되었다.')"
343) 호광(胡廣) 등 찬,『서경대전(書經大全)』의 소주에서 발췌한 것이다. 그 전문은 다음과 같다. "蘇氏曰:

'위서극지지야(謂西極之地也)'에 대해, 서씨광(徐氏廣: 徐廣)이 말하였다. "지금 천수(天水)의 서쪽 현(縣)이다."

○ 『明史』「曆志」曰 : "堯命和仲, 但曰'宅西', 而不限以地, 聲敎西被者遠, 後世西曆精密, 可知源流之所自."344)
『명사(明史)』「역지(曆志)」에서 말하였다. "요(堯)가 화중(和仲)에게 명령함에 단지 '서쪽에 있게 하다.'라고 하였으나 지역을 한정하지 않아서 성교(聲敎)345)가 서쪽으로 미친 것이 멀었으며, 후세에 서력(西曆)이 정밀하였으니, 원류(原流)에 유래한 것임을 알 수 있다."

○ 入也.
'납(納)'은 들어감이다.

○ 去聲.346) ○句.
'모(莫)'는 거성(去聲: 저물녘, 暮)이다. ○문장이 끊어지는 곳이다.

○ 沙溪曰 : "夕時祭之, 故曰'夕'."347)
'석(夕)'에 대해, 사계(沙溪: 金長生)가 말하였다. "저녁 때 제사지내기 때문에 '석(夕)'이라고 한다."

'秋獨曰宅西, 徐廣云: 今天水之西縣也.'(소씨가 말하였다. '가을에서만 홀로 택서라고 말하였는데, 서광이 이르기를, 지금 천수의 서쪽 현이다.'라고 하였다.)
344) 『명사(明史)』권31, 「지(志)」제7・역(歷). "蓋堯命羲和・仲叔, 分宅四方; 羲仲・羲叔・和叔, 則以嵎夷・南交・朔方爲限, 獨和仲但曰宅西而不限以地, 豈非當時聲敎之西被者遠哉. 至於周末, 疇人子弟, 分散西域, 天方諸國, 接壤西陲, 非若東南有大海之阻, 又無極北嚴寒之畏, 則抱書冑而西征勢固便也. 甌羅巴在同問西, 其風俗相類, 而好奇喜新競勝之習過之, 故其曆法, 與同問同源, 而世世增修, 遂非同問所及, 亦其好勝之俗爲之也. 羲・和既失其守古籍之可見者, 僅有周髀而西人渾蓋通憲之器, 寒熱五帶之說, 地圓之理, 正方之法, 皆不能出周髀範圍, 亦可知其源流之所自矣.(대개 요 … 홀로 화중에게만 단지 서쪽에 있게 하라고 하였으나 지역을 한정하지 않았으니, 어찌 당시에 성교가 서쪽으로 미친 것이 멀지 않았겠는가. … 모두 주비의 범위를 벗어날 수 없었으니, 또한 그 원류에 유래한 것임을 알 수 있다.)
345) 성교(聲敎): 들날리는 위엄과 교화이다. 호광(胡廣) 등 찬, 『서경대전(書經大全)』권3, 「하서(夏書)・우공(禹貢)」에 나오는 말이다. "동쪽으로 바닷물에 적시고, 서쪽으로 유사에까지 미치며, 북쪽과 남쪽에 이르러 성교가 온 천하에 미치자 우가 검은 규를 올려 목적을 이루었음을 아뢰었다.(東漸于海, 西被于流沙, 朔南曁聲敎, 訖于四海, 禹錫玄圭, 告厥成功.)"
346) 호광(胡廣) 등 찬, 『서경대전(書經大全)』의 소주를 수용한 것이다.
347) 김종정(金鍾正), 『운계만고(雲溪漫稿)』권12, 「차록(箚錄)・서전(書傳)」. "沙溪曰 : '朝時祭之, 故曰朝; 夕時祭之, 故曰夕.'(사계가 말하였다. '아침 때 제사지내기 때문에 조라 하고, 저녁 때 제사지내기 때문에 석이라고 한다.')"

○ 夏夜短, 冬夜永.
'어하·동(於夏·冬)'에서 볼 때, 여름밤은 짧고, 겨울밤은 길다.

○ 按,『朱子大全』云 : "秋主陰, 且避春之日中."348)
'주야역각오십각(晝夜亦各五十刻)'에 대해, 살펴보건대,『주자대전(朱子大全)』에서 이르기를, "가을은 음(陰)을 위주로 하여 또 봄의 정오(正午)를 피하는 것이다.

○ 音現.
'현(見)'은 음이 현(現)이다.

○ 二'亦'字, 照春.
'추분음지중야(秋分陰之中也)'에서 볼 때, 두 개의 '역(亦)'자는 봄을 참조한 것이다.

○ 按,『朱子大全』, 亦無'鳥獸'字.349)
'윤택선호야(潤澤鮮好也)'에 대해, 살펴보건대,『주자대전(朱子大全)』에는 또한 '조수(鳥獸)'자가 없다.

[1-1-1-7]

申命和叔, 宅朔方, 曰'幽都', 平在朔易, 日短, 星昴. 以正仲冬, 厥民隩, 鳥獸氄毛.

화숙(和叔)에게 신중하게 명령하여 삭방(朔方)에 있게 하시고 '유도(幽都)'라고 하셨는데, 개역(改易)할 일을 골고루 살피게 하시니, 해는 짧고 별은 묘수(昴宿)이다. 그래서 중동(仲冬)을 맞게 되면 그 백성들은 아랫목에 있으며, 새와 짐승들은 가지런히 털이 난다.

詳說
○ '隩', 於到反.

---

348)『주자대전(朱子大全)』 권65,「잡저(雜著)·상서(尚書)·요전(堯典)」. "'宵', 夜也, 此時亦晝夜各五十刻, 秋主陰, 且避春之日中, 故擧宵以見日也.('소'는 밤이니, 이때는 또한 밤과 낮이 각각 50각이니, 가을은 음을 위주로 하여 또 봄의 정오를 피하기 때문에 밤을 들어서 낮을 나타낸 것이다.)"
349)『주자대전(朱子大全)』 권65,「잡저(雜著)·상서(尚書)·요전(堯典)」. "'毛毨', 毛落更生, 潤澤鮮好也."

'오(隩)'는 어(於)와 도(到)의 반절이다.

○ 而隴反.350)
'용(氄)'은 이(而)와 롱(隴)의 반절이다.

集傳

'朔方', 北荒之地, 謂之'朔'者, '朔'之爲言, 蘇也, 萬物至此, 死而復蘇, 猶月之晦而有朔也. 日行至是, 則淪於地中, 萬象幽暗, 故曰'幽都'. '在', 察也. '朔易', 冬月歲事已畢, 除舊覔新, 所當改易之事也. '日短', 晝四十刻也. '星昴', 西方白虎七宿之昴宿, 冬至昏之中星也. 亦曰'正'者, 冬至陰之極, 子爲正陰之位也. '隩', 室之內也, 氣寒而民聚於內也. '氄毛', 鳥獸生宂氄細毛以自溫也. 蓋旣命羲·和, 造曆制器, 而又分方與時, 使各驗其實, 以審夫推步之差, 聖人之敬天勤民, 其謹如是. 是以術不違天而政不失時也. 又按, 此冬至, 日在虛, 昏中昴; 今冬至, 日在斗, 昏中壁, 中星不同者, 蓋天有三百六十五度四分度之一, 歲有三百六十五日四分日之一, 天度四分之一而有餘, 歲日四分之一而不足. 故天度常平運而舒, 日道常內轉而縮, 天漸差而西, 歲漸差而東, 此歲差之由, 唐一行所謂'歲差'者, 是也. 古曆簡易, 未立差法, 但隨時占候修改, 以與天合, 至東晉虞喜, 始以天爲天, 以歲爲歲, 乃立差以追其變, 約以五十年退一度. 何承天, 以爲太過, 乃倍其年, 而又反不及, 至隋劉焯, 取二家中數七十五年, 爲近之. 然亦未爲精密也, 因附著于此.

'삭방(朔方)'은 북쪽의 황폐한 땅인데 '삭(朔)'이라고 이른 것은 '삭(朔)'이라고 하는 말이 소생(蘇生)함이기 때문이니, 만물이 이에 이르면 죽었다가 다시 소생함이 달이 그믐이 되었다가 초하루가 있는 것과 같다. 해의 운행이 이에 이르면 땅속에 빠져서 온갖 사물의 형상이 어둡기 때문에 '유도(幽都)'라고 말한 것이다. '재(在)'는 살핌이다. '삭역(朔易)'은 겨울철에 한 해의 농사일이 이미 마쳐지면 옛 것을 없애고 새 것으로 바꾸니, 마땅히 개역(改易)해야 하는 일인 것이다. '일단(日短)'은 낮이 40각(刻)이다. '성묘(星昴)'는 서방 백호(白虎)의 일곱 별자리 가운데 묘수(昴宿)이니, 동짓날 해질 무렵의 가운데 위치한 가장 밝은 별이다. 또한 '정(正)'이라고 말한 것은 동지(冬至)가 음(陰)의 지극함이니, 자(子)가 음(陰)에 알맞은 자리

---

350) 채침(蔡沈) 찬, 『서경집전(書經集傳)』 및 호광(胡廣) 등 찬, 『서경대전(書經大全)』의 소주를 수용한 것이다.

가 되어서이다. '오(隩)'는 집의 안쪽이니, 일기(日氣)가 추워져서 백성들이 집안에 모이는 것이다. '용모(氄毛)'는 새와 짐승들이 부드러운 솜털과 가는 털이 나서 저절로 따뜻해지는 것이다. 대개 이미 희씨(羲氏)와 화씨(和氏)에게 명령하여 역상(曆象)을 만들고 기구를 제작하게 하고, 또 방소와 시후(時候)를 나누어 각각 그 실제를 증험하여 추보(推步: 미루어 헤아림)의 오차를 살피게 하였으니, 성인이 하늘을 공경하고 백성의 일에 근면하면서 그 삼감이 이와 같았다. 이 때문에 관측하는 방법이 천시(天時)에 어긋나지 않고 정사가 시의(時宜)를 잃지 않은 것이다. 또 살펴보건대, 여기의 동지(冬至)에는 해가 허수(虛宿)에 있고 해질 무렵의 중성(中星)이 묘성(昴星)인데, 지금 동지에는 해가 두수(斗宿)에 있고 해질 무렵의 중성(中星)이 벽수(壁宿)에 있어서 중성(中星)이 같지 않은 것은 대개 하늘은 365도와 4분의 1도(度)이며, 한 해는 365일과 4분의 1일(日)인데, 하늘의 도수(度數)는 4분의 1도로써 남음이 있고, 한 해의 일수(日數)는 4분의 1일로써 부족하다. 그러므로 하늘의 도수는 항상 고르게 운행하여 펴지고, 태양이 운행하는 길은 항상 안으로 돌아 줄어드니, 하늘은 점점 어긋나서 서쪽으로 운행하고, 태양은 점점 어긋나서 동쪽으로 운행한다. 이것이 한 해마다 차이가 생기는 이유이니, 당(唐)나라 일행(一行)의 이른바 '세차(歲差)'라는 것이 이것이다. 옛날의 역법(曆法)은 간단하고 평이하여 차이가 나는 법을 세우지 않고, 다만 때에 따라 기후를 점쳐 다스려 고쳐서 하늘의 도수(度數)와 합치게 하였다. 동진(東晉)의 우희(虞喜)[351]에 이르러 비로소 '천(天)'을 '천(天)'이라 하고 '세(歲)'를 '세(歲)'라고 하여 이에 차이가 나는 법을 세워서 그 변함을 추적하였으니, 대략 50년에 1도씩 뒤처졌다. 하승천(何承天)[352]은 이것이 너무 지나치다고 하여 이에 그 햇수를 곱으로 하였으나 또 도리어 미치지 못하였는데, 수(隋)나라의 유작(劉焯)[353]에 이르러 두 사람의 중간수인

---

351) 우희(虞喜): 우희(281-356)는 동진(東晉)의 천문학자로 자가 중녕(仲寧)이고, 회계(會稽) 여요(余姚) 사람이다. 경학자 우번(虞翻)의 후세이고, 산기상시(散騎常侍) 우예(虞預)의 형이다. 내기 집안 출신이나 어려서부터 지조가 있었고 옛글을 널리 배우기를 좋아하였다. 50년에 1도씩 뒤처진다는 세차(歲差)의 결론을 내렸는데, 132년 뒤 걸출한 천문학자 조충(祖沖)이 우희의 세차(歲差)를 참고하여 세상에 『대명력(大明曆)』을 내놓았다. 저서로는 『모시략(毛詩略)』・『효경주(孝經注)』・『지림(志林)』 등이 있다.
352) 하승천(何承天): 하승천(370-447)은 남조(南朝) 송(宋)나라 천문학자로 동해 담현(郯縣) 사람이다. 서진(西晉) 장군 하륜(河倫)의 조카손자이며, 외숙 서광(徐廣)을 스승으로 좇았다. 동진(東晉) 말기에 심양태수(潯陽太守) 등을 역임하고, 남조(南朝) 때에는 상서재승(尙書載丞)에 임명되었는데 유송(劉宋) 때 이부랑(吏部郞)에 제수되었다. 일찍이 『원가력(元嘉曆)』을 고쳐 올리는 등 천문역사에 중요한 위치를 점유하고 후세에 큰 영향을 주었다. 저작으로는 「달성론(達性論)」・「여종거사서(與宗居士書)」・「답안광록(答顔光祿)」・「보응문(報應問)」 등이 있으며, 왕명을 받들어 『송서(宋書)』를 찬수(撰修)하였다.
353) 유작(劉焯): 유작(544-610)은 수(隋)나라 천문학자로 자가 사원(士元)이고, 신도(信都) 창정(昌亭) 사람이다. 일찍이 대유(大儒) 유지해(劉智海) 문하에 들어가 수학하였고, 유현(劉炫)과 쌍벽을 이루어 이유(二劉)라는 칭송을 받았다. 저서로는 『구장산술(九章算述)』・『주비(周髀)』・『칠요역서(七曜曆書)』・『계극(稽極)』・『역서(曆書)』 등이 있으며, 새로운 역법을 제출하여 편찬한 『황극력(皇極曆)』이 있다.

75년을 취하여 근사하게 되었다. 그러나 또한 정밀하지 못하니, 이로 말미암아 여기에 붙여놓는 것이다.

詳說

○ 六字, 出『白虎通』.354)
'삭지위언, 소야(朔之爲言, 蘇也)', 이 여섯 글자는 『백호통(白虎通)』에 나온다.

○ 音相近.
'삭(朔)'과 '소(蘇)'는 음이 서로 가깝다.

○ 孫氏覺曰 : "終而有始意."355)
손씨각(孫氏覺: 孫覺)이 말하였다. "마치면서 시작하는 뜻이 있다."

○ 去聲.
'부(復)'는 거성(去聲: 다시)이다.

○ 王氏曰 : "不言北而言朔."356)
'유월지회이유삭야(猶月之晦而有朔也)'에 대해, 왕씨(王氏: 王安石)357)가 말하였다. "북(北)이라 말하지 않고 삭(朔)이라고 말하였다."

---

354) 반고(班固) 찬, 『백호통의(白虎通義)』 권하, 「덕론하(德論下)·사시(四時)」. "言夜月, 言晦月; 言朔日, 言朝何朔之言, 蘇也. 明消更生, 故言朔日; 晝見夜藏, 有朝夕, 故言朝也."
355) 호광(胡廣) 등 찬, 『서경대전(書經大全)』의 소주에서 발췌한 것이다. 그 전문은 다음과 같다. "孫氏覺曰 : '在者, 存而有察意; 朔者, 終而有始意.'(손각씨가 말하였다. '재라는 것은 두면서 살피는 뜻이 있고, 삭이라는 것은 마치면서 시작하는 뜻이 있다.')" 주자(朱子) 또한 이와 유사한 뜻을 말하였다. "朱子曰 : '朔易, 亦是時候歲一改易於此, 有終而復始之意.'(주자가 말하였다. '… 마치면서 다시 시작하는 뜻이 있다.')"
356) 호광(胡廣) 등 찬, 『서경대전(書經大全)』의 소주에서 발췌한 것이다. 그 전문은 다음과 같다. "王氏曰 : '不言北而言朔, 如月朔, 更始之意. 北方, 以位言之, 則日月星辰之象, 皆伏而不見; 以時言之, 則草木歸根, 昆蟲閉蟄, 皆有隱伏之意, 故謂之幽都. 三時, 言平秋主農事也, 至冬農事畢矣, 歲事且終, 天氣更始, 故言平在朔易.'(왕씨가 말하였다. '북이라 말하지 않고 삭이라고 말하였으니, 월삭과 같은 것은 다시 시작한다는 뜻이다. ….')"
357) 왕씨(王氏: 王安石): 왕안석(121-186)은 북송대의 학자로, 자는 개보(介甫)이고, 호는 반산(半山)이며, 임천(臨川) 출신이다. 임천 왕씨(臨川王氏)라고 부르며, 시호가 문(文)이어서 왕문공(王文公)이라고도 불렸다. 벼슬에 나아가 지강녕(知康寧)·한림학사(翰林學士) 겸 시강(侍講)에 임명되어 신종의 개혁 의지에 맞는 신법을 단행하면서 재상에까지 이르렀다. 비록 보수파의 반대로 실패하였지만, 관료 체제와 군사 제도의 개혁은 물론이고, 청묘법(靑苗法: 농민에게 낮은 이자로 돈을 빌려주는 제도), 모역법(募役法: 부역 대신 세금을 걷어서 고용을 넓히는 제도), 균수법(均輸法: 산물을 조세로 걷어서 재정을 늘리는 제도), 시역법(市易法: 영세 상인들을 보호 육성하는 제도), 보갑법(保甲法: 향촌에 민병대를 조직하여 치안을 유지하는 제도), 보마법(保馬法: 기병대를 양성하는 제도) 등을 시행하였다. 저서로는 『임천문집(臨川文集)』·『왕형공시주(王荊公詩注)』·『주관신의(周官新義)』·『논어통(論語通)』·『자설(字說)』 등이 있다.

○ 地中時多, 故云: '淪於地中'.

'윤어지중(淪於地中)'의 경우, 땅속으로 들어갈 때가 많기 때문에 '땅속에 빠진다.'고 이른 것이다.

○ 孫氏覺曰 : "存而有察意."358)

'찰야(察也)'에 대해, 손씨각(孫氏覺: 孫覺)359)이 말하였다. "두면서 살피는 뜻이 있다."

○ 平聲.360)

'경(耎)'은 평성(平聲: 고치다, 바꾸다)이다.

○ 朱子曰 : "時候, 歲一改易."361)

'소당개역지사야(所當改易之事也)'에 대해, 주자(朱子: 朱熹)가 말하였다. "시후(時候)는 해마다 한 번 개역(改易)한다."362)

○王氏曰 : "三時, 言'平秩', 主農事也, 至冬, 農事畢矣, 歲事且終, 天氣耎始, 故言'平在朔易'."363)

---

358) 호광(胡廣) 등 찬, 『서경대전(書經大全)』의 소주에서 발췌한 것이다. 그 전문은 다음과 같다. "孫氏覺曰 : '在者, 存而有察意; 朔者, 終而有始意.'(손각씨가 말하였다. '재라는 것은 두면서 살피는 뜻이 있고, 삭이라는 것은 마치면서 시작하는 뜻이 있다.')"
359) 손씨각(孫氏覺: 孫覺): 손각(128-190)은 송대 학자로 자가 신로(莘老)이고, 고우(高郵) 사람이다. 인종(仁宗) 황우(皇祐) 원년(147)에 진사과에 급제하여 지간원(知諫院)·심관원(審官院)에 올랐다가 왕안석(王安石)의 뜻을 거슬러 지광덕군(知廣德軍)으로 내쳐졌으나, 뒤에 벼슬이 우간의대부(右諫議大夫)·어사중승(御史中丞)에 이르렀다. 경서(經書) 뿐 아니라 시작(詩作)에도 능하여 시집 『여지창화시(荔枝唱和詩)』를 남겼으나 전하지 않는다. 그밖에 저서로는 『춘추경해(春秋經解)』·『주전(周傳)』이 있다.
360) 호광(胡廣) 등 찬, 『서경대전(書經大全)』의 소주를 수용한 것이다. 『광운(廣韻)』에 의하면 그 뜻이 '고치다, 바꾸다'일 경우에는 평성(平聲)이라 하였고, 그 뜻이 '다시, 재차'일 경우에는 거성(去聲)이라고 하였다.
361) 호광(胡廣) 등 찬, 『서경대전(書經大全)』의 소주에서 발췌한 것이다. 그 전문은 다음과 같다. "朱子曰 : '朔易, 亦是時候, 歲一改易, 於此有終而復始之意.'(주자가 말하였다. '삭역은 또한 시후이니 해마다 한번 개역하는데, 여기에 마치면서 다시 시작하는 뜻이 있다.')"
362) 호광(胡廣) 등 찬, 『서경대전(書經大全)』의 소주에서 발췌한 것이다. 그 전문은 다음과 같다. "朱子曰 : '朔易, 亦是時候, 歲一改易, 於此有終而復始之意.'(주자가 말하였다. '… 여기에 마치면서 다시 시작하는 뜻이 있다.')"
363) 호광(胡廣) 등 찬, 『서경대전(書經大全)』의 소주에서 발췌한 것이다. 그 전문은 다음과 같다. "王氏曰 : '不言北而言朔, 如月朔, 更始之意. 北方, 以位言之, 則日月星辰之象, 皆伏而不見; 以時言之, 則草木歸根, 昆蟲閉蟄, 皆有隱伏之意, 故謂之幽都. 三時, 言平秩主農事也, 至冬農事畢矣, 歲事且終, 天氣更始, 故言平在朔易.'(왕씨가 말하였다. '북이라 말하지 않고 삭이라고 말하였으니, 월삭과 같은 것은 다시 시작하는 뜻이다. … 밭 갈고 씨 뿌리는 봄과 풀 베고 김매는 여름과 가을걷이하는 가을에 평질을 말한 것은 농사를 위주로 해서이고, 겨울에 이르러 농사를 마쳐서 한해의 일이 또 끝났으나 천기가 다시 시작하기 때문에 평재삭역을 말한 것이다.')"

왕씨(王氏: 王安石)가 말하였다. "밭 갈고 씨 뿌리는 봄과 풀 베고 김매는 여름과 가을걷이하는 가을에 '평질(平秩: 고르게 차례대로)'을 말한 것은 농사를 위주로 해서이고, 겨울에 이르러 농사를 마쳐서 한해의 일이 또 끝났으나 천기(天氣)가 다시 시작하기 때문에 '평재삭역(개역할 일을 골고루 살핌)'을 말한 것이다."

○ 按, 『朱子大全』云:"冬亦主陰, 然無所避, 故直言'日'也."364)
'주사십각야(晝四十刻也)'에 대해, 살펴보건대, 『주자대전(朱子大全)』에서 말하였다. "겨울은 또한 음(陰)을 위주로 하나 피할 데가 없기 때문에 다만 '일(日)'을 말한 것이다."

○ 照夏.
'역왈정자(亦曰正者)'에서 '역(亦)'자는 여름을 참조한 것이다.

○ 臨川吳氏曰:"堯命四時之官, 明天時以授人, 而其要在於度日景·日晷, 驗初昏中星, 以定分·至而已. 分·至定, 則四時之節候, 皆不差矣."365)
'자위정음지위야(子爲正陰之位也)'에 대해, 임천 오씨(臨川吳氏: 吳澄)가 말하였다. "요(堯)가 네 계절의 관원에게 명령하여 천시(天時)를 밝혀서 사람들에게 알려주라고 하였는데, 그 요점은 일영(日影: 해그림자)과 일귀(日晷: 해시계)를 헤아리고 초저녁의 중성(中星)을 증험하여 분(分: 춘분과 추분)과 지(至: 하지와 동지)를 정하는 데 있었을 따름이다. 분(分)과 지(至)가 정해지면 네 계절의 절후가 모두 어긋나지 않게 되는 것이다."

○ 潛室陳氏曰:"二十八宿, 四分之則爲四象, 十二分則爲十二辰. 「堯典」以四象言, 但提其大綱;「月令」析爲十二, 三統曆, 析爲

---

364) 『주자대전(朱子大全)』 권65, 「잡저(雜著)·상서(尙書)·요전(堯典)」. "'日短', 晝四十刻也. 冬亦主陰, 然無所避, 故直言日也.('일단'은 낮이 40각이다. 겨울은 또한 음을 위주로 하나 피할 데가 없기 때문에 다만 '일'을 말한 것이다.)"
365) 호광(胡廣) 등 찬, 『서경대전(書經大全)』의 소주에서 발췌한 것이다. 그 전문은 다음과 같다. "臨川吳氏曰: '乃命, 總命羲和也, 就羲·和之內, 分別之, 羲掌春夏;和掌秋冬, 故言分命. 又就羲之內·和之內, 重分之, 旣命其仲, 復命其叔, 故言申命. 堯命四時之官, 明天時以授人, 而其要在於度日景·日晷, 驗初昏中星, 以定二分·二至而已. 蓋分·至定, 則四時之節候, 皆不差矣.'(임천 오씨가 말하였다. '… 요가 네 계절의 관원에게 명령하여 천시를 밝혀서 사람들에게 알려주라고 하였는데, 그 요점은 일영과 일귀를 헤아리고 초저녁의 중성을 증험하여 두 개의 분과 두 개의 지를 정하는 데 있었을 따름이다. 분과 지가 정해지면 네 계절의 절후가 모두 어긋나지 않게 되는 것이다.')"

二十四氣, 且兼旦中而言, 愈析愈密, 不厭析也."366)

잠실 진씨(潛室陳氏: 陳埴)367)가 말하였다. "이십팔수(二十八宿)는 넷으로 나누면 사상(四象)이 되고, 12로 나누면 십이진(十二辰)이 된다. 「요전(堯典)」에서 사상(四象)으로써 말하여 다만 그 대강을 제기하였지만, 「월령(月令)」에서는 나누어 12로 하고, 『삼통력(三統曆)』368)에서는 나누어 24절기로 하였으며, 또 아침과 한낮을 아울러서 말하여 더욱 분석하고 더욱 세밀하게 하여 나누어 밝힘을 싫어하지 않았다."

○ 『爾雅』曰: "西南隅, 謂之隩."369)

'실지내야(室之內也)'에 대해, 『이아(爾雅)』에서 말하였다. "서남쪽 모퉁이를 오(隩)라고 이른다."

○ 孫氏炎曰 : "室中隱奧之處."370)

손씨염(孫氏炎: 孫炎)371)이 말하였다. "방안의 그윽하고 깊숙한 곳이다."

---

366) 진식(陳埴) 찬, 『목종집(木鍾集)』 권5, 「서(書)」에서 발췌한 것이다. 그 전문은 다음과 같다. "謂之中星, 當南方之正, 直午位之中者也. 然星隨天西轉, 無刻不有中星, 但其法以初昏爲候, 故「堯典」之所指, 卽謂昏中也. 其以星鳥言者, 是以四象言也; 其以星火言者, 是以二十八宿言也, 要皆不出於二十八宿, 四分之則爲四象; 十二分則爲十二辰耳. 然「堯典」但提其大綱, 若碟家則轉加詳矣. 故「月令」析爲十二, 「三統」析爲二十四氣, 且兼旦中而言, 則愈析愈密, 固不厭析也.(중성이라고 이르는 것은 남방의 바른 자리에 당면하여 오의 자리 가운데 직면한 것이다. … 요점은 모두 이십팔수에서 나오지 않았으니, 넷으로 나누면 사상이 되고, 12로 나누면 십이진이 될 뿐이다. 그러나 「요전」은 다만 그 대강을 제기하여 … 그러므로 「월령」에서는 나누어 12로 하고, 『삼통력』에서는 나누어 24절기로 하였으며, 또 아침과 한낮을 아울러 말하여 더욱 분석하고 더욱 세밀하게 하여 진실로 나누어 밝힘을 싫어하지 않았다.)"

367) 잠실 진씨(潛室陳氏 : 陳埴) : 진식은 남송대의 학자로 자가 기지(器之)이고, 호가 잠실(潛室)이며, 영가(永嘉) 출신이다. 주자의 제자로서 협미도(叶味道)와 함께 목종학파(木鍾學派)를 만들었는데, 이는 『예기』「학기(學記)」의 "질문을 잘하는 사람은 굳은 나무를 다스리는 것과 같으며, 질문에 잘 대하는 사람은 종을 치는 것과 같다.(善問者, 如攻堅木; 善待問者, 如撞鍾.)"고 말한 것에서 취한 말이다. 잠실 진씨(潛室陳氏) 또는 영가 진씨(永嘉陳氏)라고 일컫는다. 저서로는 정주(程朱) 이학(理學) 사상에 관한 문답 형식의 내용을 실은 『목종집(木鍾集)』 외에 『우공변(禹貢辨)』・『홍범해(洪範解)』 등이 있다.

368) 『삼통력(三統曆)』: 중국 고대에 첫 번째로 기재가 완정된 역법(曆法)이다. 서한(西漢) 말에 유흠(劉歆)이 의거한 『태초력(太初曆)』 등 옛사람의 역법을 계승하여 수정한 것이다.

369) 『이아주소(爾雅注疏)』 권4, 「석궁(釋宮)」. "西南隅, 謂之隩: 西北隅, 謂之屋漏.(서남쪽 모퉁이를 오라고 이르고, 서북쪽 모퉁이를 옥루라고 이른다.)" 곽박(郭璞)의 주(注)에서 "室中隱奧之處.(방안의 그윽하고 깊숙한 곳이다.)"라고 하였다.

370) 호광(胡廣) 등 찬, 『서경대전(書經大全)』의 소주에서 발췌한 것이다. 그 전문은 다음과 같다. "唐孔氏曰 : '朔, 盡也, 北方萬物盡, 故言朔. 李巡曰: 萬物盡於北方, 蘇而復生, 故北稱朔. 王肅云: 改易者, 謹約葢藏, 循行積聚, 引「詩」嗟我婦子, 曰爲改歲入此室處. 「釋宮」云: 西南隅, 謂之隩. 孫炎云: 室中隱隩之處也, 隩, 是室內之名, 故以隩爲室也.'(당나라 공씨가 말하였다. '삭은 다함이니, 북방의 만물이 다하였기 때문에 삭이라고 말한 것이다. … 「석궁」에서 이르기를, 서남쪽 모퉁이를 오라고 이른다고 하였다. 손염이 이르기를, 방안의 그윽하고 깊숙한 곳이라고 하였다. ….')"

371) 손씨염(孫氏炎: 孫炎): 손염은 삼국시대 학자로 자가 숙연(叔然)이고, 낙안(樂安) 사람이다. 정현(鄭玄)에게 수업 받았으며, 당시에 동주대유(東州大儒)라고 칭송하였다. 저서로는 『주역(周易)』・『춘추례(春秋例)』 외에도 『모시(毛詩)』・『예기(禮記)』・『춘추삼전(春秋三傳)』・『국어(國語)』・『이아(爾雅)』・『상서(尙書)』 등에 주석을 붙였으며, 『이아음의(爾雅音義)』는 비교적 큰 영향을 주었다.

○ 軟同.372)
'연(耎)'은 연(軟)과 같다.

○ 充芮反.373) 細毛也.
'취(毳)'는 충(充)과 예(芮)의 반절이고, 가는 털이다.

○ 按,『朱子大全』, 亦無'鳥獸'字.374)
'조수생연취세모이자온야(鳥獸生耎毳細毛以自溫也)'에 대해, 살펴보건대, 『주자대전(朱子大全)』에는 또한 '조수(鳥獸)'자가 없다.

○ 音扶.
'부(夫)'는 음이 부(扶)이다.

○ 蓋以下總牧五節, 與前註總提者, 相爲呼應.
'시이술불위천이정불실시야(是以術不違天而政不失時也)'의 경우, 대개 이하의 모든 목관(牧官)의 다섯 단락은 앞의 주(註)에서 모두 제기한 것과 더불어 서로 호응이 된다.

○ 按,『朱子大全』云 : "今按, '中星', 或以象言, 或以次言, 或以星言者, 蓋星適當昏中, 則以星言, 如'星虛'·'星昴', 是也; 星不當中而適當其次者, 則以次言, 如'星火', 是也; 次不當中而適界於兩次之間者, 則以象言, 如'星鳥', 是也. 聖人作歷, 推考參驗, 以識四時中星, 其立言之法, 詳密如此."375)

---

372) 호광(胡廣) 등 찬, 『서경대전(書經大全)』의 소주에는 "'耎', 而兗反.('연'은 이와 연의 반절이다.)"으로 되어있다.
373) 호광(胡廣) 등 찬, 『서경대전(書經大全)』의 소주를 수용한 것이다.
374) 『주자대전(朱子大全)』 권65, 「잡저(雜著)·상서(尙書)·요전(堯典)」. "隩, 室之內也, 氣寒而民聚於內也. '氄毛', 亦以寒而生細毛以自溫也.('오'는 집안이니, 기후가 차서 백성들이 집안에 모인 것이다. '용모'는 또한 추워지면 가는 털이 나서 저절로 따뜻해지는 것이다.)"
375) 『주자대전(朱子大全)』 권65, 「잡저(雜著)·상서(尙書)·요전(堯典)」. "今按, '中星', 或以象言, 或以次言, 或以星言者, 蓋星適當昏中, 則以星言, 如'星虛'·'星昴', 是也; 星不當中而適當其次者, 則以次言, 如'星火', 是也; 次不當中而適界於兩次之間者, 則以象言, 如'星鳥', 是也. 聖人作歷, 推考參驗, 以識四時中星, 其立言之法, 詳密如此.(지금 살펴보건대, '중성'은 혹은 형상으로써 말하고, 혹은 차례로써 말하고, 혹은 별로써 말하였으니, 대개 별이 때마침 저물녘을 맞으면 별로써 말하였는데 '성허'와 '성묘' 같은 것이 이것이며, 별이 가운데에 있지 않고 때마침 그 차례를 맞은 것이면 차례로써 말하였는데 '성화' 같은 것이 이것이며, 차례가 가운데에 있지 않고 때마침 두 차례의 사이를 끼어있는 것이면 형상으로써 말하였는데 '성조' 같은

내가 살펴보건대, 『주자대전(朱子大全)』에서 말하였다. "지금 살펴보건대, '중성(中星)'은 혹은 형상으로써 말하고, 혹은 차례로써 말하고, 혹은 별로써 말하였으니, 대개 별이 때마침 저물녘을 맞으면 별로써 말하였는데 '성허(星虛)'와 '성묘(星昴)' 같은 것이 이것이며, 별이 가운데에 있지 않고 때마침 그 차례를 맞은 것이면 차례로써 말하였는데 '성화(星火)' 같은 것이 이것이며, 차례가 가운데에 있지 않고 때마침 두 차례의 사이를 끼어있는 것이면 형상으로써 말하였는데 '성조(星鳥)' 같은 것이 이것이다. 성인이 역법을 만들어 미루어 헤아리고 간여하여 증험하면서 네 계절에 하늘 가운데에서 가장 밝은 별을 기록하게 하였으니, 그 후세에 모범이 될 만한 훌륭한 말을 한 법도가 상세하고 치밀함이 이외 같았던 것이다."

○ 此時.
'우안, 차(又按, 此)'에서 '차(此)'는 이때이다.

○ 內退.
'내전(內轉)'은 안으로 뒤처지는 것이다.

○ 朱子曰 : "堯時至今, 已差五十度."[376)
'당일행소위세차자, 시야(唐一行所謂歲差者, 是也)'에 대해, 주자(朱子: 朱熹)가 말하였다. "요(堯)임금 때부터 지금까지 이미 50도가 어긋났다."

○ 顧氏臨曰 : "「月令」, '仲春, 日在奎',[377) 考之書, 則冬至也. 蓋天道, 三十年小變, 百年中變, 五百年大變."[378)

것이 이것이다. 성인이 역법을 만들어 미루어 헤아리고 간여하여 증험하면서 네 계절에 하늘 가운데에서 가장 밝은 별을 기록하게 하였으니, 그 후세에 모범이 될 만한 훌륭한 말을 한 법도가 상세하고 치밀함이 이와 같았던 것이다.")
376) 호광(胡廣) 등 찬, 『서경대전(書經大全)』의 소주에서 발췌한 것이다. 그 전문은 다음과 같다. "'中星', 自堯時至今, 已差五十度.('중성'은 요임금 때부터 지금까지 이미 50도가 어긋났다.)"
377) 『예기주소(禮記注疏)』 권15, 「월령(月令)」. "仲春之月, 日在奎; 昏, 弧中, 旦, 建星中.(중춘의 달에는 해가 규수에 있고, 저물녘에 호수가 가운데 있으며 아침에는 건성이 가운데에 있다.)" 정현(鄭玄)의 주(注)에 "'仲', 中也, '仲春'者, 日月會於降婁, 而斗建卯之辰也."라고 하였다.
378) 호광(胡廣) 등 찬, 『서경대전(書經大全)』의 소주에서 발췌한 것이다. 그 전문은 다음과 같다. "顧氏臨曰 : 「月令」, 仲春, 日在奎, 考之書, 則冬之時也. 仲夏在東井, 則書之春也; 仲秋在角, 則書之夏也; 仲冬在斗, 則 書之秋也, 「月令」, 與書異. 蓋天道, 三十年小變, 百年中變, 五百年大變. 故曰: 伏羲·神農之歷, 不可用於堯舜之時; 堯舜之歷, 不可用於夏商之際.'(고림씨가 말하였다. '「월령」에 중춘에는 해가 규수에 있다고 하였는데, 책을 살펴보니 겨울철이었다. … 「월령」이 책과 달랐다. 대개 천도는 30년마다 작게 변하고, 백년마다 적당히 변하고, 5백년마다 크게 변한다. 그러므로 복희와 신농의 책력은 요순 때 쓸 수 없고, 요순의 책력은 하나라와 상나라 때 쓸 수 없는 것이다.')"

고씨림(顧氏臨: 顧臨)379)이 말하였다. "「월령(月令)」에, '중춘(仲春)에는 해가 규(奎)에 있다.'고 하였는데 책을 살펴보니 곧 동지(冬至)였다. 대개 천도(天道)는 30년마다 작게 변하고, 백년마다 적당히 변하고, 5백년마다 크게 변한다."

○ 去聲.380)
'이(易)'는 거성(去聲: 용이하다)이다.

○ 字仲寧, 餘姚人.
'우희(虞喜)'는 자가 중녕(仲寧)이고, 여요(餘姚) 사람이다.

○ 分而別之.
'이세위세(以歲爲歲)'의 경우, 나누어 별도로 한 것이다.

○ 劉宋郯人, 定『元嘉曆』.
'하승천(何承天)'은 유송(劉宋)의 담현(郯縣) 사람이니, 『원가력(元嘉曆)』을 개정하였다.381)

○ 百年.
'내배기년(乃倍其年)'은 백년이다.

○ 音灼. ○字士元, 信都人.
'작(焯)'은 음이 작(灼)이다. ○자는 사원이고(士元)이고, 신도(信都) 사람이다.

○ 折虞·何之中.
'취이가중수칠십오년(取二家中數七十五年)'의 경우, 우희(虞喜)와 하승천(何承天)

---

379) 고씨림(顧氏臨: 顧臨): 고림은 송대 학자로 자가 자돈(子敦)이고, 회계(會稽) 사람이다. 경학(經學)에 통달하고 훈소(訓詁)를 잘하였다. 송나라 인종(仁宗) 황우(皇祐: 149-154) 때 천거되어 열서(說書)가 되고, 과거에 급제한 뒤에 국자감직강(國子監直講)이 되었다. 신종(神宗) 때 조서를 받고 『무경요략(武經要略)』을 편찬하였으며, 한림학사(翰林學士) 소식(蘇軾)이 이상(李常)·왕고(王古)·등온백(鄧溫伯)·손각(孫覺)·호종유(胡宗愈) 등과 함께 고림의 타고난 성품이 방정(方正)하고 학문이 근본이 있으며, 강개(慷慨)하면서도 중립(中立)하다고 칭송하였다. 벼슬은 한림학사를 거쳐 용도각학사(龍圖閣學士)·지정주(知定州) 등에 이르렀다.
380) 호광(胡廣) 등 찬, 『서경대전(書經大全)』의 소주에는 "'易', 音異.('이'는 음이 이다.)"로 되어있다.
381) 이전부터 유행하던 『원가력(元嘉曆)』의 동지(冬至) 때 시각과 동지 때 해의 위치 등의 내용을 정정(訂正)하여 곧바로 송나라와 제나라와 양(梁)나라 등에 통행시켰다. 천체를 한번 도는 도수와 양극(兩極)의 거리가 원주율(圓周率)의 근사치인 약 3.1429에 해당한다고 주장하여 당시의 역법(曆法)에 큰 영향을 주었던 것이다.

의 중간을 절충한 것이다.

○ 特論歲差法.
'인부착우차(因附著于此)'에서 '차(此)', 특별히 세차법(歲差法)을 논한 것이다.

[1-1-1-8]

帝曰：“咨！汝羲暨和. 朞, 三百有六旬有六日, 以閏月, 定四時成歲, 允釐百工, 庶績咸熙.”

요임금이 말하였다. "아! 너희 희씨(羲氏) 및 화씨(和氏)여. 기(朞)는 3백하고 6순(旬)하고 6일이니, 윤달을 써야 네 계절을 정하고 한 해를 이루어 진실로 모든 벼슬아치들을 다스려서 많은 공적(功績)이 모두 넓어질 것이다."

詳說

○ 『諺解』用華音.382)
'기(朞)'는 『언해(諺解)』에서 중국의 음을 사용하였다.

集傳

'咨', 嗟也, 嗟歎而告之也. '暨', 及也. '朞', 猶周也. '允', 信; '釐', 治; '工', 官; '庶', 衆; '績', 功; '咸', 皆; '熙', 廣也. 天體至圓, 周圍三百六十五度四分度之一. 繞地左旋, 常一日一周而過一度, 日麗天而少遲. 故日行, 一日亦繞地一周, 而在天爲不及一度. 積三百六十五日·九百四十分日之二百三十五, 而與天會, 是一歲日行之數也. 月麗天而尤遲, 一日常不及天十三度十九分度之七. 積二十九日·九百四十分日之四百九十九, 而與日會, 十二會, 得全日三百四十八, 餘分之積, 又五千九百八十八, 如日法九百四十而一, 得六, 不盡, 三百四十八, 通計得日, 三百五十四·九百四十分日之三百四十八. 是一歲月行之數也. 歲有十二月, 月有三十日, 三百六十者, 一歲之常數也. 故日與天會, 而多五日·九百四十分日之二百三十五者, 爲氣盈; 月與日會, 而少五日·九百四十分日之五百九十二者, 爲朔虛, 合氣盈·朔虛而閏生焉. 故一歲

---

382) 『언해(諺解)』에서 '및 기(暨)'자를 '게'라고 하여 중국식 음을 사용하였음을 말한 것이다. 『광운(廣韻)』에는 "其冀切, 去.(기와 기의 반절이니, 거성이다.)"라고 하였다.

閏率, 則十日·九百四十分日之八百二十七, 三歲一閏, 則三十二日·九百四十分日之六百單一; 五歲再閏, 則五十四日·九百四十分日之三百七十五; 十有九歲七閏, 則氣·朔分齊, 是爲一章也. 故三年而不置閏, 則春之一月, 入于夏, 而時漸不定矣; 子之一月, 入于丑, 而歲漸不成矣. 積之之久, 至於三失閏, 則春皆入夏, 而時全不定矣, 十二失閏, 子皆入丑, 歲全不成矣. 其名實乖戾, 寒暑反易, 農桑庶務, 皆失其時. 故必以此餘日, 置閏月於其間然後, 四時不差, 而歲功得成, 以此, 信治百官而衆功皆廣也.

'자(咨)'는 감탄함이니, 감탄하면서 그들에게 말하는 것이다. '기(曁)'는 밎이다. '기(朞)'는 주(周: 주년)와 같다. '윤(允)'은 신실함이고, '이(釐)'는 다스림이고, '공(工)'은 벼슬아치이고, '서(庶)'는 많음이고, '적(績)'은 공적(功績)이고, '함(咸)'은 모두이고, '희(熙)'는 넓음이다. 천체(天體)는 지극히 둥그니, 바깥둘레가 365도와 4분의 1도[¼]이다. 땅을 돎에 왼쪽으로 선회(旋回)하여 항상 하루에 한 바퀴를 도는데 1도를 지나치며, 해는 하늘에 붙어서 조금 늦는다. 그러므로 해의 운행은 하루에 또한 땅을 돎에 한 바퀴를 도는데 하늘보다 1도를 미치지 못하는 것이다. 365일과 940분의 235일[365.25]이 쌓여서 하늘과 만나니, 이는 1년에 해가 운행하는 수이다. 달은 하늘에 붙어서 더욱 느리니, 하루에 항상 하늘보다 13도와 19분의 7도[13.36842]를 미치지 못한다. 29일과 940분의 499일[29.5385]이 쌓여서 해와 만나는데, 열두 번 만나면 온전한 날을 얻은 것이 348일이고, 나머지 쌓인 것이 또 5988분[6.3721]이다. 날을 셈하는 방법처럼 940분으로 한번 나누면 6일[5988÷940=6.3721]을 얻고, 다하지 않은 나머지 수[0.3721]가 348[5988-5640=348]이 되니, 통틀어 얻은 날을 계산하면 354일[348+6]과 940분의 348일[0.3721]이 된다. 이는 1년 동안 달이 운행하는 수이다. 해에는 12개월이 있고, 달에는 30일이 있으니, 360은 1년의 떳떳한 수이다. 그러므로 해가 하늘과 만남에 5일과 940분의 235일이 많은 것[5.25]을 기영(氣盈)이라 하고, 달이 해와 만남에 5일과 940분의 592일이 적은 것[5.629788]을 삭허(朔虛)라고 하니, 기영과 삭허를 합산하여 윤달이 생기는 것이다. 그러므로 1년에 윤달의 비율은 10일과 940분의 827일[10.879787]이 되니, 3년에 한번 윤달을 두면 32일과 940분의 61일[32.639362]이 되고, 5년에 두 번 윤달을 두면 54일과 940분의 375일[54.398936]이 되며, 19년에 일곱 번 윤달을 두면[26.715953] 기영(氣盈)과 삭허(朔虛)가 분한(分限)이 가지런하게 되는데, 이를 1장(章)이라고 한다. 그러므로 3년에 윤달을 두지 않으면 봄의 1개월이 여름으로 들어가서 시후(時候)가 점차 정해지지 못하고, 자년(子年)의 1개월이 축년(丑年)으로 들어가서 한 해가 점차 이루어지지 못하는 것이다. 쌓인 것이 오래되어 세 번 윤달을 잃음에 이르면 봄이 모두 여름으로 들어가서 시후(時候)가 전부 정해지지 못하고, 열두 번 윤달을 잃으면 자년(子年)이 모두 축년(丑年)으로 들어가서 한 해가 전부 이루어지지 못하는 것이다. 그 이름과 실제가 어긋나고 추위와 더위가 반대로 바뀌어 농사일과 누에치는 일의 여러 일들이 모두 그 시기를 잃기 때문에 반드시 이 남는 날로써 윤달을 그 중간에 넣어둔 뒤에 네 계절이 어긋나지 않고 해마다 철따라 짓는 농상(農桑)이 이루어지니, 이로써 모든 벼슬아치를 신실하게 다스려서 많은 공적이 모두 넓어지는 것이다.

詳說

○ '猶周也', 蘇氏曰 : "'有', 讀爲又, 古'有'·'又'通."[383] ○後多同.

'유주야(猶周也)'에 대해, 소씨(蘇氏: 蘇軾)가 말하였다. "'유(有)'는 독음(讀音)이 우(又)가 되니, 옛날에 '유(有)'와 '우(又)'가 통용되었다" ○뒤에도 대부분 같다.

○ 按, 『朱子大全』云 : "歲周三百六十五日四分日之一而曰'三百六旬有六日'者, 擧成數也."[384]

내가 살펴보건대, 『주자대전(朱子大全)』에서 말하였다. "한 해의 주기(週期)가 365일과 4분의 1일인데, '3백 6순(旬) 6일'이라고 말한 것은 이루어진 수를 든 것이다."

○ 朱子曰 : "天無體, 只二十八宿, 便是體."[385]

---

[383] 호광(胡廣) 등 찬, 『서경대전(書經大全)』의 소주에서 발췌한 것이다. 그 전문은 다음과 같다. "蘇氏曰 : '有六旬·有六日, 有, 讀爲又, 古有·又通.'(소씨가 말하였다. '유육순과 유육일에서, 유는 독음이 우가 되니, 옛날에 유와 우가 통용되었다.')" 이는 소식(蘇軾) 찬, 『서전(書傳)』 권1, 「우서(虞書)·요전제일(堯典第一)」의 주에 실려 있다. 그 전문은 다음과 같다. "'朞, 與也. 周四時曰'朞'. 朞當三百六十五日四分日之一而云. '六日', 擧其全也, 歲止得三百五十四日, 故以閏月定而正之. '有', 讀爲'又', 古'有'·'又'通.('기'는 여이다. … '유'는 독음이 '우'가 되니, 옛날에 '유'와 '우'가 통용되었다.)"
[384] 『주자대전(朱子大全)』 권65, 「잡저(雜著)·상서(尙書)·요전(堯典)」. "'기'는 주와 같으니, 한 해의 주기는 365와 4분의 1일인데, 366이라고 한 것은 이루어진 수를 든 것이다.('期', 猶周也, 歲周三百六十五日·四分日之一, 而曰'三百六旬有六日'者, 擧成數也.)"
[385] 호광(胡廣) 등 찬, 『서경대전(書經大全)』의 소주에서 발췌한 것이다. 그 전문은 다음과 같다. "又曰 : '天無體, 只二十八宿, 便是體. 且如日月皆從角起, 天亦從角起. 日則一日運一周, 依舊只在那角上; 天則一周了, 又過角些子. 日日累上去, 則一年便與日會.'(또 말하였다. '하늘은 형체가 없으니, 다만 이십팔수가 바로 천체이다. 또 해와 달이 모두 한 모퉁이부터 기동하는 것처럼 하늘도 또한 모퉁이부터 기동한다. 해는

'천체지원(天體至圓)'에 대해, 주자(朱子: 朱熹)가 말하였다. "하늘은 형체가 없으니, 다만 이십팔수(二十八宿)가 바로 천체(天體)이다."

○ 以一度分之爲四, 而得其一也. 下九百四十分之二百三十五·四百九十九·三百四十八·五百九十二·八百二十七·六百單一·三百七十五及十九分之七, 並放此.

'주위삼백륙십오도사분도지일(周圍三百六十五度四分度之一)'의 경우, 1도(度)로써 나누어 넷으로 하여 그 하나를 얻는 것이다. 아래의 940분의 235와 499와 392와 827과 61과 375 및 19분의 7은 아울러 이것에 준거한다.

○ 主日而言過.

'상일일일주이과일도(常一日一周而過一度)'에서, 해를 위주로 하여 지나침을 말한 것이다.

○ 音離, 下同.

'리(麗)'는 음이 리(離)이니, 아래도 같다.

○ 朱子曰: "曆家, 以日月右旋爲說, 取其易見日月之度爾. 以進數難算, 只以退數算之, 此乃截法.『詩傳』只載舊說, 橫渠說'日月亦左旋', 極是."386)

―――――――――

하루에 한 바퀴 운행하여 예전대로 다만 모퉁이에 이르는데, 하늘은 한 바퀴를 돌고서 또 모퉁이를 조금 지나친다. 날마다 쌓여 가면 1년 만에 바로 해와 만나는 것이다.')"이는『주자어류(朱子語類)』권2, 「이기하(理氣下)·천지상(天地下)」에 실려 있다. 그 전문은 다음과 같다. "又曰: '天無體, 只二十八宿, 便是天體. 日月皆從角起, 天亦從角起. 日則一日運一周, 依舊只到那角上; 天則一周了, 又過角些子. 日日累上去, 則一年便與日會.'(또 말하였다. '….')"

386) 호광(胡廣) 등 찬,『서경대전(書經大全)』의 소주에서 발췌한 것이다. 그 전문은 다음과 같다. "朱子曰: … '天道, 與日月五星, 皆是左旋. 天道, 日一周天, 而常過一度. 日, 一日一周天, 起度端, 終度端, 故比天道, 常不及一度. 月行不及天十三度·十九分度之七[『주자어류』에는 四分度之一로 되어있다.]. 今人却云: 月行速, 日行遲, 此錯說也. 但曆家, 以右旋爲說, 取其易見日月之度爾.'(주자가 말하였다. … '천도는 해와 달과 다섯별과 더불어 모두 왼쪽으로 돈다. 천도는 하루에 천체를 한 바퀴 도는데 항상 1도를 지나친다. 해도 하루에 천체를 한 바퀴 도는데, 행도의 끝에서 기동하여 행도의 끝에서 종지하기 때문에 천도에 비하여 항상 1도가 미치지 못한다. 달의 운행은 13도와 ¼도가 미치지 못한다. 지금 사람들은 도리어 이르기를, 달의 운행이 빠르고 해의 운행이 느리다고 하였는데, 이것은 잘못된 설명이다. 다만 역가들은 오른쪽으로 돈다고 말하였으니, 그 해와 달의 행도가 쉽게 보였음을 취하였을 뿐이다.')"이는『주자어류(朱子語類)』권2, 「이기하(理氣下)·천지하(天地下)」에 실려 있다. 또 "… 橫渠說日月, 皆是左旋, 說得好. 蓋天行甚健, 一日一夜, 周三百六十五度·四分度之一, 又進過一度. 日行速, 緊次於天, 一日一夜, 周三百六十五度四分度之一, 正恰好. 被『주자어류』에는 比로 되어있다.]天進一度, 則日爲退一度. … 積至三百六十五·四分日之一, 則天所進過之度, 又恰周得木數, 而日所退之度, 亦恰退盡本數, 遂與天會而成一年. … 進數爲順天而左, 退數爲逆天而右. 曆家, 以進數難算, 只以退數算之, 故謂之右行, 且曰: 日行遲, 月行速. …(… 장횡

'일리천(日麗天)'에 대해, 주자(朱子: 朱熹)가 말하였다. "역가(曆家)들은 해와 달이 오른쪽으로 돈다고 설명하였는데, 그것은 해와 달의 행도(行度)를 쉽게 볼 수 있음을 취하였을 뿐이다. 나아가는 행도는 계산하기 어려워서 다만 뒤처지는 행도만 계산하였으니, 이것이 바로 절법(截法)이다. 『시전(詩傳)』에는 다만 옛날의 설명만 실었으나, 장횡거(張橫渠: 張載)387)가 '해와 달이 또한 왼쪽으로 돈다.'고 말한 것이 매우 옳다."

○ 按, 『詩』註以'曆法'二字, 冠之者, 以此耳. 當以此註, 爲定論.
내가 살펴보건대, 『시경집전(詩經集傳)』의 주(註)에 '역법(曆法)'의 두 글자로써 첫머리에 둔 것388)은 이 때문일 뿐이다. 마땅히 이 주(註)로써 정론(定論)으로

거는 해와 달이 모두 왼쪽으로 돈다고 말하였는데, 설명한 것이 좋았다. 대개 하늘의 운행은 매우 강건하여 한 낮과 한 밤 동안에 365도와 4분의 1도를 한 바퀴로 돌고, 또 나아가서 1도를 지나친다. 해의 운행은 빠르지만 강건함이 하늘 다음이고, 한 낮과 한 밤에 365도와 4분의 1도를 한 바퀴로 도니 정말 아주 좋다. … 나아간 도수는 하늘을 좇아서 왼쪽으로 간 것이며, 뒤처진 도수는 하늘을 거슬러서 오른쪽으로 간 것이다. 역가들은 나아간 도수로 계산하기 어려워서 단지 뒤처지는 도수로 계산하였기 때문에 오른쪽으로 돈다고 하였으며, 또 말하기를, 해의 운행은 느리고 달의 운행은 빠르다고 하였다. …)" 이는 또한 『주자어류(朱子語類)』 권2, 「이기하(理氣下)·천지하(天地下)」에 실려 있다. 또 "歷家, 只算所退之度, 却云: '日行一度, 月行十三度有奇', 此乃截法. 故有日月五星右行之說, 其實非右行也. 橫渠云: '天左旋, 處其中者順之, 少遲則反右矣', 此說最好.'(역가들은 단지 뒤처지는 도수만 계산하고 도리어 이르기를, '해는 1도 운행하고, 달은 13도와 우수리를 운행한다.'고 하였는데, 이것이 바로 절법이다. 그러므로 해와 달과 다섯별이 오른쪽으로 돈다는 설명이 있게 되었으나, 사실은 오른쪽으로 도는 것이 아니다. 횡거가 이르기를, '하늘은 왼쪽으로 도는데, 그 가운데 있는 것이 하늘을 좇지만, 조금 느려서 도리어 오른쪽에 있는 것이다.'라고 하였으니, 이 설명이 가장 좋다.)" 이는 또한 『주자어류(朱子語類)』 권2, 「이기하(理氣下)·천지하(天地下)」에 실려 있다. 또 "今諸家是如此說. 橫渠說'天左旋, 日月亦左旋.' 看朱橫渠之說, 極是. 只恐人不曉, 所以『詩傳』只載舊說. ….(지금의 여러 역가들은 이와 같이 말하였으나, 장횡거는 '하늘은 왼쪽으로 돌고, 해와 달도 또한 왼쪽으로 돈다.'고 말하였다. 보아하니 장횡거의 설명이 매우 옳다. 다만 사람들이 깨닫지 못할까 염려되어 『시전』에 단지 옛날의 설명을 실었던 것이다. ….)" 이는 또한 『주자어류(朱子語類)』 권2, 「이기하(理氣下)·천지하(天地下)」에 실려 있다.
387) 장횡거(張橫渠: 張載): 장재(120-177)는 북송의 학자로, 자가 자후(子厚)이고, 호가 횡거(橫渠)이며, 봉상 미현(鳳翔郿縣) 사람이다. 저작좌랑(著作佐郞)·숭문원교서랑(崇文院校書郞) 등을 지내다가 벼슬을 그만 두고 관중(關中)에서 강학하면서 관학파(關學派)가 이루어졌다. 주돈이(周敦頤)·소옹(邵雍)·정호(程顥)·정이(程頤)와 함께 북송오자(北宋五子)로 일컬어 장자(張子)라고도 부른다. 저서로는 『정몽(正蒙)』·『횡거역설(橫渠易設)』 등이 있다.
388) 호광(胡廣) 등 찬, 『시전대전(詩傳大全)』 권11, 「소아(小雅)·기보지십(祈父之什)·시월지교(十月之交)」의 1장 집전에서 "曆法, 周天, 三百六十五度·四分度之一, 左旋於地, 一晝一夜, 則其行一周而又過一度: 日月, 皆右行於天, 一晝一夜, 則日行一度, 月行十三度·十九分度之七. 故日一歲而一周天, 月二十九日有奇而一周天, 又逐及於日而與之會, 一歲凡十二會. 方會則月光前盡而爲晦, 已會則月光復蘇而爲朔; 朔後·晦前, 各十五日, 日月相對, 則月光正滿而爲望. 晦·朔而日月之合, 東西同度, 南北同道, 則月揜日而爲之食, 望而日月之對同度同道, 則月亢日而月爲之食, 是皆有常度矣.(역법에 천체 한 바퀴가 365도와 4분의 1도이니, 왼쪽으로 땅을 돌아서 한 낮과 한 밤이면 그 운행이 한 바퀴를 도는데, 또 1도를 초과한다. 해와 달은 모두 오른쪽으로 하늘을 운행하여 한 낮과 한 밤이면 해는 1도를 운행하고, 달은 13도와 19분의 7도를 운행한다. 그러므로 해는 1년에 하늘을 한 바퀴 돌고, 달은 29일하고 우수리에 하늘을 한 바퀴 돌며, 또 해를 좇아 미처서 해와 만나니, 1년에 모두 12번 만난다. 바야흐로 해와 달이 만나면 달빛이 모두 다하여 그믐이 되고, 이미 만나면 달빛이 다시 소생하여 초하루가 되며, 초하루 뒤와 그믐 앞의 각각 15일에 해와 달이 서로 마주 대하면 달빛이 바로 가득하여 보름이 된다. 그믐과 초하루에 해와 달이 만남에 동쪽과 서쪽이 행도가 같고, 남쪽과 북쪽이 길이 같으면, 달이 해를 가려서 일식이 되고, 보름에 해와 달이 마주 대함에 행도가 같고 길이 같으면 달이 해에 항거하여 월식이 되니, 이는 모두 떳떳한 도수가 있는 것이다.)"라고 한

삼아야 할 것이다.

○ 尤菴曰 : "順數則繁絮, 逆數則徑捷."389)

우암(尤菴: 宋時烈)390)이 말하였다. "도수를 따르면 번잡하고 뒤얽히며, 도수를 거스르면 간단하고 명쾌하다."

○ 董氏鼎曰 : "於天, 雖逆而右轉; 於地, 則未嘗不左旋也."391)

동씨정(董氏鼎: 董鼎)이 말하였다. "하늘에 있어서 비록 거스르나 오른쪽으로 돌며, 땅에서 있어서는 일찍이 왼쪽으로 돈 적이 없다."

○ 此, 如磨, 左旋而疾蟻, 右旋而遲人, 但見蟻, 亦左旋也.392)

이는 숫돌을 돌리는 것과 같으니, 왼쪽으로 돌리면 개미를 병나게 하고, 오른쪽으로 돌리면 사람을 지체하게 하므로, 다만 개미만 보고 또한 왼쪽으로 돌리는 것이다.

것을 말한다.
389) 『송자대전(宋子大全)』 권64, 「서(書)·여이유능(與李幼能)」, "前歲承曆法之詢, 愚意, 以爲朱子, 於『尙書』順數日度, 於『詩』則從逆數之法, 蓋順數則繁絮, 而逆數則徑捷故也.(지난해 역법의 물음을 받들었는데, 제가 생각하건대, 주자는 『상서』에서 도수를 따라서 해가 황도에서 운행하는 행도를 보았고, 『시경』에서는 도수를 거스르는 법도를 좇았다고 여겼으니, 대개 도수를 따르면 번잡하고 뒤얽히며, 도수를 거스르면 간단하고 명쾌하기 때문입니다.)"
390) 우암(尤菴: 宋時烈): 송시열(167-1689)은 조선 중후기의 성리학자로 자가 영보(英甫)이고, 호가 우암(尤菴)·우재(尤齋)이고, 시호가 문정(文正)이며, 본관이 은진(恩津)이다. 서인 노론의 영수로서 학문적으로 주자의 학설을 추종하는 학통을 이었다. 저서로는 『송자대전(宋子大全)』 외에 『주자대전차의(朱子大全箚疑)』·『주자어류소분(朱子語類小分)』·『이정서분류(二程書分類)』 등이 있다.
391) 호광(胡廣) 등 찬, 『서경대전(書經大全)』의 소주에서 발췌한 것이다. 그 원문은 다음과 같다. "董氏鼎曰: '日月麗乎天, 宜皆隨天而行也, 而曰天左旋, 日月五星右轉, 何哉. 大要天最健而行速, 日月五星不相及耳. 然二十八宿, 亦星也, 何以與天並行而日月五星獨不能並行也. 朱子曰 : 天無體, 二十八宿便是體, 二十八宿之行, 即天行也. 是謂之經星, 猶機絲之有經, 一定而不動, 而日月五星, 緯乎其中, 所以分晝夜, 而列四時無非順天而成造化也. 故自地面而觀其運行, 則皆東升西, 沒繞地而左旋; 自天度而考其次舍, 則日月五星, 獨以漸而東爲逆天而轉, 蓋由其行不及天, 而次舍日以退. 然舍雖退而行未嘗不進也, 退雖逆而進未嘗不順也. 於天雖逆而右轉, 於地則未嘗不順而左旋也. ….'(석씨정이 말하였다. '… 하늘에 있어서 비록 거스르나 오른쪽으로 돌며, 땅에서 있어서는 일찍이 왼쪽으로 돈 적이 없다.')"
392) 당태종문황제(唐太宗文皇帝) 어찬(御撰), 『진서(晉書)』 권11, 「지제일(志第一)·천체(天體)」, "周髀家云 : '天圓如張蓋, 地方如棊局, 天旁轉如推磨而左行, 日月右行, 隨天左轉, 故日月實東行, 而天牽之以西沒. 譬之於蟻行磨石之上, 磨左旋而蟻右去, 磨疾而蟻遲, 故不得不隨磨以左廻焉.'(주비가가 말하였다. '하늘이 둥근 것은 펼쳐놓은 우산 같고, 땅이 모난 것은 바둑판이나 장기판 같으니, 하늘가가 돌면 마치 숫돌 같아서 왼쪽으로 운행하는데, 해와 달이 오른쪽으로 운행함에 하늘을 따라서 왼쪽으로 돌기 때문에 해와 달은 실제로 동쪽으로 운행하며, 하늘이 서쪽으로 끌어당겨 없어지는 것이다. 비유하면 숫돌 위에 개미가 기어가는데 숫돌을 왼쪽으로 돌리면 개미는 오른쪽으로 가서 숫돌이 병나고 개미가 지체되기 때문에 숫돌을 따라서 왼쪽으로 돌지 않을 수 없는 것이다.')"

○ 按,『朱子大全』, 有'無餘'二字.393)

'일일역요지일주(一日亦繞地一周)'에 대해, 살펴보건대,『주자대전(朱子大全)』에는 '무여(無餘)'의 두 글자가 있다.

○ 朱子曰 : "起度端, 終度端394); 依舊只在那角上."395)

주자(朱子: 朱熹)가 말하였다. "행도(行度)의 끝에서 기동(起動)하여 행도(行度)의 끝에서 종지(終止)하며, 예전대로 다만 모퉁이에 이르는 것이다."

○ 朱子曰 : "一日退一度, 二日退二度."396)

'이재천위불급일도(而在天爲不及一度)'에 대해, 주자(朱子: 朱熹)가 말하였다. "1

---

393) 『주자대전(朱子大全)』 권65,「잡저(雜著)·상서(尙書)·요전(堯典)」. "日麗天而少遲, 一日繞地一周無餘而常不及天一度. 積三百六十五日·九百四十分日之二百三十五, 而與初躔會, 是一歲日行之數也.(해는 하늘에 붙어 있어 다소 더딘데, 하루에 해는 땅을 두르고 한번 돌아 남음이 없어서 항상 전체에 1도가 미치지 못한다. 365일과 940분의 235일을 쌓아서 처음 천체와 궤도를 같이하니, 이는 1년 동안 해가 운행하는 수이다.")

394) 호광(胡廣) 등 찬,『서경대전(書經大全)』의 소주에서 발췌한 것이다. 그 전문은 다음과 같다. "호광(胡廣) 등 찬,『서경대전(書經大全)』의 소주에서 발췌한 것이다. 그 전문은 다음과 같다. "朱子曰 : … 天道, 與日月五星, 皆是左旋. 天道, 一日一周天, 而常過一度. 日, 一日一周天, 起度端, 終度端, 故比天道, 常不及一度. 月行不及天十三度·十九分度之七[『주자어류』에는 四分度之一로 되어 있다.]. 今人却云: 月行速, 日行遲, 此錯說也. 但曆家, 以右旋爲說, 取其易見日月之度爾.'(주자가 말하였다. … '천도는 해와 달과 다섯별과 더불어 모두 왼쪽으로 돈다. 천도는 하루에 천체를 한 바퀴 도는데 항상 1도를 지나친다. 해도 하루에 천체를 한 바퀴 도는데, 행도의 끝에서 기동하여 행도의 끝에서 종지하기 때문에 천도에 비하여 항상 1도가 미치지 못한다. 달의 운행은 13도와 ¼도가 미치지 못한다. 지금 사람들은 도리어 이르기를, 달의 운행이 빠르고 해의 운행이 느리다고 하였는데, 이것은 잘못된 설명이다. 다만 역가들은 오른쪽으로 돈다고 말하였으니, 그 해와 달의 행도가 쉽게 보였음을 취하였을 뿐이다.')

395) 호광(胡廣) 등 찬,『서경대전(書經大全)』의 소주에서 발췌한 것이다. 그 전문은 다음과 같다. "又曰 : '天無體, 只二十八宿, 便是體. 且如日月皆從角起, 天亦從角起. 日則一日運一周, 依舊只在那角上; 天則一周了, 又過角些子. 日日累上去, 則一年便與日會.'(또 말하였다. '하늘은 형체가 없으니, 다만 이십팔수가 바로 천체이다. 또 해와 달이 모두 한 모퉁이부터 기동하는 것처럼 하늘도 또한 모퉁이부터 기동한다. 해는 하루에 한 바퀴 운행하여 예전대로 다만 모퉁이에 이르는데, 하늘은 한 바퀴를 돌고서 또 모퉁이를 조금 지나친다. 날마다 쌓여 가면 1년 만에 바로 해와 만나는 것이다.')" 이는『주자어류(朱子語類)』권2,「이기하(理氣下)·천지하(天地下)」에 실려 있다.

396) 호광(胡廣) 등 찬,『서경대전(書經大全)』의 소주에서 발췌한 것이다. 그 전문은 다음과 같다. "問 : '天道左旋, 自東而西[『주자어류』에는 自西而東으로 되어 있다.]. 日月右行, 則如何?' 曰 : '橫渠說日月皆是左旋, 說得好. 蓋天行甚健, 一日一夜, 周三百六十五度·四分度之一, 又進過一度. 日行速, 健次於天, 一日一夜, 周三百六十五度·四分度之一, 正恰好. 被[『주자어류』에는 比로 되어 있다.]天進一度, 則日爲退一度; 二日天進二度, 則日爲退二度, 積至三百六十五日·四分日之一, 則天所進過之度, 又恰周得本數, 而日所退之度, 亦恰退盡本數, 遂與天會而成一年. ….'(물었다. '천도는 왼쪽으로 돌아서 동쪽으로부터 서쪽으로 가고[서쪽으로부터 동쪽으로 가고], 해와 달은 오른쪽으로 돈다는 것은 어떻습니까?' 말하였다. '장횡거는 해와 달이 모두 왼쪽으로 돈다고 하였는데, 설명한 것이 좋다. 대개 하늘의 운행은 매우 강건하여 한 낮과 한 밤 동안에 365도와 4분의 1도를 한 바퀴로 돌고, 또 나아가서 1도를 지나친다. 해의 운행은 빠르지만 강건함이 하늘 다음이고, 한 낮과 한 밤에 365도와 4분의 1도를 한 바퀴로 도니 정말로 아주 좋다. 하늘이 1도를 나아감에 미쳐서 해가 1도를 뒤처지게 되고, 2일에 하늘이 2도를 나아가면 해가 2도를 뒤처지게 되니, 쌓여서 365일 4분의 1일에 이르면 하늘이 나아가서 초과된 도수는 또 한 바퀴를 돌아서 본래의 도수를 얻은듯하며, 해가 뒤처진 도수는 또한 본래의 도수를 다 뒤처진듯하지만, 마침내 하늘과 만나서 1년을 이룬다. ….')" 이는『주자어류(朱子語類)』권2,「이기하(理氣下)·천지하(天地下)」에 실려 있다.

일에 1도 뒤처지고, 2일에 2도 뒤처진다."

○ 陳氏普曰:"日, 非退也, 以天之進而見其退耳. '度', 數也, 則也, 天本無度, 以與日離合而成. '日'者, 數之本."397)
진씨보(陳氏普: 陳普)398)가 말하였다. "해가 뒤처지는 것이 아니라, 하늘이 나아감으로써 뒤처지는 것으로 보일 뿐이다. '도(度)'는 도수(度數)이고, 법칙이다. 하늘은 본래 도(度)가 없고 해와 떨어졌다 만나면서 이루어진다. '일(日)'이라는 것은 도수(度數)의 근본이다."

○ 按,『朱子大全』, '天'字, 作'初躔'字.399)
'이여천회(而與天會)'에 대해, 살펴보건대, 『주자대전(朱子大全)』에는 '천(天)'자가 '초전(初躔)'자로 썼다.

○ 分.
'우오천구백팔십팔(又五千九百八十八)'의 경우, 분(分)이다.

○ 句. ○一無'一'字.400)
'여일법구백사십이일(如日法九百四十而一)'에서 문장이 끊어진다. ○어떤 판본에는 '일(一)'자가 없다.

---

397) 호광(胡廣) 등 찬, 『서경대전(書經大全)』의 소주에서 발췌한 것이다. 그 전문은 다음과 같다. "陳氏普曰: '天繞地左旋, 東出西入, 一日一周而少過之. 日者天之精, 與天左旋, 日適一周, 以天之過也而爲少不及焉. 日日進而日日退也, 日非退也, 以天之進而見其退耳. 歷家謂: 日月皆右旋以此, 蓋以天之進, 而但以日月之退爲右旋, 以背而爲面也. 然苟不計天之進, 則是四時昏旦中星, 常不移矣, 無是理也. 文公以爲橫渠首發之, 蓋『隋書』之說略, 後人未有逃之, 而橫渠首得其說爾. 積三百六十五日·四分日之一, 而天與日復相遇, 於初進·初退之地, 而爲一年. 寒暑四時, 更迭代謝, 生成散斂, 皆於是而周. 夫天日者, 氣數之始, 其每日之進退, 既有常則, 故一日之進退, 遂爲一度. ⋯ 度, 數也, 則也. 天本無度, 以與日離合而成天. 日東西行, 其周布本東西, 而縱橫南北, 皆以其度爲數, 見日者, 數之本, 日數既定, 而在天在地, 無非其度也. ⋯.'(진씨보가 말하였다. '하늘이 땅을 돎에 왼쪽으로 도는데 동쪽에서 나와서 서쪽으로 들어가며, 하루에 한 바퀴를 돌되 조금 지나친다. 해라는 것은 하늘의 정기이니, 하늘과 왼쪽으로 돌아서 하루에 한 바퀴를 딱 맞게 도니, 하늘의 지나침보다 조금 미치지 못함이 되는 것이다. 하늘이 날마다 나아감에 해가 날마다 뒤처지는데, 해가 뒤처지는 것이 아니라 하늘이 나아감으로써 뒤처지는 것으로 보일 뿐이다. ⋯ 도는 도수이고, 법칙이다. 하늘은 본래 도가 없고 해와 떨어졌다 만나면서 이루어진다. 일이라는 것은 도수의 근본이다. ⋯.')
398) 진씨보(陳氏普: 陳普): 진보(1244-1315)는 남송대의 학자로 자가 상덕(尙德)이고, 호가 구재(懼齋)이며, 세상에서는 석당선생(石堂先生)이라고 불렸다. 일찍이 주각누호(鑄刻漏壺)를 만들었다.
399) 『주자대전(朱子大全)』권65, 「잡저(雜著)·상서(尙書)·요전(堯典)」. "日麗天而少遲, 一日繞地一周無餘而常不及天一度, 積三百六十五日·九百四十分日之二百三十五而與初躔會, 是一歲日行之數也.(해는 하늘에 붙어서 조금 늦으니 하루에 땅을 돎에 한 바퀴를 돌고 남음이 없어서 항상 하늘에 1도를 미치지 못하는 것이다. 365일과 940분의 235일이 쌓여서 처음으로 운행의 궤도를 만나니, 이는 1년에 해가 운행하는 수이다.)"
400) 출처가 자세하지 않다.

○ 句.

'득육(得六)'에서 문장이 끊어진다.

○ 朱子曰 : "六小月也."401)

'위삭허(爲朔虛)'에 대해, 주자(朱子: 朱熹)가 말하였다. "여섯 개의 작은 달이다."

○ 新安陳氏曰 : "因此節氣有餘與小盡之不足, 而置閏於其間, 三者參合而交相成, 玆其爲萬世不能易之妙法歟."402)

'합기영·삭허이윤생언(合氣盈·朔虛而閏生焉)'에 대해, 신안진씨(新安陳氏: 陳師凱)가 말하였다. "이 절기(節氣)에 남는 것과 소진(小盡)403)의 부족한 것에 말미암아 그 사이에 윤달을 두었으니, 세 가지의 것을 참조하여 합쳐서 서로 이루면 이는 만세에 바꿀 수 없는 신묘(神妙)한 방법이 되는 것이다."

○ 金氏曰 : "氣盈而不置閏, 則立春爲正月一日, 驚蟄爲二月一日, 隨節爲月, 而晦朔弦望差. 朔虛而不置閏, 則只以三箇月爲春爲夏爲秋爲冬, 而夏不熱, 冬不寒矣. 閏所以消其盈而息其虛也."404)

---

401) 호광(胡廣) 등 찬, 『서경대전(書經大全)』의 소주에서 발췌한 것이다. 그 전문은 다음과 같다. "朞三百有六旬有六日', 而今一歲三百五十四日者, 積朔空餘分以爲閏. '朔空'者, 六小月也; '餘分'者, 五日·四分日之一也.('주년은 366일이다.'라고 하였는데, 지금 한 해가 354일인 것은 삭공의 나머지가 쌓여서 윤달이 되어서이다. '삭공'이라는 것은 여섯 개의 작은 달이고, '여분'이라는 것은 5일과 4분의 1일이다.)" 이는 『주자어류(朱子語類)』 권78, 「상서일(尙書一)·요전(堯典)」에 실려 있다. "「堯典」云: '期三百有六旬有六日', 而今一歲三百五十四日者, 積朔空餘分以爲閏. '朔空'者, 六小月也; '餘分'者, 五日·四分日之一也.
402) 호광(胡廣) 등 찬, 『서경대전(書經大全)』의 소주에서 발췌한 것이다. 그 전문은 다음과 같다. "新安陳氏曰 : '四分度之一者, 周天全度外, 其零度有一度·四分中之一分. 以對周歲日外, 其零日亦有一日·四分中之一分, 所謂四分日之一也. 九百四十分爲一日, 其二百三十五, 卽四分中一分; 九百四十分日之二百三十五, 卽四分日之一也. 月一日不及天, 十三度有奇; 是不及日, 十二度有奇, 積二十九日零四百九十九分, 而月與日會, 四百九十九分, 是六時零三刻弱也. 二十九日零六時三刻, 實爲一月十二會, 得全日三百四十八, 乃十二箇二十九日, 餘分之積, 以日法算之, 其五千六百四十分, 該六日, 而得六者, 得六日也. 零者, 尙有三百四十八分·三百四十八日, 加六日, 一歲通三百五十四日, 此一歲小歲之數也. 十九年閏餘, 通得二百單六日, 須置七閏月, 所以每十九年, 或二十年, 必氣朔同日者一番也. 然一歲只有三百五十四日, 而經云: 朞三百有六旬有六日, 何也. 此一歲大歲之數也. … 因此有餘·不足, 而置閏於其間, 三者參合而交相成, 玆其爲萬世不能易之妙法歟.'(신안 진씨가 말하였다. '… 이것에 남는 것과 부족한 것에 말미암아 그 사이에 윤달을 두었으니, 세 가지의 것을 참조하여 합쳐서 서로 이루면 이는 만세에 바꿀 수 없는 신묘한 방법이 되는 것이다.')"
403) 소진(小盡): 하력(夏曆)의 소월(小月)이다. 또는 소월(小月)의 말일(末日)을 가리킨다. 당나라 한악(韓鄂)의 『세화기려(歲華紀麗)』 「회일(晦日)」의 주(註)에서 "달에는 소진과 대진이 있으니, 30일이 대진이 되고, 29일이 소진이 된다.(月有小盡·大盡. 三十日爲大盡. 二十九日爲小盡.)"라고 하였다.
404) 호광(胡廣) 등 찬, 『서경대전(書經大全)』의 소주에서 발췌한 것이다. 그 전문은 다음과 같다. "金氏曰 : '氣盈而不置閏, 則晦朔弦望差; 朔虛而不置閏, 則春夏秋冬差. 氣盈而失閏, 則立春爲正月一日, 驚蟄爲二月

김씨(金氏: 金履祥)가 말하였다. "기영(氣盈: +5.25일)인데도 윤달을 두지 않으면 입춘(立春)이 정월 1일이 되고, 경칩(驚蟄: 양력 3월 5일경)이 2월 1일이 되며, 절기에 따라서 달이 되어 그믐과 초하루 및 초이레·초여드레·스무이틀·스무사흘과 보름이 어긋나게 된다. 삭허(朔虛: -5.629788일)인데도 윤달을 두지 않으면 다만 3개월로써 봄이 되고 여름이 되고 가을이 되고 겨울이 되어 여름은 덥지 않고 겨울은 춥지 않은 것이다. 윤달은 그 찬 것을 사라지게 하고, 그 빈 것을 불어나게 하는 것이다."

○ 朱子曰 : "中氣, 只在本月, 若趲得中氣在月盡, 後月便當置閏."405)
주자(朱子: 朱熹)가 말하였다. "중기(中氣)406)는 다만 본래의 달에 들어있으니, 만약 중기(中氣)를 흩어서 그 달의 끝에 있게 하면, 뒤의 달에 마땅히 윤달을 두어야 한다."

○ 陳氏雅言曰 : "'閏', 雖非天道之所有, 而亦人時之所不可無."407)
진씨아언(陳氏雅言: 陳雅言)이 말하였다. "'윤달'이 비록 천도(天道)가 가지고 있는 것이 아니지만, 또한 사람의 시절에 없어서는 안 되는 것이다."

○ 陳氏普曰 : "以望前半月, 終前月; 以望後半月, 起後月."408)

一日, 隨節氣而爲月, 累累皆然, 當朔不朔, 當晦不晦, 安得合初一··十五, 初八·二十三之晦朔弦望乎. 朔虛而失閏, 則只以三箇月爲春, 三箇月爲夏, 又兩箇三月爲秋爲冬, 隨十二月而爲一歲, 累累皆然, 而春非春, 秋非秋, 夏不熱, 冬不寒矣. … 閏, 所以消其盈而息其虛也. ….'(김씨가 말하였다. '기영인데 윤달을 두지 않으면 그믐과 초하루와 弦日과 보름이 어긋나며, 삭허인데 윤달을 두지 않으면 봄과 여름과 가을과 겨울이 어긋난다. 기영인데 윤달을 잃으면 입춘이 정월 1일이 되고, 경칩이 2월 1일이 되며, 절기에 따라서 달이 되어 … 어찌 그믐과 초하루 및 초이레·초여드레·스무이틀·스무사흘을 맞출 수 있겠는가. 삭허인데 윤달을 잃으면 다만 3개월로써 봄이 되고, 3개월로써 여름이 되고, 또 두 개의 3개월로써 가을이 되고 겨울이 되니 12개월을 따라서 한 해가 되어 … 여름은 덥지 않고 겨울은 춥지 않은 것이다. … 윤달은 그 찬 것을 사라지게 하고, 그 빈 것을 불어나게 하는 것이다. ….)"
405) 호광(胡廣) 등 찬, 『서경대전(書經大全)』의 소주를 수용한 것이다. 이는 『주자어류(朱子語類)』 권2, 「이기하(理氣下)·천지하(天地下)」에 실려 있다.
406) 중기(中氣): 옛날 역법에 양력 24절후(節候)를 음력 12월에 배합하였으니, 음력 매 달의 두 절후는 달 초기에는 절기(節氣)라 부르고, 달 가운데 이후에는 중기(中氣)라고 불렀다. 예를 들면 입춘은 정월의 절기이고, 우수(雨水)는 정월의 중기(中氣)이니, 곧 양력으로 매달 중순 이후의 절기를 말한다.
407) 호광(胡廣) 등 찬, 『서경대전(書經大全)』의 소주에서 발췌한 것이다. 그 전문은 다음과 같다. "陳氏雅言曰 : 閏之爲閏, 雖非天道之所有, 而亦人時之所不可無. 使天與日月之行, 氣朔之有餘不足, 而不置閏以歸之, 則時且不定, 歲且不成, 何以示信於下, 使及時趨事乎. 然則閏之有係於天時·人事, 如此, 治歷者, 庸可不盡心哉.'(진씨아언이 말하였다. '윤달이 윤달이 되는 것은 비록 천도가 가지고 있는 것이 아니지만, 또한 사람의 시절에 없어서는 안 되는 것이다. ….')"
408) 호광(胡廣) 등 찬, 『서경대전(書經大全)』의 소주에서 발췌한 것이다. 그 전문은 다음과 같다. "… 其月惟一氣在其月之中, 於此置閏, 天不用之而人用之也. 人之用之者, 以望前半月, 終前月; 以望後半月, 起後月. 終

진씨보(陳氏普: 陳普)가 말하였다. "보름 이전의 반달로써 앞의 달을 마감하고, 보름 이후의 반달로써 뒤의 달을 일으키는 것이다."

○ 音律.
'고일세윤율(故一歲閏率)'의 경우, 음이 율(律)이다.

○ 一歲所餘之大率.
한 해 나머지의 대강이다.

○ 退溪曰 : "'分', 去聲, 分限整齊."409)
'즉기·삭분제(則氣·朔分齊)'에 대해, 퇴계(退溪: 李滉)410)가 말하였다. "분(分)'은 거성(去聲: 분계, 분한)이니, 분한(分限)이 정돈되고 가지런한 것이다." ○

○ 文道, 以一月, 月行分數歸除; 子雲, 以二十九日·四百九十九者, 分除, 皆齊整. 若以小月二十九日, 計之, 月日未齊整. 七閏之餘, 尙有三日六百七十三分. 『大全』「圖」所云 '八十一章'411), 亦未也. 積至二萬七千二百六十章, 月日始齊整云.
문도(文道)412)는 한 달로써 달의 운행에 수량을 나누었으며, 자운(子雲: 揚

前月則月無久違而及日, 起後月則日有餘裕而待月, 農桑之候, 常不失序, 而人與天, 常不相違矣. ….(… 사람이 그것을 쓴다는 것은 보름 이전의 반달로써 앞의 달을 마감하고, 보름 이후의 반달로써 뒤의 달을 일으키는 것이다. 앞의 달을 마감하면 달이 오래도록 어긋남이 없어서 날에 미치고, 뒤의 달을 일으키면 날에 여유가 있어서 달을 기다리니, 농상의 절후에 항상 차례를 잃지 않아서 사람과 하늘이 항상 서로 어긋나지 않는 것이다. ….)"
409) 출처가 자세하지 않다.
410) 퇴계(退溪: 李滉): 이황(151-1570)은 자가 경호(景浩)이고, 호가 퇴계(退溪) 또는 퇴도(退陶)·도수(陶叟)이며, 본관은 진보(眞寶)이다. 중종 22년(1527)에 향시, 이듬해 진사과에 급제하고, 1534년에는 문과에 급제하여 승문원(承文院) 부정자(副正字)가 되었다. 홍문관(弘文館) 수찬(修撰)이 되어 사가독서(賜暇讀書)를 하였으며, 1543년에는 성균관(成均館) 사성(司成)이 되었는데 귀향하여 을사사화(乙巳士禍)를 겪고는 토계(兎溪)의 동암(東巖)에 양진암(養眞庵)을 짓고 호를 퇴계(退溪)라 하고 학문에 전념하였다. 그 뒤 단양군수와 풍기군수를 지내다가 1552년 성균관대사성(成均館大司成)에 임명되었고, 홍문관부제학(弘文館副提學)·공조참판(工曹參判) 등에 임명되었으나 고사하고 다시 귀향하여 도산서당(陶山書堂)을 짓고 강학과 교육에 전념하였다. 68세 고령의 나이에 선조의 명을 받들어 대제학(大提學)·지경연(知經筵)에 부임하여 진강(進講)하고 「무진육조소(戊辰六條疏)」를 올렸다. 저서로는 『성학십도(聖學十圖)』·『역학계몽전의(易學啓蒙傳疑)』·『주자서절요(朱子書節要)』·『자성록(自省錄)』 등이 있다.
411) 호광(胡廣) 등 찬, 『서경대전(書經大全)』 「도설(圖說)」. "蓋天數終於九, 地數終於十, 十九者, 天地二終之數. 積八十一章, 則其盈虛之餘盡, 而復始推此, 以定四時歲功, 其有不成乎.(대개 하늘의 수는 9에서 끝나고, 땅의 수는 10에서 끝나니, 19라는 것은 하늘과 땅의 두 가지가 끝나는 수이다. 81장을 쌓으면 그 기영과 삭허의 나머지를 다하여 다시 비로소 이것을 미루어 네 계절의 농사일을 정하니, 성취하지 못함이 있겠는가.)"

雄)413)은 29일과 499분[29.5385]이라는 것으로써 나누어 모두 가지런히 정돈하였다. 만약 작은 달인 29일로써 계산하였다면 달과 날이 가지런히 정돈되지 못하여 일곱 번 윤달을 둔[19년, 1장] 나머지에도 여전히 3일과 673분[3.71596]이 있는 것이다. 『대전(大全)』의 '도설(圖說)'에서 이른바 '81장(章)'이라고 한 것도 또한 아직 그러하지 못하니, 쌓여서 27,260장[517,940년]에 이르러야 달과 날이 비로소 가지런히 정돈될 것이다.

○ 林氏曰：＂二十七章爲一會，三會爲一統，三統爲一元．＂414)
'시위일장야(是爲一章也)'에 대해, 임씨(林氏: 林之奇)가 말하였다. "37장이 1회가 되고, 3회가 1통(統)이 되고, 3통(統)이 1원(元)이 된다."

○ 此，蓋曆家之名也．
이것은 대개 역가(曆家)의 이름이다.

○ 子年．
'자(子)'는 자년(子年)이다.

○ '朔虛'，以月觀，則固爲不足，而以歲觀，則是亦其所餘也．'閏'之言，餘也．
'고필이차여일(故必以此餘日)'에서 볼 때, '삭허(朔虛)'는 달로써 보면 진실로 부족함이 되는데, 한 해로써 보면 이 또한 남는 것이다. '윤(閏)'이라는 말은 남음이다.

○ 吳氏亨壽曰：＂'朞'・'閏'・'歲'三字，爲此一節之大要，'朞'者，一歲之足日也；'歲'者，一歲之省日也；'閏'者，補三歲之省日，湊

---

412) 문도(文道): 뒤의 상설 내용에 김문도(金文道)라는 인물인데 생평이 자세하지 않다.
413) 자운(子雲: 揚雄): 양웅(B.C.53-18)은 한나라 학자로 자가 자운(子雲)이고, 촉군(蜀郡) 비현(郫縣) 사람이다. 어려서부터 배우기를 좋아하고 많은 책을 널리 읽었으며, 사부(辭賦)를 잘 지었다. 성제(成帝) 때 급사황문시랑(給事黃門侍郞)에 제수되었고, 왕망(王莽)과 사귀었다. 저서로는 『법언(法言)』・『태현경(太玄經)』・『방언(方言)』 등이 있다.
414) 호광(胡廣) 등 찬, 『서경대전(書經大全)』의 소주에서 발췌한 것이다. 그 전문은 다음과 같다. "林氏曰：'二十七章爲一會，五百一十三年；三會爲統八十一章，一千五百三十九年；三統爲一元，四千六百一十七年．章・統・會・元，運於無窮．'(임씨가 말하였다. '37장이 1회가 되니 513년[37×19]이며, 3회가 81장[37×3]을 거느림이 되니 1539년[81×19]년이며, 3통이 1원이 되니 4617년[1539×3]이다. 장과 통과 회와 원은 무궁함에 운행한다.')

爲三歲之足日也."415)

'사시불차이세공득성(四時不差而歲功得成)'에 대해, 오씨형수(吳氏亨壽: 吳亨壽)416)가 말하였다. "'기(朞)'와 '윤(閏)'과 '세(歲)'의 세 글자는 이 한 단락의 대요(大要)가 된다. '기(朞)'라는 것은 한 해의 정돈된 날이고, '세(歲)'라는 것은 한 해의 덜어진 날이고, '윤(閏)'이라는 것은 세 해의 덜어진 날을 보충함이니, 모아서 세 해의 채워진 날을 만드는 것이다."

[1-1-1-9]

帝曰: "疇咨若時, 登庸?" 放齊曰: "胤子朱啓明." 帝曰: "吁! 嚚訟, 可乎."

요임금이 말하였다. "누가 이때를 순조롭게 할 사람을 찾아가서 물어보고 등용하도록 하겠는가?" 방제(放齊)가 말하였다. "맏아들 단주(丹朱)가 지혜롭고 현명합니다." 요임금이 말하였다. "아! 그렇지 않다. 어리석고 말다툼을 하는데, 가능하겠느냐."

詳說

○ 『諺』音誤.417)

'우(吁)'는 『언해(諺解)』의 음이 잘못되었다.

○ '嚚', 魚巾反.418)

'은(嚚)'은 어(魚)와 건(巾)의 반절이다.

---

415) 호광(胡廣) 등 찬, 『서경대전(書經大全)』의 소주에서 발췌한 것이다. 그 전문은 다음과 같다. "吳氏亨壽曰: '歲無定日, 閏有定法. 朞·閏·歲三字, 爲此一節之大要. 朞者, 一歲之足日也; 歲者, 一歲之省日也; 閏者, 補三歲之省日, 湊爲三歲之足日也.'(오씨형수가 말하였다. '한 해에는 정해진 날이 없고, 윤달에는 정해진 법이 없으니, 기와 윤과 세의 세 글자는 이 한 단락의 대요가 된다. 기라는 것은 한 해의 채워진 날이고, 세라는 것은 한 해의 덜어진 날이고, 윤이라는 것은 세 해의 덜어진 날을 보충함이니, 모아서 세 해의 채워진 날을 만드는 것이다.')"
416) 오씨형수(吳氏亨壽: 吳亨壽): 원대 학자로 자가 관망(觀望)이고, 휴녕(休寧) 대계(大溪) 사람이다. 주자의 학문을 독실하게 숭상하였으며, 윤달을 변설하고 사시(四時)를 정하며 한 해를 이루는 강의를 하였다. 저서로는 『조설(潮說)』·『하소정(夏小正)』 등이 있다.
417) 『언해(諺解)』에서 음을 '우'라고 하였는데 본음이 '후'임을 말한 것이다. 『광운(廣韻)』에 의하면 그 뜻이 '감탄사, 탄식하다'일 경우에는 "況于切, 平.(황과 우의 반절이니, 평성이다.)"이라 하였고, 그 뜻이 '자득하는 모양'일 경우에는 "王遇切, 去.(왕과 우의 반절이니, 거성이다.)"라고 하였다.
418) 채침(蔡沈) 찬, 『서경집전(書經集傳)』에는 "'放', 甫兩反. '胤', 羊進反. '嚚', 魚巾反."이라 하였고, 호광(胡廣) 등 찬, 『서경대전(書經大全)』의 소주에는 "'放', 上聲. '胤', 羊進反. '嚚', 魚巾反."이라고 하였다.

集傳

此下, 至'鯀績用弗成', 皆爲禪舜張本也. '疇', 誰; '咨', 訪問也. '若', 順; '庸', 用也. 堯言: "誰爲我, 訪問能順時爲治之人, 而登用之乎?" '放齊', 臣名. '胤', 嗣也, '胤子朱', 堯之嗣子丹朱也. '啓', 開也, 言其性開明可登用也. '吁'者, 歎其不然之辭. '嚚', 謂口不道忠信之言; '訟', 爭辯也. 朱蓋以其開明之才, 用之於不善, 故'嚚訟', 禹所謂'傲虐', 是也. 此見堯之至公至明, 深知其子之惡, 而不以一人病天下也. 或曰 : "胤, 國; 子, 爵, 堯時諸侯也. 「夏書」有'胤侯',「周書」有'胤之舞衣'", 今亦未見其必不然, 姑存於此云.

이 아래에 '곤적용불성(鯀績用弗成: 곤이 공적을 이루지 못하였다.)'까지는 모두 순(舜)에게 선위(禪位)하는 장본(張本)에 대한 것이다. '주(疇)'는 누구이고, '자(咨)'는 방문함이다. '약(若)'은 순조롭게 함이고, '용(庸)'은 등용함이다. 요(堯)가 말하기를, "누가 나를 위해 때를 순조롭게 하여 정치를 할 수 있는 사람을 찾아가서 만나보고 등용하도록 하겠는가?"라고 한 것이다. '방제(放齊)'는 신하의 이름이다. '윤(胤)'은 맏아들이니, '윤자주(胤子朱)'는 요(堯)의 맏아들인 단주(丹朱)이다. '계(啓)'는 열림이니, 그 성품이 지혜롭고 현명하여 등용할 만함을 말한 것이다. '우(吁)'라는 것은 그렇지 않음을 탄식한 말이다. '은(嚚)'은 입으로 충성과 신의(信義)의 말을 말하지 않음을 이르고, '송(訟)'은 말다툼하면서 가리고 따지는 것이다. 단주(丹朱)가 대개 지혜롭고 현명한 재주를 착하지 않은 데 썼기 때문에 '어리석고 말다툼한다.'고 한 것이니, 우(禹)가 이른바 '장난질하고 해롭게 한다.'는 것이 이것이다. 이는 요(堯)가 지극히 공정하고 지극히 명철하여 그 아들의 악함을 깊이 알고서 한 사람으로써 천하를 어렵게 하지 않으려고 하였음을 알 수 있다. 어떤 이는 말하기를, "'윤(胤)'은 나라이고, '자(子)'는 작위이니, 요(堯) 때의 제후이다.「하서(夏書)」에는 '윤후(胤侯)'가 있고,「주서(周書)」에는 '윤(胤)의 춤추는 옷'이 있다."고 하였는데, 지금 또한 반드시 그렇지 않음을 볼 수 없으니, 우선 여기에 둔다.

詳說

○ 去聲, 下同.419)

---

419) 호광(胡廣) 등 찬,『서경대전(書經大全)』의 소주에는 "去聲.(거성이다.)"으로 되어있다.『광운(廣韻)』에 의하면 그 뜻이 '주다, 대하다, 때문이다, 말미암다'일 경우에는 거성(去聲)이라 하였고, 그 뜻이 '하다, 만들다, 다스리다'일 경우에는 평성(平聲)이라고 하였다.

'위(爲)'는 거성(去聲: 대하다)이니, 아래도 같다.

○ '禪', 時戰反.420)
'선(禪)'은 시(時)와 전(戰)의 반절이다.

○ '舜張本也', 總提三節. ○朱子曰 : "一擧而放齊擧胤子, 再擧而驩兜擧共工, 三擧而四岳擧鯀, 皆不得其人, 故卒以天下授舜."421)
'순장본야(舜張本也)'에서, 세 단락을 총괄하여 제기한 것이다. ○주자(朱子: 朱熹)가 말하였다. "첫 번째 천거함에 방제(放齊)가 맏아들을 천거하였고, 두 번째 천거함에 환두(驩兜)가 공공(共工)을 천거하였고, 세 번째 천거함에 사악(四岳)이 곤(鯀)을 천거하였으나, 모두 그 인물을 얻지 못하였기 때문에 마침내 천하를 순(舜)에게 주었다."

○ '咨, 訪問也', 下節及下篇'咨', '十有二牧'之'咨'字422)同; 餘皆與上節'咨'字同.
'자, 방문야(咨, 訪問也)'에서, 아래 단락 및 아래편의 '자(咨)'는 '십유이목(十有二牧)'의 '자(咨: 訪問)'자와 같고, 나머지는 모두 위 단락의 '자(咨: 嗟歎告之)'자와 같다.

○ '訪問能順時', 承上'授時'·'定時'而言, 是亦繼事之意.
'방문능순시(訪問能順時)'에서, 위의 '수시(授時)423)'와 '정시(定時)424)'를 이어서

---

420) 호광(胡廣) 등 찬, 『서경대전(書經大全)』의 소주에는 "音善.(음이 선이다.)"으로 되어있다.
421) 호광(胡廣) 등 찬, 『서경대전(書經大全)』의 소주에서 발췌한 것이다. 그 전문은 다음과 같다. "朱子曰 : '自疇咨若時登庸, 到篇末, 只是一事, 皆是爲禪位設也. 一擧而放齊擧胤子, 再擧而驩兜擧共工, 三擧而四岳擧鯀, 皆不得其人, 故卒以天下授舜.'(주자가 말하였다. '누가 때를 순조롭게 할 사람을 찾아가서 만나보고 등용하도록 하겠는가로부터 이 편의 끝까지는 다만 하나의 일이니, 모두 왕위를 선양함에 대해서 설정한 것이니. ….')" 이는 『주자어류(朱子語類)』 권78, 「상서일(尙書一)·요전(堯典)」에 실려 있다.
422) 호광(胡廣) 등 찬, 『서경대전(書經大全)』 권1, 「우서(虞書)·순전(舜典)」. "咨十有二牧曰 : '食哉惟時, 柔遠能邇, 惇德允元, 而難任人, 蠻夷率服.'(12목사들을 찾아가서 물어보고 말하기를, '곡식은 오직 시기에 달려 있으며, 멀리 있는 이를 회유하고 가까이 있는 이를 길들여 익숙하게 하며, 덕 있는 이를 도탑게 대하고 어질고 후덕한 이를 신임하며, 흉악한 이를 거절하면 오랑캐들이 서로 이끌고 와서 복종할 것이다.')"
423) 수시(授時): 호광(胡廣) 등 찬, 『서경대전(書經大全)』 권1, 「우서(虞書)·요전(堯典)」. [1-1-1-3]의 "이에 희씨·화씨에게 명하여 공경히 넓고 큰 하늘을 좇으면서 해와 달과 별들을 기록하고 관찰하여 공경히 농사철을 알려주게 하셨다.(乃命羲和, 欽若昊天, 曆象日月星辰, 敬授人時.)"에 나오는 '경수인시(敬授人時)'를 말한다.
424) 정시(定時): 호광(胡廣) 등 찬, 『서경대전(書經大全)』 권1, 「우서(虞書)·요전(堯典)」. [1-1-1-8]의 "요임금

말한 것이니, 이 또한 일을 계속하는 뜻이다.

○ '治', 去聲.
'치(治)'는 거성(去聲: 다스리다)이다.

○ '訪問能順時爲治之人', 添'人'字.
'방문능순시위치지인(訪問能順時爲治之人)'에서, '인(人)'자를 더하였다.

○ '言其性開明可登用也', 添此句.
'언기성개명가등용야(言其性開明可登用也)'에서, 이 구절을 더하였다.

○ '嚚, 謂口不道忠信之言', 見『左』「僖二十四年」.425)
'은, 위구부도충신지언(嚚, 謂口不道忠信之言)'에서, 『좌전(左傳)』「희공(僖公) 24년」에 보인다.

○ '用之於不善', 呂氏曰 : "君子, 因啓明, 以爲善; 小人, 因啓明, 以爲惡."426)
'용지어불선(用之於不善)'에서, 여씨(呂氏: 呂祖謙)가 말하였다. "군자는 계명(啓明)으로 말미암아 착함을 하고, 소인은 계명(啓明)으로 말미암아 악함을 한다."

○ '禹所謂傲虐, 是也', 見「益稷」.427)
'우소위오학, 시야(禹所謂傲虐, 是也)'에서, 「익직(益稷)」에 보인다.

이 말하였다. '아! 너희 희씨 및 화씨여. 기는 3백하고 6순하고 6일이니, 윤달을 써야 네 계절을 정하고 한 해를 이루어 진실로 모든 벼슬아치들을 다스려 많은 공적이 다 넓어질 것이다.'(帝曰 : '咨! 汝羲暨和. 朞, 三百有六旬有六日, 以閏月, 定四時成歲, 允釐百工, 庶績咸熙.')에 나오는 '정사시성세(定四時成歲)'를 말한다.
425) 『춘추좌전주소(春秋左傳注疏)』권14, 「희공(僖公) 24년」. "心不則德義之經, 爲頑; 口不道忠信之言, 爲嚚. (마음으로 덕성과 신의의 법도를 본받지 않는 것이 완이 되며, 입으로 충성과 신의 말을 말하지 않는 것이 은이 된다.)"
426) 호광(胡廣) 등 찬, 『서경대전(書經大全)』의 소주를 수용한 것이다. 하선(夏僎) 찬, 『상서상해(尙書詳解)』권1, 「우서(虞書)·요전(堯典)」의 주에서도 "君子順開明之性, 以爲善, 可以無嚚訟; 小人因啟明之性, 以爲不善, 適所以爲嚚訟而已."라고 하였다.
427) 호광(胡廣) 등 찬, 『서경대전(書經大全)』「우서(虞書)·익직(益稷)」. "無若丹朱傲. 惟慢遊是好, 傲虐是作, 罔晝夜頟頟, 罔水行舟, 朋淫于家, 用殄厥世.(단주와 같이 오만하게 하지 마소서. 오직 방만하게 노는 것을 좋아하며, 오만함과 포악함을 저지르며, 밤낮없이 쉬지 않고 계속하며, 물이 없는 데서 뱃놀이를 하며, 소인들과 한패가 되어 집안에서 음란한 짓을 하여 그 시대를 끊어지게 하였습니다.)"

○ '此見', 可見.
'차견(此見)'에서, 볼 만한 것이다.

○ '而不以一人病天下也', 此句, 見『史記』「五帝紀」.428) ○三句, 釋'可乎'之意.
'이불이일인병천하야(而不以一人病天下也)'에서, 이 구절은 『사기(史記)』「오제기(五帝紀)」에 보인다. ○세 구절은 '가호(可乎)'의 뜻을 해석한 것이다.

○ '「夏書」', 「胤征」.429)
'「하서」(「夏書」)'는 「윤정(胤征)」이다.

○ '「周書」', 「顧命」.430)
'「주서」(「周書」)'는 「고명(顧命)」이다.

○ '姑存於此云', 此備一意而已. 蓋放齊旣非賢臣, 在堯訪問之初, 例必以其子當之耳, 不遽及他人.
'고존어차운(姑存於此云)'에서, 이것은 하나의 뜻을 갖추었을 따름이다. 대개 방제(放齊)는 이미 현명한 신하가 아니어서 요(堯)가 찾아가서 물어보는 처음에, 대개 반드시 그 아들로써 마땅하다고만 하고 군색하게 다른 사람에게 미치지 않았던 것이다.

---

428) 『사기(史記)』 권1, 「오제본기(五帝本紀)」. "於是乃權授舜, 授舜則天下得其利, 而丹朱病, 授丹朱則天下病而丹朱得其利. 堯曰 : '終不以天下之病而利一人, 而卒授舜以天下.'(이에 바로 왕권을 순에게 물려주었으니, 순에게 물려주면 천하가 그 이로움을 얻게 될 것이지만, 단주는 어렵게 하여 단주에게 물려주면 천하가 어렵게 되고 단주만 그 이로움을 얻게 되기 때문이다. 요가 말하였다. '끝내 천하를 어렵게 하고 한 사람을 이롭게 할 수 없어서 마침내 순에게 천하를 물려주었도다.')"
429) 호광(胡廣) 등 찬, 『서경대전(書經大全)』 권3, 「하서(夏書)·윤정(胤征)」. "惟仲康, 肇位四海, 胤侯, 命掌六師, 羲·和廢厥職, 酒荒于厥邑, 胤后承王命, 徂征.(오직 중강이 비로소 사해에 즉위하여 윤나라 제후에게 명하여 육사를 관장하게 하자 희씨와 화씨가 직무를 그만두고 그 고을에서 술에 빠져 음란하였다. 윤나라 제후가 왕명을 받들어 비로소 정벌하였다.)"
430) 호광(胡廣) 등 찬, 『서경대전(書經大全)』 권9, 「주서(周書)·고명(顧命)」. "越玉五重, 陳寶, 赤刀·大訓·弘璧·琬琰, 在西序; 大玉·夷玉·天球·河圖, 在東序; 胤之舞衣·大貝·鼖鼓, 在西房; 兌之戈·和之弓·垂之竹矢, 在東房.(및 옥을 다섯 겹으로 진열하고 보물을 진열하니, 적도와 대훈과 홍벽과 완염은 서서에 있고, 대옥과 이옥과 천구와 하도는 동서에 있고, 윤나라의 무의와 대패와 분고는 서방에 있고, 태의 창과 화의 활과 수의 대나무 화살은 동방에 있었다.)"

[1-1-1-10]

|帝曰 : "疇咨若予采?"　驩兜曰 : "都! 共工方鳩僝功."|

|帝曰 : "吁! 靜言庸違, 象恭滔天."|

요임금이 말하였다. "누가 나의 일을 순조롭게 할 수 있겠는가?" 환두(驩兜)가 말하였다. "아! 좋습니다. 공공(共工)이 장차 공력(功力)을 모아서 공적(功績)을 보여줄 것입니다." 요임금이 말하였다. "아! 그렇지 않다. 쉬고 있을 때에는 말을 곧잘 하지만 쓰게 되면 그 말을 어기고 지키지 않으며, 겉으로만 공손하여 오만함이 하늘에 넘친다."

詳說

○ 呼官反.

'환(驩)'은 호(呼)와 관(官)의 반절이다.

○ 當侯反.

'두(兜)'는 당(當)과 후(侯)의 반절이다.

○ 音恭.

'공(共)'은 음이 공(恭)이다.

○ 仕限反.[431]

'산(僝)'은 사(仕)와 한(限)의 반절이다.

集傳

'采', 事也. '都', 歎美之辭也. '驩兜', 臣名; '共工', 官名, 蓋古之世官族也. '方', 且; '鳩', 聚; '僝', 見也, 言共工方且鳩聚而見其功也. '靜言庸違'者, 靜則能言, 用則違背也. '象恭', 貌恭而心不然也. '滔天'二字, 未詳. 與下文相似, 疑有舛誤. 上章, 言順時; 此, 言順事, 職任大小, 可見.

'채(采)'는 일이다. '도(都)'는 감탄하여 크게 칭찬하는 말이다. '환두(驩兜)'는 신하

---

[431] 채침(蔡沈) 찬, 『서경집전(書經集傳)』을 수용한 것이다. 호광(胡廣) 등 찬, 『서경대전(書經大全)』의 소주에는 "'驩兜', 上呼官反, 下當侯反. '共', 音恭. '僝', 仕限反.('환두'에서 위는 호와 관의 반절이고, 아래는 당과 후의 반절이다. '공'은 음이 공이다. '산'은 사와 한의 반절이다.)"으로 되어있다.

의 이름이고, '공공(共工)'은 벼슬 이름이니, 대개 옛날부터 대대로 벼슬하던 집안이다. '방(方)'은 장차이고, '구(鳩)'는 모음이고, '잔(孱)'은 보임이니, 공공(共工)이 장차 공력을 모아서 그 공적을 보여줌을 말한 것이다. '정언용위(靜言庸違)'는 쉬고 있을 때에는 말을 곧잘 하나 쓰게 되면 그 말을 어기고 지키지 않는 것이다. '상공(象恭)'은 겉으로는 공손하나 마음은 그렇지 않은 것이다. '도천(滔天)' 두 글자는 자세하지 않다. 아랫글과 서로 같으니, 의심하건대 어그러져서 그릇됨이 있는 듯하다. 윗장에서는 때를 순조롭게 함을 말하였고, 여기서는 일을 순조롭게 함을 말하였으니, 직무의 크고 작음을 볼 수 있다.

詳說

○ 其人之名不傳, 必非垂也.
'관명(官名)'의 경우, 그 사람의 이름이 전하지 않으니, 반드시 널리 알려진 것이 아니다.

○ 所以不稱名而稱官也.
'개고지세관족야(蓋古之世官族也)'의 경우, 이름을 일컫지 않고 벼슬을 일컬은 까닭이다.

○ 音現, 下同.432)
'현(見)'은 음이 현(現)이니, 아래도 같다.

○ 聚功.
'취(聚)'는 공력(功力)을 모으는 것이다.

○ 朱子曰 : "'方鳩僝功', 語未可曉. 亦未灼然知爲見功, 且依古註說."433)

---

432) 호광(胡廣) 등 찬, 『서경대전(書經大全)』의 소주에는 "音現.(음이 현이다.)"으로 되어있다.
433) 호광(胡廣) 등 찬, 『서경대전(書經大全)』의 소주에서 발췌한 것이다. 그 전문은 다음과 같다. "朱子曰 : '共工·驩兜, 看得來其過惡, 甚於放齊·胤子朱. 方鳩僝功, 語未可曉, 此篇出於伏生, 便有此等處. 亦未灼然知僝功爲見功, 亦且依古註說.'(주자가 말하였다. '공공과 환두는 그 과오와 죄악을 보면 방제나 맏아들 주보다 심하다. 방구산공은 말을 알 수 없으니, 이 편이 복생에게서 나와 곧 이러한 곳이 있는 것이다. 또한 산공이 공적을 보이는 것인지 분명하게 알 수 없으니, 또한 옛날 주에 의거하여 말한 것이다.')" 이는 『주자어류(朱子語類)』 권78, 「상서일(尙書一)·요전(堯典)」과 「상서일(尙書一)·강령(綱領)」에서 발췌한 것이다. 「상서일(尙書一)·강령(綱領)」의 내용은 다음과 같다. "孔壁所藏者, 皆易曉; 伏生所記者, 皆難曉, 如「堯典」·「

'언공공방차구취이현기공야(言共工方且鳩聚而見其功也)'에 대해, 주자(朱子: 朱熹)가 말하였다. "'방구산공(方鳩僝功)'은 말을 알 수 없다. 또한 공적(功績)을 보이는 것이 되는지 분명하게 알 수 없으니, 또 옛날 주(註)에 의거하여 말한 것이다."

○ 音佩.434)
'패(背)'는 음이 패(佩)이다.

○ 按,『朱子大全』, '也'上有'其言'二字.435)
'용즉위패야(用則違背也)'에 대해, 살펴보건대, 『주자대전(朱子大全)』에는, '야(也)' 위에 '기언(其言)' 두 글자가 있다.

○ 補心不然.
모공이심불연야(貌恭而心不然也)'의 경우, 마음이 그렇지 않음을 보충한 것이다.

○ 孔氏曰 : "心傲很."436)
공씨(孔氏: 孔安國)가 말하였다. "마음이 오만하고 패려궂다."

○ 朱子曰 : "共工·驩兜, 看來其過惡, 甚於放齊·胤子朱."437)
주자(朱子: 朱熹)가 말하였다. "공공(共工)과 환두(驩兜)는 그 과오와 죄악을 보면 방제(放齊)나 맏아들 주(朱)보다 심하다."

○ 新安陳氏曰 : "四凶之二, 同惡相濟, 敢爲欺罔, 堯已燭其姦, 未及誅之耳. 舜旣受禪, 長惡不悛, 故罪之."438)

舜典」·「皐陶謨」·「益稷」, 出於伏生, 便有難曉處."
434) 호광(胡廣) 등 찬, 『서경대전(書經大全)』의 소주를 수용한 것이다.
435) 『주자대전(朱子大全)』 권65, 「잡저(雜著)·상서(尚書)·요전(堯典)」. "'靜言庸違', 靜則能言, 而用之則違背其言也.'정인용위'는 그냥 있을 때에는 말을 곧잘 하나 뽑아 쓰면 그 말을 위배하는 것이다.")
436) 호광(胡廣) 등 찬, 『서경대전(書經大全)』의 소주에서 발췌한 것이다. 그 전문은 다음과 같다. "孔氏曰 : '貌象恭敬, 而心傲狠, 若漫天.'(공씨가 말하였다. '겉으로는 공경하지만 마음이 오만하고 패려궂어서 하늘까지 넘쳐흐르는 것 같다.')"이는 『상서주소(尚書注疏)』 권1, 「우서(虞書)·요전(堯典)」에서 발췌한 것이다. 그 전문은 다음과 같다. "靜', 謀, '滔', 漫也. 言共工自爲謀言, 起用行事, 而違背之; 貌象恭敬而心傲很, 若漫天, 言不可用."
437) 호광(胡廣) 등 찬, 『서경대전(書經大全)』의 소주에서 발췌한 것이다. 그 내용은 다음과 같다. "朱子曰 : '共工·驩兜, 看來其過惡, 甚於放齊·胤子朱. ….'(주자가 말하였다. '공공과 환두는 그 과오와 죄악을 보면 방제나 맏아들 주보다 심하다. ….')"

신안 진씨(新安陳氏: 陳師凱)가 말하였다. "사흉(四凶)439) 가운데 두 사람으로 악행(惡行)을 같이하며 서로 돕고 감히 남을 속이는 짓을 하였다. 요(堯)가 이미 그 간사함을 밝히고도 주살함에 이르지 않았을 뿐이었는데, 순(舜)이 이미 선위(禪位)를 받음에 악행을 늘리면서 고치지 않기 때문에 죄주었던 것이다."

○ 音喘.
'천(舛)'은 음이 천(喘)이다.

○ 因下文而致衍.
'의유천오(疑有舛誤)'에서 볼 때, 아래 글로 인하여 글이 넘치는 데 이르렀다.

○ 三句論也.
'직임대소, 가견(職任大小, 可見)'의 경우, 세 구절을 논한 것이다.

○ 時大而事小, 於'采'言'予'者, 以此耳. 蓋順事者, 足以當歷試; 順時者, 乃可當攝, 無非禪舜張本.
때가 중요하였지만 일이 작았으니, '채(采)'에서 '여(予)'를 말한 것은 이 때문일 뿐이다. 대개 일에 순응하는 이는 족히 여러 차례 살펴서 시행해야 마땅하고, 때에 순응하는 이는 이에 마땅히 잡을 수 있을 것이니, 순(舜)에게 선위(禪位)하는 장본이 아님이 없다.

○ 象山陸氏曰 : "堯之知共工·丹朱, 不是於形迹間見之, 直是見他心術."440)
상산 육씨(象山陸氏: 陸九淵)441)가 말하였다. "요(堯)가 공공(共工)과 단주(丹朱)

---

438) 호광(胡廣) 등 찬, 『서경대전(書經大全)』의 소주에서 발췌한 것이다. 그 전문은 다음과 같다. "新安陳氏曰: '兜·共, 四凶之二, 同惡相濟, 敢爲欺罔. 堯已燭其姦, 未及誅之耳, 舜旣受禪, 長惡不悛, 故罪之.'(신안 진씨가 말하였다. '환두와 공공은 사흉 가운데 두 사람으로 악행을 같이하며 서로 돕고 감히 남을 속이는 짓을 하였다. 요가 이미 그 간사함을 밝히고도 주살함에 이르지 않았을 뿐이었는데, 순이 이미 선위를 받음에 악행을 늘리면서 고치지 않기 때문에 죄주었던 것이다.')"
439) 사흉(四凶): 공공(共工)·환두(驩兜)·삼묘(三苗)·곤(鯀)을 말한다. 호광(胡廣) 등 찬, 『서경대전(書經大全)』권1, 「우서(虞書)·순전(舜典)」에서 "流共工于幽洲, 放驩兜于崇山, 竄三苗于三危, 殛鯀于羽山, 四罪而天下咸服.(공공을 유주로 귀양 보내고, 환두를 숭산에 가두어두고, 삼묘를 삼위로 몰아내고, 곤을 우산으로 쫓아내어 네 사람을 죄주니 천하가 모두 복종하였다.)"
440) 호광(胡廣) 등 찬, 『서경대전(書經大全)』의 소주에서 발췌한 것이다. 그 전문은 다음과 같다. "象山陸氏曰: 堯之知共工·丹朱, 不是於形跡間見之, 直是見他心術.(상산 육씨가 말하였다. '요가 공공과 단주를 안 것은 형상과 자취 사이에서 본 것이 아니라, 곧장 그의 심술을 보았던 것이다.')"
441) 상산 육씨(象山陸氏: 陸九淵): 육구연(1139-1192)은 남송대의 학자로 자가 자정(子靜)이고, 호가 상산(象

를 안 것은 형상과 자취 사이에서 본 것이 아니라, 곧장 그의 심술(心術)을 보았던 것이다."

[1-1-1-11]

帝曰 : "咨! 四岳. 湯湯洪水方割, 蕩蕩懷山襄陵, 浩浩滔天, 下民其咨, 有能, 俾乂." 僉曰 : "於! 鯀哉." 帝曰 : "吁! 咈哉. 方命圯族." 岳曰 : "异哉, 試可乃已." 帝曰 : "往欽哉." 九載, 績用弗成.

요임금이 말하였다. "아! 사악아. 넘실넘실 큰 강물이 바야흐로 해 끼쳐서 거침없이 산을 에워싸고 언덕을 넘어 질펀하게 하늘까지 물이 넘쳐 아래 백성들이 탄식하고 있으니, 능력이 있는 이가 있으면 다스리게 하리라." 많은 신하들이 말하였다. "아! 곤입니다." 요임금이 말하였다. "아! 그렇지 않다. 절대로 그렇지 않도다. 명령을 거스르고, 일가붙이를 무너뜨렸다." 사악이 말하였다. "그만두더라도 가능한가를 시험해보고 이에 그만두어야 합니다." 이에 요임금이 말하였다. "가서 공경히 하도록 하라." 그러나 9년이 되도록 공적(功績)을 이루지 못하였다.

詳說

○ '湯', 音傷. '於', 音烏. '鯀', 古本反. '咈', 符勿反. '圯', 部鄙反. '异', 音異. '載', 音宰, 後多同.[442]

'상(湯)'은 음이 상(傷)이다. '오(於)'는 음이 오(烏)이다. '곤(鯀)'은 고(古)와 본(本)의 반절이다. '불(咈)'은 부(符)와 물(勿)의 반절이다. '비(圯)'는 부(部)와 비(鄙)의 반절이다. '이(异)'는 음이 이(異)이다. '재(載)'는 음이 재(宰)이니, 뒤에도 대부분 같다.

山)이며, 시호는 문안(文安)이다. 무주(撫州) 금계(金谿) 사람으로 구소(九韶)와 구령(九齡) 두 형과 함께 학문으로 이름을 알렸고, 주희(朱熹)와 같은 시대에 성리학을 연구하면서 심즉리(心卽理)를 주장하여 육학(陸學)을 정립하였으며, 후세의 왕양명(王陽明)의 학문에 영향을 끼쳤다. 건도(乾道) 8년(1172)에 진사과 급제하여 요직을 두루 거쳤는데, 강학과 교육에 더욱 힘을 쏟았다. 저서로는 『상산선생전집(象山先生全集)』 등이 있다.

442) 채침(蔡沈) 찬, 『서경집전(書經集傳)』에는 "'湯', 音傷. '於', 音烏. '鯀', 古本反. '咈', 符勿反. '圯', 部鄙反. '异', 音異.('상'은 음이 상이다. '오'는 음이 오이다. '곤'은 고와 본의 반절이다. '불'은 부와 물의 반절이다. '비'는 부와 비의 반절이다. '이'는 음이 이이다.)"라고 하였다. 호광(胡廣) 등 찬, 『서경대전(書經大全)』의 소주에는 "'湯', 音傷. '於', 音烏. '圯', 部鄙反. '异', 音異. '載', 音宰.('상'은 음이 상이다. '오'는 음이 오이다. '비'는 부와 비의 반절이다. '이'는 음이 이이다. '재'는 음이 재이다.)"라고 하였다.

集傳

'四岳', 官名, 一人而總四岳諸侯之事也. '湯湯', 水盛貌. '洪', 大也. 孟子曰: "水逆行, 謂之'洚水', '洚水'者, 洪水也." 蓋水涌出而未洩, 故汎濫而逆流也. '割', 害也. '蕩蕩', 廣貌. '懷', 包其四面也. '襄', 駕出其上也. 大阜曰'陵'. '浩浩', 大貌; '滔', 漫也, 極言其大勢若漫天也. '俾', 使; '乂', 治也, 言有能任此責者, 使之治水也. '僉', 衆共之辭, 四岳與其所領諸侯之在朝者, 同辭而對也. '於', 歎美辭; '鯀', 崇伯名, 歎其美而薦之也. '咈'者, 甚不然之之辭. '方命'者, 逆命而不行也. 王氏曰: "圓則行, 方則止, '方命', 猶今言廢閣詔令也, 蓋鯀之爲人, 悻戾自用, 不從上令也."443) '圮', 敗; '族', 類也, 言與衆不和, 傷人害物, 鯀之不可用者, 以此也. 『楚辭』, 言'鯀婞直', 是其'方命圮族'之證也. '岳曰', 四岳之獨言也. '异', 義未詳, 疑是已廢而復强擧之之意. '試可乃已'者, 蓋廷臣未有能於鯀者, 不若姑試用之, 取其可以治水而已; 言無預他事, 不必求其備也. 堯於是遣之, 往治水而戒以'欽哉', 蓋任大事, 不可以不敬, 聖人之戒, 辭約而意盡也. '載', 年也, 九載三考, 功用不成, 故黜之.

'사악(四岳)'은 벼슬 이름이니, 한 사람으로서 사악(四岳)에 있는 제후의 일을 총괄한 것이다. '상상(湯湯)'은 물이 성대한 모양이다. '홍(洪)'은 큼이다. 맹자(孟子)가 말하기를, "물이 거슬러 흐르는 것을 '강수(洚水)'라고 이르니, '강수(洚水)'는 홍수(洪水)이다."라고 하였는데, 대개 물이 솟아 나와 새어나가지 못하기 때문에 물이 넘쳐서 거슬러 흐른 것이다. '할(割)'은 해침이다. '상상(蕩蕩)'은 넓은 모양이다. '회(懷)'는 그 모든 주위를 에워싸는 것이고, '양(襄)'은 그 높은 곳에서 타고 나오는 것이다. 큰 언덕을 '능(陵)'이라고 한다. '호호(浩浩)'는 큰 모양이고, '도(滔)'는 질펀함이니, 그 큰 기세가 하늘에 질펀한 것과 같음을 지극하게 말한 것이다. '비(俾)'는 하여금이고, '예(乂)'는 다스림이니, 능력 있는 이가 이 직책을 맡아서 물을 다스리게 함을 말한 것이다. '첨(僉)'은 많은 사람들이 함께 하는 말이니, 사악(四岳)과 그 거느리는 제후로서 조정에 있는 자들이 말을 똑같이 하면서 대답한 것

---

443) 『주자어류(朱子語類)』 권78, 「상서일(尙書一)·요전(堯典)」에 이 부분의 내용이 보인다. "'庸命'·'方命'之 '命', 皆謂命令也, '庸命'者, 言能用我之命以畀厥位也; '方命'者, 言止其命令而不行也. 王氏曰: '圓則行, 方則止, 猶今言廢閣詔令也.' 蓋鯀之爲人, 悻戾自用, 不聽人言語, 不受人敎令也.('용명'과 '방명'의 '명'은 모두 명령을 말하니, '용명'이라는 것은 나의 명령을 사용하여 '짐의 자리를 양보함'을 말하고, '방명'이라는 것은 그 명령을 그만두고 행하지 않음을 말한다. 왕씨가 말하기를, '둥글면 나아가고, 모나면 멈춘다는 것은 지금의 말에 조령을 그만둔다고 함과 같다.'고 하였으니, 대개 곤의 사람됨이 성내고 패려궂으며 자기가 옳다고 믿어 남의 말을 듣지 않고 남의 가르침이나 명령을 받아들이지 않았다.)"

이다. '오(於)'는 감탄하여 크게 칭찬하는 말이고, '곤(鯀)'은 숭백(崇伯)의 이름이니, 그 아름다움을 감탄하여 천거한 것이다. '불(咈)'이라는 것은 심히 그렇지 않다는 말이다. '방명(方命)'이라는 것은 명령을 거스르며 행하지 않는 것이다. 왕씨(王氏: 王安石)가 말하기를, "둥글면 나아가고 모나면 멈추니, '방명(方命)'은 지금의 말에 조령(詔令)을 그만둔다고 함과 같다."라고 하였으니, 대개 곤(鯀)의 사람됨이 성내고 패려궂으며 자기가 옳다고 믿어 윗사람의 명령을 좇지 않았다. '비(圮)'는 무너뜨림이고, '족(族)'은 일가붙이이니, 많은 사람들과 조화롭지 못하여 남을 다치게 하고 물건을 해롭게 함을 말하였으니, 곤(鯀)을 쓸 수 없는 것은 이 때문이었다. 『초사(楚辭)』에서 "곤(鯀)이 행직(婞直)하다."라고 말하였으니, 이것이 '명령을 거스르고 일가붙이를 무너뜨렸다'는 증거이다. '악왈(岳曰)'은 사악(四岳)이 혼자서 말한 것이다. '이(异)'는 뜻이 자세하지 않으니, 의심하건대 이미 그만두었는데 다시 억지로 그를 천거한 뜻인 듯하다. '시가내이(試可乃已)'라는 것은 대개 조정의 신하들이 곤(鯀)보다 능력 있는 이가 없으니, 우선 시험 삼아 그를 써서 물을 다스릴 수 있는지를 취택함만 못할 따름이며, 다른 일에 간여함이 없으므로 갖춰짐을 요구할 필요가 없음을 말한 것이다. 요(堯)가 이에 그를 보내 가서 물을 다스리게 하면서 '공경하라'로써 경계하였으니, 대개 큰일을 맡으면 공경하지 않을 수 없으니, 성인의 경계는 말이 간략하면서도 뜻이 다하였다. '재(載)'는 해이니, 9년 동안 세 번 고과(考課)함에 공효(功效)가 이루어지지 못하였기 때문에 내쫓은 것이다.

詳說

○ 朱子曰 : "『周官』言 : '內有百揆·四岳', 則是朝廷官之長, 管領十二牧者."444)

---

444) 호광(胡廣) 등 찬, 『서경대전(書經大全)』의 소주에서 발췌한 것이다. 그 전문은 다음과 같다. "問 : '四岳, 是十二牧之長否?' 朱子曰 : '『周官』言, 內有百揆·四岳, 則百揆是朝廷官之長 ; 四岳乃管領十二牧者, 四岳通九官·十二牧, 爲二十有二人, 則四岳, 爲一人矣. 又堯咨四岳, 以汝能庸命異朕位, 不成堯欲, 以天下與四人也.'(물었다. '사악이 12목의 수장입니까?' 주자가 말하였다. 『주관』에서 말하기를, 도성 안에 백규와 사악을 둔다고 하였으니, 곧 백규는 조정 관료의 수장이고, 사악은 바로 12목을 도맡아 다스리는 자이다. 사악은 9관과 12목을 통합하여 22사람이 되니, 사악은 한 사람이 된다. ….)" 이는 또한 『주자어류(朱子語類)』 권78, 「상서일(尙書一)·요전(堯典)」에 실려 있다. 가공언(賈公彦) 등 찬, 『주례정의서(周禮正義序)』에 의하면, "案, 『周官』云 : '唐虞稽古, 建官惟百, 內有百揆·四岳', 則四岳之外, 更有百揆之官者. 但堯初天官爲稷, 至堯試舜, 天官之任, 謂之百揆, 舜卽眞之後, 命禹爲之, 卽天官也."라고 하였다. 그리고 사악(四岳)에 대하여 『국어(國語)』의 주에서 위소(韋昭)는 공공(共工)의 후예로 우(禹)를 도와서 치수(治水)에 공이 있어 사성(賜姓)이 강(姜)이고, 여(呂)에 봉해주면서 제후의 수장이 되게 하였다고 하였다. 『사기(史記)』 「제태공세가(齊太公世家)」에서 태공망 여상(呂尙)은 동해가의 사람으로 그 선조가 사악이 되어 우(禹)를 도와 공이 있었으며, 여(呂)에 봉해지고 신(申)에 봉해지며 성이 강씨(姜氏)라고 하였다. 사마정(司馬貞)의 「색은(索隱)」

'일인이총사악제후지사야(一人而總四岳諸侯之事也)'에 대해, 주자(朱子: 朱熹)가 말하였다. "『주관(周官)』에서 말하기를, '도성 안에 백규(百揆)와 사악(四岳)을 둔다.'고 하였는데, 곧 백규(百揆)는 조정(朝廷) 관료의 수장이고, 사악(四岳)은 바로 12목(牧)을 도맡아 다스리는 자이다."

○ 「滕文公」.445)
'맹자(孟子)'는「등문공(滕文公)」이다.

○ 音降.446)
'강(洚)'은 음이 강(降)이다.

○ 害民.
'해야(害也)'는 백성을 해치는 것이다.

○ 音潮.447)
'조(朝)'는 음이 조(潮)이다.

○ 國名.
'숭(崇)'은 나라 이름이다.

○ 旣吁而又咈之, 可知其爲甚辭.

에서는 염제(炎帝)의 후예이고 백이(伯夷)의 후손으로 사악을 맡아 공이 있어 여(呂)에 봉해졌다고 하였다. 「요전(堯典)」에서 공안국(孔安國)의 전(傳)에 의하면, 사악(四岳)은 희씨(羲氏)와 화씨(和氏)의 네 아들로서 사악의 제후를 나누어 맡았기 때문에 불렸던 것이라고 하였다.

445) 『맹자집주대전(孟子集註大全)』권6,「등문공장구하(滕文公章句下)」. "當堯之時, 水逆行, 氾濫於中國, 蛇龍居之. 民無所定, 下者爲巢, 上者爲營窟. 『書』曰: '洚水警余', '洚水'者, 洪水也. 使禹治之, 禹掘地而注之海, 驅蛇龍而放之菹. 水由地中行, 江·淮·河·漢, 是也.(요임금의 때를 당하여 물이 거슬러 흘러 나라 안에 범람하니, 뱀과 용이 차지하였다. 백성들이 정하여 살 곳이 없자 아래의 백성들은 움집을 만들고, 위의 백성들은 굴을 만들었다. 『서경』에서 '강수가 나를 경계시킨다.'라고 하였으니, '강수'라는 것은 홍수이다. 우로 하여금 다스리게 하니, 우가 땅을 파서 홍수를 바다로 들어가게 하고, 뱀과 용을 몰아서 습지로 내쫓았다. 물이 땅 가운데를 따라 흘러가니, 장강과 회수와 황하와 한수가 이것이다.)" 이는 『맹자집주대전(孟子集註大全)』권12,「고자장구하(告子章句下)」에도 보인다. 그 내용은 다음과 같다. "白圭曰: '丹之治水也, 愈於禹.' 孟子曰: '子過矣. 禹之治水, 水之道也. 是故禹以四海爲壑, 今吾子以鄰國爲壑. 水逆行, 謂之洚水, 洚水者, 洪水也. 仁人之所惡也, 吾子過矣.'(백규가 말하였다. '제가 물을 다스린 것은 우보다 낫습니다.' 맹자가 말하였다. '그대가 지나치다. 우가 물을 다스린 것은 물의 길을 튼 것이다. 그러므로 우는 온 세상을 골짜기로 삼았는데, 지금 그대는 이웃 나라를 골짜기로 삼았다. 물이 거슬러 흘러가는 것을 강수라고 이르니, 강수라는 것은 홍수이다. 어진 사람이 미워하는 것이니, 그대가 지나치다.')"
446) 호광(胡廣) 등 찬, 『서경대전(書經大全)』의 소주를 수용한 것이다.
447) 호광(胡廣) 등 찬, 『서경대전(書經大全)』의 소주를 수용한 것이다.

'심불연지지사(甚不然之之辭)'의 경우, 이미 그렇지 않다고 하고서 또 매우 그렇지 않다고 하였으니, 그것이 심한 말이 됨을 알 수 있다.

○ 汎以物言.
'원즉행, 방즉지(圓則行, 方則止)'의 경우, 두루 사물로써 말한 것이다.

○ 猶止也.
'폐각(廢閣)'의 경우, 지(止: 멈추다, 그만두다)와 같다.

○ 下頂反.448)
'행(悻)'은 하(下)와 정(頂)의 반절이다.

○ 必邁反.
'패(敗)'는 필(必)과 매(邁)의 반절이다.

○ 「離騷」.449)
'『초사』(『楚辭』)'는 「이소(離騷)」이다.

○ 悻同.
'행(婞)'은 성낼 행(悻)과 같다.

○ 上聲.
'강(强)'은 상성(上聲: 강제로, 억지로)이다.

○ 朱子曰 : "'异哉', 是不用, 亦可. '試可', 言試而可, 則用之."450)
'취기가이치수이이(取其可以治水而已)'에 대해, 주자(朱子: 朱熹)가 말하였다.

---

448) 호광(胡廣) 등 찬, 『서경대전(書經大全)』의 소주를 수용한 것이다.
449) 왕일(王逸) 찬, 『초사장구(楚辭章句)』 권1, 「이소경장구제일(離騷經章句第一)」. "曰 : '鯀婞直, 以亡身兮.'(말하기를, '곤은 성내고 고집스러워 자신을 망쳤도다.'라고 하였다.)"
450) 호광(胡廣) 등 찬, 『서경대전(書經大全)』의 소주에서 발췌한 것이다. 그 전문은 다음과 같다. "'异哉', 是不用, 亦可. '試可乃已', 言試而可, 則用之: 亦可已而已之也.('이재'는 쓰지 않아도 또한 괜찮다는 것이다. '시가내이'는 시험해봐서 괜찮으면 쓰고, 또한 그만두게 할 만하면 그만두게 함을 말한다.)" 이는 『주자어류(朱子語類)』 권78, 「상서일(尙書一)·요전(堯典)」에 실려 있다.

"'이재(異哉)'는 쓰지 않아도 또한 괜찮은 것이다. '시가(試可)'는 시험하여 괜찮
으면 쓴다는 것이다."

○ 申'乃已'意.
'언무예타사(言無預他事)'는 '내이(乃已: 이에 그만두다)'의 뜻을 펼친 것이다.

○ 申'試可'意.
'불필구기비야(不必求其備也)'는 '시가(試可: 시험하여 괜찮으면)'의 뜻을 펼친
것이다.

○ 四句論也.
'사약이의진야(辭約而意盡也)'의 경우, 네 구절을 논한 것이다.

○ 唐虞曰'載'.
'년야(年也)'의 경우, 당우(唐虞)에는 '재(載)'라고 하였다.

○ 見下篇.
'구재삼고(九載三考)'는 아래편에 보인다.

○ 朱子曰 : "鯀也, 是有才智, 只是很拗."451)
'공용불성, 고출지(功用不成, 故黜之)'에 대해, 주자(朱子: 朱熹)가 말하였다. "곤
(鯀)은 재주와 지혜가 있었으나, 다만 패려궂고 마음이 삐뚤었다."

○ 陳氏大猷曰 : "「祭法」云: '禹能修鯀之功', 鯀非無功, 但不成
爾. 三人當時所賢, 堯獨察其不然, 可見堯之知人也."452)

---

451) 호광(胡廣) 등 찬, 『서경대전(書經大全)』의 소주에서 발췌한 것이다. 그 전문은 다음과 같다. "問: '堯旣
知鯀, 如何猶用之?' 曰: '鯀也, 是有才智, 想見只是狠抝自是, 所以弄得恁地狼瑠. 所以『楚辭』說鯀倖直以
亡身, 必是他去治水, 有不依道理壞了處, 弄了八九年, 無收殺了, 故舜殛之.'(물었다. '요가 이미 곤을 알았
거늘 어찌하여 오히려 그를 등용하였습니까?' 말하였다. '곤은 재주와 지혜가 있었으나, 생각해보면 다만
패려궂고 마음이 삐뚤었는데도 스스로 옳다고 여겨 그렇게 곤궁하였던 것이다. 그래서 『초사』에서 곤이
성내고 고집스러워 자신을 망쳤다고 하였으니, 반드시 그가 물을 다스림에 도리에 의거하지 않아 무너뜨
린 곳이 있었으며, 제멋대로 8, 9년 동안 일하였으나 수확이 없었기 순이 그를 죽였다.')"이는 『주자어류
(朱子語類)』 권78, 「상서일(尙書一)·요전(堯典)」에 실려 있는 내용과 다소 상이하다. 그 전문은 다음과 같
다. "又問: '堯旣知鯀, 如何尙用之?' 曰: '鯀也, 是有才智, 想見只是狠抝自是, 所以弄得恁地狼當. 所以『
楚辭』說鯀倖直以亡身, 必是他去治水, 有不依道理處, 壞了人多, 弄了八九年, 無收殺, 故舜殛之.'(또 물었다.
….)"

진씨대유(陳氏大猷: 陳大猷)가 말하였다. "『예기(禮記)』「제법(祭法)」에서 이르기를, '우(禹)가 능히 곤(鯀)의 일을 닦았다.'고 하였는데, 곤(鯀)이 공이 없는 것이 아니고 다만 이루지 못하였을 뿐이다. 세 사람이 당시에 현명하다고 여긴 사람이었지만, 요(堯)만 홀로 그것이 그렇지 않음을 살폈으니, 요(堯)가 사람을 알아봄을 볼 수 있는 것이다."

[1-1-1-12]

帝曰: "咨! 四岳. 朕在位七十載, 汝能庸命, 巽朕位." 岳曰: "否德, 忝帝位." 曰: "明明, 揚側陋." 師錫帝曰: "有鰥在下, 曰'虞舜'." 帝曰: "俞. 予聞, 如何?" 岳曰: "瞽子, 父頑, 母嚚, 象傲, 克諧以孝, 烝烝乂, 不格姦." 帝曰: "我其試哉. 女于時, 觀厥刑于二女." 釐降二女于嬀汭, 嬪于虞, 帝曰: "欽哉."

요임금이 말하였다. "아! 사악아. 짐이 임금 자리에 있은 지가 70년인데, 네가 능히 명령을 잘 따르니, 짐의 자리를 물려주겠다." 사악이 말하였다. "저는 덕이 없어 임금 자리를 욕되게 할 것입니다." 요임금이 말하였다. "현명한 이를 밝히고, 미천한 이를 올리도록 하라." 많은 신하들이 임금에게 대답하였다. "홀아비가 아래 지위에 있는데, '우순(虞舜)'이라고 합니다." 요임금이 말하였다. "아! 너의 말이 옳다. 나도 들었는데, 어떠한 사람인가?" 사악이 말하였다. "소경의 아들로 아버지는 완악하고 어머니는 어리석으며, 이복동생 상(象)은 오만한데도 능히 효우(孝友)로써 조화롭게 하여 점점 다스려서 간악함에 이르지 않게 하였습니다." 요임금이 말하였다. "내가 시험해보겠다. 이에게 딸을 시집보내 그 도리(道理)를 두 딸에게서 살펴보겠다." 이에 두 딸을 곱게 꾸며서 규수(嬀水)의 북쪽으로 시집보내 우순(虞舜)의 아내가 되게 하였는데, 요임금이 말하였다. "공경하라."

詳說

---

452) 호광(胡廣) 등 찬, 『서경대전(書經大全)』의 소주에서 발췌한 것이다. 그 전문은 다음과 같다. "陳氏大猷曰: '「祭法」云: 禹能修鯀之功, 鯀非無功, 但不成耳. 於人所共賢而賢之, 易於人所共賢而知其非賢, 難三人當時所賢, 堯獨察其不然, 此可見堯之知人也.'(진씨 대유가 말하였다. 『예기』「제법」에서 이르기를, 우가 능히 곤의 일을 닦았다고 하였는데, 곤이 공이 없는 것이 아니고 다만 이루지 못하였을 뿐이다. … 세 사람이 당시에 현명하다고 여긴 사람을 꾸짖고, 요만 홀로 그 그렇지 않음을 살폈으니, 여기서 요의 사람을 알아봄을 알 수 있는 것이다.')" 호광(胡廣) 등 찬, 『예기대전(禮記大全)』 권22, 「제법(祭法)」에서 "鯀鄣鴻水而殛死, 禹能修鯀之功."이라고 하였다.

○ 『諺』音誤.453) '女', 于之女, 去聲. '嬀', 俱爲反, 『諺』音誤.454) '汭', 如稅反.455)

'관(鰥)', 『언해(諺解)』의 음이 잘못되었다. '여(女)'는 시집가는 딸이니, 거성(去聲)이다. '규(嬀)'는 구(俱)와 위(爲)의 반절이니, 『언해(諺解)』의 음이 잘못되었다. '예(汭)'는 여(如)와 세(稅)의 반절이다.

集傳

'朕', 古人自稱之通號. 吳氏曰:"'巽'·'遜', 古通用." 言:"汝四岳, 能用我之命, 而 可遜以此位乎." 蓋丹朱旣不肖, 羣臣又多不稱, 故欲擧以授人而先之四岳也. '否', 不通; '忝', 辱也. '明明', 上'明', 謂明顯之; 下'明', 謂已在顯位者. '揚', 擧也. '側陋', 微賤之人也, 言惟德是擧, 不拘貴賤也. '師', 衆; '錫', 與也, 四岳·羣臣·諸侯, 同辭以對也. '鰥', 無妻之名. '虞', 氏; '舜', 名也. '兪', 應許之辭. '予聞'者, 我亦嘗聞是人也; '如何'者, 復問其德之詳也. '岳曰', 四岳獨對也. '瞽', 無目之名, 言舜乃瞽者之子也, 舜父號瞽叟. 心不則德義之經, 爲'頑'. '母', 舜後母也. '象', 舜異母弟名. '傲', 驕慢也. '諧', 和; '烝', 進也, 言舜不幸遭此, 而能和以孝, 使之進進以善自治, 而不至於大爲姦惡也. '女', 以女與人也. '時', 是; '刑', 法也. '二女', 堯二女娥皇·女英也. 此堯言其將試舜之意也, 『莊子』所謂'二女事之以觀其內', 是也. 蓋夫婦之間, 隱微之際, 正始之道, 所繫尤重, 故觀人者, 於此爲尤切也. '釐', 理; '降', 下也. '嬀', 水名, 在今河中府河東縣, 出歷山入河. 『爾雅』曰:"水北曰汭." 亦小水入大水之名, 蓋兩水合流之內也. 故從水從內, 蓋舜所居之地. '嬪', 婦也; '虞', 舜氏也, 『史』言:"堯治裝下嫁二女于嬀水之北, 使爲舜婦于虞氏之家也." '欽哉', 堯戒二女之辭, 卽『禮』所謂'往之女家, 必敬必戒'者, 況以天子之女, 嫁於匹夫, 尤不可不深戒之也.

'짐(朕)'은 옛사람들이 스스로 이르는 호칭이다. 오씨(吳氏: 吳棫)456)가 말하기를,

---

453) 『언해(諺解)』에는 '환'으로 되어있는음을 말한 것이다. 『서경대전(書經大全)』의 소주에서 음이 '관(關)'이라 하였고, 『광운(廣韻)』에 의하면 "古頑切, 平.(고와 완의 반절이니, 평성이다.)"이라고 하였다.
454) 『언해(諺解)』에는 '위'로 되어있음을 말한 것이다. 『서경집전(書經集傳)』과 『서경대전(書經大全)』의 소주에는 "'嬀', 俱爲反.('규'는 구와 위의 반절이다.)"이라고 하였다.
455) 채침(蔡沈) 찬, 『서경집전(書經集傳)』에는 "'嬀', 俱爲反. '汭', 如稅反. '嬪', 音幷.('규'는 구와 위의 반절이다. '예'는 여와 세의 반절이다. '빈'은 음이 병이다.)"이라고 하였다. 호광(胡廣) 등 찬, 『서경대전(書經大全)』의 소주에는 "'鰥', 音關. '女', 尼據反. '嬀', 俱爲反. '汭', 如稅反. '嬪', 毗實反.('관'은 음이 관이다. '녀'는 니와 거의 반절이다. '규'는 구와 위의 반절이다. '예'는 여와 세의 반절이다. '빈'은 비와 빈의 반절이다.)"이라고 하였다.

"'손(巽)'과 '손(遜)'은 옛날에 넘나들며 쓰였다."라고 하였다. 말하기를, "너 사악이 능히 나의 명령을 베풀었으니, 이 지위를 물려주겠다."라고 하였으니, 대개 단주(丹朱)가 이미 어리석고 뭇 신하들이 또 대부분 지위에 맞지 않기 때문에 사람의 이름을 들어 말하면서 다른 사람에게 주고자 함에 사악을 먼저 한 것이다. '부(否)'는 불(不)과 통한다. '첨(忝)'은 욕됨이다. '명명(明明)'에서 위의 '명(明)'자는 밝게 드러냄을 이르고, 아래의 '명(明)'자는 이미 현달한 지위에 있는 이를 이른다. '양(揚)'은 들어 올림이고, '측루(側陋)'는 미천한 사람이니, 오직 덕 있는 사람을 들어 올림에 귀하고 천함에 구애되지 않음을 말한 것이다. '사(師)'는 무리이고, '석(錫)'은 줌이니, 사악과 뭇 신하와 제후들이 같은 말로 대답한 것이다. '관(鰥)'은 아내가 없는 이의 명칭이다. '우(虞)'는 씨(氏)이고, '순(舜)'은 이름이다. '유(俞)'는 응대하여 허락하는 말이다. '여문(予聞)'이라는 것은 나 또한 일찍이 이 사람에 대해 들었다는 것이고, '여하(如何)'라는 것은 다시 그 덕의 상세한 내용을 물은 것이다. '악왈(岳曰)'은 사악이 홀로 대답한 것이다. '고(瞽)'는 눈이 없는 사람의 명칭이니, 순(舜)이 바로 장님의 아들임을 말한 것이니, 순(舜)의 아버지의 칭호가 고수(瞽叟)이다. 마음으로 도덕과 신의(信義)라는 떳떳한 도리를 본받지 않는 것이 '완(頑)'이다. '모(母)'는 순(舜)의 후모(後母: 繼母)이고, '상(象)'은 순(舜)의 이복(異腹) 아우의 이름이다. '오(傲)'는 교만함이다. '해(諧)'는 조화함이고, '증(烝)'은 나아감이니, 순(舜)이 불행하게도 이 사람들을 만났으나 능히 효우(孝友)로써 화해(和諧)하여 그들로 하여금 점진적으로 선(善)으로써 스스로 다스려 크게 간악함을 하는 데 이르지 않게 하였음을 말한 것이다. '여(女)'는 딸을 남에게 주는 것이다. '시(時)'는 이것이고, '형(刑)'은 법(法: 道理)이다. '이녀(二女)'는 요(堯)의 두 딸인 아황(娥皇)과 여영(女英)이다. 이것은 요(堯)가 장차 순(舜)을 시험해보겠다는 뜻을 말한 것이니, 『장자(莊子)』에서 이른바 "두 딸로써 순(舜)을 섬기게 하여 그 집안의 다스림을 관찰하였다."는 것이 이것이다. 대개 부부(夫婦) 사이의 은미한 교제(交際)는 그 시초를 바르게 해야 하는 도리이니, 관계되는 것이 더욱 중대하다. 그러므로 사람을 관찰하는 이는 이것에 있어서 더욱 간절하게 하는 것이다. '이(釐)'는 다스림이고, '강(降)'은 하가(下嫁)이다. '규(嬀)'는 물 이름이니, 지금의 하중부

---

456) 오씨(吳氏: 吳棫): 오역(110-1154)은 송대 학자로 당시에 통유(通儒)라고 일컬었다. 자는 재로(才老)이고, 서주(舒州) 사람이다. 또는 신안(新安), 건안(建安) 사람이라고도 한다. 휘종(徽宗) 정화(政和) 8년(1118)에 진사과에 급제하였으나 벼슬에 나아가지 않다가 만년에 이르러 비로소 태상승(太常丞)이 되었다. 훈석(訓釋)의 학문에 정통하여 매색(梅賾)이 올린 『고문상서(古文尙書)』가 위서임을 밝혀내어 후대의 염약거(閻若璩)의 『상서고문소증(尙書古文疏證)』 등 『상서(尙書)』 연구에 영향을 주었다. 저서로는 『비전(裨傳)』, 『운보(韻補)』 등이 있다.

(河中府) 하동현(河東縣)에 있으니, 역산(歷山)에서 나와서 황하(黃河)로 들어간다. 『이아(爾雅)』에서 말하기를, "물의 북쪽을 '예(汭)'라고 한다." 하였고, 또한 작은 물이 큰물로 들어가는 이름이니, 대개 두 물이 합하여 흘러들어가는 안쪽일 것이다. 그러므로 수(水)를 따르고 내(內)를 따랐으니, 순(舜)이 거주하던 곳의 땅이다. '빈(嬪)'은 부인이 됨이고, '우(虞)'는 순(舜)의 씨(氏)이니, 『사기(史記)』에서 말하기를, "요(堯)가 두 딸을 치장하여 규수의 북쪽에 시집보내 그로 하여금 우씨의 집안에서 순(舜)의 아내가 되게 하였다."라고 하였다. '흠재(欽哉)'는 요(堯)가 두 딸을 경계한 말이니, 『예기(禮記)』에서 이른바 "너의 시댁에 가서 반드시 공경하고 반드시 경계하라."는 것이거늘, 하물며 천자의 딸을 신분 낮은 사내에게 시집보냄에 더욱 깊이 경계하지 않을 수 없었던 것이다.

詳說

○ 秦以後, 惟天子得稱之.
'고인자칭지통호(古人自稱之通號)'의 경우, 진(秦)나라 이후로 오직 천자(天子)만이 일컬을 수 있었다.

○ 見『孟子』「萬章」.457) ○照'若時'節.458)
'개단주기불초(蓋丹朱旣不肖)'에서, 『맹자(孟子)』「만장(萬章)」에 보인다. ○'약시(若時)'의 단락을 참조한 것이다.

○ 去聲. ○照'共工'·'鯀'二節.459)
'군신우다불칭(羣臣又多不稱)'에서 칭(稱)은 거성(去聲: 알맞다)이다. ○'공공(共

---

457) 『맹자집주대전(孟子集註大全)』권9,「만장장구상(萬章章句上)」. "丹朱之不肖, 舜之子亦不肖, 舜之相堯, 禹之相舜也, 歷年多, 施澤於民久, 啓賢, 能敬承繼禹之道, 益之相禹也, 歷年少, 施澤於民, 未久, 舜·禹·益, 相去久遠, 其子之賢不肖, 皆天也, 非人之所能爲也. 莫之爲而爲者, 天也, 莫之致而至者, 命也.(단주가 현명하지 못함에 순임금의 아들이 또한 현명하지 못하였으며, 순임금이 요임금을 도움과 우임금이 순임금을 도움은 해를 지남이 많아서 백성에게 은택을 베풂이 오래되었고, 계는 어질어서 능히 우임금의 도를 공경스럽게 받들어 이었으며, 익이 우임금을 도움은 해를 지남이 적어서 백성에게 은택을 베풂이 오래되지 못하였으니, 순임금과 우임금과 익이 서로 떨어짐이 오래되고 먼 것과, 그 아들이 현명하며 현명하지 못함은 다 하늘의 명이라서 사람이 능히 할 수 있는 것이 아니다. 하는 일이 없이도 그렇게 되는 것은 하늘의 뜻이고, 이르게 함이 없이도 이르는 것은 하늘의 명이다.)"
458) 위의 단락 [1-1-1-9]를 말한다. "帝曰 : '疇咨若時, 登庸?' 放齊曰 : '胤子朱啓明.' 帝曰 : '吁! 嚚訟, 可乎.'(요임금이 말하였다. '누가 이때를 순조롭게 할 사람을 찾아가서 물어보고 등용하도록 하겠는가?' 방제가 말하였다. '맏아들 단주가 지혜롭고 현명합니다.' 요임금이 말하였다. '아! 그렇지 않다. 어리석고 말다툼을 하는데, 가능하겠느냐.')"
459) 위의 단락 [1-1-1-10]과 [1-1-1-11]을 말한다.

工)'과 '곤(鯀)'의 두 단락을 참조한 것이다.

○ 猶'於'也.
'고욕거이수인이선지(故欲擧以授人而先之)'에서 '지(之)'는 '어(於)'와 같다.

○ 與『大學』'明明德'460)之文勢, 同.
'위이재현위자(謂已在顯位者)'의 경우,『대학(大學)』'명명덕(明明德)'의 문장 기세와 같다.

○ 結上揚側陋, 生下.
'불구귀천야(不拘貴賤也)'에서 '명명(明明)'은 윗사람이 미천한 사람을 들어 올려서 아랫사람을 살리는 것을 맺는 것이다.

○ 薦人以進, 故言'錫', 此記者之意.
'여야(與也)'의 경우, 남을 천거하여 진출시켰기 때문에 '줄 석(錫)'을 말하였으니, 이는 기술한 이의 뜻이다.

○ 古人三十而娶, 時舜適三十歲.
'무처지명(無妻之名)'의 경우, 옛사람들은 30이 되어서 장가갔는데, 이때 순(舜)이 마침 30세였다.

○ 唐孔氏曰 : "按,「世本」, '舜是黃帝八世孫'."461) ○朱子曰 : "前世帝王之後, 在堯時在側陋, 若漢光武, 是景帝七世孫, 已在民間耕稼."462)

---

460) 『대학장구대전(大學章句大全)』. "大學之道, 在明明德, 在親民, 在止於至善.(대학의 도는 밝은 덕을 밝히는 데 있으며, 백성들을 친애함에 있으며, 지극한 선에 머무름에 있다.)"
461) 호광(胡廣) 등 찬, 『서경대전(書經大全)』의 소주에서 발췌한 것이다. 그 전문은 다음과 같다. "唐孔氏曰 : '按,「五帝本紀」, 堯是黃帝玄孫, 舜是黃帝八代孫, 計堯女於舜之曾祖, 爲四從姊妹, 以之爲妻, 於義不可.「世本」之言, 未可據信.'(당나라 공씨가 말하였다. '살펴보건대,「세본」에서 요는 황제의 현손이고, 순은 황제의 8세손이니, 계산해보면 요의 딸이 순의 증조에게 사종자매가 되는데 아내를 삼았으니 의리에 옳지 않다. ….')" 이는 『상서주소(尙書注疏)』 권1,「우서(虞書)·요전(堯典)」에서 발췌한 것이다.
462) 호광(胡廣) 등 찬, 『서경대전(書經大全)』의 소주에서 발췌한 것이다. 그 전문은 다음과 같다. "朱子曰 : '先儒多疑舜乃前世帝王之後, 在堯時不應在側陋, 此恐不然. 若漢光武, 只是景帝七世孫, 已在民間耕稼了, 況上古人壽長, 傳數世之後, 經歷之遠, 自然有微而在下者.'(주자가 말하였다. '선대의 선비들은 대부분 순이 바로 전대 제왕의 후손이었으므로 요임금 때 응당 미천한 신분으로 있지 않았을 것이라고 의심하였으나, 이는 아마도 그렇지 않았을 것이다. 한나라 광무제 같으면 다만 경제의 7세손인데도 이미 민간에서 농사짓고 있었거늘, 하물며 아주 오랜 옛날 사람들은 오래 살아서 몇 세대 뒤에 전하여 겪어 지나옴이 멀어지면 자연스럽게 미천해져 낮은 지위에 있었던 것이다.')" 이는 『주자어류(朱子語類)』 권78,「상서일(尙書

'명야(名也)'에 대해, 당(唐)나라 공씨(孔氏: 孔穎達)가 말하였다. "살펴보건대, 「세본(世本)」에서 순(舜)은 황제(黃帝)의 8세손이라고 하였다." ○주자(朱子: 朱熹)가 말하였다. "전대 제왕의 후손으로 요임금 때 미천한 신분에 있었다. 한나라 광무제(光武帝) 같으면 경제(景帝)의 7세손으로 이미 민간에 있으면서 농사를 지었다."

○ 去聲.
'부(復)'는 거성(去聲: 다시)이다.

○ 此於上節, 爲要端, 故又特訓之.
'사악독대야(四岳獨對也)'의 경우, 이는 위의 단락에서 별도의 일이 되기 때문에 또 특별히 뜻을 새긴 것이다.

○ 亦見『左』「僖二十四年」.463)
'심불칙덕의지경, 위완(心不則德義之經, 爲頑)'의 경우, 또한 『좌전(左傳)』「희공(僖公) 24년」에 보인다.

○ '使之進進以善自治', 補'使'字.
'사지진진이선자치(使之進進以善自治)'의 경우, '사(使)'자를 보탰다.

○ 呂氏曰 : "若有間斷, 則無以勝其爲惡矣."464)
여씨(呂氏: 呂祖謙)가 말하였다. "만약 잠시 그치거나 끊어짐이 있으면 그 악함이 되는 것을 이길 수 없다."

一)·요전(堯典)」에 실려 있다.
463) 『춘추좌전주소(春秋左傳注疏)』 권14, 「희공(僖公) 24년」. "耳不聽五聲之和, 爲聾; 目不別五色之章, 爲昧; 心不則德義之經, 爲頑; 口不道忠信之言, 爲嚚. 狄皆則之, 四姦具矣; 周之有懿德也.(귀로 다섯 소리의 조화를 듣지 못하는 것을 농이라 하고, 눈으로 다섯 색깔의 빛남을 분별하지 못하는 것을 매라고 하고, 마음으로 도덕 신의의 의리를 본받지 못하는 것을 완이라 하고, 입으로 충성과 신의의 말을 말하지 못하는 것을 은이라 한다. ….)"
464) 호광(胡廣) 등 찬, 『서경대전(書經大全)』의 소주에서 발췌한 것이다. 그 전문은 다음과 같다. "呂氏曰 : '烝烝二字, 舜之工夫在此. 烝烝者, 有熏灌之意. 『詩』曰 : 烝之浮浮, 如甑之炊米, 薪然不繼, 則氣息不騰. 烝烝之工, 間斷不能熟物. 火旣不歇, 則自然烝烝以至於熟. 舜處頑父·嚚母·傲象之間, 彼爲惡之功, 日日不已, 苟非孝誠, 熏灌工夫源源, 安能至於不格姦之地. 若有間斷, 則無以勝其爲惡矣, 蓋爲善爲惡, 各有力量, 力者勝此烝烝不格姦之意.'(여씨가 말하였다. '… 만약 잠시 그치거나 끊어짐이 있으면 그 악함이 되는 것을 이길 수 없으니, 대개 선함이 되고 악함이 되는 것은 각각 역량이 있어서 ….')" 이 내용은 여조겸(呂祖謙)의 제자인 시란(時瀾) 찬, 『증수동래서설(增修東萊書說)』 권1, 「요전제일(堯典第一)·우서(虞書)」에 보인다.

○ 潛室陳氏曰 : "亦謂能感動其慈愛之心, 至於和豫, 使父子如初耳, 非謂能移其氣性, 使作聖賢."465)
'이부지어대어간악야(而不至於大爲姦惡也)'에 대해, 잠실 진씨(潛室陳氏: 陳埴)가 말하였다. "또한 능히 그 자애로운 마음을 감동시켜 화해와 즐거움에 이르러 아버지와 자식으로 하여금 처음처럼 하도록 하였을 뿐임을 말한 것이고, 능히 그 기질을 변화시켜 하여금 성현이 되도록 하였음을 이른 것은 아니다."

○ 如字, 下並同.
'이녀(以女)'에서 녀(女)는 본래의 음대로 읽으니, 아래도 아울러 같다.

○ 孫氏曰 : "與『詩』'刑于寡妻'之'刑', 同."466)
'법야(法也)'에 대해, 손씨(孫氏: 孫炎)가 말하였다. "『시경(詩經)』의 '형우과처(刑于寡妻)467)'의 '형(刑)'과 같다."

○ 則試于其家也, 下篇'愼徽'節, 是歷試以位也.
'차요언기장시순지의야(此堯言其將試舜之意也)'의 경우, 이것은 곧 시험 삼아 그 집안에 시집을 보낸 것이고, 아래편 '신휘(愼徽)'의 단락468)은 지위로써 두루 시험한 것이다.

○ 孔氏曰 : "以治家, 觀治國."469)

---

465) 호광(胡廣) 등 찬,『서경대전(書經大全)』의 소주에서 발췌한 것이다. 그 전문은 다음과 같다. "問 : '舜能使瞽叟之不格姦, 何哉?' 潛室陳氏曰 : '不格姦, 亦謂能感動其慈愛之心, 至於和豫, 使父子如初耳, 非謂能移其氣性, 使作聖賢.'(물었다. '순이 능히 고수로 하여금 간악함에 이르지 않게 한 것은 어째서인가?' 잠실 진씨가 말하였다. '간악함에 이르지 않았다는 것은 또한 능히 그 자애로운 마음을 감동시켜 화해와 즐거움에 이르러 아버지와 자식으로 하여금 처음처럼 하도록 하였을 뿐임을 말한 것이고, 능히 그 기질을 변화시켜 하여금 성현이 되도록 하였음을 이른 것은 아니다.')"
466) 호광(胡廣) 등 찬,『서경대전(書經大全)』의 소주에서 발췌한 것이다. 그 전문은 다음과 같다. "孫氏曰 : '刑, 謂以身儀之, 與『詩』刑于寡妻之刑, 同.'(손씨가 말하였다. '형은 몸으로써 도리가 됨을 이르니,『시경』의 형우과처의 형과 같다.')"
467) 형우과처(刑于寡妻): 호광(胡廣) 등 찬,『시경대전(詩經大全)』권16, 「대아(大雅)·문왕지십(文王之什)·사제(思齊)」의 2장에 나온다. "惠于宗公, 神罔時怨; 神罔時恫, 刑于寡妻, 至于兄弟, 以御于家邦.(종묘의 선공에게 순조로이 하여 신명이 이에 원망함이 없었으며 신명이 이에 애통함이 없나니 현명한 아내에게 도리가 되었고 모든 형제들에게까지 이르렀으며, 집안과 나라를 다스렸기 때문이라.)"
468) '신휘(愼徽)'의 단락: 호광(胡廣) 등 찬,『서경대전(書經大全)』권1,「우서(虞書)·순전(舜典)」. "愼徽五典, 五典克從; 納于百揆, 百揆時敍; 賓于四門, 四門穆穆; 納于大麓, 烈風雷雨, 弗迷.(오전을 삼가 아름답게 하라 하니 오전이 능히 순조롭게 되었으며, 백규에 앉혔더니 백규가 때에 알맞게 펴졌으며, 사문에서 손님을 맞이하게 하니 사문이 화목하게 되었으며, 큰 산기슭에 들어가게 하니 맹렬하게 바람 불며 우레 치고 비 내려도 혼미하지 않았다.)"
469) 호광(胡廣) 등 찬,『서경대전(書經大全)』의 소주에서 발췌한 것이다. 그 전문은 다음과 같다. "孔氏曰 :

공씨(孔氏: 孔安國)가 말하였다. "집안을 다스리는 것으로써 나라를 다스리는 것을 관찰한 것이다."

○ 篇名當考.470)
'『장자』(『莊子』)'의 경우, 편의 이름을 마땅히 살펴보아야 한다.

○ 亦見『史記』「五帝紀」.471)
'소위이여사이관기내, 시야(所謂二女事之以觀其內, 是也)'의 경우, 또한 『사기(史記)』「오제본기(五帝本紀)」에 보인다.

○ 衽席之上.
'은미지제(隱微之際)'의 경우, 잠자리의 위이다.

○ 釋'女于時, 觀厥刑'之義.
'어차위우절야(於此爲尤切也)'에서 볼 때, '여우시, 관궐형(女于時, 觀厥刑: 이에게 딸을 시집보내 그 도리를 살펴보겠다)'의 뜻을 해석한 것이다.

○ 周子曰 : "「睽」次「家人」, 以二女同居, 不同行也."472)

'堯年十六, 以唐侯升爲天子, 在位七十年, 則時年八十六, 以二女妻舜, 以治家觀治國.'(공씨가 말하였다. '… 집안을 다스리는 것으로써 나라를 다스리는 것을 관찰한 것이다.')'이는 『상서주소(尙書注疏)』권1, 「우서(虞書)·요전(堯典)」에서 발췌한 것이다. 그 전문은 다음과 같다. "「傳」, '女', 妻; '刑', 法也. 堯於是以二女妻舜, 觀其法度: 接二女, 以治家觀治國.(「전」에서, … 두 딸을 접함에 집안을 다스리는 것으로써 나라를 다스리는 것을 관찰한 것이다.)"

470) 이는 『사기(史記)』권1, 「오제본기(五帝本紀)」에 보인다. 그 전문은 다음과 같다. "於是, 堯乃以二女妻舜, 以觀其內; 使九男與處, 以觀其外. 舜居嬀汭, 內行彌謹, 堯二女不敢以貴驕事舜親戚.(이에 요가 바로 두 딸로써 순에게 아내 삼게 하고 그 집안의 다스림을 관찰하고, 아홉 사내로 하여금 함께 처하게 하여 그 집밖의 다스림을 관찰하였다. ….)"

471) 위와 같음.

472) 호광(胡廣) 등 찬, 『서경대전(書經大全)』의 소주에서 발췌한 것이다. 그 전문은 다음과 같다. "周子曰 : '家難而天下易, 家親而天下疏也, 家人離, 必起于婦人, 故「睽」次「家人」, 以二女同居而志不同行也. 堯所以釐降二女于嬀汭, 舜可禪乎: 吾茲試矣, 是治天下觀乎家, 治家觀身而已矣.'(주자가 말하였다. '… 그러므로 「화택규괘」가 「풍화가인괘」에 다음인 것은 둘째딸이 같이 살되 뜻을 함께 행하지 않기 때문이다. ….')" 이는 주돈이(周敦頤) 찬, 『주원공집(周元公集)』권1에 일부가 보인다. 그 내용은 다음과 같다. "家人離必起於婦人, 故「睽」次「家人」, 以二女同居而志不同行也.(… 그러므로 「화택규괘」가 「풍화가인괘」에 다음인 것은 둘째딸이 같이 살되 뜻을 함께 행하지 않기 때문이다.)" 또 여남(呂柟) 찬, 『주자초석(周子抄釋)』권1, 「통서(通書)·가인규복무망(家人睽復无妄)」에 일부가 보인다. 그 내용은 다음과 같다. "治天下, 有本身之謂也; 治天下, 有則家之謂也. 本必端, 端本誠心而已矣, 則必善善則和親而已矣. 家難而天下易, 家親而天下疏也. 家人離, 必起於婦人, 故「睽」次「家人」, 以二女同居而志不同行也. 堯所以釐降二女于嬀汭, 舜可禪乎. 吾茲試矣, 是治天下, 觀於家; 治家, 觀身而已矣. 身端心誠之謂也, 誠心復其不善之動而已矣. 不善之動, 妄也, 妄復則无妄矣, 无妄則誠矣. 故「无妄」次「復」而曰: '先王以茂對時, 育萬物深哉.'(… 그러므로 「화택규괘」가 「풍화가인괘」에 다음인 것은 둘째딸이 같이 살되 뜻을 함께 행하지 않기 때문이다. ….)"

주자(周子: 周敦頤)가 말하였다. "「화택규괘(火澤睽卦)」가 「풍화가인괘(風火家人卦)」에 다음인 것은 둘째딸이 같이 살되 뜻을 함께 행하지 않기 때문이다."

○ 陳氏大猷曰 : "處頑·嚚·傲之間, 而盡其道, 固難; 使二女處焉, 而亦盡其道, 尤難."473)

진씨대유(陳氏大猷: 陳大猷)가 말하였다. "아버지의 완악함과 어머니의 어리석음과 이복동생 의 오만함 속에서 살았는데 그 도리를 다하기가 진실로 어려웠을 것이고, 두 딸로 하여금 살게 하였는데 또한 그 도리를 다하기가 더욱 어려웠을 것이다."

○ 鄒氏季友曰 : "按, 此則釐降之時, 頑者, 已允若. 孟子之言, 蓋因世俗所傳, 而謂聖人處變之道, 當如此."474)

추씨계우(鄒氏季友: 鄒友季)가 말하였다. "살펴보건대, 이것은 두 딸을 하가(下嫁)하여 집안을 다스리는 때이니, 완악한 이는 이미 순종하였던 것이다. 맹자(孟子)의 말475)은 대개 세상에 전하는 것에 말미암아 성인이 변화에 대처하는 도가 마땅히 이와 같았다고 여겼던 것이다."

○ 去聲, 下同.

'강, 하(降, 下)'에서 '하(下)'는 거성(去聲: 내려가다, 下嫁하다)이니, 아래도 같다.

---

473) 호광(胡廣) 등 찬, 『서경대전(書經大全)』의 소주에서 발췌한 것이다. 그 전문은 다음과 같다. "陳氏大猷曰 : '舜自處頑·嚚·傲之間, 而盡其道, 固難; 使二女處焉, 而亦盡其道, 尤難. 使非化二女, 與己同德, 安能如此. 二女亦舜之儔也歟.'(진씨 대유가 말하였다. '순이 스스로 아버지의 완악함과 어머니의 어리석음과 이복동생 의 오만함 속에서 살았는데 그 도리를 다하기가 진실로 어려웠을 것이고, 두 딸로 하여금 살게 하였는데 또한 그 도리를 다하기가 더욱 어려웠을 것이다. ….')"
474) 출처가 자세하지 않다.
475) 『맹자집주대전(孟子集註大全)』 권9, 「만장장구상(萬章章句上)」에 나오는 아래의 두 내용 가운데 어떤 것을 말하는지 자세하지 않다. "丹朱之不肖, 舜之子亦不肖, 舜之相堯, 禹之相舜也, 歷年多, 施澤於民久, 啓賢, 能敬承繼禹之道, 益之相禹也, 歷年少, 施澤於民, 未久, 舜·禹·益, 相去久遠, 其子之賢不肖, 皆天也, 非人之所能爲也. 莫之爲而爲者, 天也, 莫之致而至者, 命也.(단주가 현명하지 못함에 순임금의 아들이 또한 현명하지 못하였으며, 순임금이 요임금을 도움과 우임금이 순임금을 도움은 해를 지남이 많아서 백성에게 은택을 베풂이 오래되었고, 계는 어질어서 능히 우임금의 도를 공경스럽게 받들어 이었으며, 익이 우임금을 도움은 해를 지남이 적어서 백성에게 은택을 베풂이 오래되지 못하였으니, 순임금과 우임금과 익이 서로 떨어짐이 오래되고 먼 것과, 그 아들이 현명하며 현명하지 못함은 다 하늘의 명이라서 사람이 능히 할 수 있는 것이 아니다. 하는 일이 없이도 그렇게 되는 것은 하늘의 뜻이고, 이르게 함이 없이도 이르는 것은 하늘의 명이다.)"; "『書』曰: '祗載見瞽瞍, 夔夔齊栗, 瞽瞍亦允若.' 是爲父不得而子也.(『서경』에서 말하기를, '일을 공경하여 고수에게 보임에 공경하고 삼가고 두려워하였으니, 고수 또한 믿고서 따랐다.'고 하였으니, 이는 아버지가 아들 삼지 못함이 되는 것이다.)"

○「釋水」.476)
'『이아』(『爾雅』)'의 경우, 「석수(釋水)」이다.

○ 按,『朱子大全』云 : "一說, 亦水名."477)
'수북왈예(水北曰汭)'에 대해, 살펴보건대, 『주자대전(朱子大全)』에서 말하였다. "일설(一說)에 또한 물 이름이라고 하였다."

○ '渭汭'·'洛汭'之類.
'개양수합류지내야(蓋兩水合流之內也)'의 경우, '위예(渭汭)478)'와 '낙예(洛汭)479)'의 유형이다.

○ 妻也.
'빈, 부야(嬪, 婦也)'의 경우, 아내가 되는 것이다.

○ 恐讀者, 認爲地名, 故又特訓之, 至此凡三訓'虞'.
'우, 순씨야(虞, 舜氏也)'의 경우, 아마도 읽는 이가 땅 이름으로 인식할까 염려하였기 때문에 또 특별하게 그 뜻을 새겼으니, 이에 이르러 모두 세 번 '우(虞)'자를 새긴 것이다.

○「五帝紀」.
'『사』(『史』)'는 『사기(史記)』「오제본기(五帝本紀)」이다.

---

476) 『이아(爾雅)』의 「석수(釋水)」에는 이 내용이 없다. 역도원(酈道元) 찬,『수경주(水經注)』권4, 「하수(河水)」의 주(注)에서 "有舜井嬀·汭二水出焉, 南曰嬀水, 北曰汭水, 西逕歷山下. 案, '西', 近刻訛作'酒'.(순정에 규와 예의 두 물이 있으니, 남쪽을 규수라 하고, 북쪽을 예수라 하는데, 이에 역산을 거쳐서 내려간다. ….)"라고 하였다.

477) 『주자대전(朱子大全)』권65, 「잡저(雜著)·상서(尙書)·요전(堯典)」. "嬀', 水名, 在今河中府河東縣, 出歷山, 入河. '汭', 水北, 一說, 亦水名; 一說, 小水入大水也. 蓋山水皆自北來, 人可居處, 多在所交之北. 故舜所居, 在嬀之汭也.('규'는 물 이름이니, 지금 하중부 하동현에 있으니, 역산에서 나와서 황하로 들어간다. '예'는 물의 북쪽인데, 일설에는 또한 물 이름이라 하고, 일설에는 작은 물이 큰물로 들어가는 것이라고 하였다. 대개 산의 물은 모두 북쪽으로부터 내려와서 사람들이 거주할 만한 곳이 대부분 물이 교차하는 북쪽에 있다. 그러므로 순이 살던 곳도 규수의 북쪽에 있었다.)" 일설에 물 이름이라고 한 것이 세 가지이니, 첫째는 산서성(山西省) 영제현(永濟縣) 경계에서 서쪽으로 흘러 황하로 들어가는 것이다. 둘째는 강서성(江西省) 연산현(鉛山縣) 경계에 있으니 상요강(上饒江)의 지류가 된다. 셋째는 경수(涇水)의 지류이니, 원천이 영하(寧夏)의 회족 자치구인 경원현(涇源縣) 남쪽에서 나와서 감숙성(甘肅省) 경천현(涇川縣)을 거쳐서 경수(涇水)로 흘러 들어간다.

478) 위예(渭汭): 위수(渭水)는 황하의 최대 지류로 원천이 감숙성(甘肅省) 조서산(鳥鼠山)에서 나와서 섬서성(陝西省) 중부를 관통하여 동관(潼關)에 이르러 황하로 들어간다.

479) 낙예(洛汭): 하남성의 낙수(洛水)가 황하로 들어가는 곳이다.

○ 釐.
  '치장(治裝)'의 경우, 리(釐: 다스리다. 고치다)이다.

○ 添'家'字.
  '사위순부우우씨지가야(使爲舜婦于虞氏之家也)'의 경우, '가(家)'자를 더하였다.

○ 音汝.
  '왕지여(往之女)'에서 '여(女)'는 음이 여(汝)이다.

○ 見『孟子』「滕文公」,480) 蓋引『儀禮』481)而檃栝, 故此直以禮當之.
  '필경필계자(必敬必戒者)'의 내용이 『맹자(孟子)』「등문공(滕文公)」에 보이니, 대개 『의례(儀禮)』에서 인용하되 틀린 것을 바로 잡았기 때문에 여기서 곧바로 예(禮)로써 받아들인 것이다.

○ 武夷熊氏曰:"此篇, 當作五截看, '時雍'以上, 言堯之德, 千萬世聖學源流, 皆起於此; '咸熙'以上, 言理會天道; '象恭'以上, 言理會人道; '洪水'節, 是理會地道; 末節, 言禪讓之事, 三才之責旣盡, 則聖人之能事畢矣. 「舜典」亦只是此三事, '機衡'·'封濬'·'命官'外, 無餘事也."482)

---

480) 『맹자집주대전(孟子集註大全)』 권6, 「등문공장구하(滕文公章句下)」. "孟子曰:'是焉得爲大丈夫乎? 子未學禮乎? 丈夫之冠也, 父命之; 女子之嫁也, 母命之, 往, 送之門, 戒之曰: 往之女家, 必敬必戒, 無違夫子. 以順爲正者, 妾婦之道也.'(맹자가 말하였다. '이 어찌 대장부가 될 수 있겠는가? 자네는 예를 배우지 않았느냐? 사내가 갓을 쓸에 아버지가 명하고, 여자가 시집감에 어머니가 명하니, 시집감에 문에서 보낼 적에 경계하여 말하기를, 네 집에 가서 반드시 공경하고 반드시 경계하여 지아비를 어기지 말라고 하였으니, 순종하는 것으로써 바른 것을 삼는 것은 아내의 도리이다.')"
481) 이여규(李如圭) 찬, 『의례집석(儀禮集釋)』 권2, 「사민례(士昏禮)」. "對曰:'某固敬具以須.' 父送女, 命之曰: 戒之敬之. 夙夜毋違命.'(… 아버지가 딸을 시집보냄에 명하여 말하기를, '경계하고 공경하라. 아침부터 저녁까지 남편의 명을 어기지 말라.'고 하였다.)"이에 "釋』:'孟子』:女子之嫁也, 母命之, 往送之門曰: 往之女家, 必敬必戒, 毋違夫子'.(「석」에서 말하였다. '『맹자』에서 말하기를, ….')"
482) 호광(胡廣) 등 찬, 『서경대전(書經大全)』의 소주에서 발췌한 것이다. 그 전문은 다음과 같다. "武夷熊氏曰: 孔子定『書』, 斷自唐虞以下, 「堯典」是第一篇, 『書』以前, 更有文字. 韓子曰: 堯以是道傳之舜, 舜以是道傳之禹·湯·文·武·周公·孔子, 則「堯典」是第一傳道之祖. 以前雖有伏羲·神農·黃帝三聖人者作, 孔子作『易』「大傳」, 不過略述其開物成務大槩而已, 剙制立法, 蓋未詳也. 「堯典」曰放勳, 孔子稱之, 亦曰: 巍巍乎其有成功. 煥乎其有文章. 蓋混沌旣判; 至堯適當一元文明之會, 讀書者不可不熟玩而深求也. 此一篇, 當作五截看, 首至黎民於變時雍, 此第一節, 是言堯之德, 千萬世聖學源流, 皆起於此. 自羲·和欽若昊天, 至庶績咸熙, 此第二節, 是言堯之理會天道一截. 自疇咨若時, 至象恭, 此第三節, 是言理會人道一截. 自帝曰咨四岳湯湯洪水, 至續用弗成, 此第四節, 是理會地道一截. 又自帝曰咨四岳, 至欽哉, 是第五節, 是言禪讓之事. 人君之職, 以用人爲重,

'우불가불심계지야(尤不可不深戒之也)'에 대해, 무이 웅씨(武夷熊氏: 熊禾)가 말하였다. "이 편은 마땅히 다섯 단락으로 보아야 하니, '시옹(時雍)'이상[483]은 요(堯)의 덕이 천만년의 세대에 성학(聖學)의 원류로서 모두 여기에서 일어났음을 말하였고, '함희(咸熙)'이상[484]은 천도(天道)를 이해하는 것을 말하였고, '상공(象恭)'이상[485]은 인도(人道)를 이해하는 것을 말하였고, '홍수(洪水)'의 단락[486]은 지도(地道)를 이해하는 것이고, 마지막 단락[487]은 선양(禪讓)의 일을 말하였으니, 삼재(三才)의 책무를 이미 다하면 성인이 잘하는 일이 끝나는 것이다. 「순전(舜典)」에서도 또한 단지 이 세 가지 일뿐이고, '기형(機衡)[488]'과 '봉준(封濬)[489]'과 '명관(命官)[490]' 외에는 나머지 일이 없다."

○ 董氏鼎曰 : "此篇, 三大節, 修·齊·治·平, 一也; 治曆明時[491], 二也; 知人擧舜, 三也. 節目有三, 而綱領惟一, 一者, 欽而已. 一篇之中, 言欽不一, 曰恭曰寅, 何往非一, 敬所貫通者. 先儒謂: '敬者, 百聖傳心之法', 而實自堯啓其端焉."[492]

以知人爲難. 一咨若時而得丹朱之頑, 再咨若采而得共工之靜言庸違, 三咨治水而得鯀之方命圮族, 直至咨四岳, 擧舜爲天下. 得人命益命稷命禹命臯陶, 皆是舜擧以後, 事人君, 以一身出而爲天地人物之宗主, 不過föyle民立極, 盡其輔相裁成之道. 以人極之, 則三才之責旣盡, 則聖人之能事畢矣. 「舜典」言攝位, 亦只是此三事. 首言璿璣玉衡, 是理會天道; 次言朝覲巡狩, 是理會人道; 次言封山濬川, 是理會地道. 此後不過去四凶·咨岳牧·命九官而已, 此外無餘事也. 蓋人君職분之大綱, 不過如此.'(무이 웅씨가 말하였다. '공자가『상서』를 정함에 단연코 당우로부터 이하의「요전」이 제1편이며, … 이 한 편은 마땅히 다섯 단락으로 보아야 하니, 머리부터 여민오변시옹까지가 이에 제1절이니, 요의 덕이 천만년의 세대에 성학의 원류로서 모두 여기에서 일어났음을 말하였다. 희·화흠약호천으로부터 서적적희까지가 이에 제2절이니, 요가 천도를 이해하는 것을 말한 한 단락이다. 주자약시부터 상공까지가 이에 제3절이니, 인도를 이해하는 것을 말한 한 단락이다. 제왈자사악상상홍수부터 적용불성까지가 이에 제4절이니, 지도를 이해하는 것을 말한 한 단락이다. 또 제왈자사악부터 흠재까지가 이에 제5절이니, 선양의 일을 말하였다. 임금의 직무는 사람을 씀이 중대한데, 사람을 잘 알아봄이 어려움이 되었다. … 사람을 세워서 지극하게 하면 삼재의 책무를 이미 다하는 것이고, 곧 성인이 잘하는 일이 끝나는 것이다.「순전」에서도 섭위를 말하였고 또한 단지 이 세 가지 일뿐이었다. 먼저 선기옥형을 말하였으니 천도를 이해함이며, 다음으로 조근순수를 말하였으니 인도를 이해함이며, 다음으로 봉산준천을 말하였으니 지도를 이해함이다. 이 뒤에는 거사흉·자악목·명구관에 지나지 않을 따름이고, 이 밖에 나머지 일은 없다. 대개 임금의 직분의 대강이 이와 같음이 지나지 않는다.')

483) '시옹(時雍)' 이상: '시옹(時雍)'이 들어있는 [1-1-1-2] 이상이니, [1-1-1-1]과 [1-1-1-2]를 말한다.
484) '함희(咸熙)' 이상: '함희(咸熙)'가 들어있는 [1-1-1-8] 이상이니, [1-1-1-3]에서 [1-1-1-8]까지를 말한다.
485) '상공(象恭)' 이상: '상공(象恭)'이 들어있는 [1-1-1-10] 이상이니, [1-1-1-9]와 [1-1-1-10]을 말한다.
486) '홍수(洪水)'의 단락: [1-1-1-11]을 말한다.
487) 마지막 단락: [1-1-1-12]를 말한다.
488) 기형(機衡): 북두칠성의 가운데 제3성인 천기(天璣, 天機)와 제5성인 옥형(玉衡)을 말하는 것인데, 여기서는 [1-1-2-5]에 나오는 선기옥형(璇璣玉衡)을 말하는 것이다.
489) 봉준(封濬): [1-1-2-10]을 말한다.
490) 명관(命官): [1-1-2-17] 이하의 단락을 말한다.
491) 호광(胡廣) 등 찬,『주역전의대전(周易傳義大全)』권17,「택화혁괘(澤火革卦)」."象曰:'澤中有火, 革, 君子以, 治歷明時.'(「상전」에서 말하였다. '못 가운데 불이 있는 것이 혁이니, 군자가 그것을 본받아 역법을 다스려서 때를 밝히는 것이다.')
492) 호광(胡廣) 등 찬,『서경대전(書經大全)』의 소주에서 발췌한 것이다. 그 전문은 다음과 같다. "董氏鼎曰:

동씨정(董氏鼎: 董鼎)이 말하였다. "이 편은 세 개의 큰 단락이니, 수(修)·제(齊)·치(治)·평(平)이 첫째이고, 역법(曆法)을 다스려서 때를 밝힘이 둘째이고, 사람을 잘 알아보아 순(舜)을 들어 올린 것이 셋째이다. 절목은 셋인데 강령은 오직 하나이며, 하나라는 것은 공경함일 따름이다. 한 편 가운데 공경함을 말한 것이 한결같지 않아서 '공(恭)'이라고도 하고 '인(寅)'이라고도 하여 어디를 가더라도 한 가지가 아니었으나 경(敬)이 꿰뚫었던 것이다. 선대의 유학자가 이르기를, '경(敬)이라는 것은 모든 성인이 마음을 전한 법이다.'라고 하였는데, 실제로 요(堯)로부터 그 단초를 열었던 것이다."

○ 按, 首一節, 總言堯之德業; 下二節, 分言堯所行之二大事, 而繼事之間, 脈絡實相接續云.
살펴보건대, 첫머리의 한 단락에서는 요(堯)의 덕스러운 업적을 총괄하여 말하였고, 아래의 두 단락에서는 요(堯)가 행한 두 가지 큰일을 나누어 말하였는데, 일이 이어지는 사이에 맥락이 실제로 서로 맞대어 이어졌다.

'帝堯爲五帝之盛帝,「堯典」爲百篇之首篇, 呂氏謂:『書』首二典, 猶『易』首「乾」·「坤」.「乾」, 君道;「坤」, 臣道也, 天地之道, 備於「乾」·「坤」, 而君臣之道, 見於二典, 至當之論也. 然「堯典」篇中, 不過三大節, 修·齊·治·平, 一也; 治歷明時, 二也; 知人擧舜, 三也. 節目有三而綱領惟一, 一者欽而已. 欽敬者, 一心之主宰, 而萬事之根本, 見於修·齊·治·平者, 此敬; 見於治歷明時者, 亦此敬; 見於知人傳賢而不溺於親愛之子, 不遺於疎賤之舜者, 亦此敬. 一篇之中, 言欽不一, 曰恭曰寅, 何往非一, 敬所貫通者. 先儒謂: 敬者, 百聖傳心之法, 而實自堯啓其端焉, 讀是『書』者, 宜亦曰: 毋不敬.'(동씨 정이 말하였다. '제요는 오제 가운데 훌륭한 임금이고,「요전」은 모든 편 가운데 으뜸가는 편이니, 여씨가 이르기를, … 그러나「요전」의 편 안은 세 개의 큰 단락에 지나지 않으니, 수·제·치·평이 첫째이고, 역법을 다스려서 때를 밝힘이 둘째이고, 사람을 잘 알아보아 순을 들어 올린 것이 셋째이다. 절목은 셋인데 강령은 오직 하나이며, 하나라는 것은 공경함일 따름이다. … 한 편 가운데 공경함을 말한 것이 한결같지 않아서 공이라고도 하고 인이라고도 하여 어디를 가더라도 한 가지가 아니었으나 경이 꿰뚫었던 것이다. 선대의 유학자가 이르기를, 경이라는 것은 모든 성인이 마음을 전한 법이라고 하였는데, 실제로 요로부터 그 단초를 열었던 것이다. ….')"

[1-1-2]
「순전(舜典)」

> 集傳
>
> 今文·古文[493], 皆有, 今文合于「堯典」, 而無篇首二十八字. ○唐孔氏曰 : "東晉梅賾, 上孔傳, 闕「舜典」自'乃命以位'以上二十八字, 世所不傳, 多用 王·范之註, 補之, 而皆以'愼徽五典'以下, 爲「舜典」之初. 至齊蕭鸞建武四年, 姚方興, 於大航頭, 得孔氏傳古文「舜典」, 乃上之, 事未施行, 而方興以罪致 戮; 至隋開皇初, 購求遺典, 始得之." 今按, 古文孔傳『尙書』, 有曰'若稽古' 以下二十八字. 伏生, 以「舜典」合於「堯典」, 只以'愼徽五典'以上, 接'帝曰欽 哉'之下, 而無此二十八字; 梅賾旣失孔傳「舜典」, 故亦不知有此二十八字. 而'愼徽五典'以下, 則固具於伏生之『書』, 故傳者, 用王·范之註以補之, 至姚 方興, 乃得古文孔傳「舜典」, 於是始知有此二十八字. 或者由此, 乃謂古文「 舜典」一篇, 皆盡亡失, 至是方全得之, 遂疑其僞, 蓋過論也.

금문과 고문에 모두 있으나, 금문은 「요전(堯典)」에 합쳐있고 편 머리의 28자가 없다. ○당나라 공씨(孔氏: 孔穎達)가 말하였다. "동진(東晉)의 매색(梅賾)이 공안국(孔安國)이 전주(傳注)한 『상서(尙書)』를 올렸는데 「순전(舜典)」에 '내명이위(乃命以位)' 위의 28자가 빠져서 세상에 전하지 못한 것을 대부분 왕씨(王氏: 王肅)와 범씨(范氏: 范甯)의 주(註)를 써서 보충하였고, 모두 '신휘오전(愼徽五典)' 이하로써 「순전(舜典)」의 처음으로 삼았다. 제(齊)나라 고종(高宗) 소란(蕭鸞)의 건무(建武) 4년(497)에 이르러 요방흥(姚方興)이 대항두(大航頭)에서 공씨(孔氏: 孔安國)가 전주(傳注)한 고문 「순전」을 얻어 겨우 올렸는데 일이 시행되지도 못해서 요방흥이 죄로써 죽음을 맞았고, 수(隋)나라 개황(開皇) 초에 이르러 전해오던 서적을 구입하면서 비로소 얻었던 것이다." 이제 살펴보건대, 고문인 공안국이 전주(傳注)한 『상서』에는 '왈약계고(曰若稽古)' 이하에 28자가 있다. 복생은 「순전」으로서 「요전」에 합치면서 다만 '신휘오전(愼徽五典)' 이상을 '제왈흠재(帝曰欽哉)'

---

493) 「서서설(書序說)」에 의하면 "漢儒以伏生之『書』爲今文, 而謂安國之『書』爲古文, 以今考之, 則今文多艱澁而 古文反平易.(한나라 유학자들은 복생의 『상서』를 금문이라 하고, 공안국의 『상서』를 고문이라고 하였는데, 지금으로써 살펴보면 금문은 많이도 어렵고 껄끄러우나 고문은 도리어 어렵지 않고 쉽다.)"라고 하였다. 이는 『주자대전(朱子大全)』 권65, 잡저(雜著)·상서(尙書)와 호광(胡廣) 등 찬, 『서경대전(書經大全)』의 「서경대전원서(書經大全原序)」에 실려 있다.

아래에 붙여서 이 28자가 없으며, 매색은 이미 공안국이 전주(傳注)한 「순전」을 잃었기 때문에 또한 이 28자가 있음을 알지 못하였다. 그래서 '신휘오전(愼徽五典)' 이하는 진실로 복생의 『상서』에 갖추어졌기 때문에 전하는 이가 왕씨와 범씨의 주(註)로써 보충하였는데, 요방흥에 이르러 마침내 고문인 공안국이 전주(傳注)한 「순전」을 얻게 되어 이에 비로소 이 28자가 있음을 알게 되었다. 어떤 이는 이로 말미암아 드디어 이르기를, "고문 「순전」한 편을 모두 다 잃어버렸는데, 이때에 이르러 바야흐로 온전하게 얻었다."고 하여 마침내 그것이 위작(僞作)임을 의심하였으니, 이는 지나친 논변이다.

詳說

○ 是古文也.
'이무편수이십팔자(而無篇首二十八字)'에서 '이십팔자(二十八字)'는 고문(古文)이다.

○ 『書』之註與疏, 皆孔氏撰之, 故加漢·唐字, 以別之, 其直稱孔氏者, 蓋漢孔也.[494]
'당공씨(唐孔氏)'에서 볼 때, 『상서(尙書)』의 주(註)와 소(疏)를 모두 공씨(孔氏)가 지었기[495] 때문에 한(漢)·당(唐)자를 더하여 구별하였는데, 곧바로 공씨(孔氏)라고 일컬은 것은 대개 한(漢)나라의 공씨(孔氏: 孔安國)이다.

○ 上聲.
'상(上)'은 상성(上聲: 오르다, 올리다, 바치다)이다.

○ 去聲, 下並同.[496] ○'孔傳', 古文始出於世.
'공전(孔傳)'에서 전(傳)은 거성(去聲: 傳注, 註釋)이니, 아래도 아울러 같다. ○ 공안국(孔安國)이 전주(傳注)한 『상서(尙書)』에서 고문(古文)이 비로소 세상에 나왔다.

---

[494] 『송자대전(宋子大全)』 권48, 「서(書)·여이계주(與李季周)」에 의하면, "『蔡傳』篇題中, 所謂'孔氏', 皆謂漢孔安國; 而唯'唐孔氏'云者, 是穎達也."라고 하였다.
[495] 『상서주소(尙書注疏)』에서 주는 공안국(孔安國)이 지었고, 소는 공영달(孔穎達)이 지은 것임을 말한다.
[496] 호광(胡廣) 등 찬, 『서경대전(書經大全)』의 소주에는 "去聲.(거성이다.)"로 되어있다.

○ 非謂闕「舜典」經文, 乃闕「舜典」之孔傳耳. ○是一事也.

'궐「순전」(闕「舜典」)'의 경우, 「순전(舜典)」의 경문이 빠진 것을 이른 것이 아니라, 도리어 「순전(舜典)」에 공안국(孔安國)의 전주(傳注)가 빠진 것일 뿐이다. ○ 이것은 한 가지 일이다.

○ 如字. ○是又一事也.

'세소불전(世所不傳)'에서 전(傳)은 본래의 음(音義: 전하다)대로 읽는다. ○이것은 또 한 가지 일이다.

○ 沙溪曰 : "王肅·范甯."[497]

'다용왕·범지주(多用王·范之註)'에 대해, 사계(沙溪: 金長生)가 말하였다. "왕숙(王肅)과 범영(范甯)이다."

○ 甯, 字武子, 東晉南陽人.

영(甯)은 자가 무자(武子)이고, 동진(東晉)의 남양(南陽) 사람이다.[498]

○ 『唐書』曰 : "古文『尚書』, 王肅註十卷, 范甯註十卷."[499]

『당서(唐書)』에서 말하였다. "고문(古文) 『상서(尚書)』에 왕숙(王肅)의 주(註)가 10권이고, 범영(范甯)의 주(註)가 10권이다."

○ 唐孔氏曰 : "王註類孔氏, 故取以續孔傳."[500] ○肅, 所竊見而

---

497) 『사계전서(沙溪全書)』 권14, 「경서변의(經書辨疑)·서전(書傳)·순전(舜典)」에 보인다. 또 김종정(金鍾正), 『운계만고(雲溪漫稿)』 권12, 「차록(箚錄)·서전(書傳)」에도 보인다. "沙溪曰 : '王, 王肅; 范, 范甯.'(사계가 말하였다. '왕은 왕숙이고, 범은 범영이다.')" 이는 호광(胡廣) 등 찬, 『서경대전(書經大全)』의 소주에서 " '王', 名肅; '范', 名甯.('왕'은 이름이 숙이고, '범'은 이름이 영이다.)"이라고 하였다.
498) 범영(范甯: 339-41)은 동진(東晉)의 학자로 범영(范寧)으로도 쓰며, 자가 무자(武子)이고, 남양(南陽) 순양(順陽) 사람이다. 서주(徐州)와 연구(兗州)의 자사(刺史)를 지낸 범왕(范汪)의 아들이고, 『후한서(後漢書)』의 작자인 범엽(范曄)의 조부가 된다. 어려서부터 전심하여 부지런히 배우고 널리 많은 책을 읽었으며, 벼슬을 하면서도 학교를 세우고 유학을 시행하였다. 저서로는 『춘추곡량전집해(春秋穀梁傳集解)』 등이 있다.
499) 구양수(歐陽修) 찬, 『당서(唐書)』 권57, 「예문지(藝文志)」. "古文『尚書』, 孔安國傳十三卷, 謝沈注十三卷, 王肅注十卷, 又釋駁五卷, 范甯注十卷, ⋯."
500) 이는 공영달(孔穎達)의 말이 아니라, 육덕명(陸德明)의 말이다. 송나라 진진손(陳振孫) 찬, 『직재서록해제(直齋書錄解題)』 권2, 「서류(書類)」에서 『『尚書釋文』一卷, 唐陸德明撰, 其言: '伏生二十餘篇, 卽馬·鄭所注, 是也可證, 馬·鄭非見古文.' 又言: 「梅賾所上亡「舜典」一篇, 以王肅注頗類孔氏, 故取王注, 從愼徽五典以下, 爲「舜典」, 以續孔傳.'()"이라고 하였다. 또 원나라 진사개(陳師凱) 찬, 『서채씨전방통(書蔡氏傳旁通)』 권1 중, 「순전(舜典)·왕범지주(王范之註)」에서 "王肅·范甯也. 『隋志』有王肅註『古文尚書』十一卷·范甯註『古文尚書』「舜典」一卷. 陸氏『釋文』云: 「舜典」, 王氏註相承云, 梅賾上孔氏傳『古文尚書』, 亡「舜典」一篇, 時以王肅註頗類孔氏, 故取王註, 從愼徽五典以下爲「舜典」, 以續孔傳."이라고 하였다.

註之者. ○按, 甯, 在賾後, 此句蓋通世儒而言. ○賾, 所闕者, 得補之.

'보지(補之)'에 대해, 당나라 공씨(孔氏: 孔穎達)가 말하였다. "왕숙(王肅)의 주(註)가 공씨(孔氏: 孔安國)와 유사하기 때문에 취하여 공안국의 전주(傳注)를 이었던 것이다." ○왕숙(王肅)은 몰래 본 것으로 주(註)를 낸 사람이다. ○살펴보건대, 범영(范甯)은 매색(梅賾)의 후대에 있었으니, 이 구절은 대개 세상의 유학자들에게 두루 통하면서 말하였을 것이다. ○매색(梅賾)은 빠진 것을 얻어서 보충하였다.

○ 亦通世儒而言, 故云'皆'. ○世所不傳者, 則猶仍之.

'위「요전」지초(爲「舜典」之初)'에서 볼 때, 또한 세상의 유학자들에게 두루 통하면서 말하였기 때문에 '개(皆)'라고 이른 것이다. ○세상에 전하지 않는 것인데도 오히려 그대로 따랐던 것이다.

○ 明帝.501)

'지제소란(至齊蕭鸞)'의 경우, 명제(明帝)이다.

○ 沙溪曰 : "吳興人."502)

'요방흥(姚方興)'에 대해, 사계(沙溪: 金長生)가 말하였다. "오흥(吳興) 사람이다."

○ 音杭.

'항(航)'은 음이 항(杭)이다.

○ 沙溪曰 : "以舟作橋而濟人, 在建康朱雀門外."503)

'어대항두(於大航頭)'에 대해, 사계(沙溪: 金長生)가 말하였다. "배로써 다리를

---

501) 호광(胡廣) 등 찬,『서경대전(書經大全)』의 소주에는 "南齊明帝.(남제의 명제이다.)"라고 하였다. 제(齊)나라 고종(高宗) 명황제(明皇帝) 소란(蕭鸞: 452-498)은 자가 경서(景栖)이고, 어릴 때 이름이 현도(玄度)이며, 남조(南朝) 남란릉(南蘭陵) 사람이다.
502)『사계전서(沙溪全書)』권14,「경서변의(經書辨疑)·서전(書傳)·순전(舜典)」에 보인다. 요방흥(姚方興)은 남조 때 학자로, 제(齊)나라 소란(蕭鸞) 건무(建武) 4년(497)에 대항두(大航頭)에서 발견한 공안국(孔安國)이 전주(傳注)한 고문『상서』의「순전」한 편 가운데에는 '曰若稽古, 帝舜, 曰重華, 協于帝'의 12자가 있다.
503) 김종정(金鍾正),『운계만고(雲溪漫稿)』권12,「차록(箚錄)·서전(書傳)」에 보인다. "沙溪曰 : '大航, 以舟作橋而濟人, 在建康朱雀門外.'(사계가 말하였다. '대항은 배로써 다리를 만들어 사람을 건너게 한 것이니, 건강 주작문 밖에 있다.')"

만들어 사람을 건너게 한 것이니, 건강(建康) 주작문(朱雀門) 밖에 있다."

○ 尤菴曰 : "六朝都建康, 以船作橋者, 皆謂之'航', 而在朱雀門外者, 最大, 故謂之'大航'."504)

우암(尤菴)이 말하였다. "육조(六朝) 때 건강(建康)에 도읍하여 배로써 다리를 만든 것을 모두 '항(航)'이라 하였는데, 주작문(朱雀門) 밖에 있는 것이 가장 컸기 때문에 '대항(大航)'이라고 하였다."

○ 孔傳「舜典」, 並有二十八字者.

'득공씨전고문「순전」(得孔氏傳古文「舜典」)'에서 공안국(孔安國)이 전주(傳注)한 「순전(舜典)」에 아울러 28자가 있는 것이다.

○ 上聲.

'내상(乃上)'에서, 상성(上聲: 오르다, 올리다)이다.

○ 未及頒行.

'사미시행(事未施行)'의 경우, 세상에 널리 퍼지고 유행됨에 미치지 못한 것이다.

○ 文帝.

'지수(至隋)'의 경우, 문제(文帝)이다.

○ 書籍.505)

'유전(遺典)'의 경우, 서적이다.

○ 卽方興所上者.

---

504) 『송자대전(宋子大全)』 권48, 「서(書)·여이계주(與李季周)」. "'大航頭', '航', 是以船作橋之名, 六朝都建康, 以船作橋者, 皆謂之'航', 而唯在朱雀門外者, 最大, 故謂之'大航'矣.('대항두'의 '항'은 배로써 다리를 만든 이름이니, 육조 때 건강에 도읍하여 배로써 다리를 만든 것을 모두 '항'이라 하였는데, 주작문 밖에 있는 것이 가장 컸기 때문에 '대항'이라고 하였다.)" 주작항(朱雀航) 또는 대항(大桁)이라고도 한다. 호광(胡廣) 등 찬, 『서경대전(書經大全)』의 소주에는 "'大航頭', 建康地名.('대항두'는 건강의 땅 이름이다.)"이라고 하였다.

505) 호광(胡廣) 등 찬, 『서경대전(書經大全)』의 소주에는 "'購求', 上居候反, 以財求之.('구구'에서, 위의 구는 거와 후의 반절이며, 재물로써 구하는 것이다.)"라고 하였다.

'시득지(始得之)'의 경우, 곧 요방흥(姚方興)이 올린 것이다.

○ 「舜典」, 孔傳始出於世.
「순전(舜典)」은 공안국(孔安國)이 전주(傳注)하면서 비로소 세상에 나온 것이다.

○ 孔傳古文之顯晦, 已如彼, 而「舜典」孔傳之顯晦, 又如此. 篇首二十八字, 蓋古文之古文云.
공안국(孔安國)이 전주(傳注)한 고문(古文)의 세상에 알려짐과 알려지지 않음이 이미 이와 같으며, 「순전(舜典)」의 공안국(孔安國)이 전주(傳注)한 것의 세상에 알려짐과 알려지지 않음이 또 이미 이와 같았다. 편 머리의 28자는 대개 고문(古文) 가운데 고문(古文)인 것이다.

○ 孔說止此, 下文又申釋孔說.
공안국(孔安國)의 말이 여기서 그쳤는데, 아래 글에서 또 공안국(孔安國)의 말을 거듭하여 해석하였다.

○ 平聲.
'계(稽)'는 평성(平聲: 자세히 살펴보다, 계산하다, 다스리다)이다.

○ 尤菴曰: "疑, '下'字之誤."506)
'지이신휘오전이상(只以愼徽五典以上)'에 대해, 우암(尤菴)이 말하였다. "의심하건대, '하(下)'자가 잘못된 것이다."

○ 旣妻之而卽歷試也, 蓋二典合爲一篇, 則不必有此二十八字, 而文自接續, 如「益稷」之合於「皐陶謨」. 若析作二篇, 則須有此二十八字耳.
'흠재지하(欽哉之下)'에서 볼 때, 이미 아내 삼게 하여 곧 두루 시험하였으니, 대개 두 전(典)을 합쳐서 한 편을 만들면 이 28자가 있을 필요가 없는데 문장이 자연스럽게 이어져서 마치 「익직(益稷)」을 「고요모(皐陶謨)」에 합친 것과 같다.

---

506) 『송자대전(宋子大全)』 권48, 「서(書)·여이계주(與李季周)」. "『尙書』「舜典」篇題, '愼徽五典'以上之'上', 疑爲 '下'字之誤者, 實愚見也." 또 『송자대전(宋子大全)』 권58, 「서(書)·답민대수(答閔大受)」에서도 "『書傳』「舜典」篇題, '愼徽五典'以上之'上'字, 愚意, 恐是'下'字之誤."라고 하였다.

만약 나누어 두 편으로 하면 모름지기 이 28자가 있어야 할 뿐이다.

○ 與上文'不傳'507)之'傳', 同.
'고전(故傳)'의 경우, 윗글의 '부전(不傳)'에서 '전(傳)'과 같다.

○ 按, 『朱子大全』云 : "但未知其餘文字同異又如何耳."508)
'시지유차이십팔자(始知有此二十八字)'에 대해, 살펴보건대, 『주자대전(朱子大全)』에서 이르기를, "다만 그 나머지 문자의 같고 다름이 또 어떠한지 알지 못할 뿐이다."라고 하였다.

○ 是並疑今文也, 可乎. 借曰疑之, 則只在二十八字耳.
'개과론야(蓋過論也)'의 경우, 이는 금문(今文)을 아울러 의심하는 것인데 괜찮은가. 설사 의심한다고 해도 다만 28자에 있을 뿐이다.

[1-1-2-1]

曰若稽古帝舜, 曰重華協于帝, 濬哲文明, 溫恭允塞, 玄德升聞, 乃命以位.

옛날의 순임금을 자세히 살펴보았는데 거듭 빛나는 광채가 요임금과 맞았다고 하니, 깊고 명철하고 우아하고 밝으시며, 온화하고 공손하고 신실하고 독실하여 그윽한 덕이 올라가 알려짐에 마침내 요임금이 임금의 자리로써 명하였다.

詳說

---

507) 위의 집전에 나오는 '世所不傳'을 말한다.
508) 『주자대전(朱子大全)』 권65, 「잡저(雜著)·상서(尙書)·순전(舜典)」. "至隋開皇二年, 購募遺典, 乃得其篇焉. 蓋伏生以「舜典」合於「堯典」, 故其所傳無此二十八字. 梅賾旣失孔傳, 故亦不知有此二十八字. 而'愼徽五典'以下, 則固具於伏生之『書』, 故傳者用王·范之註以補之. 至姚方興, 乃得古文本經而幷及孔傳, 於是始知有此二十八字. 但未知其餘文字同異又如何耳. 或者由此, 乃謂: '古文「舜典」一篇, 皆盡亡失, 至是, 方全得之', 遂疑其僞, 蓋過論也.(수나라 개황 2년에 이르러 전해오던 서적들을 사 모으면서 마침내 그 편을 얻게 되었다. 대개 복생이 「순전」을 「요전」에 합쳤기 때문에 전하는 것에는 이 28자가 없었다. 매색도 이미 공안국이 전주한 것을 잃어버렸기 때문에 또한 이 28자가 있음을 알지 못하였다. 그런데 '신휘오전' 이하는 진실로 복생의 『상서』에 갖추어져 있었기 때문에 전하는 이들이 왕씨와 범씨의 주로써 보충하였다. 요방흥에 이르러 마침내 고문 본경을 얻어 공안국의 전주한 것에 아울러 미쳤으니, 이에 비로소 이 28자가 있음을 알게 되었다. 다만 그 나머지 문자의 같고 다름이 또 어떠한지는 알지 못할 뿐이다. 어떤 이는 이로 말미암아 드디어 이르기를, '고문 「순전」 한 편을 모두 다 잃어버렸는데, 이때에 이르러 바야흐로 온전하게 얻었다.'고 하여 마침내 그것이 위작(僞作)임을 의심하였으니, 이는 지나친 논변이다.)"

○ '稽'·'重', 皆平聲. '濬', 『諺』音誤.509)
'계(稽)'와 '중(重)'은 모두 평성(平聲: 詳考하다, 거듭)이다. '순(濬)'은 『언해(諺解)』의 음이 잘못되었다.510)

集傳

'華', 光華也. '協', 合也. '帝', 謂堯也. '濬', 深; '哲', 智也. '溫', 和粹也. '塞', 實也. '玄', 幽潛也. '升', 上也. 言: "堯旣有光華, 而舜又有光華, 可合於堯, 因言其目, 則深沈而有智, 文理而光明, 和粹而恭敬, 誠信而篤實, 有此四者幽潛之德, 上聞於堯, 堯乃命之以職位也."

'화(華)'는 광화(光華)이다. '협(協)'은 화합함이다. '제(帝)'는 요(堯)를 이른다. '순(濬)'은 깊음이고, '철(哲)'은 지혜로움이다. '온(溫)'은 온화하고 순수함이다. '색(塞)'은 성실(誠實)함이다. '현(玄)'은 그윽하고 온축(蘊蓄)함이다. '승(升)'은 올라감이다. 말하기를, "요(堯)가 이미 찬란한 빛이 있었는데 순(舜)이 또 찬란한 빛이 있어 요(堯)와 맞을 수 있었으니, 이로 말미암아 그 조목을 말하였는데 곧 깊고 침잠하면서도 지혜가 있으며, 우아하고 정갈하면서도 밝게 빛나며, 온화하고 순수하면서도 공경하며, 정성스럽고 진실하면서도 독실하여 이 네 가지의 그윽하고 온축(蘊蓄)한 덕을 가지고 있어 올라가서 요(堯)에게 알려짐에 요(堯)가 마침내 직위(職位)로써 명한 것이다."라고 하였다.

詳說

○ 上聲, 下同.
'상(上)'은 상성(上聲: 올라가다)이니, 아래도 같다.

○ 重.
'우(又)'는 중(重: 거듭, 다시)이다.

○ 先總言舜德如「堯典」'放勳'二字.

---

509) 채침(蔡沈) 찬, 『서경집전(書經集傳)』에는 "'濬', 音浚.('순'은 음이 순이다.)"으로 되어있고, 호광(胡廣) 등 찬, 『서경대전(書經大全)』의 소주에는 "'重' 平聲. '濬', 音峻. '塞', 入聲.('중'은 평성이다. '순'은 음이 순이다. '색'은 입성이다.)"으로 되어있다.
510) 『언해(諺解)』에는 음이 '쥰'으로 되어 있는데, 『광운(廣韻)』에 의하면 "私閏切. 去.(사와 윤의 반절이니, 거성이다.)"라고 하여 본래의 음이 '슌(순)'이라고 하였다.

'가합어요(可合於堯)'의 경우, 먼저 순(舜)의 덕이 「요전(堯典)」의 '방훈(放勳)' 두 글자와 같음을 총괄하여 말한 것이다.

○ 陳氏經曰 : "明兩作離, 聖人繼出, 不約而同."511)
진씨경(陳氏經: 陳經)512)이 말하였다. "밝음이 둘로 나뉘어 떨어져 있었으나 성인이 뒤를 이어서 나옴에 약속하지 않고도 서로 같았던 것이다."

○ 新安陳氏曰 : "如武繼文曰'重光'."513)
신안 진씨(新安陳氏: 陳師凱)가 말하였다. "무왕(武王)이 문왕(文王)을 이어서 '중광(重光)514)'이라고 한 것과 같다."

○ 朱子曰 : "'文明', 就事上說."515)
'문리이광명(文理而光明)'에 대해, 주자(朱子: 朱熹)가 말하였다. "'문명(文明)'은 일에 대하여 말한 것이다."

○ '允恭'一事, '允塞'二件.516)

---

511) 호광(胡廣) 등 찬, 『서경대전(書經大全)』의 소주에서 발췌한 것이다. 그 전문은 다음과 같다. "陳氏經曰 : '重華協帝, 此見明兩作離, 聖人繼出, 不約而同. 自內形之外, 則濬哲之發, 乃所以爲文明; 由外本乎內, 則溫恭之實, 乃所以爲允塞.'(진씨 경이 말하였다. '중화협제라고 하였는데, 이것은 밝음이 둘로 나뉘어 떨어져 있었으나 성인이 뒤를 이어서 나옴에 약속하지 않고도 서로 같았음을 보인 것이다. ….')"
512) 진씨경(陳氏經: 陳經): 송대 학자로 자가 현지(顯之) 또는 정보(正甫)이고, 호는 존재(存齋)이며, 길주(吉州) 안복(安福) 사람이다. 영종(寧宗) 5년(1199)에 과거에 급제하여 봉의랑(奉議郞) 등을 지냈다. 저서로는 『시강의(詩講義)』・『상서상해(尙書詳解)』・『존재어록(存齋語錄)』 등이 있다.
513) 호광(胡廣) 등 찬, 『서경대전(書經大全)』의 소주에서 발췌한 것이다. 그 전문은 다음과 같다. "新安陳氏曰 : 堯德光華・舜德之光華, 與之重, 故曰重華, 舜繼堯曰重華, 如武繼文曰重光. 濬哲文明・溫恭允塞之盛德, 由其光輝而不可掩, 言之則曰重華; 本於幽潛而未見, 光華出焉, 此與闇然而日章同意. 又按, 允塞, 當從信實之義, 然孔氏謂舜有深智文明・溫恭之德, 信允塞上下, 蓋如『孟子』, 則塞于天地之間與格于上下, 同意.'(신안 진씨가 말하였다. '요덕광화와 순덕의 광화가 더불어 귀중하기 때문에 중화라 하고 순이 요를 이어서 중화라고 하였으니, 무왕이 문왕을 이어서 중광이라고 한 것과 같다. ….')"
514) 중광(重光): 호광(胡廣) 등 찬, 『서경대전(書經大全)』 권9, 「주서(周書)・고명(顧命)」에 나오는 말이다. 그 전문은 다음과 같다. "옛날 임금 문왕과 무왕이 거듭 빛나는 덕을 베풀어 백성들이 의지하여 살 곳을 정해주고 가르침을 펼침에 익히고 어기지 않아서 능히 은나라까지 미쳐서 큰 명을 모으셨다.(昔君文王・武王, 宣重光, 奠麗陳敎, 則肄, 肄不違, 用克達殷, 集大命.)" 이에 집전에서 "武猶文, 謂之重光, 猶舜如堯, 謂之重華也."라고 하였다.
515) 호광(胡廣) 등 찬, 『서경대전(書經大全)』의 소주에서 발췌한 것이다. 그 전문은 다음과 같다. "朱子曰 : '濬哲文明・溫恭允塞, 細分是八字, 合而言之, 却只是四事, 濬是明之發處, 哲則見於事也. 文是文章, 明是明著. 『易』中多言文明, 此是就事上說. 塞是其中實處.'(주자가 말하였다. '… 문은 문장이고, 명은 밝게 드러남이다. 『주역』 가운데 문명을 많이 말하였는데, 이것은 일에 대하여 말한 것이다. ….')" 그리고 문리(文理)는 문장과 조리(條理)를 말하니, 『중용장구대전(中庸章句大全)』 하(下)에서 "文理密察, 足以有別也.(우아하고 조리 있으며 자세하며 두루 살핌이 족히 분별함이 있다.)"라 하고 주에서 "'文', 文章也. '理', 條理也. 密, 詳細也. 察, 明辨也."라고 하였다.
516) 호광(胡廣) 등 찬, 『서경대전(書經大全)』 권2, 「우서(虞書)・고요모(皐陶謨)」의 집전에서 "'剛而塞'者, 剛健

'성신이독실(誠信而篤實)'에서 볼 때, '윤공(允恭)517)'은 한 가지 일이고, '윤색(允塞)518)'은 두 가지 일이다.

○ 朱子曰 : "八字, 合而言之, 却只是四事."519)
주자(朱子: 朱熹)가 말하였다. "여덟 글자(濬哲文明, 溫恭允塞)를 합쳐서 말하면 도리어 다만 네 가지 일(濬·哲·文·明)일 뿐이다."

○ 又總括諸德, 如「堯典」'光被'二句.520)
'상문어요(上聞於堯)'의 경우, 또 여러 덕을 총괄하였으니, 「요전(堯典)」의 '광피(光被)' 두 구절과 같다.

○ 卽下節歷試之位.
'요내명지이직위야(堯乃命之以職位也)'의 경우, 곧 아래 단락에서 두루 걸쳐서 시험한 지위이다.

[1-1-2-2]

愼徽五典, 五典克從; 納于百揆, 百揆時敍; 賓于四門, 四門穆穆; 納于大麓, 烈風雷雨, 不迷.

오전(五典)을 삼가 아름답게 하도록 하였는데 백성들이 오전을 능히 따르게 되었으며, 백규(百揆)에 인재를 끌어 썼는데 백규가 때에 맞게 좇아 따랐으며, 사방의 관문에서 손님을 맞이하게 하였는데 사방의 관문이 지극하게 화목하였으며, 큰 산기슭에 들어가게 하였는데 바람이 세차고 천둥 치고 비가 옴에도 혼미하지 않았다.

而篤實也.('강이색'이라는 것은 강건하면서 독실함이다.)"라고 하였다.
517) 윤공(允恭): 호광(胡廣) 등 찬, 『서경대전(書經大全)』 권1, 「우서(虞書)·요전(堯典)」에 나오는 말이다. 그 원문은 다음과 같다. "진실로 공손하고 능히 겸양하여 광채가 온 세상에 입혀지며, 위와 아래에 이르렀다.(允恭克讓, 光被四表, 格於上下.)"
518) 윤색(允塞): 위의 집전에서 "정성스럽고 진실하면서도 독실함(誠信而篤實)"이라고 하여 두 가지 내용임을 말하였다.
519) 호광(胡廣) 등 찬, 『서경대전(書經大全)』의 소주에서 발췌한 것이다. 그 전문은 다음과 같다. "朱子曰 : '濬哲文明·溫恭允塞, 細分是八字, 合而言之, 却只是四事, 濬是明之發處, 哲則見於事也. 文是文章, 明是明著. 『易』中多言文明, 此是就事上說. 塞是其中實處.'(주자가 말하였다. '준철문명·온공윤색은 세분하면 여덟 글자이나 합하여 말하면 도리어 다만 네 가지 일일 뿐이다. ….')" 그리고 『주자어류(朱子語類)』 권78, 「상서일(尙書一)·순전(舜典)」에서 "濬哲文明, 溫恭允塞, 是八德."이라고 하였다.
520) 호광(胡廣) 등 찬, 『서경대전(書經大全)』 권1, 「우서(虞書)·요전(堯典)」. "광채가 온 세상에 입혀지며, 위와 아래에 이르렀다.(光被四表, 格於上下.)"

集傳

'徽', 美也. '五典', 五常也, 父子有親·君臣有義·夫婦有別·長幼有序·朋友有信, 是也. '從', 順也, 『左氏』所謂"無違敎也." 此蓋使爲司徒之官. '揆', 度也, '百揆'者, 揆度庶政之官, 惟唐·虞有之, 猶周之冢宰也. '時敍', 以時而敍, 『左氏』所謂"無廢事也." '四門', 四方之門, 古者, 以賓禮親邦國, 諸侯各以方至而使主焉, 故曰'賓'. '穆穆', 和之至也, 『左氏』所謂"無凶人也." 此蓋又兼四岳之官也. '麓', 山足也. '烈', 迅; '迷', 錯也. 『史記』曰: "堯使舜入山林·川澤, 暴風雷雨, 舜行不迷." 蘇氏曰: "洪水爲害, 堯使舜入山林, 相視原隰, 雷雨大至, 衆懼失常, 而舜不迷, 其度量有絶人者, 而天地鬼神, 亦或有以相之歟. 愚謂, 遇烈風雷雨非常之變, 而不震懼失常, 非固聰明誠智確乎不亂者, 不能也. 『易』, '震驚百里, 不喪匕鬯'." 意爲近之.

'휘(徽)'는 아름다움이다. '오전(五典)'은 오상(五常)이니, 부자유친(父子有親)과 군신유의(君臣有義)와 부부유별(夫婦有別)과 장유유서(長幼有序)와 붕우유신(朋友有信)이 이것이다. '종(從)'은 따름이니, 『좌씨전(左氏傳)』에서 이른바 "가르침을 어김이 없다."는 것이다. 이는 대개 순(舜)으로 하여금 사도(司徒)의 벼슬을 하게 한 것이다. '규(揆)'는 헤아림이니, '백규(百揆)'는 여러 정사를 헤아리는 벼슬로 오직 당(唐)나라와 우(虞)나라에만 있었으니, 주(周)나라의 총재(冢宰)와 같다. '시서(時敍)'는 때에 맞게 펼침이니, 『좌씨전(左氏傳)』에서 이른바 "일을 그만둠이 없다."는 것이다. '사문(四門)'은 사방의 관문이니, 옛날에 손님의 예(禮)로써 제후 나라를 친근하게 대하였는데, 제후가 각각의 방소에서 이름에 그로 하여금 주관하게 하였기 때문에 '빈(賓)'이라고 한 것이다. '목목(穆穆)'은 화친(和親)이 지극함이니, 『좌씨전(左氏傳)』에서 이른바 "흉악한 사람이 없다."는 것이다. 이는 대개 또 사악(四岳)의 벼슬을 겸직한 것이다. '녹(麓)'은 산기슭이다. '열(烈)'은 빠름이고, '미(迷)'는 착란(錯亂)함이다. 『사기(史記)』에서 말하였다. "요(堯)가 순(舜)으로 하여금 산림(山林)과 천택(川澤)에 들어가게 하였는데, 사나운 바람이 사납게 불고 우레 치고 비가 오는데도 순(舜)의 행함이 혼미하지 않았다." 소씨(蘇氏: 蘇軾)가 말하기를, "홍수에 피해가 생기자 요(堯)가 순(舜)으로 하여금 산림에 들어가 평원(平原)과 습지를 살펴보게 하였는데, 우레와 비가 크게 이르러 많은 사람들이 두려워하면서 정상(正常)을 잃었으나 순(舜)은 혼미하지 않았으니, 그 도량이 남보다 뛰어남이 있는 사람이어서 하늘과 땅과 귀신이 또한 혹시 도움이 있었을 것이다. 내가 생각하건대, 세찬 바람과 우레와 비 내리는 예사롭지 않은 변고를 만났으나 벌벌 떨고 두려워하면서 정상을 잃지 않은 것은 진실로 총명하고 성실하고 지혜로워 확고하게 착란하지 않는 이가 아니면 능할 수 없다. 『주역(周易)』에서 '우레가 백 리를 놀라게 해도 수저와 울창주(鬱鬯酒)를 잃지 않았다.'라고 하였는데, 뜻이 이와 가깝다."라고 하였다.

詳說

○ 使之美之.

'미야(美也)'의 경우, 그로 하여금 아름답게 하는 것이다.

○ 彼列反.

'별(別)'은 피(彼)와 렬(列)의 반절이다.

○ 上聲.

'장(長)'은 상성(上聲: 어른, 年高)이다.

○ 見『孟子』「滕文公」.521) 蓋『書』惟言'五典'·'五敎'·'五常', 而其目則『孟子』始著之.

'시야(是也)'의 내용이 『맹자(孟子)』 「등문공(滕文公)」에 보인다. 대개 『서경(書經)』에는 오직 '오전(五典)522)'과 '오교(五敎)523)'와 '오상(五常)524)'을 말하였고,

---

521) 『맹자집주대전(孟子集註大全)』 권5, 「등문공장구상(滕文公章句上)」. "后稷, 敎民稼穡, 樹藝五穀, 五穀熟而民人育, 人之有道也, 飽食煖衣, 逸居而無敎, 則近於禽獸. 聖人, 有憂之, 使契爲司徒, 敎以人倫, 父子有親, 君臣有義, 夫婦有別, 長幼有序, 朋友有信. 放勳曰: '勞之來之, 匡之直之, 輔之翼之, 使自得之, 又從而振德之.' 聖人之憂民, 如此, 而暇耕乎?(후직이 백성에게 농사를 가르쳐서 다섯 가지 곡식을 심어서 기르게 함에 다섯 가지 곡식이 익어서 백성들이 길러졌으니, 사람이 도리를 가져야 하는 것은 음식에 배부르고 의복에 몸을 따뜻하게 하여 편안하게 살면서 가르침이 없으면 곧 짐승에 가까워지기 때문이다. 성인이 그것을 근심함이 있어 설로 하여금 사도로 삼아서 사람들에게 인륜을 가르치게 하였으니, 부모와 자식에게는 친애함이 있으며, 임금과 신하에게는 의리가 있으며, 남편과 아내에게는 분별됨이 있으며, 어른과 아이에게는 차례가 있으며, 벗과 벗에게는 믿음이 있어야 하는 것이다. 방훈이 말하기를, '위로하며 권면하며, 잡아주며 고쳐주며, 도와주며 이뤄주어 스스로 얻게 하고 또 좇아서 진작하여 덕스럽게 하라.'고 하였으니, 성인이 백성을 근심함이 이와 같은데 어느 겨를에 경작을 하겠는가?)"

522) 오전(五典): 위의 「순전(舜典)」에서 "오전(五典)을 삼가 아름답게 하도록 하였는데 백성들이 오전을 능히 따르게 되었다.(愼徽五典, 五典克從.)"라고 하였는데, 공안국(孔安國)은 "五典, 五常之敎, 父義·母慈·兄友·弟恭·子孝."라 하였고, 채침(蔡沈)의 집전에서는 "五典, 五常也, 父子有親·君臣有義·夫婦有別·長幼有序·朋友有信, 是也."라고 하였다.

523) 오교(五敎): 아래의 「순전(舜典)」에서 순임금이 말하였다. '설아! 백성이 친목하지 않고 오품이 순조롭지 않아서 너를 사도로 삼으니, 공경히 다섯 가지 가르침을 펼치되 너그러움에 있게 하라.'(帝曰 : '契! 百姓不親, 五品不遜, 汝作司徒, 敬敷五敎, 在寬.')" 집전에 의하면 "'五品', 父子·君臣·夫婦·長幼·朋友五者之名

그 조목은 『맹자』에서 비로소 드러났다.

○ 使人, 順五典.
'순야(順也)'의 경우, 사람으로 하여금 오전(五典)을 따르게 하는 것이다.

○ 「文十八年」,525) 下並同.
'『좌씨』(『左氏』)'는 「문공(文公) 18년」이니, 아래도 아울러 같다.

○ 入聲, 下同.526)
'탁(度)'은 입성(入聲: 헤아리다, 도모하다)이니, 아래도 같다.

○ 百.
'서(庶)'는 백(百: 많다)이다.

○ 見『周禮』「大司徒」.527)
'제후(諸侯)'는 『주례(周禮)』 「대사도(大司徒)」이다.

○ 如 '寅賓' 之 '賓'.
'고와빈(故曰賓)'의 경우, '인빈(寅賓)528)'의 '빈(賓)'과 같다.

位等級也. … '五教', 父子有親·君臣有義·夫婦有別·長幼有序·朋友有信, 以五者當然之理, 而爲敎令也.)"라고 하였다.

524) 오상(五常): 호광(胡廣) 등 찬, 『서경대전(書經大全)』 권6, 「주서(周書)·태서하(泰誓下)」. "임금이 말하였다. '아! 우리 서쪽 땅의 군자들아. 하늘에는 밝게 드러난 도가 있어 그 무리가 밝게 빛나니, 이제 상나라 임금인 수가 오상을 얕잡아보고 업신여기며, 황폐하고 태만하여 공경하지 않아서 스스로 하늘을 끊으며 백성들에게 원망을 맺었다.(王曰: '嗚呼. 我西土君子! 天有顯道, 厥類惟彰, 今商王受, 狎侮五常, 荒怠弗敬, 自絶于天, 結怨于民.')" 공영달(孔穎達)은 "五常, 卽五典, 謂父義·母慈·兄友·弟恭·子孝, 五者人之常行."이라 하였고, 집전에는 "주는 군신·부자·형제·부부의 떳떳한 도에 있어 얕잡아보고 업신여기며, 내다버리고 게을리 하여 공경하고 두려워하는 것이 없었다.(狎於君臣·父子·兄弟·夫婦典常之道, 褻狎侮慢, 荒棄怠惰, 無所敬畏.)"라고 하였다.

525) 『춘추좌전주소(春秋左傳注疏)』 권20, 「문공(文公) 18년」. "故「虞書」數舜之功, 曰: '愼徽五典, 五典克從, 無違敎也.' 曰: '納於百揆, 百揆時序, 無廢事也.' 曰: '賓于四門, 四門穆穆, 無凶人也.' 舜有大功二十, 而爲天子."

526) 호광(胡廣) 등 찬, 『서경대전(書經大全)』의 소주에는 "'度', 達各反.('탁'은 달과 각의 반절이다.)"으로 되어있다.

527) 『주례주소(周禮注疏)』 권18, 「대종백(大宗伯)」에서 "以賓禮, 親邦國."이라 하였고, 주신(朱申) 찬, 『주례구해(周禮句解)』 권5, 「춘관종백(春官宗伯)」이라 하였다.

528) 인빈(寅賓): 호광(胡廣) 등 찬, 『서경대전(書經大全)』 권1, 「우서(虞書)·요전(堯典)」에 나오는 말이다. 그 원문은 다음과 같다. "희중에게 명하여 우이에 있게 하시며 '양곡'이라 하셨는데, 공경히 솟아나오는 해를 맞이하여 고르게 차례대로 봄농사를 시작하게 하시니, 춘분의 날이고 별은 조성이다.(分命羲仲, 宅嵎夷, 曰'暘谷', 寅賓出日, 平秩東作, 日中, 星鳥.)"이에 공안국(孔安國)은 "'인'은 공경함이고, '빈'은 인도함이

○「五帝紀」.529)

'『사기』(『史記』)'는「오제기(五帝紀)」이다.

○ 朱子曰 : "若爲山虞, 則其職益卑, 且從『史記』之說, 謂如治水之類."530)

'요사순입산림천택(堯使舜入山林川澤)'에 대해, 주자(朱子: 朱熹)가 말하였다. "만약 산지가 되었다면 그 직책이 더욱 낮으니, 또『사기(史記)』의 말을 좇아서 치수(治水)의 유형과 같음을 말한 것이다."

○ 補'舜行'字.

'순행불미(舜行不迷)'의 경우, '순행(舜行)'자를 보탠 것이다. ○

○ 朱子曰 : "主祭之說, 某不敢信, 且雷雨在天, 如何解迷."531)

주자(朱子: 朱熹)가 말하였다. "제사를 주관하였다는 말은 내가 감히 믿지 못하겠고, 또 우레와 비도 하늘에 달려있거늘 어떻게 미혹됨을 알겠는가."

○ 按, '克從'·'時敘'·'穆穆', 皆言其效, 故舊說以風雨之不迷, 爲納麓·主祭之效驗, 而『集傳』正之. 蓋旣云'烈', 則烏在其不迷乎.

살펴보건대, '극종(克從)'과 '시서(時敘)'와 '목목(穆穆)'은 모두 그 효험을 말하였

다.('寅, 敬; '賓, 導.)"라 하였고, 공영달(孔穎達)은 이 희중으로 하여금 공경히 장차 떠오르는 해를 인도하라는 것(令此羲仲, 恭敬導引將出之日)이라 하였으며, 채침(蔡沈)의 집전에는 "'인'은 공경함이고, '빈'은 예로 접대하기를 귀한 손님처럼 하는 것이니, 또한 제곡이 해와 달을 책력에 기록하여 마중하고 배웅하는 뜻이다.('寅, 敬也; '賓, 禮接之如賓客也, 亦帝嚳曆日月而迎送之意.)"라고 하였다.

529) 사마천(司馬遷) 찬, 『사기(史記)』 권1, 「오제본기(五帝本紀)」. "堯使舜入山林川澤, 暴風雷雨, 舜行不迷. 堯以爲聖."

530) 호광(胡廣) 등 찬, 『서경대전(書經大全)』의 소주에서 발췌한 것이다. 그 전문은 다음과 같다. "問 : '愼徽五典, 是使之掌敎; 納于百揆, 是使之宅百揆; 賓于四門, 是使之爲行人之官; 納大麓, 恐是爲山虞之官.' 朱子曰 : '若爲山虞, 則其職益卑, 且合從『史記』說, 使之入山, 雖遇烈風雷雨, 弗迷其道也.' 納于大麓, 當以『史記』爲據, 謂如治水之類. 弗迷, 謂舜不迷於風雨也. 若主祭之說, 某不敢信, 且雷雨在天, 如何解迷. 若是舜在主祭, 而乃有風雷之變, 豈得是好.'(물었다 '신휘오전은 하여금 교육을 관장하게 한 것이며, 납어백규는 하여금 백규를 맡게 한 것이며, 빈어사문은 하여금 행인의 관직을 맡게 한 것이며, 납대록은 아마 산지기의 관직이 되게 한 것입니까?' 주자가 말하였다. '만약 산지가 되면 그 직분은 더욱 낮으니, 또 마땅히 『사기』의 말을 좇아야 하며, 그로 하여금 산에 들어가게 하면 비록 세찬 바람과 우레와 비를 만나더라도 그 길을 헷갈리지 않는다는 것이다.' 납우대록은 마땅히 『사기』로 근거를 삼아야 하니, 치수 같은 종류를 이른다. 불미는 순이 바람과 비에도 그 길을 헷갈리지 않는다는 것을 말한다. 제사를 주관하였다는 말과 같으면 내가 감히 믿지 못하겠고, 또 우레와 비는 하늘에 달려있는데 어떻게 미혹됨을 알겠는가. 여전히 순이 제사를 주관하고 있는데 이에 바람 불고 우레 치는 변고가 있다면 어찌 좋을 수 있겠는가.')" 이는 『주자어류(朱子語類)』 권78, 「상서일(尙書一)·순전(舜典)」에 실려 있다.

531) 위와 같음.

기 때문에 옛날 말에 비바람에 미혹되지 않은 것으로써 산기슭에 들어감과 제사를 주관함의 효험으로 여겼는데, 『집전(集傳)』에서 그것을 바로잡았다. 대개 이미 '열(烈)'을 말하였다면 어찌 그 미혹되지 않음이 있겠는가.

○ 東坡.
'소씨(蘇氏)'는 동파(東坡: 蘇軾)이다.

○ 去聲, 下同.532)
'상(相)'은 거성(去聲: 돕다, 보다)이니, 아래도 같다.

○ 如字.
'도(度)'는 본래의 음(音義: 정도, 한도)대로 읽는다.

○ 去聲.533)
'량(量)'은 거성(去聲: 용량, 한도)이다.

○ 又引此, 以實『史記』之言.
'역혹유이상지여(亦或有以相之歟)'의 경우, 또 이것을 인용하여 『사기(史記)』의 말534)을 실증한 것이다.

○ 「震卦」.535)
'『역』(『易』)'은 「진괘(震卦)」이다.

○ 去聲.536)
'상(喪)'은 거성(去聲: 잃다, 상실하다)이다.

○ 又以己說論斷之.

---

532) 호광(胡廣) 등 찬, 『서경대전(書經大全)』의 소주에는 "'相', 去聲.('상'은 거성이다.)"으로 되어있다.
533) 호광(胡廣) 등 찬, 『서경대전(書經大全)』의 소주를 수용한 것이다.
534) 위의 집전에 나오는 "『사기』"에서 말하였다. '요가 순으로 하여금 산림과 천택에 들어가게 하였는데, 사나운 바람이 사납게 불고 우레 치고 비가 오는데도 순의 행함이 혼미하지 않았다.(『史記』曰 : '堯使舜入山林·川澤, 暴風雷雨, 舜行不迷.')'라고 한 것이다.
535) 호광(胡廣) 등 찬, 『주역전의대전(周易傳義大全)』 권18, 「중택진괘(重雷震卦)」. "震驚百里, 不喪匕鬯"
536) 호광(胡廣) 등 찬, 『서경대전(書經大全)』의 소주를 수용한 것이다.

'의위근지(意爲近之)'의 경우, 또 자기의 말로써 논하여 판단을 내린 것이다. ○

○ 夏氏曰 : "五典之屬, 卽命以位之事."537)
하씨(夏氏: 夏僎)가 말하였다. "오전(五典)의 따위는 곧 직위(職位)로써 명하는 일이다."

○ 董氏鼎曰 : "此節與「堯典」, 以'親至'·'時雍', 語意氣象, 相似, 上句是感, 下句是應."538)
동씨정(董氏鼎: 董鼎)이 말하였다. "이 단락과 「요전(堯典)」은 '친지(親至)539)'와 '시옹(時雍)540)'으로써 말의 뜻이나 기상이 서로 유사하니, 위의 구절은 감(感)이고, 아래 구절은 응(應)이다."

[1-1-2-3]

帝曰 : "格. 汝舜! 詢事考言, 乃言, 厎可績, 三載, 汝陟帝位." 舜, 讓于德, 弗嗣.

요임금이 말하였다. "오너라. 그대 순이여! 행한 일을 자문하고 한 말을 살폈는데, 너에 대하여 하는 말이 가상하게 공적을 3년 동안 이루었다고 하니, 네가 임금 자리에 오르도록 하라." 순(舜)은 덕이 있는 이에게 사양하고 임금 자리를 이어받지 않았다.

集傳

'格', 來; '詢', 謀541); '乃', 汝; '厎', 致; '陟', 升也. 堯言: "詢舜所行之事,

---

537) 호광(胡廣) 등 찬, 『서경대전(書經大全)』의 소주를 수용한 것이다.
538) 호광(胡廣) 등 찬, 『서경대전(書經大全)』의 소주에서 발췌한 것이다. 그 전문은 다음과 같다. "董氏鼎曰 : '此一節與「堯典」, 以親九族而九族睦, 至協和萬邦而民時雍, 語意氣象, 相似分明, 上句是感, 下句是應. 見二聖人隨感隨應, 功用神速處.'(동씨 정이 말하였다. '이 단락과 「요전」은 … 말의 뜻이나 기상이 서로 유사하니, 위의 구절은 감이고, 아래 구절은 응이다. ….')"
539) 친지(親至): 위의 집전 내용에서 "옛날에 손님의 예로써 제후 나라를 친근하게 대하였는데, 제후가 각각 의 방소에서 이름에 그로 하여금 주관하게 하였기 때문에 '빈'이라고 한 것이다.(古者, 以賓禮親邦國, 諸侯, 各以方至而使主焉, 故曰'賓.')"라고 한 내용에 나오는 '친(親)'과 '지(至)'를 말하는 것이다.
540) 시옹(時雍): 호광(胡廣) 등 찬, 『서경대전(書經大全)』 권1, 「우서(虞書)·요전(堯典)」. "모든 나라와 화합하게 하시니 백성들이 아! 변하여 이에 화락하였다.(協和萬邦, 黎民, 於變時雍.)"라고 한 내용이 나오는 '시옹(時雍)'을 말하는 것이다.
541) '모(謀)'는 자순(咨詢)함, 또는 자문함의 뜻으로 보아야 한다. 『춘추좌전주소(春秋左傳注疏)』 권29, 「양공(襄公) 4년」에서 "臣聞之, 訪問於善爲咨, 咨親爲詢, 咨禮爲度, 咨事爲諏, 咨難爲謀.(신이 듣건대, 찾아가서 착한 도를 물어보는 것을 자라고 하며, 친척의 뜻을 묻는 것을 순이라고 하며, 예의를 묻는 것을 도라고 하며, 정사를 묻는 것을 추라고 하며, 환난을 묻는 것을 모라고 한다고 하였습니다.)"라고 하였다.

而考其言, 則見汝之言, 致可有功, 於今三年矣, 汝宐升帝位也." '讓于德', 讓于有德之人也. 或曰 : "謙遜, 自以其德, 不足爲嗣也."

'격(格)'은 옴이고, '순(詢)'은 꾀함이고, '내(乃)'는 너이고, '저(底)'는 이룸이고, '척(陟)'은 오름이다. 요(堯)가 말하였다. "순(舜)이 행한 일을 자문하고 그 한 말을 살폈는데, 곧 너에 대하여 한 말을 보니 가상하게 공적을 이룬 것이 지금까지 3년이라고 하였다. 네가 마땅히 임금 자리에 올라야 한다." '양우덕(讓于德)'은 덕이 있는 사람에게 사양함이다. 어떤 이는 말하기를, "겸손하여 스스로 그 덕으로써 임금 자리를 이어받기에 부족하다고 여긴 것이다."라고 하였다.

詳說

○ 呂氏曰 : "敷言試功, 唐·虞觀人之成法, 舜登庸之初, 非特歷試以事, 必嘗敷陳以言, 故堯於此, 美其言與實相稱也."542)

'어금삼년의(於今三年矣)'에 대해, 여씨(呂氏: 呂祖謙)가 말하였다. "말을 진술하고 공(功)을 시험한 것은 당(唐)·우(虞)의 사람을 관찰하는 성법(成法)이니, 순(舜)이 등용되는 초기에 다만 두루 일로써 시험하였을 뿐 아니라 일찍이 말로써 진술하였기 때문에 요(堯)가 여기에서 그 말과 실제가 서로 잘 맞음을 아름답게 여긴 것이다."

○ 欲其卽眞.

'여의승제위야(汝宐升帝位也)'에서 볼 때, 그가 진짜로 나아가게 하고자 한 것이다.

○ 添'人'字.

'양우유덕지인야(讓于有德之人也)'의 경우, '인(人)'자를 더하였다.

○ 當以推以與人者, 爲正. 若如或說, 則'于'字, 當爲'以'字, 且五字作一句, 讀恐非文勢.543)

---

542) 호광(胡廣) 등 찬, 『서경대전(書經大全)』의 소주에서 발췌한 것이다. 그 전문은 다음과 같다. "呂氏曰 : '敷言試功, 此唐·虞觀人之成法, 舜登庸之初, 非特歷試以事, 必嘗敷陳以言, 故堯於此, 美其言與實相稱也.' (여씨가 말하였다. '말을 진술하고 공을 시험하였는데, 이는 당·우의 사람을 관찰하는 성법이니, 순이 등용되는 초기에 다만 두루 일로써 시험하였을 뿐 아니라 반드시 일찍이 말로써 진술하였기 때문에 요가 여기에서 그 말과 실제가 서로 잘 맞음을 아름답게 여긴 것이다.')"

543) 위의 경문 가운데 "讓于德, 弗嗣.(덕이 있는 이에게 사양하고 임금 지위를 이어받지 않았다.)"에서 '우(于)'자가 '이(以)'자가 된다면 '덕으로써 사양하여 임금 지위를 이어받지 않았다.'가 되므로 '讓以德弗嗣'가

'부족위사야(不足爲嗣也)'의 경우, 마땅히 추천하여 사람에게 주어야 하는 것이 정도(正道)이다. 만약 어떤 이의 말과 같다면 '우(于)'자는 마땅히 '이(以)'자가 되어야 하고, 또 다섯 글자가 한 구절이 되니, 읽음에 아마도 글의 형세가 아닌 듯하다.

○ 朱子曰 : "'不嗣', 不居其位也."544)

주자(朱子: 朱熹)가 말하였다. "'불사(不嗣)'는 그 임금 지위를 차지하지 않은 것이다."

[1-1-2-4]
正月上日, 受終于文祖.

정월 초하루에 임금 지위의 마지막을 문조(文祖)에게 받았다.

詳說

○ 音征.

'정(正)'은 음이 정(征)이다.

集傳

'上日', 朔日也. 葉氏曰 : "上旬之日." 曾氏曰 : "如上戊·上辛·上丁之類." 未詳孰是. '受終'者, 堯於是終帝位之事而舜受之也. '文祖'者, 堯始祖之廟, 未詳所指爲何人也.

'상일(上日)'은 초하루이다. 섭씨(葉氏)가 말하기를, "상순(上旬)의 날이다."라 하고, 증씨(曾氏)가 말하기를, "상무(上戊)와 상신(上辛)과 상정(上丁)과 같은 따위이다."라 하였는데, 어떤 것이 옳은지 자세하지 않다. '수종(受終)'이라는 것은 요(堯)가 여기서 임금 지위의 일을 마쳐서 순(舜)이 그것을 받은 것이다. '문조(文祖)'라는 것은 요(堯)의 시조(始祖)의 사당인데, 가리키는 것이 누구인지 자세하지 않다.

한 구절이 된다는 것이다.
544) 호광(胡廣) 등 찬, 『서경대전(書經大全)』의 소주에서 발췌한 것이다. 그 전문은 다음과 같다. "朱子曰 : '堯命舜曰: 三載, 汝陟帝位. 舜讓于德, 弗嗣. 則是不居其位也. 其曰: 受終于文祖, 則是攝行其事也. 故舜之攝, 不居其位, 不稱其號, 只是攝行其職事耳. 到得後來, 舜遜於禹, 不復泣位, 止曰: 總朕師爾; 其曰: 汝終陟元后, 則參不陟也. 率百官, 若帝之初者, 但率百官, 如舜之初爾.'(주자가 말하였다. '… 불사는 그 임금 지위를 차지하지 않은 것이다. ….')" 이는 『주자어류(朱子語類)』 권78, 「상서일(尙書一)·순전(舜典)」에 실려있다.

詳說

○ 唐孔氏曰 : "一歲日之上也."545)

'삭일야(朔日也)'에 대해, 당나라 공씨(孔氏: 孔穎達)가 말하였다. "한 해의 해가 오른 것이다."

○ 朱子曰 : "'受終', 是攝行其事也. 不居其位, 不稱其號, 後舜遜於禹, 不復言位, 止曰: '總朕師546)'; '但率百官, 若帝之初'.547)"548)

'요어시종제위지사이순수지야(堯於是終帝位之事而舜受之也)'에 대해, 주자(朱子: 朱熹)가 말하였다. "'임금 지위의 마지막을 받음'은 그 정사를 섭행한 것이다. 그 자리에 차지하지 않고 그 칭호를 칭하지 않았으며, 뒤에 순(舜)이 우(禹)에게 선위(禪位)함에도 다시 지위를 말하지 않고 다만 말하기를, '나의 백성들을 다스려 주시오.'라 하고, '다만 모든 벼슬아치를 거느림에 마치 순임금의 초기처럼 하였다.'라고 하였다."

○ 呂氏曰 : "言'受終', 則舜正始, 可知."549)

---

545) 호광(胡廣) 등 찬, 『서경대전(書經大全)』의 소주에서 발췌한 것이다. 그 전문은 다음과 같다. "唐孔氏曰 : 上日, 言一歲日之上也, 受堯終帝位之事於堯文德之祖廟也.'(당나라 공씨가 말하였다. '상일은 한 해의 해가 오른 것을 말하니, 요가 임금 지위의 일을 마친 것을 요의 문덕 있는 조상 사당에서 받은 것이다.')"
546) 호광(胡廣) 등 찬, 『서경대전(書經大全)』권2, 「우서(虞書)·대우모(大禹謨)」에 나오는 말이다. 그 전문은 다음과 같다. "帝曰 : '格. 汝禹! 朕宅帝位, 三十有三載, 耄期倦于勤, 汝惟不怠, 總朕師.'(순임금이 말하였다. '오너라. 그대 우여! 짐이 임금 지위에 있은 지 33년이라 늙어서 부지런해야 할 정사를 게을리 하니, 너는 태만하지 말아서 짐의 무리를 잘 거느려라.')"
547) 호광(胡廣) 등 찬, 『서경대전(書經大全)』권2, 「우서(虞書)·대우모(大禹謨)」에 나오는 말이다. 그 전문은 다음과 같다. "正月朔旦, 受命于神宗, 率百官, 若帝之初.(정월 초하루 아침에 신종에게 명을 받아 모든 벼슬아치들을 거느리되 순임금의 처음처럼 하였다.)"
548) 호광(胡廣) 등 찬, 『서경대전(書經大全)』의 소주에서 발췌한 것이다. 그 전문은 다음과 같다. "朱子曰 : '堯命舜曰: 三載, 汝陟帝位. 舜讓于德, 弗嗣. 則是不居其位也. 其曰: 受終于文祖, 則是攝行其事也. 故舜之攝, 不居其位, 不稱其號, 只是攝行其職事耳. 到得後來, 舜遜於禹, 不復言位, 止曰: 總朕師爾; 其曰: 汝終陟元后, 則今不陟也. 率百官, 若帝之初者, 但率百官, 如舜之初爾.'(주자가 말하였다. '요가 순에게 명하여 말하기를, 3년이니, 네가 임금의 지위에 오르도록 하라고 하였는데, 순이 덕이 있는 이에게 사양하고 임금의 지위를 이어받지 않았다고 한 것은 그 지위를 차지하지 않은 것이다. 그 말하기를, 임금 지위의 마지막을 문조에서 받았다는 것은 그 정사를 섭행한 것이다. 그러므로 순이 섭정하되 그 자리에 차지하지 않고 그 칭호를 칭하지 않은 것은 다만 그 직책의 일을 섭행하였을 뿐이다. 뒤에 이르러 순이 우에게 선위함에도 다시 지위를 말하지 않고 다만 말하기를, 나의 백성들을 다스려 주시오라고 했을 뿐이다. 그 말하기를, 너는 마침내 임금의 지위에 오르리라고 한 것은 지금은 오르지 않은 것이다. 백관을 거느리되 순임금의 초기와 같이 하였다는 것은 다만 모든 벼슬아치를 거느리기를 마치 순임금의 초기와 같이 하였을 뿐이다.')" 이는 『주자어류(朱子語類)』권78, 「상서일(尙書一)·순전(舜典)」에 실려 있다.
549) 호광(胡廣) 등 찬, 『서경대전(書經大全)』의 소주에서 발췌한 것이다. 그 전문은 다음과 같다. "呂氏曰 : '堯已爲天下得人, 則堯之責塞矣. 故曰受終, 言受終, 則舜正始, 可知.'(여씨가 말하였다. '요가 이미 천하에서 인물을 얻었으면 요의 책무가 막히는 것이다. 그러므로 수종이라고 하였으니, 수종을 말하였다면 순이 그 시작을 올바르게 하였음을 알 수 있다.')" 여기에 나오는 '정시(正始)'는 복상(卜商)의 「모시서(毛詩序)」

여씨(呂氏: 呂祖謙)가 말하였다. "'수종(受終)'을 말하였다면 순(舜)이 그 시작을 올바르게 하였음을 알 수 있는 것이다."

○ 董氏鼎曰 : "堯老舜攝, 堯之爲帝自若也. 告攝而謂之受終, 蓋以重舜之責也."550)
동씨정(董氏鼎: 董鼎)이 말하였다. "요(堯)가 늙어 순(舜)이 섭정함에는 요(堯)가 임금을 하는 것이 저절로 순조로웠다. 섭정(攝政)을 고하는 것으로써 '수종(受終)'이라고 한 것은 대개 순(舜)의 책무를 중히 여겼기 때문이다."

○ 唐孔氏曰 : "文德之祖廟."551)
'요시조지묘(堯始祖之廟)'에 대해, 당나라 공씨(孔氏: 孔穎達)가 말하였다. "문덕이 있는 조상의 사당이다."

○ 王氏炎曰 : "堯從受天下者也."552)
왕씨염(王氏炎: 王炎)이 말하였다. "요(堯)가 좇아서 천하를 받은 사람이다."

[1-1-2-5]

在璿璣・玉衡, 以齊七政.

선기(璿璣)와 옥형(玉衡)으로 살펴 칠정(七政)을 고르게 하셨다.

에서 볼 수 있으니, "『周南』・「召南』, 正始之道, 王化之基.('주남」과 「소남」은 그 시작을 올바르게 하는 도이고, 임금의 덕화에 기초이다.)"라고 하였는데, 이에 유량(劉良)은 "'正始之道', 謂正王道之始也.('정시지도'는 왕도의 시작을 올바르게 하는 것을 이른다.)"라고 하였다.
550) 호광(胡廣) 등 찬, 『서경대전(書經大全)』의 소주에서 발췌한 것이다. 그 전문은 다음과 같다. "董氏鼎曰 : '堯老舜攝, 堯之爲帝自若也, 而遽以受終告祖者, 蓋天子之有天下, 當以其身爲始終. 昔由祖以有其始, 今告祖以受其終, 此爲告攝而謂之受終, 蓋以重舜之責也.'(동씨 정이 말하였다. '요가 늙어 순이 섭정함에는 요가 임금을 하는 것이 저절로 순조로웠으나, 문득 수종하여 조상에게 고한 것은 대개 천자가 천하를 소유함에 마땅히 그 몸으로써 시작과 끝이 되어야 해서이다. 옛날에 문조에 말미암아 그 시작이 있어서 지금 문조에게 그 마침을 받는 것을 고하였으니, 이는 섭정을 고하는 것으로써 수종이라고 한 것은 대개 순의 책무를 중히 여겼기 때문이다.')"
551) 호광(胡廣) 등 찬, 『서경대전(書經大全)』의 소주에서 발췌한 것이다. 그 전문은 다음과 같다. "唐孔氏曰 : '上日, 言一歲日之上也. 受堯終帝位之事於堯文德之祖廟也.'(당나라 공씨가 말하였다. '상일은 한 해의 해가 솟아오름을 말한다. 요가 임금 지위의 일을 요의 문덕 있는 조상 사당에서 받은 것이다.')"이에 대하여 채침(蔡沈)의 집전에서는 "'文祖'者, 堯始祖之廟.(문조라는 것은 요의 시조의 사당이다.)"라 하였고, 『사기(史記)』 권1, 「오제본기(五帝本紀)」에서 "'文祖'者, 堯大祖也.('문조'라는 것은 요의 태조이다.)"라고 하였다.
552) 호광(胡廣) 등 찬, 『서경대전(書經大全)』의 소주에서 발췌한 것이다. 그 전문은 다음과 같다. "王氏炎曰 : '文祖, 堯所從受天下者也.'(왕씨 염이 말하였다. '문조는 요가 좇아서 천하를 받은 사람이다.')"

詳說

○ '璿', 音旋. '璣', 音機.553)

'선(璿)'은 음이 선(旋)이다. '기(璣)'는 음이 기(機)이다.

集傳

'在', 察也. 美珠, 謂之'璿'. '璣', 機也, 以璿飾璣, 所以象天體之轉運也. '衡', 橫也, 謂衡簫也. 以玉爲管, 橫而設之, 所以窺璣而齊七政之運行, 猶今之渾天儀也. '七政', 日·月·五星也, 七者運行於天, 有遲有速; 有順有逆, 猶人君之有政事也. 此言: "舜初攝位, 整理庶務, 首察璣衡, 以齊七政", 蓋曆象授時, 所當先也. ○按, '渾天儀'者,「天文志」云 : "言天體者三家, 一曰'周髀', 二曰'宣夜', 三曰'渾天'. '宣夜', 絶無師說, 不知其狀如何. 周髀之術, 以爲天似覆盆. 蓋以斗·極爲中, 中高而四邊下, 日月傍行遶之, 日近而見之, 爲晝; 日遠而不見, 爲夜." 蔡邕以爲, "考驗天象, 多所違失." 渾天說曰 : "天之形狀, 似鳥卵, 地居其中, 天包地外, 猶卵之裹黃, 圓如彈丸, 故曰'渾天'." 言其形體渾渾然也. 其術, 以爲天半覆地上, 半在地下, 其天, 居地上見者一百八十二度半强, 地下亦然. 北極, 出地上三十六度; 南極, 入地下亦三十六度, 而嵩高正當天之中, 極南五十五度, 當嵩高之上. 又其南十二度, 爲夏至之日道; 又其南二十四度, 爲春·秋分之日道; 又其南二十四度, 爲冬至之日道, 南下去地三十一度而已. 是夏至日, 北去極六十七度; 春·秋分, 去極九十一度; 冬至, 去極一百一十五度, 此其大率也. 其南·北極, 持其兩端, 其天與日·月·星宿, 斜而回轉, 此必古有其法, 遭秦而滅. 至漢武帝時, 落下閎, 始經營之; 鮮于妄人, 又量度之; 至宣帝時, 耿壽昌, 始鑄銅而爲之象; 宋錢樂, 又鑄銅作渾天儀, 衡長八尺, 孔徑一寸, 璣徑八尺, 圓周二丈五尺强. 轉而望之, 以知日·月·星辰之所在, 卽璿璣玉衡之遺法也. 歷代以來, 其法漸密, 本朝因之, 爲儀三重, 其在外者, 曰'六合儀', 平置黑單環, 上刻十二辰·八干, 四隅在地之位, 以準地面而定四方. 側立黑雙環, 背刻去極度數, 以中分天脊, 直跨地平, 使其半入地下而結於其子午, 以爲天經. 斜倚赤單環, 背刻赤道度數, 以平分天腹, 橫繞天經, 亦使半出地上, 半入地下而結於其卯酉, 以爲天緯. 三環表裏, 相結不動, 其天經之環, 則南·北二極, 皆爲圓軸. 虛中而內向, 以挈三辰·四遊之環, 以其上下四方, 於是可考, 故曰'六合'. 次其內曰'三辰儀', 側立黑雙環, 亦刻去極度數, 外貫天經之軸, 內挈黃·赤二道. 其赤道則爲赤單環, 外依天緯, 亦刻宿度而結於黑雙環之卯酉. 其黃道

---

553) 채침(蔡沈) 찬, 『서경집전(書經集傳)』에는 "'璿', 音旋.('선'은 음이 선이다.)"으로 되어있다.

則爲黃單環, 亦刻宿度而又斜倚於赤道之腹, 以交結於卯酉, 而半入其內, 以爲春分後之日軌; 半出其外, 以爲秋分後之日軌. 又爲白單環, 以承其交, 使不傾墊, 下設機輪, 以水激之, 使其日夜隨天, 東西運轉, 以象天行, 以其日·月·星辰, 於是可考, 故曰'三辰'. 其最在內者曰'四遊儀', 亦爲黑雙環, 如三辰儀之制. 以貫天經之軸, 其環之內, 則兩面當中, 各施直距; 外指兩軸而當其要中之內面. 又爲小窾, 以受玉衡要中之小軸, 使衡旣得隨環東西運轉; 又可隨處南北低昂, 以待占候者之仰窺焉, 以其東西南北, 無不周徧. 故曰'四遊'. 此其法之大略也. 沈括曰 : "舊法, 規環一面, 刻周天度; 一面加銀丁, 蓋以夜候天晦, 不可目察, 則以手切之也." 古人以璿飾璣, 疑亦爲此. 今太史局·秘書省, 銅儀制極精緻, 亦以銅丁爲之. 曆家之說, 又以北斗魁四星爲璣, 杓三星爲衡, 今詳經文簡質, 不應'北斗'二字, 乃用寓名. 恐未必然, 姑存其說, 以廣異聞.

'재(在)'는 살핌이다. 아름다운 구슬을 '선(璿)'이라고 한다. '기(璣)'는 기구(機構)이니, 구슬로 기구를 꾸미되 천체(天體)가 운전함을 형상한 것이다. '형(衡)'은 가로 대이니, 가로 놓인 대통을 이른다. 옥으로 대롱을 만들어 가로 놓아 설치하고 기구를 엿보면서 칠정(七政)의 운행을 살피는 것이니, 지금의 혼천의(渾天儀)와 같다. '칠정(七政)'은 해와 달과 다섯별이니, 일곱 개가 하늘에 운행하는데 느린 것도 있고 빠른 것도 있으며 순행하는 것도 있고 역행하는 것도 있어 임금이 정사를 가지고 있음과 같다. 이것은 "순(舜)이 처음으로 임금 지위를 대신함에 여러 가지 정무(政務)를 정리하는데 가장 먼저 선기(璇璣)와 옥형(玉衡)을 살펴서 칠정(七政)을 살폈다."고 말한 것이니, 대개 역상(曆象)을 살펴서 농사철을 알려주는 것을 마땅히 먼저 해야 하는 것이다. ○살펴보건대, '혼천의(渾天儀)'라는 것은 「천문지(天文志)」에서 이르기를, "천체를 말한 것이 세 학파(學派)이니, 첫째는 '주비(周髀)'라 하고, 둘째는 '선야(宣夜)'라 하고, 셋째는 '혼천(渾天)'이라 한다. '선야(宣夜)'는 전혀 스승의 학설이 없어 그 형상이 어떤지 알지 못한다. 주비(周髀)의 방법은 하늘이 엎어진 동이와 유사하다고 하였다. 대개 북두성(北斗星)과 북극성(北極星)으로써 중앙으로 삼으니, 중앙은 높고 사방의 변두리는 낮은데 해와 달이 옆으로 운행하면서 돌아감에 해가 가까워지면서 보이면 낮이 되고, 해가 멀어지면서 보이지 않으면 밤이 되는 것이다. 채옹(蔡邕)[554]이 이르기를, '천상(天象)'을 상고하고 징험

---

554) 채옹(蔡邕): 채옹(133-192)은 동한(東漢) 때 학자로 자가 백개(伯喈)이고, 진유(陳留) 군어현(郡圉縣) 사람이다. 일찍이 조정의 명을 받아 관직에 나아갔다가 죄를 지어 북방으로 유배되고 강남으로 12년간 피난하였다. 동탁(董卓)이 권력을 잡자 억지로 불러 좨주가 되었고, 이어서 시어사(侍御史)·상서(尙書)·시중(侍中)·좌중랑장(左中郎將) 등을 역임하고 고양향후(高陽鄕侯)에 봉해졌으며, 세상에서 채중랑(蔡中郎)이라고 불렸다. 동탁이 피살된 뒤 왕윤(王允)에 의해 하옥되어 죽었다. 음률(音律)에 정통하였고, 호광(胡廣)에게 배웠으며, 경사(經史)에 두루 통달하였다. 서법(書法)에도 정통하였는데 특히 예서(隸書)에 조예가 깊었으며, 비

함에 어긋나고 잘못된 것이 많다.'라고 하였다. 「혼천설(渾天說)」555)에서 말하기를, '하늘의 형상은 새알과 같으니, 평지(平地)가 그 가운데 있고 하늘이 평지(平地) 밖을 싸고 있어 마치 알이 노른자를 감싸고 있는 것과 같으며, 둥근 것이 탄환과 같기 때문에 혼천(渾天)이라 하였다.'라고 하였으니, 그 형체가 둥글둥글함을 말한 것이다. 그 방법은 하늘의 절반이 평지(平地) 위를 덮고 절반은 평지(平地) 아래에 있으니, 하늘이 평지(平地) 위에 있으면서 보이는 것은 182도와 절반 남짓이고, 평지(平地)의 아래도 또한 그러하다. 북극(北極)은 평지(平地) 위로 나온 것이 36도이고, 남극(南極)은 평지(平地) 아래로 들어간 것이 또한 36도인데, 높은 숭산(嵩山)이 바로 하늘의 가운데에 해당하니, 극남(極南)의 55도가 높은 숭산의 위에 해당한다. 또 그 남쪽 12도는 하지(夏至)의 해가 다니는 길이 되고, 또 그 남쪽 24도는 춘분(春分)과 추분(秋分)의 해가 다니는 길이 되며, 또 그 남쪽 24도는 동지(冬至)의 해가 다니는 길이 되는데, 남쪽 아래로 평지(平地)과의 거리가 31도일 따름이다. 이 하지일(夏至日)은 북쪽으로 북극과의 거리가 67도이고, 춘분과 추분은 북극과의 거리가 91도이며, 동지는 북극과의 거리가 115도이니, 이것은 그 대강이다. 그 남극과 북극이 두 끝을 잡고 있으면 그 하늘과 더불어 해와 달과 별들이 비스듬히 회전하니, 이는 반드시 옛날에 그 법칙이 있었으나 진(秦)나라의 분서(焚書)를 만나 없어진 것이다. 한(漢)나라 무제(武帝) 때에 이르러 낙하굉(落下閎)556)이 비로소 경영하였고, 선우망인(鮮于妄人)557)이 또 헤아렸으며, 선제(宣帝) 때에 이르러 경수창(耿壽昌)558)이 비로소 구리로 주조하여 형상을 만들었고, 유송(劉宋) 때의 전락(錢樂)이 또 구리로 주조하여 혼천의(渾天儀)를 만드니, 옥형(玉衡)의 길이가 여덟 자이고 구멍의 지름이 한 치이며, 선기(璿璣)의 지름이 여덟 자이고 둘레는 두 길 다섯 자 남짓이다. 회전시키면서 바라보고 해와 달과 별들이 있는 곳을 알았으니, 곧 선기옥형(璿璣玉衡)의 남겨진 모형이다."라고 하였다. 지나온 여러 시대 이래로 그 방법이 점점 치밀해져서 우리 왕조(송나라)에서는 이에

백(飛白)서체를 만들어 후세에 큰 영향을 주었다. 저서로는 명나라 장부(張溥)가 집성(輯成)한 『채중랑집(蔡中郞集)』이 있다.
555) 「혼천설(渾天說)」: 공영달(孔穎達)이 삼국시대 오(吳)나라 왕번(王蕃)의 「혼천설(渾天說)」을 인용한 것이다.
556) 낙하굉(落下閎): 낙하굉(B.C.156-87)은 서한(西漢) 때의 천문학자(天文學者)로 자가 장공(長公)이고, 파군(巴郡) 낭중(閬中) 사람이다. 『태초력(太初歷)』을 창제하고 「혼천설(渾天說)」을 내놓아 중국 고대의 우주기원의 학설을 새롭게 내놓았고, 통기율(通其率)을 발명하였다.
557) 선우망인(鮮于妄人): 서한(西漢) 소제(昭帝) 때 천문학자로 낙하굉이 주장한 혼천설(渾天說)의 몇 가지 증거를 검사하여 증명하였다. 혼천설에 의거하여 구리로써 주조하여 혼천의(渾天儀)를 내놓았다.
558) 경수창(耿壽昌): 서한(西漢) 때 천문학자(天文學者)로 수학(數學)에 정통하여 『구장산술(九章算術)』을 수정(修訂)하였고, 구리로써 혼천의(渾天儀)를 주조하여 천상(天象)을 관찰하였다. 저서로는 『월행백도(月行帛圖)』·『일월백도(日月帛圖)』·『월행도(月行圖)』 등이 있었으나 전하지 않는다.

말미암아 의기(儀器)를 세 겹으로 만들어559) 그 밖에 있는 것을 '육합의(六合儀)'라고 하였으니, 검은색의 한 고리를 평평히 놓고 위에 십이진(十二辰)과 팔간(八干)을 새기되 네 모퉁이의 평지(平地)가 있는 자리에서 평지(平地)의 표면을 기준으로 하여 사방을 정하였다. 검은색 쌍고리를 옆에 세우고 뒤쪽에 북극과 떨어진 도수를 새기며, 하늘의 등마루를 반으로 똑같이 나누고 곧바로 지평선을 넘어서 그 절반은 평지(平地) 아래로 들어가서 자오선(子午線)과 연결되게 하여 천경(天經)으로 삼는다. 붉은색 외고리를 비스듬히 기대고 뒤쪽에 적도(赤道)의 도수를 새기며, 하늘의 중심을 반으로 똑같이 나누고 천경(天經)을 가로질러 두르는데, 또한 절반은 평지(平地) 위로 나오고 절반은 평지(平地) 아래로 들어가서 그 묘유(卯酉)에 연결되게 하여 천위(天緯)로 삼는다. 세 고리의 겉과 속이 서로 연결되어 움직이지 않으니, 그 천경(天經)의 쌍고리는 남극과 북극에 모두 둥근 축이 된다. 가운데를 비우고 안으로 향하여 삼진의(三辰儀)와 사유의(四遊儀)의 고리와 이어져서 그 위아래와 사방을 이것에서 살필 수 있기 때문에 '육합(六合)'이라고 하였다. 다음으로 그 안을 '삼진의(三辰儀)'라고 하는데, 검은색 쌍고리를 옆에 세우고 또한 북극과 떨어진 도수를 새기며, 밖으로는 천경(天經)의 축을 꿰뚫고 안으로는 황도(黃道)와 적도(赤道)를 잇는다. 그 적도는 붉은색 외고리가 되니, 밖으로 천위(天緯)에 의지하는데 또한 28수의 도수를 새겨 검은색 쌍고리의 묘유(卯酉)에 연결한다. 그 황도는 누른색 외고리가 되니, 또한 28수의 도수를 새기고 또 적도의 중앙에 비스듬히 기대서 교차하여 묘유(卯酉)에 연결하는데, 절반은 그 안으로 들어가 춘분 뒤의 해가 다니는 길이 되고, 절반은 그 밖으로 나와 추분 뒤의 해가 다니는 길이 된다. 또 흰색 외고리가 되니, 그 교차하는 곳을 이어서 기울거나 빠지지 않게 하고, 아래에는 기구의 바퀴를 설치하여 물로 부딪쳐서 밤낮으로 천체(天體)를 따라 동쪽과 서쪽으로 회전하게 하여 하늘의 운행을 형상하니, 그 해와 달과 별들을 이것에서 살필 수 있기 때문에 '삼진(三辰)'이라고 하였다. 그 가장 안에 있는 것을 '사유의(四遊儀)'라고 하는데, 또한 검은색 쌍고리가 되니, 삼진의(三辰儀)의 제도와 같다. 천경(天經)의 축에 꿰고 그 고리의 안은 양면이 중앙을 맞아서 각각 직거(直距: 곧은 다리)를 설시하며, 밖으로는 두 축을 가리키되 그 허리 가운데의 내면을 맞게 한다. 또 작은 구멍을 만들어 옥형(玉衡)의 허리 가운데의 작은 축을

---

559) 의기(儀器)는 관측하는 기구나 장치를 말한다. 의(儀)는 옛날에 해 그림자를 관측하는 기둥으로 나무를 세워서 만든 것을 말하였는데, 그 뒤에 둥근 고리의 형태가 갖추어지면서 의기(儀器)가 되었으니, 혼천의(渾天儀)와 같은 것이다. 세 겹으로 만들었다고 함은 사유의(四遊儀)와 삼진의(三辰儀)와 육합의(六合儀)의 세 가지를 갖춘 것을 말한다.

받게 하여 옥형이 이미 고리를 따라 동쪽과 서쪽으로 회전하게 하고, 또 곳에 따라 남쪽과 북쪽으로 올라갔다 내려갔다 할 수 있게 하여 기후를 점치는 이가 우러러 엿보기를 기다렸으니, 동쪽과 서쪽과 남쪽과 북쪽으로 두루 하지 않음이 없기 때문에 '사유(四遊)'라고 하였다. 이것은 그 방법의 대략이다. 심괄(沈括)이 말하기를, "옛날의 법에는 둥근 고리의 한 면에 천체를 한 바퀴 도는 도수를 새기고, 한 면에는 은빛 점을 더하였으니, 대개 밤에 하늘이 어두워 눈으로 관찰할 수 없음에 손으로 만져본 것이다."라고 하였으니, 옛날 사람이 옥으로써 기구(機構)를 장식한 것도 의심하건대 또한 이 때문일 것이다. 지금 태사국(太史局)과 비서성(秘書省)에 구리로 만든 혼천의(渾天儀)도 체제가 매우 정밀한데 또한 은빛 점으로써 더하였다. 역가(曆家)의 말에 의하면, 또 북두(北斗)의 네 개인 괴(魁) 별로써 '기(璣)'라 하고, 세 개인 표(杓) 별로써 '형(衡)'이라 하였는데, 이제 경문(經文)의 간략하고 질박함을 상고해보니 '북두(北斗)'의 두 글자는 기(璣)와 형(衡)에 응하지 않고 도리어 이름을 빌린 것이다. 반드시 그렇지 않을까 염려하여 우선 그 말을 해놓고 다른 학설을 넓힌 것이다.

詳說

○ 如 '平在' 之 '在'.
'찰야(察也)'의 경우, '평재(平在)560)'의 '재(在)'와 같다.

○ 指六合·三辰·二儀.
'소이상천체지전운야(所以象天體之轉運也)'의 경우, 육합(六合)561)과 삼진(三辰)562)과 이의(二儀)563)를 가리킨다.

○ 橫同.
'형(衡)'은 횡(橫)과 같다.

---

560) 평재(平在): 호광(胡廣) 등 찬, 『서경대전(書經大全)』 권1, 「우서(虞書)·요전(堯典)」에 나오는 말이다. 그 전문은 다음과 같다. "화숙에게 신중하게 명령하여 삭방에 있게 하시고 '유도'라고 하셨는데, 개역할 일을 골고루 살피게 하시니, 해는 짧고 별은 묘수이다. 그래서 중동을 맞게 되면 그 백성들은 아랫목에 있으며, 새와 짐승들은 가지런히 털이 난다.(申命和叔, 宅朔方, 曰幽都, 平在朔易, 日短, 星昴. 以正仲冬, 厥民隩, 鳥獸氄毛.)" 채침의 집전에서 "'在', 察也.('재'는 관찰함이다.)"라고 하였다.
561) 육합(六合): 여기서는 위아래와 사방(四方)을 말한다.
562) 삼진(三辰): 일(日)·월(月)·성신(星辰)을 말한다.
563) 이의(二儀): 양(陽)과 음(陰)이니, 곧 하늘과 땅을 말한다. 『주역(周易)』에서 양의(兩儀)라고 한 것과 같다.

○ 管也.
'형소야(衡簫也)'의 경우, 대롱이다.

○ 上聲, 下並同.564)
'혼(渾)'은 상성(上聲: 크다, 渾天)이니, 아래도 아울러 같다.

○ 林氏曰 : "其灾祥與政事, 相應, 故曰'七政'."565)
'유인군지유정사야(猶人君之有政事也)'에 대해, 임씨(林氏: 林之奇)가 말하였다. "그 재앙과 상서(祥瑞)가 정사(政事)와 더불어 서로 응하기 때문에 '칠정(七政)'이라고 하는 것이다."

○ 陳氏雅言曰 : "'璣衡'者, 在器之天也;'七政'者, 在天之天也."566)
'이제칠정(以齊七政)'에 대해, 진씨아언(陳氏雅言: 陳雅言)이 말하였다. "'기형(璣衡)'이라는 것은 기구에 있는 하늘이고, '칠정(七政)'이라는 것은 하늘에 있는 하늘이다."

○ 照「堯典」.567)
'개역상수시(蓋曆象授時)'의 경우, 「요전(堯典)」을 참조한 것이다.

○ 陳氏經曰 : "與'欽若·曆象', 同."568) ○二句, 論也; 圈下, 特著璣衡之制.
'소당선야(所當先也)'에 대해, 진씨경(陳氏經: 陳經)이 말하였다. "'흠약·역상(欽

---

564) 호광(胡廣) 등 찬, 『서경대전(書經大全)』의 소주에는 "'渾', 上聲.('혼'은 상성이다.)"으로 되어 있다.
565) 호광(胡廣) 등 찬, 『서경대전(書經大全)』의 소주에서 발췌한 것이다. 그 전문은 다음과 같다. "林氏曰 : 璣衡, 以步七政之軌度, 時數两不差焉, 故曰齊; 日月五星, 在天有常度, 其災祥與政事, 相應, 故曰七政.'(임씨가 말하였다. '… 그 재앙과 상서가 정사와 더불어 서로 응하기 때문에 칠정이라고 하는 것이다.')"
566) 호광(胡廣) 등 찬, 『서경대전(書經大全)』의 소주에서 발췌한 것이다. 그 전문은 다음과 같다. "陳氏雅言曰 : 璣衡者, 在器之天也; 七政者, 在天之天也, 在天之天, 不可得而見; 在器之天, 所可得而察, 何莫非聖人. 心術淵源之所寓, 精神流通之所及, 豈可以淺窺哉. 與堯之欽若, 一心也.'(진씨 아언이 말하였다. '기형이라는 것은 기구에 있는 하늘이고, 칠정이라는 것은 하늘에 있는 하늘이니, ….')"
567) 호광(胡廣) 등 찬, 『서경대전(書經大全)』권1, 「우서(虞書)·요전(堯典)」. "乃命羲和, 欽若昊天, 曆象日月星辰, 敬授人時.(이에 희씨·화씨에게 명하여 공경히 넓고 큰 하늘을 좇으면서 해와 달과 별들을 기록하고 관찰하여 공경히 농사철을 알려주게 하셨다.)"
568) 호광(胡廣) 등 찬, 『서경대전(書經大全)』의 소주에서 발췌한 것이다. 그 전문은 다음과 같다. "陳氏經曰 : '七者在天之政也, 君爲天與日月星辰之主君, 有缺政, 則日月薄食, 星辰變動, 安得而齊. 意與欽若·歷象, 同.'(진씨경이 말하였다. '칠이라는 것은 하늘에 있는 정사이니, … 뜻이 흠약·역상과 같다.')"

若·曆象)569)'과 같다." ○두 구절은 논한 것이고, 동그라미 아래는 다만 기형(璣
衡)의 제도를 드러낸 것이다.

○ 按,『朱子大全』, 有'晉'字.570)
'혼천의자(渾天儀者)'에 대해, 살펴보건대,『주자대전(朱子大全)』에는 '진(晉)'자
가 있다.

○ 唐孔氏曰 : "'髀', 股也, 股者, 表也. 其法, 始於庖羲, 周人志
之, 故曰'周髀'. 蔡邕云: '卽蓋天也'."571)
'일왈주비(一曰周髀)'에 대해, 당(唐)나라 공씨(孔氏: 孔穎達)가 말하였다. "'비
(髀)'는 넓적다리이니, 고(股)라는 것은 겉으로 드러남이다. 그 법이 포희(庖羲)
에서 시작하여 주(周)나라 사람이 기록하였기 때문에 '주비(周髀)'라고 하였다.
채옹(蔡邕)이 이르기를, '곧 하늘을 덮는 것이다.'라고 하였다."

○ 唐孔氏曰 : "'宣', 明也; '夜', 幽也, 幽明之數, 其術兼之, 故
曰'宣夜'."572)

---

569) 흠약·역상(欽若·曆象): 호광(胡廣) 등 찬,『서경대전(書經大全)』권1,「우서(虞書)·요전(堯典)」. "이에 희씨·
화씨에게 명하여 공경히 넓고 큰 하늘을 좇으면서 해와 달과 별들을 기록하고 관찰하여 공경히 농사철을
알려주게 하셨다.(乃命羲和, 欽若昊天, 曆象日月星辰, 敬授人時.)"에 보인다.
570)『주자대전(朱子大全)』권65, 잡저(雜著)·상서(尙書)·순전(舜典). "'在', 察也. 美珠, 謂之'璇'. '璣, 機也,
以璇飾璣, 所以象天體之運轉也. '衡', 橫也, 謂衡簫也. 以玉爲管, 橫而設之, 所以窺璣而察七政之運行, 猶
今之渾天儀也. '齊', 猶等也. '七政', 日·月·五星也, 七者運行於天, 有遲有速, 有順有逆, 猶人君之有政事也.
言舜初攝位, 乃察璣衡, 以審七政之所在以起. 渾天儀', 晉「天文志」曰 : ….('재'는 살핌이다. 아름다운 구슬
을 '선'이라고 이른다. '기'는 기구이니, 아름다운 구슬로 기구를 장식함은 천체가 운전함을 형상한 것이
다. '형'은 가로대이니, 가로놓인 대통을 이른다. 옥으로써 대통을 만들어 가로 설치하여 기구를 엿보면
서 칠정의 운행을 살피는 것이니, 지금의 혼천의와 같다. '제'는 살피는 것과 같다. '칠정'은 해와 달과 다
섯별이다. 일곱 가지로 하늘을 운행함에 느린 것도 있고 빠른 것도 있으며, 순행하는 것도 있고 역행하는
것도 있어 임금에게 정사가 있는 것과 같다. 순이 처음으로 임금의 지위를 대신하면서 비로소 선기와 옥
형을 살펴서 칠정이 있는 곳을 살펴서 일으킨 것이다. '혼천의'는 진(晉)나라의「천문지(天文志)」에 이르기
를, ….)"
571) 호광(胡廣) 등 찬,『서경대전(書經大全)』의 소주에서 발췌한 것이다. 그 전문은 다음과 같다. "唐孔氏曰 :
'璣衡俱飾以玉, 史之立文, 猶『左氏』瓊弁玉纓. 虞喜云: 宣, 明也; 夜, 幽也, 幽明之數, 其術兼之, 故曰宣夜.
髀, 股也, 股者, 表也. 其法, 始於庖羲, 周人志之, 故曰周髀. 蔡邕云: 卽蓋天也. 渾天者, 以爲地在其中天,
周其外, 日月初登于天, 後入于地, 晝則日在地上, 夜則日入地下. 太史所用候臺銅儀, 則其法也. 宋太史丞錢
樂, 鑄銅儀, 傳於齊梁周平江陵, 器遷長安.'(당나라 공씨가 말하였다. '… 비는 넓적다리이니, 고라는 것은
겉으로 드러남이다. 그 법이 포희에서 시작하여 주나라 사람이 기록하였기 때문에 주비라고 하였다. 채옹
이 이르기를, 곧 하늘을 덮는 것이라고 하였다. 혼천이라는 것은 ….')" 이는 당태종문황제(唐太宗文皇帝)
어찬(御撰),『진서(晉書)』권11,「지제일(志第一)·천문상(天文上)」에 보인다. 그 전문은 다음과 같다. "古者
天者, 有三家, 一曰蓋天, 二曰宣夜, 三曰渾天. 漢靈帝時, 蔡邕於朔方, 上書言: 宣夜之學, 絶無師法, 周髀
術數, 具存考驗, 天狀多所違失, 惟渾天近得其情, 今史官候臺所用銅儀, 則其法也. … 蔡邕所謂周髀者, 卽
蓋天之說也, 其本犧氏立周天歷度, 其所傳則周公受於殷商, 周人志之, 故曰周髀. 髀, 股也, 股者, 表也,
其言天似蓋笠, 地法覆槃, 天地各中高外下, 北極之下, 爲天地之中, 其地最高, …."

'이왈선야(二曰宣夜)'에 대해, 당(唐)나라 공씨(孔氏: 孔穎達)가 말하였다. "'선(宣)'은 밝음이고, '야(夜)'는 어둠이니, 어둠과 밝음의 도수를 그 방법이 아울렀기 때문에 '선야(宣夜)'라고 한 것이다."

○ 天狀.
'기상(其狀)'은 하늘의 형상이다.

○ 音福.
'복(覆)'은 음이 복(福)이다.

○ 得鳥卵之地上一半.
'복분(覆盆)'의 경우, 새알 가운데 땅 위의 한쪽 절반을 얻은 것이다.

○ 北斗·北極.
'개이두·극(蓋以斗·極)'은 북두(北斗)와 북극(北極)이다.

○ 字伯喈, 東漢陳留人.573)
'채옹(蔡邕)'은 자가 백개(伯喈)이고, 동한(東漢) 진류(陳留) 사람이다.

○ 所以亦廢.
'다소위실(多所違失)'의 경우, 또한 없애버린 까닭이다.

○ 如卵之黃.
'지거기중(地居其中)'의 경우, 새알의 노른자와 같다.

○ 圓也.
'언기형체혼혼연야(言其形體渾渾然也)'의 경우, 둥근 것이다.

---

572) 호광(胡廣) 등 찬, 『서경대전(書經大全)』의 소주에서 발췌한 것이다. 그 전문은 다음과 같다. "唐孔氏曰 : 璣衡俱飾以玉, 史之立文, 猶『左氏』瓊弁玉纓. 虞喜云: 宣, 明也; 夜, 幽也, 幽明之數, 其術兼之, 故曰宣夜. ….'(당나라 공씨가 말하였다. '… 우희가 이르기를, 선은 밝음이고, 야는 어둠이니, 어둠과 밝음의 도수를 그 방법이 아울렀기 때문에 선야라고 한 것이다. ….')"
573) 호광(胡廣) 등 찬, 『서경대전(書經大全)』의 소주에는 "字伯喈, 後漢陳留人.(자는 백개이니, 후한의 진유 사람이다.)"으로 되어있다.

○ 猶餘也, 是四分度之一之半也.
　'거지상견자일백팔십이도반강(居地上見者一百八十二度半强)'에서 '강(强)'은 나머지와 같으니, 4분의 1도의 절반인 것이다.

○ 朱子曰 : "南·北極, 天之樞紐, 只此處不動, 如磨臍然, 此是天之中, 至極處."574)
　'입지하역삼십육도(入地下亦三十六度)'에 대해, 주자(朱子: 朱熹)가 말하였다. "남극과 북극은 하늘의 중추(中樞)로 다만 이곳만 움직이지 않아서 마치 맷돌의 축과 같으니, 이는 하늘 중심으로 지극한 곳이다."

○ 中嶽.575)
　'숭고(嵩高)'는 중악(中嶽: 嵩山)이다.

○ 準地而言天之中.
　'정당천지중(正當天之中)'의 경우, 땅을 기준으로 하여 하늘의 중심을 말한 것이다.

○ 音律.
　'율(率)'은 음이 율(律)이다.

○ 是皆不動處.
　'지기양단(持其兩端)'의 경우, 이는 모두 움직이지 않는 곳이다.

---

574) 호광(胡廣) 등 찬, 『서경대전(書經大全)』의 소주에서 발췌한 것이다. 그 전문은 다음과 같다. "一日, 論及璣衡及黃·赤道·日月躔度, 潘子善曰: '嵩山本不當天之中, 爲是天形欹側, 遂當其中耳.' 曰: '嵩山不是天之中, 乃是地之中, 黃道·赤道, 皆在嵩山之北. 南極·北極, 天之樞紐, 只此處不動, 如磨臍然. 此是天之中至極處, 如人之臍帶也.'(하루는 기형과 황도와 적도, 태양과 달의 운행 궤도의 도수에 대하여 논하자 반자선이 말하였다. '숭산은 본래 하늘의 중심에 해당하지 않는데, 하늘의 형체가 기울어졌기 때문에 마침내 하늘의 중심에 해당할 뿐입니다.' 주자가 말하였다. '숭산은 하늘의 중심이 아니라 오히려 땅의 중심이다. 황도와 적도는 모두 숭산의 북쪽에 있다. 남극과 북극은 하늘의 중심축으로 다만 이곳만 움직이지 않아서 마치 맷돌의 축과 같은 것이다. 이는 하늘 중심으로 지극한 곳이니, 사람의 배꼽과 같은 것이다.')" 이는 『주자어류(朱子語類)』 권2, 「이기하(理氣下)·천지하(天地下)」, "先生, 論及璣衡及黃·赤道·日月躔度, 潘子善言: …."

575) 호광(胡廣) 등 찬, 『서경대전(書經大全)』의 소주에는 "中岳也.(중악이다.)"로 되어있다. 오악(五嶽)은 동악(東岳) 태산(泰山)과, 남악(南岳) 형산(衡山)과, 서악(西岳) 화산(華山)과, 북악(北岳) 항산(恒山)과, 중악(中岳) 숭산(嵩山)을 가리킨다.

○ 左旋.
'사이회전(斜而回轉)'의 경우, 왼쪽으로 도는 것이다.

○ 秦火.
'조진(遭秦)'의 경우, 진시황(秦始皇)이 서적을 불사른 일이다.

○ 字長公, 巴郡人, 隱於落下.576)
'낙하굉(落下閎)'은 자가 장공(長公)이고, 파군(巴郡) 사람이며, 낙하(落下)에 은거하였다.

○ 人姓名, 漢昭帝時, 主曆使者.
'선우망인(鮮于妄人)'은 사람의 성명(姓名)이니, 한(漢)나라 소제(昭帝) 때 역법(曆法)을 주관한 사자(使者)이다.

○ 入聲.577)
'우양탁(又量度)'에서 탁(度)은 입성(入聲: 헤아리다)이다.

○ 司農丞.
'경수창(耿壽昌)'은 사농승(司農丞)578)이다.

○ 劉宋.
'송(宋)'은 유송(劉宋)579)이다.

○ 音洛. ○太史丞.
'전락(錢樂)'에서 락(樂)은 음이 락(洛)이다. ○태사승(太史丞)이다.

---

576) 호광(胡廣) 등 찬,『서경대전(書經大全)』의 소주에는 "字長公, 巴郡人, 隠于落下.(자는 장공이고, 파군 사람이며, 낙하에 은거하였다.)"로 되어있다.
577) 호광(胡廣) 등 찬,『서경대전(書經大全)』의 소주에는 "'量度', 上平聲, 下入聲.('양도'에서 위는 평성이고, 아래는 입성이다.)"으로 되어있다.
578) 사농승(司農丞): 한나라 때 전곡(錢穀)을 주관하는 관리로, 대사농(大司農)이라고도 불렀다.
579) 유송(劉宋): 남조시대 송나라(420-479)이니 유유(劉裕)가 개국하였고 조광윤(趙匡胤)이 건립한 조송(趙宋)과 구별하기 위하여 유송이라고 한 것이다. 또한 수덕(水德)으로써 정치를 하였기 때문에 수송(水宋)이라고도 하였다.

○ 按,『朱子大全』, 無此十字, 蓋直用『晉』「志」故也.580)
'우주동작혼천의(又鑄銅作渾天儀)'에 대해, 살펴보건대, 『주자대전(朱子大全)』에는 이 10자가 없으니, 대개 직접 『진서(晉書)』「지(志)」581)를 인용하였기 때문이다.

○ 下諸環, 亦皆銅爲之.
아래의 여러 고리도 또한 구리로 만들었다.

○ 圍三寸.
'형장팔척공경일촌(衡長八尺孔徑一寸)'의 경우, 둘레가 세 치이다.

○ 準衡之長.
'기경팔척(璣徑八尺)'의 경우, 옥형(玉衡)에 기준한 길이이다.

○ 徑, 準諸環之最內者, 而圍則準其最外者, 故圍三而有奇歟.
'원주이장오척강(圓周二丈五尺强)'에서 볼 때, 지름은 여러 고리의 가장 안쪽에 기준한 것이며, 둘레는 그 가장 바깥쪽에 기준한 것이기 때문에 둘레가 세 개마다 우수리가 있을 것이다.

○ 按,『朱子大全』云 : "蔡邕以爲近得天體之實者也. 今按, 此以漢法逆推古制."582)
'즉선기옥형지유법야(卽璿璣玉衡之遺法也)'에 대해, 살펴보건대, 『주자대전(朱子

---

580) 『주자대전(朱子大全)』 권65, 「잡저(雜著)·상서(尙書)·순전(舜典)」. "其南·北極持其兩端, 其天與日月星宿, 斜而迴轉. 此必古有其法, 遭秦而滅. 至漢武帝時, 洛下閎始經營之, 鮮于安人, 又量度之. 至宣帝時, 耿壽昌始鑄銅而爲之象, 衡長八尺, 孔徑一寸; 璣徑八尺, 圓周二丈五尺强. 轉而望之, 以知日月星辰之所在, 卽此璇璣玉衡之遺法. 蔡邕以爲近得天體之實者也.(그 남극과 북극이 다만 두 끝을 잡고 있으면 하늘과 해와 달과 별이 비스듬히 회전하니, 이는 반드시 옛날에 그 법칙이 있었으나 진나라의 분서를 만나 없어진 것이다. 한나라 무제 때 이르러 낙하굉이 비로소 경영하였고, 선우안인이 또 헤아렸으며, 선제 때 이르러서는 경수창이 비로소 구리로 주조하여 형상을 만들었으니, 옥형의 길이가 여덟 자이고 구멍의 지름이 한 치이며, 기구의 지름이 여덟 자이고, 둘레가 두 길 다섯 자 남짓이다. 회전시키면서 바라보고 해와 달과 별의 소재를 알았으니, 곧 선기옥형의 남겨진 모형이다. 채옹은 천체의 실물과 가까울 것이라고 여겼다.)"
581) 『진서(晉書)』「지(志)」: 당태종문황제(唐太宗文皇帝) 어찬(御撰), 『진서(晉書)』 권11, 「지제일(志第一)·천문상(天文上)」을 말하는 것이다.
582) 『주자대전(朱子大全)』 권65, 「잡저(雜著)·상서(尙書)·순전(舜典)」. "轉而望之, 以知日月星辰之所在, 卽此璇璣玉衡之遺法. 蔡邕以爲近得天體之實者也. … 今按, 此以漢法逆推古制.(회전시키면서 관찰하여 해와 달과 별이 있는 곳을 알았으니, 곧 선기옥형의 남겨진 모형이다. 채옹이 천체의 실물에 근사하게 되었다고 여긴 것이다. … 지금 살펴보건대, 이것은 한나라 역법으로써 옛날 제도를 거슬러 유추한 것이다.)"

大全)』에서 말하였다. "채옹이 천체의 실물에 근사하게 되었다고 여긴 것이다. 지금 살펴보건대, 이는 한나라의 역법으로써 옛날 제도를 거슬러 유추한 것이다."

○ 「天文志」, 蓋止此.
「천문지(天文志)」는 대개 여기서 그친다.

○ 唐五代.
'역대이래(歷代以來)'의 경우, 당오대(唐五代)583)이다.

○ 音潮.584)
'조(朝)'는 음이 조(潮)이다.

○ 因舊制.
'본조인지(本朝因之)'의 경우, 옛날 제도에 말미암은 것이다.

○ 平聲. ○是宋制之加密也.
'위의삼중(爲儀三重)'에서 중(重)은 평성(平聲: 중복하다, 겹)이다. ○송(宋)나라 제도가 더욱 세밀한 것이다.

○ 專屬地事.
'왈육합의(曰六合儀)'의 경우, 오로지 지사(地事)585)에 속한다.

○ 沙溪曰 : "甲·乙·丙·丁, 庚·辛·壬·癸."586)
'팔간(八干)'에 대해, 사계(沙溪: 金長生)가 말하였다. "갑(甲)·을(乙)·병(丙)·정(丁)

---

583) 당오대(唐五代): 당(唐)나라 때 양(梁)·진(陳)·제(齊)·주(周)·수(隋)을 오대(五代)라고 한 것을 말한다. 당나라 고조(高祖) 무덕(武德) 5년(622)에 영호덕분(令狐德棻)으로 하여금 『오대사(五代史)』를 수찬하게 하면서 양(梁)·진(陳)·제(齊)·주(周)·수(隋)를 오대(五代)라고 지칭한 것이다. 당나라 장순고(張詢古)는 『오대신설(五代新說)』에서 양(梁)·진(陳)·북제(北齊)·후주(後周)·수(隋)가 오대라고 하였다. 그리고 송나라 이후에 후양(後梁)·후당(後唐)·후진(後晉)·후한(後漢)·후주(後周)를 오대(五代)라고 하였는데, 이는 후오대(後五代)가 된다.
584) 호광(胡廣) 등 찬, 『서경대전(書經大全)』의 소주를 수용한 것이다.
585) 지사(地事): 고대에 농업이나 목축업에 종사하며 산택(山澤)이나 전포(田圃)를 관장하던 관리를 말한다. 『주례(周禮)』「지관(地官)」에 보인다. 일설에는 지사를 농목형우(農牧衡虞) 또는 토질(土質)이라고도 하였다.
586) 김장생(金長生), 『사계전서(沙溪全書)』 권14, 「경서변의(經書辨疑)·서전(書傳)·순전(舜典)」에 보인다. 김집(金集)의 문인인 이문재(李文載)의 『석동선생유고(石洞先生遺稿)』 권4, 「잡저(雜著)·선기옥형주해(璿璣玉衡註解)」에도 보인다.

과, 경(庚)·신(辛)·임(壬)·계(癸)이다."

○ 乾·艮·巽·坤.
'사우(四隅)'는 건(乾)·간(艮)·손(巽)·곤(坤)이다.[587]

○ 合爲二十四方.
'재지지위(在地之位)'의 경우, 합하여 24방위(方位)가 되는 것이다.

○ 四隅, 結於水準柱末.
'이준지면(以準地面)'의 경우, 사우(四隅)가 수준기 기둥 끝에 결합하는 것이다.

○ 主南·北極之出入而言側斜.
'측(側)'은 남극과 북극의 출입을 위주로 하여 옆으로 기울었음을 말한 것이다.

○ 或云: "並比." 或云: "複加." 蓋並比, 則有妨於受軸; 複加則不足於設距. 然其廣其厚, 自可隨意, 或複或並, 兩皆未詳.
'입흑쌍환(立黑雙環)'에 대해, 어떤 이는 말하기를, "함께 나란히 한 것이다."라 하고, 어떤 이는 말하기를, "겹으로 더한 것이다."라고 하였으니, 대개 함께 나란히 하면 축을 받음에 방해가 있고, 겹으로 더하면 직거(直距)를 설치하기에 부족하다. 그러나 그것이 넓고 그것이 두터워서 스스로 자기 뜻대로 할 수 있으니, 혹은 겹으로 하고 혹은 함께 한다는 것은 두 가지 모두가 상세하지 않다.

○ 上與背, 皆當以環之內看, 蓋衡中所窺, 在內不在外.
'배(背)'는 위의 배(背)와 더불어 모두 마땅히 고리의 안으로써 보아야 하니, 대개 옥형(玉衡) 가운데에서 엿보는 곳이 안에 있고 밖에 있지 않아서이다.

○ 南·北極之脊.
'이중분천척(以中分天脊)'의 경우, 남극과 북극의 등성마루이다.

○ 地環.
'사기반입지하이결어기(使其半入地下而結於其)'의 경우, 평지(平地)의 둥근 고리

---

[587] 건(乾)은 서북방(西北方), 간(艮)은 동북방(東北方), 손(巽)은 동남방(東南方), 곤(坤)은 서남방(西南方)이다.

이다.

○ 南北爲經.
'이위천경(以爲天經)'은 남쪽에서 북쪽이 경도(經度)가 된다.

○ 交結於南·北極之正半.
'횡요천경(橫繞天經)'은 서로 남극과 북극의 절반에서 결합하는 것이다.

○ 地環.
'반입지하이결어기(半入地下而結於其)'의 경우, 평지(平地)의 둥근 고리이다.

○ 東西爲緯.
'이위천위(以爲天緯)'의 경우, 동쪽에서 서쪽이 위도(緯度)가 된다.

○ 不相貫, 如車之軸, 故云'虛中', '中', 指天經之中間, 必虛中者, 爲其妨於施距與衡也.
'허중(虛中)'의 경우, 서로 관통하지 않아서 수레의 바퀴 축과 같기 때문에 '허중(虛中)'이라고 하였으니, '중(中)'은 하늘 경도(經度)의 중간을 가리키며, 반드시 가운데를 비워야 하는 것은 직거(直距)와 옥형(玉衡)에 방해가 되기 때문이다.

○ 兩軸之末, 皆向內而已.
'허중이내향(虛中而內向)'의 경우, 두 축의 끝이 모두 안으로 향할 따름이다.

○ 苦結反, 猶貫也.
'결(挈)'은 고(苦)와 결(結)의 반절이니, 꿸 관(貫)과 같다.

○ 六合之環則不動, 三辰·四遊之環, 各從軸而旋轉.
'이결삼진사유지환(以挈三辰四遊之環)'의 경우, 육합의(六合儀)의 고리는 움직이지 않고, 삼진의(三辰儀)와 사유의(四遊儀)의 고리는 각각 축을 좇아서 빙빙 돈다.

○ 專屬天事.
　'차기내왈삼진의(次其內曰三辰儀)'의 경우, 오로지 천사(天事)에 속한다.

○ 每於南北, 言'側'. ○其環與經環, 相值.
　'측립흑쌍환(側立黑雙環)'의 경우, 매양 남쪽에서 북쪽으로 도는 것을 '측(側: 기울다)'이라고 말한다. ○그 고리와 경도(經度)의 고리가 서로 만나는 것이다.

○ 二極.
　'외관천경지축(外貫天經之軸)'의 경우, 남극과 북극이다.

○ 與緯環相附而轉, 略不相離.
　'외의천위(外依天緯)'의 경우, 위도(緯度)의 고리와 서로 붙어서 도는데, 잠시도 서로 떨어지지 않는다.

○ 每於東西, 言'斜'.
　'역각숙도이우사의어적도지복(亦刻宿度而又斜倚於赤道之腹)'의 경우, 매양 동쪽에서 서쪽으로 도는 것을 '사(斜: 기울다)'라고 말한다.

○ 亦指黑雙環之卯酉. ○赤·黃二道之結, 皆與天緯之結處, 相值.
　'이교결어묘유(以交結於卯酉)'의 경우, 또한 검은색 쌍고리의 동쪽과 서쪽을 가리키는 것이다. ○적도(赤道)와 황도(黃道)가 결합함이니, 모두 천위(天緯)가 결합하는 곳과 서로 만난다.

○ 赤道.
　'이반입기(而半入其)'의 경우, 적도(赤道)이다.

○ 地平之下.
　'내(內)'는 지평(地平)의 아래이다.

○ 道也.
　'내이위춘분후지일궤(內以爲春分後之日軌)'의 경우, 해가 다니는 길이다.

○ 地平之上.
'반출기외(半出其外)'는 지평(地平)의 위이다.

○ 小環也, 與上下諸環異.
'우위백단환(又爲白單環)'의 경우, 작은 고리이니, 위아래의 여러 고리와 다르다.

○ 赤·黃卯酉之交.
'이승기교(以承其交)'의 경우, 적도(赤道)와 황도(黃道)의 동쪽과 서쪽이 만나는 것이다.

○ 都念反.[588] ○備黑·赤·黃三環之傾戾也.
'사불경점(使不傾墊)'에서 '점(墊)'은 도(都)와 념(念)의 반절이다. ○검은색과 붉은색과 누른색의 세 고리가 기울어지고 어긋나는 것을 대비하는 것이다.

○ 有機之輪.
'하설기륜(下設機輪)'의 경우, 기구(機構)의 바퀴를 두는 것이다.

○ 水自激之, 而使之轉.
'동서운전(東西運轉)'의 경우, 물이 저절로 쳐서 돌아가게 하는 것이다.

○ 專屬人事.
'기최재내자왈사유의(其最在內者曰四遊儀)'의 경우, 오로지 인사(人事)에 속한다.

○ 與三辰黑環, 相值, 而不相結, 使之各自爲轉.
'이관천경지축(以貫天經之軸)'의 경우, 삼진의(三辰儀)의 검은색 고리와 서로 만나되 서로 결합하지 않으며, 각자 스스로 돌아가게 하는 것이다.

○ 猶言當中之兩面.
'양면당중(兩面當中)'의 경우, 가운데를 당면한 양쪽 면이라고 말함과 같다.

○ 專爲置衡而設. ○二距, 皆結於環而依其勢.

---

588) 호광(胡廣) 등 찬, 『서경대전(書經大全)』의 소주를 수용한 것이다.

'각시직거(各施直距)'의 경우, 오로지 옥형(玉衡)을 만들기 위하여 설치한 것이다. ○두 직거(直距)는 모두 둥근 고리에 결합하여 그 형세에 의지하는 것이다.

○ 音腰, 下同.589)
'외지양축이당기요(外指兩軸而當其要)'에서 요(要)는 음이 요(腰)이니, 아래도 같다.

○ 正中.
'중(中)'의 경우, 정 가운데이다.

○ 音款, 空也.
'관(窾)'은 음이 관(款)이니, 빈 것이다.

○ 衡之兩頭與環, 不相値.
'이수옥형요중지소축(以受玉衡要中之小軸)'의 경우, 옥형(玉衡)의 양쪽 머리와 고리가 서로 맞지 않는 것이다.

○ 四遊黑環.
'사형기득수환(使衡既得隨環)'의 경우, 사유위(四遊儀)의 검은 둥근 고리이다.

○ 衡之小軸, 自爲轉故也.
'우가수처남북저앙(又可隨處南北低昂)'의 경우, 옥형(玉衡)의 작은 축이 스스로 돌기 때문이다.

○ 從衡管中, 窺璣.
'이대점후자지앙규언(以待占候者之仰窺焉)'의 경우, 옥형(玉衡)의 대롱 가운데를 좇아서 선기(璿璣)를 엿보는 것이다.

○ 自念短於巧思, 與金文道·李敬閩, 講論解說如右, 未知其果無誤. 讀者, 夏詳, 可也.
'차기법지대략야(此其法之大略也)'의 경우, 스스로 생각함이 교묘한 구상에 가까

---

589) 호광(胡廣) 등 찬, 『서경대전(書經大全)』의 소주에는 "音腰.(음이 요이다.)로 되어있다.

워 김문도(金文道)590)나 이경민(李敬閔)591)과 더불어 강론하고 해설한 것이 위와 같으니, 과연 잘못이 없는지 알지 못하겠다. 읽는 이가 다시 상고하는 것이 옳다.

○ 圓也.
'규(規)'는 둥근 원(圓)이다.

○ 釘通.
'정(丁)'은 정(釘)과 통한다.

○ 按,『朱子大全』, 有'之'字.592)
'개이야후(蓋以夜候)'에 대해, 살펴보건대, 『주자대전(朱子大全)』에는 '지(之)'자가 있다.

○ 摩也.
'이수절(以手切)'의 경우, 더듬어 만지는 것이다.

○ 括說, 蓋止此.
'즉이수절지야(則以手切之也)'의 경우, 심괄(沈括)의 말이 대개 여기서 그친다.

○ 去聲.
'의역위(疑亦爲)'에서 위(爲)는 거성(去聲: 때문이다)이다.

○ 兩處.
'태사국·비서성(太史局·秘書省)'의 경우, 두 곳이다.

○ 直利反.593)

---

590) 김문도(金文道): 생평이 자세하지 않다.
591) 이경민(李敬閔): 생평이 자세하지 않다.
592) 『주자대전(朱子大全)』 권65, 「잡저(雜著)·상서(尙書)·순전(舜典)」. "沈括曰 : '舊法, 規環一面, 刻周天度; 一面加銀丁, 蓋以夜候之, 天晦不可目察, 則以手切之也. 古人以璇飾璣, 疑亦爲此.'(심괄이 말하기를, '옛날의 법에는 둥근 고리의 한 면에 천체를 한 바퀴 도는 도수를 새기고, 한 면에는 은빛 점을 더하였으니, 대개 밤에 하늘이 어두워 눈으로 관찰할 수 없으므로 손으로 만져본 것이다.'라고 하였으니, 옛날 사람이 옥으로써 기구를 장식한 것도 의심하건대 또한 이 때문일 것이다.)"
593) 호광(胡廣) 등 찬, 『서경대전(書經大全)』의 소주에는 "音穉.(음이 치이다.)"로 되어있다.

'치(緻)'는 직(直)과 리(利)의 반절이다.

○ 如括所云'舊法'.
'역이동정위지(亦以銅丁爲之)'의 경우, 심괄(沈括)이 이른 '구법(舊法)'이라는 것과 같다.

○ 音標.594)
'표(杓)'는 음이 표(標)이다.

○ 以璿璣玉衡, 爲指北斗.
'표삼성위형(杓三星爲衡)'의 경우, 선기옥형(璇璣玉衡)으로써 북두(北斗)를 가리키는 것을 삼았다.

○ 詳之.
'금상(今詳)'은 상세하게 하는 것이다.

○ 平聲.595)
'응(應)'은 평성(平聲: 응당)이다.

○ 不當不直稱北斗, 而乃稱其假借之名, 況古未有假名耶.
'내용우명(乃用寓名)'의 경우, 곧바로 북두(北斗)를 칭하지 않은 것이 마땅하지 않은데, 도리어 그 임시로 빌려서 이름을 칭하였으니, 하물며 옛날에는 이름을 빌린 적이 있지도 않았도다.

○ 二事各備, 其一說, 上近是而下則非.
'이광이문(以廣異聞)'의 경우, 두 가지 사례[沈括과 曆家의 학설]이 각각 갖추어졌는데, 그 하나의 말이 위는 옳음에 가까우나 아래는 그른 것이다.

[1-1-2-6]
肆類于上帝, 禋于六宗, 望于山川, 徧于羣神.

---

594) 호광(胡廣) 등 찬, 『서경대전(書經大全)』의 소주에는 "卑遙反.(비와 요의 반절이다.)"으로 되어있다.
595) 호광(胡廣) 등 찬, 『서경대전(書經大全)』의 소주를 수용한 것이다.

마침내 하늘에 유제(類祭)를 지내며, 여섯 신(神)에게 인제(禋祭)를 지내며, 산천에 망제(望祭)를 지내며, 많은 신(神)들에게 두루 제사하였다.

詳說

○ 音因.596)

'인(禋)'은 음이 인(因)이다.

集傳

'肆', 遂也. '類'·'禋'·'望', 皆祭名. 『周禮』, "肆師類造于上帝." 註云: "郊祀者, 祭昊天之常祭, 非常祀而祭告于天, 其禮依郊祀爲之, 故曰'類', 如「泰誓」武王伐商, 「王制」言: '天子將出, 皆云類于上帝', 是也." '禋', 精意以享之謂. '宗', 尊也, 所尊祭者, 其祀有六. 「祭法」曰: "埋少牢於泰昭, 祭時也; 相近於坎壇, 祭寒暑也; 王宮, 祭日也; 夜明, 祭月也; 幽宗, 祭星也; 雩宗, 祭水旱也." '山川', 名山·大川·五嶽·四瀆之屬, 望而祭之, 故曰'望'. '徧', 周徧也. '羣神', 謂丘陵·墳衍·古昔聖賢之類. 言受終觀象之後, 卽祭祀上下神祇, 以攝位告也.

'사(肆)'는 마침내이다. '유(類)'·'인(禋)'·'망(望)'은 모두 제사 이름이다. 『주례(周禮)』에서 "사사(肆師)가 하늘에 유조제(類造祭)를 지냈다."라고 하였는데, 주(註)에 이르기를, "교사(郊祀)는 넓고 큰 하늘에 제사하는 통상적인 제사이니, 통상적인 제사가 아니면서 하늘에 제사하여 고유(告由)함에 그 예(禮)를 교사(郊祀)597)에 의거하여 지내기 때문에 '유(類)'라고 한 것이다. 예를 들면 「태서(泰誓)」에서 무왕(武王)이 상(商)나라를 정벌하였는데, 「왕제(王制)」에서 말하기를, '천자가 장차 출정(出征)함에 모두 하늘에 유제(類祭)를 지냈다.'고 한 것이 이것이다."라고 하였다. '인(禋)'은 뜻을 정성스럽게 하여 제향(祭享)하는 것을 이른다. '종(宗)'은 높임이니, 높이 받들어 제사하는 것으로 그 제사에 여섯 가지598)가 있는 것이다. 「제법(祭法)」에서 말하기를, "소뢰(少牢)599)를 제단(祭壇) 태소(泰昭)에 묻는 것은 사시(四

---

596) 채침(蔡沈) 찬, 『서경집전(書經集傳)』 및 호광(胡廣) 등 찬, 『서경대전(書經大全)』의 소주를 수용한 것이다.
597) 교사(郊祀): 옛날에 교외에서 천지에 제사하는 것을 말한다. 남쪽 교외에서는 하늘에 제사하고, 북쪽 교외에서는 땅에 제사하였다. 그리고 '교(郊)'를 대사(大祀)라 하고, '사(祀)'를 군사(群祀)라고 하였다.
598) 여섯 가지: 육종(六宗)은 옛날에 높이 받들어 제사하던 여섯 신이다. 한나라 복승(伏勝)과 마융(馬融)은 천지(天地)와 춘하추동(春夏秋冬)이라 하였고, 정현(鄭玄)은 성(星)·신(辰)·사중(司中)·사명(司命)·풍사(風師)·우사(雨師)라고 하였으며, 진(晉)나라 왕숙(王肅) 등은 사시(四時)·한서(寒暑)·일(日)·월(月)·성(星)·수한(水旱)이라고 하였다.

時)에 제사함이며, 감단(坎壇)에 제사하여 고하는 것은 추위와 더위에 제사함이며, 왕궁(王宮)에 제사하여 고하는 것은 해에 제사함이며, 제단(祭壇) 야명(夜明)에 제사하여 고하는 것은 달에 제사함이며, 유종(幽宗)에 기도함은 별에 제사함이며, 우종(雩宗)에 기도함은 홍수와 가뭄에 제사함이다."라고 하였다. '산천(山川)'은 유명한 산과 큰 내와 오악(五嶽)[600]과 사독(四瀆)[601]의 부류이니, 바라보면서 제사하기 때문에 '망(望)'이라고 하였다. '편(徧)'은 두루 미침이다. '군신(羣神)'은 구릉(丘陵)과 분연(墳衍)[602]과 옛날 성현(聖賢)의 부류를 이른다. 임금 지위의 마지막을 받고 역상(曆象)을 관찰한 뒤에 곧 위와 아래의 신기(神祇)에게 제사하여 임금의 지위를 잡게 되었음을 고유(告由)함을 말한 것이다.

詳說

○ 亦繼事之辭.

'수야(遂也)'의 경우, 또한 일을 잇는 말이다.

○ '禷'同.

'류(類)'는 '제사 류(禷)'자와 같다.

○ 春官.[603] ○沙溪曰 : "'肆', 陳也, 陳列祭祀之位."[604]

'사사(肆師)'의 경우, 춘관(春官)이다. ○사계(沙溪: 金長生)가 말하였다. "'사(肆)'는 진열함이니, 제사의 위치를 진열하는 것이다."

○ 音糙.[605]

'조(造)'는 음이 조(糙)이다.

---

599) 소뢰(少牢): 옛날 제사 의례에 사용하던 희생으로 소와 양과 돼지를 갖추어 쓰는 것을 태뢰(太牢)라 하고, 다만 양과 돼지만 쓰는 것을 소뢰(少牢)라고 하였다.
600) 오악(五嶽): 동악(東岳) 태산(泰山)과 남악(南岳) 형산(衡山)과 서악(西岳) 화산(華山)과 북악(北岳) 항산(恒山)과 중악(中岳) 숭산(嵩山)을 말한다.
601) 사독(四瀆): 장강(長江)과 황하(黃河)와 회하(淮河)와 제수(濟水)를 말한다. 호광(胡廣) 등 찬, 『예기대전(禮記大全)』 권5, 「왕제(王制)」에서 "天子祭天下名山·大川, 五嶽視三公, 四瀆視諸侯."라고 하였다.
602) 분연(墳衍): 물가와 낮은 평지를 말한다.
603) 사사(肆師): 옛날 벼슬 이름이다. 『주례(周禮)』 「춘관(春官)·사사(肆師)」에서 "사사의 직무는 나라 제사의 예를 맡아서 대종백을 돕는 것이다.(肆師之職, 掌立國祀之禮, 以佐大宗伯.)"라고 하였다. 정현(鄭玄)은 '사(肆)'는 진(陳)과 같으니, 종백(宗伯)을 도와 제사의 위치 및 희생과 제기와 제수를 진열한다고 하였다.
604) 김장생(金長生), 『사계전서(沙溪全書)』 권14, 「경서변의(經書辨疑)·서전(書傳)·순전(舜典)」에 보인다.
605) 호광(胡廣) 등 찬, 『서경대전(書經大全)』의 소주에는 "造, 七到反.('조'는 칠과 도의 반절이다.)"으로 되어있다.

○ 沙溪曰 : "'造', 猶卽也."606)
'사사류조우상제(肆師類造于上帝)'에 대해, 사계(沙溪: 金長生)가 말하였다. "'조(造)'는 즉(卽: 나아가다)과 같다."

○ 歲以有常.
'제호천지상제(祭昊天之常祭)'의 경우, 해마다 통상적으로 있는 것이다.

○ 等也.
'고왈류(故曰類)'의 경우, 동등(同等)함이다.

○ 『禮記』.607)
'「왕제」(「王制」)'는 『예기(禮記)』이다.

○ 按, 『朱子大全』云 : "'上帝', 天也."608)
'천자장출, 개운류우상제, 시야(天子將出, 皆云類于上帝, 是也)'에 대해, 살펴보건대, 『주자대전(朱子大全)』에서 말하였다. "'상제(上帝)'는 하늘이다."

○ 『禮記』.609)
'「제법」(「祭法」)'은 『예기(禮記)』이다.

○ 鄭氏曰 : "'泰昭', 亦壇也. '時', 四時也, 謂陰陽之神也. 埋之者, 陰陽出入於地中也."610)
'매소뢰어태소, 제시야(埋少牢於泰昭, 祭時也)'에 대해, 정씨(鄭氏: 鄭玄)가 말하

---

606) 김장생(金長生), 『사계전서(沙溪全書)』 권14, 「경서변의(經書辨疑)·서전(書傳)·순전(舜典)」에 보인다. '유조(類造)'는 옛날 두 가지 제사의 이름이니, '유(類)'는 상제(上帝)에게 제사하는 것이고, '조(造)'는 아버지 사당에 제사하는 것이다. 보통 제사를 가리키기도 한다. 『주례(周禮)』「춘관(春官)·사사(肆師)」에서 "類造上帝."라고 하였는데, 손이양(孫詒讓)의 『주례정의(周禮正義)』에서 "『說文』「辵部」云: 造, 就也.' 「方言」云: '卽, 就也.' 是'造'·'卽'義同.(『설문』「착부」에서 말하였다. '조는 나아감이다.' 『방언』에서 말하였다. '즉은 나아감이다.' 이 '조'와 '즉'은 뜻이 같다.)"이라고 하였다.
607) 호광(胡廣) 등 찬, 『예기대전(禮記大全)』 권5, 「왕제(王制)」에 보인다.
608) 『주자대전(朱子大全)』 권65, 「잡저(雜著)·상서(尙書)·순전(舜典)」에 보인다.
609) 호광(胡廣) 등 찬, 『예기대전(禮記大全)』 권22, 「제법(祭法)」에 보인다.
610) 호광(胡廣) 등 찬, 『서경대전(書經大全)』의 소주에서 발췌한 것이다. 그 전문은 다음과 같다. "鄭氏曰: '泰昭, 昭者, 明也, 亦壇也. 時, 四時也, 亦謂陰陽之神也. 埋之者, 陰陽出入於地中也. 凡此以下, 皆祭用少牢. 相近, 讀爲祖祈, 卻也求也. 寒於坎, 暑於壇. 王宮, 日壇; 夜明, 月壇. 宗, 讀爲榮, 幽榮, 星壇; 雩榮, 水旱壇.'(정씨가 말하였다. '태소에서 소라는 것은 밝음이니, 또한 제단이다. 시는 사시이니 또한 음양의 신을 이른다. 묻었다는 것은 음양이 땅속에서 출입하는 것이다. ….')"

였다. "'태소(泰昭)'는 또한 제단(祭壇)이다. '시(時)'는 사시(四時)이니, 음양(陰陽)의 신을 이른다. 묻었다는 것은 음양(陰陽)이 땅 속에서 출입하는 것이다."

○ 鄭氏曰 : "'相近', 讀爲禳祈611), 卻也, 求也. 寒於坎, 暑於壇."612)
'상근어감단, 제한서야(相近於坎壇, 祭寒暑也)'에 대해, 정씨(鄭氏: 鄭玄)가 말하였다. "'상근(相近)'은 독음이 양기(禳祈)이니, 물리침이고 구함이다. 추위는 감(坎)에서 제사하고, 더위는 단(壇)에서 제사한다."

○ 鄭氏曰 : "'王宮', 日壇; '夜明', 月壇."613)
'왕궁, 제일야; 야명, 제월야(王宮, 祭日也; 夜明, 祭月也)'에 대해, 정씨(鄭氏: 鄭玄)가 말하였다. "'왕궁(王宮)'은 해의 제단(祭壇)이고, '야명(夜明)'은 달의 제단이다."

○ 鄭氏曰 : "'宗', 讀爲禜614), '幽禜', 星壇; '雩禜', 水旱壇."615)
'유종, 제성야; 우종, 제수한야(幽宗, 祭星也; 雩宗, 祭水旱也)'에 대해, 정씨(鄭氏: 鄭玄)가 말하였다. "'종(宗)'은 독음이 영(禜)이니, '유영(幽禜)'은 별의 제단이고, '우영(雩禜)'은 홍수와 가뭄의 제단이다."

○ 蘇氏曰 : "「祭法」, 四坎壇, 與山林·川谷·丘陵·百神, 卽此望山川, 徧羣神也. 「祭法」, 所敍「舜典」之義疏也."616)

---

611) 호광(胡廣) 등 찬, 『서경대전(書經大全)』의 소주에는 "音禳祈.(음이 양기이다.)"라고 하였다.
612) 호광(胡廣) 등 찬, 『서경대전(書經大全)』의 소주에서 발췌한 것이다. 그 전문은 다음과 같다. "鄭氏曰 : '… 相近, 讀爲禳祈, 卻也求也. 寒於坎, 暑於壇. ….'(정씨가 말하였다. '… 상근은 독음이 양기이니, 물리침이고 구함이다. 추위는 감에서 제사하고, 더위는 단에서 제사한다. ….')" 『예기(禮記)』 「제의(祭義)」 등에 의하면, 땅을 우벼낸 것이 감(坎)이고, 나무를 쌓은 것이 단(壇)이다. 감(坎)에서 추위와 달 등의 신에게 제사하고, 단(壇)에서 더위와 해 등의 신에게 제사한다고 하였다.
613) 호광(胡廣) 등 찬, 『서경대전(書經大全)』의 소주에서 발췌한 것이다. 그 전문은 다음과 같다. "鄭氏曰 : '… 王宮, 日壇; 夜明, 月壇. ….'(정씨가 말하였다. '… 왕궁은 해의 제단이고, 야명은 달의 제단이다. ….')" 『예기(禮記)』 「제법(祭法)」 등에 의하면, 왕궁(王宮)은 주나라 때 태양신에게 제사하던 제단(祭壇)이고, 야명(夜明)은 달의 신에게 제사하던 제단이다. 공영달(孔穎達)은 왕(王)은 임금이고, 궁(宮)은 제단(祭壇)이니, 해의 신이 높기 때문에 그 제단을 군궁(君宮)이라 하고, 달이 밤에 밝기 때문에 그 제단을 야명이라 하였다고 말하였다.
614) 호광(胡廣) 등 찬, 『서경대전(書經大全)』의 소주에는 "宗, 音詠.('종'은 음이 영이다.)"라고 하였다.
615) 호광(胡廣) 등 찬, 『서경대전(書經大全)』의 소주에서 발췌한 것이다. 그 전문은 다음과 같다. "鄭氏曰 : '… 宗, 讀爲禜, 幽宗, 星壇; 雩宗, 水旱壇.'(정씨가 말하였다. '… 종은 독음이 영이니, 유영은 별의 제단이고, 우영은 홍수와 가뭄의 제단이다.')" 『예기(禮記)』 「제법(祭法)」 등에 의하면, 우영(雩禜)은 우종(雩宗)으로도 쓴다.
616) 호광(胡廣) 등 찬, 『서경대전(書經大全)』의 소주에서 발췌한 것이다. 그 전문은 다음과 같다. "蘇氏曰 :

'위구릉·분연·고석성현지류(謂丘陵·墳衍·古昔聖賢之類)'에 대해, 소씨(蘇氏: 蘇軾)가 말하였다. "「제법(祭法)」에 네 곳의 감단(坎壇)은 사방과 산림(山林)·천곡(川谷)·구릉(丘陵)에 제사하고, 모든 신들에게 제사하니, 곧 이것은 산천(山川)을 바라보고, 여러 신들에게 두루 미치는 것이다. 「제법(祭法)」은 「순전(舜典)」의 의소(義疏)를 서술한 것이다."

○ 陳氏雅言曰 : "'上帝'·'六宗'·'山川'·'羣神', 此一定之敘也. '類'·'禋'·'望'·'徧', 此一定之名也. 其敘秩然而不可亂; 其名截然而不可易, 此史臣紀載之書法也."617)

진씨아언(陳氏雅言: 陳雅言)이 말하였다. "'상제(上帝)'와 '육종(六宗)'과 '산천(山川)'과 '군신(羣神)'이라 하였으니, 이것은 일정한 차례이다. '유(類)'와 '인(禋)'과 '망(望)'과 '편(徧)'이라 하였으니, 이것은 일정한 이름이다. 그 차례가 질서정연하여 어지럽힐 수 없으며, 그 이름이 잘 정제되어 바꿀 수 없으니, 이는 역사를 기록하는 신하가 기재하는 서법(書法)이다."

○ 承上文.618)

'언수종관상지후(言受終觀象之後)'의 경우, 윗글을 이어받은 것이다.

○ 音岐.

'기(祇)'는 음이 기(岐)이다.

'晉張髦, 以六宗爲三昭三穆. 受終之初, 旣有事于文祖, 其勢必及餘廟矣. 『春秋』, 不郊, 猶三望, 三望, 分野之星與國中山川, 乃知古者郊天, 必及天地間·尊神·魯諸侯, 故三望而已. 此之禋六宗, 望山川, 徧羣神, 蓋與類上帝, 爲一禮爾. 考之「祭法」, 其泰壇祭天, 卽此類上帝也; 祭時, 寒·暑·日·月·星·水旱, 卽此禋六宗也. 四坎壇, 祭四方與山林·川谷·丘陵, 能出雲爲風雨, 見怪物, 皆曰神. 有天下者, 祭百神, 卽此望山川, 徧羣神也. 「祭法」所敍, 「舜典」之章句·義疏也.'(소씨가 말하였다. '··· 「제법(祭法)」에 그 태단은 하늘에 제사하니 곧 이것은 유상제이며, ··· 네 곳의 감단은 사방과 산림·천곡·구릉에 제사하며, ··· 모든 신에게 제사하니, 곧 이것은 산천을 바라보고, 여러 신들에게 두루 미치는 것이다. 「제법」은 「순전」의 장구와 의소를 서술한 것이다.')

617) 호광(胡廣) 등 찬, 『서경대전(書經大全)』의 소주에서 발췌한 것이다. 그 전문은 다음과 같다. '陳氏雅言曰 : 此史臣紀舜告攝位之事, 先上帝而後六宗; 次山川而後羣神, 此一定之敘也. 祭上帝曰類, 六宗曰禋, 山川曰望, 羣神曰徧, 此一定之名也. 其敘秩然而不可亂, 其名截然而不可易, 此史臣紀載之書法也.'(진씨아언이 말하였다. '··· 상제를 먼저하고 육종을 위에 하며, 산천을 다음에 하고 여러 신들을 뒤에 하였으니, 이것은 일정한 차례이다. 상제에게 제사함을 유라 하고, 육종을 인이라 하고, 산천을 망이라 하고, 여러 신들을 편이라 하였으니, 이것은 일정한 이름이다. 그 차례가 질서정연하여 어지럽힐 수 없으며, 그 이름이 잘 정제되어 바꿀 수 없으니, 이는 역사를 기록하는 신하가 기재하는 서법이다.')

618) 위의 [1-1-2-4]에서 "正月上日, 受終于文祖.(정월 초하루에 임금 지위의 마지막을 문조에게 받았다.)"라고 하였다.

○ 補此句. ○是有事, 告也, 重於征伐出巡.
'이섭위고야(以攝位告也)'의 경우, 이 구절을 보탠 것이다. ○어떤 일이 있음에 고유(告由)하는 것이니, 정벌(征伐)하거나 순수(巡狩)하는 것보다 중시하였던 것이다.

[1-1-2-7]
輯五瑞, 旣月, 乃日覲四岳羣牧, 班瑞于羣后.

다섯 가지의 서옥(瑞玉)을 거둠에 이미 한 달이나 걸렸거늘, 비로소 날마다 사악(四岳)과 군목(群牧)을 만나보고 서옥을 여러 제후들에게 나누어 주었다.

詳說
○『諺』音誤.619)
'서(瑞)'는『언해(諺解)』의 음이 잘못되었다.

集傳
'輯', 斂; '瑞', 信也. 公執桓圭, 侯執信圭, 伯執躬圭, 子執穀璧, 男執蒲璧, 五等諸侯執之, 以合符於天子, 而驗其信否也.『周禮』, "天子執冒, 以朝諸侯." 鄭氏注云 : "名玉以冒, 以德覆冒天下也." 諸侯始受命, 天子錫以圭, 圭頭斜銳, 其冒下斜刻, 小大·長短·廣狹如之, 諸侯來朝, 天子以刻處, 冒其圭頭, 有不同者, 則辨其僞也. '旣', 盡; '覲', 見. '四岳', 四方之諸侯; '羣牧', 九州之牧伯也. 程子曰 : "輯五瑞, 徵五等之諸侯也." 此已上, 皆正月事, 至盡此月, 則四方之諸侯有至者矣, 遠近不同, 來有先後. 故日日見之, 不如他朝會之同期於一日, 蓋欲以少接之, 則得盡其詢察禮意也. '班', 頒同. '羣后', 卽侯牧也. 旣見之後, 審知非僞, 則又頒還其瑞, 以與天下正始也.

'집(輯)'은 거둠이고, '서(瑞)'는 부신(符信)이니, 공(公)은 환규(桓圭)를 잡고, 후(侯)는 신규(信圭)를 잡고, 백(伯)은 궁규(躬圭)를 잡고, 자(子)는 곡벽(穀璧)을 잡고, 남(男)은 포벽(蒲璧)을 잡아서 다섯 등급의 제후가 규(圭)620)를 잡고서 천자(天子)에

---
619)『언해(諺解)』에는 음이 '셔'로 되어있는데,『광운(廣韻)』에 의하면 "是僞切, 去.(시와 위의 반절이니, 거성이다.)"라고 하였다.
620) 규(圭):『의례주소(儀禮註疏)』권8,「빙례(聘禮)」에 의하면, "천자를 조회할 때 규와 갓끈 모두 아홉 치이고, 위를 깎아낸 것이 한 치 반인데 두께가 반 치이고, 넓이가 세 치이다.(所以朝天子, 圭與繅皆九寸, 剡上寸半, 厚半寸, 博三寸.)"라고 하였는데, 정현(鄭玄)의 주(注)에 "'규'는 잡아서 옥절로 삼는 것이다. '섬

게 부신(符信)을 합하여 신표(信標) 여부를 증험하는 것이다. 『주례(周禮)』에 "천자가 모(冒)를 잡고서 제후에게 조회를 받는다."라고 하였는데, 정씨(鄭氏: 鄭玄)의 주(註)에 이르기를 "옥(玉)을 모(冒)로써 이름 붙인 것은 덕(德)이 온 세상을 덮기 때문이다."라고 하였다. 제후가 비로소 작명(爵命)을 받음에 천자가 규(圭)를 주었으니, 그 규(圭)의 머리가 비스듬하게 뾰족하여 그 모(冒) 아래에 비스듬히 새기고, 크기와 길이와 넓이를 똑같이 하여 제후가 와서 조회하면 천자가 새긴 곳으로써 그 규(圭)의 머리에 덮어서 같지 않은 것이 있으면 거짓임이 분별되는 것이다. '기(旣)'는 다함이고, '근(覲)'은 만나봄이다. '사악(四岳)'은 사방의 제후이고, '군목(羣牧)'은 구주(九州)의 목백(牧伯)이다. 정자(程子: 程頤)가 말하기를, "다섯 가지 서옥을 거둠은 다섯 등급의 제후를 부른 것이다."라고 하였다. 이 이상은 모두 정월(正月)의 일이니, 이 달이 다함에 이르면 사방의 제후 가운데 이르는 이가 있는데, 멀고 가까움이 같지 않아서 옴에 먼저하고 나중에 함이 있기 때문에 날마다 그들을 만나보므로 다른 조회가 하루에 같이 기약하는 것과는 같지 않다. 대개 조금씩 그들을 만나보고자 하면 물어보고 살피는 예의(禮意)를 다할 수 있는 것이다. '반(班)'은 반(頒)과 같다. '군후(羣后)'는 곧 제후(諸侯)와 목백(牧伯)이다. 이미 만나본 뒤에 살펴서 거짓 아님을 알게 되면 또 그 서옥(瑞玉)을 나누어 돌려주어 천하와 더불어 시작을 바르게 하는 것이다.

詳說

○ 陳氏曰 : "堯所賜也."621)

'신야(信也)'에 대해, 진씨(陳氏: 陳振孫)가 말하였다. "요(堯)가 준 것이다."

○ 見『周禮』「大宗伯」.622)

'백집궁규(伯執躬圭)'의 경우, 『주례(周禮)』「대종백(大宗伯)」에 보인다.

상'은 하늘이 둥글고 땅이 모난 것을 형상하였다. … '9촌'은 상공의 규이다.(圭, 所執以爲瑞節也. '剡上', 象天圜地方也. … '九寸', 上公之圭也.)"라고 하였다.
621) 호광(胡廣) 등 찬, 『서경대전(書經大全)』의 소주에서 발췌한 것이다. 그 전문은 다음과 같다. "陳氏曰 : '瑞玉, 堯所賜也, 舜斂而復班之, 使是玉也. 在堯則爲堯賜, 在舜則爲舜賜矣.'(진씨가 말하였다. '서옥은 요가 준 것이니, 순임 거두어서 다시 나누어줌에 이 옥으로써 한 것이다. ….')"
622) 『주례주소(周禮注疏)』 권18, 「대종백(大宗伯)」. "侯執信圭, 伯執躬圭." 정현(鄭玄)의 주(注)에 의하면, "'信', 當爲身, 聲之誤也. '身圭'·'躬圭', 蓋皆象, 以人形爲瑑飾文, 有麤縟耳.('신'은 마땅히 몸 신이 되어야 하니, 소리의 잘못이다. '신규'와 '궁규'는 모두 형상이니, 사람 모습으로써 아로새긴 장식 문양을 만든 것인데 거친 무늬가 있을 뿐이다.)"라고 하였다.

○ 見『周禮』「典瑞」.623)

'남집포벽(男執蒲璧)'의 경우, 『주례(周禮)』「전서(典瑞)」에도 보인다.

○ 信也.

'부(符)'는 부신(符信)이다.

○ 「考工記」.624)

'『주례』(『周禮』)'는 「고공기(考工記)」이다.

○ 瑁通.625)

'모(冒)'는 서옥 모(瑁)와 통한다.

○ 音潮, 下並同.

'조(朝)'는 음이 조(潮)이니, 아래도 아울러 같다.

○ 在諸侯曰'圭', 在天子曰'冒'.

'명옥이모, 이덕부모천하야(名玉以冒, 以德覆冒天下也)'의 경우, 제후에 있어서는 '규(圭)'라 하고, 천자에 있어서는 '모(冒)'라고 한다.

○ 句.

'기모하사각(其冒下斜刻)'에서 문장이 끊어진다.

○ 合之.

'모기규두(冒其圭頭)'의 경우, 합치는 것이다.

---

623) 『주례주소(周禮注疏)』 권18, 「대종백(大宗伯)」과 권20, 「전서(典瑞)」에서 "子執穀璧, 男執蒲璧."이라 하였다.

624) 『주례주소(周禮注疏)』 권41, 「동관고공기하(冬官考工記下)」, "天子執冒四寸, 以朝諸侯." 정현(鄭玄)의 주(注)에 "名玉曰'冒'者, 言德能覆蓋天下也. '四寸'者, 方以尊接卑, 以小爲貴.(옥에 이름 붙이기를 '모'라고 한 것은 덕이 능히 온 세상을 덮을 수 있음을 말한 것이다. '4촌'이라는 것은 바야흐로 높음으로써 낮음을 접견하고, 작음으로써 고귀함을 위하는 것이다.)"라고 하였다.

625) 반고(班固) 찬, 『백호통의(白虎通義)』 권하, 「덕론하(德論下)·문질(文質)」. "合符信者, 謂天子執瑁, 以朝諸侯; 諸侯執圭, 以覲天子. 瑁之爲言, 冒也, 上有所覆, 下有所冒. 故「觀禮」曰: '侯氏執圭升堂.' 『尚書大傳』曰: '天子執瑁, 以朝諸侯.'(부신을 합친다는 것은 천자가 모를 잡고 제후를 조회하고, 제후가 규를 잡고 천자를 뵙는 것을 이른다. 모라고 하는 말은 덮음이니, 위로 덮는 것이 있고, 아래로 덮는 것이 있는 것이다. 그러므로 「의례」「근례」에서 말하기를, '후씨가 규를 잡고 당에 오른다.'라 하고, 『상서대전』에서 말하기를, '천자가 모를 잡고서 제후에게 조회를 받는다.'라고 하였다.)"

○ 與「顧命」註叅看.626)

'즉변기위야(則辨其僞也)'의 경우,「고명(顧命)」의 주와 참조하여 보아야 한다.

○ 音現, 下並同.

'근, 현(覲, 見)'에서 현(見)은 음이 현(現)이니, 아래도 아울러 같다.

○ 與前後'四岳'所指, 異.627)

'사방지제후(四方之諸侯)'의 경우, 앞과 뒤의 '사악(四岳)'이 가리키는 것과 다르다.

○ 尚未肇十二州, 故以九州言之.

'구주지목백야(九州之牧伯也)'의 경우, 아직 12주(州)를 시작하지 않았기 때문에 9주(州)로써 말한 것이다.

○ 叔子.

'정자(程子)'는 동생 정이(程頤, 伊川)이다.

○ 一無'之'字.628)

'징오등지(徵五等之)'에서 어떤 판본에는 '지(之)'자가 없다.

○ 程子說, 恐止此.

'징오등지제후야(徵五等之諸侯也)'에 대해, 정자(程子)의 말이 아마도 여기서 그친다.

---

626) 호광(胡廣) 등 찬,『서경대전(書經大全)』권9,「주서(周書)·고명(顧命)」에서 "太保承介圭, 上宗奉同瑁.(태보는 큰 홀을 받들고, 상종은 술잔과 서옥을 받든다.)"라고 하였는데, 집전에서 "'瑁', 方四寸, 邪刻之, 以冒諸侯之珪璧, 以齊瑞信也. 太保·宗伯, 以先王之命, 奉符寶, 以傳嗣君, 有主道焉.('모'는 사방으로 네 치이니, 비스듬히 새겨서 제후의 규벽에 덮어서 서옥 부신을 가지런히 맞추는 것이다. 태보와 종백은 선왕의 명으로 부신의 보옥을 받들어 대를 이을 왕에게 전하니 임금의 도가 있는 것이다.)"라고 하였다.
627) 호광(胡廣) 등 찬,『서경대전(書經大全)』권9,「우서(虞書)·요전(堯典)」에서 "帝曰 : '咨! 四岳.'(임금이 말하였다. '아! 사악아.')" 공안국(孔安國)은 "'四岳', 卽上義·和之四子, 分掌四岳之諸侯, 故稱焉.('사악'은 위의 희씨와 화씨의 네 아들이니 사악의 제후를 나누어 맡았기 때문에 일컬은 것이다.)"이라 하였고, 또 호광(胡廣) 등 찬,『서경대전(書經大全)』권9,「주서(周書)·주관(周官)」에서 "曰 : '唐·虞稽古, 建官惟百, 內有百揆四岳, 外有州牧侯伯, 庶政惟和, 萬國咸寧. ….'(임금이 말하였다. '당과 우가 옛날 제도를 상고하여 관리를 세우되 오직 백으로 하였으니, 안에는 백규와 사악을 두고, 밖에는 주목과 후백을 두어 모든 정사가 오직 조화로워 많은 나라들이 다 편안하였다. ….')"
628) 오징(吳澄) 찬,『서찬언(書纂言)』권1,「우서(虞書)·순전(舜典)」. ; 진력(陳櫟) 찬,『서집전찬소(書集傳纂疏)』권1,「주자정정채씨집전(朱子訂定蔡氏集傳)·우서(虞書)·순전(舜典)」. ; 동정(董鼎) 찬,『서전집록찬주(書傳輯錄纂註)』권1,「우서(虞書)·순전(舜典)」등에는 '지(之)'자가 없다. "程子曰 : 輯五瑞, 徵五等諸侯也."

○ 不云'徵五侯', 而云'輯五瑞'者, 重主器也.
'징오후(徵五侯)'라 이르지 않고, '집오서(輯五瑞)'라고 이른 것은 거듭하여 기물(器物)을 위주로 해서이다.

○ '受終', 至'輯瑞'.
'차이상(此已上)'은 '수종(受終)'에서 '집서(輯瑞)'까지이다.

○ 音征.
'개정(皆正)'에서 정(正)은 음이 정(征)이다.

○ 添此句.
'이여천하정시야(以與天下正始也)'의 경우, 이 구절을 더하였다.

○ 陳氏曰 : "爲舜賜矣."629)
진씨(陳氏: 陳振孫)가 말하였다. "순(舜)이 하사한 것이 된다."

○ 陳氏大猷曰 : "類帝, 君受命於天; 輯瑞, 臣受命於君."630)
진씨대유(陳氏大猷: 陳大猷)가 말하였다. "상제에게 유제(類祭)를 지냄은 임금이 하늘에게 명을 받는 것이고, 서옥(瑞玉)을 거둠은 신하가 임금에게 명을 받는 것이다."

[1-1-2-8]

歲二月, 東巡守, 至于岱宗, 柴; 望秩于山川, 肆覲東后, 協時月, 正日; 同律·度·量·衡, 修五禮, 五玉·三帛·二生·一死贄. 如五器, 卒乃復. 五月南巡守, 至于南岳, 如岱禮; 八月

---

629) 호광(胡廣) 등 찬, 『서경대전(書經大全)』의 소주에서 발췌한 것이다. 그 전문은 다음과 같다. ""陳氏曰 : '瑞玉, 堯所賜也, 舜斂而復班之, 使是玉也. 在堯則爲堯賜, 在舜則爲舜賜矣.'(진씨가 말하였다. '… 요에 있어서는 요가 하사한 것이고, 순에 있어서는 순이 하사한 것이다.')"
630) 호광(胡廣) 등 찬, 『서경대전(書經大全)』의 소주에서 발췌한 것이다. 그 전문은 다음과 같다. "陳氏大猷曰 : "類帝, 而下見君受命於天; 輯五瑞, 而下見臣受命於君."(진씨 대유가 말하였다. '상제에게 유제를 지내서 아래로 임금이 하늘에게 명을 받음을 보인 것이고, 다섯 서옥을 거두어 아래로 신하가 임금에게 명을 받음을 보인 것이다.')"

> 西巡守, 至于西岳, 如初; 十有一月朔巡守, 至于北岳, 如西禮,
> 歸格于藝祖, 用特.

그 해의 2월에 동쪽을 순수(巡守)하여 대종(岱宗)에 이르러 시제(柴祭)를 지내며, 산천을 바라보고 차례를 정하여 제사하고 마침내 동쪽 제후들을 만나서 네 철과 달을 맞추어 날짜를 바로잡으며, 율(律)·도(度)·양(量)·형(衡)을 통일시키며, 다섯 가지 예(禮)를 닦으니 다섯 가지 서옥(瑞玉)과 세 가지 폐백과 두 가지 생물(生物)과 한 가지 죽은 예물이었다. 다섯 가지 기물(器物)을 같게 하고, 마침내 장차 다시 다른 쪽을 향한 것이다. 5월에 남쪽을 순수하여 남악(南岳)에 이르러 대종(岱宗)의 예(禮)와 같이 하며, 8월에 서쪽을 순수하여 서악(西岳)에 이르러 처음과 같이 하며, 11월에 북쪽을 순수하여 북악(北岳)에 이르러 서쪽의 예와 같이 하고서 돌아와 예조(藝祖)의 사당에 이르러 한 마리 소로써 제사하였다.

詳說

○ '守', 音狩, 下同. '量', 去聲.631)

'수(守)'는 음이 수(狩)이니, 아래도 같다. '량(量)'은 거성(去聲: 용량)이다.

集傳

孟子曰: "天子適諸侯曰'巡守', '巡守'者, 巡所守也." '歲二月', 當巡守之年二月也. '岱宗', 泰山也. '柴', 燔柴以祀天也. '望', 望秩以祀山川也. '秩'者, 其牲·幣·祝號之次第, 如五岳, 視三公; 四瀆, 視諸侯; 其餘, 視伯·子·男者也. '東后', 東方之諸侯也. '時', 謂四時; '月', 謂月之大小; '日', 謂日之甲乙. 其法略見上篇, 諸侯之國, 其有不齊者, 則協而正之也. '律', 謂十二律, 黃鍾·大蔟·姑洗·蕤賓·夷則·無射·大呂·夾鍾·仲呂·林鍾·南呂·應鍾也. 六爲律, 六爲呂, 凡十二管, 皆徑三分有奇, 空圍九分, 而黃鍾之長, 九寸, 大呂以下, 律呂相間, 以次而短, 至應鍾而極焉. 以之制樂而節聲音, 則長者聲下, 短者聲高; 下者則重濁而舒遲, 上者則輕淸而剽疾. 以之審度而度長短, 則九十分黃鍾之長, 一爲一分, 而十分爲寸, 十寸爲尺, 十尺爲丈, 十丈爲引. 以之審量而量多少, 則黃鍾之管, 其容子穀秬黍中者, 一千二百, 以爲龠, 而十龠爲合, 十合爲升, 十升爲斗, 十斗爲斛. 以之平衡而權輕重, 則黃鍾之龠所容千二百黍, 其重十二銖, 兩龠則二十四銖爲兩, 十六兩爲斤, 三十斤爲鈞, 四鈞

---

631) 호광(胡廣) 등 찬, 『서경대전(書經大全)』의 소주에는 "'守', 音狩. '量', 去聲. '贄', 音至.('수'는 음이 수이다. '량'은 거성이다. '지'는 음이 지이다.)"로 되어있다.

爲石. 此黃鍾所以爲萬事根本, 諸侯之國, 其有不一者, 則審而同之也. 時月之差, 由積日而成, 其法則先粗而後精; 度·量·衡, 受法於律, 其法則先本而後末. 故言'正日', 在協時月之後; '同律', 在度量衡之先, 立言之敘, 蓋如此也. '五禮', 吉·凶·軍·賓·嘉也, 修之, 所以同天下之風俗. '五玉', 五等諸侯所執者, 卽五瑞也. '三帛', 諸侯世子, 執纁; 公之孤, 執玄; 附庸之君, 執黃. '二生', 卿執羔, 大夫執鴈. '一死', 士執雉. '五玉'·'三帛'·'二生'·'一死', 所以爲贄而見者. 此九字, 當在'肆覲東后'之下, '協時月正日'之上, 誤脫在此, 言東后之覲, 皆執此贄也. 如五器, 劉侍講曰 : "'如', 同也, '五器', 卽五禮之器也, 『周禮』六器六贄, 卽舜之遺法也." '卒乃復'者, 擧祀禮, 觀諸侯, 一正朔, 同制度, 修五禮, 如五器, 數事皆畢, 則不復東行, 而遂西向, 且轉而南行也. 故曰: "卒乃復." '南岳', 衡山; '西岳', 華山; '北岳', 恆山, 二月東, 五月南, 八月西, 十一月北, 各以其時也. '格', 至也, 言至于其廟而祭告也. '藝祖', 疑卽文祖. 或曰: "文祖, 藝祖之所自出." 未有所考也. '特', 特牲也, 謂一牛也. 古者, 君將出, 必告于祖禰; 歸, 又至其廟而告之, 孝子不忍死其親, 出告反面之義也.「王制」曰 : "歸格于祖禰." 鄭注曰 : "祖下及禰, 皆一牛." 程子以爲: "但言'藝祖', 擧尊爾, 實皆告也; 但只就祖廟, 共用 一牛, 不如時祭各設主於其廟也." 二說, 未知孰是, 今兩存之.

맹자(孟子)가 말하였다. "천자가 제후의 나라에 가는 것을 '순수(巡守)'라고 하니, '순수'라는 것은 지키는 곳을 순행하는 것이다." '세이월(歲二月)'은 순수해야 하는 해의 2월이다. '대종(岱宗)'은 태산(泰山)이다. '시(柴)'는 나무를 불태워서 하늘에 제사하는 것이다. '망(望)'은 바라보고 차례대로 산천에 제사하는 것이다. '질(秩)'이라는 것은 그 희생(犧牲)과 폐백(幣物)과 축호(祝號)의 차례이니, 오악(五岳)은 삼공(三公)에 견주고, 사독(四瀆)은 제후에 견주고, 그 나머지는 백(伯)·자(子)·남(男)에 견주는 것과 같다. '동후(東后)'는 동방의 제후이다. '시(時)'는 사시(四時)를 이르고, '월(月)'은 달의 크고 작음을 이르고, '일(日)'은 날의 차례를 이른다. 그 법이 대략 위의 편(篇)에 보이니, 제후의 나라에 같지 않은 것이 있으면 맞추어 바로잡는 것이다. '율(律)'은 12율이니 황종(黃鍾)·태주(太簇)·고선(姑洗)·유빈(蕤賓)·이칙(夷則)·무역(無射)·대려(大呂)·협종(夾鍾)·중려(仲呂)·임종(林鍾)·남려(南呂)·응종(應鍾)이다. 여섯은 율(律)이 되고 여섯은 여(呂)가 되어 무릇 12개의 관(管)이니 모두 지름이 3푼에 우수리가 있고, 구멍의 둘레가 9푼인데, 황종(黃鍾)의 길이는 9치이고 대려(大呂) 이하는 율려(律呂)가 서로 사이하면서 차례로 짧아져 응종(應鍾)에 이르러 다하는 것이다. 이것으로써 악기를 만들어 소리를 조절하면 긴 것은 소리가 낮고 짧은 것은 소리가 높으며, 낮은 것은 무겁고 탁하면서 느리며 높은 것은 가볍고 맑으면서 빠르다. 이것으로써 도수(度數)를 살펴서 장단(長短)을 헤아리면 90푼인 황종의 길이가 하나가 1푼이 되어 10푼이 1치가 되고, 10치가 1자가 되고, 10자가 1길이 되고, 10길이 1인(刃)이 된다. 이것으로써 양(量)을 살펴 많고 적음을 헤아리면 황종의 대롱에 곡식 씨앗의 검은 기장 중간 정도인 것을 1천2백 개나 담을 수 있는데 이것을 약(龠)이라고 하니, 10약이 1홉이 되고, 10홉이 1되가 되고, 10되가 1말이 되고, 10말이 1곡(斛)이 된다. 이것으로써 형(衡)을 평평하게 하여 가벼움과 무거움을 저울질하면 황종의 약(龠)에 담을 수 있는 1천2백 개의 검은 기장은 그 무게가 12수(銖)로 2약(龠)이면 24수(銖)이니, 이것이 1냥(兩)이 되고, 16냥이 1근(斤)이 되고, 30근이 1균(鈞)이 되고, 4균이 1석(石)이 된다. 이것은 황종(黃鍾)이 모든 일의 근본이 되기 때문에 제후의 나라에 통일되지 않은 것이 있으면 살펴서 같게 하는 것이다. 네 철과 달의 차이는 날이 쌓임에 말미암아 이루어지는데 그 글 쓰는 방법이 거친 것을 먼저하고 정한 것을 뒤에 하였으며, 도(度)·양(量)·형(衡)은 율(律: 黃鍾管)을 본받는 것인데 그 글 쓰는 방법이 근본적인 것을 먼저하고 지엽적인 것을 뒤에 하였다. 그러므로 '날짜를 바로잡음'이 네 철과 달을 맞추는 뒤에 있고, '율(律)을 통일함'이 도·량·형의 앞에 있음을 말하였으니, 글 쓰는 차례가 대개 이와 같은 것이다. '오례(五禮)'는 길(吉)·흉(凶)·군(軍)·빈(賓)·가(嘉)이니, 그것을 닦음은 온 세상의 풍속을 같게 하는 것이다. '오옥(五玉)'은 다섯 등급의 제후가 잡는 것이니, 곧 다섯 가지 서옥(瑞玉)이다. '삼백(三帛)'은 제후의 세자가 붉은 비단을 잡고, 삼공(三公)의 중신(重臣)이 검은 비단을 잡고, 속국(屬國)의 임금이 누런 비단을 잡는 것이다. '이생(二生)'은 경(卿)이 염소를 잡고, 대부(大夫)가 기러기를 잡는 것이다. '일사(一死)'는 사(士)가 꿩을 잡는 것이다. '오옥(五玉)'과 '삼백(三帛)'과 '이생(二生)'과 '일사(一死)'는 폐물(幣物)을 잡고서 만나봄을 하는 것이다. 이 아홉 글자는 마땅히 '사근동후(肆覲東后)'의 아래와 '협시월정일(協時月正日)'의 위에 있어야 하는데 잘못 탈락하여 여기에 있으니, 동쪽의 제후를 만나봄에 모두 이 폐물을 잡았음을 말한 것이다. '여오기(如五器)'는 유시강(劉侍講: 劉敞)632)이 말하기를, "'여(如)'는 같게 함이고, '오기(五器)'

---

632) 유시강(劉侍講: 劉敞): 유시독(劉侍讀)이라고도 한다. 유창(119-168)은 북송대 학자로 자가 원보(原父) 또는 원보(原甫)이고, 세상에서 공시선생(公是先生)이라 불렀으며, 임강(臨江) 신유(新喩) 사람이다. 인종(仁宗) 경력(慶歷) 6년(146)에 동생 유반(劉攽)과 함께 과거에 급제하여 벼슬이 집현원(集賢院) 학사(學士)에 이르렀다. 매요신(梅堯臣)·구양수(歐陽修) 등과 교유하였고, 성품이 강직하여 조정에서 직언(直言)을 서슴지

는 곧 다섯 가지 예(禮)의 기물이니, 『주례(周禮)』의 '육기(六器)633)'와 '육지(六贄)634)'는 곧 순(舜)이 남긴 법(遺法)이다."라고 하였다. '졸내복(卒乃復)'이라는 것은 제사의 예를 거행하고, 제후를 만나보고, 정월 초하루를 통일하고, 제도를 같게 하고, 다섯 가지 예(禮)를 닦고, 다섯 가지 기물을 똑같게 하여 여러 일들이 모두 끝나면 다시 동쪽으로 가지 않고 마침내 서쪽으로 향하며, 장차 돌려서 남쪽으로 가는 것이다. 그러므로 말하기를, "졸내복(卒乃復: 마침내 장차 다시 다른 쪽을 향한다.)이다."라고 말한 것이다. '남악(南岳)'은 형산(衡山)이고, '서악(西岳)'은 화산(華山)이고, '북악(北岳)'은 항산(恒山)이니, 2월에는 동쪽으로 향하고, 5월에는 남쪽으로 향하고, 8월에는 서쪽으로 향하고, 11월에는 북쪽에 향하는 것은 각각 그 철로써 한 것이다. '격(格)'은 이름이니, 그 사당에 이르러 제사하면서 고유(告由)함을 말한다. '예조(藝祖)'는 의심하건대 바로 문조(文祖)이다. 어떤 이가 말하기를, "문조(文祖)는 예조가 그로부터 나온 것이다."라고 하였는데, 상고할 곳이 있지 않다. '특(特)'은 특생(特牲)이니, 한 마리의 소를 이른다. 옛날에 임금이 장차 출행(出行)함에 반드시 할아버지 사당과 아버지 사당에 고유(告由)하고, 돌아와서도 또 그 사당에 이르러 고유하여 효자(孝子)가 차마 그 어버이를 죽었다고 여기지 않았으니, 나감에 말씀드리고 돌아옴에 얼굴을 뵙는다는 뜻이다. 「왕제(王制)」에서 말하기를, "돌아와서 할아버지 사당과 아버지 사당에 이르렀다."고 하였는데, 정현(鄭玄)의 주(注)에서 말하기를, "할아버지 이하로 아버지 사당에 이르기까지는 모

않았다. 육경(六經)과 백가(百家) 등으로부터 천문·지리·복서(卜筮)·의술(醫術)·불교·노장(老壯)에 이르기까지 통하지 않음이 없었다. 특히 『춘추』에 대하여 조예가 깊어 『춘추전(春秋傳)』·『춘추권형(春秋權衡)』·『춘추의림(春秋意林)』 등이 있으며, 문집인 『공시집(公是集)』과 『칠경소전(七經小傳)』 등의 저서가 있다.

633) 육기(六器): 제향(祭享)하는 여섯 가지의 옥기(玉器)이다. 『주례주소(周禮注疏)』 권18, 「춘관(春官)·대종백(大宗伯)」에 의하면, "옥으로 여섯 가지 기물을 만들어 하늘과 땅과 사방에 제례를 올리니, 창벽으로써 하늘에 제사하고, 황종으로써 땅에 제사하고, 청규로써 동쪽에 제사하고, 적장으로써 남쪽에 제사하고, 백호로써 서방에 제사하고, 현황으로써 북쪽에 제사한다.(以玉作六器, 以禮天地四方; 以蒼璧禮天, 以黃琮禮地, 以青圭禮東方, 以赤璋禮南方, 以白琥禮西方, 以玄璜禮北方.)"라고 하였다. 호광(胡廣) 등 찬, 『서경대전(書經大全)』의 소주에는 "蒼璧·黃琮·青圭·赤璋·白琥·玄璜."이라고 하였다. 김장생(金長生)의 『사계전서(沙溪全書)』 권14, 「경서변의(經書辨疑)·서전(書傳)·순전(舜典)」에서도 이 내용을 수용하였다.

634) 육지(六贄): 육지(六摯)라고도 쓰며, 육폐(六幣)라고도 한다. 옛날에 서로 만날 때 드리는 여섯 가지의 예물(禮物)을 말한다. 『주례주소(周禮注疏)』 권18, 「춘관(春官)·대종백(大宗伯)」에 의하면, "짐승으로써 여섯 가지 폐물을 만들어 여러 신하들을 구분하였으니, 고는 가죽과 비단을 잡고, 경은 염소를 잡고, 대부는 기러기를 잡고, 사는 꿩을 잡고, 서인은 오리를 잡고, 공인이나 상인은 닭을 잡는다.(以禽作六摯, 以等諸臣: 孤執皮帛, 卿執羔, 大夫執鴈, 士執雉, 庶人執鶩, 工商執雞.)"라고 하였다. 정현(鄭玄)은 "지라는 것은 이름이니, 짐승을 잡고 스스로 이르는 것이다.(摯之言至, 所執以自致.)"라고 하였다. 그리고 『주례주소(周禮注疏)』 권37, 「추관(秋官)·소행인(小行人)」에 의하면, "합하여 여섯 가지 폐물이니, 규는 말로써 하고, 장은 가죽으로써 하고, 벽은 비단으로써 하고, 호는 수놓은 것으로써 하고, 황은 보불로써 하니, 이 여섯 가지 폐물은 제후와 화친하기 좋기 때문이다.(合六幣, 圭以馬, 璋以皮, 璧以帛, 琮以錦, 琥以繡, 璜以黼, 此六物者, 以和諸侯之好故.)"라고 하였다. 호광(胡廣) 등 찬, 『서경대전(書經大全)』의 소주에서도 "璧以帛, 琮以錦, 圭以馬, 璋以皮, 琥以繡, 璜以黼."라고 하였다. 김장생(金長生)의 『사계전서(沙溪全書)』 권14, 「경서변의(經書辨疑)·서전(書傳)·순전(舜典)」에서도 이 내용을 수용하였다.

두 한 마리 소를 쓴다."라고 하였다. 정자(程子: 程頤)는 이르기를, "단지 '예조(藝祖)'를 말한 것은 높음을 들었을 뿐이고 실제는 모두 고유(告由)하는 것이며, 단지 할아버지 사당에 나아가서도 함께 한 마리의 소만 사용하여 시제(時祭)에서 각각 그 사당에 신주를 두는 것과 같지 않다."라고 하여 두 설명이 어느 것이 옳은지 알 수 없으니, 이제 두 가지를 두는 것이다.

詳說

○ 「梁惠王」.635)
'맹자(孟子)'는 「양혜왕(梁惠王)」편이다.

○ 朱子曰 : "'巡守', 非舜創立此制."636)
'순소수야(巡所守也)'에 대해, 주자(朱子: 朱熹)가 말하였다. "'순수(巡守)'는 순(舜)이 비로소 이 제도를 세운 것이 아니다."

○ 非攝位之明年二月.
'당순수지년이월야(當巡守之年二月也)'의 경우, 임금 자리를 잡은 이듬해 2월이 아니다.

---

635) 『맹자집주대전(孟子集註大全)』 권2, 「양혜왕장구하(梁惠王章句下)」에 보이는데 맹자가 안자(晏子: 晏嬰)의 말을 인용한 것으로 되어있다. 그 내용은 다음과 같다. "晏子對曰 : '善哉. 問也. 天子適諸侯曰巡狩, 巡狩者, 巡所守也. 諸侯朝於天子曰述職, 述職者, 述所職也, 無非事者. 春省耕而補不足, 秋省斂而助不給. ….' (안자가 대답하여 말하였다. '좋도다. 질문함이여. 천자가 제후에게 가는 것을 순수라고 하나, 순수라는 것은 지키는 곳을 순행함이다. 제후가 천자에게 조회하는 것을 술직이라고 하니, 술직이라는 것은 그 맡아 다스리는 것을 말하는 것이니, 일이 아닌 것이 없다. 봄에는 논밭 가는 것을 살펴서 부족한 것을 보충해주고, 가을에는 수확을 살펴서 넉넉하지 않는 것을 도와준다. ….')" 그리고 『맹자집주대전(孟子集註大全)』 권12, 「고자장구하(告子章句下)」에도 보이니, 그 내용은 다음과 같다. "孟子曰 : '五霸者, 三王之罪人也. 今之諸侯, 五霸之罪人也. 今之大夫, 今之諸侯之罪人也. 天子適諸侯曰巡狩, 諸侯朝於天子曰述職. 春省耕而補不足, 秋省斂而助不給. 入其疆, 土地辟, 田野治, 養老尊賢, 俊傑在位, 則有慶, 慶以地.'(맹자가 말하였다. '오패라는 것은 세 임금의 죄인이다. 지금의 제후는 오패의 죄인이다. 지금의 대부는 지금의 제후의 죄인이다. 천자가 제후에게 가는 것을 순수라고 하고, 제후가 천자에게 조회하는 것을 술직이라고 한다. 봄에는 논밭 가는 것을 살펴서 부족한 것을 보충해주고, 가을에는 수확을 살펴서 넉넉하지 않는 것을 도와준다. ….')"
636) 호광(胡廣) 등 찬, 『서경대전(書經大全)』의 소주에서 발췌한 것이다. 그 전문은 다음과 같다. "'巡守', 亦非舜創立此制, 蓋亦循襲將來. 故'黃帝紀'亦云: '披山通道, 未嘗寧居.'('순수'는 또한 순이 비로소 이 제도를 세운 것이 아니라, 대개 또한 순습하여 장차 온 것이다. ….)" 이는 『주자어류(朱子語類)』 권78, 「상서일(尚書一)·순전(舜典)」에서 발췌한 것이다. 그 전문은 다음과 같다. "又云 : '巡狩, 亦非是舜時創立此制, 蓋亦循襲將來, 故黃帝紀亦云: 披山通道, 未嘗寧居.'(또 말하였다. '순수는 또한 순임금 때 비로소 이 제도를 세운 것이 아니라, 대개 또한 순습하여 장차 온 것이다. 그러므로 「황제기」에서 또한 이르기를, 산을 열고 길을 개통하여 일찍이 편안하게 지낸 적이 없다고 하였다.')"

○ 不云'東岳'而云'岱宗', 以其爲四岳之宗也.
'대종, 태산야(岱宗, 泰山也)'의 경우, '동악(東岳)'이라 말하지 않고 '대종(岱宗)'이라고 말한 것은 사악(四岳)의 으뜸이 되기 때문이다.

○ '柴'同.
'시(柴)'는 '시료 시(柴)'와 같다.

○ 求諸陽之義也.637)
'번시이사천야(燔柴以祀天也)'의 경우, 모든 양기(陽氣)를 구하는 뜻이다.

○ 望而秩之.
'망질(望秩)'의 경우, 멀리서 바라보며 차례대로 제사하는 것이다.

○ 猶比也.638)
'시(視)'는 비(比: 견주다)와 같다.

○ 見『禮記』「王制」.639)
'시백·자·남자야(視伯·子·男者也)'의 내용이 『예기(禮記)』「왕제(王制)」에 보인다.

○ 音現, 下同.640)
'기법약현(其法略見)'에서 '현(見)'은 음이 현(現)이니, 아래도 같다.

○ 曆象·正時.
'기법약현상편(其法略見上篇)'의 경우, 역상(曆象)641)과 정시(正時)642)이다.

---

637) 번시(燔柴)는 옛날의 제천(祭天) 의식이니, 옥과 비단 및 희생 등을 쌓아놓은 섶 위에 올려놓고 불사르는 것이다. 『의례(儀禮)』「근례(覲禮)」에서 "祭天, 燔柴. … 祭地, 瘞.(하늘에 제사함은 섶을 불사르는 것이고, 땅에 제사함은 묻는 것이다.)"라 하였고, 『이아(爾雅)』「석천(釋天)」에서도 "祭天, 曰燔柴."라고 하였다.
638) 『예기주소(禮記注疏)』 권11, 「왕제(王制)」에서 정현(鄭玄)의 주(注)에서 "視, 猶比也.('시'는 비와 같다.)"라고 하였다.
639) 호광(胡廣) 등 찬, 『예기대전(禮記大全)』 권5, 「왕제(王制)」. "天子之三公之田視公侯, 天子之卿視伯, 天子之大夫視子男, 天子之元士視附庸.(천자의 삼공은 전지를 공과 후에 견주고, 천자의 경은 백에 견주고, 천자의 대부는 자와 남에 견주고, 천자의 원사는 부용에 견준다.)"
640) 호광(胡廣) 등 찬, 『서경대전(書經大全)』의 소주에는 "形甸反.(형과 전의 반절이다.)"로 되어있다.
641) 「요전(堯典)」 [1-1-1-3]의 내용을 말한다. "이에 희씨·화씨에게 명하여 공경히 넓고 큰 하늘을 좇으면서 해와 달과 별들을 기록하고 관찰하여 공경히 농사철을 알려주게 하셨다.(乃命羲·和, 欽若昊天, 曆象日月星辰, 敬授民時.)"

○ 朱子曰 : "只是去合同其時月日耳, 非謂作曆也."643)

'즉협이정지야(則協而正之也)'에 대해, 주자(朱子: 朱熹)가 말하였다. "'다만 그 네 철과 달과 날을 맞추어 같게 하는 것이고, 역법(曆法)을 만듦을 말하는 것이 아니다."

○ 音泰.

'태(大)'는 음이 태(泰)이다.

○ 千候反.644)

'주(蔟)'는 천(千)과 후(候)의 반절이다.

○ 蘇典反.645)

'선(洗)'은 소(蘇)와 전(典)의 반절이다.

○ 儒追反.646)

'유(蕤)'는 유(儒)와 추(追)의 반절이다.

○ 音亦.647)

'역(射)'은 음이 역(亦)이다.

○ 音箕.648)

'기(奇)'는 음이 기(箕)이다.

---

642) 「요전(堯典)」[1-1-1-8]의 내용을 말한다. "요임금이 말하였다. "아! 너희 희씨 및 화씨여. 기는 3백하고 6순하고 6일이니, 윤달을 써야 네 계절을 정하고 한 해를 이루어 진실로 모든 벼슬아치들을 다스려서 많은 공적이 모두 넓어질 것이다.(帝曰 : '咨! 汝羲曁和. 朞, 三百有六旬有六日, 以閏月, 定四時成歲, 允釐百工, 庶績咸熙.')"
643) 호광(胡廣) 등 찬, 『서경대전(書經大全)』의 소주에서 발췌한 것이다. 그 전문은 다음과 같다. "'協時月, 正日', 只是去合同其時月日爾, 非謂作曆也.(네 철과 달을 맞추어 날짜를 바르게 함'은 다만 그 네 철과 달과 날을 맞추어 같게 하는 것이고, 역법을 만듦을 말하는 것이 아니다.)" 이는 『주자어류(朱子語類)』 권78, 「상서일(尙書一)·순전(舜典)」에서 발췌한 것이다. 그 전문은 다음과 같다. "'協時月, 正日', 只是去合同其時日月爾, 非謂作曆也. 每遇巡狩, 凡事理會一遍, 如文字之類.(… 매양 순수함을 만나면 모든 일을 한번 두루 이해하니, 문자와 같은 유형이다.)"
644) 호광(胡廣) 등 찬, 『서경대전(書經大全)』의 소주를 수용한 것이다.
645) 호광(胡廣) 등 찬, 『서경대전(書經大全)』의 소주를 수용한 것이다.
646) 호광(胡廣) 등 찬, 『서경대전(書經大全)』의 소주에는 "音如.(음이 여이다.)"로 되어있다.
647) 호광(胡廣) 등 찬, 『서경대전(書經大全)』의 소주를 수용한 것이다.
648) 호광(胡廣) 등 찬, 『서경대전(書經大全)』의 소주에는 "音崎.(음이 기이다.)"로 되어있다.

○ 音孔.
'공(空)'은 음이 공(孔)이다.

○ 圍準管之空而徑則並準其厚, 故徑一而有奇歟.
'공위구분(空圍九分)'의 경우, 둘레는 관의 구멍을 기준으로 하고, 지름은 곧 그 두께를 아울러 기준으로 한다. 그러므로 지름이 1하고 우수리가 있는 것이다.

○ 去聲.649)
'율려상간(律呂相間)'에서 간(間)은 거성(去聲: 사이하다, 갈마들다, 섞다)이다.

○ 隔八下生·上生.
양률(陽律)과 음려(陰呂)의 12율(律)의 사이를 나누는 하생(下生)과 상생(上生)650)이다.

○ 入聲.651)
'이지심도이탁(以之審度而度)'에서 탁(度)은 입성(入聲: 헤아리다)이다.

○ 猶四分度之文勢.
'즉구십분황종지장(則九十分黃鍾之長)'의 경우, 도수(度數)를 넷으로 나누는 문장 형세와 같다.

○ 如字.652)

---

649) 호광(胡廣) 등 찬, 『서경대전(書經大全)』의 소주를 수용한 것이다.
650) 하생(下生)과 상생(上生): 하생(下生)은 12율(律)의 양률(陽律)에서 음려(陰呂)를 이끌어 내는 것이고, 상생(上生)은 음려에서 양률을 이끌어 내는 것을 말한다. 이는 율관(律管)이 상생(相生)하는 순서를 말한다. 황종(黃鍾)·태주(太簇)·고선(姑洗)·유빈(蕤賓)·이칙(夷則)·무역(無射)을 양률(陽律)이라 하고, 대려(大呂)·협종(夾鍾)·중려(仲呂)·임종(林鍾)·남려(南呂)·응종(應鐘)을 음려(陰呂)라고 하는데, 12율을 원형으로 배치하면 북쪽에서부터 갈마들며 황종·대려·태주·협종·고선·중려·유빈·임종·이칙·남려·무역·응종의 차례로 돌아간다. 여기에서 5음인 궁(宮)·상(商)·각(角)·치(徵)·우(羽)를 이끌어내는 것이다. 12율을 원형으로 배치한 뒤에 황종을 궁(宮)으로 하여 황종부터 세어 오른쪽으로 여덟 자리를 건너가면 임종이 치(徵)가 되고, 임종부터 세어 오른쪽으로 여덟 자리를 건너가면 태주가 상(商)이 되고, 태주부터 세어 오른쪽으로 여덟 자리를 건너가면 남려가 우(羽)가 되고, 남려부터 세어 오른쪽으로 여덟 자리를 건너가면 고선이 각(角)이 된다. 이때 양률에서 음려를 이끌어내는 경우에는 원래 숫자에서 3분의 1을 빼서 하생(下生)이 되고, 음려에서 양률을 이끌어내는 경우에는 원래 숫자에 3분의 1을 더하면 상생(上生)이 된다. 예를 들면 황종의 길이가 9촌(寸)인데 여기에서 3분의 1을 빼면 6촌인 임종이 되고, 임종에서 3분의 1을 더하면 8촌인 태주가 된다. 이와 같이 양률과 음려가 서로 상생하고 하생하면서 여덟 자리를 건너뛰어 다음의 음을 내는 방법을 격팔상생법이라고 한다.
651) 호광(胡廣) 등 찬, 『서경대전(書經大全)』의 소주에는 "達各反.(달과 각의 반절이다.)"으로 되어있다.

'이지심량이량(以之審量而量)'에서 량(量)은 본래의 음(音義: 헤아리다)대로 읽는다.

○ 未舂者.
'기용자곡(其容子穀)'의 경우, 아직 절구에 찧지 않은 것이다.

○ 音巨.
'거(秬)'는 음이 거(巨)이다.

○ 子穀之秬黍, 爲其大小之中者.
'기용자곡거서중자(其容子穀秬黍中者)'의 경우, 기장의 곡식 씨앗에 그 크기의 중간이 되는 것이다.

○ 其字意, 貫至此.
'일천이백(一千二百)'의 경우, 그 글자의 뜻이 여기까지 이어진다.

○ 音約.653)
'이위약(以爲龠)'에서, 약(龠)은 음이 약(約)이다.

○ 音閤.654) ○鄒氏季友曰 : "兩龠爲合, 此必傳寫之訛."655)
'이십약위합(而十龠爲合)'에서 합(合)은 음이 합(閤)이다. ○추씨계우(鄒氏季友:

---

652) 호광(胡廣) 등 찬, 『서경대전(書經大全)』의 소주에는 "去聲.(거성이다.)"으로 되어있다.
653) 호광(胡廣) 등 찬, 『서경대전(書經大全)』의 소주에는 "弋灼反.(익과 작의 반절이다.)"으로 되어있다.
654) 호광(胡廣) 등 찬, 『서경대전(書經大全)』의 소주를 수용한 것이다.
655) 유삼오(劉三吾) 등 찬, 『서전회선(書傳會選)』 권1, 「우서(虞書)·순전(舜典)」의 '음석전(音釋傳)'에서 발췌한 것이다. 그 전문은 다음과 같다. "'燔柴', 馬氏云: '積柴, 加牲其上而焚之.' 或云: '但取煙上, 升祭祀, 求諸陽之義.' '見', 形甸反, 下同. '簇', 千候反. '洗', 蘇典反. '蕤', 儒惟反. '射', 音亦. '應', 去聲. '畸', 音畸. '', 間去聲. '剮', 匹妙反. 字當作慄, 急疾也, 『漢書』通用, 而'度', 達各反. 九十分, 扶問反, 下竝如字. '引', 以忍·除刃二反. '韻略』但有上聲, 『廣韻』·『玉篇』有上·去二聲, 義則一也. 而'量', 平聲. '子穀', 師占云: 猶言穀子也. '龠', 弋灼反, 十龠爲合, 音閤. 蔡西山燕樂本原嘉量篇云. 合龠爲合. 註云兩龠也. 又云: '十合爲升.' 註云: '二十龠也.' 蔡氏家學相承, 不應有異, 況合龠爲合, 乃『漢』「律歷志」本文會, 即管也. 黃鍾之律管, 容秬黍一千二百, 謂之一龠合者, 并也, 取并合兩龠之義, 以爲名也. 宋皇祐間, 造新樂阮逸, 胡瑗嘗駁今文十龠爲合之誤. 沙隨程氏, 三器圖義, 亦嘗辨之云. 『漢書』合龠爲合, 俗人誤以上合字爲拾字也. 此篇集傳經朱子訂定, 不應有誤, 必傳寫之訛耳. 不'復', 扶又反. '華', 胡化·胡瓜三反. 詳見『禹貢』篇. '恒', 胡登反. '告', 姑沃反, 下竝同. '禰', 乃禮反, 父廟也." 본래 '약(龠)'은 옛날 용량(容量)의 단위로 합(合)의 반을 말한다. 『전한서(前漢書)』 권21상, 「율력지(律歷志)제1상」에서 "合龠爲合, 十合爲升, 十升爲斗, 十斗爲斛."이라고 하였는데, 『광아(廣雅)』에 의하면 "'두 약이 합이 된다.'고 하였으니, 곧 합약이라는 것은 두 약을 합친 것이다. ('二龠爲合', 則'合龠'者, 合二龠也.)"라고 설명하였다.

鄒季友)가 말하였다. "두 개의 약(龠)이 합(合)이 되니, 이는 반드시 옮겨 적음에 그릇된 것이다."

○ 並見『漢書』「律曆志」.656)
'사균위석(四鈞爲石)'의 내용이 『한서(漢書)』「율력지(律曆志)」에 아울러 보인다.

○ 見『史記』「律書」.657)
'차황종소이위만사근본(此黃鍾所以爲萬事根本)'의 내용이 『사기(史記)』「율서(律書)」에 보인다.

○ 句.
'유적일이성(由積日而成)'에서 문장이 끊어진다.

○ 指此節書法.
'기법즉선조이후정(其法則先粗而後精)'에서 '법(法)'은 이 단락의 글 쓰는 방법을 가리킨다.

○ '時月'以下論也.
'개여차야(蓋如此也)'의 경우, '시월(時月)' 이하의 논변한 것이다.

○ 林氏曰 : "禮有因「革」·「損」·「益」, 故謂之修."658)
'소이동천하지풍속(所以同天下之風俗)'에 대해, 임씨(林氏: 林之奇)가 말하였다. "예(禮)에 「혁괘(革卦)」와 「손괘(損卦)」와 「익괘(益卦)」에 말미암음이 있기 때문에 닦는다고 이르는 것이다."

○ 照上節.
'즉오서야(卽五瑞也)'의 경우, 위의 단락을 참조한 것이다.

---

656) 반고(班固) 찬, 『전한서(前漢書)』 권21상, 「율력지(律歷志)」제1상. "二十四銖爲兩, 十六兩爲斤, 三十斤爲鈞, 四鈞爲石."
657) 사마천(司馬遷) 찬, 『사기(史記)』 권25, 「율서(律書)」제3. "王者制, 事立法, 物度軌, 則壹禀於六律, 六律, 爲萬事根本焉.(… 육률은 만사의 근본이 된다.)"
658) 호광(胡廣) 등 찬, 『서경대전(書經大全)』의 소주에서 발췌한 것이다. 그 전문은 다음과 같다. "林氏曰 : '律之十二, 又生於歷之十二, 前律歷志'云: 推歷成律, 故同律. 度·量·衡, 必先協時月正日, 禮有因「革」·「損」·「益」, 故謂之修.'(임씨가 말하였다. '… 예에 「혁괘」와 「손괘」와 「익괘」에 말미암음이 있기 때문에 닦는다고 이르는 것이다.')"

○ 音纁.

'훈(纁)'은 음이 훈(熏)이다.

○ 上公國, 未踰年之子.659)

'공지고(公之孤)'의 경우, 상공(上公)의 나라에 아직 한 해를 넘지 않은 아들이다.

○ 見孔傳.660)

'집황(執黃)'의 경우, 공안국(孔安國)의 전(傳)에 보인다.

○ 見『禮記』「曲禮」.661)

'사집치(士執雉)'는 『예기(禮記)』「곡례(曲禮)」에 보인다.

○ 此二句, 明其爲脫誤也.

'개집차지야(皆執此贄也)'에서 볼 때, 이 두 구절은 그 빠지고 틀린 글자가 됨을 밝힌 것이다.

○ 卽「泰誓」註之'侍讀'.662)

'유시강(劉侍講)'의 경우, 곧 「태서(泰誓)」 주(註)의 '시독(侍讀)'이다.

---

659) '공지고(公之孤)'의 공(公)은 삼공(三公)이고, 고(孤)는 소사(少師)·소부(少傅)·소보(少保)이니, 그 지위가 삼공(三公) 아래의 벼슬을 말하며, 또는 두루 중신(重臣)을 가리킨다고도 하였다.
660) 『상서주소(尙書注疏)』 권2, 「우서(虞書)·순전(舜典)」의 공안국(孔安國)의 전(傳)에 보이는 말이다. 그 내용은 다음과 같다. "傳 : '三帛, 諸侯世子執纁, 公之孤執玄, 附庸之君執黃; 二生, 卿執羔, 大夫執鴈; 一死, 士執雉, 玉帛生死, 所以爲贄以見之.')"
661) 이는 『주례주소(周禮注疏)』 권18, 「춘관(春官)·대종백(大宗伯)」에 보인다. 그 전문은 다음과 같다. "짐승으로써 여섯 가지 폐물을 만들어 여러 신하들을 구분하였으니, 고는 가죽과 비단을 잡고, 경은 염소를 잡고, 대부는 기러기를 잡고, 사는 꿩을 잡고, 서인은 오리를 잡고, 공인이나 상인은 닭을 잡는다.(以禽作六摯, 以等諸臣: 孤執皮帛, 卿執羔, 大夫執鴈, 士執雉, 庶人執鶩, 工商執雞.)"라고 하였다.
662) 호광(胡廣) 등 찬, 『서경대전(書經大全)』 권5, 「주서(周書)·태서중(泰誓中)」. "受有億兆夷人, 離心離德; 予有亂臣十人, 同心同德, 雖有周親, 不如仁人.(수는 수많은 보통 사람들을 두었으나 마음이 떠나고 덕이 나누어졌고, 나는 어지러움을 다스리는 신하 열 사람이 있었는데 마음이 같고 덕이 같았으니, 비록 지극히 친한 이가 있더라도 어진 사람만 못한 것이다.)" 이에 집전에서 "孔子曰: '有婦人焉, 九人而已', 劉侍讀以爲: '子無臣母之義, 蓋邑姜也.', 九臣治外, 邑姜治內. 言紂雖有夷人之多, 不如周治臣之少而盡忠也.「周」, 至也, 紂雖有至親之臣, 不如周仁人之賢而可恃也. 此言人事有必克之理.(공자가 말하였다. '부인이 있었는데 아홉 사람일 따름이다.' 유시독이 이르기를, '자식이 어머니를 신하로 삼는 도의가 없으니, 대개 무왕의 비인 읍강일 것이다.'라고 하였으니, 아홉 신하는 밖을 다스리고 읍강은 안을 다스린 것이다. 주가 비록 보통 사람들을 많이 두었으나 주나라의 다스리는 신하가 적어도 충성을 다함만 못함을 말한 것이다. '주'는 지극함이니, 주가 비록 지극히 친한 신하를 두었으나 주나라에 어진 사람이 현량하여 믿을 수 있는 것만 못한 것이다.)"

○ 子曰 : "'齊一'之義."663)
　　'동야(同也)'에 대해, 주자(朱子: 朱熹)가 말하였다. "'제일(齊一)664)'의 뜻이다."

○ 本文, 蒙上'禮'字.
　　'즉오례지기야(卽五禮之器也)'의 경우, 본문은 위의 '예(禮)'자를 이어받았다.

○ 朱子曰 : "舊說云:'五玉之器, 似不如此'."665)

---

663) 호광(胡廣) 등 찬, 『서경대전(書經大全)』의 소주에서 발췌한 것이다. 그 전문은 다음과 같다. ""問:'修五禮, 吳才老以爲只是五典之禮, 唐·虞時, 無此.'因說:「舜典」此段, 疑有錯簡, 當云: 肆覲東后, 五玉·三帛·二生·一死贄. 協時月, 正日, 同律·度·量·衡, 修五禮, 如五器, 卒乃復. 如者, 齊一之義. 卒乃復者, 事畢復歸也, 非謂復歸京師, 只是事畢還歸, 故亦曰復. 前説班瑞于羣后, 則是還之也.'(물었다. '다섯 가지 예를 닦음을 오재로는 다만 오전의 예라고 여겼는데, 당·우 때에는 이것이 없었습니다.' 이에 말하였다. '「순전」의 이 단락은 의심하건대 착간이 있는 듯하니, 마땅히 이르기를 마침내 동쪽 제후를 만나보았으니, 다섯 가지 서옥과 세 가지 폐백과 두 가지 생물과 한 가지 죽은 예물이었다. 네 철과 달을 맞추어 날짜를 바로 잡으며, 율과 도와 양과 형을 통일시키며, 다섯 가지 예를 닦으며, 다섯 가지 기물을 같게 하여 마침내 장차 다시 다른 곳으로 향하였다고 해야 한다. 여라는 것은 똑같이 가지런히 한다는 뜻이다. ….')"는 『주자어류(朱子語類)』 권78, 「상서일(尚書一)·순전(舜典)」에서 발췌한 것이다.
664) 『상서주소(尚書注疏)』 권2, 『우서(虞書)·순전(舜典)』의 공안국(孔安國)의 전(傳)에 보이는 말이다. 그 내용은 다음과 같다. "傳: '合四時之氣節·月之大小·日之甲乙, 使齊一也. 律法制, 及尺·丈·斛·斗·斤·兩, 皆均同.'(전에서, '네 철의 절기와 달의 크고 작음과 날의 갑과 을을 맞춰서 똑같이 가지런히 하는 것이다. 율법제 및 척과 장과 곡과 두와 근과 량이 모두 균일하게 통일시키는 것이다.')"
665) 호광(胡廣) 등 찬, 『서경대전(書經大全)』의 소주에서 발췌한 것이다. 그 전문은 다음과 같다. ""同律·度·量·衡, 修五禮, 五玉·三帛·二生·一死贄. 如五器, 卒乃復.' 舊說皆云:'如五器, 謂卽是諸侯五玉之器, 初既輯之, 至此, 禮旣畢, 乃復還之.' 看來似不如此, 恐『書』之顚倒了. '五器', 五禮之器也. '五禮'者, 乃吉·凶·軍·賓·嘉之五禮. 凶禮之器, 卽是衰絰之類; 軍禮之器, 卽是兵戈之類; 吉禮之器, 卽是簠簋之類. '如'者, 亦同之義, 言有以同之, 使天下禮器, 皆歸于一.('율과 도와 양과 형을 통일시키며, 다섯 가지 예를 닦으니 다섯 가지 서옥과 세 가지 폐백과 두 가지 생물과 한 가지 죽은 예물이었다. 다섯 가지 기물을 같게 하고, 마침내 장차 다시 다른 쪽을 향한 것이다.'에 대하여 옛날 설명은 모두 이르기를, '다섯 가지 기물과 같게 함은 곧 제후의 다섯 가지 옥의 기물이니, 처음에 이미 모았다가 이에 이르러 예가 이미 끝나면 이에 다시 그것을 돌려주었다.'라고 하였다. 보아하니, 이와 같지 않은 것 같고, 아마도 『상서』의 문장이 뒤바뀐 듯하다. '오기'는 다섯 가지 예에 사용하는 기물이다. '오례'라는 것은 길례·흉례·군례·빈례·가례의 다섯 가지 예이다. 흉례의 기물은 곧 상복의 종류이고, 군례의 기물은 곧 무기의 종류이고, 길례의 기물은 곧 보궤의 종류이다. '여'라는 것도 또한 같다는 뜻으로 같게 함이 있음을 말하니, 온 세상의 예식 기물로 하여금 모두 동일함으로 돌아가도록 한 것이다.)"는 『주자어류(朱子語類)』 권78, 「상서일(尚書一)·순전(舜典)」에서 발췌한 것이다. 그 전문은 다음과 같다. ""同律·度·量·衡, 修五禮, 五玉·三帛·二生·一死贄. 如五器, 卒乃復.' 舊說皆云:'如五器, 謂卽是諸侯五玉之器, 初既輯之, 至此, 禮旣畢, 乃復還之.' 看來似不如此, 恐『書』之文顚倒了. '五器', 五禮之器也. '五禮'者, 乃吉·凶·軍·賓·嘉之五禮. 凶禮之器, 卽是衰絰之類; 軍禮之器, 卽是兵戈之類; 吉禮之器, 卽是簠簋之類. '如'者, 亦同之義, 言有以同之, 使天下禮器, 皆歸於一. 其文當作'五玉·三帛·二生·一死贄, 同律·度·量·衡, 修五禮, 如五器, 卒乃復', 言諸侯旣朝之後, 方始同其律·度·量·衡, 修其五禮, 如其五器, 其事旣卒, 而乃復還也.('율과 도와 양과 형을 통일시키며, 다섯 가지 예를 닦으니 다섯 가지 서옥과 세 가지 폐백과 두 가지 생물과 한 가지 죽은 예물이었다. 다섯 가지 기물을 같게 하고, 마침내 장차 다시 다른 쪽을 향한 것이다.'에 대하여 옛날 설명은 모두 이르기를, '다섯 가지 기물과 같게 함은 곧 제후의 다섯 가지 옥의 기물이니, 처음에 이미 모았다가 이에 이르러 예가 이미 끝나면 이에 다시 그것을 돌려주었다.'라고 하였다. 보아하니, 이와 같지 않은 것 같고, 아마도 『상서』의 문장이 뒤바뀐 듯하다. '오기'는 다섯 가지 예에 사용하는 기물이다. '오례'라는 것은 길례·흉례·군례·빈례·가례의 다섯 가지 예이다. 흉례의 기물은 곧 상복의 종류이고, 군례의 기물은 곧 무기의 종류이고, 길례의 기물은 곧 보궤의 종류이다. '여'라는 것도 또한 같다는 뜻으로 같게 함이 있음을 말하니, 온 세상의 예식 기물로 하여금 모두 동일함으로 돌아가도록 하는 것이다. 그 문장이 마땅히 '다섯 가지 서옥과 세 가지 폐백과 두 가지 생물과

주자(朱子: 朱熹)가 말하였다. "다섯 가지 옥(玉)의 기물이 이와 같지 않은 것 같다."

○ 按, 旣移此九字于上, 則自與'五玉'不相蒙.
살펴보건대, 이미 이 아홉 글자[五玉·三帛·二生·一死贄]를 위로 옮겼는데, 곧 스스로 '오옥(五玉)'과 서로 이어지지 않았다.

○ 劉說, 蓋止此. 或曰: "止於法也."
유시강(劉侍講: 劉敞)의 말이 대개 여기서 그친다. 어떤 이는 말하기를, "'법(法)'자에서 그친다."라고 하였다.

○ 「大宗伯」.666)
『주례』(『周禮』)는 「대종백(大宗伯)」이다.

○ '器'與'贄', 各是一事.
'즉순지유법야(卽舜之遺法也)'에서 볼 때, '기(器)'와 '지(贄)'는 각각 하나의 일이다.

○ 音征.
'일정(一正)'에서 정(正)은 음이 정(征)이다.

○ 去聲.667)
'즉불부(則不復)'에서 부(復)는 거성(去聲: 다시)이다.

○ 朱子曰: "非謂復歸京師也."668) ○又曰: "非是以贄爲復也."669)

한 가지 죽은 예물을 갖추고, 율과 도와 양과 형을 통일시키며, 다섯 가지 예를 닦고, 다섯 가지 기물을 같게 하고서야 마침내 이에 다시 돌려주었다.'라고 해야 하니, 제후들이 이미 조회한 뒤에 바야흐로 비로소 그 율과 도와 양과 형을 통일하고, 그 다섯 가지 예를 닦으며, 그 다섯 가지 기물을 같게 하여 그 일이 이미 끝나야 이에 다시 돌려주었음을 말한 것이다.)
666) 『주례(周禮)』의 '육기(六器)'와 '육지(六贄)'는 『주례』 「대종백(大宗伯)」에서 말한 '육기(六器)'와, 『주례(周禮)』 「소행인(小行人)」에서 말한 '육폐(六幣)'에 해당하는 것이다. 『주례주소(周禮注疏)』 권18, 「춘관(春官)·대종백(大宗伯)」에서 "以玉作六器, 以禮天地四方. 以蒼璧禮天, 以黃琮禮地, 以青圭禮東方, 以赤璋禮南方, 以白琥禮西方, 以玄璜禮北方."이라 하였고, 『주례주소(周禮注疏)』 권37, 「추관(秋官)·소행인(小行人)」에서 "合六幣, 圭以馬, 璋以皮, 璧以帛, 琮以錦, 琥以繡, 璜以黼, 此六物者, 以和諸侯之好故."라고 하였다.
667) 호광(胡廣) 등 찬, 『서경대전(書經大全)』의 소주에는 "扶又反.(부와 우의 반절이다.)"으로 되어있다.
668) 호광(胡廣) 등 찬, 『서경대전(書經大全)』의 소주에서 발췌한 것이다. 그 전문은 다음과 같다. "問: '修五

'이수서향(而遂西向)'에 대해, 주자(朱子: 朱熹)가 말하였다. "경사(京師: 서울)로 복귀함을 이르는 것이 아니다." ○또 말하였다. "폐물(幣物: 禮物)로써 다시 하는 것이 아니다."

○陳氏曰 : "此言'復', 自方岳返也; 後言'歸', 至帝都也."670)
진씨(陳氏: 陳鵬飛)가 말하였다. "여기서 '복(復)'을 말한 것은 사방의 큰 산으로부터 돌아오는 것이고, 뒤에서 '귀(歸)'를 말한 것은 제도(帝都: 皇城)에 이르는 것이다."

○ 添此句.
'차전이남행야(且轉而南行也)'의 경우, 이 구절을 더하였다.

○ 朱子曰 : "四岳, 衡山最遠. 唐·虞時, 以潛山爲南岳, 四岳相去甚近, 一年徧巡. 然不能徧及, 則到一方境上, 會諸侯亦可, 『周禮』有此禮."671)

禮, 吳才老以爲只是五典之禮, 唐·虞時, 無此.' 因說 : '「舜典」此段, 疑有錯簡, 當云 : 肆覲東后, 五玉·三帛·二生·一死贄. 協時月, 正日, 同律·度·量·衡, 修五禮, 如五器, 卒乃復. 如者, 齊一之義. 卒乃復者, 事畢復歸也, 非謂復歸京師. 只是事畢還歸, 故亦曰復. 前說班瑞于羣后, 則是還之也.'(물었다. '다섯 가지 예를 닦음을 오재로는 다만 오전의 예라고 여겼는데, 당·우 때에는 이것이 없었습니다.' 이에 말하였다. '「순전」의 이 단락은 의심하건대 착간이 있는 듯하니, 마땅히 이르기를 마침내 동쪽 제후를 만나보았으니, 다섯 가지 서옥과 세 가지 폐백과 두 가지 생물과 한 가지 죽은 예물이었다. 네 철과 달을 맞추어 날짜를 바로 잡으며, 율과 도와 양과 형을 통일시키며, 다섯 가지 예를 닦으며, 다섯 가지 기물을 같게 하여 마침내 장차 다시 다른 곳으로 향하였다고 해야 한다. 여라는 것은 똑같이 가지런히 한다는 뜻이다. 졸내복이라는 것은 일이 끝나서 복귀함이지 경사로 복귀함을 이르는 것이 아니다. 다만 일을 마치고 돌아가기 때문에 또한 복이라고 말한 것이다. 앞에서 반서우군후라고 말한 것은 그것을 돌려보내는 것이다.')"이는 『주자어류(朱子語類)』 권78, 「상서일(尙書一)·순전(舜典)」에서 발췌한 것이다. 그 전문은 다음과 같다. "問 : 修五禮, 吳才老以爲只是五典之禮, 唐·虞時, 未有吉·凶·軍·賓·嘉之名, 至周時, 方有之, 然否?' 曰 : '不然. 只是吉·凶·軍·賓·嘉, 如何見得唐·虞時無此?' 因說 : '「舜典」此段, 疑有錯簡. 當云 : 肆覲東后, 五玉·三帛·二生·一死贄. 協時月, 正日, 同律·度·量·衡, 修五禮, 如五器, 卒乃復. 如者, 齊一之義. 卒乃復者, 事畢復歸也, 非謂復歸京師. 只是事畢復歸, 故亦曰復. 前說班瑞於羣后, 卽是還之也.' 此二句, 本橫渠說. 銖."

669) 호광(胡廣) 등 찬, 『서경대전(書經大全)』의 소주에서 발췌한 것이다. 그 전문은 다음과 같다. "又曰 : '卒乃復, 是事畢而歸, 非是以贄爲復也.'(또 말하였다. '졸내부는 일이 끝나서 돌아감이고, 이 폐물로써 다시 하는 것이 아니다.')"이는 『주자어류(朱子語類)』 권78, 「상서일(尙書一)·순전(舜典)」에 실려 있다.

670) 호광(胡廣) 등 찬, 『서경대전(書經大全)』의 소주에서 발췌한 것이다. 그 전문은 다음과 같다. "陳氏曰 : '此言復, 後言歸, 復, 自方岳返也; 歸, 至帝都也. 『春秋』書, 公子遂如齊, 至黃乃復, 書自彼返也, 又書季子來歸, 書至國都也.'(진씨가 말하였다. '여기서는 복을 말하고, 뒤에서는 귀를 말하였는데, 복은 사방의 큰 산으로부터 돌아오는 것이고, 귀는 제도에 이르는 것이다. ….')"

671) 호광(胡廣) 등 찬, 『서경대전(書經大全)』의 소주에서 발췌한 것이다. 그 전문은 다음과 같다. "問 : '舜之巡守, 是一年中, 遍四岳否?' 曰 : '觀其末後載歸格于藝祖用特一句, 則是一年遍巡四岳矣.' 問 : '四岳, 惟衡山最遠, 先儒以爲非今之衡山, 別自有衡山, 不知在甚處.' 曰 : '恐是嵩山之南, 若如此, 則四岳相去甚近矣.' 又云 : '唐·虞時, 以潛山爲南岳, 五岳亦非, 非是一年, 往一處. 然古之天子一歲不能遍及四岳, 則到一方境上, 會諸侯亦可, 『周禮』有此禮.'(… 물었다. '사악 가운데 오직 형산이 가장 멀어서 선대의 유학자들은 지금의 형산이 아니라 별도로 형산이 있다고 여겼는데 어느 곳에 있는지는 알지 못합니다.' 말하였다. '아

'형산(衡山)'에 대해, 주자(朱子: 朱熹)가 말하였다. "사악(四岳) 가운데 형산(衡山)이 가장 멀다. 당(唐)·우(虞) 때에는 잠산(潛山)을 남악(南岳)으로 삼아서 사악(四岳)의 거리가 매우 가까워 1년에 두루 순수(巡狩)할 수 있었다. 그러나 두루 미칠 수 없으면 한 곳의 경계 위에 이르러 제후에게 조회를 받는 것도 또한 가능하였으니, 『주례(周禮)』에 이러한 예(禮)가 있다."

○ 去聲.672)
'화(華)'는 거성(去聲: 華山)이다.

○ 父也.
'예조지소자출(藝祖之所自出)'의 경우, 아버지이다.

○ 乃禮反.673)
'필곡우조녜(必告于祖禰)'에서 '녜(禰)'는 내(乃)와 례(禮)의 반절이다.

○ 見『禮記』「曾子問」.674)
『예기(禮記)』「증자문(曾子問)」에 보인다.

마도 숭산의 남쪽이었을 것이니, 만약에 이와 같았다면 사악의 거리가 매우 가까운 것이다.' 또 말하였다. '당·우 때에는 잠산을 남악으로 삼아서 오악이 또한 가까웠으니, 1년이 아니어도 한 곳을 갈 수 있었다. 그러나 옛날 천자가 1년에 두루 사악에 미칠 수 없으면 한 곳의 경계 위에 이르러 제후에게 조회를 받는 것도 또한 가능하였으니, 『주례』에 이러한 예가 있다.')" 이는 『주자어류(朱子語類)』 권78, 「상서일(尚書一)·순전(舜典)」에서 발췌한 것이다. 그 전문은 다음과 같다. "或問: '舜之巡狩, 是一年中, 遍四岳否?' 曰: '觀其末後載歸格於藝祖, 用特一句, 則是一年一遍巡四岳矣.' 問: '四岳, 惟衡山最遠, 先儒以爲非今之衡山, 別自有衡山, 不知在甚處?' 曰: '恐在嵩山之南, 若如此, 則四岳相去甚近矣. 然古之天子一歲不能遍及四岳, 則到一方境上, 會諸侯亦可. 『周禮』有此禮.' 廣. 銖錄云: '唐·虞時, 以潛山爲南岳. 五嶽亦近, 非是一年, 只往一處.' (어떤 이가 물었다. ….)"
672) 호광(胡廣) 등 찬, 『서경대전(書經大全)』의 소주에는 "胡化反.(호와 화의 반절이다.)"으로 되어있다.
673) 호광(胡廣) 등 찬, 『서경대전(書經大全)』의 소주에는 "乃禮反, 父廟也.(내와 례의 반절이니, 아버지 사당이다.)"로 되어있다.
674) 『예기(禮記)』에서 '조녜(祖禰)'를 말한 곳으로 셋을 들 수 있으니, 그 내용은 다음과 같다. 호광(胡廣) 등 찬, 『예기대전(禮記大全)』 권5, 「왕제(王制)」. "五月南巡守, 至于南嶽, 如東巡守之禮; 八月西巡守, 至于西嶽, 如南巡守之禮; 十有一月北巡守, 至于北嶽, 如西巡守之禮, 歸假于祖禰, 用特.(5월에 남쪽으로 순수하여 남악에 이르러 동쪽 순수의 예와 같이 하며, 8월에 서쪽으로 순수하여 서악에 이르러 남쪽 순수의 예와 같이 하며, 11월에 북쪽으로 순수하여 북악에 이르러 서쪽 순수의 예와 같이하고 돌아와 할아버지 사당과 아버지 사당에 이르러 제사하여 고유함에 한 마리 소를 쓴다.)"; 『예기대전(禮記大全)』 권7, 「증자문(曾子問)」. "諸侯適天子, 必告于祖, 奠于禰, … 諸侯相見, 必告于禰, … 反必親告于祖禰, ….(제후가 천자에게 감에 반드시 할아버지 사당에 고유하고 아버지 사당에 제사지내며, … 제후가 서로 만남에도 반드시 할아버지 사당에 고유하고, 돌아와서도 반드시 할아버지 사당과 아버지 사당에 고유하고 ….)"; 『예기대전(禮記大全)』 권16, 「대전(大傳)」. "上治祖禰, 尊尊也; 下治子孫, 親親也.(위로 할아버지 사당과 아버지 사당을 다스림이 높은 분을 높이는 것이고, 아래로 자손을 다스림은 친한 이를 친애하는 것이다.)"

○ 陳氏經曰 : "歸而告至, 則出告可知."675)
진씨경(陳氏經: 陳經)이 말하였다. "돌아와서 아뢰려고 이르렀다면 나갈 때 아뢰는 것은 알 수 있는 것이다."

○ 此句, 出『禮記』「檀弓」.676)
'효자불인사기친(孝子不忍死其親)'의 경우, 이 구절은 『예기(禮記)』「단궁(檀弓)」에 나온다.

○ 見『禮記』「曲禮」.677)
'출곡반면지의야(出告反面之義也)'의 경우, 『예기(禮記)』「곡례(曲禮)」에 보인다.

○ 始祖.
'조(祖)'는 시조(始祖)이다.

○ 各用一牛, 盛禮也, 恐未必然.
'개일우(皆一牛)'의 경우, 각각 한 마리의 소를 사용한다면 성대한 예이니, 아마도 반드시 그렇지는 않았을 것이다.

○ 叔子.
'정자(程子)'는 동생 정이(程頤, 伊川)이다.

○ 各設主則各用牛.
'불여시제각설주어기묘야(不如時祭各設主於其廟也)'의 경우, 각각 주신(主神)을 설정하여 각각 소를 사용하는 것이다.

---

675) 호광(胡廣) 등 찬, 『서경대전(書經大全)』의 소주를 수용한 것이다.
676) 호광(胡廣) 등 찬, 『예기대전(禮記大全)』 권3, 「단궁상(檀弓上)」에서 "夫子曰 : '賜! 爾來何遲也? 夏后氏殯於東階之上, 則猶在阼也; 殷人殯於兩楹之間, 則與賓主夾之也; 周人殯於西階之上, 則猶賓之也. ….'(부자가 말하였다. '사야! 네가 오는 것이 어찌 늦었느냐? 하후씨는 동쪽 계단 위에 빈소를 차렸으니 오히려 동쪽 계단에 있게 한 것이며, 은나라 사람은 두 기둥 사이에 빈소를 차렸으니 손님과 주인이 서로 끼고 있게 한 것이며, 주나라 사람은 서쪽 계단 위에 빈소를 차렸으니 오히려 손님으로 대한 것이다.')"의 주에 "'猶在阼'·'猶賓之'者, 孝子不忍死其親, 殯之於此.('유재조'와 '유빈지'라는 것은 효자가 그 어버이를 차마 죽은 것으로 하지 못한 것이다.)"라고 하였다.
677) 호광(胡廣) 등 찬, 『예기대전(禮記大全)』 권1, 「곡례상(曲禮上)」. "夫爲人子者, 出必告, 反必面; 所遊必有常, 所習必有業.(대저 사람의 자식이 된 사람은 나감에 반드시 아뢰고 돌아옴에 반드시 얼굴을 뵈며, 노는 곳은 반드시 떳떳함이 있으며, 익히는 것은 반드시 업적이 있어야 한다.)"

○ 呂氏曰 : "自此, 至'遏密八音', 皆史雜載舜攝位二十八年中事."678)
'금양존지(今兩存之)'에 대해, 여씨(呂氏: 呂祖謙)가 말하였다. "여기서부터 '알밀팔음(遏密八音)679)'까지는 모두 사관(史官)이 순(舜)이 임금 지위를 잡은 28년 중의 일에다 섞어서 실었다."

[1-1-2-9]

五載一巡守, 羣后四朝, 敷奏以言, 明試以功, 車·服以庸.

5년에 한번 순수함에 여러 제후를 네 곳에서 조회하였으니, 말로써 펼쳐서 아뢰었으며, 공적으로써 밝게 시험하였으며, 그 공로를 수레와 의복으로 보답하였다.

詳說
○ 音潮.680)
'조(朝)'는 음이 조(潮)이다.

集傳
五載之內, 天子巡守者一, 諸侯來朝者四, 蓋巡守之明年, 則東方諸侯來朝于天子之國; 又明年, 則南方之諸侯來朝; 又明年, 則西方之諸侯來朝; 又明年, 則北方之諸侯來朝; 又明年, 則天子復巡守. 是則天子·諸侯, 雖有尊卑, 而一往一來, 禮無不答, 是以上下交通, 而遠近洽和也. '敷', 陳; '奏', 進也. 『周禮』曰 : "民功曰'庸'." 程子曰 : "'敷奏以言'者, 使各陳其爲治之說, 言之善者, 則從而明考其功, 有功則賜車·服以旌異之; 其言不善, 則亦有以告飭之也." 林氏曰 : "天子巡守, 則有'協時月日'以下等事; 諸侯來朝, 則有'敷奏以言'以下等事."

5년 안에 천자가 순수(巡守)하는 것이 한번이고, 제후가 와서 배알(拜謁)하는 것이

---
678) 시란(時瀾) 찬, 『증수동래서설(增修東萊書說)』 권2, 「우서(虞書)·순전(舜典)」. "'東巡守'以下, 至'遏密八音'以前, 皆史官雜載舜攝位二十八年中之事.('동순수' 아래부터 '알밀팔음' 이전에 이르기까지는 모두 사관이 순이 섭위한 28년 중의 일에다 섞어서 실었다.)"
679) 알밀팔음(遏密八音): 『우서(虞書)·순전(舜典)』 [1-1-2-13]의 내용을 말한다.
680) '조(朝)'는 그 뜻이 '조회하다'일 경우에는 『광운(廣韻)』에서 "直遙切, 平.(직과 요의 반절이니, 평성이다.)"이라 하였고, 그 뜻이 '아침, 처음'일 경우에는 『광운(廣韻)』에서 "陟遙切, 平.(척과 요의 반절이니, 평성이다.)"이라고 하였다. '조(潮)'는 『광운(廣韻)』에서 "直遙切, 平.(직과 요의 반절이니, 평성이다.)"이라 하였으므로 '조(朝)'의 뜻이 '조회하다'임을 말한 것이다.

네 번이니, 순수(巡守)를 한 이듬해에는 동쪽의 제후가 천자의 나라에 와서 배알하고, 또 그 다음 해에는 남쪽의 제후가 천자의 나라에 와서 배알하고, 또 이듬해에는 서쪽의 제후가 천자의 나라에 와서 배알하고, 또 이듬해에는 북쪽의 제후가 천자의 나라에 와서 배알하면 또 이듬해에는 천자가 다시 순수(巡守)한다. 이것은 천자와 제후가 비록 높음과 낮음이 있으나 한번 가고 한번 와서 예(禮)에 답하지 않음이 없는 것이니, 이로써 위와 아래가 서로 소통하여 멀고 가까운 곳의 제후가 흡족해하고 화합하는 것이다. '부(敷)'는 진술함이고, '주(奏)'는 진언(進言)함이다. 『주례(周禮)』에서 말하였다. "백성의 공로(功勞)를 '용(庸)'이라고 한다." 정자(程子: 程頤)가 말하였다. "'부주이언(敷奏以言)'이라는 것은 각각 다스린 이야기를 진술하여, 말한 것이 착하면 그것에 따라 그 공적을 밝히고 살피는데, 공로(功勞)가 있으면 수레와 의복을 주어 표창(表彰)하여 특별하게 대우하며, 그 말한 것이 착하지 못하면 또한 경고(警告)하고 신칙(申飭)함이 있게 하는 것이다." 임씨(林氏: 林之奇)가 말하였다. "천자가 순수(巡守)함에는 '협시월일(協時月日: 네 철과 달과 날을 맞추어 바로잡음)' 이하의 여러 가지 일이 있고, 제후가 와서 배알함에는 '부주이언(敷奏以言: 말로써 펼쳐서 아룀)' 이하의 여러 가지 일이 있는 것이다.

詳說

○ 去聲.

'부(復)'는 거성(去聲: 다시)이다.

○ 「司勳」.681)

'『주례』(『周禮』)'는 「사훈(司勳)」이다.

○ 治民之功.682)

'민공왈용(民功曰庸)'이 경우, 백성을 다스리는 공로(功勞)이다.

---

681) 『주례주소(周禮注疏)』 권30, 「사훈(司勳)」. "王功曰勳, 國功曰功, 民功曰庸, 事功曰勞, 治功曰力, 戰功曰多.(왕의 공을 훈이라 하고, 나라의 공을 공이라 하고, 백성의 공을 용이라 하고, 일의 공을 로라고 하고, 다스림의 공을 력이라 하고, 전쟁의 공을 다라고 한다.)"
682) '용(庸)'은 그 공로에 보답하는 것을 말한다. 호광(胡廣) 등 찬, 『서경대전(書經大全)』 권2, 「우서(虞書)·익직(益稷)」에 의하면, "禹曰: '… 敷納以言, 明庶以功, 車服以庸, 誰敢不讓, 敢不敬應. …'.(우가 말하였다. '… 아랫사람이 진술하여 아뢰거든 받아들이되 말로써 하며, 여러 사람을 밝히되 공으로써 하며, 수레와 의복으로 공로를 보답하면 누가 감히 사양하지 않으며, 감히 공경스럽게 응하지 않겠습니까. …')"라고 하였는데, 공영달(孔穎達)은 "수레와 의복을 주어 그 사람의 공능과 응용을 표창하여 특별하게 대우한 것이다.(賜車服以旌別其人功能事用.)"라고 하였다.

○ 叔子.
'정자(程子)'는 동생 정이(程頤, 伊川)이다.

○ 添此句.
'언지선자(言之善者)'의 경우, 이 구절을 더하였다.

○ 添'賜'字.
'유공즉사거·복(有功則賜車·服)'의 경우, '사(賜)'자를 더하였다.

○ '有功則賜·車服以旌異之', 三事相因.
'유공즉사거·복이정이지(有功則賜車·服以旌異之)'의 경우,, 세 가지 일[683]이 서로 말미암는 것이다.

○ 鄭氏曰 : "人以車·服爲榮, 故天子賞諸侯, 皆以車·服賜之."[684]
정씨(鄭氏: 鄭玄)가 말하였다. "사람들이 수레와 의복을 영광스럽게 여기기 때문에 천자가 제후에게 상을 줌에 모두 수레와 의복으로써 주었다."

○ 添二句.
'기언불선, 즉역유이고칙지야(其言不善, 則亦有以告飭之也)'의 경우, 두 구절을

---

683) 세 가지 일: "말로써 펼쳐서 아뢰었으며, 공적으로써 밝게 시험하였으며, 그 공로를 수레와 의복으로 보답하였다.(敷奏以言, 明試以功, 車·服以庸)"는 것을 말한다.
684) 호광(胡廣) 등 찬, 『서경대전(書經大全)』의 소주에서 발췌한 것이다. 그 전문은 다음과 같다. "鄭氏曰 : '巡守之年, 諸侯各朝于方岳, 其間四年, 諸侯來朝于京師. 以庸表顯其人, 有才能可用也. 人以車·服爲榮, 故天子之賞諸侯, 皆以車·服賜之. 「觀禮」云: 天子賜侯氏, 以車·服, 是也. 又如 「采菽詩」云: 君子來朝, 何錫予之. 雖無予之, 路車·乘馬. 又何予之, 玄袞及黼. 皆庸以車·服之證也.'(정씨가 말하였다. '순수하는 해에 제후들이 각각 방악에서 조회하고, 그 사이 4년은 제후들이 경사에 와서 배알한다. 공로써 그 사람을 밝게 드러내며 재능이 있으면 등용할 수 있었다. 사람들이 수레와 의복을 영광스럽게 여기기 때문에 천자가 제후들에게 상을 줌에 모두 수레와 의복으로써 주었다. ….')" 그런데 송대 왕응린(王應麟) 찬, 『옥해(玉海)』 권90, 「순사거·복(舜賜車·服)」에 의하면, "「舜典」, '五載一巡守, 羣后四朝, 敷奏以言, 明試以功, 車·服以庸.' 注: '諸侯四朝, 各使陳進治禮之言, 明試其言, 以要其功, 功成則賜車·服, 以表顯其能用.' 疏: '人以車·服爲榮, 故天子之賞諸侯, 皆以車·服賜之. 「觀禮」云: 天子賜侯氏以車·服, 是也.'(… 소에 '사람들이 수레와 의복을 영광스럽게 여기기 때문에 천자가 제후들에게 상을 줌에 모두 수레와 의복으로써 주었다. 「근례」에 이르기를, 천자가 후씨에게 수레와 의복으로써 주었다고 하였으니, 이것이다.')"라고 하여 정현(鄭玄)의 말이 아니라 공영달(孔穎達)의 소(疏)라고 하였다. 또한 명대 구준(丘濬) 찬, 『대학연의보(大學衍義補)』 권98, 「치국평천하지요(治國平天下之要)·비규제(備規制)·장복지변(章服之辨)」에서도 "『書』「舜典」曰 : '明試以功, 車·服以庸.' 孔穎達曰: '人以車·服爲榮, 故天子之賞諸侯, 皆以車·服賜之. 「觀禮」曰: 天子賜侯氏以車·服, 是也.' 程頤曰: '言之善者, 從而明考其功, 有功則賜車·服, 以旌異之臣.' 按, 賜服以表功, 自唐虞之世, 已有之.(… 공영달이 말하였다. '사람들이 수레와 의복을 영광스럽게 여기기 때문에 천자가 제후들에게 상을 줌에 모두 수레와 의복으로써 주었다. 「근례」에 이르기를, 천자가 후씨에게 수레와 의복으로써 주었다고 하였으니, 이것이다.' ….)"

다한 것이다.

○ 總論二節.
'즉유부주이언이하등사(則有敷奏以言以下等事)'의 경우, 두 단락을 총괄하여 논한 것이다.

[1-1-2-10]

肇十有二州, 封十有二山, 濬川.

12주(州)를 비로소 둠에 12주(州)의 진산(鎭山)에 봉표(封表)하며 내를 깊이 팠다.

集傳

'肇', 始也. '十二州', 冀·兗·靑·徐·荊·揚·豫·梁·雍·幽·幷·營也. 中古之地, 但爲九州, 曰: "冀·兗·靑·徐·荊·揚·豫·梁·雍." 禹治水作貢, 亦因其舊, 及舜卽位, 以冀·靑地廣, 始分冀東恆山之地, 爲幷州; 其東北醫巫閭之地, 爲幽州; 又分靑之東北遼東等處, 爲營州, 而冀州, 止有河內之地, 今河東一路, 是也. '封', 表也. 封十二山者, 每州, 封表一山, 以爲一州之鎭, 如「職方氏」言 '揚州其山鎭曰會稽'之類. '濬川', 濬導十二州之川也. 然舜旣分十有二州, 而至商時, 又但言'九圍'·'九有'; 『周禮』「職方氏」, 亦止列爲九州, 有揚·荊·豫·靑·兗·雍·幽·冀·幷, 而無徐·梁·營也, 則是爲十二州, 蓋不甚久, 不知其自何時復合爲九也. 吳氏曰: "此一節, 在禹治水之後, 其次序不當在四罪之先. 蓋史官, 泛記舜所行之大事, 初不記先後之敍也."

'조(肇)'는 개시(開始)함이다. '십이주(十二州)'는 기주(冀州)·연주(兗州)·청주(靑州)·서주(徐州)·형주(荊州)·양주(揚州)·예주(豫州)·양주(梁州)·옹주(雍州)·유주(幽州)·병주(幷州)·영주(營州)이다. 중고(中古) 때의 땅은 단지 구주(九州)가 되었으니, "기주(冀州)·연주(兗州)·청주(靑州)·서주(徐州)·형주(荊州)·양주(揚州)·예주(豫州)·양주(梁州)·옹주(雍州)"라고 하였다. 우(禹)가 홍수를 다스리고 공물(貢物)685)을 만듦에 또한 그 옛것에 말미암았는데, 순(舜)이 즉위함에 미쳐서 기주(冀州)와 청주(靑州)의 땅이 넓다고 여겨 비로소 기주(冀州) 동쪽인 항산(恒山)의 땅을 나누어 병주(幷州)

---

685) 공물(貢物): 임금에게 진헌(進獻)하던 지방의 산물(産物)을 말한다. 호광(胡廣) 등 찬, 『서경대전(書經大全)』 권3, 「하서(夏書)·우공(禹貢)」에서 "禹別九州, 隨山濬川, 任土作貢.(우가 구주를 구별하여 산을 따라서 내를 깊이 파고, 토질에 맞춰서 공물을 생산하게 하였다.)"이라 하였는데, 공영달(孔穎達)은 "'공'이라는 것은 아래로부터 위에 바침을 일컫는 것이다.(貢者, 從下獻上之稱.)"라고 하였다.

라 하고, 그 동북쪽인 의무려산(醫無閭山)의 땅을 유주(幽州)라 하고, 또 청주(靑州)의 동북쪽인 요동(遼東) 등의 땅을 나누어 영주(營州)라 하였는데, 기주(冀州)는 다만 하내(河內)686)의 땅을 소유하였으니, 지금 하동(河東)의 한 길이 이것이다. 봉(封)은 표지함이니, 열두 산을 봉한다는 것은 매 주(州)마다 하나의 산을 흙을 쌓아 표지하여 한 주(州)의 진산(鎭山)으로 삼은 것이니,「직방씨(職方氏)」에서 "양주(揚州)의 그 산이 진호(鎭護)하니 회계(會稽)이다."라고 말한 따위와 같다. '준천(濬川)'은 열두 주의 내를 깊이 파서 물길을 내는 것이다. 그러나 순(舜)이 이미 열두 주로 나누었는데 상(商)나라 때에 이르러 또 단지 '구위(九圍)'·'구유(九有)'라 말하였고,『주례(周禮)』의「직방씨(職方氏)」에서도 또한 다만 아홉 주(州)를 열거하였는데, 양주(揚州)·형주(荊州)·예주(豫州)·청주(靑州)·연주(兗州)·옹주(雍州)·유주(幽州)·기주(冀州)·병주(幷州)는 있고, 서주(徐州)·양주(梁州)·영주(營州)는 없었으니, 곧 이는 열두 주를 만든 지 대개 그리 오래되지 않았다는 것이나, 언제 다시 합하여 아홉 주가 되었는지는 알지 못한다. 오씨(吳氏: 吳棫)가 말하였다. "이 한 단락은 우(禹)가 홍수를 다스린 뒤에 있었던 일이니, 그 차례가 사흉(四凶)을 죄준 일687)의 앞에 있는 것이 마땅하지 않으니, 대개 사관(史官)이 순(舜)이 행한 큰일을 두루 기록하였고, 처음부터 앞 시대와 뒤 시대의 차례를 기록하지 않았다."

詳說

○ 去聲, 下並同.688)

'옹(雍)'은 거성(去聲: 雍州)이니, 아래도 아울러 같다.

○ 黃帝以來.

'중고(中古)'는 황제(黃帝) 이후이다.

○ 二字, 恐傳寫之倒.

'형·양(荊·揚)', 이 두 글자는 아마도 전하여 베껴 쓰면서 뒤바뀐 것이다.

---

686) 하내(河內): 옛날에 황하(黃河) 북쪽의 땅을 가리켜서 이른 말이다.『주례주소(周禮注疏)』권33,「하관(夏官)·직방씨(職方氏)」에서 "하내를 기주라 하고, ….(河內曰冀州, 其山鎭曰霍山, 其澤藪曰楊紆.)"라고 하였다. 호광(胡廣) 등 찬,『서경대전(書經大全)』권3,「우공(禹貢)」의 집전에 보인다.
687) 사흉(四凶)을 죄준 일:「순전(舜典)」뒤에 나오는 "流共工于幽洲, 放驩兜于崇山, 竄三苗于三危, 殛鯀于羽山, 四罪而天下咸服.(공공을 유주로 귀양 보내고, 환두를 숭산에 가두어두고, 삼묘를 삼위로 몰아내고, 곤을 우산에 쫓아내어 네 사람을 죄주니 천하가 모두 복종하였다.)"의 일을 말한다.
688) 호광(胡廣) 등 찬,『서경대전(書經大全)』의 소주에는 "於用反.(어와 용의 반절이다.)"으로 되어있다.

○ 山名.

'의무려(醫巫閭)'는 산 이름이다.

○ 過海.

'우분청지동북(又分靑之東北)'의 경우, 바다를 지나가는 것이다.

○ 鄒氏季友曰 : "諸儒多以營州屬冀州, 孔傳獨以爲屬靑州."[689]

'위영주(爲營州)'에 대해, 추씨계우(鄒氏季友: 鄒季友)가 말하였다. "여러 유학자들은 대부분 영주를 기주에 속한다고 여겼는데, 공안국(孔安國)의 전(傳)에서만 홀로 청주(靑州)에 속한다고 여겼다."

○ 劉氏炱[690]曰 : "帝都冀州, 冀北接狄, 其域大於九州, 分冀爲幽·幷. 以此二州捍狄, 所以壯帝畿之翼衞, 而禦外夷之侮也."[691]

'금하동일로, 시야(今河東一路, 是也)'에 대해 유씨철(劉氏炱: 劉炱)이 말하였다. "제도(帝都)가 기주(冀州)인데 기주가 북쪽으로 적(狄)과 인접해 있고, 그 지역이 구주(九州)보다 커서 기주(冀州)를 나누어 유주(幽州)와 병주(幷州)를 만들었다. 이 두 개의 주(州)로써 적(狄)을 막았으니, 제도(帝都)와 기전(畿甸)의 날개와 호위(護衞)를 굳세게 하여 오랑캐의 모욕(侮辱)을 대비한 것이다."

---

689) 유삼오(劉三吾) 등 찬, 『서전회선(書傳會選)』 권1, 「우서(虞書)·순전(舜典)」의 「음석전(音釋傳)」에 내용이 보인다. 그 전문은 다음과 같다. "'雍', 於用反. '幷', 平聲, 下並同. '醫無閭', 山名. 『漢志』遼東無慮縣. 註云: '即醫無閭也, 在今遼陽廣寧之閒陽縣.' 分靑州爲營州, 歐陽忞『輿地廣記』, 載『禹貢』九州疆域, 以遼東營州屬冀州, 諸儒之說多同, 孔傳獨以爲屬靑州. 按, 遼東西至靑州, 隔越巨海道里殊遠, 却與冀州接壤. 若以屬靑州, 則非所謂因高山大川, 以爲限之意. 蓋幽·幷·營三州, 皆分冀州之地耳, 詳見『禹貢』篇. '會稽', 上音檜, 山名, 在越州. '復', 扶又反. '合', 音閤, 又如字. 按, 『左傳』禹鑄九鼎, 但云: '貢金九牧, 又九鼎以象', 九州則是十二州之分, 但終舜之世而已.(… 청주를 나누어 영주를 만들었다는 것에 대해 구양민의 『여지광기』에 '우공'의 구주 강역을 실으면서 요동의 영주로써 기주에 속한다고 하였고, 여러 유학자들의 말도 대부분 같았는데 공안국의 전에서만 홀로 청주(靑州)에 속한다고 여겼다. …)"
690) 진력(陳櫟) 찬, 『서집전찬소(書集傳纂疏)』에는 '劉氏夏'로 되어있다.
691) 호광(胡廣) 등 찬, 『서경대전(書經大全)』의 소주에서 발췌한 것이다. 그 전문은 다음과 같다. "劉氏炱曰 : '帝都冀州, 冀州北接狄, 而其域大於九州, 分爲幽·幷. 以此二州捍狄, 使不得接畿甸, 所以壯帝畿之翼衞, 而禦外夷之輕侮也.'(유씨철이 말하였다. '제도가 기주인데 기주가 북쪽으로 북적과 인접해 있고, 그 지역이 구주보다 커서 기주를 나누어 유주와 병주를 만들었다. 이 두 개의 주로써 북적을 막아 기전에 접근하지 못하도록 하였으니, 제도와 기전의 날개와 호위를 굳세게 하여 오랑캐가 업신여겨 모욕(侮辱)함을 대비한 것이다.')" 구주(九州) 가운데 하나인 기주(冀州)는 『이아(爾雅)』에서 양하(兩河) 사이, 곧 동하(東河)와 서하(西河)에 있었다고 하였다. 『서경대전(書經大全)』 권3, 「하서(夏書)·우공(禹貢)」의 집전(集傳)에 의하면, "冀州, 帝都之地, 三面距河, 兗, 河之西; 雍, 河之東; 豫, 河之北. 『周禮』「職方」, '河內曰冀州.' 是也.(기주는 제도의 땅인데 세 방면이 황하와 떨어졌으니, 연주는 황하의 서쪽이고, 옹주는 황하의 동쪽이고, 예주는 황하의 북쪽이다. 『주례』「직방씨」에서 '황하의 안쪽을 기주라고 한다.'고 한 것이 이것이다.)"라고 하였다.

○ 山之鎭其州者.692)

'양주기산진(揚州其山鎭)'의 경우, 산이 그 주(州)를 안정시키는 것이다.

○ 平聲.

'계(稽)'는 평성(平聲: 상고하다, 헤아리다)이다.

○ 本文蒙上而省十有二字.

'준도십이주지천야(濬導十二州之川也)'의 경우, 본문은 윗글을 이어받아 12글자를 생략하였다.

○ 呂氏曰 : "禹治水, 嘗濬川, 今水平復濬安, 不忘危也. 不言十二川, 無大小皆濬也."693)

여씨(呂氏: 呂祖謙)가 말하였다. "우(禹)가 물을 다스림에 일찍이 내를 깊이 파서 쳐냈기 때문에 이제 물이 평온하고 다시 물길이 안정되었으나 위험함을 잊지 않았다. 12개의 내를 말하지 않은 것은 크고 작은 것 할 것 없이 모두 물이 잘 흐르도록 깊이 파서 쳐냈기 때문이다."

○ 陳氏雅言曰 : "山之表識, 無待於致詳, 水之疏導, 則不容以或略, 此史臣書法, 所以異也."694)

---

692) 진산(鎭山)은 그 지역을 진호(鎭護)하여 안정시키는 중요한 산이라는 의미를 지니니, 『주례(周禮)』「춘관(春官)·대사악(大司樂)」에서 정현(鄭玄)의 주에 의하면, "사진은 산의 중대한 것이니, 양주의 회계산과 청주의 기산과 유주의 의무려와 기주의 곽산을 이른다.(四鎭, 山之重大者, 謂楊州之會稽山, 靑州之沂山, 幽州之醫無閭, 冀州之霍山.)"라고 하여 주산(主山) 및 대산(大山)이라고 하였다. 『주례(周禮)』「하관(夏官)·직방씨(職方氏)」에서 손이양(孫詒讓)의 정의(正義)에 의하면, "주에 이르기를, '진은 명산으로 지덕을 안정시키는 것이다.'라고 한 것은『광아』「석고」에서 이르기를, '진은 안정시킴이다.'라고 한 것이다.「대사악」'사진'의 주에 이르기를, '사진은 산의 중대한 것이다.'라 하고, 『서』「순전」'봉십유이산'의 위공전에서 이르기를, '매 주마다 명산의 매우 큰 것으로 그 주의 진안을 삼은 것이다.'라고 하였다. 이는 구주의 아홉 산이 또한 아울러 그 주의 중대한 산에 해당하여 지역을 진안하는 것이기 때문에 높여서 '진'이라고 한 것이다.(注云: '鎭, 名山安地德者也.'者,『廣雅』「釋詁」云: '鎭, 安也.'「大司樂」'四鎭'注云: '四鎭, 山之重大者.'『書』「舜典」'封十有二山'僞孔傳云: '每州之名山殊大者, 以爲其州之鎭.' 此九州九山, 亦並當州重大之山, 以鎭安地域者, 故尊之曰'鎭'也.)"라고 하였다.
693) 호광(胡廣) 등 찬, 『서경대전(書經大全)』의 소주에서 발췌한 것이다. 그 전문은 다음과 같다. "呂氏曰 : '禹治水, 嘗濬川, 今水平復濬安, 不忘危也. 川不言十二川, 無大小皆濬也.'(여씨가 말하였다. '우(禹)가 물을 다스림에 일찍이 내를 깊이 파서 쳐냈기 때문에 이제 물이 평온하고 다시 물길이 안정되었으나 위험함을 잊지 않았다. 내에 대하여 12개의 내를 말하지 않은 것은 크고 작은 것 할 것 없이 모두 물이 잘 흐르도록 깊이 파서 쳐냈기 때문이다.')"
694) 호광(胡廣) 등 찬, 『서경대전(書經大全)』의 소주에서 발췌한 것이다. 그 전문은 다음과 같다. "陳氏雅言曰 : 肇十有二州, 定疆理之制也; 封十有二山, 表州域之鎭也. 濬川者, 防壅塞之患也, 蓋洪水旣平, 州之九者, 分爲十二也. 山之封者, 奠爲十二也. 州十有二山, 亦如之, 至於川之濬者, 則不可以數拘焉. 川之大者濬

진씨아언(陳氏雅言: 陳雅言)이 말하였다. "산의 표지(表識)는 상세하게 이름을 갖춤이 없을지언정 물이 통하여 흘러가도록 하는 것은 조금이라도 대충함을 용납하지 않았으니, 이는 사신(史臣)의 글 쓰는 법이 다르기 때문이다."

○ 『詩』「長發」.
 '구위(九圍)'의 경우, 『시경(詩經)』「장발(長發)」695)이다.

○ 「咸有一德」.696)
 '구유(九有)'의 경우, 「상서(商書)·함유일덕(咸有一德)」이다.

○ '『周禮』'二字, 不舉於上文, 而言於此者, 蓋偶耳.
 '『주례』「직방씨」(『周禮』「職方氏」)'에서 '『주례(周禮)』'의 두 글자를 윗글에서는 거론하지 않았는데, 여기에서 말한 것은 대개 우연일 뿐이다.

○ 去聲.697)
 '부지기자하시부(不知其自何時復)'에서 '부(復)'는 거성(去聲: 다시)이다.

○ 新安陳氏曰 : "禹又並爲九州, 有『左傳』可證, 昔夏之方有德也, 貢金九牧."698)

之, 川之小者亦濬之, 不以小而不濬也. 夫天下之患, 常起於微, 聖人之智, 常察其幾. 山之表識, 無待於致詳, 水之疏導, 則不容以或略, 此史臣書法, 所以異也.'(진씨아언이 말하였다. '조십유이주라는 것은 강리를 정하는 제도이고, 봉십유이산이라는 것은 주 구역의 진산을 표지함이다. 준천이라는 것은 물길이 막히는 근심을 방비함이니, … 산의 표지(表識)는 상세하게 이름을 갖춤이 없을지언정 물이 통하여 흘러가도록 하는 것은 조금이라도 대충함을 용납하지 않았으니, 이는 사신(史臣)의 글 쓰는 법이 다르기 때문이다.')

695) 「장발(長發)」: 『시경(詩經)』「상송(商頌)·장발(長發)」에서 '구위(九圍)'를 언급하였음을 말한 것이다. 호광(胡廣) 등 찬, 『시전대전(詩傳大全)』권20, 「상송(商頌)·장발(長發)」 3장에 의하면, "밝게 이름이 오래하고 오래하여 하느님이 이에 공경하고 하느님이 명하여 구위에 모범이 되게 하였다.(昭假遲遲, 上帝是祇, 帝命式于九圍.)"라고 하여 구주(九州)를 '구위(九圍)'라고 하였다. 공영달(孔穎達)은 "구주를 일러서 구위라고 한 것은 대개 천하를 아홉으로 나누어 각각 아홉 곳을 만들어 둥그렇게 둘렀기 때문에 구위라고 이른 것이다.(謂九州爲九圍者, 蓋以九分天下, 各爲九處, 規圍然, 故謂之九圍也.)"라고 하였다.

696) 「상서(商書)·함유일덕(咸有一德)」: 이는 호광(胡廣) 등 찬, 『서경대전(書經大全)』권4, 「상서(商書)·함유일덕(咸有一德)」에서 "그 덕을 떳떳이 하면 그 지위를 보존하고, 그 덕이 떳떳하지 않으면 구주가 망할 것입니다.(常厥德, 保厥位; 厥德靡常, 九有以亡.)"라 하여 '구유(九有)'를 언급하였음을 말한 것이다. 채침(蔡沈)의 집전(集傳)에서 '구유(九有)'는 구주(九州)라고 하였다. 그러나 호광(胡廣) 등 찬, 『시전대전(詩傳大全)』 권20, 「상송(商頌)·현조(玄鳥)」 2장에 의하면, "사방으로 제후에게 명하여 이에 구유를 소유하였다.(方命厥后, 奄有九有.)"라 하였고, 이미 오래 전에 『모전(毛傳)』에서 구주(九州)는 '구유(九有)'라고 말한 바가 있다.

697) 호광(胡廣) 등 찬, 『서경대전(書經大全)』의 소주에는 "扶又反.(부와 우의 반절이다.)"으로 되어있다.

698) 호광(胡廣) 등 찬, 『서경대전(書經大全)』의 소주에서 발췌한 것이다. 그 전문은 다음과 같다. "新安陳氏曰 : '舜即位初, 咨十有二牧, 後又曰: 州十有二師, 則終舜之世, 分九州爲十二州, 可見矣. 又曰: 禹又并爲九

'부지기자하시부합위구야(不知其自何時復合爲九也)'에 대해, 신안 진씨(新安陳氏: 陳師凱)가 말하였다. "우(禹)도 또 아울러서 구주(九州)를 만들었으니, 『좌전(左傳)』에 증명할 만한 것이 있다. 옛날 하(夏)나라가 바야흐로 덕이 있음에 구주(九州)의 목백(牧伯)이 금을 바쳤다."

○ 一作'計'.699)
'초불기(初不記)'의 경우, 어떤 판본에는 '계(計)'로 썼다.

○ '然'以下, 論也.
'초불기선후지서야(初不記先後之敍也)'의 경우, '연(然)'자 이하는 논변이다.

[1-1-2-11]

象以典刑, 流宥五刑, 鞭作官刑, 扑作敎刑, 金作贖刑, 眚災肆赦, 怙終賊刑, 欽哉欽哉, 惟刑之恤哉.

옛날의 모범적인 형벌로써 본받아 유형(流刑)으로써 다섯 가지 형벌을 용서하며, 채찍으로 관리의 형벌을 만들며, 회초리로 학교의 형벌을 만들었는데, 황금으로 형벌을 속죄(贖罪)하게 하며, 과실로 지은 죄(罪)는 형벌을 너그럽게 하며, 간악함을 믿고 끝까지 회개(悔改)하지 않으면 사형(死刑)하였으나, 신중히 하고 신중히 하면서 오직 형벌을 가엾게 여겼도다.

詳說

○ '扑', 普卜反. '眚', 音省.700) '恤', 『諺』音誤.701)
'복(扑)'은 보(普)와 복(卜)의 반절이다. '생(眚)'은 음이 생(省)이다. '휼(恤)'은 『언해(諺解)』의 음이 잘못되었다.

州, 有『左傳』可證. 昔夏之方有德也, 貢金九牧.'(신안 진씨가 말하였다. '순이 임금 자리에 오른 초기에 12백목에게 물었고, … 우도 또 아울러서 구주를 만들었으니, 『좌전』에 증명할 만한 것이 있다. 옛날 하나라가 바야흐로 덕이 있음에 구주의 목백이 금을 바쳤다.')"
699) 채침(蔡沈) 찬, 『서경집전(書經集傳)』에는 '기(記)'로 되어있고, 진력(陳櫟) 찬, 『서집전찬소(書集傳纂疏)』; 동정(董鼎) 찬, 『사전집록찬주(書傳輯錄纂註)』; 호광(胡廣) 등 찬, 『서경대전(書經大全)』 등에는 '계(計)'로 되어있다.
700) 채침(蔡沈) 찬, 『서경집전(書經集傳)』에는 "'宥', 音又. '眚', 音省.('유'는 음이 우이다. '생'은 음이 생이다.)"이라고 하였다. 호광(胡廣) 등 찬, 『서경대전(書經大全)』의 소주에는 "'宥', 音又. '扑', 普卜反. '贖', 神蜀反. '眚', 所景反. '怙', 音戶.('유'는 음이 우이다. '복'은 보와 복의 반절이다. '속'은 신과 촉의 반절이다. '생'은 소와 경의 반절이다. '호'는 음이 호이다.)"라고 하였다.
701) 『언해(諺解)』에는 음이 '휼'로 되어있는데, 『광운(廣韻)』에는 "辛聿切, 入.(신과 율의 반절이니, 입성이다.)"이라고 하여 본음이 '슐'이라고 하였다.

集傳

'象', 如天之垂象以示人, 而'典'者, 常也. 示人以常刑, 所謂墨·劓·剕·宮·大辟五刑之正也, 所以待夫元惡大憝, 殺人·傷人·穿窬·淫放, 凡罪之不可宥者也. '流宥五刑'者, '流', 遣之使遠去, 如下文'流'·'放'·'竄'·'殛'之類也; '宥', 寬也, 所以待夫罪之稍輕. 雖入於五刑, 而情可矜·法可疑, 與夫親·貴·勳·勞而不可加以刑者, 則以此而寬之也. '鞭作官刑'者, 木末垂革, 官府之刑也. '扑作教刑'者, '夏'·'楚'二物, 學校之刑也, 皆以待夫罪之輕者. '金作贖刑'者, '金', 黃金; '贖', 贖其罪也, 蓋罪之極輕, 雖入於鞭·扑之刑, 而情·法猶有可議者也. 此五句者, 從重入輕, 各有條理, 法之正也. '肆', 縱也. '眚災肆赦'者, '眚', 謂過誤; '災', 謂不幸, 若人有如此而入於刑, 則又不待流宥·金贖而直赦之也. '賊', 殺也. '怙終賊刑'者, '怙', 謂有恃; '終', 謂再犯, 若人有如此而入於刑, 則雖當宥當贖, 亦不許其宥, 不聽其贖, 而必刑之也. 此二句者, 或由重而卽輕, 或由輕而卽重, 蓋用法之權衡, 所謂法外意也. 聖人立法·制刑之本末, 此七言者, 大略盡之矣. 雖其輕重·取舍·陽舒·陰慘之不同, 然'欽哉欽哉惟刑之恤'之意, 則未始不行乎其間也. 蓋其輕重毫釐之間, 各有攸當者, 乃天討不易之定理, 而欽恤之意, 行乎其間, 則可以見聖人好生之本心也. 據此經文, 則五刑, 有流宥而無金贖, 『周禮』「秋官」, 亦無其文, 至「呂刑」, 乃有五等之罰, 疑穆王始制之, 非法之正也. 蓋當刑而贖, 則失之輕; 疑赦而贖, 則失之重, 且使富者幸免, 貧者受刑, 又非所以爲平也.

'상(象)'은 하늘이 현상(現象)을 드리워 사람에게 보여줌과 같은데, '전(典)'이라는 것은 떳떳함이다. 사람에게 떳떳한 형벌을 보여줌은 이른바 묵형(墨刑)·의형(劓刑)·비형(剕刑)702)·궁형(宮刑)·대벽(大辟)703)의 다섯 가지 형벌이 바른 것이니, 무릇 큰 죄악(罪惡)을 저질러704) 사람들이 매우 미워하는705) 사람을 죽이고, 사람을 상해(傷害)하고, 담장을 뚫거나 넘어 도둑질하고, 음탕(淫蕩)한 따위의 모든 죄악의 용

---

702) 비형(剕刑):『주례(周禮)』「추관(秋官)·사형(司刑)」에서는 '월죄(刖罪)', 곧 월형(刖刑)이라고 하였는데, 비형(剕刑)은 단족(斷足)이고, 월형(刖刑)은 할지(割趾)에 해당한다.
703) 대벽(大辟): 공안국(孔安國)이 사형(死刑)이라고 하였다. 공영달(孔穎達)은 "『석고(釋詁)』에서 '벽은 죄이니, 죽임이 죄의 큰 것이 되기 때문에 사형을 일러 대벽이라고 하였다.'(『釋詁』云: '罪也, 死是罪之大者, 故謂死刑爲大辟.')"고 하였다.
704) 원악(元惡)은 큰 죄악을 저지른 사람을 말한다. 호광(胡廣) 등 찬, 『서경대전(書經大全)』권7, 「주서(周書)·강고(康誥)」에서 "큰 죄악을 저질러 사람들이 매우 미워하거늘 하물며 효도하지 않고 우애하지 않는 자이겠는가!(元惡大憝, 矧惟不孝不友!)"라고 하였다.
705) 대대(大憝)는 사람들이 매우 미워하는 것을 말하는데, 뒤에 매우 간악(奸惡)한 사람을 일컫는 말로 사용하였다.

서할 수 없는 이에 대비한 것이다. '유유오형(流宥五刑)'이라는 것에서 '유(流)'는 보내어 먼 곳으로 가게 하는 것이니, 아랫글의 '유(流: 流配)'·'방(放: 留置)'·'찬(竄: 驅逐)'·'극(殛: 拘囚)'의 부류와 같으며, '유(宥)'는 너그럽게 함이니, 무릇 죄가 조금 가벼운 이에 대비한 것이다. 비록 다섯 가지 형벌에 들어가더라도 사정이 딱하고 법률이 의아하거나, 무릇 임금의 친족과 귀족과 훈구(勳舊)와 공로(功勞)가 있어 형벌을 가할 수 없는 이에게도 이것으로써 너그럽게 하는 것이다. '편작관형(鞭作官刑)'이라는 것은 나무 끝에 가죽을 늘어뜨린 것이니, 관리에 대한 형벌706)이다. '복작교형(扑作敎刑)'이라는 것은 '하(夏)'와 '초(楚)'의 두 가지 물건으로 학교의 형벌707)이니, 모두 무릇 죄가 가벼운 이를 대하는 것이다. '금작속형(金作贖刑)'이라는 것에서 '금(金)'은 황금이고, '속(贖)'은 그 죄를 속바침이니, 죄가 매우 가벼워서 비록 채찍과 곤장(棍杖)의 형벌에 들어가지만 사정과 법률에 오히려 의논할 만함이 있는 것이다. 이 다섯 구절은 무거운 것에서부터 가벼운 것으로 들어가 각각 조리가 있으니, 형법(刑法)의 바른 것이다. '사(肆)'는 풀어줌이다. '생재사사(眚災肆赦)'라는 것에서 '생(眚)'은 과오를 이르고, '재(災)'는 불행을 이르니, 만약 사람이 이와 같아서 형벌에 들어감이 있으면 또 유형(流刑)으로 너그럽게 처벌하거나 황금으로 속죄함을 기다리지 않고 곧바로 사면하는 것이다. '적(賊)'은 죽임이다. '호종적형(怙終賊刑)'이라는 것에서 '호(怙)'는 믿음이 있음을 이르고, '종(終)'은 다시 죄를 저지름을 이르니,708) 만약 사람이 이와 같아서 형벌에 들어감이 있으면 비록 너그럽게 처벌함에 해당하고 형벌을 속바침에 해당하더라도 또한 너그러운 처벌을 허용하지 않고 속바침을 들어주지 않고 반드시 그를 형벌하는 것이다. 이 두 구절은 혹은 무거운 것에 말미암아 가벼운 것에 나아가거나, 혹은 가벼운 것에 말미암아 무거운 것에 나아가서 대개 법을 적용함의 권형(權衡)이 되니, 이른바 법 밖의 뜻이라는 것이다. 성인(聖人)이 법을 세우고 형벌을 제정한 본 말을 이 일곱 가지 말에서 대략 다하였다. 비록 경중(輕重)과 취사(取捨)와 느긋한 심정과 슬픈 감정이 같지 않으나, '신중히 하고 신중히 하면서 오직 형벌을 가엾

---

706) 관리에 대한 형벌: 관형(官刑)은 관리를 징계하는 형벌이니, 곧 편형(鞭刑)이다. 공영달(孔穎達)은 "만약 관청의 일을 다스리지 못하면 채찍질하였다.(若於官事不治則鞭之.)"라고 하였다.
707) 학교의 형벌: 교형(敎刑)은 학교에서 사용하던 형벌이다. 공안국(孔安國)은 "복은 개오동나무와 가시나무이니, 도업에 부지런하지 못하면 매질한 것이다.('扑', 榎·楚也,　不勤道業則撻之.)"라고 하였다. 『예기(禮記)』「학기(學記)」에서도 "가와 초의 두 물건은 그 위엄을 거두는 것이다.(夏·楚二物, 收其威也.)"라고 하였는데, 정현(鄭玄)은 "가는 가나무이고, 초는 가시나무이니, 두 가지는 예를 범한 자를 때리는 것이다.(夏, 榎也; 楚, 荊也, 二者, 所以撲撻犯禮者.)"라고 하였다.
708) 호종(怙終)은 믿는 것이 있어 끝내 뉘우쳐 고치지 않는 것을 말한다. 공안국(孔安國)은 "간사함을 믿어 스스로 끝까지 가니 마땅히 형벌로 죽여야 한다.(怙姦自終, 當刑殺之.)"라고 하였다.

게 여김'의 뜻은 애당초 그 사이에 행해지지 않음이 없었다. 대개 그 경중(輕重)의 가는 터럭만한 사이에 각각 해당하는 바가 있어서 이에 하늘의 토죄(討罪)가 바뀌지 않는 정해진 이치인데, 신중히 하고 가엾게 여기는 뜻이 그 사이에서 행해지니, 성인(聖人)이 살리기를 좋아하는 본마음을 볼 수 있다. 이 경문(經文)에 의거하면 다섯 가지 형벌에는 유형(流刑)으로 다섯 가지 형벌을 용서함이 있는데 황금으로 형벌을 속죄(贖罪)하게 함이 없으며, 『주례(周禮)』의 「추관(秋官)」에는 또한 그 글이 없으며, 「여형(呂刑)」에 이르러 드디어 다섯 등급의 벌금이 있으니, 의심하건대 목왕(穆王)이 비로소 제정한 것 같은데 형법의 바른 것이 아니다. 대개 마땅히 형벌해야 하는데 속죄해주면 가벼움에 잘못되고, 사면하기가 의아하여 황금으로 형벌을 속죄(贖罪)하게 하면 무거움에 잘못되며, 또 부유한 이로 하여금 요행으로 면하게 하고, 가난한 이로 하여금 형벌을 받게 하는 것은 또 공평함이 되는 것이 아니다.

詳說

○ 日·月·星辰之類.
  '여천지수상(如天之垂象)'의 경우, 해와 달과 별들 따위이다.

○ 音義.709)
  '의(劓)'는 음이 의(義)이다.

○ 音非.710)
  '비(剕)'는 음이 비(非)이다.

○ 婢亦反.711)
  '벽(辟)'은 비(婢)와 역(亦)의 반절이다.

○ 見「呂刑」.712)

---

709) 호광(胡廣) 등 찬, 『서경대전(書經大全)』의 소주에는 "音乂.(음이 예이다.)"로 되어있다.
710) 호광(胡廣) 등 찬, 『서경대전(書經大全)』의 소주에는 "音吠.(음이 폐이다.)"로 되어있다.
711) 호광(胡廣) 등 찬, 『서경대전(書經大全)』의 소주에는 "音闢.(음이 벽이다.)"로 되어있다.
712) 호광(胡廣) 등 찬, 『서경대전(書經大全)』 권10, 「주서(周書)·여형(呂刑)」 "兩造, 具備, 師聽五辭, 五辭簡孚, 正于五刑; 五刑不簡, 正于五罰; 五罰不服, 正于五過.(송사의 두 사람이 법정에 이르고 모든 것이 구비되면 담당 관리가 다섯 가지 형벌에 걸리는 말을 들을 것이니, 다섯 가지 형벌에 걸리는 말이 진실하고 믿음직

'소위묵·의·비·궁·대벽오형지정야(所謂墨·劓·剕·宮·大辟五刑之正也)'의 경우, 「여형(呂刑)」에 보인다.

○ 朱子曰 : "此一句, 乃五句之綱領, 諸刑之總括, 猶今之刑, 皆結於笞·杖·徒·流·絞·斬也."713)

하거든 다섯 가지 형벌을 질정하며, 다섯 가지 형벌에 진실하지 않거든 다섯 가지 벌금형을 질정하며, 다섯 가지 벌금형에 복종하지 않거든 다섯 가지 과오를 질정하라.)
713) 호광(胡廣) 등 찬, 『서경대전(書經大全)』의 소주에서 발췌한 것이다. 그 전문은 다음과 같다. "'象以典刑', 此一句, 乃五句之綱領, 諸刑之摠括, 猶今之刑, 皆結于笞·杖·徒·流·絞·斬也. 凡人所犯, 合墨, 則加之墨刑; 所犯, 合劓, 則加以劓刑; 剕·宮·大辟, 皆然. '流宥五刑'者, 其人所犯, 合此五刑, 而情輕可恕, 或因過誤, 則全其支體, 不加刀鋸, 但流以宥之, 屛之遠方, 不與同齒, 如『五流有宅, 五宅三居』之類, 是也. '鞭作官刑'者, 此官府之刑, 猶今之鞭撻吏人, 蓋自有一項, 專以治官府之胥吏, 如『周禮』治胥吏鞭五百·鞭三百』之類. '扑作教刑', 此一項, 學官之刑, 猶今之學舍夏·楚, 如習射·習藝, 『春秋教以禮樂, 多夏教以詩書.' 凡教人之事, 有不率者, 則用此刑扑之, 如'侯明'·'撻記'之類, 是也. '金作贖刑', 謂鞭·扑二刑之可恕者, 則許用金以贖其罪. 如此解釋, 則五句之義, 豈不粲然明白. '象以典刑'之輕者, 有流以宥之; 鞭·扑之刑之輕者, 有金以贖之. 流宥所以寬五刑, 贖刑所以寬鞭·扑. 聖人斟酌損益·低昂·輕重, 莫不合天理人心之自然, 而無毫釐抄忽之差, 所謂'旣竭心思焉, 繼之以不忍人之政'者. 如何說聖人專意, 只在教化, 刑非所急. 聖人固以教化爲急. 若有犯者, 須以此刑治之, 豈得置而不用. 問: '贖刑非古法.' 曰: '然. 贖刑起周穆王. 古之所謂贖刑者, 贖鞭·扑耳. 夫旣以殺人·傷人矣, 又使之得以金贖, 則有財者, 皆可以殺人·傷人, 而無辜被害者, 何其大不幸也. 且殺人者, 安然居乎鄕里, 彼孝子順孫之欲報其親者, 豈肯安於此乎. 所以屛之四裔, 流之遠方, 彼此兩全之也.'('상이전형')이라는 이 한 구절은 바로 다섯 구절의 강령이고 여러 형벌의 총괄함이니, 지금의 형벌이 모두 태형·장형·도형·유형·교형·참형으로 맺어짐과 같다. …)"이는 『주자어류(朱子語類)』권78, 「상서일(尙書一)·순전(舜典)」에서 발췌한 것이다. 그 내용은 다음과 같다. "'象以典刑, 流宥五刑, 鞭作官刑, 扑作教刑, 金作贖刑.' '象'者, 象其人所犯之罪, 而加之以所犯之刑. '典', 常也, 卽墨·劓·剕·宮·大辟之常刑也. '象以典刑', 此一句, 乃五句之綱領, 諸刑之總括, 猶今之刑, 皆結於笞·杖·徒·流·絞·斬也. 凡人所犯罪, 各不同, 而爲刑固亦不一, 然皆不出此五者之刑. 但象其罪, 而以此刑加之, 所犯, 合墨, 則加以墨刑; 所犯, 合劓, 則加以劓刑; 剕·宮·大辟, 皆然. 猶夷虜之法, 傷人者, 償創; 折人手者, 亦折其手; 傷人目者, 亦傷其目之類. '流宥五刑'者, 其人所犯, 合此五刑, 而情輕可恕, 或因過誤, 則全其肌體, 不加刀鋸, 但流以宥之, 屛之遠方, 不與民齒, 如『五流有宅, 五宅三居』之類, 是也. '鞭作官刑'者, 此官府之刑, 猶今之鞭撻吏人. 蓋自有一項目, 專以治官府之胥吏, 如『周禮』治胥吏鞭五百·鞭三百』之類. '扑作教刑', 此一項, 學官之刑, 猶今之學舍夏·楚, 如習射·習藝, '春秋教以禮樂, 多夏教以詩書.' 凡教人之事, 有不率者, 則用此刑扑之, 如'侯明'·'撻記'之類, 是也. '金作贖刑', 謂鞭·扑二刑之可恕者, 則許用金以贖其罪. 如此解釋, 則五句之義, 豈不粲然明白. '象以典刑'之輕者, 有流以宥之; 鞭·扑之刑之輕者, 有金以贖之. 流宥所以寬五刑, 贖刑所以寬鞭·扑. 聖人斟酌損益·低昂·輕重, 莫不合天理·人心之自然, 而無毫釐秒忽之差, 所謂'旣竭心思焉, 繼之以不忍人之政'者. 如何說聖人專意, 只在教化, 刑非所急. 聖人固以教化爲急, 若有犯者, 須以此刑治之, 豈得置而不用. 問: '贖刑非古法?' 曰: '然. 贖刑起周穆王. 古之所謂贖刑者, 贖鞭·扑耳. 夫旣已殺人·傷人矣, 又使之得以金贖, 則有財者, 皆可以殺人·傷人, 而無辜被害者, 何其大不幸也. 且殺之者, 安然居乎鄕里, 彼孝子·順孫之欲報其親者, 豈肯安於此乎. 所以屛之四裔, 流之遠方, 彼此兩全之也.' …('옛날의 모범적인 형벌로써 본받아 유형으로써 다섯 가지 형벌을 용서하며, 채찍으로 관리의 형벌을 만들며, 회초리로 학교의 형벌을 만들었는데, 황금으로 형벌을 속죄하게 함'에서 '상'은 그 사람의 저지른 죄를 드러내어 저지른 죄에 해당하는 형벌을 가하는 것이다. '전'은 떳떳함이니 곧 묵형·의형·비형·궁형·대벽의 떳떳한 형벌이다. … 무릇 사람이 저지르는 것이 각자 같지 않아서 형벌이 됨도 진실로 또한 동일하지 않으나 이 다섯 가지의 형벌에서 벗어나지 않는다. 다만 그 죄를 유비하여 이 형벌로써 가할 뿐이니, 죄를 저지른 것이 묵형에 맞으면 묵형을 가하고, 저지른 것이 의형에 맞으면 의형을 더하고, 비형과 궁형과 대벽도 모두 그렇게 한다. 오랑캐의 법에 사람을 다치게 한 이는 상해로 되갚고, 남의 손을 부러뜨리는 이는 그 손을 부러뜨리고, 남의 눈을 다치게 한 이는 또한 그 눈을 다치게 함과 같은 것이다. '유유오형'이라는 것은 그 사람이 저지른 것이 이 다섯 가지 형벌에 맞지만 실정이 가벼워 용서할 만하거나, 혹은 잘못으로 인한 것이면 그 몸을 온전하게 하여 칼이나 톱을 대지 않고 다만 유배보내 너그럽게 하되 먼 지방으로 보내 백성들과 함께 살지 못하니, '다섯 가지 유배형에 머무는 곳이 있으며, 다섯 가지 머무는 곳에는 세 등급으로 살게 한다.'는 것과 같은 부류가 이것이다. '편작관형'이라는 것은 관부의 형벌이니, 지금 관리들을 채찍질하고 때리는 것과 같다. 대개 본래 이 한 항목의

주자(朱子: 朱熹)가 말하였다. "이 한 구절은 바로 다섯 구절의 강령(綱領)이고 여러 형벌의 총괄함이니, 지금의 형벌이 모두 태형(笞刑)·장형(杖刑)·도형(徒刑)·유형(流刑)·교형(絞刑)·참형(斬刑)으로 맺어짐과 같다."

○ 音扶, 下並同.714)
'부(夫)'는 음이 부(扶)이니, 아래도 아울러 같다.

○ 音隊.715)
'대(憝)'는 음이 대(隊)이다.

○ 放縱.
'방(放)'은 방종(放縱)이다.

○ 君之親戚.
'친귀(親貴)'는 임금의 친척이다.

○ 朱子曰 : "以舜命皐陶之辭, 考之, 士官所掌, 惟象·流二法而已."716) ○又曰 : "殺人者, 被子孫欲報, 所以流之遠方, 彼此

형벌이 있어서 오로지 관부의 벼슬아치들을 다스렸으니, 『주례』에서 '벼슬아치를 다스림에 채찍질을 50번 하고 채찍질을 30번 한다.'는 따위와 같다. '복작교형'이라는 이 한 항목은 학교 관리의 형벌로 지금의 학사에 가나무와 가시나무의 회초리와 같으니, 활쏘기를 익히고 기예를 익힘에 '봄과 가을에는 예와 악을 가르치고, 겨울과 여름에는 시와 서를 가르친다.'는 것과 같다. 무릇 사람을 가르치는 일에 따르지 않는 이가 있으면 이 형벌을 사용하여 때리는 것이니, '후명'과 '달기' 따위와 같다. '금작속형'은 채찍질하고 때리는 두 가지 형벌에 용서할 만한 것이면 금전으로써 그 죄를 갚음을 허용하는 것을 말한다. 이와 같이 해석하면 다섯 구절의 뜻이 어찌 찬연하게 명백하지 않겠는가. '상이전형'에 가벼운 이는 유배형으로써 너그럽게 함이 있으며, 채찍질과 회초리로 때리는 형벌에 가벼운 이는 금전으로써 형벌을 대신 속바친다. 유배형으로써 너그럽게 하는 것은 다섯 가지 형벌을 너그럽게 하는 것이며, 형벌을 대신 속바치는 것은 채찍질과 회초리질을 너그럽게 하는 것이다. 성인이 손해와 이익, 낮고 높음, 가벼움과 무거움을 헤아림에 천리와 인심의 자연스러움에 맞지 않음이 없었고, 털끝만큼의 조금이라도 어긋남이 없었으니, 이른바 '이미 마음과 생각을 다하고, 사람을 차마하지 못하는 정치를 계속한다.'는 것이다. 어떻게 성인이 오로지 생각하는 것이 다만 교화에만 있고 형벌에는 급하게 여긴 것이 아니라고 말하겠는가. 성인은 진실로 교화를 급한 것으로 여겼지만, 만약 저지른 이가 있다면 모름지기 이 형벌로써 다스렸으니 어찌 놔두고 쓰지 않을 수 있었겠는가. ….)

714) 호광(胡廣) 등 찬, 『서경대전(書經大全)』의 소주에는 "音扶.(음이 부이다.)"로 되어있다.
715) 호광(胡廣) 등 찬, 『서경대전(書經大全)』의 소주에는 "徒對反.(도와 대의 반절이다.)"으로 되어있다.
716) 호광(胡廣) 등 찬, 『서경대전(書經大全)』의 소주에서 발췌한 것이다. 그 전문은 다음과 같다. "朱子曰 : '象以典刑, 流宥五刑, 鞭作官刑, 扑作教刑, 金作贖刑, 眚災肆赦, 怙終賊刑, 欽哉欽哉. 惟刑之恤哉, 夫豈一於輕而已哉. 又以舜命皐陶之辭, 考之, 士官所掌, 惟象·流二法而已. 其曰: 惟明克允, 則或刑或宥, 亦惟其當而無以加矣, 又豈一於宥而無刑哉. 今必曰: 堯舜之世, 有宥而無刑, 則是殺人者不死, 而傷人者不刑也. 是聖人之心不忍於元惡大憝, 而反忍於銜冤抱痛之良民也. 是所謂怙終賊刑, 刑故無小者, 皆爲空言, 反誤後世也, 其必不然也, 亦明矣. 夫大刑雖非先王所恃以爲治, 然以刑弼教禁民, 爲非, 則所謂傷肌膚以懲惡者, 亦既竭心

兩全之也."717)

'즉이차이관지야(則以此而寬之也)'에 대해, 주자(朱子: 朱熹)가 말하였다. "순(舜)이 고요(臯陶)에게 명한 말로써 살펴보면 사관(士官)718)이 관장하는 것은 오직 상(象)과 유(流)719)의 두 가지 법일 따름이다." ○또 말하였다. "사람을 죽인 이가 자손의 갚음을 입기에 먼 곳으로 유배 보내어 저쪽과 이쪽이 모두 온전하도록 하려는 것이다."

○ 朱子曰 : "專以治胥吏, 如『周禮』'治胥吏, 鞭五百·鞭三百'之類."720)

'관부지형야(官府之刑也)'에 대해, 주자(朱子: 朱熹)가 말하였다. "오로지 벼슬아치들을 다스리는 것이니, 『주례(周禮)』에서 '벼슬아치들을 다스림에 채찍 5백과 채찍 3백으로 한다.'고 한 따위와 같다."

思, 而繼之以不忍人之政之一端也. 今徒流之法, 旣不足以止穿窬淫放之姦, 而其過於重者, 則又有不當死而死, 如強暴贓滿之類者. 苟采陳羣之議, 一以宮剕之辟當之, 則雖殘其支體而實全其軀命, 且絶其爲亂之本, 而使後無以肆焉, 豈不仰合先王之意而下適當時之宜哉. 況君子得志而有爲, 則養之之具, 教之之術, 亦必隨力之所至而汲汲焉, 固不應因循苟且, 直以不養不教爲當然, 而熟視其爭奪相殺於前也.'(주자가 말하였다. '옛날의 모범적인 형벌로써 본받아 유형으로써 다섯 가지 형벌을 용서하며, 채찍으로 관리의 형벌을 만들며, 회초리로 학교의 형벌을 만들었는데, 황금으로 형벌을 속죄하게 한다고 하였으니, 무릇 어찌 가볍게 함에 한 결같을 따름이었겠는가. 또 순이 고요에게 명한 말로써 살펴보면 사관이 관장하는 것은 오직 상과 유의 두 가지 법일 따름이다. ….')"이는 『주자전서(朱子全書)』 권37, 「서(書)·답정경망(答鄭景望)」에서 발췌한 것이다.
717) 호광(胡廣) 등 찬, 『서경대전(書經大全)』의 소주에서 발췌한 것이다. 그 내용은 다음과 같다. "'象以典刑', 此一句, 乃五句之綱領, 諸刑之摠括, 猶今之刑, 皆結于笞·杖·徒·流·絞·斬也. … 且殺人者, 安然居乎鄕里, 彼孝子·順孫之欲報其親者, 豈肯安於此乎. 所以屛之四裔, 流之遠方, 彼此兩全之也.'('상이전형'이라는 이 한 구절은 바로 다섯 구절의 강령이고 여러 형벌의 총괄함이니, 지금의 형벌이 모두 태형·장형·도형·유형·교형·참형으로 맺어짐과 같다. … 또 사람을 죽인 이가 편안히 마을에서 산다면 저 효자와 효손이 그 어버이 원수를 갚고자 할 것이니 어찌 여기에서 편안할 수 있겠는가. 그러한가서 사방의 먼 변경으로 둘러친 먼 지방에 유배 보내는 것은 저쪽과 이쪽이 모두 온전하도록 하는 것이다.')
718) 사관(士官): 형옥(刑獄)을 관장하는 옥리(獄吏)로, 준인(準人) 또는 사사(士師)라고도 하였다. 『서경대전(書經大全)』 권9, 「주서(周書)·입정(立政)」에서 "王左右常伯·常任·準人·綴衣·虎賁."이라고 하였는데, 공안국(孔安國)은 "'준인'은 법을 공평하게 하니, 사관을 이른다.('準人', 平法, 謂士官.)"고 하고, 공영달(孔穎達)은 "'준'은 뜻이 공평함이니, 법을 공평하게 하는 사람을 사관이라고 한다. 사는 살핌이니 옥사를 살피는 관리는 법을 씀에 반드시 균평하게 해야 하기 때문에 옥관을 일러 '준인'이라고 하는 것이다.(準, 訓平也, 平法之人, 謂士官也. 察也, 察獄之官用法, 必當均平, 故謂獄官爲'準人'.)"라고 하였다.
719) 상(象)과 유(流): 위의 경문에서 말한 '옛날의 모범적인 형벌로써 본받아 유형으로써 다섯 가지 형벌을 용서함(象以典刑, 流宥五刑)'을 말하는 것이다.
720) 호광(胡廣) 등 찬, 『서경대전(書經大全)』의 소주에서 발췌한 것이다. 그 내용은 다음과 같다. "'象以典刑', 此一句, 乃五句之綱領, 諸刑之摠括, 猶今之刑, 皆結于笞·杖·徒·流·絞·斬也. … '鞭作官刑'者, 此官府之刑, 猶今之鞭撻吏人, 蓋自有一項, 專刑以治官府之胥吏, 如『周禮』治胥吏鞭五百·鞭三百'之類. ….('상이전형'이라는 이 한 구절은 바로 다섯 구절의 강령이고 여러 형벌의 총괄함이니, 지금의 형벌이 모두 태형·장형·도형·유형·교형·참형으로 맺어짐과 같다. … '편작관형'이라는 것은 관부의 형벌이니, 지금 관리들을 채찍질하고 때리는 것과 같다. 대개 본래 이 한 항목의 형벌이 있어서 오로지 관부의 벼슬아치들을 다스렸으니, 『주례』에서 '벼슬아치를 다스림에 채찍질을 50번하고 채찍질을 30번 한다.'는 따위와 같다.)"

○ '榎'通, 音賈.721)
'가(夏)'는 '가(榎)'와 통하니, 음이 가(賈)이다.

○ 出『禮記』「學記」.722)
'가·초이물(夏·楚二物)'의 경우, 『예기(禮記)』「학기(學記)」에 나온다.

○ 音效.
'학교(學校)'에서 효(校)는 음이 효(效)이다.

○ 朱子曰 : "如'侯明'·'撻記'之類."723)
'학효지형야(學校之刑也)'에 대해, 주자(朱子: 朱熹)가 말하였다. "'후명(侯明)'과 '달기(撻記)'724)의 따위와 같다."

○ 唐孔氏曰 : "古人贖, 皆用銅, 或稱黃金, 或稱黃鐵."725)
'황금(黃金)'에 대해, 당(唐)나라 공씨(孔氏: 孔穎達)가 말하였다. "옛사람의 속바침은 모두 동(銅)을 썼는데, 어떤 이는 황금을 일컬었고, 어떤 이는 황철(黃鐵)을 일컬었다."

○ 捨也.

---

721) 호광(胡廣) 등 찬, 『서경대전(書經大全)』의 소주에는 "音賈.(음이 가이다.)"로 되어있다.
722) 호광(胡廣) 등 찬, 『예기대전(禮記大全)』권17, 「학기(學記)」. "가와 초의 두 물건은 그 위엄을 거두는 것이다.(夏·楚二物, 收其威也.)"
723) 호광(胡廣) 등 찬, 『서경대전(書經大全)』의 소주에서 발췌한 것이다. 그 내용은 다음과 같다. "'象以典刑', 此一句, 乃五句之綱領, 諸刑之摠括, 猶今之刑, 皆結于笞·杖·徒·流·絞·斬也. … 凡教人之事, 有不率者, 則用此刑扑之, 如'侯明'·'撻記'之類, 是也.….(… 무릇 사람을 가르치는 일에 따르지 않는 이가 있으면 이 형벌을 사용하여 때리는 것이니, '후명'과 '달기' 따위와 같다. ….)"
724) '후명(侯明)'과 '달기(撻記)': 『서경대전(書經大全)』권2, 「우서(虞書)·익직(益稷)」에서 "여러 완악하고 헐뜯는 말을 하는 자들이 만약 이 충직함에 있지 않거든 활의 과녁을 맞히듯이 밝히며 매질하여 잘못을 기억하게 하며 글로 써서 기록하여 아울러 살게 하고자 할 것이다.(庶頑讒說, 若不在時, 侯以明之, 撻以記之, 書用識哉, 欲竝生哉.)"라고 한 데서 나온 말이다.
725) 『상서주소(尙書注疏)』권18, 「주서(周書)·여형(呂刑)」. "'舜典'云 : '金作贖刑', 傳以金爲黃金, 此言'黃鐵'者, 古者, 金·銀·銅·鐵, 總號爲金, 今別之以爲四名. 此傳言'黃鐵', '舜典'傳言'黃金', 皆是今之銅也. 古人贖罪, 悉皆用銅, 而傳或稱黃金, 或言黃鐵, 謂銅爲金爲鐵爾.(「순전」에서 이르기를, '금작속형'이라 하였으니, 공안국의 전에서 금을 황금으로 여겼거늘, 여기서는 '황철'이라 말한 것은 옛날에 금·은·동·철을 모두 금이라고 하여 이제 나누어 네 가지 명칭으로 한 것이다. 여기 전에서 '황철'이라 말하고, 「순전」의 전에 '황금'이라 말하였는데, 모두 이는 오늘날의 구리이다. 옛사람이 죄를 속바침에 모두 동을 썼는데, 전에서 어떤 이는 '황금'이라 일컫고, 어떤 이는 '황철'이라 일컬었는데, 동이 금이 되기도 하고 철이 되기도 함을 이르렀을 뿐이다.)"; 진사개(陳師凱) 찬, 『서채씨전방통(書蔡氏傳旁通)』권6하, 「여형(呂刑)」. "「正義」云 : '古人贖罪, 皆用銅, 或稱黃金, 或稱黃鐵.'(「정의」에서 말하였다. '옛사람의 속바침은 모두 동을 썼는데, 어떤 이는 황금을 일컬었고, 어떤 이는 황철을 일컬었다.')

'종야(縱也)'의 경우, 놓아버림이다.

○ 南塘曰：" 如武人習射殺人, 守令笞人致死."726)
'위불행(謂不幸)'에 대해, 남당(南塘: 韓元震)이 말하였다. "예를 들면, 무인(武人)이 활쏘기를 익히다가 사람을 죽이거나, 수령(守令)이 사람을 때리다가 죽음에 이른 것이다."

○ 主大辟而言'殺'.
'살야(殺也)'의 경우, 대벽(大辟)을 위주로 하여 '살(殺)'을 말한 것이다.

○ '眚災肆赦'.
'혹유중이즉경(或由重而卽輕)'의 경우, '생재사사(眚災肆赦: 과실로 지은 죄는 형벌을 너그럽게 함)'이다.

○ 怙終賊刑.
'혹유경이즉중(或由輕而卽重)'의 경우, '호종적형(怙終賊刑: 간악함을 믿고 끝까지 회개하지 않으면 사형함)'이다.

○ 按,『朱子大全』云："猶今之律, 有名例."727)
살펴보건대,『주자대전(朱子大全)』에서 말하였다. "지금의 법률에 명칭과 법식(法式)이 있는 것과 같다."

---

726)『남당선생문집(南塘先生文集)』권29,「잡저(雜著)·독『우암집』「순전」「중용」문답(讀『尤菴集』「舜典」「中庸」問答)·생재사사(眚災肆赦)·우암농암문답(尤菴農巖問答)」. "'眚災肆赦'與赦小過, 恐不必礙看, 眚災與過誤不同. 眚災, 謂无妄之災, 如武人之習射殺人, 是也; 過誤, 謂無心之事, 如守令之笞人致死, 是也. 二說, 皆見『尤菴集』中.('과실로 지은 죄는 형벌을 너그럽게 함'과 작은 과실을 사면함은 아마도 보는 데 방애 받을 필요가 없으니, 생재는 망령됨이 없는 재앙으로, 예를 들면 무인이 활쏘기를 익히다가 사람을 죽인 것이 이것이며, 과오는 아무 마음이 없이 생긴 사고로, 예를 들면 수령이 사람을 때려서 죽음에 이른 것이 이것이다.)"

727)『주자대전(朱子大全)』권65,「잡저(雜著)·상서(尙書)·순전(舜典)」. "'眚', 謂過誤; '災', 謂不幸. 若人有如此而入於刑, 則不待流宥金贖而直赦之也. '怙', 謂有恃; '終', 謂再犯, 若人有如此而入於刑, 則雖當宥當贖, 亦不許其宥, 不聽其贖而必刑之也. 此二句者, 或由重而卽輕, 或由輕而卽重, 猶今之律, 有名例; 又用法之權衡, 所謂法外意也. 聖人立法制刑之本末, 此七言者, 大略盡之矣.('생'은 과오를 이르고, '재'는 불행을 이르니, 만약 사람이 이와 같아서 형벌에 들어감이 있으면 또 유형으로 너그럽게 처벌하거나 황금으로 속죄함을 기다리지 않고 곧바로 사면하는 것이다. '호'는 믿음이 있음을 이르고, '종'은 다시 죄를 저지름을 이르니, 만약 사람이 이와 같아서 형벌에 들어감이 있으면 비록 너그럽게 처벌함에 해당하고 형벌을 속바침에 해당하더라도 또한 너그러운 처벌을 허용하지 않고 속바침을 들어주지 않고서 반드시 그를 형벌하는 것이다. 이 두 구절은 혹은 무거운 것에 말미암아 가벼운 것에 나아가거나, 혹은 가벼운 것에 말미암아 무거운 것에 나아가서 지금 법률에 명칭과 법식이 있는 것과 같고, 또 법을 적용함의 권형이 되니, 이른바 법 밖의 뜻이라는 것이다. 성인이 법을 세우고 형벌을 제정한 본말을 이 일곱 가지 말에서 대략 다하였다.)"

○ 如『論語』「爲邦章」, 禮樂之末, 繼以'放'·'遠', 故皆云'法外意'. 728)

'소위법외의야(所謂法外意也)'의 경우, 『논어(論語)』「위방장(爲邦章)」에서 예악(禮樂)의 말단에 '방(放: 放鄭聲)'과 '원(遠: 遠佞人)'으로써 계속하였기 때문에 모두 이르기를, '법외의(法外意)'라고 한 것과 같다.

○ 上聲. 729)

'사(舍)'는 상성(上聲: 버리다)이다.

○ 去聲. 730)

'각유유당(各有攸當)'에서 '당(當)'은 거성(去聲: 적당하다, 부합하다)이다.

○ 去聲. 731)

'호(好)'는 거성(去聲: 좋아하다)이다.

○ 朱子曰:"多有人解做寬恤之恤, 某意不然, 乃矜恤之恤耳. 今之法家, 多惑於報應禍福之說, 故多出人罪以求福報, 是乃所以爲惡, 何福報之有. 惟壽皇不然, 其情理重者, 皆殺之." 732)

---

728) 『논어집주대전(論語集註大全)』 권15, 「위영공(衛靈公)」. "顔淵問爲邦, 子曰 : '行夏之時, 乘殷之輅, 服周之冕, 樂則韶舞, 放鄭聲, 遠佞人, 鄭聲淫, 佞人殆.'(안연이 나라를 다스림에 대하여 물었더니, 공자가 말하였다. '하나라의 달력을 사용하고, 은나라의 수레를 타고, 주나라의 면관을 쓰고, 음악은 순임금의 소무를 연주하며, 정나라의 음악을 추방하고 말 잘하는 사람을 멀리해야 하니, 정나라의 음악은 음란하고 말 잘하는 사람은 위험해서이다.')" 집주에 인용한 장재(張載)의 말에 의하면, '張子曰 : 禮樂, 治之法也; 放鄭聲, 遠佞人, 法外意也. 一日不謹, 則法壞矣, 虞·夏君臣, 更相戒飭慮, 蓋如此.' 又曰 : '法立而能守, 則德可久, 業可大. 鄭聲·佞人, 能使人喪其所守, 故放遠之.'(장자가 말하였다. '예악은 다스리는 근본이요, 정나라 음악을 추방하며 말 잘하는 사람을 멀리함은 법 밖의 뜻이어서이다. 하루라도 삼가지 않으면 법이 파괴되니, 우나라와 하나라의 임금과 신하들이 다시금 서로 경계하고 삼간 뜻이 대개 이와 같은 것이다.' 또 말하였다. '법이 확립되어 능히 지킨다면 덕이 오래갈 수 있고 사업이 커질 수 있다. 정나라 음악과 말 잘하는 사람은 사람으로 하여금 그 지켜야 할 것 잃게 하기 때문에 추방하고 멀리한 것이다.')"라고 하였다.
729) 호광(胡廣) 등 찬, 『서경대전(書經大全)』의 소주에는 "音捨.(음이 사이다.)"로 되어있다.
730) 호광(胡廣) 등 찬, 『서경대전(書經大全)』의 소주를 수용한 것이다.
731) 호광(胡廣) 등 찬, 『서경대전(書經大全)』의 소주를 수용한 것이다.
732) 호광(胡廣) 등 찬, 『서경대전(書經大全)』의 소주에서 발췌한 것이다. 그 전문은 다음과 같다. "或問'欽哉欽哉, 惟刑之恤哉.' 曰 : '多有人解『書』做寬恤之恤, 某之意不然. 若做寬恤, 如被殺者不令償命, 死者何辜. 大率是說刑者民之司命, 不可不謹, 如斷者不可續, 乃矜恤之恤耳.'(어떤 이가 '신중히 하고 신중히 하면서 오직 형벌을 가엽게 여겼도다.'에 대하여 물었다. 말하였다. '『상서』를 해석함에 관휼의 휼로 간주하는 사람이 많이 있는데, 내 생각은 그렇지 않다. 만약 관휼로 간주한다면 살해당한 사람은 목숨을 보상받지 못하게 하는 것과 같으니 죽은 사람이 무슨 잘못이 있는가. 대체로 이 말은 형벌이라는 것은 백성의 목숨을 맡은 것으로 삼가지 않을 수 없다는 것이니, 끊어진 것을 이을 수 없음에 이에 불쌍히 여긴다는 휼과 같

'가이견성인호생지본심야(可以見聖人好生之本心也)'에 대해, 주자(朱子: 朱熹)가 말하였다. "관휼(寬恤: 너그럽게 고려함)의 휼(恤)로 간주하는 사람이 많이 있는데, 내 생각은 그렇지 않다. 지금의 법가(法家)는 재앙과 행복을 보응(報應)한다는 말에 많이 미혹되었기 때문에 대부분 사람이 죄를 짓고 복을 받기를 바라는 쪽으로 벗어난다. 이는 바로 악을 하는 것인데, 어떻게 복을 받음이 있겠는가. 오직 수황(壽皇)733)만은 그렇지 않아서 그 실정과 도리가 무거운 자들은 모두 죽였다."

○ 朱子曰 : "巡遊無度, 財匱, 無以爲計, 乃特爲此一切權宜之術."734)

을 뿐이다.')" "今之法家, 多惑於報應禍福之說, 故多出人罪以求福報. 夫使無罪者不得直, 而有罪者反得釋, 是乃所以爲惡耳, 何福報之有.『書』曰: '欽哉欽哉. 惟刑之恤哉.' 所謂'欽恤'云者, 正以詳審曲直, 令有罪者不得幸免, 而無罪者不得濫刑也. 今之法官, 惑於'欽恤'之說, 以爲寬人之罪而出其法, 故凡罪之當殺者, 莫不多爲可出之塗, 以俟奏裁, 旣云奏裁則大率減等, 當斬者配, 當配者徒; 當徒者杖, 當杖者笞. 是乃賣弄條貫, 侮法而受賕者耳, 何欽恤之有. 今之律令, 謂法不能決者, 則俟奏裁. 今獨明知其罪之當死, 亦莫不爲可生之塗以生之. 惟壽皇不然, 其情理重者, 皆殺之.(지금의 법가는 재앙과 행복을 보응한다는 말에 많이 미혹되었기 때문에 대부분 사람이 죄를 짓고 복을 추구하는 쪽으로 벗어난다. 무릇 죄 없는 이로 하여금 정직할 수 없게 하고, 죄 있는 이가 도리어 벗어나게 하니, 이는 바로 악을 하는 것일 뿐인데, 어떻게 복을 받음이 있겠는가.『상서』에서 '신중히 하고 신중히 하면서 오직 형벌을 가엾게 여겼도다.'고 하였는데, 이른바 '흠휼'이라는 것은 바로 옳고 그름을 상세하게 살펴 죄 있는 이로 하여금 벗어나지 못하게 하고, 죄 없는 이가 지나친 형벌을 받지 않게 하려는 것이다. 지금의 법관은 '흠휼'의 말에 미혹되어 마땅히 사람의 죄를 관대하게 하여 그 법에서 벗어나게 하는 것으로 여기기 때문에 무릇 죄를 지어 마땅히 죽어야 하는 이가 대부분 벗어날 수 있는 길을 만들어 재가를 청하기를 기다리지 않음이 없으니, 이미 재가를 청하였다고 하면 대부분 형벌이 줄어지니, 마땅히 참형이어야 하는 자가 유배형이고, 마땅히 유배형이어야 하는 자가 도형이고, 마땅히 도형이어야 하는 자가 장형이고, 마땅히 장형이어야 하는 자가 태형인 것이다. 이는 바로 법조를 팔고 농간하여 법을 모욕하고 뇌물을 받는 것일 뿐이니, 어떻게 흠휼이 있겠는가. 지금의 율령에서 법을 결정할 수 없는 것이면 재가를 청하기를 기다린다고 하였다. 이에 오직 그 죄가 마땅히 죽어야 하는지 분명하게 알면서 또한 살아날 길을 만들어 살아나지 않음이 없다. 오직 수황만은 그렇지 않아서 그 실정과 도리가 무거운 자들은 모두 죽였다.)"이는『주자어류(朱子語類)』 권78,『상서일(尙書一)·순전(舜典)』과『주자어류(朱子語類)』 권110,『주자칠(朱子七)·논형(論刑)』에서 발췌한 것이다.

733) 수황(壽皇): 송나라 효종(孝宗) 조신(趙昚)이 순희(淳熙) 16년(1189)에 셋째 아들 조돈(趙惇)에게 왕위를 물려주자 광종(光宗)이 되어 효종을 높여 '지존수황성제(至尊壽皇聖帝)'라고 일컬었다. 효종은 묘호(廟號)로 재위 기간 중에 벼슬아치의 치적을 정돈하고 쓸데없는 관직을 줄이고 탐관오리를 징계하였으며, 농업생산을 중시하여 백성의 생활을 안정시켜 '건순지치(乾淳之治)'라는 칭송을 받았다. 1172년에『건도칙령격식(乾道敕令格式)』을 반포하고, 1176년에『순희조법사류(淳熙條法事類)』를 펴내서 율령을 정리하였다.

734) 호광(胡廣) 등 찬,『서경대전(書經大全)』의 소주에서 발췌한 것이다. 그 내용은 다음과 같다. "聖人之心, 未感於物, 其體廣大而虛明, 絶無毫髮偏倚, 所謂天下之大本者也. 及其感於物也, 則喜怒哀樂之用, 各隨所感而應之, 無一不中節者, 所謂天下之達道也. 蓋自本體而言, 如鏡之未有所則虛而已矣; 如衡之未有所加則平而已矣. 至語其用, 則以其至虛而欲醜無所遁其形, 以其至平而物不能違其則, 此所以致其中和而天地位萬物育, 雖以天下之大而不外乎吾心造化之中也. 以此而論, 則如聖人之於天下, 其所以慶賞威刑之具者, 莫不各有所由, 而'舜典'所論'敷奏'以言, 明試以功, 車服以庸', 與夫刺刑明辟之意, 皆可得而言矣. … 若夫穆王之事, 以予料之, 殆必由其巡遊無度, 財匱民勞, 至其末年, 無以爲計, 乃特爲此一切權宜之術, 以自豐, 而又託於輕刑之說, 以違道而干譽耳, 夫子存之, 蓋以示戒. …(성인의 마음이 아직 사물에 감동하지 않아서는 그 심체가 넓고 크며 비고 밝아서 절대로 터럭만큼이라도 치우치거나 기울어짐이 없으니, 이른바 천하의 큰 근본이라는 것이다. 성인의 마음이 사물에 감동함에 미쳐서는 기쁨과 노여움과 슬픔과 즐거움의 쓰임이 각각 감동하는 것에 따라서 화응하여 하나라도 절도에 맞지 않는 것이 없으니, 이른바 천하의 통달하는 도라는 것이다. 대개 본체로부터 말하면 거울에 비추는 것이 없으면 비었을 따름인 것과 같고, 저울대

'비법지정야(非法之正也)'에 대해, 주자(朱子: 朱熹)가 말하였다. "여러 곳을 돌아다니며 놀기를 절도 없이 하여 재물이 다 떨어지니, 어찌할 계책이 없어 이에 다만 이 모든 임시방편의 술수를 만들었다."

○ 論也.
'우비소이위평야(又非所以爲平也)'에서 볼 때, 논변한 것이다.

○ 功庸節, 說賞功; 此節, 說罰罪.
공용(功庸)의 단락735)에서는 공적에 상주는 것을 말하였고, 이 단락에서는 죄에 벌주는 것을 말하였다.

[1-1-2-12]

流共工于幽洲, 放驩兜于崇山, 竄三苗于三危, 殛鯀于羽山, 四罪, 而天下咸服.

공공을 유주로 귀양 보내고, 환두를 숭산에 가두어두고, 삼묘를 삼위로 몰아내어 감금하고, 곤을 우산에 붙잡아두고 괴롭게 하여 네 사람을 죄주니, 천하가 모두 복종하였다.

詳說

○ 音恭.736)

에 더한 것이 없으면 평평할 따름인 것과 같다. 그 쓰임으로 말하면 지극히 비어서 아름다움과 추함을 그 형체를 말할 게 없으며, 지극히 평평하여 가벼움과 무거움으로 그 법칙을 어길 수 없다. 이것이 중화를 이루어 하늘과 땅이 자리하고 만물이 길러진다는 것이다. 비록 천하에 광대함이라도 내 마음이 조화하는 가운데서 벗어날 수 없다. 이로써 말하면 성인이 세상에 있어서 축하하여 상을 주고 위엄 있게 형벌을 내리는 도구를 알아서 각각 말미암은 것이 없지 않았으니, 「순전」에서 말한바 '말로써 펼쳐서 아뢰게 하며, 공으로 밝게 시험하여 공적을 평가하고, 수레와 의복으로 공을 표창하였다.'는 것과, 무릇 형벌을 만들어 죄를 밝히는 뜻을 모두 알아서 말한 것이다. … 저 목왕의 일 같으면 내가 헤아려보건대, 거의 반드시 여러 곳을 돌아다니며 놀기를 절도 없이 하여 재물이 다 떨어지고 백성들이 고생하였으니, 그 말년에 이르러서는 어찌할 계책이 없어 이에 다만 이 모든 임시방편의 술수를 만들어 스스로 풍요롭게 하고, 또한 형벌을 가볍게 하는 말에 의탁하여 도를 어기면서 명예를 구할 뿐이었으니, 공자가 이를 두어 대개 훈계함을 보인 것이다. …)"이는 『주자대전(朱子大全)』 권67, 「잡저(雜著)·순전상형설(舜典象刑說)」에 실려 있다.

735) 공용(功庸)의 단락: [1-1-2-9] "5년에 한번 순수함에 여러 제후를 네 곳에서 조회하였으니, 말로써 펼쳐서 아뢰었으며, 공적으로써 밝게 시험하였으며, 그 공로를 수레와 의복으로 보답하였다.(五載一巡守, 羣后四朝, 敷奏以言, 明試以功, 車·服以庸.)"를 말하는 것이다.

736) 호광(胡廣) 등 찬, 『서경대전(書經大全)』의 소주를 수용한 것이다. 이것은 공(恭)이 『광운(廣韻)』에서 "九容切, 平.(구와 용의 반절이니, 평성이다.)"이라고 한 것처럼, 공(共)이 "渠用切, 去.(거와 용의 반절이니, 거성이다.)에 해당하는 '함께, 모두'라는 뜻이 아니라, 공(供)이나 공(恭)과 음가가 같은 나라 이름이나 성(姓)을 가리키는 글자임을 의미하는 것이다.

'공(共)'은 음이 공(恭)이다.

集傳

'流', 遣之遠去, 如水之流也; '放', 置之於此, 不得他適也. '竄', 則驅逐禁錮之; '殛', 則拘囚困苦之, 隨其罪之輕重而異法也. '共工'·'驩兜'·'鯀', 事見上篇. '三苗', 國名, 在江南荊·揚之間, 恃險爲亂者也. '幽洲', 北裔之地, 水中可居曰'洲'. '崇山', 南裔之山, 在今澧州. '三危', 西裔之地, 卽雍之所謂'三危旣宅'者. '羽山', 東裔之山, 卽'徐之蒙·羽其藝'者. '服'者, 天下皆服其用刑之當罪也. 程子曰: "舜之誅四凶, 怒在四凶, 舜何與焉. 蓋因是人有可怒之事而怒之, 聖人之心, 本無怒也. 聖人以天下之怒爲怒, 故天下咸服之. 『春秋傳』所記四凶之名, 與此不同, 說者以窮奇爲共工, 渾敦爲驩兜, 饕餮爲三苗, 檮杌爲鯀, 不知其果然否也.

'유(流)'는 추방하여 먼 곳으로 감이 물이 흘러가는 것과 같고, '방(放)'은 여기에 두어 다른 곳으로 가지 못하는 것이다. '찬(竄)'은 몰아내어 감금(監禁)함이고, '극(殛)'은 붙잡아두고 괴롭게 함이니, 그 죄의 가볍고 무거움에 따라서 형을 달리한 것이다. '공공(共工)'과 '환도(驩兜)'와 '곤(鯀)'은 사정(事情)이 윗편에 보인다. '삼묘(三苗)'는 나라 이름으로 강남(江南)의 형주(荊州)와 양주(揚州) 사이에 있었는데, 험준한 지리(地理)를 믿고 반란을 일으켰던 것이다. '유주(幽洲)'는 북쪽 변방의 땅이며, 물 가운데 살 수 있을 만한 곳을 '주(洲)'라 한다. '숭산(崇山)'은 남쪽 변방의 산이니, 지금의 예주(澧州)에 있었다. '삼위(三危)'는 서쪽 변방의 땅이니, 곧 옹주(雍州)의 이른바 '삼위가 이미 집을 짓고 살 수 있다.'는 것이다. '우산(羽山)'은 동쪽 변방의 산이니, 곧 '서주(徐州)의 몽산(蒙山)과 우산(羽山)이 곡식을 심을 수 있다.'는 것이다. '복(服)'이라는 것은 천하가 모두 그 형벌을 적용함이 죄에 합당함에 복종한 것이다. 정자(程子: 程頤)가 말하였다. "순(舜)이 사흉(四凶)을 토벌함에 노여움이 사흉(四凶)에게 있었으니, 순(舜)이 어찌 간여하였겠는가. 대개 이 사람들이 노여워할 만한 일을 가지고 있음에 말미암아 노여워한 것이니, 성인(聖人)의 마음은 본래 노여워함이 없다. 성인(聖人)은 천하가 노여워함으로써 노여워하기 때문에 천하가 다 복종하는 것이다." 『춘추전(春秋傳)』에 기록된 사흉(四凶)의 이름이 이것과 같지 않으니, 설명하는 이가 궁기(窮奇)로써 '공공(共工)'이라 하고, 혼돈(渾敦)으로써 '환두(驩兜)'라 하고, 도철(饕餮)로써 '삼묘(三苗)'라 하고, 도올(檮杌)로써 '곤(鯀)'이라 하였는데, 과연 그러한지 아닌지는 모르겠다.

詳說

○ 朱子曰：："'殛', 非殺也.「洪範」云'殛死', 猶今言貶死."737) ○ 以類錯訓.

'즉구수곤고지(則拘囚困苦之)'에 대해, 주자(朱子: 朱熹)가 말하였다. "'극(殛)'은 죽이는 것이 아니다.「홍범(洪範)」에서 '극사(殛死)'라고 이른 것은 지금 '폄사(貶死: 물리쳐져서 죽음)'를 말함과 같다." ○동류(同類)로써 뜻 새김을 섞은 것이다.

○ 下異地同.

'수기죄지경중이이법야(隨其罪之輕重而異法也)'의 경우, 낮춰짐이 다르지만 처지는 같은 것이다.

○ 孫氏覺曰：："放重於流竄重於放殛重於竄."738)

손씨각(孫氏覺: 孫覺)이 말하였다. "방(放)은 유(流)보다 무거우며, 찬(竄)은 방(放)보다 무거우며, 극(殛)은 찬(竄)보다 무거운 것이다."

○ 音現.739)

'현(見)'은 음이 현(現)이다.

○ 音禮.

'례(禮)'는 음이 례(禮)이다.

○ 去聲.

'옹(雍)'은 거성(去聲: 雍州)이다.

---

737) 호광(胡廣) 등 찬,『서경대전(書經大全)』의 소주를 수용한 것이다. 이는『주자어류(朱子語類)』권79,「상서이(尙書二)·우공(禹貢)」에는 "問: '鯀則殛死, 禹乃嗣興, 禹爲鯀之子, 當舜用禹時, 何不逃走以全父子之義?' 曰: '伊川說, 殛死只是貶死之類.'(물었다. '곤이 물리쳐져서 죽자 우가 이에 이어서 일어났다고 하였으니, 우가 곤의 아들이 되거늘 순이 우를 등용할 때를 맞아서 어찌 달아나서 아버지와 아들의 의리를 온전하게 하지 않았습니까?' 말하였다. '이천이 사는 단지 폄사라고 말한 부류이다.')"라고 하였다. 반면에 진사개(陳師凱) 찬,『서재씨전방통(書蔡氏傳旁通)』권1,「순전(舜典)」에는 "『朱子語錄』云: '殛, 非殺也.「洪範」云殛死, 猶今言貶死.' 又云: '殛鯀于羽山, 想是偶然在彼而殛之.'(『주자어록』에서 말하였다. '극은 죽이는 것이 아니다.「홍범」에서 극사라고 이른 것은 지금의 폄사를 말함과 같다.' …)"라고 하였다.
738) 호광(胡廣) 등 찬,『서경대전(書經大全)』의 소주를 수용한 것이다.
739) 호광(胡廣) 등 찬,『서경대전(書經大全)』의 소주를 수용한 것이다.

○ 並見「禹貢」.740)

'즉서지몽·우기예자(卽徐之蒙·羽其藝者)'의 경우, 아울러 「우공(禹貢)」에 보인다.

○ 去聲.741)

'천하개복기용형지당(天下皆服其用刑之當)'의 경우, 거성(去聲: 적당하다, 합당하다)이다.

○ 程子曰 : "四凶之才, 皆可用, 堯時皆以其才任大位, 而不敢露其不善之心, 及堯擧舜於匹夫之中, 四人始懷憤怨不平之心, 而顯其惡, 故舜得以因其迹, 而誅竄之."742)

'천하개복기용형지당죄야(天下皆服其用刑之當罪也)'에 대해, 정자(程子: 程頤)가 말하였다. "사흉(四凶)의 재주가 모두 등용할 만하여 요(堯)의 때에 모두 그 재주로써 큰 자리를 맡겼는데, 감히 그 착하지 않은 마음을 드러내지 않다가 요(堯)가 남자들 가운데 순(舜)을 천거함에 미쳐서 네 사람이 비로소 분노와 원한의 고르지 못한 마음을 품고 그 악함을 드러냈기 때문에 순(舜)이 그 행적에 말미암아 처벌하고 귀양 보낸 것이다."

○ 叔子.

'정자(程子)'는 동생 정이(程頤)이다.

○ 可怒.

'노(怒)'는 노여워할 만함이다.

○ 去聲.743)

---

740) 호광(胡廣) 등 찬, 『서경대전(書經大全)』 권3, 「하서(夏書)·우공(禹貢)」. "蒙·羽其藝.(몽산과 우산이 곡식을 심을 수 있다.)"
741) 호광(胡廣) 등 찬, 『서경대전(書經大全)』의 소주를 수용한 것이다.
742) 호광(胡廣) 등 찬, 『서경대전(書經大全)』의 소주를 수용한 것이다. 그 내용은 다음과 같다. "程子曰 : '四凶之才, 皆可用, 堯之時, 聖人在上, 皆以其才任大位, 而不敢露其不善之心, 堯非不知其不善也, 伏則聖人亦不得而誅之. 及堯擧舜於匹夫之中, 而禪之位, 則是四人者, 始懷憤怨不平之心, 而顯其惡, 故舜得以因其迹而誅竄之也.'(정자가 말하였다. '사흉의 재주가 모두 등용할 만하여 요의 때에 성인이 위에 있으면서 모두 그 재주로써 큰 자리를 맡겼는데, 감히 그 착하지 않은 마음을 드러내지 않았으나, 요가 그 착하지 않음을 모르는 것이 아니어서 숨기면 성인이 또한 그것을 처벌하였던 것이다. 요가 남자들 가운데 순을 천거하여 임금 자리를 선위함에 미쳐서 이 네 사람이 비로소 분노와 원한의 고르지 못한 마음을 품고 그 악함을 드러냈기 때문에 순이 그 행적에 말미암아 처벌하고 귀양 보낸 것이다.')"
743) 호광(胡廣) 등 찬, 『서경대전(書經大全)』의 소주를 수용한 것이다.

'여(與)'는 거성(去聲: 간여하다)이다.

○ 下二句, 又申釋此三句.
'순하여언(舜何與焉)'의 경우, 아래의 두 구절은 또 이 세 구절을 거듭하여 해석한 것이다.

○ 『左』「文十八年」.
'『춘추전』(『春秋傳』)'은 『좌전(左傳)』「문공(文公) 18년」이다.

○ 上聲.744)
'혼(渾)'은 상성(上聲: 크다, 순박하다)이다.

○ 音忉.745)
'도(饕)'는 음이 도(忉)이다.

○ 治結反.746)
'철(飻)'은 치(治)와 결(結)의 반절이다.

○ 徒刀反.747)
'도(檮)'는 도(徒)와 도(刀)의 반절이다.

○ 五忽反.748)
'올(杌)'은 오(五)와 홀(忽)의 반절이다.

○ 沙溪曰 : "窮奇, 其行窮其好奇, 少皥子. 渾敦, 不開通之貌, 黃帝子. 饕餮, 貪財爲饕, 貪食爲餮, 縉雲氏子. 檮杌, 頑凶無儔匹之貌, 顓頊子."749)

---

744) 호광(胡廣) 등 찬, 『서경대전(書經大全)』에는 '渾敦'의 소주에 "上胡本反. 下杜本反.(위는 호와 본의 반절이다. 아래는 두와 본의 반절이다.)"으로 되어 있다.
745) 호광(胡廣) 등 찬, 『서경대전(書經大全)』에는 '饕餮'의 소주에 "上他刀反. 下他結反.(위는 타와 도의 반절이다. 아래는 타와 결의 반절이다.)"으로 되어 있다.
746) 위와 같음.
747) 호광(胡廣) 등 찬, 『서경대전(書經大全)』에는 '檮杌'의 소주에 "音桃兀.(음이 도올이다.)"로 되어 있다.
748) 위와 같음.

'도올위곤(檮杌爲鯀)'에 대해, 사계(沙溪: 金長生)가 말하였다. "○궁기(窮奇)는 그 행동은 궁(窮)하고, 그 기호(嗜好)는 기이하니, 소호(少皥)의 아들이다. 혼돈(渾敦)은 열려서 통달하지 못한 모양이니, 황제(黃帝)의 아들이다. 도철(饕餮)은 재물을 탐하는 것을 도(饕)라 하고, 음식을 탐하는 것을 철(餮)이라 하니, 진운씨(縉雲氏)의 아들이다. 도올(檮杌)은 사납고 흉악하여 짝할 이가 없는 모양이니, 전욱(顓頊)의 아들이다."

○ 二說論也.
'부지기과연부야(不知其果然否也)'의 경우, 두 가지 설명을 논변한 것이다.

○ 林氏曰 : "殛鯀竄苗, 當在洪水未平之前; 巡守肇州, 當在平水土之後, 史因言舜之恤刑, 遂擧四凶事, 繫于下耳. 受堯命去四凶, 如禹居攝時, 亦受舜命征苗也."750)
임씨(林氏: 林之奇)가 말하였다. "곤(鯀)을 붙잡아두고 괴롭게 하며 삼묘(三苗)를 몰아내어 감금함은 마땅히 홍수가 다스려지지 않은 이전에 있어야 하며, 순수(巡守)하고 12주를 처음으로 만든 것은 마땅히 물과 땅을 다스린 뒤에 있어야 하는데, 사관(史官)이 순(舜)의 형벌을 가볍게 여김을 말함에 말미암아 마침내 사흉(四凶)의 일을 들어 아래에 이었을 뿐이다. 요(堯)의 명을 받아서 사흉(四凶)을 제거함은 우(禹)가 섭위(攝位)에 있을 때와 같으니, 또한 순(舜)의 명을 받아서 삼묘(三苗)를 정벌한 것이다."

[1-1-2-13]
二十有八載, 帝乃殂落, 百姓如喪考妣, 三載, 四海遏密八音.

---

749) 김장생(金長生)의 『사계전서(沙溪全書)』 권14, 「경서변의(經書辨疑)·서전(書傳)·순전(舜典)」에는 "○窮奇, 少皥氏子, 其行窮, 其好奇. ○渾敦, 黃帝子, 渾敦, 不開通之貌. ○饕餮, 縉雲氏子, 貪財爲饕, 音叨; 貪食爲餮, 音他結反. ○檮杌, 顓頊氏子, 頑凶無儔匹之貌.(○궁기는 소호씨의 아들이니, 행동은 궁하고, 기호는 기이하였다. ○혼돈은 황제의 아들이니, 혼돈이란 열려서 통달하지 못한 모양이다. ○도철은 진운씨의 아들이니, 재물을 탐하는 것을 도라 하니, 음은 도이며, 음식을 탐하는 것을 철이라 하니, 음은 타와 결의 반절이다. ○도올은 전욱씨의 아들이니, 사납고 흉악하여 짝할 이가 없는 모양이다.)"로 되어 있다.
750) 호광(胡廣) 등 찬, 『서경대전(書經大全)』의 소주에서 발췌한 것이다. 그 내용은 다음과 같다. "林氏曰 : '殛鯀竄苗, 當在洪水未平之前; 巡守肇十二州, 當在禹平水之後, 史因言舜之恤刑, 遂擧四凶事, 繫于下耳. 世徒見四凶得罪, 不在堯世, 則謂堯不能去, 不知舜之去, 四凶乃在歷試之時, 實受堯命, 如禹居攝時, 亦受舜命征苗也.'(임씨가 말하였다. '곤을 붙잡아두고 괴롭게 하며 삼묘를 몰아내어 감금함은 마땅히 홍수가 다스려지지 않은 이전에 있어야 하며, 순수하고 12주를 처음으로 만든 것은 마땅히 물과 땅을 다스린 뒤에 있어야 할 뿐이다. … 사흉이 이에 두루 시험하던 때에 실제로 요의 명을 받았으니, 우가 섭위에 있을 때와 같으니, 또한 순의 명을 받아서 삼묘를 정벌한 것이다.')"

임금 자리를 대신한 지 28년 만에 요임금이 마침내 돌아가심에 백성들이 부모님의 초상(初喪)처럼 삼년상(三年喪)을 치루니, 온 세상에서는 모든 악기(樂器) 연주를 그쳐 조용하였다.

詳說

○ 音徂.

'조(殂)'는 음이 조(徂)이다.

集傳

'殂落', 死也, 死者, 魂氣歸于天, 故曰'殂'; 體魄歸于地, 故曰'落'. '喪', 爲之服也. '遏', 絶; '密', 靜也. '八音', 金·石·絲·竹·匏·土·革·木也. 言堯, 聖德廣大, 恩澤隆厚, 故四海之民, 思慕之深, 至於如此也.『儀禮』"圻內之民, 爲天子齊衰三月; 圻外之民, 無服", 今應服三月者, 如喪考妣; 應無服者, 遏密八音. 堯十六卽位, 在位七十載; 又試舜三載, 老不聽政二十八載, 乃崩, 在位通計百單一年.

'조락(殂落)'은 죽음이니, 죽은 이는 영혼의 기운이 하늘로 돌아가기 때문에 '조(殂)'라 하고, 신체의 넋이 땅으로 돌아가기 때문에 '낙(落)'이라고 한 것이다. '상(喪)'은 그를 위하여 복상(服喪)하는 것이다. '알(遏)'은 그만둠이고, '밀(密)'은 정숙(靜肅)함이다. '팔음(八音)'은 금(金)·석(石)·사(絲)·죽(竹)·포(匏)·토(土)·혁(革)·목(木)의 악기(樂器)이다. 요(堯)는 성스러운 덕화(德化)가 광대하며 은택이 크고 후하였기 때문에 온 세상의 백성들이 사모함이 깊어서 이와 같음에 이르렀다고 말한 것이다.『의례(儀禮)』에서 "경기(京畿) 안의 백성은 천자를 위하여 자최(齊衰) 상복을 석 달 동안 입고, 경기(京畿) 밖의 백성은 복상(服喪)이 없다."고 하였는데, 이제 응당 석 달 동안 복상(服喪)해야 하는 이는 마치 부모님 초상처럼 하고, 응당 복상(服喪)이 없어야 하는 이는 여덟 악기의 연주를 그만두고 정숙(靜肅)한 것이다. 요(堯)가 16세에 임금 자리에 올라 임금 자리에 있은 것이 70년이고, 또 순(舜)을 3년 동안 시험하고 늙어서 정사를 듣고 다스리지 못한지 28년 만에 돌아가시니, 임금 자리에 있은 것이 통틀어 계산하면 11년이다.

詳說

○ 徂也.

'조(殂)'는 감이다.

○ 去聲, 下同.
'위(爲)'는 거성(去聲: 위하다)이니, 아래도 같다.

○ 「喪服」.751)
'『의례』(『儀禮』)'는 「상복(喪服)」이다.

○ 畿同.752)
'기(圻)'는 기(畿)와 같다.

○ 音咨催.753)
'자최(齊衰)'는 음이 자최(咨催)이다.

○ 平聲, 下同.754)
'금응(今應)'에서 응(應)은 평성(平聲: 응당)이니, 아래도 같다.

○ 朱子曰 : "百姓如喪考妣, 此是本分; 四海遏密八音, 以禮論之 則爲過."755)

---

751) 『의례주소(儀禮注疏)』권11, 「상복(喪服)」. "庶人爲國君. 鄭注: '不言民而言庶人, 庶人或有在官者. 天子畿內之民服, 天子亦如之.'(서민은 나라의 임금을 위한다. 정현의 주에 '… 천자의 기내의 백성은 복상하니, 천자는 또한 그와 같이 한다.')" 그리고 위요옹(魏了翁) 찬, 『의례요의(儀禮要義)』권32, 「상복(喪服)·배신수천자은고복개여기외민부(陪臣受天子恩故服介與畿外民否)」에서 "天子畿內之民服, 天子亦如之, 卽知, 畿外之民, 不服, 可知.(천자의 기내의 백성은 복상하면 천자가 또한 그와 같이 함을 알 수 있고, 기외의 백성이 복상하지 않음을 알 수 있는 것이다.)"라고 하였다.
752) 호광(胡廣) 등 찬, 『서경대전(書經大全)』의 소주에는 "音祈.(음이 기이다.)"로 되어 있다.
753) 호광(胡廣) 등 찬, 『서경대전(書經大全)』의 소주를 수용한 것이다.
754) 호광(胡廣) 등 찬, 『서경대전(書經大全)』의 소주를 수용한 것이다.
755) 호광(胡廣) 등 찬, 『서경대전(書經大全)』의 소주에서 발췌한 것이다. 그 내용은 다음과 같다. "堯崩, '百姓如喪考妣三載, 四海遏密八音', '百姓如喪考妣', 此是本分; '四海遏密八音', 以禮論之則爲過. 爲天子服三年之喪, 只是圻內, 諸侯之國則不然. 爲君爲父, 皆服斬衰. 君謂天子·諸侯及大夫之有地者, 大夫之邑, 以大夫爲君; 大夫以諸侯爲君, 諸侯以天子爲君, 各爲其君, 服斬衰. 諸侯之大夫, 却爲天子服齊衰三月, 禮無二斬故也.' '公之喪, 諸達官之長杖', 達官, 謂通於君得奏事者, 各以其長, 其長杖, 其下者不杖, 可知.(요임금이 죽자 '백성들이 부모님의 초상처럼 삼년상을 하고, 온 세상이 여덟 악기의 연주를 그만두고 정숙하였다.'라고 하였으니, '백성들이 부모님 초상처럼 함'은 이것은 본분이고, '온 세상이 여덟 악기의 연주를 그만두고 정숙함'은 예로써 논한다면 지나침이 된다. 천자를 위하여 복상을 삼년상으로 하는 것은 다만 경기 안이고, 제후의 나라는 그렇지 않다. 임금을 위하고 아버지를 위해서는 모두 참최로 복상하는 것이다. ….)" 이는 『주자어류(朱子語類)』권78, 「상서일(尙書一)·순전(舜典)」에서 발췌한 것이다. 그 전문은 다음과 같다. "堯崩, '百姓如喪考妣', 此是本分. '四海遏密八音', 以禮論之, 則爲過. 爲天子服三年之喪, 只是畿內, 諸侯之國則不然. 爲君爲父, 皆服斬衰. 君, 謂天子·諸侯及大夫之有地者. 大夫之邑以大夫爲君, 大夫以諸侯爲君, 諸侯以天子爲君, 各爲其君服斬衰. 諸侯之大夫却爲天子服齊衰三月, 禮無二斬故也.' '公之喪, 諸達官之長, 杖.' 達官, 謂通於君得奏事者. 各有其長杖, 其下者不杖, 可知. 文尉問: '後世不封建諸侯, 天下一統, 百姓當爲天

'알밀팔음(遏密八音)'에 대해, 주자(朱子: 朱熹)가 말하였다. "백성들이 부모님 초상처럼 함'은 이것은 본분이고, '온 세상이 여덟 악기의 연주를 그만두고 정숙함'은 예로써 논하면 지나침이 되는 것이다."

○ 補文上事.
'우시순삼재(又試舜三載)'의 경우, 윗글의 일을 보탰다.

○ 壽百十五.
'재위통계백단일년(在位通計百單一年)'의 경우, 수명은 115년이다.

[1-1-2-14]
月正元日, 舜格于文祖.
정월(正月) 초하루에 순(舜)이 문조(文祖)의 사당에 이르렀다.

詳說
○ 音征.
'정(正)'은 음이 정(征)이다.

集傳
'月正', 正月也. '元日', 朔日也. 漢孔氏曰: "舜服堯喪, 三年畢, 將卽政, 故復至文祖廟告." 蘇氏曰: "'受終', 告攝; 此, 告卽位也. 然『春秋』, 國君, 皆以遭喪之明年正月, 卽位於廟而改元, 孔氏云: '喪畢之明年', 不知何所據也."

'월정(月正)'은 정월달이다. 원일(元日)은 초하루이다. 한(漢)나라 공씨(孔氏: 孔安國)가 말하였다. "순(舜)이 요(堯)의 초상에 복상(服喪)을 하여 삼년상(三年喪)을 마치고 장차 정사(政事)에 나아가려고 하였기 때문에 다시 문조(文祖: 堯)의 사당에 이르러 고유(告由)한 것이다." 소씨(蘇氏: 蘇軾)가 말하였다. "'수종(受終)'은 정사를 대신함을 고유한 것이고, 여기서는 임금 자리에 오름을 고유한 것이다. 그러나

子何服?' 曰: '三月. 天下服地雖有遠近, 聞喪雖有先後, 然亦不過三月.'(요임금이 죽자 '백성들이 부모님 초상처럼 함'은 이것은 본분이고, '온 세상이 여덟 악기의 연주를 그만두고 정숙함'은 예로써 논하면 지나침이 된다. ….)"

『춘추(春秋)』에서 나라의 임금이 모두 초상을 만난 이듬해 정월에 사당에서 임금 자리에 오르고 연호(年號)를 고쳤는데, 공씨(孔氏: 孔安國)가 '초상을 마친 이듬해'라고 하였으니, 무엇을 근거한 것인지 알 수 없다."

詳說

○ 音征, 下並同.
'정(正)'은 음이 정(征)이니, 아래도 아울러 같다.

○ 去聲.756)
'부(復)'는 거성(去聲: 다시)이다.

○ 照前節.
'고부지문조묘고(故復至文祖廟告)'의 경우, 앞의 단락을 참조한 것이다.

○ 朱子曰 : "堯之廟, 當立於丹朱之國, 神不歆非類, 『禮記』'有虞氏宗堯', 伊川以爲可疑."757)
'즉위어묘이개원(卽位於廟而改元)'에 대해, 주자(朱子: 朱熹)가 말하였다. "요(堯)의 사당은 마땅히 단주(丹朱)의 나라에 세웠을 것이다. 신은 그 종류가 아닌 것을 흠향하지 않으니, 『예기(禮記)』에서 '유우씨(有虞氏)는 요(堯)를 으뜸으로 하였다.'고 하였는데, 이천(伊川: 程頤)이 의심할 만하다고 여겼다."

○ 按, 孔說, 實據孟子. 蓋禪傳與繼世, 其禮容有處變·處常之異, 而蘇氏疑之何哉, 而『集傳』取之, 所以備一說也.
'부지하소거야(不知何所據也)'에 대해, 살펴보건대, 공안국(孔安國)의 말은 실제로 맹자(孟子)에 의거하였다. 대개 선위(禪位)하여 전해줌과 선세(先世)를 계승

---

756) 호광(胡廣) 등 찬, 『서경대전(書經大全)』의 소주에는 "扶又反.(부와 우의 반절이다.)"으로 되어 있다.
757) 호광(胡廣) 등 찬, 『서경대전(書經大全)』의 소주에서 발췌한 것이다. 그 내용은 다음과 같다. "朱子曰 : '堯·舜之廟, 雖不可考, 然以義理推之, 堯之廟, 當立于丹朱之國. 所謂修其禮物, 作賓于王家, 蓋神不歆非類, 民不祀非族, 故『禮記』有虞氏禘黃帝而郊嚳, 祖顓頊而宗堯, 伊川以爲可疑.(주자가 말하였다. '요와 순의 사당은 비록 상고할 수 없으나 의리로 추측해보면 요의 사당은 마땅히 단주의 나라에 세웠을 것이니, 이른바 그 예물을 닦아서 왕가에 손님이 되게 하였다는 것이다. 대개 신은 그 종류가 아닌 것을 흠향하지 않으며, 백성은 그 종족이 아닌 것을 제사지내지 않는다. 그러므로 『예기』에서 '유우씨는 황제에게 제사지내고 제곡에게 제사지냈으며, 전욱을 시조로 하고 요를 으뜸으로 하였다.'고 하였는데, 이천이 의심할 만하다고 여겼다.')" 이는 『주자어류(朱子語類)』 권78, 「상서일(尙書一)·순전(舜典)」에 실려 있다.

함에는 그 예의와 의용(儀容)이 이상(異常)에 대처함과 정상(正常)에 대처함의 차이가 있어서 소씨(蘇氏: 蘇軾)가 무엇이냐고 의심한 것인데, 『집전(集傳)』에서 취하여 하나의 변설을 갖춘 것이다.

[1-1-2-15]

詢于四岳, 闢四門, 明四目, 達四聰.

사악(四岳)에게 물어 사방의 문을 열어놓고, 사방의 눈을 밝히고, 사방의 귀를 통하게 하였다.

集傳

'詢', 謀; '闢', 開也. 舜旣告廟卽位, 乃謀治于四岳之官, 開四方之門, 以來天下之賢俊, 廣四方之視聽, 以決天下之壅蔽.

'순(詢)'은 도모함이고, '벽(闢)'은 여는 것이다. 순(舜)이 이미 사당에 고유(告由)하고 임금 자리에 올라서 이에 사악(四岳)의 관리들에게 다스림을 꾀하기를, 사방의 문을 열어 천하의 어질고 뛰어난 사람을 오게 하고, 사방의 보고 들음을 넓혀서 천하의 막히고 가려진 것을 터놓은 것이다.

詳說

○ 承上節.
'순기고묘즉위(舜旣告廟卽位)'의 경우, 위의 단락을 이어받은 것이다.

○ 添 '治'字.
'내모치우사악지관(乃謀治于四岳之官)'의 경우, '치(治)'자를 더하였다.

○ 朱子曰 : "以天下之目爲目, 以天下之耳爲耳之意."[758]
'이결천하지옹폐(以決天下之壅蔽)'에 대해, 주자(朱子: 朱熹)가 말하였다. "천하의 눈으로써 눈을 삼고, 천하의 귀로써 귀를 삼는다는 뜻이다."

---

[758] 호광(胡廣) 등 찬, 『서경대전(書經大全)』의 소주에서 발췌한 것이다. 그 내용은 다음과 같다. "問: '明四目達四聰, 是達天下之聰明否?' 朱子曰: '固是.' 曰: '孔安國言廣視聽於四方, 如何?' 曰: '亦是. 以天下之目爲目, 以天下之耳爲耳之意.'(물었다. '사방의 눈을 밝게 하고, 사방의 귀를 들리게 하였다는 것은 천하의 총명함을 통달하게 한 것입니까?' 말하였다. '진실로 그러하다.' 말하였다. '공안국은 사방으로 보고 듣는 것을 넓혔다고 하였는데 어떻습니까?' 말하였다. '또한 그러하다. 천하의 눈으로써 눈을 삼고, 천하의 귀로써 귀를 삼았다는 뜻이다.')" 이는 『주자어류(朱子語類)』 권78, 「상서일(尙書一)·순전(舜典)」에 실려 있다.

○ 陳氏大猷曰 : "初攝位, 則覲岳·牧; 初卽位, 則復詢岳·牧, 蓋內外之要職, 莫先焉."759)

진씨대유(陳氏大猷: 陳大猷)가 말하였다. "처음에 임금 자리를 대신함에는 사악(四岳)과 목백(牧伯)을 만나보았고, 처음 임금 자리에 올라서는 다시 사악(四岳)과 목백(牧伯)에게 물었으니, 대개 안팎의 중요한 직책은 이보다 앞서는 것이 없었다."

○ 新安陳氏曰 : "自此, 至'亮天功', 紀舜初卽位, 事四岳, 總四方諸侯. 故以闢四方之門, 廣視聽於四方者, 咨詢之. '闢四門', 有以天下爲一家之氣象; '明四目'·'達四聰', 有以天下爲一身之精神."760)

신안 진씨(新安陳氏: 陳師凱)가 말하였다. "이로부터 '양천공(亮天功)'까지는 순(舜)이 처음 임금 자리에 올라 사악(四岳)을 다스리고 사방의 제후를 거느렸음을 기록한 것이다. 그러므로 사방의 문을 여는 것이 사방으로 보고 들음을 넓히는 것이라 여겨서 자문하고 물은 것이다. '벽사문(闢四門)'은 천하를 한 집안의 기상으로 삼음이 있으며, '명사목(明四目)'과 '달사총(達四聰)'은 천하를 한 몸의 정신으로 삼음이 있는 것이다."

[1-1-2-16]

咨十有二牧, 曰 : "食哉惟時, 柔遠能邇, 惇德允元, 而難任人, 蠻夷率服."

열두 목백(牧伯)에게 물으며 말하였다. "곡식은 때를 잘 맞추어야 하니, 멀리 있는 이를 회유하고 가까이 있는 이를 길들이며, 덕 있는 이를 두터이 대접하고 어진 이를 참되게 믿으며,

---

759) 호광(胡廣) 등 찬, 『서경대전(書經大全)』의 소주에서 발췌한 것이다. 그 내용은 다음과 같다. "陳氏大猷曰 : '舜初攝位, 則覲岳·牧; 初卽位, 則復詢岳咨牧, 蓋內外之要職, 莫先焉.'(진씨 대유가 말하였다. '순이 처음에 임금 자리를 대신함에는 사악의 목백을 만나보았고, 처음 임금 자리에 올라서는 다시 사악에게 묻고 목백에게 물었으니, 대개 안팎의 중요한 직책은 이보다 앞서는 것이 없었다.')"
760) 호광(胡廣) 등 찬, 『서경대전(書經大全)』의 소주에서 발췌한 것이다. 그 내용은 다음과 같다. "新安陳氏曰 : '自此, 至惟時亮天功, 紀舜初卽位, 事四岳, 總四方諸侯. 故以闢四方之門, 廣視聽於四方者, 咨詢之.' 闢四門, 有以天下爲一家之氣象焉; 明四目, 達四聰, 有以天下爲一身之精神焉.'(신안 진씨가 말하였다. '이로부터 유시양천공까지는 순이 처음 임금 자리에 올라 사악을 다스리고 사방의 제후를 거느렸음을 기록한 것이다. 그러므로 사방의 문을 여는 것이 사방으로 보고 들음을 넓히는 것이라 여겨서 자문하고 물은 것이다. 벽사문은 천하를 한 집안의 기상으로 삼음이 있으며, 명사목과 달사총은 천하를 한 몸의 정신으로 삼음이 있는 것이다.')"

간사한 이를 물리치면 오랑캐들도 무리를 거느리고 와서 복종할 것이다."

詳說

○ '惇', 都昆反. '任', 平聲.761) '率', 『諺』音誤.762)

'돈(惇)'은 도(都)와 곤(昆)의 반절이다. '임(任)'은 평성(平聲: 奸佞하다)이다. '수(率)'는 『언해(諺解)』의 음이 잘못되었다.

集傳

'牧', 養民之官. '十二牧', 十二州之牧也. 王政, 以食爲首; 農事, 以時爲先, 舜言足食之道, 惟在於不違農時也. '柔'者, 寬而撫之也. '能'者, 擾而習之也, 遠近之勢如此, 先其略而後其詳也. '惇', 厚. '允', 信也. '德', 有德之人也. '元', 仁厚之人也. '難', 拒絶也. '任', 古文作'壬', 包藏凶惡之人也. 言當厚有德, 信仁人, 而拒姦惡也. 凡此五者, 處之各得其宜, 則不特中國順治. 雖蠻夷之國, 亦相率而服從矣.

'목(牧)'은 백성을 기르는 관리이고, '십이목(十二牧)'은 열두 주(州)의 목백(牧伯)이다. 임금의 정사는 음식(飮食)을 으뜸으로 삼고, 농사는 때를 선무(先務)로 삼으니, 순(舜)이 음식을 충족하는 방도가 오직 농사철을 어기지 않음에 있음을 말한 것이다. '유(柔)'라는 것은 너그럽게 대하면서 어루만짐이다. '능(能)'이라는 것은 길들여서 익힘이니, 멀고 가까움의 지세(地勢)가 이와 같음에 소략하게 대한 이를 먼저하고, 자상하게 대한 이를 뒤에 하는 것이다. '돈(惇)'은 두터이 대접함이고, '윤(允)'은 믿음이다. '덕(德)'은 덕이 있는 사람이다. '원(元)'은 어질고 후덕한 사람이다. '난(難)'은 물리침이다. '임(任)'은 고문(古文) 『상서(尙書)』에는 '임(壬)'으로 썼으니, 흉악함을 숨겨 감춘 사람이다. 마땅히 덕이 있는 이를 두터이 대접하고, 어진 이를 참되게 믿으며, 간악(奸惡)한 이를 물리쳐야 함을 말한 것이다. 무릇 이 다섯 가지를 대처함에 각각 그 마땅함을 얻으면 다만 나라 안만 순조롭게 다스려질 뿐 아니라, 비록 오랑캐의 나라일지라도 또한 서로 거느리고 와서 복종할 것이다.

---

761) 호광(胡廣) 등 찬, 『서경대전(書經大全)』의 소주에는 "'難', 去聲. '任', 平聲.('난'은 거성이다. '임'은 평성이다.)"으로 되어 있다.

762) 『언해(諺解)』에는 음이 '솔'이라고 하였는데, 그 뜻이 '거느리다'일 경우에는 『광운(廣韻)』에서 "所類切, 去.(소와 류의 반절이니, 거성이다.)"라고 하여 '수'라고 하였다.

詳說

○ 見『孟子』「梁惠王」.763)
'유재어불위농시야(惟在於不違農時也)'의 내용이 『맹자(孟子)』 「양혜왕(梁惠王)」에 보인다.

○ 二句論也.
'선기략이후기상야(先其略而後其詳也)'에서 볼 때, 두 구절은 논변한 것이다.

○ 朱子曰 : "'柔遠', 却說得輕; '能邇', 是奈何得他. 使之帖服之意."764)
주자(朱子: 朱熹)가 말하였다. "'유원(柔遠)'은 도리어 말한 것이 가벼운데, '능이(能邇)'는 어떻게 그들을 얻어 하여금 순종하게 할 수 있겠는가 하는 뜻이다."

○ 添 '人' 字.
'인후지인야(仁厚之人也)'의 경우, '인(人)'자를 더하였다.

○ 「皐陶謨」, 亦作 '壬'.765)
'고문작임(古文作壬)'의 경우, 「고요모(皐陶謨)」에서도 또한 '임(壬)'으로 썼다.

○ '柔遠' 以下.
'범차오자(凡此五者)'의 경우, '유원(柔遠)' 이하이다.

○ 上聲.

---

763) 『맹자집주대전(孟子集註大全)』 권1, 「양혜왕장구상(梁惠王章句上)」. "不違農時, 穀不可勝食也; 數罟不入洿池, 魚鼈不可勝食也; 斧斤以時入山林, 材木不可勝用也. …(농사철을 어기지 않는다면 곡식을 모두 먹을 수 없으며, 촘촘한 그물을 연못에 들이지 않는다면 물고기와 자라를 모두 먹을 수 없으며, 도끼와 자귀를 때에 맞게 산림에 들인다면 재목을 모두 쓸 수 없을 것이다. ….)"
764) 호광(胡廣) 등 찬, 『서경대전(書經大全)』의 소주에서 발췌한 것이다. 그 내용은 다음과 같다. "朱子曰 : '柔遠能邇, 柔遠, 却說得輕; 能邇, 是柰何得他, 使之帖服之意.'(주자가 말하였다. '멀리 있는 이를 부드럽게 어루만지며 가까이 있는 이를 능하게 한다는 말에서 유원은 도리어 말한 것이 가벼운데, 능이는 어떻게 그들을 얻어 하여금 순종하게 할 수 있겠는가 하는 뜻이다.')" 이는 『주자어류(朱子語類)』 권78, 「상서일(尙書一)·순전(舜典)」에서 발췌한 것이다. 그 전문은 다음과 같다. "柔遠能邇, 柔遠, 却說得輕; 能邇, 是柰何得他, 使之帖服之意. '三就', 只當從古注. '五宅三居', '宅', 只訓居.(… '삼취'는 다만 마땅히 옛날 주를 좇아야 한다. '오택삼거'에서 '택'은 다만 살 거로 새긴다. ….)"
765) 호광(胡廣) 등 찬, 『서경대전(書經大全)』 권2, 「우서(虞書)·고요모(皐陶謨)」. "… 何畏乎巧言令色孔壬.(… 어찌 말을 예쁘게 하고 얼굴빛을 예쁘게 꾸미며 크게 간악한 이를 두려워하겠는가.)"

'처(處)'는 상성(上聲: 대처하다, 처리하다)이다.

○ 添此句.
'즉불특중국순치(則不特中國順治)'의 경우, 이 구절을 더한 것이다.

○ 新安陳氏曰 : "欲州牧以是爲國而率諸侯也."766)
'역상솔이복종의(亦相率而服從矣)'에 대해, 신안 진씨(新安陳氏: 陳師凱)가 말하였다. "주목(州牧)이 이로써 나라를 위하여 제후들을 거느리기를 바란 것이다."

[1-1-2-17]

舜曰 : "咨! 四岳. 有能奮庸, 熙帝之載, 使宅百揆, 亮采惠疇." 僉曰 : "伯禹作司空." 帝曰 : "兪. 咨! 禹. 汝平水土, 惟時懋哉." 禹拜稽首, 讓于稷·契暨皐陶, 帝曰 : "兪. 汝往哉."

순(舜)이 말하였다. "아! 사악아. 공로(功勞)를 떨쳐 일으켜 요임금의 사업을 넓힐 이 있으면 백규(百揆)에 자리하게 하여 여러 일을 밝히고 무리들을 순하도록 하겠다." 많은 신하들이 말하였다. "백우(伯禹)가 사공(司空)에 종사합니다." 순임금이 말하였다. "그러한가. 아! 우(禹)야. 네가 물과 땅을 평온하게 다스렸으니, 이것에 힘쓰라." 우(禹)가 절하고 머리를 조아려 직(稷)과 설(契) 및 고요(皐陶)에게 사양하니, 순임금이 말하였다. "그러한가. 네가 전의 일도 하도록 하라."

詳說

○ '契', 音薛. '陶', 音遙, 並下同.767)
'설(契)'은 음이 설(薛)이다. '요(陶)'는 음이 요(遙)이니, 아울러 아래도 같다.

---

766) 호광(胡廣) 등 찬, 『서경대전(書經大全)』의 소주에서 발췌한 것이다. 그 내용은 다음과 같다. "新安陳氏曰 : '重民食, 一遐邇, 親君子, 遠小人, 則内治擧而外夷服, 欲州牧以是爲國而率諸侯也.'(신안 진씨가 말하였다. '백성의 음식을 중히 여기고, 멀고 가까운 이를 동일하게 대하며, 군자를 친히 하고 소인을 멀리하면 나라 안의 정치가 일어나서 바깥 오랑캐들이 복종할 것이니, 주목 이로써 나라를 위하여 제후들을 거느리기를 바란 것이다.')"
767) 채침(蔡沈) 찬, 『서경집전(書經集傳)』에는 "'契', 音泄. '陶', 音遙.('설'은 음이 설이다. '요'는 음이 요이다.)"로 되어 있다. 호광(胡廣) 등 찬, 『서경대전(書經大全)』의 소주에는 "'懋', 音茂. '稽', 音起. '契', 音薛. '陶', 音遙.('무'는 음이 무이다. '계'는 음이 기이다. '설'은 음이 설이다薛. '요'는 음이 요이다.)"로 되어 있다.

集傳

'奮', 起; '熙', 廣; '載', 事; '亮', 明; '惠', 順; '疇', 類也. 一說, "'亮', 相也." 舜言: "有能奮起事功, 以廣帝堯之事者, 使居百揆之位, 以明亮庶事, 而順成庶類也." '僉', 衆也, 四岳所領四方諸侯有在朝者也. '禹', 姒姓, 崇伯鯀之子也. '平水土'者, 司空之職. '時', 是; '懋', 勉也, 指百揆之事以勉之也. 蓋四岳及諸侯言: "伯禹見作司空, 可宅百揆." 帝然其擧而咨禹, 使仍作司空, 而兼行百揆之事, 錄其舊績而勉其新功也. 以司空兼百揆, 如周以六卿兼三公, 後世以他官平章事·知政事, 亦此類也. '稽首', 首至地. '稷', 田正官. '稷', 名棄, 姓姬氏, 封於邰. '契', 臣名, 姓子氏, 封於商, '稷'·'契', 皆帝嚳之子. '暨', 及也. '皐陶', 亦臣名. '俞'者, 然其擧也. '汝往哉'者, 不聽其讓也. 此章, 稱'舜曰'; 此下, 方稱'帝曰'者, 以見堯老舜攝, 堯在時, 舜未嘗稱帝; 此後, 舜方眞卽帝位而稱帝也.

'분(奮)'은 일으킴이고, '희(熙)'는 넓힘이고, '재(載)'는 일이고, '양(亮)'은 밝음이고, '혜(惠)'는 순순함이고, '주(疇)'는 무리이다. 어떤 해설에는 "'양(亮)'은 관찰함이다."라고 하였다. 순(舜)이 말하기를, "공로(功勞)를 떨쳐 일으켜 요임금의 사업을 넓힐 이 있으면 백규(百揆: 冢宰)에 자리하게 하여 여러 일을 밝히고 무리들을 순하게 이루도록 하겠다."고 하였다. '첨(僉)'은 무리이니, 사악(四岳)이 거느리는 사방의 제후로서 조정에 있는 이들이다. '우(禹)'는 사성(姒姓)이니, 숭백(崇伯)인 곤(鯀)의 아들이다. '평수토(平水土)'라는 것은 사공(司空)의 직무이다. '시(時)는 이것이고, '무(懋)'는 힘씀이니, 백규(百揆)의 일로써 힘쓰게 함을 가리키는 것이다. 대개 사악(四岳)과 제후가 말하기를, "백우(伯禹)가 방금 사공(司空)에 종사하였으니, 백규(百揆)에 있을 만합니다."고 하니, 순임금이 그 천거를 옳게 여기고 우(禹)를 불러 그냥 사공(司空)에 종사하면서 백규(百揆)의 일을 아울러 행하게 하였으니, 그 옛 공적을 기록하고 그 새로운 공적을 권면한 것이다. 사공(司空)으로서 백규(百揆)를 아우른 것은 주(周)나라에서 육경(六卿)이 삼공(三公)을 아우른 것과 같으며, 후세에 다른 관직으로서 평장사(平章事)와 지정사(知政事)였던 것도 또한 이러한 유형이다. '계수(稽首)'는 머리가 땅에 이름이다. '직(稷)'은 전정(田正)[768]의 관직이다. '직(稷)'은 이름이 기(棄)이고 성이 희씨(姬氏)이니, 태(邰)나라에 봉해졌다.

---

[768] 전정(田正): 옛날 전관(田官)의 수장을 말한다. 『좌전(左傳)』「소공(昭公) 29년」에서 "'稷', 田正也.('직'은 전정이다.)"라고 하였는데, 두예(杜預)는 "掌播殖也.(씨앗을 뿌려 심는 것을 관장한다.)"이라 하고, 공영달(孔穎達)은 "'正', 長也, '稷', 是田官之長.('정'은 수장이니, '직'은 전관의 수장이다.)"이라고 하였다.

'설(契)'은 신하의 이름으로 성이 자씨(子氏)이고, 상(商)나라에 봉해졌으니, 직(稷)과 설(契)은 모두 제곡(帝嚳)의 아들이다. '기(曁)'는 및이다. '고요(皐陶)' 또한 신하의 이름이다. '유(兪)'라는 것은 그 천거를 그렇다고 여김이다. '여왕재(汝往哉)'라는 것은 그 사양함을 들어주지 않음이다. 이 장에서는 '순왈(舜曰)'이라 이르고, 이 아래에서는 바야흐로 '제왈(帝曰)'이라고 이른 것은 요(堯)가 늙어 순(舜)이 섭위(攝位)함에 요(堯)가 살아있을 때여서 순(舜)이 일찍이 임금이라 일컫지 않았으며, 이 뒤에 순(舜)이 바야흐로 진짜로 임금 자리에 오름에 임금이라 일컬었음을 보인 것이다.

詳說

○ 去聲.769)
'상(相)'은 거성(去聲: 관찰하다, 돕다)이다.

○ 庸.770)
'사공(事功)'의 경우, 용(庸: 功勞)이다.

○ 使萬物, 得其所.
'순성서류야(順成庶類也)'의 경우, 만물로 하여금 그 곳(適所, 제자리)을 얻게 하는 것이다.

○ 音潮.771)
'조(朝)'는 음이 조(潮)이다.

○ 得姒姓, 自禹始.
'사성(姒姓)'에서 볼 때, 사성(姒姓)을 얻은 것은 우(禹)로부터 시작되었다.

○ 唐孔氏曰:"代父爲崇伯, 故稱'伯禹'."772)

---

769) 호광(胡廣) 등 찬, 『서경대전(書經大全)』의 소주를 수용한 것이다.
770) '사공(事功)'은 나라를 위하여 근면하게 분발하여 노력하는 공로(功勞)나 공훈(功勳)을 말한다. 『주례(周禮)』「하관(夏官)·사훈(司勳)」에서 "'事功'曰勞.('사공'은 노고를 말한다.)"라 하고, 가공언(賈公彦)은 "據勤勞施國而言.(부지런히 노력하여 나라에 베푸는 것에 의거하여 말한 것이다.)"라고 하였다.
771) 이는 『광운(廣韻)』에서 조(潮)가 "直遙切, 平.(직과 요의 반절이니, 평성이다.)"이라 하였으니, 조(朝)의 뜻이 '아침'이 아니라, '조회, 조정'임을 말하는 것이다.

'숭백곤지자야(崇伯鯀之子也)'에 대해, 당나라 공씨(孔氏: 孔穎達)가 말하였다. "아버지를 대신하여 숭백(崇伯)이 되었기 때문에 '백우(伯禹)'라고 칭한 것이다."

○ 時.
'지백규지사(指百揆之事)'의 경우, '시(時: 이것)이다.

○ 音現, 猶言方今.
'백우현(伯禹見)'에서 현(見)은 음이 현(現)이니, 방금(方今)이라 말함과 같다.

○ 添此句.
'가택백규(可宅百揆)'의 경우, 이 구절을 더하였다.

○ '兪'之訓, 蒙前篇.773)
'제연기거(帝然其舉)'에서 볼 때, '유(兪)'의 새김은 앞의 편을 이어받았다.

○ 咨歎而呼禹.
'이자우(而咨禹)'의 경우, 가엾게 여겨 탄식하면서 우(禹)를 부른 것이다.

○ 汝平水土.
'사잉작사공(使仍作司空)'의 경우, 네가 물과 땅을 다스리라는 것이다.

○ 陳氏曰:"舜豈不知禹, 必詢于衆者, 付之公論, 而我無與也."774)
'녹기구적이면기신공야(錄其舊績而勉其新功也)'에 대해, 진씨(陳氏: 陳鵬飛)가 말하였다. "순(舜)이 어찌 우(禹)를 알지 못하겠는가마는, 반드시 대중에게 물은 것은 공론(公論)에 부쳐서 자기가 편듦이 없게 한 것이다."

○ 如周公以冢宰兼太師.

---

772) 호광(胡廣) 등 찬, 『서경대전(書經大全)』의 소주에서 발췌한 것이다. 그 내용은 다음과 같다. "唐孔氏曰 : '伯, 爵也, 禹代父鯀, 爲崇伯, 入爲天子司空, 故稱伯禹.'(당공씨가 말하였다. '백은 작이니, 우가 아버지 곤을 대신하여 숭백이 되고, 조정에 들어가 천자의 사공이 되었기 때문에 백우라고 칭하였다.')"
773) 앞 편 「요전(堯典)」의 [1-1-1-12]에서 "帝曰 : '兪. 予聞, 如何?'(요임금이 말하였다. '그러한가. 나도 들었는데, 어떠한 사람인가?')"라고 하였는데, 집전에서 "'兪', 應許之辭.('유'는 응대하여 허락하는 말이다.)"라고 한 것을 말한다.
774) 호광(胡廣) 등 찬, 『서경대전(書經大全)』의 소주를 수용한 것이다.

'여주이육경겸삼공(如周以六卿兼三公)'의 경우, 주공(周公)이 총재(冢宰)로써 태사(太師)를 겸직한 것과 같다.

○ 唐以後.
'후세(後世)'의 경우, 당(唐)나라 이후이다.

○ 他官, 如尙書侍郎之類也, 或兼平章事, 或兼知政事.
'역차류야(亦此類也)'의 경우, 다른 관직은 상서시랑(尙書侍郎)의 따위와 같으며, 혹은 평장사(平章事)를 겸직하고, 혹은 지정사(知政事)를 겸직한 것이다.

○ 田官之長.
'전정관(田正官)'의 경우, 전관(田官)의 수장이다.

○ 唐孔氏曰 : "稷, 五穀之長, 故以名主穀之官."775)
당공씨(唐孔氏: 孔穎達)가 말하였다. "직(稷: 기장)이 오곡의 으뜸이기 때문에 곡식을 주관하는 벼슬을 명명한 것이다."

○ 劉氏向曰 : "舜命九官, 濟濟相讓, 和之至也."776)
'역신명(亦臣名)'에 대해, 유씨향(劉氏向: 劉向)777)이 말하였다. "순(舜)이 구관(九官)778)을 명함이 엄숙하고 공경스럽게 서로 사양하였으니, 화순함의 지극함이다."

○ 欲與不聽其讓, 作對說. 故此又特訓之.

---

775) 호광(胡廣) 등 찬, 『서경대전(書經大全)』의 소주를 수용한 것이다.
776) 호광(胡廣) 등 찬, 『서경대전(書經大全)』의 소주를 수용한 것이다.
777) 유씨향(劉氏向: 劉向): 유향(B.C.77-B.C.6)은 서한(西漢)의 학자로, 원래 이름이 경생(更生)이고, 자가 자정(子政)이며, 세상에서 유중루(劉中壘)라고 부른다. 벼슬은 간대부(諫大夫)・종정(宗正)・광록대부(光祿大夫)・중루교위(中壘校尉) 등을 지냈으며, 그 문장이 평이하고 간약(簡約)하면서도 뜻이 창달(暢達)하다는 평을 받았다. 주요 저서로는 『신서(新序)』・『설원(說苑)』・『전국책(戰國策)』・『열녀전(列女傳)』・『열선전(列仙傳)』 등이 있다. 그밖에도 『초사(楚辭)』를 편성했으며, 청대 학자 마국한(馬國翰)이 편집한 『오경통의(五經通義)』가 있으며, 그의 아들 유흠(劉歆)과 함께 편성한 『산해경(山海經)』 등이 있다.
778) 구관(九官): 순(舜)이 설치한 아홉 개의 관직이다. 반고(班固) 찬, 『전한서(前漢書)』 권36, 「유향전(劉向傳)」에 의하면, "신이 듣건대, 순이 구관을 명함이 엄숙하고 공경스럽게 서로 사양하였으니, 화순함의 지극함이다. 뭇 현신들이 조정에서 화합하고 만물이 들에서 화목하다. …(臣聞, 舜命九官, 濟濟相讓, 和之至也, 衆賢和於朝, 則萬物和於野. 故簫韶九成, 而鳳皇來儀; 擊石拊石, 百獸率舞.)"라고 하였는데, 안사고(顏師古)의 주(註)에서 『상서』에 우는 사공이 되고, 기는 후직이고, 설은 사도이고, 구요는 사가 되고, 수는 공공이고, 익은 임금의 우이고, 백이는 질종이고, 기는 전악이고, 용은 납언이니, 모두 구관이다.(『尙書』, 禹作司空, 棄后稷, 契司徒, 咎繇作士, 垂共工, 益朕虞, 伯夷秩宗, 夔典樂, 龍納言, 凡九官也.)"라고 하였다.

'연기거야(然其擧也)'의 경우, 더불어 그 사양함을 들으려 하지 않고 대답하는 말을 썼기 때문에 여기서 또 다만 뜻을 새긴 것이다.

○ 上旣以懋戒之, 故此不復言諧言欽.
'불청기양야(不聽其讓也)'의 경우, 위에서 이미 힘씀으로써 훈계하였기 때문에 여기서 반복해서 조화를 말하고 공경을 말하지 않은 것이다.

○ 音現.
'이현(以見)'에서 현(見)은 음이 현(現)이다.

○ 論也.
'순방진즉제위이칭제야(舜方眞卽帝位而稱帝也)'에서 볼 때, 논변함이다.

○ 正元格祖之日, 已卽位, 而此註云'然'者, 非謂未稱帝而命禹, 旣稱帝而命棄以下也. 蓋謂史臣之書法, 至此, 猶以舜稱之, 以示堯在時, 未嘗稱帝, 讀者, 不以文害意, 可也.
정월 초하루 문조(文祖)의 사당에 이른 날에 이미 임금의 자리에 올랐는데, 이 주(註)에서 이르기를, '좋다'고 한 것은 임금이라 칭하지 않고서 우(禹)에게 명하고, 이미 임금이라 칭하고서 기(棄)에게 명한 이하를 이른 것이 아니다. 대개 사신(史臣)의 서법을 이른 것이니, 이에 이르러 오히려 순(舜)으로써 칭하여 요(堯)가 살아있을 때를 보이고 일찍이 임금이라 칭하지 않았으니, 읽은 이가 글로써 뜻을 해치지 않는 것이 좋다.

○ 林氏曰 : "『書』, 於名分之際, 最嚴, 於此稱'舜曰', 於多方言'周公曰'·'王若曰', 後世尚有言'堯北面'及'周公負扆'者."[779)]

---

779) 호광(胡廣) 등 찬, 『서경대전(書經大全)』의 소주에서 발췌한 것이다. 그 내용은 다음과 같다. "林氏曰 : 『書』, 於名分之際, 最嚴, 蓋恐涉於疑似而起後世之論也, 如舜居攝, 疑其稱帝, 故於命禹稱舜曰, 以見前此未嘗稱帝也. 周公攝政, 疑其稱王, 故於多方言周公曰·王若曰, 以見周公雖攝而號令, 皆成王之命也. 後世尚有言舜南面而立, 堯北面而朝, 及周公負黼扆以朝諸侯者.'(임씨가 말하였다. '『서경』은 명분의 정도에 있어서 가장 엄격하니, … 예를 들면 순이 섭위함에는 임금이라 칭함을 의심하였기 때문에 우에게 명함에 순왈이라 일컬어 이전부터 일찍이 임금이라 칭하지 않았음을 보였다. 주공이 섭정함에도 왕이라 칭함을 의심하였기 때문에 주공왈·왕약왈을 말하여 주공이 비록 섭정하여 호령하더라도 모두 성왕의 명령임을 보였던 것이다. 후세에도 오히려 순이 남쪽을 향해 들어감과 요가 북쪽을 향해 조회함 및 '주공이 보의 병풍을 등지고 제후들을 조회함을 말한 것이 있다.')" 이는 임지기(林之奇) 찬, 『상서전해(尙書全解)』에서 발췌한 것이다.

임씨(林氏: 林之奇)가 말하였다. "『서경(書經)』은 명분(名分)의 정도에 있어서 가장 엄격하니, 여기서는 '순왈(舜曰)'이라 이르고, 많은 곳에서 '주공왈(周公曰)'이나 '왕약왈(王若曰)'을 말하였으며, 후세에도 오히려 요(堯)가 북쪽을 향함 및 주공(周公)이 보의(黼扆)780) 병풍을 등졌음을 말한 것이 있다."

[1-1-2-18]

帝曰: "棄. 黎民阻飢, 汝后稷, 播時百穀."

순임금이 말하였다. "기(棄)야. 백성들이 곤궁하고 굶주리므로 너를 후직(后稷)으로 삼으니, 이 온갖 곡식을 뿌리도록 하라."

集傳

'阻', 厄. '后', 君也, 有爵土之稱. '播', 布也. 穀非一種, 故曰'百穀'. 此因禹之讓而申命之, 使仍舊職, 以終其事也.

'조(阻)'는 굶주려서 힘든 사정이다. '후(后)'는 임금이니, 작위(爵位)와 토지가 있는 칭호이다. '파(播)'는 씨를 뿌림이다. 곡식이 하나의 종류가 아니기 때문에 '백곡(百穀)'이라고 하였다. 이는 우(禹)가 사양함으로 말미암아 거듭 명하여 옛 직무를 그대로 이어 그 일을 마치게 한 것이다.

詳說

○ 厄於飢. ○唐孔氏曰: "謂'往'者, 洪水時."781)

'액(厄)'은 굶주림에 힘든 사정이다. ○당(唐)나라 공씨(孔氏: 孔穎達)가 말하였다. "지난번에 홍수가 났을 때를 이른 것이다."

○ 按, 『朱子大全』云: "如'三后'·'后夔'."782)

---

780) 보의(黼扆): 옛날 임금의 자리 뒤의 병풍에 도끼 모양의 화문이 새겨진 것을 말한다. 「주서(周書)·고명(顧命)」에서「狄設黼扆綴衣.(아래 관리인 적이 보의와 추의를 진설하였다.)」라고 하였다.
781) 호광(胡廣) 등 찬, 『서경대전(書經大全)』의 소주에서 발췌한 것이다. 그 내용은 다음과 같다. "唐孔氏曰: '黎民阻飢, 謂往者, 洪水時.'(당공씨가 말하였다. '여민조기는 지난번에 홍수가 났을 때를 이른 것이다.')"
782) 『주자대전(朱子大全)』 권65, 「잡저(雜著)·상서(尙書)·순전(舜典)」. "'阻', 厄也. '后', 君也, 謂有邰之君也, 如所謂'三后'·'后夔', 皆有爵土之稱也. '稷', 田正官. '播', 布也. 穀非一種, 故曰'百穀'. 此因禹之讓而申命之, 使仍舊職, 以終其事也.('조'는 굶주려서 힘든 사정이다. '후'는 임금이니, 유태의 군주를 일컫는다. 이른바 '삼후'나 '후기'와 같이 모두 작위와 토지가 있는 칭호이다. '파'는 씨를 뿌림이다. 곡식이 하나의 종류가 아니기 때문에 '백곡'이라고 하였다. 이는 우가 사양함으로 말미암아 거듭 명하여 옛 직무를 그대로 이어 그 일을 마치게 한 것이다.)"

'군야(君也)'에 대해, 살펴보건대, 『주자대전(朱子大全)』에서 말하였다. "'삼후(三后)'나 '후직(后稷)'과 같은 것이다."

○ 以加於官名者, 寵異之也.
'유작토지칭(有爵土之稱)'의 경우, 관직 이름을 더한 것은 총애하여 달리 대하였기 때문이다.

○ '時', 是也, 猶言'播厥'也. 『諺』釋, 合更商.783)
'포야(布也)'에서 볼 때, '시(時)'는 이것이니, '파궐(播厥)784)'을 말함과 같다. 『언해(諺解)』의 해석은 다시 생각해보아야 한다.

○ 上聲.785)
'종(種)'은 상성(上聲: 씨앗)이다.

○ 所讓之序, 而先命之.
'차인우지양이신명지(此因禹之讓而申命之)'의 경우, 사양하는 차례에 의거하여 먼저 명한 것이다.

[1-1-2-19]

帝曰: "契! 百姓不親, 五品不遜, 汝作司徒, 敬敷五敎, 在寬."

순임금이 말하였다. "설(契)아! 백성들이 서로 친목하지 않고, 오품(五品)이 공순(恭順)하지 않아서 너를 사도(司徒)로 삼으니, 공경히 다섯 가지 가르침을 펼치되 너그러운 마음으로 대하라."

集傳

---

783) 『언해(諺解)』에서는 '시(時)'를 '때로', 곧 '때에 맞게'라는 뜻으로 새겼는데, 박문호는 '이, 이것'을 뜻한다고 본 것이다.
784) 파궐(播厥): 씨를 뿌린다는 뜻으로, 호광(胡廣) 등 찬, 『시경대전(詩經大全)』 권13, 「소아(小雅)·북산지십(北山之什)·대전(大田)」에서 "비로소 남쪽 이랑에서 온갖 곡식을 뿌리도다.(俶載南畝, 播厥百穀.)"라 하고, 「송(頌)·주송(周頌)·희희(噫嘻)」에서 "이 농부들을 이끌고서 온갖 곡식을 뿌리도다.(率時農夫, 播厥百穀.)"라고 하였다.
785) 호광(胡廣) 등 찬, 『서경대전(書經大全)』의 소주를 수용한 것이다.

'親', 相親睦也. '五品', 父子·君臣·夫婦·長幼·朋友五者之名位等級也. '遜', 順也. '司徒', 掌敎之官. '敷', 布也. '五敎', 父子有親·君臣有義·夫婦有別· 長幼有序·朋友有信, 以五者當然之理, 而爲敎令也. '敬', 敬其事也, 聖賢之 於事, 雖無所不敬, 而此又事之大者, 故特以敬言之. '寬', 裕以待之也. 蓋五 者之理, 出於人心之本然, 非有强而後能者, 自其拘於氣質之偏, 溺於物欲之 蔽, 始有昧於其理, 而不相親愛, 不相遜順者. 於是, 因禹之讓, 又申命契, 仍 爲司徒, 使之敬以敷敎, 而又寬裕以待之, 使之優柔浸漬, 以漸而入, 則其天 性之眞, 自然呈露, 不能自已, 而無無恥之患矣. 孟子所引, "堯言: '勞來, 匡 直輔翼, 使自得之, 又從而振德之'," 亦此意也.

'친(親)'은 서로 친목함이다. '오품(五品)'은 부자(父子)와 군신(君臣)과 부부(夫婦) 와 장유(長幼)와 붕우(朋友)의 다섯 가지의 명분과 지위와 등급이다. '손(遜)'은 공 순(恭順)함이다. '사도(司徒)'는 교육을 관장하는 벼슬이다. '부(敷)'는 펼침이다. '오 교(五敎)'는 부자유친(父子有親)과 군신유의(君臣有義)와 부부유별(夫婦有別)과 장 유유서(長幼有序)와 붕우유신(朋友有信)이니, 다섯 가지의 당연한 도리로써 교화 (敎化)의 명령 삼은 것이다. '경(敬)'은 그 일을 공경함이니, 성현(聖賢)이 일에 있 어서 비록 공경하지 않는 것이 없으나, 이는 또 일의 큰 것이기 때문에 특별히 공 경함으로써 말한 것이다. '관(寬)'은 너그럽게 대함이다. 다섯 가지의 도리는 인심 (人心)의 본연(本然)에서 나와서 억지로 한 뒤에 잘할 수 있는 것이 아니니, 스스 로 기질의 치우침에 구애되고 물욕(物慾)의 가려짐에 빠져서 비로소 그 도리에 어 둡게 됨이 있어 서로 친애하지 않고 서로 공손하게 도리를 따르지 않는 이가 있 었다. 이에 우(禹)가 사양함으로 말미암아 또 거듭 설(契)에게 명하여 그대로 사도 (司徒)가 되게 하여 공경히 가르침을 펼치고 또 너그러운 마음으로 대하게 하여 그들로 하여금 차분하고 부드럽게 젖어들어 점점 들어가게 하였으니, 천성의 참됨 이 자연스럽게 드러나서 스스로 그만둘 수 없어 부끄러워함이 없는 근심이 없었 던 것이다. 맹자(孟子)가 인용한 것의 "요(堯)가 '위로하고 오게 하며 바로잡고 곧 게 하며 도와주어 스스로 본성을 얻게 하고, 또 좇아서 진작시키고 은혜를 베풀어 주라.'고 말하였다."라고 한 것도 또한 이 뜻이다.

詳說

○ 上聲,786) 下同.

'장(長)'은 상성(上聲: 어른)이니, 아래도 같다.

○ 彼列反.787)
'별(別)'은 피(彼)와 렬(列)의 반절이다.

○ 已見'五典'註.788)
'붕우유신(朋友有信)'의 경우, 이미 '오전(五典)'의 주(註)에 보였다.

○ 敬'之釋也, 非其訓也, 故在'敷'訓之下.
'경기사야(敬其事也)'의 경우, '경(敬)'의 해석인데 그 새김이 아니기 때문에 '부(敷)'의 뜻 새김 아래에 둔 것이다.

○ 上聲.789)
'강(强)'은 상성(上聲: 억지로, 강제로)이다.

○ 成氏申之曰 : "不親, 由於不遜."790)
'불상손순자(不相遜順者)'에 대해, 성씨신지(成氏申之: 成申之)791)가 말하였다. "'불친(不親)'은 불손(不遜)에서 말미암는다."

○ 照上註而言'又'.
'우신명계(又申命契)'의 경우, 위의 주를 참조하여 '우(又)'를 말한 것이다.

○ 音恣.792)
'자(漬)'는 음이 자(恣)이다.

---

786) 호광(胡廣) 등 찬, 『서경대전(書經大全)』의 소주는 '장유유서(長幼有序)'의 '長'자 아래에 붙어있다.
787) 호광(胡廣) 등 찬, 『서경대전(書經大全)』의 소주를 수용한 것이다.
788) 호광(胡廣) 등 찬, 『서경대전(書經大全)』 권1, 「우서(虞書)·순전(舜典)」에서 "愼徽五典, 五典克從.(오전을 삼가 아름답게 하도록 하였는데 백성들이 오전을 능히 따르게 되었다.)"이라 하였고, 집전에서 "'五典', 五常也, 父子有親·君臣有義·夫婦有別·長幼有序·朋友有信, 是也.('오전'은 오상이니, 부자유친과 군신유의와 부부유별과 장유유서와 붕우유신이 이것이다.)"라고 하였다.
789) 호광(胡廣) 등 찬, 『서경대전(書經大全)』의 소주를 수용한 것이다.
790) 호광(胡廣) 등 찬, 『서경대전(書經大全)』의 소주에서 발췌한 것이다. 그 내용은 다음과 같다. "成四家曰 : '不親, 由於不遜.'(성사백가가 말하였다. '불친은 불손에서 말미암는 것이다.')"
791) 성씨신지(成氏申之: 成申之): 성신지는 송대 학자로, 호가 미산(眉山) 또는 사백가(四百家)라고 하며, 미주(眉州) 사람이다. 남송 이종(理宗) 때 진사과에 급제하였으며, 저서로는 『상서집해(尙書集解)』가 있었는데, 『사백가집해(四百家集解)』라고도 하였다.
792) 호광(胡廣) 등 찬, 『서경대전(書經大全)』의 소주에는 "疾智反.(피와 지의 반절이다.)"으로 되어 있다.

○ 陳氏雅言曰 : "敷敎之道, 必主於敬, 而尤在於寬, 二者不可偏廢. '愼徽五典', '愼', 有敬敷之意; '徽', 有在寬之意, 此二字, 千萬世掌敎者, 不能易也."793) ○朱子曰 : "古人爲政, 一本於寬, 今必須反之以嚴, 而後有以得其當."794)

'이점이입(以漸而入)'에 대해, 진씨 아언(陳氏雅言: 陳雅言)이 말하였다. "교화(敎化)를 펼치는 방도는 반드시 경(敬)을 위주로 하되, 특히 관(寬)에 있어야 하니, 두 가지는 치우치거나 없애서는 안 된다. '신휘오전(愼徽五典: 오전을 삼가 아름답게 하도록 함)'에서, '신(愼)'에는 공경히 펼치는 뜻이 있고, '휘(徽)'에는 너그럽게 대하는 뜻이 있으니, 이 두 글자는 천만년의 세대에서 교화를 담당한 이가 바꿀 수 없는 것이다." ○주자(朱子: 朱熹)가 말하였다. "옛 사람이 정사를 함에는 한결같이 관대함에 근본하였는데, 지금은 필수적으로 반대로 엄격함으로써 하고난 뒤에 그 마땅함을 얻음이 있는 것이다."

○ '無恥', 見『論語』「爲政」.795)

'이무무치지환의(而無無恥之患矣)'에서 '무치(無恥)'는 『논어(論語)』「위정(爲政)」에 보인다.

○ 「滕文公」.796)

---

793) 호광(胡廣) 등 찬, 『서경대전(書經大全)』의 소주에서 발췌한 것이다. 그 내용은 다음과 같다. "陳氏雅言曰 : '敷敎之道, 必主於敬而尤在於寬, 敬以處己, 則人不敢慢; 寬以待人, 則人易於從, 二者不可偏廢. 苟一於敬, 則或失於急迫; 一於寬, 則或失於縱弛, 皆所不可. 史臣紀舜歷試諸艱之事, 曰愼徽五典, 愼, 有敬敷之意; 徽, 有在寬之意, 此二字, 千萬世掌敎者, 不能易也. 聖人之言辭, 簡而意盡, 於此可見.'(진씨 아언이 말하였다. '교화를 펼치는 방도는 반드시 경을 위주로 하되, 특히 관에 있어야 하니, … 두 가지는 치우치거나 없애서는 안 된다. … 신휘오전이라 하였는데 신에는 공경히 펼치는 뜻이 있고, 휘에는 너그럽게 대하는 뜻이 있으니, 이 두 글자는 천만년의 세대에서 교화를 담당한 이가 바꿀 수 없는 것이다. ….)'"

794) 호광(胡廣) 등 찬, 『서경대전(書經大全)』의 소주에서 발췌한 것이다. 그 내용은 다음과 같다. "古人爲政, 一本於寬, 切謂, 今必須反之以嚴, 蓋必須如是矯之, 而後有以得其當. 今人爲寬, 至於事無統紀, 緩急予奪之權, 皆不在我; 下梢却是奸豪得志, 平民不蒙其惠, 反受其殃矣.(옛 사람이 정사를 함에는 한결같이 관대함에 근본하였는데, 가만히 생각하건대 지금은 필수적으로 반대로 엄격함으로써 하니, 대개 필수적으로 이와 같음을 바로잡고 난 뒤라야 그 마땅함을 얻음이 있는 것이다. 지금 사람이 관대함을 함에 일이 기강이 없음에 이르러 완급과 여탈의 권세가 모두 자기에게 있지 않으니, 아래에서는 조금씩 도리어 간악한 토호들이 뜻을 얻고, 평민들이 그 은혜를 입지 못하여 반대로 그 재앙을 받는다.)"이는 『주자어류(朱子語類)』권18, 「주자오(朱子五)·논치도(論治道)」에서 발췌한 것이다. 그 전문은 다음과 같다. "古人爲政, 一本於寬, 今必須反之以嚴, 蓋必如是矯之, 而後有以得其當. 今人爲寬, 至於事無統紀, 緩急予奪之權, 皆不在我; 下梢却是奸豪得志, 平民旣不蒙其惠, 又反受其殃矣."

795) 『논어집주대전(論語集註大全)』권2, 「위정(爲政)」. "子曰 : '道之以政, 齊之以刑, 民免而無恥. 道之以德, 齊之以禮, 有恥且格.'(공자가 말하였다. '정령으로써 인도하며 형벌로써 가지런히 하면 백성이 형벌을 면하고서도 부끄러워함이 없을 것이다. 덕화로써 인도하며 예로써 가지런히 하면 부끄러워함이 있고 또 바르게 될 것이다.')"

796) 『맹자집주대전(孟子集註大全)』권5, 「등문공장구상(滕文公章句上)」. "后稷, 敎民稼穡, 樹藝五穀,

'『맹자』(『孟子』)'는 「등문공(滕文公)」이다.

○ 命契之辭, 今雖只見於『孟子』, 孟子時, 必自有其書而引用耳.
'맹자소인(孟子所引)'에의 경우, 설(契)에게 명령한 말이니, 지금 비록 다만 『맹자』에서만 보이는 것은 맹자(孟子) 때에 반드시 스스로 그 책을 가지고 있어서 인용하였을 뿐이다.

○ 並去聲.797)
'노래(勞來)'는 아울러 거성(去聲)이다.

○ '蓋'以下, 以論申釋之.
'역차의야(亦此意也)'에서 볼 때, '개(蓋)' 이하는 논변함으로써 거듭 해석한 것이다.

○ 朱子曰 : "禮樂, 所以成敎化, 而兵刑輔之, 唐虞時, 禮樂之官, 析爲三; 兵刑之官, 合爲一, 詳略之意, 可見."798)
주자(朱子: 朱熹)가 말하였다. "예악(禮樂)은 교화를 이루는 것이고, 군대와 형벌은 그것을 돕는 것이다. 당(唐)과 우(虞) 때에는 예악(禮樂)의 관직은 쪼개서 셋으로 하였고, 군대와 형벌의 관직은 합하여 하나로 하였으니, 상세하고 간략하게 한 뜻을 볼 수 있다."

五穀熟而民人育, 人之有道也, 飽食煖衣, 逸居而無敎, 則近於禽獸, 聖人有憂之, 使契, 爲司徒, 敎以人倫, 父子有親, 君臣有義, 夫婦有別, 長幼有序, 朋友有信. 放勳曰: '勞之來之, 匡之直之, 輔之翼之, 使自得之, 又從而振德之', 聖人之憂民如此, 而暇耕乎?(후직이 백성에게 농사를 가르쳐서 다섯 가지 곡식을 심어서 기르게 함에 다섯 가지 곡식이 익어서 백성들이 길러졌느니, 사람이 도리를 가져야 하는 것은 음식에 배부르고 의복에 몸을 따뜻하게 하여 편안하게 살면서 가르침이 없으면 곧 짐승에 가까워지기 때문이다. 성인이 그것을 근심함이 있어 설로 하여금 사도로 삼아서 사람들에게 인륜을 가르치게 하였으니, 부모와 자식에게는 친애함이 있으며, 임금과 신하에게는 의리가 있으며, 남편과 아내에게는 분별됨이 있으며, 어른과 아이에게는 차례가 있으며, 벗과 벗에게는 믿음이 있어야 하는 것이다. 방훈이 말하기를, '위로하며 권면하며, 잡아주며 고쳐주며, 도와주며 이뤄주어 스스로 얻게 하고 또 좇아서 진작하여 덕스럽게 하라.'고 하였으니, 성인이 백성을 근심함이 이와 같은데 어느 겨를에 경작을 하겠는가?)

797) 호광(胡廣) 등 찬, 『서경대전(書經大全)』의 소주를 수용한 것이다.
798) 호광(胡廣) 등 찬, 『서경대전(書經大全)』의 소주에서 발췌한 것이다. 그 내용은 다음과 같다. "禮樂所以成敎化, 而兵刑輔之. 當唐虞之時, 禮樂之官, 析爲二; 兵刑之官, 合爲一, 詳略之意, 可見." 이는 장여우(章如愚) 편, 『군서고색속집(羣書考索續集)』 권25, 「예악문(禮樂門)·예악(禮樂)」에 보인다.

[1-1-2-20]

|帝曰 : "皐陶! 蠻夷猾夏, 寇賊姦宄, 汝作士, 五刑有服, 五服三就; 五流有宅, 五宅三居, 惟明克允."|

순임금이 말하였다. "고요(皐陶)야! 오랑캐들이 나라 안을 어지럽힘에 겁탈하고 죽이며 나라 안팎에서 설치므로 너를 관리로 삼으니, 다섯 형벌에 죄벌을 받게 하되 다섯 형벌의 죄벌 받음을 세 곳에서 행하게 하며, 다섯 형벌에 유형(流刑)이 머무는 곳을 두되 다섯 개의 머무는 곳에 세 등급의 거처를 두어 오직 밝게 살펴야 백성들이 믿을 것이다."

詳說

○ 音軌.799)

'궤(宄)'는 음이 궤(軌)이다.

集傳

'猾', 亂; '夏', 明而大也. 曾氏曰 : "中國, 文明之地, 故曰'華夏'. 四時之夏, 疑亦取此義也." 劫人曰'寇', 殺人曰'賊', 在外曰'姦', 在內曰'宄'. '士', 理官也. '服', 服其罪也,「呂刑」所謂'上服·下服', 是也. '三就', 孔氏以爲, "大罪於原野, 大夫於朝, 士於市",800) 不知何據. 竊恐大辟, 棄之於市; 宮辟則下蠶室; 餘刑, 亦就屛處, 蓋非死刑, 不欲使風中其瘡, 誤而至死, 聖人之仁也. '五流', 五等象刑之當宥者也. '五宅三居'者, 流雖有五, 而宅之, 但爲三等之居, 如列爵惟五, 分土惟三也. 孔氏以爲, "大罪, 居於四裔, 次則九州之外, 次則千里之外", 雖亦未見其所據, 然大槩當略近之. 此亦因禹之讓而申命之, 又戒以必當致其明察, 乃能使刑當其罪, 而人無不信服也.

'활(猾)'은 어지러움이고, '하(夏)'는 밝고도 큼이다. 증씨(曾氏: 曾鞏)801)가 말하기

---

799) 채침(蔡沈) 찬, 『서경집전(書經集傳)』을 수용한 것이다.
800) 『상서주소(尚書注疏)』 권2, 「우서(虞書)·순전(舜典)」의 전(傳)에 실려 있다. 그 전문은 다음과 같다. "旣從五刑, 謂服罪也. 行刑, 當就三處, 大罪於原野, 大夫於朝, 士於市.(이미 다섯 가지 형벌을 좇았으니, 죄벌을 받게 함을 이른다. … 큰 죄인은 들에서 하고, 대부는 조정에서 하고, 관원은 시장에서 한다.)"
801) 증씨(曾氏: 曾鞏): 증공(119-183)은 북송의 학자로, 자가 자고(子固)이고, 호가 남풍(南豊)이며, 강우(江右) 사람이다. 남풍(南豊)에서 태어나서 임천(臨川)에서 살았다. 어려서부터 총명하고 지혜로우며 기억력이 뛰어나 한번 시문(詩文)을 읽으면 줄줄 외웠고, 12살부터는 글을 잘 지었다고 한다. 가우(嘉祐) 2년(157)에 진사에 급제하여 벼슬이 태평주사법참군(太平州司法參軍)을 시작으로 각지의 지주(知州)를 맡았고, 사관수찬(史官修撰)·판태상시겸예의사(判太常寺兼禮儀事) 등을 역임하여 시호 문정(文定)을 받았다. 당송팔대가(唐宋八大家)에 들 정도로 문장에 뛰어나 '고아(古雅)하고 평정(平正)하고 충화(冲和)하다'는 평을 받았으며 세상에서 남풍선생(南豐先生)이라 일컬었다. 저서로는 『원풍유고(元豊類稿)』·『융평집(隆平集)』 등이 있다.

를, "중국(中國)은 문명의 땅이기 때문에 '화하(華夏)'라고 하였다. 네 철의 여름도 의심하건대 또한 이 뜻을 취한 것 같다."라고 하였다. 사람을 겁박하는 것을 '구(寇)'라 하고, 사람을 죽이는 것을 '적(賊)'이라 하고, 밖에서 제멋대로 하는 것을 '간(姦)'이라 하고, 안에서 제멋대로 하는 것을 '궤(宄)'라고 한다. '사(士)'는 죄벌을 다스리는 관리이다. '복(服)'은 그 죄벌을 받음이니, 「여형(呂刑)」에 이른바 '상복(上服)·하복(下服)802)'이 이것이다. '삼취(三就)'는 공씨(孔氏 : 孔安國)가 이르기를 '큰 죄인은 들에서 하고, 대부는 조정에서 하고, 관원은 시장에서 한다." 하였는데, 어떤 근거인지 모르겠다. 생각하건대 아마도 대벽(大辟: 사형)은 저자거리에 내다 버리고, 궁벽(宮辟)은 누에치는 방에 내려 보내며, 나머지 형벌도 또한 은폐된 곳으로 가게 하였는데, 대개 사형이 아니면 그 상처에 바람을 맞아서 잘못하여 죽음에 이르게 하지 않으려고 하였으니, 성인(聖人)의 인자함이다. '오류(五流)'는 다섯 등급의 상형(象刑)803) 가운데 관대하게 처벌함에 해당하는 것이다. '오택삼거(五宅三居)'라는 것은 유형(流刑)이 비록 다섯 가지가 있으나 머무는 곳은 단지 세 등급의 거처가 되니, 관작(官爵)을 열거함이 오직 다섯이고, 땅을 나눔이 오직 셋인 것과 같다. 공씨(孔氏: 孔安國)는 이르기를, "큰 죄는 사방 변방에 거처하고, 다음은 구주(九州) 밖에 하고, 다음은 천리 밖에 한다."고 하였는데, 비록 또한 그 근거한 것을 보지는 못했으나 대개 대략 근사하다. 이는 또한 우(禹)가 사양함으로 말미암아 거듭 명하고, 또 반드시 그 밝게 살핌에 이르러야 이에 형벌이 그 죄에 합당하게 할 수 있어 사람들이 믿고 복종하지 않음을 경계한 것이다.

詳說

○ 萬物明盛.

---

802) 상복(上服)·하복(下服): 다섯 형벌 가운데 얼굴 부분과 신체 아래 부분에 가하는 형벌이다. 『주례(周禮)』「추관(秋官)·소사구(小司寇)」에서 "聽民之所刺宥, 以施上服·下服之刑."이라 하였는데, 정현(鄭玄)은 "'上服, 劓·墨也; '下服', 宮·刖也.('상복'은 비형과 묵형이고, '하복'은 궁형과 월형이다.)"라고 하였다. 『서경(書經)』「주서(周書)·여형(呂刑)」에서 "上刑適輕, 下服; 下刑適重, 上服. 輕重諸罰有權, 刑罰世輕世重.(높은 형벌에 해당하더라도 가볍게 함이 적당하거든 낮은 형벌로 받게 하며, 아래 형벌에 해당하더라도 무겁게 함이 적당하거든 위의 형벌로 받게 하라. 여러 형벌을 가볍게 하고 무겁게 함에 권도가 있으며, 형법과 죄벌을 세속에 따라서 가볍게 하고 무겁게 해야 한다.)"라 하고, 집전에서 "事在下刑, 而情適重, 則服上刑.(일이 낮은 형벌에 있더라도 실정이 무겁게 함에 적당하면 높은 형벌로 받게 한다.)"이라고 하였다.
803) 상형(象刑): 옛날에는 육형(肉刑)이 없어서 겨우 많은 사람들과 같지 않은 복식을 범인에게 더해서 욕됨을 보인 것을 말한다. 「우서(虞書)·익직(益稷)」에서 "帝曰 : '迪朕德, 時乃功惟敍, 皋陶方祗厥敍, 方施象刑, 惟明.'(순임금이 말하였다. '짐의 덕을 순하게 행함이 이에 비로소 너의 공이 펼쳐져서이니, 고요가 바야흐로 그 펼친 것을 공경히 이어 바야흐로 상형을 베풀되 오직 밝게 하였다.')"이라고 하였다. 그런데 여기서 '상형(象刑)'은 위의 단락에 '象以典刑(옛날의 모범적인 형벌로써 본받음)'을 줄인 말로 형법(刑法) 또는 형벌을 말하는 것이다.

'의역취차의야(疑亦取此義也)'의 경우, 만물이 밝고 성대함이다.

○ 朱子曰 : "'猾夏', 不專指有苗, 但官爲此而設."804)
주자(朱子: 朱熹)가 말하였다. "'황화(猾夏)'는 오로지 유묘(有苗)를 가리키지 않지만, 다만 관직은 이것만을 위해서 설치한 것이다."

○ 刑官.
'이관야(理官也)'의 경우, 형관(刑官)이다.

○ 被罪.
'복기죄야(服其罪也)'의 경우, 죄벌(罪罰)을 받는 것이다.

○ 音潮.
'조(朝)'는 음이 조(潮)이다.

○ 此不足爲定論, 故下文又特著己說.
'부지하거(不知何據)'의 경우, 이는 정론(定論)이 되기에 부족하기 때문에 아랫글에서 또 자기의 말을 특별히 드러낸 것이다.

○ 婢亦反, 下同.
'벽(辟)'은 비(婢)와 역(亦)의 반절이니, 아래도 같다.

○ 朱子曰 : "如漢時就蠶室."805)
'궁벽즉하잠실(宮辟則下蠶室)'에 대해, 주자(朱子: 朱熹)가 말하였다. "한나라 때

---

804) 호광(胡廣) 등 찬, 『서경대전(書經大全)』의 소주에서 발췌한 것이다. 그 내용은 다음과 같다. "問 : '蠻夷猾夏, 是有苗否?' 朱子曰 : '也不專指此, 但官爲此而設.'(물었다. '만이활하는 유묘입니까?' 주자가 말하였다. '오로지 유묘를 가리키지 않지만, 다만 관직은 이것만을 위해서 설치한 것이다.')"이는 『주자어류(朱子語類)』 권78, 「상서일(尙書一)·순전(舜典)」에서 발췌한 것이다. 그 전문은 다음과 같다. "問 : '堯德化如此久, 何故至舜, 猶曰 : 百姓不親, 五品不遜.' 曰 : '也只是怕恁地.' 又問 : '蠻夷猾夏, 是有苗否?' 曰 : '也不專指此, 但此官爲此而設.'(물었다. ….)"
805) 호광(胡廣) 등 찬, 『서경대전(書經大全)』의 소주에서 발췌한 것이다. 그 내용은 다음과 같다. "'五服三就', 若大辟則就市, 宮刑則如漢時就蠶室, 其墨·劓·剕三刑度, 亦必有一所在刑之, 旣非死刑, 則傷人之肌體, 不可不擇一深密之所, 但不至如蠶室耳.('오복삼취'에서 … 궁형은 곧 한나라 때 누에치는 방에 구류한 것과 같으며, ….)"이는 『주자어류(朱子語類)』 권78, 「상서일(尙書一)·순전(舜典)」에 실려 있다. "五服三就, 若大辟則就市, 宮刑則如漢時就蠶室, 其墨·劓·剕三刑度, 亦必有一所在刑之, 旣非死刑, 則傷人之肌體, 不可不擇一深密之所, 但不至如蠶室爾."

누에치는 방에 구류(拘留)한 것과 같다."

○ 『漢書』註曰 : "養蠶者, 欲其溫而早成, 故爲密室, 蓄火以置之. 腐刑, 亦有中風之患, 須入密室, 乃全, 因呼爲蠶室."806)
『한서(漢書)』의 주(註)에 말하였다. "누에치는 사람은 그 따뜻하게 하여 일찍 성장시키고자 하였기 때문에 밀실을 만들어 답답해지는 기운을 쌓아서 누에들을 두는 것이다. 부형(腐刑)도 또한 중풍(中風)의 병환이 있으면 모름지기 밀실에 들어가야 이에 온전해질 수 있으니, 숨을 내쉼에 말미암아 누에치는 방이 되는 것이다."

○ 音丙.807)
'병(屛)'은 음이 병(丙)이다.

○ 朱子曰 : "傷人之肌體, 不可不擇一深密之所, 但不至如蠶室耳."808)
'역취병처(亦就屛處)'에 대해, 주자(朱子: 朱熹)가 말하였다. "사람의 몸을 상하게 할까봐 하나의 깊숙하고 은밀한 곳을 택하지 않을 수 없었는데, 다만 누에치는 방과 같은 곳에는 이르지 않았을 뿐이다."

○ '不欲使風中', 去聲.809)
'불욕사풍중(不欲使風中)'에서 중(中)은 거성(去聲: 미치다, 이르다, 맞다)이다.

○ 照前節.810)

---

806) 반고(班固) 찬, 『전한서(前漢書)』 권59, 「장탕전(張湯傳)」. "安世 … 得下蠶室."의 소주에 "師古曰 : '謂腐刑也, 凡養蠶者, 欲其溫而早成, 故爲密室, 蓄火以置之而新. 腐刑, 亦有中風之患, 須入密室, 乃得以全, 因呼爲蠶室耳.'(사고가 말하였다. '부형을 이르는 것이니, 무릇 누에치는 사람은 따뜻하게 하여 일찍 성장시키고자 하였기 때문에 밀실을 만들어 답답한 기운을 쌓아서 누에들을 두어 새롭게 하였다. 부형도 또한 중풍의 병환이 있으면 모름지기 밀실에 들어가야 이에 온전해질 수 있으니, 숨을 내쉼에 말미암아 누에치는 방일 될 뿐이다.')"
807) 호광(胡廣) 등 찬, 『서경대전(書經大全)』의 소주를 수용한 것이다. 병(丙)은 『광운(廣韻)』에서 "兵永切, 上.(병과 영의 반절이니, 상성이다.)"이라 하였는데, 이는 병(屛)의 뜻이 '은장(隱藏)'임을 말하는 것이다. 그런데 『광운(廣韻)』에는 "必郢切, 上.(필과 영의 반절이니, 상성이다.)"이라고 하였다.
808) 호광(胡廣) 등 찬, 『서경대전(書經大全)』의 소주에서 발췌한 것이다. 그 내용은 다음과 같다. "'五服三就', 若大辟則就市, 宮刑則如漢時就蠶室, 其墨·劓·剕三刑度, 亦必有一所在刑之, 旣非死刑, 則傷人之肌體, 不可不擇一深密之所, 但不至如蠶室耳.('오복삼취'에서 … 사람의 몸을 상하게 할까봐 하나의 깊숙하고 은밀한 곳을 택하지 않을 수 없었는데, 다만 누에치는 방과 같은 곳에는 이르지 않았을 뿐이다.)"
809) 호광(胡廣) 등 찬, 『서경대전(書經大全)』의 소주를 수용한 것이다.

'오등상형지당유자야(五等象刑之當宥者也)'의 경우, 앞의 단락을 참조한 것이다.

○ 見「武成」.811)
'분토유삼야(分土惟三也)'의 경우, 「무성(武成)」에 보인다.

○ 此則先抑而後揚之.
'연대개당략근지(然大槩當略近之)'의 경우, 이는 곧 먼저 억누르고 뒤에 치켜세운 것이다.

○ 照前註而言'亦'.
'차역인우지양(此亦因禹之讓)'의 경우, 앞의 주(註)를 참조하여 '역(亦)'을 말한 것이다.

○ 王氏十朋曰 : "命皐陶, 次於契. '刑', 所以弼教也."812)
'차역인우지양이신명지(此亦因禹之讓而申命之)'에 대해, 왕씨십붕(王氏十朋: 王十朋)813)이 말하였다. "고요(皐陶)에게 명하고, 설(契)을 다음에 하였다. 형벌은 임금의 교화(敎化)를 보필하는 것이다."

○ 去聲.814)

---

810) [1-1-2-11]에서 "象以典刑, 流宥五刑.(옛날의 모범적인 형벌로써 본받아 유형으로써 다섯 가지 형벌을 용서하며)"라고 하였는데, 집전에서 "'怙終賊刑'者, '怙', 謂有恃; '終', 謂再犯, 若人有如此而入於刑, 則雖當宥當贖, 亦不許其宥, 不聽其贖, 而必刑之也. 此二句者, 或由重而卽輕, 或由輕而卽重, 蓋用法之權衡, 所謂法外意也.('호종적형'이라는 것에서 '호'는 믿음이 있음을 이르고, '종'은 다시 죄를 저지름을 이르니, 만약 사람이 이와 같이하여 형벌에 들어감이 있으면 비록 너그럽게 처벌함에 해당하고 형벌을 속바침에 해당하더라도 또한 너그러운 처벌을 허용하지 않고 속바침을 들어주지 않고 반드시 그를 형벌하는 것이다. 이 두 구절은 혹은 무거운 것에 말미암아 가벼운 것에 나아가거나, 혹은 가벼운 것에 말미암아 무거운 것에 나아가서 대개 법을 적용함의 권형이 되니, 이른바 법 밖의 뜻이라는 것이다.)"라고 하였다.
811) 호광(胡廣) 등 찬, 『서경대전(書經大全)』 권6, 「주서(周書)」·무성(武成). "列爵惟五, 分土惟三; 建官惟賢, 位事惟能; 重民五敎, 惟食喪祭; 惇信明義, 崇德報功, 垂拱而天下治.(관작을 나열함에는 다섯으로 하되 땅을 나누어줌에는 셋으로 하며, 관직을 세워 현능한 이로 하고 정사를 맡기되 유능한 이로 하며, 백성의 다섯 가르침을 소중히 하되 음식과 상사와 제사에 유념하며, 신의를 도답게 하고 도의를 밝히며, 은덕을 높이고 공훈에 보답하니, 옷을 늘어뜨리고 팔짱을 끼고 있어도 천하가 다스려졌다.)" '분토(分土)'는 봉해주는 토지를 나누는 것을 말한다.
812) 호광(胡廣) 등 찬, 『서경대전(書經大全)』의 소주를 수용한 것이다.
813) 왕씨십붕(王氏十朋: 王十朋): 왕십붕(1112-1171)은 남송대의 학자로 자가 귀령(龜齡)이고, 호가 매계(梅溪)이며, 온주(溫州) 낙청(樂淸) 사람이다. 고종이 친히 발탁하는 진사과에서 장원하여 비서랑(秘書郞)이 되었고, 효종 때에는 시어사(侍御使)에 중용되었다. 시호는 충문(忠文)이다. 『춘추(春秋)』·『논어(論語)』·『상서(尙書)』·『맹자(孟子)』 등을 연구하여 저술한 강의(講義)의 내용이 『매계집(梅溪集)』에 실려 있다. 그밖에도 『회계삼부(會稽三賦)』·『동파시집주(東坡詩集註)』 등이 있다.
814) 호광(胡廣) 등 찬, 『서경대전(書經大全)』의 소주를 수용한 것이다.

'내능사형당(乃能使刑當)'에서 당(當)은 거성(去聲: 적당하다, 적합하다)이다.

○ 陳氏曰 : "『易』「噬嗑」·「賁」·「旅」, 言刑, 皆取離明,815) 不明, 不足以盡人心; 不允, 不足以當人罪."816)
'이인무불신복야(而人無不信服也)'에 대해, 진씨(陳氏: 陳鵬飛)가 말하였다. "『주역(周易)』의 「서합괘(噬嗑卦)」와 「비괘(賁卦)」와 「여괘(旅卦)」에서 형벌을 말함에 모두 리[불]의 밝음을 취하였으니, 밝지 않으면 사람 마음을 다할 수 없고, 진실하지 않으면 사람의 죄를 맡을 수 없다."

○ 夏氏曰 : "命契, 以一言曰'寬'; 命皐陶, 以一言曰'明', 簡而易守也."817)
하씨(夏氏: 夏僎)818)가 말하였다. "설(契)에게 명할 때에는 한 마디로써 하여 '관(寬)'을 말하였고, 고요(皐陶)에게 명할 때에는 한 마디로써 하여 '명(明)'을 말하였으니, 간단하여 지키기가 쉬웠다."

○ 復齋董氏曰 : "兵·刑之官, 合爲一, 故蠻夷猾夏, 亦以命皐陶. 然只言'五刑'·'五流', 未嘗言兵, 後征苗之兵, 禹實掌之, 未嘗用皐陶, 則兵·刑, 非兼掌矣."819)

---

815) 『주역(周易)』의 「화뢰서합괘(火雷噬嗑卦)」에서 '利用獄(이용옥: 옥사에 씀이 이로움)'을 말하고, 「산화비괘(山火賁卦)」에서 '无敢折獄(무감절옥: 감히 옥사를 결단하지 않음)'을 말하고, 「화산여괘(火山旅卦)」에서 '明愼用刑而不留獄(명신용형이불류옥: 형벌을 씀을 밝게 하고 삼가며 옥사를 계류하지 않음)'을 말한 것을 가리키는 것이다.
816) 호광(胡廣) 등 찬, 『서경대전(書經大全)』의 소주에서 발췌한 것이다. 그 내용은 다음과 같다. "陳氏曰 : '『易』卦言用刑者, 如「噬嗑」如「賁」如「旅」, 其象皆有取於離, 而用刑在惟明, 可知矣. 居刑官, 不明, 不足以盡人心; 不允, 不足以當人罪. 故戒以惟明克允.'(진씨가 말하였다. '『주역』의 괘에서 형벌 씀을 말한 것은 예를 들면 「서합괘」이고 「비괘」이고 「여괘」이니, 그 상이 모두 리[불]에서 취함이 있어 형벌을 씀이 오직 밝음에 있음을 알 수 있다. 형관에 있으면서 밝지 않으면 사람 마음을 다할 수 없고, 진실하지 않으면 사람의 죄를 맡을 수 없다. 그러므로 오직 밝게 살펴야 백성들이 믿을 것이라고 경계한 것이다.')"
817) 호광(胡廣) 등 찬, 『서경대전(書經大全)』의 소주에서 발췌한 것이다. 그 내용은 다음과 같다. "夏氏曰 : '舜命契, 教以一言曰寬; 命皐陶, 教以一言曰明, 簡而易守也.'(하씨가 말하였다. '설에게 명할 때에는 한 마디로써 가르쳐서 관이라 하였고, 고요에게 명할 때에는 한 마디로써 가르쳐서 명이라 하였으니, 간단하여 지키기가 쉬웠다.')"
818) 하씨(夏氏: 夏僎): 하선은 송대 학자로 자가 원숙(元肅)이고, 호가 가산(柯山)이며, 용유(龍游) 사람이다. 송나라 순희(淳熙) 5년(1178)에 진사과에 급제하였으나, 성품이 결백하고 비부(比附)함을 좋아하지 않아 사직하고 귀양(歸養)하여 강학하였다. 일찍이 채원정(蔡元定)을 좇아 『상서(尙書)』를 배웠으며, 스스로 깊이 연구한 뒤 『가산서전(柯山書傳)』 40권을 간행하였다. 그 가운데 『상서상해(尙書詳解)』 26권이 『사고전서(四庫全書)』에 들어있다.
819) 호광(胡廣) 등 찬, 『서경대전(書經大全)』의 소주에서 발췌한 것이다. 그 내용은 다음과 같다. "復齋董氏曰 : '或言帝者之世, 詳於化而略於政; 王者之世, 詳於政而略於化. 虞時, 兵·刑之官, 合爲一, 而禮·樂, 分爲二; 成周, 禮·樂之官, 合爲一, 而兵·刑, 分爲二, 故此蠻夷猾夏, 亦以命皐陶. 然經只言五刑五流, 未嘗言兵也,

복제 동씨(復齋董氏: 董琮)820)가 말하였다. "군사와 형벌의 관리를 합쳐서 하나로 하였기 때문에 이 오랑캐들이 중국에서 설쳤음에도 또한 고요(皐陶)에게 명하였던 것이다. 그러나 단지 '오형(五刑)'과 '오류(五流)'를 말하면서 일찍이 군사를 말한 적이 없으며, 뒤에 유묘(有苗)의 군사를 정벌할 때에도 우(禹)가 실제로 그것을 맡아서 일찍이 고요(皐陶)를 쓴 적이 없으니, 곧 군사와 형벌을 아울러 관장한 것이 아니다."

○ 按, 用兵少而用刑多, 故下文從其多者, 言刑以該兵. 若禹之征苗, 是特咨而命之, 又非兵職之常例耳.
내가 살펴보건대, 군사를 쓴 적은 적고 형벌을 쓴 적은 많기 때문에 아랫글에서 그 많은 것을 좇아 형벌을 말하면서 군사를 아울러 갖춘 것이다. 우(禹)가 유묘(有苗)를 정벌함에 특별히 자문하여 명하였으니, 또 군직(軍職)의 평상적인 일이 아닐 뿐이다.

[1-1-2-21]

帝曰: "疇若予工?" 僉曰: "垂哉." 帝曰: "俞. 咨垂. 汝共工." 垂拜稽首, 讓于殳·斨暨伯與, 帝曰: "俞. 往哉 汝諧."

순임금이 말하기를, "누가 나의 백공(百工)의 일을 공순히 다스리겠는가?"라고 하자, 많은 관료들이 말하기를 "수(垂)입니다."라고 하였다. 순임금이 말하기를, "그러한가. 수(垂)야! 네가 공공(共工)이 되어야겠다." 하니, 수(垂)가 절하고 머리를 조아려 수(殳)와 장(斨) 및 백여(伯與)에게 사양하였는데, 순임금이 말하기를, "그러한가. 이전의 직무까지 잘 수행하라."라고 하였다.

後征苗之兵, 禹實掌之, 未嘗用皐陶, 則兵·刑, 非兼掌矣.'(복재 동씨가 말하였다. '… 우나라 때에는 군사와 형벌의 관리를 합쳐서 하나로 하되 예와 악은 나누어 둘로 하였으며, 주나라 때에는 예와 악의 관리들을 합쳐서 하나로 하되 군사와 형벌은 나누어 둘로 하였기 때문에 이 오랑캐들이 중국에서 설쳤음에도 또한 고요에게 명하였던 것이다. 그러나 단지 오형과 오류를 말하면서 일찍이 군사를 말한 적이 없으며, 뒤에 유묘의 군사를 정벌할 때에도 우가 실제로 그것을 맡아서 일찍이 고요를 쓴 적이 없으니, 곧 군사와 형벌을 아울러 관장한 것이 아니다.')

820) 복제 동씨(復齋董氏: 董琮): 동종은 송대 학자로 자가 옥진(玉振)이고, 호가 복재(復齋)이며, 요주(饒州) 덕흥(德興) 사람이라. 영종(寧宗) 경원(慶元: 1195-120) 연간에 진사과에 급제하여 용양부(龍陽簿)에 임명되었다. 일찍이 동수(董銖)를 사사하였고, 정자(程子)와 주자의 학문을 밝혔다. 저서로는 『서전소의(書傳疏義)』와 『복재집(復齋集)』 등이 있다.

詳說

○ '共', 音恭. '殳', 音殊. '斨', 千羊反. '與', 平聲.821)

'공(共)'은 음이 공(恭)이다. '수(殳)'는 음이 수(殊)이다. '장(斨)'은 천(千)과 양(羊)의 반절이다. '여(與)'는 평성(平聲: 어조사)이다.

集傳

'若', 順其理而治之也.「曲禮」'六工', 有土工·金工·石工·木工·獸工·草工;『周禮』, 有攻木之工·攻金之工·攻皮之工·設色之工·搏埴之工, 皆是也. 帝問: "誰能順治予百工之事者." '垂', 臣名, 有巧思. 莊子曰: "攦工倕之指", 卽此也. '殳'·'斨'·'伯與', 三臣名也. '殳', 以積竹爲兵, 建兵車者. '斨', 方銎斧也, 古者多以其所能爲名, '殳'·'斨', 豈能爲二器者歟. '往哉汝諧'者, 往哉, 汝和其職也.

'약(若)'은 그 이치에 순응하여 다스리는 것이다.「곡례(曲禮)」의 '육공(六工)'에 토공(土工)과 금공(金工)과 석공(石工)과 목공(木工)과 수공(獸工)과 초공(草工)이 있고, 『주례(周禮)』에 나무를 다스리는 공관(工官)과 쇠를 다스리는 공관과 가죽을 다스리는 공관과 색깔을 칠하는 공관과 진흙을 다지는 공관이 있으니, 모두 이들이다. 순임금이 묻기를, "누가 나의 백공(百工)의 일을 공순히 다스리겠는가?"라고 한 것이다. '수(垂)'는 신하의 이름이니, 아름다운 생각이 있었다. 장자(莊子)가 말하기를, "공관(工官) 수(倕)의 손가락을 꺾는다."는 것이 곧 이것이다. '수(殳)'와 '장(斨)'과 '백여(伯與)'는 세 신하의 이름이다. '수(殳)'는 대나무를 모아서 무기를 만들어 전투 수레에 세우는 것이다. '장(斨)'은 네모난 구멍의 도끼이다. 옛날에는 대부분 그 능한 것으로써 이름을 삼았으니, '수(殳)'와 '장(斨)'은 아마도 능히 이 두 가지 무기를 만든 이일 것이다. '왕재여해(往哉汝諧)'라는 것은 돌아가서 너의 직무를 조화롭게 하라는 것이다.

詳說

○『禮記』.822)

---

821) 채침(蔡沈) 찬, 『시경집전(詩經集傳)』과 호광(胡廣) 등 찬, 『서경대전(書經大全)』의 소주에는 "'殳', 音殊. '斨', 七羊反. '與', 音餘.('수'는 음이 수이다. '장'은 칠과 양의 반절이다. '여'는 음이 여이다.)"로 되어 있다.

822) 『예기대전(禮記大全)』 권2, 「곡례(曲禮)」. "天子之六工, 曰土工·金工·石工·木工·獸工·草工, 典制六材.(천자의 육공은 토공과 금공과 석공과 목공과 수공과 초공이니, 여섯 공관을 관장하여 사용하였다.)"

'「曲禮」(「曲禮」)'는 『예기(禮記)』이다.

○ 皮工.
'수공(獸工)'은 가죽으로 물건을 만드는 공관(工官)이다.

○ 「考工記」.823)
'『주례』(『周禮』)'는 「고공기(考工記)」이다.

○ 治.824)
'공(攻)'은 다스림이다.

○ 按,『朱子大全』有'刮摩之工'.825)
'공목지공·공금지공·공피지공·설색지공(攻木之工·攻金之工·攻皮之工·設色之工)'에서, 살펴보건대, 『주자대전(朱子大全)』에는 '괄마지공(刮摩之工)'이 있다.

○ 音團.826)
'단(搏)'은 음이 단(團)이다.

○ 丞職·昌志二反.827)

---

823) 『주례주소(周禮注疏)』 권39, 「동관고공기(冬官考工記)」. "凡攻木之工七, 攻金之工六, 攻皮之工五, 設色之工五, 刮摩之工五, 搏埴之工二.(무릇 나무를 다스리는 공관이 일곱이고, 쇠를 다스리는 공관이 여섯이고, 가죽을 다스리는 공관이 다섯이고, 색을 설치하는 공관이 다섯이고, 깎고 다듬는 공관이 다섯이고, 진흙을 다지는 공관이 둘이다.)"
824) 『주례주소(周禮注疏)』 권39, 「동관고공기(冬官考工記)」에서 정현(鄭玄)의 주(注)에 "'攻', 猶治也.('공'은 치와 같다.)"라고 하였다.
825) 이는 이미 『주례주소(周禮注疏)』 권39, 「동관고공기(冬官考工記)」에 있는 내용인데, 미처 생각하지 못한 것 같다. 『주자대전(朱子大全)』 권65, 「잡저(雜著)·상서(尙書)·순전(舜典)」의 내용은 다음과 같다. "'若', 言順其理而治之也. '曲禮' '六工', 有'土工·金工·石工·木工·獸工·草工'; '周禮', 有'攻木之工·攻金之工·攻皮之工·設色之工·刮摩之工·搏埴之工', 皆是也. 帝問'誰能順治予百工之事'者. '垂', 臣名, 有巧思. 莊子曰: '攦工垂之指', 卽此也. '共工', 官名. '共', 供也, 言供其事也. '殳斨'·'伯與', 二臣名也. '往哉汝諧', 言汝能和其職, 不聽其讓也.('약'은 그 이치에 순응하여 다스리는 것이다. 「곡례」의 '육공'에 '토공과 금공과 석공과 목공과 수공과 초공'이 있고, 『주례』에 '나무를 다스리는 공관과 쇠를 다스리는 공관과 가죽을 다스리는 공관과 색깔을 칠하는 공관과 깎고 다듬는 공관과 진흙을 다지는 공관'이 있으니, 모두 이들이다. 순임금이 묻기를, '누가 나의 백공의 일을 공순히 다스리겠는가?'라고 한 것이다. '수(垂)'는 신하의 이름이니, 아름다운 생각이 있었다. 장자가 말하기를, '공관 수의 손가락을 꺾는다.'는 것이 곧 이것이다. '공공'은 관직이름이다. '공'은 이바지함이니, 그 일에 이바지함을 말한다. '수장'·'백여'는 두 신하의 이름이다. '왕재여해'는 네가 그 직무를 조화롭게 할 수 있으니, 그 사양하는 말을 듣지 않을 것임을 말한 것이다.)"
826) 호광(胡廣) 등 찬, 『서경대전(書經大全)』의 소주를 수용한 것이다.
827) 호광(胡廣) 등 찬, 『서경대전(書經大全)』의 소주에는 "丞職反.(승과 직의 반절이다.)"으로 되어 있다.

'식(埴)'은 승(丞)과 직(職) 또는 창(昌)과 지(志)의 두 가지 반절이다.

○ 新安陳氏曰 : "豈若後世作爲淫巧, 以蕩上心之比哉."828)
'수능순치여백공지사자(誰能順治予百工之事者)'에 대해, 신안 진씨(新安陳氏: 陳師凱)가 말하였다. "어찌 후세에 음란하고 교사(巧詐)함을 지어서 임금의 마음을 방탕하게 하는 것과 같은 데 견주겠는가."

○ 胠篋篇.829)
'장자(莊子)'는 「거협(胠篋)」편이다.

○ 音儷,830) 折也.
'려(攦)'는 음이 려(儷)이니, 꺾음이다.

○ 倕通.
'수(倕)'는 수(垂)와 통한다.

○ 『說文註』曰 : "削去其白, 取其靑處, 合之, 取其有力也."831)
'이적죽(以積竹)'에 대해, 『설문주(說文註)』에서 말하였다. "그 흰 곳을 깎아내고 그 푸른 곳을 취하여 합치는 것은 그 힘이 있는 곳을 취하는 것이다."

○ 猶或也.
'기(豈)'는 혹(或)과 같다.

---

828) 호광(胡廣) 등 찬, 『서경대전(書經大全)』의 소주에서 발췌한 것이다. 그 전문은 다음과 같다. "新安陳氏曰 : 垂之巧, 因萬物自然之理, 而爲之行所, 無事之大智大巧耳, 豈若後世之器械技巧, 咸精其能作爲淫巧, 以蕩上心之比哉.'(신안 진씨가 말하였다. '수의 교묘함은 … 어찌 후세의 기계적이고 기교적인 것처럼 모두 그 능히 음란하고 교묘함을 지음에 정교하여 임금의 마음을 방탕하게 하는 것에 견주겠는가.')
829) 임희일(林希逸) 찬, 『장자구의(莊子口義)』 권4, 「외편(外篇) 거협제십(胠篋第十)」. "攦工倕之指, 而天下始人有其巧矣, 故曰: '大巧若拙.'(공관 수의 손가락을 꺾어서 천하에 비로소 사람들이 그 기교를 갖게 되었으니, 그러므로 말하기를 '큰 기교는 서투른 것과 같다.'고 하였다.)
830) 호광(胡廣) 등 찬, 『서경대전(書經大全)』의 소주에는 "郞計反.(랑과 계의 반절이다.)"으로 되어 있다.
831) 명나라 양신(楊愼)의 『승암경설(升庵經說)』에 의하면, "徐鉉『說文注』曰: 積竹, 謂削去白, 取其靑處合之, 取其有力', 卽今之攢竹法也.(서현의 『설문주』에서, 적죽은 그 흰 곳을 깎아내고 그 푸른 곳을 취하여 합치는 것은 그 힘이 있는 곳을 취하는 것이라고 하였으니, 곧 지금의 찬죽법이다.)"라고 하였다. 명나라 왕초(王樵)의 『상서일기(尙書日記)』 권2, 「순전(舜典)」에도 "『說文注』, '積竹, 謂削去白, 取其靑處合之, 取其有力也'."라고 하였다. '적죽(積竹)'은 찬죽(攢竹)과 같은 말이니, 대나무를 깎아서 단단하게 합치는 것을 말한다.

○ 按,『朱子大全』云 : "不聽其讓也."[832]

'여화기직야(汝和其職也)'에 대해, 살펴보건대,『주자대전(朱子大全)』에서 "그 사양하는 말을 듣지 않는 것이다."라고 하였다.

[1-1-2-22]

> 帝曰 : "疇若予上下草木·鳥獸?" 僉曰 : "益哉." 帝曰 : "俞. 咨益! 汝作朕虞." 益拜稽首, 讓于朱·虎·熊·羆, 帝曰 : "俞. 往哉汝諧."

순임금이 말하기를, "누가 나의 산과 못의 풀과 나무 및 새와 짐승을 공순히 다스리겠는가?"라고 하니, 많은 관료들이 말하였다. "익(益)입니다." 순임금이 말하기를, "그러한가. 아, 익(益)아! 네가 나의 우인(虞人)이 되어라."라고 하니, 익(益)이 절하고 머리를 조아리며 주(朱)·호(虎)·웅(熊)·비(羆)에게 양보하자 순임금이 말하기를, "그러한가. 돌아가서 너의 직무를 조화롭게 수행하라."라고 하였다.

集傳

'上下', 山林·澤藪也. '虞', 掌山澤之官,『周禮』, 分爲虞·衡, 屬於夏官. '朱'·'虎'·'熊'·'羆', 四臣名也. 高辛氏之子, 有曰仲虎·仲熊, 意以獸爲名者, 亦以其能服是獸而得名歟.『史記』曰 : "'朱'·'虎'·'熊'·'羆', 爲伯益之佐." 前'殳'·'斨'·'伯與', 當亦爲垂之佐也.

'상하(上下)'는 산림(山林)과 택수(澤藪)이다. '우(虞)'는 산과 못을 맡은 관리이니, 『주례(周禮)』에는 우(虞)와 형(衡)으로 나누어 하관(夏官)에 속하였다. '주(朱)'와 '호(虎)'와 '웅(熊)'과 '비(羆)'는 네 신하의 이름이다. 고신씨(高辛氏)의 아들에 중호(仲虎)와 중웅(仲熊)이 있었으니, 생각하건대 짐승으로 이름을 지은 것은 또한 이 짐승들을 잘 복종시켜서 이름이 널리 알려졌기 때문일 것이다.『사기(史記)』에서 말하기를, "'주(朱)'와 '호(虎)'와 '웅(熊)'과 '비(羆)'는 백익(伯益)의 보좌관(輔佐官)이다."라고 하였으니, 앞의 '수(殳)'와 '장(斨)'과 '백여(伯與)'도 당연히 수(垂)의 보좌관일 것이다.

---

[832]『주자대전(朱子大全)』권65,「잡저(雜著)·상서(尚書)·순전(舜典)」에 보인다. "… '往哉汝諧', 言汝能和其職, 不聽其讓也.(… '왕재여해'는 네가 그 직무를 조화롭게 할 수 있으니, 그 사양하는 말을 듣지 않을 것임을 말한 것이다.)"

詳說

○ 朱子曰 : "使之養育其草木·鳥獸."833)
　　'산림·택수야(山林·澤藪也)'에 대해, 주자(朱子: 朱熹)가 말하였다. "그로 하여금 그 풀과 나무 및 새와 짐승을 양육하게 한 것이다."

○ 張氏曰 : "聖人以萬物爲一體, 故曰: '予草木鳥獸'."834)
　　장씨(張氏: 張九成)835)가 말하였다. "성인(聖人)은 만물을 한 몸으로 여겼기 때문에 말하기를, '나의 풀과 나무 및 새와 짐승'이라고 한 것이다."

○ 按, 『朱子大全』云 : "'益', 臣名也."836)
　　살펴보건대, 『주자대전(朱子大全)』에서 "'익(益)'은 신하 이름이다."라고 하였다.

○ 林氏曰 : "益向雖掌火烈山澤, 特爲禹之佐, 至此, 方正爲虞."837)
　　'장산택지관(掌山澤之官)'에 대해, 임씨(林氏: 林之奇)가 말하였다. "익(益)이 지난번에는 비록 산과 못에 불사르는 것을 관장하면서 다만 우(禹)의 보좌관이 되었으나, 이에 이르러 바야흐로 바로 우인(虞人)이 되었다."

---

833) 호광(胡廣) 등 찬, 『서경대전(書經大全)』의 소주에서 발췌한 것이다. 그 전문은 다음과 같다. "朱子曰 : '孟子說, 益, 烈山澤而焚之, 是使之除去障翳, 驅逐禽獸耳, 未必使之爲虞官也. 至舜命之作虞然後, 使之養育其草木鳥獸耳.'(주자가 말하였다. '맹자의 말에 의하면, 익이 산과 못을 불살라서 태웠는데, 이는 그로 하여금 막고 덮음을 제거하고 새와 짐승을 몰아내게 하였을 뿐이고, 반드시 그로 하여금 우관이 되게 한 것은 아니다. 순이 명하여 우관이 되는 데 이른 뒤에 그로 하여금 그 풀과 나무 및 새와 짐승을 양육하게 한 것이다.')" 이는 『주자어류(朱子語類)』권78, 「상서일(尙書一)·순전(舜典)」에 실려 있다.
834) 호광(胡廣) 등 찬, 『서경대전(書經大全)』의 소주에서 발췌한 것이다. 그 전문은 다음과 같다. "張氏曰 : '聖人, 以萬物爲一體, 故曰予草木鳥獸. 先王之世, 山澤爲之屬, 禁獺祭魚然後, 漁人入澤梁, 與夫昆蟲未蟄, 不以火田之類, 皆若之之事, 故麗魚咸若, 所以爲夏后; 鹿灌魚躍, 所以爲文王. 然至於禽獸繁殖, 則有益之烈而焚, 有周公之驅而寧. 蓋若, 順也, 居於山澤, 順也으; 交於中國非順也, 豈以姑息爲若哉.'(장씨가 말하였다. '성인은 만물을 한 몸으로 여겼기 때문에 말하기를, 나의 풀과 나무 및 새와 짐승'이라고 한 것이다. …….')"
835) 장씨(張氏: 張九成): 장구성(192-1159)은 송대 학자로 자가 자소(子韶)이고, 호가 무구(無垢) 또는 횡포(橫浦)로 무구거사 또는 횡포거사라고 하며, 변경(汴京) 사람이다. 남송 고종(高宗) 소흥(紹興) 2년(1132)에 전시(殿試)에서 장원급제하여 벼슬길에 올랐으나 상관과 뜻이 맞지 않아 벼슬을 버리고 귀향하여 강학(講學)하였다. 뒤에 부름에 응하여 태상박사(太常博士)가 되었고, 종정소경(宗正少卿)·시강(侍講)·예부시랑(禮部侍郎)·형부시랑(刑部侍郎) 등을 역임하였다. 금나라에 항거할 것을 주장하였고, 진회(秦檜)의 시기를 받아 귀양 갔다가 진회가 죽고 다시 등용되었으나 직언 상소가 받아들여지지 않자 벼슬을 그만두고 고향으로 돌아와 얼마 뒤 병으로 죽었다. 태사(太師)에 추증되고, 숭국공(崇國公)에 봉해지고, 시호는 문충(文忠)이다. 그의 일파를 횡포학파(橫浦學派)라고 하며, 저서로는 『논어절구(論語絶句)』·『맹자전(孟子傳)』·『상서중용대학효경어맹설(尙書中庸大學孝經語孟說)』·『심전록(心傳錄)』과 『회포문집(橫浦文集)』 등이 있다.
836) 『주자대전(朱子大全)』권65, 「잡저(雜著)·상서(尙書)·순전(舜典)」에 보인다.
837) 호광(胡廣) 등 찬, 『서경대전(書經大全)』의 소주를 수용한 것이다.

○ 山虞·澤虞, 林衡·川衡.

'분위우·형(分爲虞·衡)'의 경우, 산우(山虞)·택우(澤虞)와 임형(林衡)·천형(川衡)이다.

○ 恐'地', 傳寫之誤.838)

'속어하관(屬於夏官)'에서 '하(夏)'는 아마도 '지(地)'일 것이니, 전하여 베껴 쓸 때 잘못된 것이다.

○ 見『左』「文十八年」.839)

'유왈중호·중웅(有曰仲虎·仲熊)'의 내용이 『좌전(左傳)』「문공(文公) 18년」에 보인다.

○ 照上註.840)

'역이기능복시수이득명여(亦以其能服是獸而得名歟)'의 경우, 위의 주(註)를 참조하였다.

○ 「五帝紀」.841)

'『사기』(『史記』)'는 「오제기(五帝紀)」이다.

○ 總論二節.

'당역위수지좌야(當亦爲垂之佐也)'에서 볼 때, 두 단락을 총괄하여 논의한 것이다. ○

○ 以禹夷所讓者推之, 殳·斨·朱·虎之屬, 亦必有以處之, 故註以其

---

838) 하관(夏官): 『주례(周禮)』에 의하면, 주나라 때 설치한 육관(六官) 가운데 사마(司馬)가 하관(夏官)이니, 군정(軍政)과 군부(軍賦)를 관장하였다. '우인(虞人)'이 『주례(周禮)』「하관(夏官)·대사마(大司馬)」에 속해 있으므로 하관(夏官)이라고 한 것이다.
839) 『춘추좌전주소(春秋左傳注疏)』 권20, 「문공(文公) 18년」. "高辛氏, 有才子八人, 伯奮·仲堪·叔獻·季仲, 伯虎·仲熊·叔豹·季貍.(고신씨가 재주 있는 아들이 여덟 사람 있었으니, 백분·중감·숙헌·계중과, 백호·중웅·숙표·계리이다.)"
840) 위의 단락 주 가운데 "古者多以其所能爲名, '殳'·'斨', 豈能爲二器者歟.(옛날에는 대부분 그 능한 것으로써 이름을 삼았으니, '수'와 '장'은 아마도 능히 이 두 가지 무기를 만든 이일 것이다.)"의 내용을 참조한 것이다.
841) 사마천(司馬遷) 찬, 『사기(史記)』 권1, 「오제본기(五帝本紀)」. "教熊羆·貔貅·貙虎.(웅비와 비휴와 추호를 가르치다.)"

佐當之. 蓋'諧', 有偕意, 而獨於垂·益言之耳.

우(禹)가 양보한 이들을 열거하여 추천하였으니, 수(殳)와 장(斨) 및 주(朱)와 호(虎)의 따위도 또한 반드시 자리하는 곳이 있었기 때문에 주(註)에서 그 보좌관(輔佐官)으로써 해당시킨 것이다. 대개 '해(諧)'에는 함께 해(偕)자의 뜻이 있는데 오직 수(垂)와 익(益)을 말하였을 뿐이다.

[1-1-2-23]

帝曰: "咨, 四岳! 有能典朕三禮?" 僉曰: "伯夷." 帝曰: "兪. 咨, 伯! 汝作秩宗, 夙夜惟寅, 直哉惟淸." 伯拜稽首, 讓于夔·龍, 帝曰: "兪. 往欽哉."

순임금이 말하기를, "아! 사악(四岳)아. 나의 삼례(三禮)를 맡을 자가 있는가?"라고 하니, 많은 관료들이 말하였다. "백이(伯夷)입니다." 순임금이 말하기를, "그러한가. 아, 백(伯)아! 너를 질종(秩宗)으로 삼을 테니, 밤낮으로 공경하여 곧게 해야 깨끗할 것이다."라고 하였는데, 백(伯)이 절하고 머리를 조아리며 기(夔)와 용(龍)에게 사양하자, 순임금이 말하기를, "그러한가. 돌아가서 공경히 임무를 수행하라."라고 하였다.

集傳

'典', 主也. '三禮', 祀天神·享人鬼·祭地祇之禮也. '伯夷', 臣名, 姜姓. '秩', 序也; '宗', 宗廟也, '秩宗', 主敍次百神之官, 而專以'秩宗'名之者, 蓋以宗廟爲主也. 『周禮』, 亦謂之'宗伯', 而都·家, 皆有宗人之官, 以掌祭祀之事, 亦此意也. '夙', 早; '寅', 敬畏也. '直'者, 心無私曲之謂, 人能敬以直內, 不使少有私曲, 則其心潔淸, 而無物欲之汚, 可以交於神明矣. '夔'·'龍', 二臣名.

'전(典)'은 주관함이다. '삼례(三禮)842)'는 하늘의 신령에게 제사함과 사람 귀신에게 흠향함과 땅의 신령에게 제사하는 예이다. '백이(伯夷)'는 신하의 이름이니, 성(姓)이 강(姜)이다. '질(秩)'은 차례이고, '종(宗)'은 선조의 사당이니, '질종(秩宗)'은 모든 신령을 차례대로 제사함을 주관하는 관직인데, 오로지 '질종(秩宗)'으로써 이름 지은 것은 대개 종묘를 위주로 한 것이다. 『주례(周禮)』에서도 또한 '종백(宗伯)'이

---

842) 삼례(三禮): 왕소우(王昭禹) 찬, 『주례상해(周禮詳解)』권17, 「춘관(春官)·종백(宗伯)」에서 "大宗伯之職, 掌建邦之天神·人鬼·地示之禮, 以佐王建保邦國. 示, 音祇.(대종백의 직무는 나라를 세운 하늘의 신령과 사람의 귀신과 땅의 신령의 제례를 관장하여 임금을 보좌하고 나라를 세우고 지키는 것이다. 시는 음이 기이다.)"라고 하였다.

라 이르고, 도(都)와 가(家)843)에도 모두 종인(宗人)의 관직이 있어 제사의 일을 관장하였으니, 또한 이 뜻이다. '숙(夙)'은 일찍이고, '인(寅)'은 공경하고 두려워함이다. '직(直)'이라는 것은 마음에 사사롭고 바르지 않음이 없음을 이름이니, 사람이 능히 공경하여 안을 곧게 해서 조금이라도 사사롭고 바르지 않음이 있지 않게 하면 그 마음이 깨끗하고 맑아서 물욕의 더러움이 없어서 신명(神明)을 사귈 수 있는 것이다. '기(夔)'와 '용(龍)'은 두 신하의 이름이다.

詳說

○ 音岐, 下同.
　　'기(祇)'는 음이 기(岐)이니, 아래도 같다.

○ 與禹稱'伯禹'者, 蓋不同, 故下文直以伯呼之.
　　'신명(臣名)'의 경우, 우(禹)를 '백우(伯禹)'로 칭한 것과 대개 같지 않기 때문에 아랫글에서 곧바로 백(伯)으로써 부른 것이다.

○ 神農之後.
　　'강성(姜姓)'의 경우, 신농(神農)의 후예이다.

○ 春官.
　　'역위지종백(亦謂之宗伯)'의 경우, 춘관(春官)이다.

○ 沙溪曰 : "『周禮』, '都宗人, 掌都祭祀; 家宗人, 掌家祭祀.' '都', 謂王子弟所封及公卿所食邑; '家', 謂大夫所食采邑."844)

---

843) 도(都)와 가(家): 주신(朱申) 찬, 『주례구해(周禮句解)』 권9, 「추관(秋官)·방사(方士)」에서 "方士掌都·家, 聽其獄訟之辭, 辨其死刑之罪, 而要之三月, 而上獄訟于國.(방사는 도와 가를 관장하니, 그 옥송의 말을 듣고 그 사형의 죄를 구별하되 3개월로 약속하여 나라에 옥송을 올린다.)"라고 하였는데, 정현(鄭玄)은 "'都', 王子弟及公卿之采地; '家', 大夫之采地.('도'는 왕의 아들과 아우 및 공경의 채읍이고, '가'는 대부의 채읍이다.)"라고 하였다.
844) 『사계전서(沙溪全書)』 권14, 「경서변의(經書辨疑)·서전(書傳)·순전(舜典)」에서 발췌한 것이다. 그 전문은 다음과 같다. "『周禮』, '都宗人, 掌都祭祀.'註, '都有山川, 及因國無主, 王子弟, 則立其祖王之廟, 其祭, 王皆賜禽.' '家宗人, 掌家祭祀.'註, '與都同. 若先王之子孫, 亦有祖廟.' '都', 謂王子弟所封及公卿所食邑; '家', 謂大夫所食采邑.(『주례』에 '도종인은 도제사를 관장한다.'의 주에 "도읍에 산천이 있어 나라에 임금이 없음에 미쳐서 왕의 자제가 그 선조 임금의 사당을 세우면 그 제사에 왕이 모두 짐승을 하사한다."고 하였다. '가종인은 집안의 제사를 관장한다.'의 주에 '도와 같다. 선왕의 자손도 또한 선조 사당이 있다.'고 하였다. '도'는 왕의 자제에게 봉한 곳 및 공경의 식읍인 곳을 이르며, '가'는 대부가 먹는 채읍을 이른다.)"

'역차의야(亦此意也)'에 대해, 사계(沙溪: 金長生)가 말하였다. "『주례(周禮)』에서 '도종인(都宗人)은 도읍의 제사를 관장하고, 가종인(家宗人)은 집안의 제사를 관장한다.'고 하였다. '도(都)'는 왕의 자제에게 봉한 곳 및 공경(公卿)의 식읍인 곳을 이르고, '가(家)'는 대부가 먹는 채읍(采邑)을 이른다."

○ 視'寅賓'之寅, 又有畏義.

'경외야(敬畏也)'의 경우, '인빈(寅賓)845)'의 인(寅)에 비하면 또 두려워하는 뜻이 있다.

○ 陳氏經曰 : "自早至暮, 無時而不寅."846)

진씨 경(陳氏經: 陳經)이 말하였다. "이른 아침부터 저녁까지 때마다 공경하지 않음이 없는 것이다."

○ 四字 出『易』「坤·文言」.847)

'경이직내(人能敬以直內)', 이 네 글자는 『주역(周易)』「곤괘(坤卦)·문언(文言)」에 나온다.

○ 朱子曰 : "惟寅故直; 惟直故淸."848)

---

845) 인빈(寅賓): 호광(胡廣) 등 찬, 『서경대전(書經大全)』 권1, 「우서(虞書)·요전(堯典)」에 나오는 말이다. 그 원문은 다음과 같다. "희중에게 명하여 우이에 있게 하시고 '양곡'이라 하셨는데, 공경히 솟아나오는 해를 맞이하여 고르게 차례대로 봄농사를 시작하게 하시니, 춘분의 날이고 별은 조성이다.(分命羲仲, 宅嵎夷, 曰暘谷, 寅賓出日, 平秩東作, 日中, 星鳥.)"이에 공안국(孔安國)은 "'인'은 공경함이고, '빈'은 인도함이다.('寅, 敬; '賓', 導.)"라 하였고, 공영달(孔穎達)은 이 희중으로 하여금 공경하여 장차 떠오르는 해를 인도하라는 것(令此羲仲, 恭敬導引將出之日)이라 하였으며, 채침(蔡沈)의 집전에는 "'인'은 공경함이고, '빈'은 예로 접대하기를 귀한 손님처럼 하는 것이니, 또한 제곡이 해와 달을 책력에 기록하여 마중하고 배웅하는 뜻이다.('寅, 敬也; '賓', 禮接之如賓客也, 亦帝嚳曆日月而迎送之意.)"라고 하였다.
846) 호광(胡廣) 등 찬, 『서경대전(書經大全)』의 소주에서 발췌한 것이다. 그 전문은 다음과 같다. "陳氏經曰 : '夙夜者, 自早至暮, 無時而不寅, 亦無時而不直淸也, 此時之心, 卽天神·地祇·人鬼之心.'(진씨 경이 말하였다. '숙야라는 것은 이른 아침부터 저녁까지 때마다 공경하지 않음이 없는 것이고, 또한 때마다 곧고 깨끗하지 않음이 없는 것이니, 이때의 마음은 곧 하늘의 신령과 땅의 신령과 사람 귀신의 마음이다.')"
847) 호광(胡廣) 등 찬, 『주역전의대전(周易傳義大全)』 권2, 「곤괘(坤卦)·문언전(文言傳)」. "'直', 其正也; '方', 其義也, 君子敬以直內, 義以方外, 敬義立而 德不孤, '直方大, 不習, 无不利', 則不疑其所行也.('직'은 그 바름이고, '방' 그 의미니, 군자는 경으로써 안을 곧게 하고, 의로써 밖을 반듯하게 하여 경과 의가 이루어지면 덕이 외롭지 않으니, '곧고 반듯하며 큰지라 신중하지 않아도 이롭지 않음이 없다.'고 함은 그 행하는 것을 의심하지 않는 것이다.)"
848) 호광(胡廣) 등 찬, 『서경대전(書經大全)』의 소주에서 발췌한 것이다. 그 전문은 다음과 같다. "朱子曰 : '惟寅故直, 惟直故淸.' 問: '夙夜惟寅, 直哉惟淸.' 曰: '人能敬則內自直, 內直則看得那禮文分明, 不糊塗也.' 問: '伯夷典禮而曰: 夙夜惟寅, 直哉惟淸, 何也?' 曰: '禮是見成制度, 夙夜惟寅, 直哉惟淸, 乃所以行其禮也.'(주자가 말하였다. '오직 공경하기 때문에 정직하고, 오직 정직하기 때문에 깨끗한 것이다.' …)" 이는 『주자어류(朱子語類)』 권78, 「상서일(尚書一)·순전(舜典)」에서 발췌한 것이다. 그 전문은 다음과 같다. "問: 命伯夷典禮而曰: 夙夜惟寅, 直哉惟淸, 何也?' 曰: '禮是見成制度, 夙夜惟寅, 直哉惟淸, 乃所以行其禮也,

'이무물욕지오(而無物欲之汚)'에 대해, 주자(朱子: 朱熹)가 말하였다. "오직 공경하기 때문에 정직하고, 오직 정직하기 때문에 깨끗한 것이다."

○ 添此句.
'가이교어신명의(可以交於神明矣)'의 경우, 이 구절을 더한 것이다.

○ 陳氏曰 : "九官, 惟百揆·秩宗, 咨岳而命, 重可知矣. 禮, 敬而已, 旣戒以寅, 猶勉以欽, 丁寧至矣. 敬其本而直淸其效也."[849]
'이신명(二臣名)'에 대해, 진씨(陳氏: 陳鵬飛)가 말하였다. "구관(九官)에서 오직 백규(百揆)와 질종(秩宗)을 사악에게 물어서 명하였으니, 중요함을 알 수 있다. 예(禮)는 공경함일 따름이니, 이미 경계하기를 인(寅)으로써 하였는데 오히려 권면하기를 흠(欽)으로써 하였으니, 정녕함이 지극한 것이다. 그 근본을 공경히 하여 그 효용을 곧고 맑게 한 것이다."

[1-1-2-24]

帝曰 : "夔! 命汝典樂, 敎胄子, 直而溫, 寬而栗, 剛而無虐, 簡而無傲. 詩言志, 歌永言, 聲依永, 律和聲, 八音克諧, 無相奪倫, 神人以和." 夔曰 : "於予擊石拊石, 百獸率舞."

순임금이 말하기를, "기(夔)야! 너를 전악(典樂)에 임명하니, 맏아들들을 가르치되 곧으면서도 온화하며, 너그러우면서도 엄하며, 강하되 사나움이 없으며, 간략하되 오만함이 없게 할 것이다. 시(詩)는 뜻을 말한 것이고, 가(歌)는 말을 길게 읊는 것이고, 성(聲)은 길음에 의지하는 것이고, 율(律)은 소리를 조화롭게 하는 것이니, 팔음(八音)의 악기가 잘 어울려 서로 차례를 빼앗음이 없어야 신령과 사람이 화응(和應)할 것이다."라고 하니, 기가 말하였다. "제가 돌을 치고 돌을 두드려서 모든 짐승들이 다 춤추게 할 것입니다."

今太常有直淸堂.' ; 問: '夙夜惟寅, 直哉惟淸.' 曰: '人能敬則內自直, 內直則看得那禮文分明, 不糊塗也.' : 惟寅故直, 惟直故淸人."
849) 호광(胡廣) 등 찬, 『서경대전(書經大全)』의 소주에서 발췌한 것이다. 그 전문은 다음과 같다. "陳氏曰 : '九官, 惟百揆·秩宗, 咨四岳而命, 重可知矣. 心者, 神明之舍, 所以直於神明之本也. 敬則能直內, 直內則淸明在躬, 敬其本而直淸其效也. 禮, 敬而已矣, 旣戒以寅, 猶勉以欽, 丁寧至矣.'(진씨가 말하였다. '구관에서 오직 백규와 질종을 사악에게 물어서 명하였으니, 중요함을 알 수 있다. … 그 근본을 공경히 하여 그 효용을 곧고 맑게 한 것이다. 예는 공경함일 따름이니, 이미 경계하기를 인으로써 하였는데 오히려 권면하기를 흠으로써 하였으니, 정녕함이 지극한 것이다.')"

詳說

○ 直又反.850)

'주(胄)'는 직(直)과 우(又)의 반절이다.

集傳

'胄', 長也, 自天子至卿大夫之適子也. '栗', 莊敬也. 上二'無'字, 與'毋'同. 凡人直者, 必不足於溫, 故欲其溫; 寬者, 必不足於栗, 故欲其栗, 所以慮其偏而輔翼之也. 剛者, 必至於虐, 故欲其無虐; 簡者, 必至於傲, 故欲其無傲, 所以防其過而戒禁之也. '教胄子'者, 欲其如此, 而其所以教之之具, 則又專在於樂, 如『周禮』「大司樂」, "掌成均之法, 以教國子弟", 而孔子亦曰: "興於詩, 成於樂", 蓋所以蕩滌邪穢, 斟酌飽滿, 動盪血脈, 流通精神, 養其中和之德, 而救其氣質之偏者也. 心之所之, 謂之'志'; 心有所之, 必形於言, 故曰'詩言志'. 既形於言, 則必有長短之節, 故曰'歌永言'. 既有長短, 則必有高下·淸濁之殊, 故曰'聲依永'. '聲'者, 宮·商·角·徵·羽也. 大抵歌聲長而濁者, 爲宮; 以漸而淸且短, 則爲商; 爲角, 爲徵, 爲羽, 所謂'聲依永'也. 既有長短·淸濁, 則又必以十二律和之, 乃能成文而不亂, 假令黃鍾爲宮, 則大蔟爲商, 姑洗爲角, 林鍾爲徵, 南呂爲羽. 蓋以三分損益, 隔八相生而得之, 餘律皆然, 即「禮運」所謂"五聲·六律·十二管, 還相爲宮", 所謂'律和聲'也. 人聲既和, 乃以其聲被之八音, 而爲樂, 則無不諧協, 而不相侵亂失其倫次, 可以奏之朝廷, 薦之郊廟, 而神人以和矣. 聖人作樂, 以養情性, 育人材, 事神祇, 和上下, 其體用功效, 廣大深切, 乃如此, 今皆不復見矣, 可勝歎哉. '夔曰'以下, 蘇氏曰: "舜方命九官, 濟濟相讓, 無緣夔於此獨言其功. 此「益稷」之文, 簡編脫誤, 複見於此."

'주(胄)'는 맏아들이니, 천자로부터 경대부에 이르기까지의 본처의 맏아들이다. '율(栗)'은 장경(莊敬)851)함이다. 위의 두 '무(無)'자는 무(毋)와 같다. 무릇 사람 가운

---

850) 채침(蔡沈) 찬, 『서경집전(書經集傳)』을 수용한 것이다. 호광(胡廣) 등 찬, 『서경대전(書經大全)』의 소주에는 "'拊', 音撫.('부'는 음이 무이다.)"라는 내용만 있다.
851) 장경(莊敬): 근엄함이다. 호광(胡廣) 등 찬, 『예기대전(禮記大全)』 권18, 「악기(樂記)」에서 "致禮以治躬則莊敬, 莊敬則嚴威. 心中斯須不和不樂, 而鄙詐之心, 入之矣; 外貌斯須不莊不敬, 而易慢之心, 入之矣.(예를 다하여 몸을 다스리면 근엄해지니 근엄하면 위엄스러워진다. 마음속이 모름지기 화평하지 못하고 즐겁지 못하면 비루하고 속이는 마음이 들어가고, 겉모습이 모름지기 근엄하지 못하고 공경스럽지 못하면 업신여기고 방만한 마음이 들어간다.)"라고 하였다. 또 『예기대전(禮記大全)』 권22, 「제법(祭法)」에서도 "致禮以治躬則莊敬, 莊敬則嚴威. 心中斯須不和不樂, 而鄙詐之心, 入之矣; 外貌斯須不莊不敬, 而慢易之心, 入之矣. 故樂也者, 動於內者也; 禮也者, 動於外者也, 樂極和, 禮極順, 內和而外順, 則民瞻其顏色, 而不與爭

데 곧바른 이는 반드시 온화함에 부족하기 때문에 온화하고자 하며, 너그러운 이는 반드시 엄숙함에 부족하기 때문에 엄숙하고자 하는 것이니, 치우침을 염려하여 그를 도와서 바르게 이끄는 것이다. 굳센 이는 반드시 사나움에 이르기 때문에 사나움이 없고자 하며, 충실한 이는 반드시 오만함에 이르기 때문에 오만함이 없고자 하는 것이니, 지나침을 막아서 경계하고 금지하게 하는 것이다. '교주자(敎胄子)'라는 것은 이와 같기를 바라면서도 그들을 가르치는 도구가 또 오로지 음악에 있었기 때문에, 『주례(周禮)』「대사악(大司樂)」에서는 "성균(成均)의 법을 관장하여 국가의 자제들을 가르친다."852)고 하였으며, 공자(孔子)는 또한 말하기를, "시에 일어나고, 음악에 이루어지는 것이다."고 하였으니, 대개 사악함과 더러움을 깨끗이 씻어내고, 넘치도록 가득함을 어림쳐서 헤아리며, 혈관을 뛰게 하고, 정신을 막힘없이 흘러 통하게 하여 그 중화(中和)853)의 덕성을 배양(培養)하면서 그 기질의 편벽됨을 규정(糾正)하기854) 때문이다. 마음이 가는 것을 '지(志)'라고 하며, 마음이 가는 곳이 있으면 반드시 말에 나타나기 때문에 '시언지(詩言志: 시는 뜻을 말함)'라고 말한 것이다. 이미 말에 나타나면 반드시 길고 짧은 가락이 있기 때문에 '가영언(歌永言: 노래는 말을 길게 함)'이라고 하였다. 이미 길고 짧음이 있으면 반드시 높고 낮음과 맑고 탁함의 다름이 있기 때문에 '성의영(聲依永: 소리는 길음에 의지함)'이라고 하였다. '성(聲)'이라는 것은 궁(宮)·상(商)·각(角)·치(徵)·우(羽)이다. 대체로 보아 노래 소리가 길고 탁한 것은 궁(宮)이 되고, 점점 맑고 또 짧아지면 상(商)이 되고, 각(角)이 되고, 치(徵)가 되고, 우(羽)가 되니, 이른바 '성의영

也.(예를 다하여 몸을 다스리면 근엄해지니 근엄하면 위엄스러워진다. 마음속이 모름지기 화평하지 못하고 즐겁지 못하면 비루하고 속이는 마음이 들어가고, 겉모습이 모름지기 근엄하지 못하고 공경스럽지 못하면 업신여기고 방만한 마음이 들어간다. ….)"라고 하였다.

852) 『주례주소(周禮注疏)』 권22, 「춘관종백하(春官宗伯下)·대사악(大司樂)」. "掌成均之灋, 以治建國之學政, 而合國之子弟焉.(조화를 이루는 법도를 관장하여 세운 나라의 학교와 정사를 다스리는데 나라의 자제를 만나는 것이다.)"

853) 중화(中和): 『중용장구대전』「제1장」에 나오는 내용이다. 그 전문은 다음과 같다. "희와 노와 애와 락이 드러나지 않은 것을 중이라 이르고, 드러나서 모두 절차에 맞음을 화라 이르니, 중은 천하의 큰 근본이고, 화는 천하의 통달한 도이다. 중과 화에 이르면 천지가 자리하며 만물이 살아가는 것이다.(喜·怒·哀·樂之未發, 謂之中; 發而皆中節, 謂之和, 中也者, 天下之大本也; 和也者, 天下之達道也. 致中和, 天地位焉, 萬物育焉.)"

854) 규정(糾正)하기: '구(救)'의 뜻은 바로잡아주는 것이다. 『예기대전(禮記大全)』 권18, 「악기(樂記)」에서 "배우는 이에게 네 가지 잃음이 있으니, 가르치는 이가 반드시 알아야 한다. 사람들의 배움은 간혹 많음에 잃고, 간혹 적음에 잃고, 간혹 쉬움에 잃고, 간혹 그침에 잃는다. 이 네 가지는 마음이 같지 않은 것이니, 그 마음을 안 뒤라야 능히 그 잃음을 바로잡아줄 수 있다. 가르침이라는 것은 미덕을 증장하되 그 잃는 것을 바로잡아주는 것이다.(學者有四失, 教者必知之. 人之學也, 或失則多, 或失則寡, 或失則易, 或失則止. 此四者, 心之莫同也, 知其心然後, 能救其失也. 教也者, 長善而救其失者也.)" 명나라 왕수인(王守仁)은 『전습록(傳習錄)』에서 "孟子救告子之偏, 故如此夾持說.(맹자가 고자의 편벽됨을 바로잡아주었기 때문에 이와 같이 말을 마음에 품은 것이다.)"이라고 하였다.

(聲依永)'이라는 것이다. 이미 길고 짧음과 맑고 탁함이 있으면 또 반드시 십이율(十二律)로써 조화롭게 해야 비로소 능히 악장(樂章)을 이루어 어지럽지 않게 되니, 가령 황종(黃鍾)이 궁(宮)이 되면 태주(太簇)가 상(商)이 되고, 고선(姑洗)이 각(角)이 되고, 임종(林鍾)은 치(徵)가 되고, 남려(南呂)가 우(羽)가 되는 것이다. 대개 덜고 보탬을 셋으로 나누고 여덟 개를 띄움에 서로 생겨 얻게 되니, 나머지 율(律)도 모두 그러하다. 바로 「예운(禮運)」에서 이른바 "'오성(五聲)과 육률(六律)과 십이관(十二管)이 차례로 서로 궁(宮)이 된다."855)는 것이니, 이른바 '율화성(律和聲: 율은 소리를 조화시킴)'이라는 것이다. 사람의 소리가 이미 화평하거든 이에 그 소리로써 팔음(八音)에 배합하여 음악을 만들면 어울리고 맞지 않음이 없어서 서로 넘고 어지러워 그 차례를 잃지 않으니, 조정에서 연주하고 천지(天地) 제사와 사당 제사856)에 올려서 신령과 사람이 화응(和應)하는 것이다. 성인(聖人)이 음악을 만들어 성정(性情)을 배양(培養)하고 인재를 육성(育成)하며, 하늘과 땅의 신령 섬기고 윗사람과 아랫사람이 화목하게 하여 그 체용(體用)과 공효(功效)의 넓고 크며 깊고 간절함이 이와 같았는데 지금 모두 다시 볼 수 없으니, 어찌 탄식을 참아낼 수 있겠는가. '기왈(虁曰)' 이하는 소씨(蘇氏: 蘇軾)가 말하기를, "순(舜)이 바야흐로 아홉 관리를 임명함에 가지런히 아름답게 서로 사양하였으니, 기(虁)가 여기에서 홀로 그 공적을 말할 사유가 없다. 이는 「익직(益稷)」의 글이니, 대쪽으로 엮은 책이 빠지고 잘못되어 여기에 겹쳐서 보인 것이다."라고 하였다.

詳說

○ 上聲.857)

'장(長)'은 상성(上聲: 어른, 맏이)이다.

---

855) 호광(胡廣) 등 찬, 『예기대전(禮記大全)』 권9. 「예운(禮運)」, "五聲·六律·十二管, 還相爲宮也." 주(註)에 의하면, '오성(五聲)'은 궁·상·각·치·우이며, '육률(六律)'은 양성(陽聲)에 황종자(黃鍾子)·태주인(太簇寅)·고선진(姑洗辰)·유빈오(蕤賓午)·이칙신(夷則申)·무역술(無射戌)이고, 음성(陰聲)은 육려(六呂)이니 대려축(大呂丑)·응종해(應鍾亥)·남려유(南呂酉)·임종미(林鍾未)·중려사(仲呂巳)·협종묘(夾鍾卯)이며, '십이관(十二管)'은 육률(六律)과 육려(六呂)로 이름 붙인 후기관(候氣管)이라고 하였다.

856) 천지(天地) 제사와 사당 제사: '교묘(郊廟)'는 옛날에 천자가 하늘과 땅 및 선왕의 사당에 제사지내는 것을 말한다. 「순전(舜典)」 앞 단락에서 "네가 질종이 되어라.(汝作秩宗.)"고 하였는데, 공안국(孔安國)은 "'질'은 차례함이고, '종'은 높임이다. 교묘를 주관하는 관리이다.('秩, 序; '宗, 尊也. 主郊廟之官.)"라 하였고, 공영달(孔穎達)은 "'교'는 하늘에 제사하는 것을 남교라 이르고, 땅에 제사하는 것을 북교라 이르며, '묘'는 선조에게 제사하는 것을 이르니, 곧 『주례』에서 이른바 '하늘의 신령과 사람의 귀신과 땅의 신령'이라는 것이 이것이다.('郊, 謂祭天南郊, 祭地北郊; '廟, 謂祭先祖, 卽 『周禮』所謂天神·人鬼·地祇之禮, 是也.)"라고 하였다.

857) 호광(胡廣) 등 찬, 『서경대전(書經大全)』의 소주를 수용한 것이다.

○ 音的.858)

'적(適)'은 음이 적(的)이다.

○ 農巖曰 : "司徒, 主治彝倫, 故其教通乎百姓; 典樂, 主養德性, 故其教止於胄子."859)

'자천자지경대부지적자야(自天子至卿大夫之適子也)'에 대해, 농암(農巖: 金昌協)860)이 말하였다. "사도(司徒)는 떳떳한 인륜을 주관하여 다스리기 때문에 그 가르침이 백성에게 유통되었고, 전악(典樂)은 덕성(德性)을 주관하여 배양하기 때문에 그 가르침이 맏아들에게 그쳤던 것이다."

○ 朱子曰 : "'剛'·'簡'二字, 微覺有弊, 故戒之."861)

'소이방기과이계금지야(所以防其過而戒禁之也)'에 대해, 주자(朱子: 朱熹)가 말하였다. "'강(剛)'과 '간(簡)'의 두 자는 깨달음이 적어서 폐단이 있기 때문에 그것을 경계한 것이다."

---

858) 호광(胡廣) 등 찬, 『서경대전(書經大全)』의 소주를 수용한 것이다.
859) 『농암집(農巖集)』 권31, 「잡지(雜識)·내편일(內篇一)」에서 발췌한 것이다. 그 내용은 다음과 같다. "司徒, 主治彝倫, 故其教通乎百姓; 典樂, 主養德性, 故其教止於胄子. 其詳略然也.(사도는 떳떳한 인륜을 주관하여 다스리기 때문에 그 가르침이 백성에게 유통되었고, 전악은 덕성을 주관하여 배양하기 때문에 그 가르침이 맏아들에게 그쳤던 것이다. ….)"
860) 농암(農巖: 金昌協): 김창협(1651-178)은 조선 후기의 문인으로, 자가 중화(仲和)이고, 호가 농암(農巖) 또는 삼주(三洲)이며, 본관이 안동이다. 좌의정 김상헌(金尙憲)의 증손자이고, 영의정까지 지낸 김수항(金壽恒)의 아들이자 김창집(金昌集)의 아우이다. 현종 10년(1669)에 진사과에 합격하고 숙종 8년(1682)에 증광 문과에 장원 급제하여 병조좌랑·사헌부지평·교리·이조정랑·동부승지·대사성·예조참의·대사간 등을 역임하였다. 노론(老論)의 학통을 이었고, 인물성동론(人物性同論)을 취했으며, 전아(典雅)하고 순정(純正)한 문장으로 좋은 평판을 받았다. 저술로는 『농암집(農巖集)』·『오자수언(五子粹言)』 외에 송시열(宋時烈)의 『주자대전차의(朱子大全箚疑)』 등을 교정하였다.
861) 호광(胡廣) 등 찬, 『서경대전(書經大全)』의 소주에서 발췌한 것이다. 그 전문은 다음과 같다. "問: '禮書學禮, 首引舜命契爲司徒, 敷五教; 命夔典樂, 教胄子. 竊謂, 古人教學, 不出此兩者. 契敷五教, 是欲使人明於人倫, 曉得這道理; 夔典樂敎胄子, 是欲使人養其德性, 而實有諸己, 此是一篇綱領.' 朱子曰: '固是如此. 後面只是明此一意: 如司徒之教, 卽是契敷教事; 大司樂之教, 卽是夔典樂事.' 因曰: '直而溫, 寬而栗, 直與寬, 本自是好, 但濟之以溫與栗, 則盡善. 至如剛·簡二字, 則微覺有弊, 故戒之以無虐·無傲, 蓋所以防其失也. 某所以特與分開, 欲見防其失者, 專爲剛·簡而設; 不蒙上直·寬二句. 直·寬, 但曰而溫·而栗, 至剛·簡, 則曰無虐·無傲, 觀其立言之意, 自可見.' 曰: '教以人倫者, 因是又欲養其德性. 便只是下面詩言志·歌永言·聲依永·律和聲四句.' 曰: '然. 諷誦歌詠之間, 足以和其心氣, 但上面三句抑揚高下, 尙且由人; 到那律和聲處, 直是不可走作. 所以歌詠之際, 深足以養人情性. 至如播之金石, 被之管絃, 非是不和, 終不若人聲自然. 故晉人孟嘉有言絲不如竹, 竹不如肉, 謂漸近自然. 至八音克諧, 無相奪倫, 神人以和, 此是言祭祀燕饗時事, 又是一節.'(물었다. … 이에 말하였다. '곧으면서도 온화하고, 너그러우면서도 두려웠다고 하니, 곧은 것과 너그러운 것은 본래 좋은 것이나, 다만 그것을 온화함과 두려움으로써 도와준다면 다 선하게 된다. 강과 간의 두 자에 이르러서는 깨달음이 적어서 폐단이 있기 때문에 그것을 학대함이 없는 것과 작위함이 없는 것으로써 경계한 것이니, 대개 그 잘못을 방지하려는 것이다. ….')" 이는 『주자어류(朱子語類)』 권84, 「예일(禮一)·논수예서(論修禮書)」에 실려 있다.

○ 陳氏大猷曰 : "皆協于中德."862)
진씨 대유(陳氏大猷: 陳大猷)가 말하였다. "모두 중덕(中德)에 맞는 것이다."

○ 陳氏經曰 : "將教以中和之德, 必教以中和之樂."863)
'즉우전재어악(則又專在於樂)'에 대해, 진씨 경(陳氏經: 陳經)이 말하였다. "장차 중화(中和)의 덕을 가르치려 하거든 반드시 중화(中和)의 음악으로 가르쳐야 한다."

○ 出『論語』「泰伯」.864)
'흥어시, 성어악(興於詩, 成於樂)'는 『논어(論語)』「태백(泰伯)」에 나온다.

○ 見『史記』「樂書」.865) ○減損而適於中.
'짐작포만(斟酌飽滿)'는 『사기(史記)』「악서(樂書)」에 보인다. ○덜고 줄여서 중화(中和)에 알맞게 하는 것이다.

○ 先立論.
'이구기기질지편자야(而救其氣質之偏者也)'의 경우, 먼저 논지(論旨)를 세운 것이다.

○ 朱子曰 : "方其詩也, 未有歌樂, 樂乃爲詩而作, 非詩爲樂而作也. 詩出乎志者也, 樂出乎詩者也, 詩者其本, 而樂者其末也."866)

---

862) 호광(胡廣) 등 찬, 『서경대전(書經大全)』의 소주에서 발췌한 것이다. 그 전문은 다음과 같다. "陳氏大猷曰 : '以是爲教, 宜乎直寬, 可使溫·栗·剛·簡, 可使無虐·傲, 皆協于中德, 而不偏不過焉. 諧是衆音和協. 倫是各有條理.'(진씨 대유가 말하였다. '… 모두 중덕에 맞아서 치우치지도 않고 지나치지도 않는다. ….')"
863) 호광(胡廣) 등 찬, 『서경대전(書經大全)』의 소주에서 발췌한 것이다. 그 전문은 다음과 같다. "陳氏經曰 : '直溫以下, 德之中和也; 言志以下, 樂之中和也. 將教以中和之德, 必教以中和之樂.'(진씨 경이 말하였다. '직은 이하는 덕의 중화이고, 언지 이하는 음악의 중화이다. 장차 중화의 덕을 가르치려 하거든 반드시 중화의 음악으로 가르쳐야 한다.')"
864) 『논어집주대전(論語集註大全)』 권8, 「태백(泰伯)」. "子曰 : '興於詩, 立於禮, 成於樂.'(공자가 말하였다. '시에 일어나며, 예에 서며, 악에 이루는 것이다.')"
865) 사마천(司馬遷) 찬, 『사기(史記)』 권24, 「악서(樂書)」. "君子以謙退爲禮, 以損減爲樂, 樂其如此也. 以爲州異國殊, 情習不同. 故博采風俗, 協比聲律, 以補短移化, 助流政敎, 天子躬於明堂臨觀, 而萬民咸蕩滌邪穢, 斟酌飽滿, 以飾厥性.(군자는 겸손하게 물러남으로써 예라 여기고, 줄이고 덜어냄으로써 음악이라 여기니, 음악은 이와 같은 것이다. … 모든 백성들이 다 사악함과 더러움을 깨끗이 씻어내고, 넘치도록 가득함을 어림서서 헤아려서 그 성정을 다스리는 것이다.)"
866) 호광(胡廣) 등 찬, 『서경대전(書經大全)』의 소주에서 발췌한 것이다. 그 전문은 다음과 같다. "詩之作, 本

'시언지(詩言志)'에 대해, 주자(朱子: 朱熹)가 말하였다. "바야흐로 그 시는 가악(歌樂)이 있지 않으며, 악(樂)은 이에 시를 위해서 지어지지만, 시는 악(樂)을 위해서 짓는 것이 아니다. 시는 뜻에서 나오는 것이고, 악(樂)은 시에서 나오는 것이니, 시라는 것은 악(樂)의 근본이고, 악(樂)이라는 것은 시의 말단인 것이다."

○ 陟里反, 下並同.867)
'치(徵)'는 척(陟)과 리(里)의 반절이니, 아래도 아울러 같다.

○ 新安陳氏曰 : "傍依於永言之歌而見也."868)
'소위성의영야(所謂聲依永也)'에 대해, 신안 진씨(新安陳氏: 陳師凱)가 말하였다. "옆의 길게 말하는 노래의 의지하여 보이는 것이다."

○ 朱子曰 : "樂聲, 是土·金·木·火·水;「洪範」, 是水·火·木·金·土

言志而已. 方其詩也, 未有歌也; 及其歌也, 未有樂也. 以聲依永, 以律和聲, 則樂乃爲詩而作, 非詩爲樂而作也. 詩出乎志者也, 樂出乎詩者也. 詩者本, 而樂者其末也.(시의 지음은 뜻을 말함에 근본할 따름이다. 바야흐로 그 시는 노래가 있지 않으며, 그 노래에 있어서도 음악이 있지 않다. 소리로써 길게 함에 의지하고, 십이율로써 소리를 맞추면 음악은 이에 시를 위해서 짓지만, 시는 음악을 위해서 짓는 것이 아니다. 시는 뜻에서 나오는 것이고, 음악은 시에서 나오는 것이다. 시라는 것은 음악의 근본이고, 음악이라는 것은 시의 말단이다.)" 이는『주자대전(朱子大全)』권37,「서(書)·답진체인(答陳體仁)」에서 발췌한 것이다. 그 내용은 다음과 같다. "盖以「虞書」攷之, 則詩之作, 本爲言志而已. 方其詩也, 未有歌也; 及其歌也, 未有樂也. 以聲依永, 以律和聲, 則樂乃爲詩而作, 非詩爲樂而作也. … 故愚意, 竊以爲, 詩出乎志者也, 樂出乎詩者也. 然則志者詩之本, 而樂者其末也.(대개「우서」로써 상고해보면, 시의 지음은 본래 뜻을 말하기 위하였을 따름이다. 바야흐로 그 시는 노래가 있지 않으며, 그 노래에 있어서도 음악이 있지 않다. 소리로써 길게 함에 의지하고, 십이율로써 소리를 맞추면 음악은 이에 시를 위해서 지어지지만, 시는 음악을 위해서 짓는 것이 아니다. … 그러므로 내가 생각하건대, 가만히 시는 뜻에서 나오는 것이고, 음악은 시에서 나오는 것이다. 그래서 뜻이라는 것은 시의 근본이고, 음악이라는 것은 시의 말단이라고 생각한다. ….)"
867) 호광(胡廣) 등 찬, 『서경대전(書經大全)』의 소주에는 "音止.(음이 지이다.)"로 되어 있다.
868) 호광(胡廣) 등 찬, 『서경대전(書經大全)』의 소주에서 발췌한 것이다. 그 전문은 다음과 같다. "新安陳氏曰 : 帝王立敎, 始見於命契敷五敎, 命夔敎胄子二章. 朱子「大學序」, 所謂司徒之職·典樂之官, 所由設也, 正謂此也. 直·寬·剛三句易看, 簡略不煩者多, 至傲忽以常情驗之可見. 聲依永, 律和聲, 最難解. 歌永言者, 言之不足而永歌之也; 聲依永者, 宮·商·角·徵·羽之五聲, 依傍於歌永言之歌而見也. 律和聲者, 又以十二律而此五聲也. 黃鍾爲宮, 則莫爲商, 某爲角, 與三分損一, 隔八相生, 今爲說以明之. 陽律生陰呂曰下生, 三分長而損一; 陰呂生陽律曰上生, 三分長而益一, 皆是左旋, 隔八律而相生. 黃鍾爲第一宮, 其長九寸, 隔八下生. 林鍾爲徵, 三分損一, 其長六寸. 林鍾隔八上生, 大蔟爲商, 三分益一, 其長八寸. 惟此三律, 長皆全寸而無餘分; 餘律, 則餘分參差不齊矣. 大蔟下生, 南呂爲羽; 南呂上生, 姑洗爲角. 林鍾爲第二宮, 宮生徵, 徵生商, 商生羽, 羽生角, 以下皆倣此. 以至仲呂, 爲第十二宮. 上生黃鍾爲徵, 下生林鍾爲商, 上生大蔟爲羽, 下生南呂爲角. 十二宮, 各有五聲, 凡六十聲. 宮·徵·商·羽·角, 隔八相生之序也. 由宮聲之濁, 而長以漸而淸, 且短之序, 則爲宮·商·角·徵·羽. 假令黃鍾爲宮, 則相去一律, 而大蔟爲商, 而姑洗爲角, 又相去二律, 而林鍾爲徵, 又相去一律, 而南呂爲羽, 羽距黃鍾之宮, 又相去二律焉. 相去一律, 則音節和; 相去二律, 則音節遠, 故徵·角之間, 近徵, 收一聲, 比徵稍下曰變徵; 羽·宮之間, 近宮, 收一聲, 少高於宮曰變宮, 所以濟五聲之不及也. 詳見「律歷志」「律呂新書」等. 此難盡具.「禮運」, 旋相爲宮, 謂十二律; 迴旋, 迭相爲宮也. 樂之功用, 能感神人之和, 如此則其敎胄子, 而陶寫其情性, 流通其精神; 養其中和之德, 而救其氣質之偏, 蓋可想也. 夔曰於下, 爲「益稷」錯簡無疑.'(신안 진씨가 말하였다. '… 성의영과 율화성은 가장 이해하기 어렵다. 가영언이라는 것은 말이 부족하여 길게 노래하는 것이고, 성의영이라는 것은 궁·상·각·치·우의 다섯 소리가 길게 말하는 노래를 의지하고 가까이하여 보이는 것이다. ….')"

.”869)

주자(朱子: 朱熹)가 말하였다. "음악의 소리는 토(土)·금(金)·목(木)·화(火)·수(水)이고, 「홍범(洪範)」에는 수(水)·화(火)·목(木)·금(金)·토(土)이다."

○ 黃鍾·大呂·太簇·夾鍾·姑洗·仲呂·蕤賓·林鍾·夷則·南呂·無射·應鍾, 是律呂相間之序也.

'내능성문이불란(乃能成文而不亂)'의 경우, 황종(黃鍾)·대려(大呂)·태주(太簇)·협종(夾鍾)·고선(姑洗)·중려(仲呂)·유빈(蕤賓)·임종(林鍾)·이칙(夷則)·남려(南呂)·무역(無射)·응종(應鐘)은 율려(律呂)가 서로 사이하는 차례이다. ○

○ 朱子曰 : "黃鍾至仲呂, 皆屬陽; 蕤賓至應鍾, 皆屬陰, 此是一箇大陰陽, 黃鍾爲陽, 大呂爲陰. 每一陽, 間一陰, 又是一箇小陰陽."870)

주자(朱子: 朱熹)가 말하였다. "황종(黃鍾)에서 중려(仲呂)까지는 양(陽)에 속하고, 유빈(蕤賓)에서 응종(應鍾)까지는 음(陰)에 속한다."

○ 按, 子至巳, 屬陽; 午至亥, 屬陰.

내가 살펴보건대, 자(子)에서 사(巳)까지는 양(陽)에 속하고, 오(午)에서 해(亥)까지는 음(陰)에 속한다.

○ 平聲.871)

'령(令)'은 평성(平聲: 가령, 하여금)이다.

○ 音泰.

'태(大)'는 음이 태(泰)이다.

---

869) 호광(胡廣) 등 찬, 『서경대전(書經大全)』의 소주를 수용한 것이다. 이는 『주자어류(朱子語類)』 권92, 「악(樂)」에 실려 있다.
870) 호광(胡廣) 등 찬, 『서경대전(書經大全)』의 소주에서 발췌한 것이다. 그 전문은 다음과 같다. "樂律, 自黃鍾至仲呂, 皆屬陽; 自蕤賓至應鍾, 皆屬陰, 此是一箇大陰陽. 黃鍾爲陽, 大呂爲陰: 太簇爲陽, 來鍾爲陰, 每一陽間一陰, 又是一箇小陰陽.(악률은 황종부터 중려까지는 모두 양에 속하고, 유빈부터 응종까지는 모두 음에 속하니, 이것은 하나의 큰 음양이다. 황종은 양이 되고 대려는 음이 되며, 태주는 양이 되고 협종은 음이 되니, 하나의 양에 하나의 음이 사이하니 또 하나의 작은 음양이다.)" 이는 『주자어류(朱子語類)』 권92, 「악(樂)」에 실려 있다.
871) 호광(胡廣) 등 찬, 『서경대전(書經大全)』의 소주를 수용한 것이다.

○ 千侯反.

'주(蔟)'는 천(千)과 후(侯)의 반절이다.

○ 蘇典反.

'선(洗)'은 소(蘇)와 전(典)의 반절이다.

○ 朱子曰 : "若以黃鍾爲宮, 大蔟爲商, 姑洗爲角, 蕤賓爲變徵, 林鍾爲徵, 南呂爲羽, 應鍾爲變宮. 若以大呂爲宮, 夾鍾爲商, 仲呂爲角, 林鍾爲變徵, 夷則爲徵, 無射爲羽, 黃鍾爲變宮. 其餘旋相爲宮, 周而復始."[872]

---

872) 호광(胡廣) 등 찬, 『서경대전(書經大全)』의 소주에서 발췌한 것이다. 그 전문은 다음과 같다. "問: '所論樂, 今考之, 若以黃鍾爲宮, 便是大蔟爲商, 姑洗爲角, 蕤賓爲變徵, 林鍾爲徵, 南呂爲羽, 應鍾爲變宮. 若以大呂爲宮, 便是夾鍾爲商, 仲呂爲角, 林鍾爲變徵, 夷則爲徵, 無射爲羽, 黃鍾爲變宮. 其餘則旋相爲宮, 周而復始. 若以相生之法, 則以律生呂, 便是下生; 以呂生律, 則爲上生. 自黃鍾下生林鍾, 林鍾上生大蔟, 大蔟下生南呂, 南呂上生姑洗, 姑洗下生應鍾, 應鍾上生蕤賓. 蕤賓本當下生, 今却復上生大呂, 大呂下生夷則, 夷則上生夾鍾, 夾鍾下生無射, 無射上生仲呂. 相生之道, 至是窮矣, 遂復變而上生黃鍾之宮. 再生之黃鍾, 不及九寸, 只是八寸有餘. 然黃鍾君象也, 非諸宮之所能役, 故虛其正而不復用, 所用只再生之變者. 就再生之變, 又缺其半, 所缺其半者, 蓋若大呂爲宮, 黃鍾爲變宮, 特黃鍾管最長, 所以只得用其半聲, 而餘宮亦皆倣此.' 曰: '然.' 又曰: '宮·商·角·徵·羽, 與變宮·變徵, 皆是數之相生, 自然如此, 非人力所能加損, 此其所以爲妙.'(물었다. '음악에 대해 논한 것을 지금 살펴보건대, 만약 황종으로써 궁을 삼으면 곧 태주가 상이 되고, 고선이 각이 되고, 유빈이 변치가 되고, 임종이 치가 되고, 남려가 우가 되고, 응종이 변궁이 됩니다. 만약 대려로써 궁을 삼으면 곧 협종이 상이 되고, 중려가 각이 되고, 임종이 변치가 되고, 이칙이 치가 되고, 무역이 우가 되고, 황종이 변궁이 됩니다. 그 나머지는 서로 돌아가면서 궁이 되고 한 바퀴 돌아서 다시 시작합니다. 만약 상생의 법칙으로써 하면 율로써 려를 낳는 것은 곧 아래에서 낳는 것이며, 려로써 율을 낳는 것은 위에서 낳는 것입니다. 황종부터 아래로 임종을 낳고, 임종은 위로 태주를 낳으며, 태주는 아래로 남려를 낳고, 남려는 위로 고선을 낳으며, 고선은 아래로 응종을 낳고, 응종은 위로 유빈을 낳습니다. 유빈은 본래 마땅히 아래로 낳아야 하는데 지금 도리어 다시 위로 대려를 낳으니, 대려는 아래로 이칙을 낳고 이칙은 위로 협종을 낳으며, 협종은 아래로 무역을 낳고 무역은 위로 중려를 낳습니다. 상생의 도가 여기에 이르러 다하니, 마침내 다시 변하여 위로 황종의 궁을 낳습니다. 다시 낳은 황종은 아홉 치에 미치지 못하고 다만 여덟 치에 나머지가 있다. 그러나 황종은 임금의 상징이니 여러 궁이 부릴 수 있는 것이 아니기 때문에 그 바름을 비우고 다시 사용하지 않으니, 사용하는 것은 다만 다시 태어난 것이 변한 것입니다. 다시 태어난 것이 변함에 있어서 또 그 반이 모자라는데 그 반이 모자란 것은 대개 만약 대려가 궁을 삼고, 황종이 궁으로 변함에 특히 황종의 관이 가장 길어서 다만 그 반의 소리만 사용할 수 있으니, 남은 궁도 또한 모두 이것에 의거합니다.' 말하였다. '그렇다.' 또 말하였다. '궁·상·각·치·우가 변궁·변치와 함께 함은 모두 숫자의 상생함이고 자연히 이와 같아서 사람의 힘으로 더하거나 줄일 것이 아니니, 이것이 오묘함이 되는 것이다.')" 이는 『주자어류(朱子語類)』 권92, 「악(樂)」에서 발췌한 것이다. 그 전문은 다음과 같다. "問: '先生所論樂, 今考之, 若以黃鍾爲宮, 便是太簇爲商, 姑洗爲角, 蕤賓爲變徵, 林鍾爲徵, 南呂爲羽, 應鍾爲變宮. 若以大呂爲宮, 便是夾鍾爲商, 中呂爲角, 林鍾爲變徵, 夷則爲徵, 無射爲羽, 黃鍾爲變宮. 其餘則旋相爲宮, 周而復始. 若言相生之法, 則以律生呂, 便是下生; 以呂生律, 則爲上生. 自黃鍾下生林鍾, 林鍾上生太簇; 太簇下生南呂, 南呂上生姑洗; 姑洗下生應鍾, 應鍾上生蕤賓. 蕤賓本當下生, 今卻復上生大; 呂大呂下生夷則, 夷則上生夾鍾; 夾鍾下生無射, 無射上生中呂. 相生之道, 至是窮矣, 遂復變而上生黃鍾之宮. 再生之黃鍾不及九寸, 只是八寸有餘. 然黃鍾君象也, 非諸宮之所能役, 故虛其正而不復用, 所用只再生之變者. 就再生之變, 又缺其半, 所謂缺其半者, 蓋若大呂爲宮, 黃鍾爲變宮時, 黃鍾管最長, 所以只得用其半聲. 而餘宮亦皆倣此.' 曰: '然.' 又曰: '宮·商·角·徵·羽, 與變徵, 皆是數之相生, 自然如此, 非人力所加損, 此其所以爲

'남려위우(南呂爲羽)'에 대해, 주자(朱子: 朱熹)가 말하였다. "만약 황종(黃鍾)으로써 궁(宮)을 삼으면 곧 태주(太簇)가 상(商)이 되고, 고선(姑洗)이 각(角)이 되고, 유빈(蕤賓)이 변치(變徵)873)가 되고, 임종(林鍾)이 치(徵)가 되고, 남려(南呂)가 우(羽)가 되고, 응종(應鍾)이 변궁(變宮)874)이 된다. 만약 대려(大呂)로써 궁(宮)을 삼으면 곧 협종(夾鍾)이 상(商)이 되고, 중려(中呂)가 각(角)이 되고, 임종(林鍾)이 변치(變徵)가 되고, 이칙(夷則)이 치(徵)가 되고, 무역(無射)이 우(羽)가 되고, 황종(黃鍾)이 변궁(變宮)이 된다."

○ 新安陳氏曰 : "黃鍾爲第一宮, 林鍾爲第二宮, 以至仲呂, 爲第十二宮. 十二宮, 各有五聲, 凡六十聲. 假令黃鍾爲宮, 則相去一律, 而大蔟爲商, 又相去一律, 而姑洗爲角, 又相去二律, 而林鍾爲徵, 又相去一律, 而南呂爲羽, 羽距黃鍾之宮, 又相去二律焉. 相去一律, 則音節和; 相去二律, 則音節遠, 故徵・角之間, 近徵, 收一聲, 比徵稍下曰'變徵'; 羽・宮之間, 近宮, 收一聲, 少高於宮曰'變宮', 所以濟五聲之不及也. 詳見『律呂新書』."875)

妙.' 問: '旣有宮・商・角・徵・羽, 又有變宮・變徵, 何也?' 曰: '二者是樂之和, 去聲. 相連接處.'(… 물었다. '이미 궁・상・각・치・우가 있는데, 또 변궁과 변치가 있는 것은 무엇입니까?' 말하였다. '두 가지는 음악의 화응함[거성]이니, 서로 이어져 맞대는 곳이다.')"

873) 변치(變徵): 일곱 가지 성(聲)의 층계 가운데 네 번째의 소리로, 치(徵)에 비하여 반음이 낮다. 『국어(國語)』「주어하(周語下)」에서 '칠율(七律: 七音之律)'을 말하였는데, 위소(韋昭)의 주에 "황종은 궁이 되고, 태주는 상이 되고, 고선은 각이 되고, 임종은 치가 되고, 남려는 우가 되고, 응종은 변궁이 되고, 유빈은 변치가 되는 것이다.(黃鍾爲宮, 大蔟爲商, 姑洗爲角, 林鍾爲徵, 南呂爲羽, 應鍾爲變宮, 蕤賓爲變徵也.)"라고 하였다.

874) 변궁(變宮): 일곱 가지 성(聲)의 층계 가운데 일곱째 소리로, 궁(宮)에 비하여 반음이 낮다. 범엽(范曄)의 『후한서(後漢書)』「율력지상(律曆志上)」에 "황종은 궁이 되고, 태주는 상이 되고, 고선은 각이 되고, 임종은 치가 되고, 남려는 우가 되고, 응종은 변궁이 되고, 유빈은 변치가 되는 것이다.(黃鍾爲宮, 大蔟爲商, 姑洗爲角, 林鍾爲徵, 南呂爲羽, 應鍾爲變宮, 蕤賓爲變徵也.)"라고 하였다.

875) 호광(胡廣) 등 찬, 『서경대전(書經大全)』의 소주에서 발췌한 것이다. 그 전문은 다음과 같다. "新安陳氏曰 : 帝王立敎, 始見於命契敷五敎, 命夔敎冑子二章. … 黃鍾爲第一宮, 其長九寸, 圍八下生. 林鍾爲徵, 三分損一, 其長六寸. 林鍾隔八上生, 大蔟爲商, 三分益一, 其長八寸. 惟此三律, 長皆全寸而無餘分; 餘律, 則餘分參差不齊矣. 大蔟下生, 南呂爲羽; 南呂上生, 姑洗爲角. 林鍾爲第二宮, 宮生徵, 徵生商, 商生羽, 羽生角, 以下皆倣此. 以至仲呂, 爲第十二宮. 上生黃鍾爲徵, 下生林鍾爲商, 上生大蔟爲羽, 下生南呂爲角. 十二宮, 各有五聲, 凡六十聲. 宮・徵・商・羽・角, 隔八相生之序也. 由宮聲之濁, 而長以漸而淸, 且短之序, 則爲宮・商・角・徵・羽. 假令黃鍾爲宮, 則相去一律, 而大蔟爲商, 又相去一律, 而姑洗爲角, 又相去二律, 而林鍾爲徵, 又相去一律, 而南呂爲羽, 羽距黃鍾之宮, 又相去二律焉. 相去一律, 則音節和; 相去二律, 則音節遠, 故徵・角之間, 近徵, 收一聲, 比徵稍下曰變徵; 羽・宮之間, 近宮, 收一聲, 少高於宮曰變宮, 所以濟五聲之不及也. 詳見「律歷志」・「律呂新書」等. ….'(신안 진씨가 말하였다. "황종은 제1궁이 되니 … 임종은 제2궁이 되니 … 중려까지 제12궁이 된다. … 12궁에는 각각 다섯 가지의 성이 있어서 모두 60성이다. … 가령 황종이 궁이 되면 서로 한 율 떨어지며, 태주가 상이 됨에 또 서로 한 율 떨어지며, 고선이 각이 됨에 또 서로 두 율 떨어지며, 임종이 치가 됨에 다시 한 율 떨어지며, 남려가 우가 됨에 우가 황종의 궁과의 거리가 또 서로 두 율이 떨어진다. 서로 한 율이 떨어지면 음절이 화응하나, 서로 두 율이 떨어지면 음절이 멀기 때문에 치와 각의 사이에는 치 근처에 하나의 성을 들이는데 치에 비해 음이 조금 낮아서 변치라고 하며, 우와 궁 사

신안 진씨(新安陳氏: 陳師凱)가 말하였다. "황종(黃鍾)은 제1궁(宮)이 되고, 임종(林鍾)은 제2궁(宮)이 되어 중려(仲呂)까지 제12궁(宮)이 된다. 12궁(宮)에는 각각 다섯 가지의 성(聲)이 있어서 모두 60성(聲)이다. 가령 황종(黃鍾)이 궁(宮)이 되면 서로 한 율(律) 떨어지며, 태주(大蔟)가 상(商)이 됨에 또 서로 한 율(律) 떨어지며, 고선(姑洗)이 각(角)이 됨에 또 서로 두 율(律) 떨어지며, 임종(林鍾)이 치(徵)가 됨에 다시 한 율(律) 떨어지며, 남려(南呂)가 우(羽)가 됨에 우(羽)가 황종(黃鍾)의 궁(宮)과의 거리가 또 서로 두 율(律)이 떨어진다. 서로 한 율(律)이 떨어지면 음절이 화응(和應)하나, 서로 두 율(律)이 떨어지면 음절이 멀기 때문에 치(徵)와 각(角)의 사이에는 치(徵) 근처에 하나의 성(聲)을 들이는데 치(徵)에 비하여 음이 조금 낮아서 '변치(變徵)'라고 하며, 우(羽)와 궁(宮) 사이에는 궁(宮) 근처에 하나의 성(聲)을 들이는데 궁(宮)보다 조금 높아서 '변궁(變宮)'이라고 하니, 다섯 가지 성(聲)이 미치지 못하는 것을 구제하는 것이다. 『율려신서(律呂新書)』876)에 상세하게 보인다."

○ 朱子曰 : "以律生呂, 是下生; 以呂生律, 是上生. 黃鍾九寸, 最濁; 應鍾四寸半, 最清. 蕤賓本當下生, 今却復上生大呂. 自黃鍾, 至仲呂, 相生之道, 窮矣, 遂復變而上生黃鍾之宮, 再生之黃鍾, 不及九寸, 只是八寸有餘. 然黃鍾君象也, 非諸宮之所能役, 故虛其正而不復用, 所用只再生之變者. 就再生之變, 又缺其半, 只得用其半聲. 皆是數之相生, 自然如此, 非人力所能加損, 此其所以爲妙."877)

이에는 궁 근처에 하나의 성을 들이는데 궁보다 조금 높아서 변궁이라고 하니, 다섯 가지 성이 미치지 못하는 것을 구제하는 것이다. 「율력지(律曆志)」와 『율려신서(律呂新書)』 등에 상세하게 보인다. ….')"
876) 『율려신서(律呂新書)』: 송나라 채원정(蔡元定: 1135-1198)의 저서이다. 남송대의 학자로 자가 계통(季通)이고, 건양(建陽) 사람이며, 학자들이 서산선생(西山先生) 또는 서산 채씨(西山蔡氏)라고 불렀다. 어려서 아버지 채발(蔡發)에게 배웠고, 자라서 주희(朱熹)를 스승으로 모시고 배웠는데 넓게 많은 책을 읽어 주희가 그를 강우(講友)로 여겼다. 여러 학문 분야에 걸쳐 정통하였으며, 주자(朱子)의 이학(理學)을 창건한 한 사람으로서 주문영수(朱門領袖) 또는 민학간성(閩學干城)이라는 칭예를 받았다. 저서로는 『서산공문집(西山公文集)』외에 『율려신서(律呂新書)』·『발미론(發微論)』등이 있다.
877) 호광(胡廣) 등 찬, 『서경대전(書經大全)』의 소주에서 발췌한 것이다. 그 전문은 다음과 같다. "問: '所論樂, 今考之, … 若以相生之法, 則以律生呂, 便是下生; 以呂生律, 則爲上生. 自黃鍾下生林鍾, 林鍾上生大蔟, 大蔟下生南呂, 南呂上生姑洗, 姑洗下生應鍾, 應鍾上生蕤賓. 蕤賓本當下生, 今 大呂下生夷則, 夷則上生夾鍾, 夾鍾下生無射, 無射上生仲呂. 相生之道, 至是窮矣, 遂復變而上生黃鍾之宮. 再生之黃鍾, 不及九寸, 只是八寸有餘. 然黃鍾君象也, 非諸宮之所能役, 故虛其正而不復用, 所用只再生之變者. 就再生之變, 又缺其半, 所缺其半者, 蓋至大呂爲宮, 黃鍾爲變宮, 特黃鍾管最長, 所以只得用其半聲, 而餘宮亦皆倣此.' 曰: '然.' 又曰: '宮·商·角·徵·羽, 與變宮·變徵, 皆是數之相生, 自然如此, 非人力所能加損, 此其所以爲妙.'(물었다. '음악에 대해 논한 것을 지금 살펴보건대, … 만약 상생의 법칙으로써 하면 율로써 려를 낳는 것은 곧 아래에서 낳는 것이며, 려로써 율을 낳는 것은 위에서 낳는 것입니다. 황종부터 아래로 임종을 낳고, 임종은 위로 태주를 낳으며, 태주는 아래로 남려를 낳고, 남려는 위로 고선을 낳으며, 고선은 아래

'여율개연(餘律皆然)'에 대해, 주자(朱子: 朱熹)가 말하였다. "율(律)로써 려(呂)를 낳는 것은 아래에서 낳는 것이고, 려(呂)로써 율(律)을 낳는 것은 위에서 낳는 것이다. 황종(黃鍾)은 아홉 치이니 가장 탁하며, 응종(應鍾)은 네 치 반이니 가장 맑다. 유빈(蕤賓)은 본래 마땅히 아래에서 낳아야 하는데 지금 도리어 다시 위에서 대려(大呂)를 낳았다. 황종(黃鍾)부터 중려(仲呂)에 이르면 서로 낳는 방도가 끝나는데, 마침내 다시 변하여 위로 황종(黃鍾)의 궁(宮)을 낳고, 다시 낳은 황종(黃鍾)은 아홉 치에 미치지 못하고 다만 여덟 치와 나머지가 있다. 그러나 황종은 임금의 상징이니 여러 궁(宮)이 부릴 수 있는 것이 아니기 때문에 그 바름을 비우고 다시 사용하지 않으니, 사용하는 것은 다만 다시 낳은 변음(變音)인 것이다. 다만 낳은 변음(變音)은 또 그 반이 모자라서 다만 그 반의 소리만 사용할 수 있다. 모두 숫자가 서로 낳는 것이 자연스럽게 이와 같아서 사람의 힘으로 더하거나 줄일 수 있는 것이 아니니, 이것이 오묘함이 되는 것이다."

○ 按, 蕤賓之生大呂, 以律·呂之分言之, 依舊, 是下生; 只以其三分益一也, 故謂之上生耳.
살펴보건대, 유빈(蕤賓)이 대려(大呂)를 낳는 것을 율(律)과 려(呂)의 구분으로써 말하였는데 옛날 그대로이니 이는 아래에서 낳는 것이고, 다만 셋으로 나눈 것으로써 하나를 더하였기 때문에 위에서 낳은 것이라고 말할 뿐이다.

○ 新安陳氏曰 : "下生, 三分長, 而損一; 上生, 三分長, 而益一, 是皆左旋, 隔八律而相生. 惟黃鍾·林鍾·大蔟三律, 皆全寸而無餘分; 餘律, 則餘分參差不齊矣."878)

---

878) 호광(胡廣) 등 찬, 『서경대전(書經大全)』의 소주에서 발췌한 것이다. 그 내용은 다음과 같다. "新安陳氏曰

로 응종을 낳고, 응종은 위로 유빈을 낳습니다. 유빈은 본래 마땅히 아래에서 낳아야 하는데 지금 도리어 다시 위에서 대려를 낳으니, 대려는 아래로 이칙을 낳고 이칙은 위로 협종을 낳으며, 협종은 아래로 무역을 낳고 무역은 위로 중려를 낳습니다. 서로 낳는 방도가 여기에 이르러 끝나는데, 마침내 다시 변하여 위에서 황종의 궁을 낳습니다. 다시 낳은 황종은 아홉 치에 미치지 못하고 다만 여덟 치와 나머지가 있습니다. 그러나 황종은 임금의 상징이니 여러 궁이 부릴 수 있는 것이 아니기 때문에 그 바름을 비우고 다시 사용하지 않으니, 사용하는 것은 다만 다시 낳은 변음입니다. 다만 다시 낳은 변음은 또 그 반이 모자라니 그 반이 모자란 것은 대개 만약 대려가 궁이 되고, 황종이 변궁이 되는데 특히 황종의 관이 가장 길어서 다만 그 반의 소리만 사용할 수 있으니, 나머지 궁도 또한 모두 이것에 의거합니다.' 말하였다. '그렇다.' 또 말하였다. '궁·상·각·치·우가 변궁·변치와 함께 함은 모두 숫자가 서로 낳음으로 자연스럽게 이와 같아서 사람의 힘으로 더하거나 줄일 수 있는 것이 아니니, 이것이 오묘함이 되는 것이다.')": "樂聲, 黃鍾九寸, 最濁; 應鍾最淸, 淸聲則四寸半.(악의 소리에 황종은 아홉 치이니 가장 탁하고, 응종이 가장 맑으니 맑은 소리는 네 치 반이다.)" 이는 또한 『주자어류(朱子語類)』 권92, 「악(樂)」에서 발췌한 것이다. 그 전문은 다음과 같다. "樂聲, 黃鍾九寸, 最濁; 應鍾最淸, 淸聲則四寸半. 八十一·五十四·七十二·六十四, 至六十四, 則不齊而不容分矣."

신안 진씨(新安陳氏: 陳師凱)가 말하였다. "아래에서 낳은 것은 셋으로 나누어 길면 하나를 덜어내며, 위에서 낳은 것은 셋으로 나누어 길면 하나를 더하는데, 이것은 모두 왼쪽으로 돌면서 팔율(八律)과 떨어져서 서로 낳는다. 오직 황종(黃鍾)과 임종(林鍾)과 태주(大蔟)의 삼률(三律)만이 모두 온전한 치수여서 나머지 푼이 없고, 나머지 율(律)은 곧 나머지 푼이 들쑥날쑥하여 가지런하지 않다."

○ 『禮記』.879)
'「예운」(「禮運」)'은 『예기(禮記)』이다.

○ 並六呂.
'소위오성·육율·십이관(所謂五聲·六律·十二管)'의 경우, 육려(六呂)를 아우른 것이다.

○ 音旋.880)
'선(還)'은 음이 선(旋)이다.

○ 新安陳氏曰 : "迭相爲宮."881)
'선상위궁(還相爲宮)'에 대해, 신안 진씨(新安陳氏: 陳師凱)가 말하였다. "번갈아가면서 서로 궁(宮)이 되는 것이다."

○ 主'歌永言'而添此句.

: '帝王立教, 始見於命契敷五教, 命夔教冑子二章. 朱子「大學序」, 所謂司徒之職·典樂之官, 所由設也, 正謂此也. 直·寬·剛三句易看, 簡略不煩者多, 至儆忽以常情驗之可見. 聲依永, 律和聲, 最難解. 歌者言, 言之不足而永歌之也; 聲依永者, 宮·商·角·徵·羽之五聲, 依傍於永言之歌而見也. 律和聲者, 又以十二律而和此五聲也. 黃鍾爲宮, 則其爲商, 某爲角, 及三分損一, 隔八相生, 今曼說以明之. 陽律生陰呂曰下生, 三分長而損一; 陰呂生陽律曰上生, 三分長而益一, 皆是左旋, 隔八律而相生. 黃鍾爲第一宮, 其長九寸, 隔八下生. 林鍾爲徵, 三分損一, 其長六寸, 林鍾隔八上生. 大蔟爲商, 三分益一, 其長八寸. 惟此三律, 長皆全寸而無餘分; 餘律, 則餘分參差不齊矣. ….'(신안 진씨가 말하였다. '임금이 가르침을 세움에 … 양률이 음려를 낳는 것을 하생이라 하니 셋으로 나눔이 길어지면 하나를 덜어내고, 음려가 양률을 낳는 것을 상생이라고 하니 셋으로 나눔이 길어지면 하나를 더하는데, 모두 왼쪽으로 돌면서 팔률과 떨어져서 서로 낳는다. 황종은 제1궁이 되니 … 임궁은 치가 되니 … 태주는 상이 되니 … 오직 이 세 율만이 모두 온전한 치수여서 나머지 푼이 없고, 나머지 율은 곧 나머지 푼이 들쑥날쑥하여 가지런하지 않다.')"

879) 호광(胡廣) 등 찬, 『예기대전(禮記大全)』권9, 「예운(禮運)」.
880) 호광(胡廣) 등 찬, 『서경대전(書經大全)』의 소주를 수용한 것이다.
881) 호광(胡廣) 등 찬, 『서경대전(書經大全)』의 소주에서 발췌한 것이다. 그 전문은 다음과 같다. "新安陳氏曰 : '帝王立教, 始見於命契敷五教, 命夔教冑子二章. … 詳見「律曆志」·『律呂新書』等. 此難盡具. 「禮運」, 旋相爲宮, 謂十二律; 迴旋, 迭相爲宮也. 樂之功用, 能感神人之和, 如此則其教冑子, 而陶寫其性情, 流通其精神; 養其中和之德, 而救其氣質之偏, 蓋可想也. 夔曰於以下, 爲「益稷」錯簡無疑.'(신안 진씨가 말하였다. '… 빙빙 돌아감에 번갈아가면서 궁이 되는 것이다. 음악의 공용은 ….')"

'인성기화(人聲既和)'의 경우, '가영언(歌永言)'을 위주로 하여 이 구절을 더한 것이다.

○ 朱子曰 : "金石·管絃, 終不若人聲自然. 故晉孟嘉有言'絲不如竹, 竹不如肉', 謂漸近自然."882)

주자(朱子: 朱熹)가 말하였다. "금석(金石)과 관현(管絃)은 끝내 사람 소리의 자연스러움과 같지 않은 것이다. 그러므로 진(晉)나라의 맹가(孟嘉)883)가 한 말에 '실은 대나무만 못하고, 대나무는 고기만 못하다.'는 것이 있으니, 점차 자연에 가까워짐을 이르는 것이다."

○ 薛氏曰 : "'翕如'·'純如', 克諧之謂也; '皦如', 無相奪倫之謂也."884)

'이불상침란실기윤차(而不相侵亂失其倫次)'에 대해, 설씨(薛氏: 薛肇明)885)가 말하였다. "'흡여(翕如)'와 '순여(純如)'는 여덟 음이 조화로움을 이른 것이고, '교여(皦如)'는 서로 차례를 잃지 않음을 이른 것이다."

○ 音潮.

'조(朝)'는 음이 조(潮)이다.

---

882) 호광(胡廣) 등 찬, 『서경대전(書經大全)』의 소주에서 발췌한 것이다. 그 전문은 다음과 같다. "問: '禮書學禮, 首引舜命契爲司徒, 敷五敎; 命夔典樂, 敎冑子. 竊謂, 古人敎學, 不出此兩者. 契敷五敎, 是欲使人明於人倫, 曉得這道理; 夔典樂敎冑子, 是欲使人養其德性, 而實有諸己, 此是一篇綱領.' 朱子曰: '然. 諷誦歌詠之間, 足以和其心氣. … 所以歌詠之際, 深足以養人情性. 至如播之金石, 被之管絃, 非是不和, 終不若人聲自然. 故晉人孟嘉有言絲不如竹, 竹不如肉, 謂漸近自然. 至八音克諧, 無相奪倫, 神人以和, 此是言祭祀·燕饗時事, 又是一節.'(물었다. … 주자가 말하였다. … '그렇다. 외우고 암송하며 노래하고 읊는 사이에 그 심기를 화평하게 할 수 있다. … 노래하고 읊는 사이에 매우 충분히 사람의 성정을 기를 수 있는 것이다. 금석에 베풀고 관현에 미침과 같음에 있어서도 화평하지 않은 것이 아니지만, 끝내 사람소리의 자연스러움과 같지 않은 것이다. 그러므로 진나라 사람인 맹가의 말에 실은 대나무만 못하고, 대나무는 고기만 못하다고 한 것이 있으니, 점차 자연에 가까워짐을 이르는 것이다. 여덟 음이 조화를 이루어 서로 차례를 잃어버림이 없어서 신과 사람이 응화한 것이라고 함에 이르러서는 이는 제사와 연향 때의 일을 말한 것이니, 또 하나의 단락이다.')

883) 맹가(孟嘉): 동진(東晉) 때 인물로 자가 만년(萬年)이고, 강하(江夏) 맹현(鄳縣) 사람이다. 삼국시대 맹종(孟宗)의 증손이고, 도연명(陶淵明)의 외조부(外祖父)이다. 이른 나이에 이름을 날렸으며, 강주별가(江州別駕)·정서참군(征西參軍) 등을 역임하였다. '맹가낙모(孟嘉落帽)'의 전고(典故)가 남아있으며, 도연명이 지은 『진고정서대장군장사맹부군전(晉故征西大將軍長史孟府君傳)』이 전한다.

884) 호광(胡廣) 등 찬, 『서경대전(書經大全)』의 소주에서 발췌한 것이다. 그 전문은 다음과 같다. "薛氏曰: '翕如·純如, 八音克諧之謂也; 皦如, 無相奪倫之謂也.'(설씨가 말하였다. '흡여와 순여는 여덟 음이 조화로움을 이른 것이고, 교여는 서로 차례를 잃지 않음을 이른 것이다.')

885) 설씨(薛氏: 薛肇明)설조명은 송대 문인 설앙(薛昻)으로, 자가 조명(肇明)이고, 호가 우이(嵎夷)이며, 항주(杭州) 사람이다. 벼슬은 상서(尙書)·문하시랑(門下侍郞) 등을 역임하였고, 일찍부터 왕안석(王安石)을 추종하였다. 왕안석(王安石)이 설조명과 바둑을 두다가 매화시(梅花詩) 내기를 하여 지은 '우대설조명일수(又代薛肇明一首)'가 유명하다. 野水荒山寂寞濱, 芳條弄色最關春. 故將明艶凌霜雪, 未怕青腰玉女嗔.

○ 朱子曰 : "燕·享."886)
'가이주지조정(可以奏之朝廷)'에 대해, 주자(朱子: 朱熹)가 말하였다. "주연(酒宴)과 제향(祭享)이다."

○ 註先擧'人'者, 爲其明而易見也.
'천지교묘(薦之郊廟)'의 경우, 주(註)에서 먼저 '사람887)'을 든 것은 밝아서 보기 쉽기 때문이다.

○ 亦「益稷」, '祖考來格', 羣后德讓之意也.
'이신인이화의(而神人以和矣)'의 경우, 또한 「익직(益稷)」의 '조고래격(祖考來格: 돌아가신 할아버지와 아버지가 이르심)888)'이니, 많은 제후들의 덕스럽고 양보하는 뜻이다.

○ 去聲.
'금개불부(今皆不復)'의 경우, 거성(去聲: 다시)이다.

○ 平聲.889)
'승(勝)'은 평성(平聲: 이루, 다, 하나하나 모두)이다.

○ 又總論.
'가승탄재(可勝歎哉)'의 경우, 또 총괄하여 논변한 것이다.

○ 上聲.890)
'제제(濟濟)'의 경우, 상성(上聲: 가지런하다, 아름답다)이다.

---

886) 호광(胡廣) 등 찬, 『서경대전(書經大全)』의 소주에서 발췌한 것이다. 그 전문은 다음과 같다. "問: ' … 朱子曰: ' … 故晉人孟嘉有言絲不如竹, 竹不如肉, 謂漸近自然. 至八音克諧, 無相奪倫, 神人以和, 此是言祭祀·燕饗時事, 又是一節.'(물었다. … 주자가 말하였다. … ' … 그러므로 진나라 사람인 맹가의 말에 실은 대나무만 못하고, 대나무는 고기만 못하다고 한 것이 있으니, 점차 자연에 가까워짐을 이르는 것이다. 여덟 음이 조화를 이루어 서로 차례를 잃어버림이 없어서 신과 사람이 응화한 것이라고 함에 이르러서는 이는 제사와 연향 때의 일을 말한 것이니, 또 하나의 단락이다.)"
887) 사람: '인성기화(人聲旣和)'를 말한다.
888) 호광(胡廣) 등 찬, 『서경대전(書經大全)』 권2, 「우서(虞書)·익직(益稷)」.
889) 호광(胡廣) 등 찬, 『서경대전(書經大全)』의 소주를 수용한 것이다.
890) 호광(胡廣) 등 찬, 『서경대전(書經大全)』의 소주를 수용한 것이다.

○ 猶言'不當'.
'무연(無緣)'은 '부당(不當)'이라 말함과 같다.

○ 一作'復'.891)
'복(複)'은 어떤 판본에는 '부(復)'로 썼다.

○ 音現.
'현(見)'은 음이 현(現)이다.

○ 正誤簡.
'복현어차(複見於此)'의 경우, 죽간이 잘못된 것을 바로 잡았다.

[1-1-2-25]

帝曰 : "龍! 朕聖讒說, 殄行, 震驚朕師, 命汝作納言, 夙夜 出納朕命, 惟允."

순임금이 말하였다. "용아! 짐은 참언(讒言)이 덕행(德行)을 끊어서 짐의 무리들을 떨고 놀라게 하는 것을 미워하여 네가 납언(納言)이 됨을 명하였으니, 밤낮으로 짐의 명령을 내고들이되 오직 진실하게 하라."

詳說

○ '聖', 疾力反. '殄', 『諺』音誤.892) '行', 去聲.893)
'즉(聖)'은 질(疾)과 력(力)의 반절이다. '진(殄)'은 『언해(諺解)』의 음이 잘못되었다. '행(行)'은 거성(去聲: 덕행, 행실)이다.

集傳

'聖', 疾; '殄', 絶也. '殄行'者, 謂傷絶善人之事也. '師', 衆也. 謂其言之不

---

891) 채침(蔡沈) 찬, 『서경집전(書經集傳)』에는 '부(復)'로 되어 있다.
892) 『언해(諺解)』에는 음이 '딘'으로 되어 있는데, 『광운(廣韻)』에는 "徒典切, 上.(도와 전의 반절이니, 상성이다.)으로 되어 있다.
893) 채침(蔡沈) 찬, 『서경집전(書經集傳)』에는 "'聖', 疾力反. '讒', 音憨.()"으로 되어 있다. 호광(胡廣) 등 찬, 『서경대전(書經大全)』의 소주에는 "'聖', 疾力反. '讒', 徂咸反. '殄', 徒典反. '行', 胡孟反.()"으로 되어 있다.

正, 而能變亂黑白, 以駭衆聽也. '納言', 官名. 命令·政敎, 必使審之, 旣允而後出, 則讒說不得行, 而矯僞無所託矣, 敷奏覆[894]逆, 必使審之, 旣允而後入, 則邪僻無自進, 而功緖有所稽矣. 周之內史·漢之尙書, 魏·晉以來所謂'中書門下'者, 皆此職也.

'즐(堲)'은 미워함이고, '진(殄)'은 끊음이니, '진행(殄行)'이라는 것은 선량(善良)한 사람의 일을 해치고 끊음을 이른다. '사(師)'는 무리이니, 그 말이 바르지 못하여 옳고 그름을 바꾸고 어지럽혀서 많은 사람의 귀를 놀라게 함을 이른다. '납언(納言)'은 관직 이름이니, 명령과 정교를 반드시 그로 하여금 살피게 하여 이 진실한 뒤에 나오면 중상(中傷)하는 말이 돌아다니지 않아 속임과 거짓이 의탁할 곳이 없고, 펼쳐서 아뢰고 주청(奏請)함을 반드시 그로 하여금 살피게 하여 이미 진실한 뒤에 들이면 비뚤고 치우침이 스스로 나아감이 없어서 공로의 실마리를 상고할 것이 있는 것이다. 주(周)나라의 내사(內史)와 한(漢)나라의 상서(尙書), 위(魏)나라와 진(晉)나라 이래의 이른바 '중서문하(中書門下)'라는 것이 모두 이 관직이다.

詳說

○ '謂其言之不正', 讒說.
'위기언지부정(謂其言之不正)'은 참설(讒說)이다.

○ '而能變亂黑白', 殄行.
'이능변란흑백(而能變亂黑白)'은 진행(殄行)이다.

○ '覆', 音福.
'복(覆)'은 음이 복(福)이다.

○ '敷奏覆逆', 二字, 出『周禮』「太僕」.[895]
'부주복역(敷奏覆逆)'에서, 두 글자는『주례(周禮)』「태복(太僕)」에 나온다.

○ '旣允而後入', 新安陳氏曰 : "審君命之當否, 當者出之, 否者納

---

[894] 채침(蔡沈) 찬,『서경집전(書經集傳)』과 호광(胡廣) 등 찬,『서경대전(書經大全)』에는 모두 '복(復)'으로 되어 있다. 호광(胡廣) 등 찬,『서경대전(書經大全)』의 소주에는 "'復', 謂奏事; '逆', 謂受下奏.('복'은 주청하는 일을 이르고, '역'은 아래의 주청을 받는 것을 이른다.)"라고 하였다.
[895]『주례(周禮)』「하관(夏官)·태복(太僕)」에서 "掌諸侯之復逆.(제후의 주청을 관장하다.)"이라고 하였다.

之, 惟至於允當而已, 如後世批勅審覆之官."896) ○新安胡氏曰
: "不善者, 繳納之, 如後世封還詞頭之類."897)
'기윤이후입(旣允而後入)'에서, 신안 진씨(新安陳氏: 陳師凱)가 말하였다. "임금 명령의 마땅하고 마땅하지 않음을 살펴 마땅한 것은 내고 마땅하지 않은 것은 들여서 오직 진실로 마땅함에 이르러야 할 따름이다. 후세에 비판하여 바루고 주청을 살피는 관리와 같은 것이다." ○신안 호씨(新安胡氏: 胡一桂)898)가 말하였다. "좋지 못한 것은 회부하여 거두어들이니, 후세에 봉하여 되돌리는 조칙(詔勅) 말머리의 유형과 같다."

○ 平聲.
'계(稽)'는 평성(平聲: 상고하다, 헤아리다)이다.

○ 春官.
'주지내사(周之內史)'는 춘관(春官)이다.

○ 平聲.
'한지상(漢之尙)'의 경우, 평성(平聲: 떳떳하다)이다.

○ 證以後世.
'개차직야(皆此職也)'의 경우, 후세로써 증명한 것이다.

○ 朱子曰 : "今給事中, 朝廷誥命, 可以封駁矣."899)

---

896) 호광(胡廣) 등 찬,『서경대전(書經大全)』의 소주에서 발췌한 것이다. 그 전문은 다음과 같다. "新安陳氏曰 : '自孔註, 出納朕命, 以爲聽下言, 納於上; 受上言, 宣於下. 蔡傳又分命令·政敎, 敷奏復逆, 以配出納終始, 於朕命二字欠通. 竊意欲其審君命之當否, 當者出之, 否者納之, 惟至於允當而止. 如後世批勅審覆之官, 庶於出納朕命, 文義明順也.'(신안 진씨가 말하였다. '… 가만히 생각하건대, 임금 명령의 마땅하고 마땅하지 않음을 살펴서 마땅한 것은 내고 마땅하지 않은 것은 들여 오직 진실로 마땅함에 이르기를 바랐을 따름이다. 후세에 비판하여 바루고 주청을 살피는 관리와 같으니, ….')

897) 호광(胡廣) 등 찬,『서경대전(書經大全)』의 소주에서 발췌한 것이다. 그 전문은 다음과 같다. "新安胡氏曰 : '出納朕命, 如『詩』出納王命, 王之喉舌, 欲其謹審, 上之命者. 宣出之; 不善者, 繳納之, 如後世封還詞頭之類, 則在我者, 旣允信, 尙何憂讒說之得入哉.'(신안 호씨가 말하였다. '… 명이 좋은 것은 공포하여 내고, 좋지 못한 것은 회부하여 거두어들이니, 후세에 봉하여 되돌리는 조칙 말머리의 유형과 같으니, ….')

898) 신안 호씨(新安胡氏 : 胡一桂): 호일계(1247- ?)는 자가 정방(庭芳)이고, 호가 쌍호(雙湖)이며, 휘주(徽州) 무원(婺源) 사람이다. 벼슬에 뜻을 두지 않고 향리에서 강학하여 사람들이 쌍호선생이라 불렀으며, 신안 호씨(新安胡氏)라고도 한다. 그의 학문은 호방평(胡方平)에 근원하여 주희(朱熹)의 역학(易學)을 정리하여『역학계몽통석(易學啓蒙通釋)』을 지었다. 그밖에 저서로는『역본의부록찬소(易本義附錄纂疏)』·『주자시전부록찬소(朱子詩傳附錄纂疏)』·『십칠사찬(十七史簒)』등이 있다.

주자(朱子: 朱熹)가 말하였다. "지금의 급사중(給事中)이니, 조정의 조서와 명령은 과실을 먼저하고 성찰을 뒤에 하여 봉함으로써 공박할 수 있다."

○ 王氏曰:"百揆, 百官之首, 故先命禹; 養民治之先務, 故次命稷; 富然後敎, 故次命契; 刑以弼敎, 故次命皐陶; 工立成器, 以爲天下利, 爲治之末, 故次命垂. 治人者, 略備然後, 及草木鳥獸, 故次命益; 民物如此, 則隆禮樂之時也, 故次命夷·夔, 禮先樂後, 故先夷後夔. 樂作, 治功雖成, 苟讒間得行, 則賢者不安, 前功遂廢, 故命龍於末, 以成其終. 猶命十二牧, 而終以難任人; 夫子答爲邦, 而終以遠佞人也."900)

왕씨(王氏: 王安石)가 말하였다. "백규(百揆)는 모든 관직의 우두머리이기 때문에 먼저 우(禹)에게 명하였으며, 백성을 기름이 정치의 먼저 해야 하는 일이기 때문에 다음으로 직(稷)에게 명하였으며, 부유해진 뒤에 가르치기 때문에 다음으로 설(契)에게 명하였으며, 형벌은 교화를 도와주기 때문에 다음으로 고요(皐陶)에게 명하였으며, 공관(工官)을 세워 기물을 완성함이 천하의 이기(利器)가 되나 정치의 말단이 되기 때문에 다음으로 수(垂)에게 명하였다. 사람을 다스리는 것이 대략 갖춰진 뒤에 풀과 나무와 새와 짐승에 미치기 때문에 다음으로 익(益)에게 명하였으며, 백성과 사물이 이와 같으면 예악(禮樂)이 융성하는 때이

---

899) 호광(胡廣) 등 찬, 『서경대전(書經大全)』의 소주에서 발췌한 것이다. 그 전문은 다음과 같다. "朱子曰 : … '納言之官, 如漢侍中, 今給事中. 朝廷詰令, 先過後省, 可以封駁矣.'(주자가 말하였다. '… 말을 출납하는 관리는 한나라의 시중과 지금의 급사중과 같다. 조정의 조서와 명령은 과실을 먼저하고 성찰을 뒤에 하여 봉함으로써 공박할 수 있다.')" 이는 『주자어류(朱子語類)』권78, 「상서일(尚書一)·순전(舜典)」에서 발췌한 것이다. 그 내용은 다음과 같다. "… 又云: '納言之官, 如漢侍中, 今給事中; 朝廷詰令, 先過後省, 可以封駁.'(또 말하였다. '말을 출납하는 관리는 한나라의 시중과 지금의 급사중과 같고, 조정의 조서와 명령은 과실을 먼저하고 성찰을 뒤에 하여 봉함으로써 공박할 수 있다.')"

900) 호광(胡廣) 등 찬, 『서경대전(書經大全)』의 소주에서 발췌한 것이다. 그 전문은 다음과 같다. "王氏曰 : '百揆, 百官之首, 故先命禹; 養民治之先務, 故次命稷; 富然後敎, 故次命契; 刑以弼敎, 故次命皐陶; 工立成器, 以爲天下利, 爲治之末, 故次命垂. 如此治人者, 略備矣然後, 及草木鳥獸, 故次命益; 民物如此, 則隆禮樂之時也, 故次命夷·夔; 禮先樂後, 故先夷後夔, 樂作則治功成矣. 羣賢雖盛, 治功雖成, 苟讒間得行, 則賢者不安, 前功遂廢, 故命龍於末, 所以防讒間, 衛羣賢以成其終, 猶命十二牧, 而終以雖任人; 夫子答爲邦, 而終以遠佞人也.'(왕씨가 말하였다. '백규는 모든 관직의 우두머리이기 때문에 먼저 우에게 명하였으며, 백성을 기름이 정치의 먼저 해야 하는 일이기 때문에 다음으로 직에게 명하였으며, 부유해진 뒤에 가르치기 때문에 다음으로 설에게 명하였으며, 형벌은 교화를 도와주기 때문에 다음으로 고요에게 명하였으며, 공관을 세워 기물을 완성함이 천하의 이기가 되나 정치의 말단이 되기 때문에 다음으로 수에게 명하였다. 사람을 다스리는 것이 대략 갖춰진 뒤에 풀과 나무와 새와 짐승에 미치기 때문에 다음으로 익에게 명하였으며, 백성과 사물이 이와 같으면 예악이 융성해지는 때이기 때문에 다음으로 백이와 기에게 명하였는데, 예가 먼저이고 악이 나중이기 때문에 백이를 먼저하고 기를 나중에 한 것이다. 음악이 지어지면 정치의 공이 비록 이루어지나 구차한 참소가 간간이 행해지면 현량한 이가 편안하지 못하고 예전의 공적이 마침내 부서지기 때문에 용을 끝에 명한 것이니, 열두 목백을 명하면서도 사람을 임명하기가 어렵다는 것으로써 마치고, 부자가 나라를 다스림에 답하면서도 아첨하는 사람을 멀리 하라고 한 것과 같다.')"

기 때문에 다음으로 백이(伯夷)와 기(夔)에게 명하였는데 예(禮)가 먼저이고 악(樂)이 나중이기 때문에 백이(伯夷)를 먼저하고 기(夔)를 나중에 한 것이다. 음악이 지어지면 정치의 공이 비록 이루어지나 구차한 참소(讒訴)가 간간이 행해지면 현량한 이가 편안하지 못하고 예전의 공적이 마침내 부서지기 때문에 용(龍)을 끝에 명한 것이니, 열두 목백(牧伯)을 명하면서도 사람을 임명하기가 어렵다는 것으로써 마치고, 부자(夫子)가 나라를 다스림에 대답하면서도 아첨하는 사람을 멀리 하라고 한 것과 같다."

[1-1-2-26]

帝曰: "咨! 汝二十有二人, 欽哉, 惟時亮天功."

순임금이 말하였다. "아! 너희 스물두 사람은 공경하여 때마다 하늘의 일을 도우라."

集傳

'二十二人', 四岳·九官·十二牧也.「周官」言: "內有百揆·四岳, 外有州牧·侯伯", 蓋'百揆'者, 所以統庶官, 而'四岳'者, 所以統十二牧也. 旣分命之, 又總告之, 使之各敬其職, 以相天事也. 曾氏曰: "舜命九官, 新命者六人, 命伯禹·命伯夷, 咨四岳而命者也; 命垂·命益, 泛咨而命者也; 命夔·命龍, 因人之讓, 不咨而命者也. 夫知道而後, 可宅百揆; 知禮而後, 可典三禮, 知道·知禮, 非人人所能也, 故必咨於四岳; 若予工·若上下草木·鳥獸, 則非此之比, 故泛咨而已. 禮樂·命令, 其體雖不若百揆之大, 然其事理精微, 亦非百工·庶物之可比. 伯夷旣以四岳之擧, 而當秩宗之任, 則其所讓之人, 必其中於典樂·納言之選, 可知, 故不咨而命之也; 若稷·契·皐陶之不咨者, 申命其舊職而已." 又按, 此以平水土·若百工, 各爲一官, 而周制, 同領於司空; 此以士一官, 兼兵刑之事, 而『周禮』分爲夏·秋兩官, 蓋帝王之法, 隨時制宜, 所謂'損益可知'者, 如此.

'이십이인(二十二人)'은 사악(四岳)과 구관(九官)901)과 십이목(十二牧)이다.「주관(周官)」에서 말하기를, "안에는 백규(百揆)와 사악(四岳)이 있고, 밖에는 주목(州牧)

---

901) 구관(九官): 순(舜)이 설치한 아홉 개의 관직이다. 반고(班固) 찬,『전한서(前漢書)』권36,「유향전(劉向傳)」에서 "순이 구관을 명함이 엄숙하고 공경스럽게 서로 사양하였으니, 화순함의 지극함이다.(舜命九官, 濟濟相讓, 和之至也.)"라고 하였는데, 안사고(顔師古)의 주(註)에서 "우는 사공이 되고, 기는 후직이고, 설은 사도이고, 구요는 사가 되고, 수는 공공이고, 익은 임금의 우이고, 백이는 질종이고, 기는 전악이고, 용은 납언이니, 모두 구관이다.(禹作司空, 棄后稷, 契司徒, 咎繇作士, 垂共工, 益朕虞, 伯夷秩宗, 夔典樂, 龍納言. 凡九官也.)"라고 하였다.

과 후백(侯伯)이 있다."⁹⁰²⁾고 하였으니, 대개 '백규(百揆)'라는 것은 여러 관직을 통솔하는 것이고, '사악(四岳)'이라는 것은 십이목(十二牧)을 통솔하는 것이다. 이미 나누어 명하고 또 총괄하여 말하여 그들로 하여금 각각 그 직무를 공경하여 하늘의 일을 돕게 한 것이다. 증씨(曾氏: 曾鞏)가 말하기를 "순(舜)이 구관(九官)을 명함에 새로 임명한 이가 여섯 사람이니, 백우(伯禹)를 임명함과 백이(伯夷)를 임명함은 사악에게 물어보고 임명한 것이고, 수(垂)를 임명함과 익(益)을 임명함은 두루 물어보고 임명한 것이고, 기(夔)를 임명하고 용(龍)을 임명함은 다른 사람이 사양함으로 말미암아 묻어보지 않고 임명한 것이다. 무릇 도(道)를 안 뒤에 백규(百揆)에 앉힐 수 있고, 예(禮)를 안 뒤에 삼례(三禮)를 주관할 수 있으니, 도(道)를 알고 예(禮)를 앎은 사람마다 능한 것이 아니기 때문에 반드시 사악에게 물어보아야 하며, 나의 백공(百工)을 순조롭게 다스리고 산과 못의 풀과 나무 및 새와 짐승들을 순순히 다스리는 것은 곧 이것에 비교할 것이 아니기 때문에 두루 물어보았을 따름이다. 예악(禮樂)과 명령은 그 체재가 비록 백규(百揆)의 크기와 같지 않으나 그 사리(事理)가 정미하여 또한 모든 공관(工官)과 온갖 사물이 비교할 것이 아니다. 백이(伯夷)가 이미 사악(四岳)의 천거로써 질종(秩宗)의 임무에 합당하다고 했다면, 그것을 사양한 사람은 반드시 전악(典樂)과 납언(納言)에 선발됨이 알맞음을 알 수 있기 때문에 물어보지 않고 임명한 것이며, 직(稷)과 설(契)과 고요(皐陶)에 대하여 물어보지 않은 것과 같으면 그 예전의 직무를 거듭 임명하였을 따름이다."라고 하였다. 또 살펴보건대, 여기서는 물과 땅을 다스리고 온갖 공관(工官)을 순조롭게 하는 것으로써 각각 하나의 관직으로 삼았는데 주(周)나라 제도에서는 사공(司空)에게 함께 통솔하게 하였으며, 여기서는 사(士)라는 하나의 관직으로써 병무(兵務)와 형벌(刑罰)의 일을 아울렀는데『주례(周禮)』에는 나누어서 하관(夏官)과 추관(秋官)의 두 개의 관직을 만들었으니, 대개 황제와 국왕의 법제는 때에 따라 마땅한 것을 만들어서 이른바 '덜어낸 것과 보탤 것을 이익을 알 수 있다.'는 것이 이와 같은 것이다.

詳說

---

902) 호광(胡廣) 등 찬,『서경대전(書經大全)』권9,「주서(周書)·주관(周官)」. "왕이 말하였다. '당나라와 우나라 때에는 옛날 제도를 상고하여 관직을 세우되 백 개로 하였으니, 안에는 백규와 사악이 있고 밖에는 주목과 후백이 있어 모든 정사가 조화롭고 모든 나라가 다 편안하였다. 하나라와 상나라 때에는 관직이 배가 되었으나 또한 잘 다스려졌으니, 명철함 임금이 정사를 세움은 오직 그 관직이 아니라 오직 그 인물에 있었던 것이다.'(曰: 唐虞稽古, 建官惟百, 內有百揆·四岳; 外有州牧·侯伯, 庶政惟和, 萬國咸寧. 夏商官倍, 亦克用乂, 明王立政, 不惟其官, 惟其人.')"

○ 去聲.903)
'이상(以相)'에서 상(相)은 거성(去聲: 보다, 돕다)이다.

○ 陳氏大猷曰 : "皆當敬以趨時, 以輔相天之功."904)
'이상천사야(以相天事也)'에 대해, 진씨 대유(陳氏大猷: 陳大猷)가 말하였다. "모두 마땅히 공경함으로써 때를 좇아서 하늘의 일을 돕는 것이이다."

○ 陳氏雅言曰 : "皆天之職也, 天不自爲, 而人代之."905)
진씨 아언(陳氏雅言: 陳雅言)이 말하였다. "모두 하늘의 직책이니, 하늘이 스스로 하지 않고 사람이 대신하는 것이다."

○ 音扶.906)
'부(夫)'는 음이 부(扶)이다.

○ 道揆.907)
'지도(지도)'에서, 도로써 헤아림이다.

○ 稍輕.
'즉비차이비(則非此之比)'의 경우, 조금 가벼운 것이다.

○ 去聲.908)

---

903) 호광(胡廣) 등 찬, 『서경대전(書經大全)』의 소주를 수용한 것이다.
904) 호광(胡廣) 등 찬, 『서경대전(書經大全)』의 소주에서 발췌한 것이다. 그 전문은 다음과 같다. "陳氏大猷曰 : '皆當敬以趨時, 以輔相顯明之功. 二十二人職, 雖不同, 其爲天下之事則一, 故提其綱而總戒之.'(진씨 대유가 말하였다. '모두 마땅히 공경함으로써 때를 좇아서 하늘의 일을 돕고 밝히는 것이니, 스물두 사람의 직무가 비록 같지 않으나 하늘의 일을 함은 동일하기 때문에 그 강령을 제시하여 총괄하여 경계한 것이다.')"
905) 호광(胡廣) 등 찬, 『서경대전(書經大全)』의 소주에서 발췌한 것이다. 그 전문은 다음과 같다. "陳氏雅言曰 : '二十有二人之職, 皆天之職也, 典天敘, 禮天秩, 服天命, 刑天討, 無一事之不本於天, 天有是事, 則人有是官, 天不自爲, 而人代之. 帝舜於此, 語以欽哉亮天功者, 欲使知所敬也.'(진씨 아언이 말하였다. '스물두 사람의 직무는 모두 하늘의 직책이니, 천서를 관장하고 천질을 예경하고 천명을 복종하고 천토를 형벌함에 하나의 일도 하늘에 근본하지 않는 것이 없으니, 하늘이 이 일이 있으면 사람이 이 관직을 두어 하늘이 스스로 하지 않고 사람이 대신하는 것이다. …')"
906) 호광(胡廣) 등 찬, 『서경대전(書經大全)』의 소주를 수용한 것이다.
907) 방현령(房玄齡) 주(注), 『관자(管子)』 제10, 「계(戒)」에서 "聞一言以貫萬物, 謂之知道.(한 마디 말을 듣고서 만물을 꿰뚫는 것을 지도라고 한다.)"라고 하였으니, 천지의 도를 통달하여 알아서 세상의 이치에 깊이 밝은 것을 말한다.
908) 호광(胡廣) 등 찬, 『서경대전(書經大全)』의 소주를 수용한 것이다.

'중(中)'은 거성(去聲: 부합하다, 도달하다)이다.

○ '申命其舊職而已', 皆雖不咨, 猶咨也. ○曾說, 止此.909)
'신명기구직이이(申命其舊職而已)'의 경우, 모두 비록 물어보지 않더라도 물어봄과 같은 것이다. ○증씨(曾氏: 曾鞏)의 설명이 여기서 그친다.

○ 冬官.
'사공(司空)'은 동관(冬官)이다.

○ 司馬·司寇.
'하·추양관(夏·秋兩官)'의 경우, 사마(司馬)와 사구(司寇)이다.

○ 見『論語』「爲政」.910)
'여차(如此)'에서 볼 때 그 내용이 『논어(論語)』「위정(爲政)」에 보인다.

○ 總論.
총괄하여 논변한 것이다.

[1-1-2-27]
三載考績, 三考黜陟幽明, 庶績咸熙, 分北三苗.

3년마다 공적을 고과(考課)하고 세 번을 고과(考課)하여 선량한 이와 사악한 이를 내치고 올려 많은 공적이 다 흥성하였는데, 삼묘(三苗)를 분산시키고 등지게 하였다.

---

909) 명나라 구준(丘濬) 찬, 『대학연의보(大學衍義補)』권1, 「치국평천하지요(治國平天下之要)」에 이 내용이 보인다. 그 전문은 다음과 같다. "曾鞏曰: '舜命九官, 新命者六人, 命伯禹·命伯夷, 咨四岳而命者也; 命垂·命益, 泛咨而命者也; 命夔·命龍, 因人之讓, 不咨而命者也. 夫知道而後, 可宅百揆; 知禮而後, 可典三禮, 知道·知禮, 非人人所能也, 故必咨於四岳; 若予工·若上下草木·鳥獸, 則非此之比, 故泛咨而已. 禮樂·命令, 其體雖不若百揆之大, 若其事理精微, 亦非百工·庶物之可比. 伯夷既以四岳之擧, 而當秩宗之任, 則其所讓之人, 必其中於典樂·納言之選, 可知, 故不咨而命之也; 若稷契·皐陶之不咨者, 申命其舊職而已.'(증공이 말하였다. '….')"
910) 『논어집주대전(論語集註大全)』권2, 「위정(爲政)」. "子張問: '十世可知也?' 子曰: '殷因於夏禮, 所損益, 可知也; 周因於殷禮, 所損益, 可知也; 其或繼周者, 雖百世, 可知也.'(자장이 물었다. '십 세대를 알 수 있습니까?' 공자가 말하였다. '은나라는 하나라의 예에서 말미암았으니 덜어내고 더한 것을 알 수 있으며, 주나라는 은나라의 예에서 말미암았으니 덜어내고 더한 것을 알 수 있으며, 그 혹시 주나라를 이은 것이라면 비록 백세라도 알 수 있다.')

詳說

○ 音佩.911)
  '패(北)'는 음이 패(佩)이다.

集傳

'考', 核實也. '三考', 九載也, 九載則人之賢否·事之得失, 可見. 於是, 陟其明而黜其幽, 賞罰明信, 人人, 力於事功, 此所以'庶績咸熙'也. '北', 猶背也, 其善者留, 其不善者竄徙之, 使分背而去也. 此言舜命二十二人之後, 立此考績黜陟之法, 以時擧行, 而卒言其效如此也. 按, '三苗', 見於經者, 如典·謨·「益稷」·「禹貢」·「呂刑」, 詳矣. 蓋其負固不服, 乍臣乍叛, 舜攝位而竄逐之, 禹治水之時, 三危已宅, 而舊都猶頑不卽工, 禹攝位之後, 帝命徂征, 而猶逆命, 及禹班師而後來格, 於是, 乃得考其善惡而分北之也.「呂刑」之言'遏絶', 則通其本末而言, 不可以先後論也.

'고(考)'는 실적(實績)을 조사함이다. '삼고(三考)'는 9년이니, 9년이면 사람의 어질고 어질지 못함 및 일의 잘잘못을 볼 수 있다. 이에 선량한 이를 올려주고 사악한 이를 내쳐서 상(賞)과 벌(罰)이 을 분명하고 미더우면 사람마다 사무(事務)에 힘쓰니, 이것이 '많은 공적이 다 흥성한다.'는 것이다. '패(北)'는 '어길 패(背)'와 같으니, 선량한 이는 머물러 살게 하고 선량하지 않은 이는 쫓아내어 옮겨 살게 함이니, 분산시키고 등을 져서 떠나가게 한 것이다. 이는 순(舜)이 스물두 사람을 임명한 뒤에 이 공적을 고과(考課)하여 내치고 올리는 법을 세워서 때때로 거행하였음을 말하고, 마침내 그 효험이 이와 같았음을 말한 것이다. 살펴보건대, '삼묘(三苗)'가 경서(經書)에 보이는 것은 전(典)과 모(謨)와「익직(益稷)」과「우공(禹貢)」과「여형(呂刑)」과 같은데 상세하다. 대개 그 지리(地理)의 험고함을 믿고 복종하지 않아 갑자기 신하가 되었다가 갑자기 배반하니 순(舜)이 임금 자리를 대신함에 그들을 내쫓아냈고, 우(禹)가 홍수를 다스릴 때 삼위(三危)912)에 이미 집을 짓고 살

---

911) 채침(蔡沈) 찬,『서경집전(書經集傳)』에는 ""北', 如字, 又音佩.('패'는 본래의 음의와 같고, 또 음이 패이다.)"라고 되어 있다. 호광(胡廣) 등 찬,『서경대전(書經大全)』의 소주에는 "'黜', 音出. '陟', 音職. '北', 音佩.('출'은 음이 출이다. '척'은 음이 직이다. '패'는 음이 패이다.)"로 되어 있다.
912) 삼위(三危): 옛날 서쪽 변경에 있던 산으로, 호광(胡廣) 등 찬,『서경대전(書經大全)』권3,「하서(夏書)·우공(禹貢)」에서 "三危旣宅.(삼위산에서 이미 살고 있다.)"이라 하였고, 공안국(孔安國)이 "'三危', 爲西裔之山也.('삼위'는 서예의 산이 된다.)"라고 하였다. 그리고『맹자집주대전(孟子集註大全)』권9,「만장장구상(萬章章句上)」에서는 "殺三苗於三危.(삼묘가 삼위에서 죽었다.)"라고 하였다. 오늘날 감숙성(甘肅省) 돈황(敦煌)의 삼위산, 또는 감숙성 민산(岷山)의 서남쪽, 또는 운남(雲南)에 있는 산이라고 한다.

수 있었으나 옛 도읍이 여전히 고집스러워 그 일에 나아가지 않았다. 우(禹)가 임금 자리를 대신한 뒤에 순임금이 명하여 가서 정벌하게 하였으나 오히려 명령을 거역하다가 우(禹)가 군사를 되돌린 뒤에 와서 이르니, 이에 비로소 그 선량한 이와 사악한 이를 나누어 등지게 한 것이다.「여형(呂刑)」에서 '알절(遏絶)913)'이라고 말한 것은 그 근본과 말단을 통틀어 말한 것이니, 앞서고 뒤에 함으로써 논변해서 안 된다.

詳說

○ 覈同.

'핵(核)'은 '핵실(覈實)할 핵(覈)'과 같다.

○ 註先言'陟明'者, 理之順也.

'척기명이출기유(陟其明而黜其幽)'의 경우, 주(註)에서 '척명(陟明)'을 먼저 말한 것은 이치에 순응한 것이다.

○ 陳氏雅言曰 : "使徒考於三載, 而不俟黜陟於九載, 則失之太嚴, 遲鈍者, 或不得以自見矣; 徒黜陟於三考, 而不先考於三載, 則失之太寬, 玩法者, 或得以自縱矣."914)

진씨 아언(陳氏雅言: 陳雅言)이 말하였다. "다만 3년마다 실적을 고과(考課)하고 9년에 출척(黜陟)을 기다리지 않게 한다면 너무 엄격함에 잘못하여 더디고 둔한 이들이 혹시 스스로 보이지 않을 것이며, 다만 세 번 고과(考課)한 것으로 출척(黜陟)하고 3년마다 실적을 고과함을 먼저 하지 않게 한다면 너무 너그러움에 잘못하여 법에 익숙한 이들이 혹시 스스로 방종할 수 있을 것이다."

---

913) 알절(遏絶): 호광(胡廣) 등 찬,『서경대전(書經大全)』권10,「주서(周書)·여형(呂刑)」에 나오는 말이다. 그 전문은 다음과 같다. "황제가 여러 형벌을 받은 이의 죄 없음을 불쌍하게 여겨 사나움을 갚되 위엄으로써 하여 삼묘의 백성을 끊어서 대대로 아래 나라에 있지 못하게 하였다.(皇帝哀矜庶戮之不辜, 報虐以威, 遏絶苗民, 無世在下.)"
914) 호광(胡廣) 등 찬,『서경대전(書經大全)』의 소주에서 발췌한 것이다. 그 전문은 다음과 같다. "陳氏雅言曰 : '聖人立法, 必要其所終, 稽其所弊, 使徒考績於三載, 而不俟黜陟於九載, 則失之太嚴, 遲鈍者, 或不得以自見矣; 使徒黜陟於三考, 而不先考績於三載, 則失之太寬, 玩法者, 或得以自縱矣.'(진씨 아언이 말하였다. '성인이 법을 세움에 반드시 그 마친 것을 요구하고 그 나쁜 것을 헤아렸으니, 다만 3년마다 실적을 고과하고 9년에 출척을 기다리지 않게 한다면 너무 엄격함에 잘못하여 더디고 둔한 이들이 혹시 스스로 보이지 않을 것이며, 다만 세 번 고과한 것으로 출척하고 3년마다 실적을 고과함을 먼저 하지 않게 한다면 너무 너그러움에 잘못하여 법에 익숙한 이들이 혹시 스스로 방종할 수 있을 것이다.')"

○ 陳氏大猷曰 : "周冢宰, 歲終受會詔廢置, 三歲計治行誅賞, 世變不同故也."915)

진씨 대유(陳氏大猷: 陳大猷)가 말하였다. "주나라 총재는 한해가 끝남에 조회에서 없애고 둘 것을 아뢰었으니, 3년 동안 다스리고 행한 것을 헤아려서 벌주고 상 주는 것이 시대가 변함에 같지 않기 때문이다."

○ 臨川吳氏曰 : "史, 於堯·舜二帝在位之事, 皆以此四字終之, 辭雖簡而所該大矣."916)

'차소이서적함희야(此所以庶績咸熙也)'에 대해, 임천 오씨(臨川吳氏: 吳澄)가 말하였다. "사관(史官)이 요(堯)와 순(舜)의 두 임금이 임금 자리에 있었던 일을 모두 '서적함희(庶績咸熙)'의 네 글자로써 마쳤으니, 말이 비록 간략하나 갖춘 것이 크다."

○ 恐'居', 傳寫之誤.

'사분배이거(使分背而去)'의 경우, 아마도 '거(居)'인 듯하니, 전하여 베껴 씀의 잘못이다.

○ 臨川吳氏曰 : "三苗之君, 前既竄於三危, 而三苗之民, 尚居. 故地頑而習惡, 羣類衆多, 終必爲亂, 故遷徙之, 使分散各居, 不得聚在一處, 既全其生, 又免於亂. 聖人立心之仁, 處事之義, 兩盡其道矣."917)

---

915) 호광(胡廣) 등 찬, 『서경대전(書經大全)』의 소주에서 발췌한 것이다. 그 전문은 다음과 같다. "陳氏大猷曰 : '人情太寬則肆, 大嚴則拘, 故考績於三載, 時加警策, 以作其怠; 黜陟於九載, 期之久遠, 以要其成, 不肆不拘, 所以爲善成. 周冢宰, 歲終, 受會詔廢置, 三歲計治行誅賞, 世變不同故也.'(진씨 대유가 말하였다. '인정이 너무 너그러우면 방자하고, 너무 엄격하면 구애받기 때문에 3년에 실적을 고과하여 때때로 더욱 그 태만함을 짓는 것을 경책하고, 9년에 출척함에 기한이 그 성과를 요구하기에 오래고 머니, 방자하지 않고 구애받지 않는 것이 좋은 성과를 만드는 것이다. 주나라 총재는 한해가 끝남에 조회에서 없애고 둘 것을 아뢰었으니, 3년 동안 다스리고 행한 것을 헤아려서 벌주고 상 주는 것이 시대가 변함에 같지 않기 때문이다.')"

916) 호광(胡廣) 등 찬, 『서경대전(書經大全)』의 소주에서 발췌한 것이다. 그 전문은 다음과 같다. "臨川吳氏曰 : '帝既咨命羣臣, 史因述其考績黜陟之法, 于後而并及其効如此. 且以堯·舜二帝在位之事, 皆以庶績咸熙四字終之, 辭雖簡而所該大矣.'(임천 오씨가 말하였다. '임금이 미이 여러 신하들에게 물어보고 임명하였으니, 사관이 이에 그 실적을 고과하여 출척하는 법을 기술하여 뒤에 아울러 그 효과에 미친 것이 이와 같았다. 또 요와 순의 두 임금이 임금 자리에 있었던 일을 모두 서적함희의 네 글자로써 마쳤으니 말이 비록 간략하나 갖춘 것이 크다.')"

917) 호광(胡廣) 등 찬, 『서경대전(書經大全)』의 소주에서 발췌한 것이다. 그 전문은 다음과 같다. "臨川吳氏曰 : '三苗之君, 前既竄于三危, 而三苗之民, 尚居, 故地頑而習惡, 治水之役達, 拒上命, 羣類衆多, 終必爲亂, 故遷徙之, 使分散各居, 不得聚在一處, 既全其生, 又免於亂. 聖人立心之仁, 處事之義, 兩盡其道矣.'(임천

'사분패이거야(使分背而去也)'에 대해, 임천 오씨(臨川吳氏: 吳澄)가 말하였다. "삼묘(三苗)의 임금이 앞서서 이미 삼위산(三危山)으로 쫓겨났는데도 삼묘(三苗)의 백성들이 여전히 살고 있었다. 그러므로 지리(地理)가 완고하고 습속(習俗)이 열악(劣惡)하며 무리들이 많아서 끝내 반드시 난적(亂賊)이 될 것이기 때문에 옮겨가서 살게 하였으니, 분산시켜 각각 살아 한 곳에 모일 수 없게 해야 이미 그 삶을 온전하게 하고, 또 난리를 면할 수 있었던 것이다. 성인은 마음가짐이 어질고 일처리가 의로운데, 두 가지에서 그 도를 다한 것이다." ○

○ 董氏鼎曰 : "'分北', 只是分別義, 故於文兩相背. 天地之氣, 始於北, 而終於北, '北'者, 陰陽之別也."918)
동씨 정(董氏鼎: 董鼎)이 말하였다. "'분패(分北)'는 단지 분별의 뜻이기 때문에 글에서 둘이 서로 등진다고 한 것이다. 천지(天地)의 기운은 북쪽에서 시작하여 북쪽에서 마치니, '북(北)'이라는 것은 음양(陰陽)이 나누어짐이다."

○ 王氏曰 : "'分北三苗', 黜幽也, 然止於三苗, 黜者寡矣."919)
왕씨(王氏: 王安石)가 말하였다. "'분패삼묘(分北三苗)'는 으슥한 곳으로 내쫓는 것이다. 그러나 삼묘(三苗)에 그친 것은 내쫓은 것이 적었던 것이다."

○ 承上節.
'차언순명이십이인지후(此言舜命二十二人之後)'의 경우, 위의 단락을 이은 것이다.

○ 臨川吳氏曰 : "舜自初年, 咨命羣臣之外, 惟有'考績'·'分北'二條, 其他無事可見. 夫子曰: '無爲而治者, 舜也', 徵以『書』, 猶

오씨가 말하였다. '삼묘의 임금이 앞서서 이미 삼위산으로 쫓겨났는데도 삼묘의 백성이 여전히 살고 있었다. 그러므로 지리가 완고하고 습속이 열악하여 물을 다스리는 부역이 이르러도 임금의 명령을 거역하여 무리들이 많아서 끝내 반드시 난적이 될 것이기 때문에 옮겨가서 살게 하였으니, 분산시켜 각각 살아서 한 곳에 모일 수 없게 해야 이미 그 삶을 온전하게 하고, 또 난리를 면할 수 있었던 것이다. 성인은 마음가짐이 어질고 일처리가 의로운데, 두 가지에서 그 도를 다한 것이다.')"
918) 호광(胡廣) 등 찬,『서경대전(書經大全)』의 소주에서 발췌한 것이다. 그 전문은 다음과 같다. "董氏鼎曰 : '分北, 只是分別義, 故文兩相背. 天地之氣, 始於北而終於北, 北者, 陰陽之別也.'(동씨 정이 말하였다. '분패는 단지 분별의 뜻이기 때문에 글에서 둘이 서로 등진다고 한 것이다. 천지의 기운은 북쪽에서 시작하여 북쪽에서 마치니, 북이라는 것은 음양이 나누어짐이다.')"
919) 호광(胡廣) 등 찬,『서경대전(書經大全)』의 소주를 수용한 것이다. 송나라 황륜(黃倫) 찬,『상서정의(尙書精義)』에 의하면, "張氏曰 : '… 分北三苗者, 所以黜幽也, 北者, 陰陽分背之地. …'(장씨가 말하였다. '….')"라고 하였다.

然."920)

'이졸언기효여차야(而卒言其效如此也)'에 대해, 임천 오씨(臨川吳氏: 吳澄)가 말하였다. "순임금이 초년부터 여러 신하들에게 물어서 임명한 것 외에 오직 '실적을 고과함'과 '분산시켜 등짐'의 두 조항만 있을 뿐이고, 그밖에 아무 일이 없음을 알 수 있다. 부자가 말하기를, '하는 일 없이 다스린 이는 순임금이다.'라고 하였는데,『서경(書經)』으로써 증명해보니 비로소 그러한 것이다." ○

○ 董氏鼎曰: "舜攝位時, 巡岳封濬, 考禮正刑, 汲汲不少暇, 至卽位後, 惟責成於岳·牧·九官, 舜不過執黜陟之權, 以激勵臣下, 外此, 皆不復以身親之. 攝政時, 可以見臣道之勞, 卽位後, 可以見君道之逸. 故夫子以'君哉'稱之."921) ○唐孔氏曰: "此以下, 史述舜事, 非帝語也."922)

동씨 정(董氏鼎: 董鼎)이 말하였다. "순(舜)이 임금의 지위를 대행할 때 사악(四岳)을 순행하고 12주(州)의 진산(鎭山)에 봉표(封表)하며 내를 깊이 팠으며, 예악(禮樂)을 상고하고 병형(兵刑)을 바로 잡음에 분주하여 조금의 여가가 없었는데, 임금 자리에 오른 뒤에는 오직 사악(四岳)과 목백(牧伯)과 구관(九官)에게 책무를 완성하게 하였으나, 순(舜)이 출척(黜陟)의 권한을 잡고서 신하들을 격려함에

---

920) 호광(胡廣) 등 찬,『서경대전(書經大全)』의 소주에서 발췌한 것이다. 그 전문은 다음과 같다. "臨川吳氏曰: '… 舜在位三十有三載, 而始薦禹自代, 今『書』所載, 自初年咨命羣臣之外, 惟有考績·分北二條, 其他無事可見. 夫子曰: 無爲而治者, 其舜也與. 朱子曰: 紹堯之後, 又得人以任衆職, 故無所爲, 徵以『書』稽之, 猶信.'(임천 오씨가 말하였다. '순이 임금 자리에 있은 지 33년 만에 비로소 우를 천거하고 스스로 대행하였는데, 이제『서경』에 실려 있는 것은 초년에 여러 신하들에게 물어서 임명한 것 외에 오직 실적을 고과함과 분산시켜 등짐의 두 조항만 있을 뿐이고 그밖에 아무 일이 없음을 알 수 있다. 부자가 말하기를 하는 일 없이 다스린 이는 순임금이라고 하였으며, 주자가 말하기를, 요의 뒤에 또 사람을 얻어 많은 직무를 맡겼기 때문에 하는 일이 없었던 것이니,『서경』으로써 증명하여 상고하면 비로소 믿을 수 있다.')"
921) 호광(胡廣) 등 찬,『서경대전(書經大全)』의 소주에서 발췌한 것이다. 그 전문은 다음과 같다. "董氏鼎曰: '舜重華協于帝, 與堯本無優劣, 而夫子稱大哉. 堯之爲君, 君哉舜也, 尚不無異於一字之間, 何也. 堯爲治無迹, 蕩蕩難名, 故謂之大舜. 責成臣下, 己若無爲, 故謂之君, 今讀「舜典」一篇, 可見矣. 自愼徽五典, 至汝陟帝位, 是堯試舜三年內事, 先scope司徒, 次爲百揆, 次爲四岳, 未爲君之時也. 自受終文祖, 至過宅八音, 是堯老舜攝二十八年內事, 不過以百揆代堯行天子之事, 亦未爲君之時也. 自格于文祖, 然後卽帝位, 方始稱帝, 舜之君道, 乃可見爾. 方攝位時, 巡四岳, 朝諸侯, 封山濬川, 考禮正刑, 汲汲不少暇, 至卽位後, 則惟責成於岳·牧·九官, 舜不過執黜陟之權, 以激勵臣下, 外此, 皆不復以身親之. 在位五十年間, 有天下而已, 若不與, 豈非得爲君之道. 故如是乎. 攝政以前, 可以見臣道之勞; 卽位以後, 可以見君道之逸, 乾知大始, 坤作成物, 君臣之間, 猶乾坤也. 故夫子以君哉稱之, 非優堯而劣舜也. 後之人主, 有不任三公者, 有親閱吏案, 下行文書者, 安識君道也哉. 羲脽惰墮, 舜無是事, 而皋陶猶有是戒, 爲君者, 可以監矣.'(동씨 정이 말하였다. '… 순이 임금의 지위를 대행할 때 사악을 순행하고 12주의 진산에 봉표하며 내를 깊이 팠으며, 예악을 상고하고 병형을 바로 잡음에 분주하여 조금의 여가가 없었는데, 임금 자리에 오른 뒤에는 오직 사악과 목백과 구관에게 책무를 완성하게 하였으나, 순이 출척의 권한을 잡고서 신하들을 격려함에 지나지 않으며, 이 밖에는 모두 다시 그 자신이 친히 하지 못하였다. 정사를 대행할 때에는 신하된 도리의 노고를 볼 수 있고, 임금 자리에 오른 뒤에는 임금된 도리의 편안함을 볼 수 있다. 그러므로 부자가 '군재'로써 칭송한 것이다.')"
922) 호광(胡廣) 등 찬,『서경대전(書經大全)』의 소주를 수용한 것이다.

지나지 않으며, 이 밖에는 모두 다시 그 자신이 친히 하지 못하였다. 정사(政事)를 대행할 때에는 신하된 도리의 노고를 볼 수 있고, 임금 자리에 오른 뒤에는 임금된 도리의 편안함을 볼 수 있다. 그러므로 부자(夫子)가 '군재(君哉)'로써 칭송한 것이다." ○당(唐)나라 공씨(孔氏: 孔穎達)가 말하였다. "이 이하는 사관(史官)이 순(舜)의 일을 기술한 것이고, 임금의 말이 아니다."

○ 音現.
'현(見)'은 음이 현(現)이다.

○ 『書經』.
'현어경(見於經)'의 경우, 『서경(書經)』이다.

○ 典一.[923]
'순섭위이찬축지(舜攝位而竄逐之)'에서 볼 때, 전(典)의 첫 번째이다.

○ 「禹貢」.[924]
'삼위이택(三危己宅)'의 경우, 「우공(禹貢)」이다.

○ 「益稷」.[925]
'이구도유완부즉공(而舊都猶頑不卽工)'의 경우, 「익직(益稷)」이다.

○ 「禹謨」.[926]

---

[923] 호광(胡廣) 등 찬, 『서경대전(書經大全)』 권1, 「우서(虞書)·순전(舜典)」. "竄三苗于三危.(삼묘를 삼위로 내쫓다.)"
[924] 호광(胡廣) 등 찬, 『서경대전(書經大全)』 권3, 「하서(夏書)·우공(禹貢)」. "三危旣宅, 三苗丕敍.(삼위에 이미 살아서 삼묘가 크게 펴졌다.)"
[925] 호광(胡廣) 등 찬, 『서경대전(書經大全)』 권2, 「우서(虞書)·익직(益稷)」. "苗頑弗卽工.(삼묘는 완악하여 공무[부역]에 나아가지 않았다.)"
[926] 호광(胡廣) 등 찬, 『서경대전(書經大全)』 권2, 「우서(虞書)·대우모(大禹謨)」. "三旬, 苗民逆命, 益贊于禹曰: '惟德動天, 無遠弗屆, 滿招損, 謙受益, 時乃天道. 帝初于歷山, 往于田, 日號泣于旻天·于父母, 負罪引慝, 祗載見瞽瞍, 夔夔齊慄, 瞽亦允若, 至誠感神, 矧玆有苗.' 禹拜昌言曰: '兪.' 班師振旅, 帝乃誕敷文德, 舞干羽于兩階, 七旬有苗格.(30일을 유묘의 백성들이 명을 거역하자 익이 우를 찬조하여 말하였다. '오직 덕은 하늘을 감동시켜 멀어도 이르지 않음이 없으며, 가득차면 덜어냄을 부르고 겸손하면 더해줌을 받는다고 하였으니, 이것이 바로 천도입니다. 순임금이 처음 역산에서 밭에 가서 날마다 하늘을 향하여 부모를 향하여 울부짖고서 죄를 떠맡고 악을 끌어안아 공경히 일하다가 고수를 만나면 조심하면서 공경하고 두려워하니, 고수 또한 믿고 따랐습니다. 지극한 정성은 신명을 감동시키거늘, 하물며 이 유묘이겠습니까.' 우가 창에게 절하고 말하기를 '그러한가.'라 하고는 군사를 돌려서 개선하자 순임금이 이에 문덕을 크게 펼쳐 방패와 깃털로 두 섬돌에서 춤을 추셨는데, 70일 만에 유묘가 와서 항복하였다.)"

'급우반사이후래격(及禹班師而後來格)'의 경우, 「대우모(大禹謨)」이다.

○ 典二.927)
'내득고기선악이분패지야(乃得考其善惡而分北之也)'에서 볼 때, 전(典)의 두 번째이다.

○ 通論苗事.
'불가이선후론야(不可以先後論也)'의 경우, 삼묘(三苗)의 일을 넓게 일반적으로 논한 것이다.

[1-1-2-28]
舜生三十, 徵庸, 三十在位, 五十載, 陟方乃死.

순(舜)이 태어난 지 30년에 부름을 받아 등용되고, 30년에 임금 자리에 있은 지 50년 만에 하늘 한쪽으로 올라가서 이에 죽었다.

集傳
'徵', 召也. '陟方', 猶言升遐也. 韓子曰: "『竹書紀年』, 帝王之沒, 皆曰'陟', '陟', 昇也, 謂昇天也. 『書』曰: '殷禮陟配天', 言以道終, 其德協天也. 故『書』記舜之沒云'陟', 其下言'方乃死'者, 所以釋'陟'爲死也. 地之勢東南下, 如言舜巡守而死, 宜言'下方', 不得言'陟方'也." 按, 此得之, 但不當以'陟'爲句絶耳. '方', 猶'雲徂乎方'之方, '陟方乃死', 猶言徂落而死也. 舜生三十年, 堯方召用, 歷試三年, 居攝二十八年, 通三十年, 乃卽帝位, 又五十年而崩, 蓋於篇末, 總敍其始終也. 『史記』言: "舜巡守, 崩于蒼梧之野." 『孟子』言: "舜卒於鳴條." 未知孰是. 今零陵九疑, 有舜冢云.

'징(徵)'은 부름이다. '척방(陟方)'은 승하(昇遐)라고 말함과 같다. 한자(韓子: 韓愈)가 말하였다. "『죽서기년(竹書紀年)』에서 황제와 국왕의 죽음을 모두 '척(陟)'이라고 말하였는데, '척(陟)'은 오름이니 하늘에 오름을 이른다. 『서경(書經)』에서 말하기를, '성대한 예(禮)로 올라가서 하늘에 짝하였다.'고 하였으니, 도(道)로써 삶을 마

---

927) 호광(胡廣) 등 찬, 『서경대전(書經大全)』 권1, 「우서(虞書)·순전(舜典)」. "三載考績, 三考黜陟幽明, 庶績咸熙, 分北三苗.(3년마다 공적을 고과하고 세 번을 고과하여 선량한 이와 사악한 이를 내치고 올려 많은 공적이 다 흥성하였는데, 삼묘를 분산시키고 등지게 하였다.)"

쳐 그 덕(德)이 하늘에 맞았음을 말한 것이다. 그러므로 『서경(書經)』에 순(舜)의 죽음을 기록함에 '척(陟)'이라 이르고, 그 아래에서 '방내사(方乃死)'라고 말한 것은 '척(陟)'을 풀이함에 죽음으로 여긴 것이다. 땅의 형세가 동남쪽이 낮으니, 만일 순(舜)이 순수하다가 죽었다고 말하려면 마땅히 '하방(下方)'이라 말해야 하고 '척방(陟方)'이라고 말할 수 없는 것이다." 살펴보건대, 이 말이 맞지만 무릇 '척(陟)'자로써 글귀가 끊어지는 곳으로 삼음은 마땅하지 않다. '방(方)'은 '구름이 사방으로 감'의 방(方)과 같으니, '척방내사(陟方乃死)'는 이울어서 죽었다고 말함과 같다. 순(舜)이 태어나 30세에 요(堯)가 바야흐로 불러서 등용됨에 3년 동안 두루 시험하였고, 임금 자리를 대신한 것이 28년이니, 통틀어 30년 만에 비로소 임금 자리에 올랐는데, 또 50년이 되어 죽었으니, 대개 편(篇)의 끝에 그 시작과 끝을 총괄하여 서술하였다. 『사기(史記)』에서 말하기를, "순(舜)이 순수하다가 창오(蒼梧)의 들에서 죽었다."고 하였으며, 『맹자(孟子)』에서 말하기를, "순(舜)이 명조(鳴條)에서 일생을 마쳤다."고 하였으니, 어느 것이 옳은지 알 수 없다. 지금 영릉(零陵)의 구의산(九疑山)에 순(舜)의 무덤이 있다.

詳說

○ 新安陳氏曰：“猶言升天一方.”[928]

'유언승하야(猶言升遐也)'에 대해, 신안 진씨(新安陳氏: 陳師凱)가 말하였다. "하늘 한쪽으로 올라갔다고 말함과 같다."

○ 晉時, 汲郡人, 掘魏安釐王冢, 得此書.[929]

---

[928] 호광(胡廣) 등 찬, 『서경대전(書經大全)』의 소주에서 발췌한 것이다. 그 전문은 다음과 같다. "新安陳氏曰 : '史於舜卽位初, 惟載咨岳‧牧, 命九官, 卽以九載黜陟繼之, 篇末總序舜一生始終結之, 中間幾五十年無事可見, 何也. 孔子曰: 舜有臣五人, 而天下治; 又曰: 無爲而治者, 其舜也與, 以此觀之, 可見舜惟得聖賢之臣, 以共爲, 故終身可恭己而無爲也. 陟方, 蔡雲升天一方.'(신안 진씨가 말하였다. '⋯ 척방은 하늘 한쪽으로 올라갔다고 말함과 같다.')" 『상서주소(尙書注疏)』에 의하면 '척방(陟方)'에 대하여 공안국(孔安國)은 "'方', 道也. 舜卽位五十年, 升道南方巡守, 死于蒼梧之野而葬焉.('방'은 길이다. 순이 즉위한 지 50년 만에 길에 올라 남방을 순수하다가 창오의 들에서 죽어서 장례한 것이다.)"이라 하였고, 공영달(孔穎達)은 "升道, 謂乘道而行也, 天子之行, 必是巡其所守之國, 故通以巡守爲名.(승도는 길에서 수레 타고 가는 것이니, 천자의 행차에 반드시 그 지키는 나라를 순행하기 때문에 통상적으로 순수로써 이름한 것이다.)"이라고 하였다.

[929] 기윤(紀昀) 등 찬, 『죽서기년(竹書紀年)』, 「제요(提要)」. "臣等謹案, 『竹書紀年』二卷, 舊本稱爲汲冢古書, 考『晉書』「束晳傳」, 晉咸和七年, 汲縣人, 發魏襄王冢, 得古書, 七十五卷中, 有『竹書紀年』十三篇. 今世所行, 題沈約注, 亦與『隋志』相符, 顧炎武考證之學, 最爲精核, 所作『日知錄』中, 往往引以爲據.(신 등이 삼가 살펴보건대, 『죽서기년』 2권은 옛날 본을 급총고서라고 칭하였는데, 『진서』「속석전」에, 진나라 함화 7년에 급현 사람이 위나라 양왕의 무덤을 발굴하다가 고서를 얻었는데, 75권 가운데 『죽서기년』 13편이 있었다. 이제 세상에 간행한 것은 심약의 주라고 앞에 붙였는데 또한 『수지』와 서로 부합하였고, 고염무의 고증학은 가장 자세하게 조사하여 밝힌 것이 되는데 그가 지은 『일지록』 가운데 이따금 인용하여 근거로 삼았다.)"

'『죽서기년』(『竹書紀年』)'의 경우, 진(晉)나라 때 급군(汲郡) 사람으로, 위(魏)나라 안리왕(安釐王)의 무덤을 발굴하다가 이 책을 얻었다.

○ 「君奭」.930)

'『서』(『書』)'는 「군석(君奭)」이다.

○ 禮陟.

'언이도종(言以道終)'의 경우, '예척(禮陟 : 예의에 나아가다)'이다.

○ 亦見「康王之誥」.931)

'소이석척위사야(所以釋陟爲死也)'의 경우, 또한 「강왕지고(康王之誥)」에 보인다.

○ 音狩, 下同. ○按, 『朱子大全』有'南方'二字.932)

'여언순순수(如言舜巡守)'의 경우, 음이 수(狩)이니, 아래도 같다. ○살펴보건대, 『주자대전(朱子大全)』에는 '남방(南方)'의 두 글자가 있다.

○ 沙溪曰 : "出韓文."933)

'부득언척방야(不得言陟方也)'에 대해, 사계(沙溪: 金長生)가 말하였다. "한유(韓愈)934)의 글에 나온다."

---

930) 호광(胡廣) 등 찬, 『서경대전(書經大全)』 권8, 「주서(周書)·군석(君奭)」. "率惟茲有陳, 保乂有殷, 故殷禮陟配天, 多歷年所.(오직 이것을 좇아서 펼침이 있으며 보호하여 다스림에 큰 공이 있었기 때문에 성대한 예로 올라가서 하늘에 짝하여 많은 해를 지내게 되었다.)" 집전에서 "'陟', 升遐也. … 殷先王, 終以德配天, 而享國長久也.('척'은 하늘에 올라감이다. … 은나라 선왕이 마침내 덕으로써 하늘에 짝하여 나라를 누림이 장구했던 것이다.)"라고 하여 '은(殷)'의 뜻을 달리 해석하였다.

931) 호광(胡廣) 등 찬, 『서경대전(書經大全)』 권9, 「주서(周書)·강왕지고(康王之誥)」. "惟新陟王, 畢協賞罰, 戡定厥功, 用敷遺後人休.(새로 올라간 임금이 상과 벌을 다 적합하게 하여 그 공을 잘 헤아려 정해서 후세 사람에게 아름다움을 펼쳐서 남겨주었다.)" 집전에서 "'陟', 升遐也. 成王初崩, 未葬未諡, 故曰'新陟王'.('척'은 하늘로 올라감이니, 성왕이 비로소 죽음에 아직 장례 지내지 않고 시호를 정하지 않았기 때문에 '신척왕'이라고 한 것이다.)"라고 하였다.

932) 『주자대전(朱子大全)』 권65, 「잡저(雜著)·상서(尙書)·순전(舜典)」에서 "地之勢東南下, 如言舜巡守南方而死, 宜言'下方', 不得言'陟方'也.(땅의 형세가 동남쪽이 낮으니, 만일 순이 남쪽 지방을 순수하다가 죽었다고 말하려면 마땅히 '하방'이라 말해야 하고 '척방'이라고 말할 수 없는 것이다.)"라고 하였다.

933) 『사계전서(沙溪全書)』 권14, 「경서변의(經書辨疑)·서전(書傳)·순전(舜典)」에서 발췌한 것이다. 그 전문은 다음과 같다. "陟方乃死註, 韓子『竹書』. 韓子, 名愈. 『竹書』, 漢時發汲郡冢得之. 自『竹書』以下, 至不得言陟方也. 出韓文.('척방내사'의 주에 나오는 '한자'죽서'' 한자의 이름은 유이다. 『죽서』는 한나라 때 급군의 무덤을 발굴하여 얻은 것이다. '『죽서』' 이하부터 '부득언척방야'까지는 한유의 글에서 나온다.)"

934) 한유(韓愈): 한유(768-824)는 당대의 문장가로 자가 퇴지(退之)이고, 호가 창려(昌黎)인데 스스로 '군망창려(郡望昌黎)'라 하여 세상에서 한창려(韓昌黎) 또는 창려선생(昌黎先生)이라고 불렀으며, 하남(河南) 하양(河陽) 사람이다. 정원(貞元) 8년(792)에 진사에 급제하여 절도추관(節度推官)·감찰어사(監察御史)·사관수찬(史館修撰)·중서사인(中書舍人) 등을 지냈다. 만년에 이부시랑(吏部侍郎)에 이르러 사람들이 한이부(韓

○ 見揚雄『法言』,935) '方', 四方也.
'유운조호방지방(猶雲徂乎方之方)'의 경우, 양웅(揚雄)936)의 『법언(法言)』에 보이니, '방(方)'은 사방이다.

○ 主言'徂', 而帶說'落'.
'유언조락이사야(猶言徂落而死也)'의 경우, '조(徂)'를 위주로 하여 말하면서 곁들여 '낙(落)'을 말하였다.

○ 徵庸.
'요방소용(堯方召用)'의 경우, 징용(徵用)함이다.

○ 臨川吳氏曰 : "舜以堯喪畢之, 明年踐位, 而此五十載, 數自堯崩之明年, 蓋堯崩而天下無君, 舜雖未爲天子, 而紀年則當屬之舜, 如自入關之年, 爲漢王元年也."937)
'우오십년이붕(又五十年而崩)'에 대해, 임천 오씨(臨川吳氏: 吳澄)가 말하였다. "순(舜)이 요(堯)의 초상을 마치고 이듬해에 임금 자리에 올랐는데, 여기의 50년은 요(堯)가 죽은 이듬해부터 센 것이니, 대개 요(堯)가 죽음에 천하에 임금이 없어서 순(舜)이 비록 천자가 되지 않았지만 햇수를 기록함에는 마땅히 순(舜)에 속하게 해야 한다. 성문에 들어간 해부터 한(漢)나라 왕의 원년이 된 것과 같다."

吏部)라고 불렸으며, 장경(長慶) 4년(824)에 병으로 죽자 예부상서(禮部尙書)에 추증되고 시호를 문(文)이라 하여 '한문공(韓文公)'이라 일컬었다. 고문운동을 창도하여 당송팔대가(唐宋八大家)의 으뜸이 되었다. 저서로는 『한창려집(韓昌黎集)』등이 있다.
935) 『양자법언(揚子法言) 권5, 「문명편(問明篇)」. "雷震乎天, 風薄乎山, 雲徂乎方, 雨流乎淵, 其事矣乎.(우레가 하늘에서 진동하고 바람이 산을 때리며, 구름이 사방으로 흘러가고 비가 못에 흘러내림이 그 하늘의 일이로다.)"
936) 양웅(揚雄): 양웅(B.C.53-18)은 한나라 학자로 자가 자운(子雲)이고, 촉군(蜀郡) 비현(郫縣) 사람이다. 어려서부터 배우기를 좋아하고 많은 책을 널리 읽었으며, 사부(辭賦)를 잘 지었다. 성제(成帝) 때 급사황문시랑(給事黃門侍郞)에 제수되었고, 왕망(王莽)과 사귀었다. 저서로는 『법언(法言)』・『태현경(太玄經)』・『방언(方言)』 등이 있다.
937) 호광(胡廣) 등 찬, 『서경대전(書經大全)』의 소주에서 발췌한 것이다. 그 전문은 다음과 같다. "臨川吳氏曰 : 舜以服堯喪畢之, 明年正踐位, 而此五十載, 數自堯崩之明年始, 何也. 蓋堯崩而天下無君, 舜雖未爲天子, 而紀年則當屬之舜. 故始自堯崩之明年, 爲舜元年, 如漢王五年, 方幷項氏得天下, 然秦亡而天下無君, 漢王雖未稱皇帝, 而紀年則當屬之漢, 故始自入關之年, 爲漢元年也.'(임천 오씨가 말하였다. '순이 요의 초상을 마치고 이듬해에 바로 임금 자리에 올랐는데, 여기의 50년은 요가 죽은 이듬해부터 세어서 시작한 것이니 어떠한가. 대개 요가 죽음에 천하에 임금이 없어서 순이 비록 천자가 되지 않았지만 햇수를 기록함에는 마땅히 순에 속하게 해야 한다. 그러므로 요가 죽은 이듬해로부터 시작하여 순의 원년이 되니, … 성문에 들어간 해부터 시작하여 한나라 왕의 원년이 되는 것과 같다.')"

○ 邵子曰 : "通爲百一十年."938)
소자(邵子: 邵雍)939)가 말하였다. "통틀어서 110년이다."

○ 唐孔氏曰 : "服喪三年, 其一在三十之數, 凡壽百十二歲."940)
당공씨(唐孔氏: 孔穎達)가 말하였다. "상복을 입고 초상을 치른 것이 3년이지만, 그 한결같이 30의 숫자에 있었으니, 무릇 수명이 112살이다."

○ 「五帝紀」.941)
'『사기』(『史記』)'는 「오제기(五帝紀)」이다.

○ 「離婁」.942)
'『맹자』(『孟子』)'는 「이루(離婁)」이다.

○ 一作'于'.943) 後不能悉記.
'순졸어(舜卒於)'에서 어(於)는 어떤 판본에는 '우(于)'로 썼다. 뒤에는 다 적을 수 없다.

○ 地名.

---

938) 호광(胡廣) 등 찬, 『서경대전(書經大全)』의 소주에서 발췌한 것이다. 그 전문은 다음과 같다. "『皇極經世』, 紀舜丙辰卽位, 至禹十七年死, 通爲一百一十年.()"
939) 소자(邵子: 邵雍): 소옹(111-177)은 북송의 학자로, 자가 요부(堯夫)이고, 호가 안락(安樂)·백천(百泉)이며, 시호가 강절(康節)이다. 이지재(李之才)를 스승으로 삼아 『하도(河圖)』·『낙서(洛書)』와 복희(伏羲)의 팔괘(八卦)를 배웠으며, 주돈이(周敦頤)·장재(張載)·정호(程顥)·정이(程頤)와 함께 북송오자(北宋五子)라고 불렸다. 저서로는 『황극경세(皇極經世)』·『관물편(觀物篇)』·『이천격양집(伊川擊壤集)』 등이 있다.
940) 호광(胡廣) 등 찬, 『서경대전(書經大全)』의 소주에서 발췌한 것이다. 그 전문은 다음과 같다. "孔氏曰 : '方, 道也, 舜卽位五十年, 升道南方巡狩, 死於蒼梧之野而葬焉. 三十徵庸, 三十在位. 服喪三年, 其一在三十之數, 爲天子五十年, 凡壽百一十二歲.'(공씨가 말하였다. '방은 길이니, 순이 즉위한 지 50년 만에 길을 올라 남쪽 지방을 순수하다가 창오의 들에서 죽어 장사지냈다. 30살에 임금의 부름을 받아 등용되고, 30년 만에 임금 자리에 올랐다. 상복을 입고 초상을 치른 것이 3년이지만 그 한결같이 30의 숫자에 있었으며, 천자가 된 것이 50년이니 무릇 수명이 112살이다.')"
941) 사마천(司馬遷) 찬, 『사기(史記)』 권1, 「오제본기(五帝本紀)」. "踐帝位三十九年, 南巡狩, 崩於蒼梧之野, 葬於江南九疑, 是爲零陵.(임금 자리에 오른 지 39년에 남쪽으로 순수하다가 창오의 들에서 죽어 강남 구의에서 장사지내니, 이곳이 영릉이다.)"
942) 『맹자집주대전(孟子集註大全)』 권8, 「이루장구하(離婁章句下)」. "孟子曰 : '舜, 生於諸馮, 遷於負夏, 卒於鳴條, 東夷之人也. 文王, 生於岐周, 卒於畢郢, 西夷之人也. 地之相去也, 千有餘里; 世之相後也, 千有餘歲. 得志, 行乎中國, 若合符節. 先聖後聖, 其揆一也.'(맹자가 말하였다. '순임금은 저풍에서 태어나서 부하에 옮겨 살았고, 명조에서 삶을 마쳤으니, 동이의 사람이다. 문왕은 기주에서 태어나서 필영에서 삶을 마쳤으니, 서이의 사람이다. 땅의 서로 떨어짐이 1천여 리이고, 세대의 서로 뒤처짐이 1천여 년이로되 뜻을 얻어 나라 가운데에 행함은 부절을 합한 것과 같다. 앞의 성인과 뒤의 성인이 그 헤아림이 한가지인 것이다.')"
943) 채침(蔡沈) 찬, 『서경집전(書經集傳)』에 '우(于)'로 되어 있다.

'영릉(零陵)'은 땅 이름이다.

○ 山名.
'구의(九疑)'는 산 이름이다.

○ 存疑之論也.
'우순총운(有舜冢云)'의 경우, 의심스러운 부분이 있어 남겨둔 논변이다.

○ 涑水司馬氏詩曰 : "虞舜在倦勤, 薦禹爲天子. 豈有復南巡. 迢迢渡湘水."944)
속수사마씨(涑水司馬氏: 司馬光)945)의 시(詩)에서 말하였다. "우나라 순이 정사에 권태를 느껴 우를 추천하여 천자로 삼았도다. 어찌 다시 남쪽을 순행했겠는가. 멀리 떠나며 상수를 건넜으리라."

○ 按, 有庳於營陵, 爲不遠, 而其地有象冢, 曰鼻, 天子墓. 或者, 舜於倦勤之日, 猶有源源之思, 而有此行歟. 抑或以遺命自鳴條, 而葬于此歟. 南巡事, 固不可信, 而舜之冢, 則恐非妄傳,『集傳』之意, 豈亦如是歟.
내가 살펴보건대, 영릉(營陵)에서 유비(有庳)946)가 멀지 않고, 그 땅에 순의 이

---

944) 호광(胡廣) 등 찬,『서경대전(書經大全)』의 소주에서 발췌한 것이다. 그 전문은 다음과 같다. "涑水司馬氏詩曰 : '虞舜在倦勤, 薦禹爲天子. 豈有復南巡. 迢迢渡湘水.'(속수 사마씨의 시에서 말하였다. '우나라 순이 정사에 권태를 느껴 우를 추천하여 천자로 삼았도다. 어찌 다시 남쪽을 순행했겠는가. 멀리 떠나며 상수를 건넜으리라.') 송나라 임지기(林之奇) 찬,『상서전해(尙書全解)』에 의하면, "馬溫公詩曰 : '虞舜在倦勤, 薦禹爲天子. 豈有復南巡. 迢迢渡湘水.' 此說爲得之. '陟方'者, 猶云升遐也; '乃死', 謂升遐而死, 猶云'帝乃殂落'也. 韓退之謂: '乃死者, 以釋陟方爲言耳.'(사마공의 시에서 … 이 말은 그것을 해득한 것이다. '척방'이라는 것은 승하라고 말함과 같으며, '내사'은 승하하여 죽은 것이니, '제내조락'이라 말함과 같다. 한퇴지가 이르기를, '내사라는 것은 척방을 풀이하려고 말한 것일 뿐이다.'라고 하였다.)" 명나라 장훤(張萱) 찬,『의요(疑耀)』권1,「동정상비묘변(洞庭湘妃墓辯)」에 의하면, "司馬光有詩, '虞舜在倦勤, 薦禹爲天子. 豈有復巡狩. 迢迢渡湘水.' 似爲得之. 是舜之不死于南巡狩與, 不葬蒼梧, 明甚.(사마광의 어떤 시에 … 그것을 해득한 것 같다. 이는 순이 남쪽 순수에서 죽지 않은 것이며, 창오에서 장사지내지 않은 것이 매우 분명하다.)"
945) 속수사마씨(涑水司馬氏: 司馬光): 사마광(119-186)은 북송대 학자로 자가 군실(君實)이고, 호가 우수(迂叟)이며, 섬주(陝州) 하현(夏縣) 속수(涑水) 사람이어서 세상에서 속수선생(涑水先生)이라고 불렀다. 신종(神宗) 때 왕안석(王安石)의 변법(變法)에 반대하였다가 조정을 떠나있으면서『자치통감(資治通鑑)』을 편찬하였다. 그 뒤에 벼슬에 문하시랑(門下侍郎)에 이르렀으며, 죽은 뒤에는 태사(太師) 및 온국공(溫國公)에 추증되고 문정(文正)이라는 시호를 받았다. 저서로는『온국문정사마공문집(溫國文正司馬公文集)』·『계고록(稽古錄)』·『속수기문(涑水記聞)』·『잠허(潛虛)』등이 있다.
946) 유비(有庳): 옛날에 고을 이름으로 유비(有卑) 또는 유비(有鼻)로도 쓰고, 비허(鼻墟) 또는 비정(鼻亭)이라고도 하며, 지금의 호남성(湖南省) 도현(道縣) 북쪽이 그 옛터라고 한다.『맹자집주대전(孟子集註大全)』권

복동생 상(象)의 무덤이 있어 '비(鼻)'라고 하였는데, 천자(天子)의 묘이다. 어떤 이는 순(舜)이 정사에 권태를 느낀 날에 오히려 끊임없는 생각이 있어 이 순행을 하였을 것이라고 하였다. 그렇지 않으면 혹시 명조(鳴條)에서부터 마지막 명령을 남겨서 여기에서 장례지낸 것인가. 남쪽 지방을 순수(巡守)한 일은 진실로 믿을 수 없지만, 순(舜)의 무덤은 아마도 망령되이 전해진 것이 아닐 것인데 『집전(集傳)』의 뜻이 어찌 또한 이와 같은가.

---

9. 「만장장구상(萬章章句上)」에 의하면, "만장이 말하였다. '순임금이 공공을 유주에 귀양 보내고, 환도를 숭산에 내치고, 삼묘를 삼위에서 죽이고, 곤을 우산에서 사형에 처하여 네 사람을 죄주었는데 천하가 다 복종함은 어질지 않음을 벌하여서이니, 상이 지극히 어질지 않았거늘 유비에 봉하였으니, 유비의 사람들은 무슨 죄입니까? 어진 사람도 진실로 이와 같습니까? 다른 사람에게 있으면 베이고, 아우에게 있으면 봉(封)하였군요.' 맹자가 말하였다. '어진 사람은 아우에게는 화남을 감추지 않으며, 원망함을 묵히지 않고, 가까이하며 사랑할 따름이니, 가까이하는 이는 그 귀하게 하고자 하고, 사랑하는 이는 그 부유하게 하고자 하는 것이다. 유비에 봉함은 부귀하게 함이니, 자기 몸은 천자가 되고, 아우는 보통 사내가 되면 아우를 가까이하고 사랑한다고 이를 수 있겠느냐?'(萬章曰 : '舜流共工于幽州, 放驩兜于崇山, 殺三苗于三危, 殛鯀于羽山, 四罪而天下咸服, 誅不仁也, 象至不仁, 封之有庳, 有庳之人, 奚罪焉? 仁人固如是乎? 在他人則誅之, 在弟則封之.' 曰 : '仁人之於弟也, 不藏怒焉, 不宿怨焉, 親愛之而已矣. 親之, 欲其貴也; 愛之, 欲其富也. 封之有庳, 富貴之也, 身爲天子, 弟爲匹夫, 可謂親愛之乎?')"라고 하였다.

서집전상설 제2권
書集傳詳說 卷之二

[2-1-3]
「대우모(大禹謨)」

集傳

'謨', 謀也.⁹⁴⁷⁾ 林氏曰 : "虞史, 旣述二典, 其所載有未備者. 於是, 又敍其君臣之間嘉言·善政, 以爲「大禹」·「皐陶謨」·「益稷」三篇, 所以備二典之未備者." 今文無, 古文有.

'모(謨)'는 계책이다. 임씨(林氏: 林之奇)가 말하였다. "우(虞)나라 사관(史官)이 이미 「요전(堯典)」과 「순전(舜典)」을 기술하였으나 기재한 것에 아직 갖추지 못한 것이 있었다. 이에 또 임금과 신하 사이의 훌륭한 말과 착한 정사(政事)를 서술하여 「대우모(大禹謨)」와 「고요모(皐陶謨)」와 「익직(益稷)」의 세 편을 만들었으니, 「요전(堯典)」과 「순전(舜典)」에서 아직 다 갖추지 못한 것을 갖춘 것이다." 금문(今文) 『상서(尙書)』에는 없고, 고문(古文) 『상서(尙書)』에는 있다.

詳說

○ 音遙.
  '요(陶)'는 음이 요(遙)이다.

○ '以爲「大禹」·「皐陶謨」·「益稷」三篇', 孔氏曰 : "禹稱大大其功."⁹⁴⁸⁾
  '이위「대우」·「고요모」·「익직」삼편(以爲「大禹」·「皐陶謨」·「益稷」三篇)'에 대해, 공씨(孔氏: 孔安國)가 말하였다. "'우(禹)'를 '대(大)'라고 칭한 것은 그 공적을 크게 여긴 것이다."

○ 新安陳氏曰 : "諸臣, 惟禹稱'大'者, 堯曰: '大哉! 堯之爲君

---

947) 『상서주소(尙書注疏)』 권3, 「우서(虞書)·대우모(大禹謨)」. 공안국(孔安國)의 전(傳)에서 "'禹'稱'大', 大其功. '謨', 謀也.('우'를 '대'라고 칭한 것은 그 공적을 크게 여긴 것이다. '모'는 계책이다.)"라고 하였다. 「대우모(大禹謨)」에서 '無稽之言, 勿聽; 弗詢之謀, 勿庸.(옛날을 상고함이 없는 말은 듣지 말며, 두루 묻지 않은 계책은 쓰지 말라.)'이라고 하였는데, 이에 집전(集傳)에서 "'謀', 謂計事.('모'는 꾀하는 일을 말한다.)"라고 하였다.
948) 호광(胡廣) 등 찬, 『서경대전(書經大全)』의 소주를 수용한 것이다. 『상서주소(尙書注疏)』 권3, 「우서(虞書)·대우모(大禹謨)」. 공안국(孔安國)의 전(傳)에 실려 있다.

.'949) 舜曰: '大舜有大焉.'950) 舜繼堯, 稱'大舜', 禹繼舜, 故亦稱'大禹'."951)

신안 진씨(新安陳氏: 陳師凱)가 말하였다. "여러 신하들이 오직 우(禹)에게 '대(大)'를 칭하였는데, 요(堯)에 대하여 말하기를, '위대하도다! 요의 임금을 함이여.'라고 하였으며, 순(舜)에 대하여 말하기를, '위대한 순은 큰 공적이 있도다.'라고 하여 순(舜)은 요(堯)를 이어서 '대순(大舜)'이라 칭하였고, 우(禹)는 순(舜)을 이었기 때문에 또한 '대우(大禹)'라고 칭한 것이다."

○ 按, 夏史所作, 故稱'大', 以別於皐陶·益·稷三臣云.

내가 살펴보건대, 하(夏)나라 사관이 지었기 때문에 '대(大)'를 칭하여 고요(皐陶)와 백익(伯益)과 후직(后稷)의 세 신하와 구별한 것이다.

○ 一作'舜'.952)

'소이비이(所以備二)'의 경우, 어떤 판본에는 '순(舜)'으로 썼다.

○ 臨川吳氏曰 : "'典'者, 載堯·舜二帝之善政; '謨'者, 載禹·皐陶

---

949) 『논어집주대전(論語集註大全)』 권8, 「태백(泰伯)」에 나오는 말이다. 그 전문은 다음과 같다. "子曰 : '大哉! 堯之爲君也! 巍巍乎唯天爲大, 唯堯則之, 蕩蕩乎民無能名焉.'(공자가 말하였다. '위대하도다! 요의 임금을 함이여. 매우 숭고하여 오직 하늘이 위대하거늘 오직 요가 그것을 본받았으니, 매우 광대하여 백성들이 능히 명명할 수가 없었도다.") 이는 또 『맹자집주대전(孟子集註大全)』 권5, 「등문공장구상(滕文公章句上)」에도 나온다. 그 전문은 다음과 같다. "孔子曰 : '大哉! 堯之爲君. 惟天爲大, 惟堯則之, 蕩蕩乎民無能名焉. 君哉! 舜也. 巍巍乎有天下而不與焉.'·舜之治天下, 豈無所用其心哉, 亦不用於耕耳.(공자가 말하기를, '위대하도다! 요가 임금을 함이여. 오직 하늘이 위대하거늘 오직 요임금이 본받았으니, 매우 광대하여 백성들이 무어라 이름붙일 수가 없었도다. 임금답도다! 순이여. 매우 숭고하여 천하를 소유하여도 간여하지 않았도다.'라고 하였으니, 요임금과 순임금이 천하를 다스림에 어찌 그 마음을 쓴 것이 없겠냐마는, 또한 경작함에는 마음을 쓰지 않았을 뿐이다.")
950) 『맹자집주대전(孟子集註大全)』 권3, 「공손추장구상(公孫丑章句上)」에 나오는 말이다. 그 전문은 다음과 같다. "孟子曰 : '子路, 人告之以有過則喜. 禹聞善言則拜. 大舜有大焉, 善與人同, 舍己從人; 樂取於人, 以爲善. 自耕稼陶漁, 以至爲帝, 無非取於人者. 取諸人以爲善, 是與人爲善者也. 故君子莫大乎與人爲善.'(맹자가 말하였다. '자로는 사람들이 그 허물 있음을 말해주면 기뻐하였다. 우는 착한 말을 들으면 절하였다. 위대한 순은 큰 공적이 있었으니, 착한 일을 남과 함께 함에 자신을 버리고 남을 따르며, 남에게서 취하여 착한 일을 함을 좋아하였다. 밭을 갈고 곡식을 심으며 질그릇 굽고 고기 잡는 데서부터 임금을 함에 이르기까지 남에게서 취한 것이 아님이 없었다. 남에게서 취하여 착한 일을 행하는 것은 남이 착한 일을 하도록 돕는 것이다. 그러므로 군자는 남이 착한 일을 하도록 도와주는 것보다 더 위대함이 없는 것이다.')"
951) 호광(胡廣) 등 찬, 『서경대전(書經大全)』의 소주에서 발췌한 것이다. 그 전문은 다음과 같다. "新安陳氏曰 : '諸臣惟禹稱大者, 堯曰: 大哉堯之爲君, 舜曰: 大舜有大焉, 舜繼堯, 稱大舜; 禹繼舜, 故亦稱大禹. 三聖相承, 皆以大稱, 豈諸臣比哉.'(신안 진씨가 말하였다. '여러 신하들이 오직 우에게 대를 칭하였는데, 요에 대하여 말하기를, 위대하도다! 요의 임금을 함이여 라고 하였으며, 순에 대하여 말하기를, 위대한 순은 큰 공적이 있도다 라고 하여 순은 요를 이어서 대순이라 칭하였고, 우는 순을 이었기 때문에 또한 대우라고 칭한 것이다. 세 성인이 서로 이어서 모두 대로써 칭하였거늘 어찌 여러 신하들에게 비교하겠는가.')"
952) 출처가 자세하지 않다.

二臣之嘉言."953)

'소이비이전지미비자(所以備二典之未備者)'에 대해, 임천 오씨(臨川吳氏: 吳澄)가 말하였다. "'전(典)'이라는 것은 요(堯)와 순(舜)의 두 임금이 백성을 잘 다스린 정치를 실은 것이고, '모(謨)'라는 것은 우(禹)와 고요(皐陶)의 두 신하의 본받을 만한 좋은 말을 실은 것이다."

○ 此所謂古文也.

'고문유(古文有)'의 경우, 이는 이른바 고문(古文)이다.

○ 姜氏曰: "夫子序『書』, 以「禹謨」爲先, 而「禹貢」爲後, 以見嘉言之益, 其在胼胝之功之上歟."954)

강씨(姜氏: 姜如晦)955)가 말하였다. "부자(夫子)가 『상서(尙書)』를 차례지음에 「우모(禹謨)」로써 우선으로 하고, 「우공(禹貢)」으로 뒤에 한 것은 본받을 만한 좋은 말의 이로움을 보이고, 굳은살이 박이는 공로가 위에 있기 때문이다."

[2-1-3-1]

曰若稽古大禹, 曰: "文命, 敷于四海, 祗承于帝."

옛날 위대한 우(禹)를 상고하건대, "문덕(文德)의 가르침과 명령을 온 세상에 펴고 공경히 임금을 받들었다."고 하였다.

詳說

○ 平聲, 下並同.

'계(稽)'는 평성(平聲: 상고하다)이니, 아래도 아울러 같다.

---

953) 호광(胡廣) 등 찬,『서경대전(書經大全)』의 소주를 수용한 것이다.
954) 호광(胡廣) 등 찬,『서경대전(書經大全)』의 소주에서 발췌한 것이다. 그 전문은 다음과 같다. "姜氏曰: '禹以功顯而稱謨, 何也. 禹告舜曰: 后克艱而政乂, 德政養民而勿壞. 此禹之嘉謨也. 使治水之功, 雖成而不克艱, 無德政, 則水患雖去, 患有甚於水者, 是前日平患之功, 必有資於此謨, 以保其終也. 故夫子序『書』, 以「禹謨」爲先, 而「禹貢」爲後, 以見嘉言之益, 其在胼胝之功之上歟.'(강씨가 말하였다. '우는 공로가 드러나는 데도 모를 칭한 것은 어쩜인가. … 그러므로 부자가 『상서』를 차례지음에 「우모」로써 우선으로 하고, 「우공」으로 뒤에 한 것은 본받을 만한 좋은 말의 이로움을 보이고, 굳은살이 박이는 공로가 위에 있기 때문이다.')"
955) 강씨(姜氏: 姜如晦): 강여회는 송대 학자로 자가 미명(彌明)이고, 호가 월계(月溪)이다. 저서로는 『월계집(月溪集)』·『상서소전(尙書小傳)』 등이 있다.

集傳

'命', 敎; '祗', 敬也. '帝', 謂舜也. '文命敷于四海'者, 卽「禹貢」所謂'東漸, 西被, 朔南曁, 聲敎訖于四海'956)者, 是也. 史臣言:"禹旣已布其文敎於四海矣. 於是, 陳其謨, 以敬承于舜." 如下文所云也. '文命', 『史記』以爲'禹名', 蘇氏曰:"以文命爲禹名, 則敷于四海者, 爲何事耶."

'명(命)'은 가르침이고, '지(祗)'는 공경함이다. '제(帝)'는 순(舜)을 이른다. '문명부우사해(文命敷于四海)'라는 것은 곧 「우공(禹貢)」에서 이른바 '동쪽으로 바다에까지 적시고, 서쪽으로 유사(流沙)에까지 입히며, 북쪽과 남쪽에 이르러 임금의 교화가 온 세상에 미쳤다.'는 것이 이것이다. 사신(史臣)이 말하기를, "우(禹)가 이미 그 문덕(文德)의 교화와 명령을 온 세상에 펼침에 이에 그 계책을 진술하면서 공경히 순(舜)을 받들었다."라고 하였으니, 아래글에서 말한 것과 같다. '문명(文命)'은 『사기(史記)』에서 '우(禹)의 이름'이라고 하였는데, 소씨(蘇氏: 蘇軾)가 말하기를, "'문명(文命)'을 우(禹)의 이름이라고 한다면 온 세상에 펼쳤다는 것은 무슨 일이 되는가."라고 하였다.

詳說

○ 將廉反.957)

'점(漸)'은 장(將)과 렴(廉)의 반절이다.

○ 添此句.

'진기모(陳其謨)'의 경우, 이 구절을 더하였다.

○ 孔氏曰: "言其外布文德敎命, 內則敬承堯·舜."958)

'여하문소운야(如下文所云也)'에 대해, 공씨(孔氏: 孔安國)가 말하였다. "그 밖으로는 문덕(文德)의 교화와 명령을 펼치고, 안으로는 공경히 요(堯)와 순(舜)을 받드는 것을 말한다."

---

956) 호광(胡廣) 등 찬, 『서경대전(書經大全)』 권3, 「하서(夏書)·우공(禹貢)」에 있는 내용이다. 그 전문은 다음과 같다. "東漸于海, 西被于流沙, 朔南曁, 聲敎訖于四海, 禹錫玄圭, 告厥成功.(동쪽으로 바다에까지 적시고, 서쪽으로 유사에까지 입히며, 북쪽과 남쪽에 이르러 임금의 교화가 온 세상에 미치자 우가 검은 홀을 올리며 그 이룬 공적을 아뢰었다.)"
957) 호광(胡廣) 등 찬, 『서경대전(書經大全)』의 소주에는 "將兼反.(장과 겸의 반절이다.)"으로 되어 있다.
958) 호광(胡廣) 등 찬, 『서경대전(書經大全)』의 소주를 수용한 것이다.

○ 呂氏曰 : "'祗承'與'重華', 異, '重華', 有日月並明之意; '祗承', 不過坤承乾之象, 此帝王之間也."959)

여씨(呂氏: 呂祖謙)960)가 말하였다. "'지승(祗承)'과 '중화(重華)961)'는 다르니, '중화(重華)'는 해와 달이 아울러 밝은 뜻이 있고, '지승(祗承)'은 곤(坤)이 건(乾)을 받드는 형상에 지나지 않으니, 이것은 황제와 국왕(國王)의 사이이다."

○ 按, 『朱子大全』云 : "吳氏曰: '此書, 不專爲大禹而作, 此十七字, 當是後世模倣二典爲之, 「皐陶謨」篇首九字, 亦類此.' 今按, 此篇稽古之下, 猶贊禹德, 而後篇便記皐陶之言, 其體亦不相類, 吳氏說, 恐或然也."962)

내가 살펴보건대, 『주자대전(朱子大全)』에서 이르기를, "오씨(吳氏: 吳械)963)가 말하였다. '이 글은 오로지 위대한 우(禹)를 위하여 지은 것이 아니다. 이 열일

---

959) 호광(胡廣) 등 찬, 『서경대전(書經大全)』의 소주에서 발췌한 것이다. 그 전문은 다음과 같다. "呂氏曰 : '聲教如此, 亦已至矣. 方祗承于帝, 無一毫自有意見, 禹有君民之大德, 有事君之小心. 然祗承與重華異, 重華, 有日月竝明之意; 祗承, 不過坤承乾之象, 此帝王之間也.'(오씨가 말하였다. '교화하는 것이 이와 같이 또한 이미 지극하였으니, 바야흐로 공경히 임금을 받듦에 한 터럭만큼의 의견이 있지 않아서 우는 백성의 임금 구실하는 큰 덕을 지녔고, 임금을 섬기는 작은 마음이 있었다. 그러나 공경히 받듦과 거듭 문채남은 달라서 중화는 해와 달이 아울러 밝은 뜻이 있고, 지승은 곤이 건을 받드는 형상에 지나지 않으니, 이는 황제와 국왕의 사이인 것이다.')"
960) 여씨(呂氏: 呂祖謙): 여조겸(1137-1181)은 남송대의 학자로 자가 백공(伯恭)이고, 호가 동래(東萊)여서 동래 여씨라고 일컬으며, 무주(婺州) 사람이다. 벼슬은 태상박사(太常博士) 등을 역임하였으며, 주희(朱熹)·장식(張栻)과 함께 명성을 떨쳐 당시에 동남삼현(東南三賢)이라고 일컬었다. 저서로는 『동래집(東萊集)』·『여씨가숙독서기(呂氏家塾讀書記)』·『동래좌전박의(東萊左傳博議)』·『서정고(書定考)』·『서설(書說)』·『고주역(古周易)』 등이 있다.
961) 중화(重華): 호광(胡廣) 등 찬, 『서경대전(書經大全)』 권1, 「우서(虞書)·순전(舜典)」에 있는 내용이다. 그 전문은 다음과 같다. "曰若稽古帝舜, 曰重華協于帝, 濬哲文明, 溫恭允塞, 玄德升聞, 乃命以位.(옛날의 순임금을 자세히 살펴보았는데 거듭 빛나는 광채가 요임금과 맞았다고 하니, 깊고 명철하고 우아하고 밝으시며, 온화하고 공손하고 신실하고 독실하여 그윽한 덕이 올라가 알려짐에 마침내 요임금이 임금의 자리로써 명하였다.)" 공안국(孔安國)은 "華, 謂文德, 言其光文重合於堯, 俱聖明.('화'는 문덕을 이르니, 그 빛나고 문채남이 거듭 요에 계합하여 임금의 밝은 지혜를 갖추었음을 말한 것이다.)"이라고 하였다.
962) 『주자대전(朱子大全)』 권65, 「잡저(雜著)·상서(尙書)·대우모(大禹謨)」. "吳氏曰: '此書, 不專爲大禹而作. 此十七字, 當是後世模放二典爲之. 「皐陶謨」篇首九字, 亦類此.' ○今按, 此篇『稽古』之下, 猶贊禹德, 而後篇, 便記皐陶之言, 其體亦不相類, 吳氏之說, 恐或然也.(오씨가 말하였다. '이 글은 오로지 위대한 우를 위하여 지은 것이 아니다. 이 열일곱 자는 마땅히 후세 사람들이 「요전」과 「순전」을 모방하여 지은 것이다. 「고요모」 편머리의 아홉 글자도 또한 이와 같다.' ○이제 살펴보건대, 이 편의 「계고」 아래에서 오히려 우의 덕을 기렸는데, 뒷편에서는 곧 고요의 말을 기록하여 그 체재가 또한 서로 같지 않으니, 오씨의 말이 아마도 그러한 듯하다.)" 그리고 명나라 왕초(王樵) 찬, 『상서일기(尙書日記)』 권3, 「대우모(大禹謨)」에서도 "吳才老謂: '此書, 不專爲大禹而作. 此十七字, 當是後世模放二典爲之. 「皐陶謨」篇首九字, 亦類此.' 朱子謂: '此篇「稽古」之下, 猶贊禹德, 而後篇便記皐陶之言, 體亦不類, 恐吳說爲然.'"이라고 하였다.
963) 오씨(吳氏: 吳械): 오역(110-1154)은 송대 학자로 당시에 통유(通儒)라고 일컬었다. 자는 재로(才老)이고, 서주(舒州) 또는 건안(建安) 사람이라고 한다. 휘종(徽宗) 정화(政和) 8년(1118)에 진사과에 급제하였으나 벼슬에 나아가지 않다가 만년에 이르러 비로소 태상승(太常丞)이 되었다. 훈석(訓釋)의 학문에 정통하여 매색(梅賾)이 올린 『고문상서(古文尙書)』가 위서임을 밝혀내어 후대의 염약거(閻若璩)의 『상서고문소증(尙書古文疏證)』 등『상서(尙書)』 연구에 영향을 주었다. 저서로는 『비전(裨傳)』·『운보(韻補)』 등이 있다.

곱 글자는 마땅히 후세 사람들이 「요전(堯典)」과 「순전(舜典)」을 모방하여 지은 것이다. 「고요모(皐陶謨)」 편머리의 아홉 글자도 또한 이와 같다.' 이제 살펴보건대, 이 편의 '계고(稽古)' 아래에서 오히려 우(禹)의 덕을 기렸는데, 뒷편에서는 곧 고요(皐陶)의 말을 기록하여 그 체재가 또한 서로 같지 않으니, 오씨(吳氏)의 말이 아마도 그러한 듯하다."

○ 「夏紀」. 964)
'『사기』(『史記』)'는 「하기(夏紀)」이다.

○ 論也.
'위하사야(爲何事耶)'에서 볼 때, 논변(論辨)한 것이다.

[2-1-3-2]
曰 : "后克艱厥后, 臣克艱厥臣, 政乃乂, 黎民敏德."

우(禹)가 말하였다. "임금이 그 임금 구실함을 어렵게 여기며 신하가 신하 구실함을 어렵게 여겨야 정사가 비로소 다스려져서 백성들이 빨리 덕(德)에 교화될 것입니다."

集傳
'曰'以下, 卽'禹祇承于帝'之言也. '艱', 難也, 孔子曰 : "爲君難, 爲臣不易." 卽此意也. '乃'者, 難辭也. '敏', 速也. 禹言 : "君而不敢易其爲君之道, 臣而不敢易其爲臣之職, 夙夜祇懼, 各務盡其所當爲者, 則其政事, 乃能修治而無邪慝, 下民自然觀感, 速化於善, 而有不容已者矣."

'왈(曰)' 이하는 곧 우(禹)가 공경히 순임금을 받든 말이다. '간(艱)'은 어렵게 여김이니, 공자(孔子)가 말하기를, "임금하기가 어렵고 신하하기가 쉽지 않다."고 하였으니, 바로 이 뜻이다. '내(乃)'라는 것은 어렵게 여기는 말이다. '민(敏)'은 빨리 함이다. 우(禹)가 말하기를, "임금으로서 그 임금 구실하는 도리를 감히 쉽게 여기지 않고, 신하로서 신하 구실하는 직무를 감히 쉽게 여기지 않아서 밤낮으로 공경하고 두려워하며 각각 그 마땅히 해야 할 것을 힘써 다한다면 그 정사가 이에 능히 닦여지고 다스려져서 사특(邪慝)함이 없으니, 아래 백성들이 자연스럽게 보고

---

964) 사마천(司馬遷) 찬, 『사기(史記)』 권2, 「하본기(夏本紀)」. "禹名曰'文命', 禹之父曰'鯀', 鯀之父曰'帝顓頊'. (우의 이름은 '문명'이라 하고, 우의 아버지는 '곤'이라 하고, 곤의 아버지는 '제전욱'이라고 한다.)"

감동하여 선(善)에 빨리 교화되어 그만두지 못함이 있는 것이다."라고 하였다.

詳說

○ 承上節而先總提, 與上註, 如下文所云也. 六字, 相爲呼應.
'즉우기승우제지언야(卽禹祇承于帝之言也)'에서 볼 때, 위의 단락을 이어서 먼저 총괄하여 제언하였으니, 위의 주와 더불어 아랫글에서 말한 것과 같다. 여섯 글자[禹祇承于帝]와 서로 호응(呼應)이 된다.

○ 去聲, 下並同. ○出『論語』「子路」.965)
'위신불이(爲臣不易)'에서 이(易)는 거성(去聲: 쉽다)이니, 아래도 아울러 같다. ○『논어(論語)』「자로(子路)」에 나온다.

○ 陳氏大猷曰 : "君·臣克艱, 乃政化之本原, 「禹謨」之綱領."966)
'각무진기소당위자(各務盡其所當爲者)'에 대해, 진씨 대유(陳氏大猷: 陳大猷)가 말하였다. "임금과 신하가 어렵게 여기는 것이 바로 정치 교화의 본원이고, 「우모(禹謨)」의 강령이다."

○ 添此句.
'내능수치이무사특(乃能修治而無邪慝)'의 경우, 이 구절을 더하였다.

○ 添'化'字.
'속화어선(速化於善)'의 경우, '화(化)'자를 더하였다.

---

965) 『논어집주대전(論語集註大全)』 권13, 「자로(子路)」. "定公問 : '一言而可以興邦, 有諸?' 孔子對曰 : '言不可以若是其幾也, 人之言曰: 爲君難, 爲臣不易, 如知爲君之難也, 不幾乎一言而興邦乎?' 曰 : '一言而喪邦, 有諸?' 孔子對曰 : '言不可以若是其幾也, 人之言曰: 予無樂乎爲君, 唯其言而莫予違也. 如其善而莫之違也, 不亦善乎? 如不善而莫之違也, 不幾乎一言而喪邦乎?'(정공이 물었다. '하나의 말로써 나라를 흥하게 할 수 있다고 하는데, 그런 말이 있습니까?' 공자가 대답하여 말하였다. '말은 이렇듯이 기대할 수는 없지마는 사람들의 말에, 임금하기가 어려우며, 신하하기가 쉽지 않다고 하였으니, 만약 임금하기가 어려운 줄 안다면 하나의 말로써 나라를 흥하게 하는 것을 기대하지 않겠습니까.' 정공이 말하였다. '하나의 말로써 나라를 잃을 수 있다고 하였으니, 그런 말이 있었습니까?' 공자가 대답하여 말하였다. '말은 이렇듯이 기대할 수 없지마는 사람들의 말에, 나는 임금하기를 즐거워함이 없고, 오직 말함에 나를 어기지 말라고 하였으니, 만약 그 말이 착한데 어기지 않는다면 또한 좋지 않겠습니까. 만약 착하지 않은데도 어기지 않는다면 하나의 말로써 나라 잃음을 기대하지 않겠습니까.')"

966) 호광(胡廣) 등 찬, 『서경대전(書經大全)』의 소주에서 발췌한 것이다. 그 전문은 다음과 같다. "陳氏大猷曰 : '君·臣克艱, 乃政化之本原, 禹謨之綱領也. 忽其艱則玩, 畏其艱則沮, 徒以爲艱而不克盡其艱, 則畏而沮, 與忽而玩者均耳. 故禹不徒曰艱, 而必曰克也.'(진씨 대유가 말하였다. '임금과 신하가 어렵게 여기는 것이 바로 정치 교화의 본원이고, 「우모」의 강령이다. ….')"

○ 此句, 申'敏'字意.
'이유불용이자의(而有不容已者矣)'의 경우, 이 구절은 '민(敏)'자의 뜻을 펼친 것이다.

○ 朱子曰 : "自'后克艱', 至'四夷來王', 只是一時說話, 後面則不可知."967)
주자(朱子: 朱熹)가 말하였다. "'후극간(后克艱)'부터 '사이래왕(四夷來王)'까지는 다만 한 때의 이야기이고, 뒷면은 알 수가 없다."

[2-1-3-3]

帝曰 : "俞. 允若茲, 嘉言罔攸伏, 野無遺賢, 萬邦咸寧, 稽于衆, 舍己從人, 不虐無告, 不廢困窮, 惟帝時克."

순임금이 말하였다. "그러하다. 진실로 이와 같다면 본받을 만한 좋은 말은 숨길 곳이 없고, 들판968)에 버려지는 어진 인물이 없어서 모든 나라가 다 편안할 것이니, 많은 사람들을 살펴보면서 자기를 버리고 남을 좇으며, 하소연할 데 없는 백성을 학대하지 않으며 딱한 신하를 없애지 않음은 오직 요임금만이 이에 능하였다."

詳說
○ 上聲.969)
'사(舍)'는 상성(上聲: 버리다. =捨)이다.

集傳
'嘉', 善; '攸', 所也. 舜, 然禹之言, 以爲'信能如此, 則必有以廣延衆論, 悉致羣賢, 而天下之民, 咸被其澤, 無不得其所矣, 然非忘私順理, 愛民好士之

---

967) 호광(胡廣) 등 찬, 『서경대전(書經大全)』의 소주에서 발췌한 것이다. 그 전문은 다음과 같다. "朱子曰 : '自后克艱厥后, 至四夷來王, 只是一時說話, 後面則不可知. 德者, 言其德化之深也.'(주자가 말하였다. '후극간궐후부터 사이래왕까지는 다만 한 때의 이야기이고, 뒷면은 알 수가 없다. ….')" 이는 『주자어류(朱子語類)』 권78, 「상서일(尙書一)·대우모(大禹謨)」에 실려 있는데, "德者, 言其德化之深也."의 내용이 없다.
968) 들판: 在野『書·大禹謨』: "君子在野, 小人在位." 『孟子·萬章下』: "在國曰市井之臣, 在野曰草莽之臣, 皆謂庶人." 本謂庶民處於鄕野, 後用以稱不居官當政, 與 "在朝"、"在位"相對.///황야(荒野): 荒涼的原野。 『書·說命下』: "既乃遯于荒野, 入宅于河." 孔傳: "避居田野河洲也."
969) 호광(胡廣) 등 찬, 『서경대전(書經大全)』의 소주에는 "音捨.(음이 사다.)"로 되어 있다.

至, 無以及此, 而惟堯能之, 非常人所及也.' 蓋爲謙辭以對, 而不敢自謂其必能, 舜之克艱, 於此亦可見矣. 程子曰 : "舍己從人, 最爲難事, '己'者, 我之所有, 雖痛舍之, 尤[970]懼守己者固而從人者輕也."
'가(嘉)'는 착함이고, '유(攸)'는 곳이다. 순(舜)이 우(禹)의 말을 그러하다 여기고 "진실로 이와 같을 수 있다면 반드시 많은 사람의 의론을 넓게 끌어들이고 많은 현량한 선비를 다 불러들여서 천하의 백성들이 다 그 은택을 입어 살 곳을 얻지 못함이 없을 것이나, 사사로움을 잊고 이치를 따르며 백성을 사랑하고 선비를 좋아함의 지극함이 아니면 이에 미칠 수 없거늘 오직 요(堯)만이 이에 능하였으니, 보통사람이 미칠 수 있는 것이 아니다."라고 말한 것이다. 대개 겸손한 말로써 대답하여 감히 스스로 반드시 능하다고 말하지 않은 것이니, 순(舜)이 어려운 것처럼 여겼음을 여기에서 또한 볼 수 있다. 정자(程子: 程顥)가 말하였다. "자기를 버리고 남을 좇는 것이 가장 어려운 일이다. '기(己)'라는 것은 내가 가지고 있는 것이니, 비록 통렬하게 버린다고 하더라도 오히려 자기를 지키는 것에는 굳게 하고 남을 좇는 것에는 가벼이 할까 두려운 것이다."

詳說

○ 按,『朱子大全』云 : "'無告', 困窮也, '帝', 謂堯也."[971]
'소야(所也)'에 대해, 살펴보건대,『주자대전(朱子大全)』에서 말하기를, "'무고(無告)'는 곤궁(困窮)함이고, '제(帝)'는 요(堯)를 이른다."

○ 善言不隱伏.
'즉필유이광연중론(則必有以廣延衆論)'의 경우, 착한 말은 숨기지 않는 것이다.

○ 舍己.
'망사(忘私)'는 '사기(舍己: 자기를 버림)'이다.

---

970) 尤: 채침(蔡沈) 찬, 『서경집전(書經集傳)』과 호광(胡廣) 등 찬, 『서경대전(書經大全)』에는 '尤'로 되어 있고, 내각본에는 '猶'로 되어 있다.
971)『주자대전(朱子大全)』권345, 「잡저(雜著)·상서(尙書)·대우모(大禹謨)」. "'嘉, 善; '攸', 所也. '無告', 困窮也. '帝', 謂堯也. 舜, 然禹之言, 以爲信能如此, 則必有以廣延衆論, 悉致羣賢, 而天下之民, 咸被其澤, 無不得其所矣, 然非忘私順理, 愛民好士之至, 無以及此, 而惟堯能之, 非常人所及也. ….('가'는 착함이고, '유'는 곳이다. '무고'는 곤궁함이다. '제'는 요를 말한다. 순이 우의 말을 그러하다고 여기고 '진실로 이와 같을 수 있다면 반드시 많은 사람의 의론을 넓게 끌어들여서 천하의 백성들이 다 그 은택을 입어 살 곳을 얻지 못함이 없을 것이나, 사사로움을 잊고 이치를 따르며 백성을 사랑하고 선비를 좋아함의 지극함이 아니면 이에 미칠 수 없거늘 오직 요만이 이에 능하였으니, 보통사람이 미칠 수 있는 것이 아니다.'라고 말한 것이다. ….)"

○ 從人.
'순리(順理)'는 '종인(從人: 남을 좇음)'이다.

○ 去聲.
'호(好)'는 거성(去聲: 좋아하다)이다.

○ 蘇氏曰 : "'無告', 天民之窮者; '困窮', 士之不遇者."972)
'애민호사지지(愛民好士之至)'에 대해, 소씨(蘇氏: 蘇軾)가 말하였다. "'무고(無告)'는 백성 가운데 곤궁한 자이고, '곤궁(困窮)'은 선비 가운데 불우한 자이다."

○ 窮而無所告訴者.
곤궁한데도 알리고 하소연할 데가 없는 것이다.

○ 西山眞氏曰 : "易虐者不虐, 易廢者不廢."973)
서산 진씨(西山眞氏: 眞德秀)가 말하였다. "학대하기 쉬운 자를 학대하지 않고, 없애기 쉬운 자를 없애지 않았다."

○ 時.
'무이급차(無以及此)'에서 차(此)는 '시(時)'이다.

○ 呂氏曰 : "堯之'時克', 克此艱也."974)
'이유요능지(而惟堯能之)'에 대해, 여씨(呂氏: 呂祖謙)가 말하였다. "요(堯)의 '시극(時克)'은 이 어려움에 능하였던 것이다."

---

972) 호광(胡廣) 등 찬, 『서경대전(書經大全)』의 소주를 수용한 것이다.
973) 호광(胡廣) 등 찬, 『서경대전(書經大全)』의 소주에서 발췌한 것이다. 그 전문은 다음과 같다. "西山眞氏曰 : '知爲君之難易, 眞知其難, 而能盡其道者難, 故曰: 允若玆, 惟帝時克. 世之人主, 謂言已用而不必求, 言而不necessarily伏下者之難達也; 賢已得而不必求賢, 而不知遺于下者之難進也. 惟堯於此, 一以難視之, 故能使言不伏賢不遺, 而致萬邦之安. 雖然堯猶慮其難也, 方且稽衆以求事理之當, 舍己以求人情之公. 易虐者不虐, 易廢者不廢, 皆自克艱, 一念爲之.'(서산 진씨가 말하였다. '… 학대하기 쉬운 자를 학대하지 않고, 없애기 쉬운 자를 없애지 않았으니, 모두 스스로 어려운 것에 능하여 한결같은 생각으로 그것을 하였다.')"
974) 호광(胡廣) 등 찬, 『서경대전(書經大全)』의 소주에서 발췌한 것이다. 그 전문은 다음과 같다. "呂氏曰 : '舜於克艱工夫, 深矣, 故聞禹言有當於心, 以爲信如此也. 嘉言以下, 擧堯克艱之道, 以證之. 堯之時克, 克此艱也.'(여씨가 말하였다. '순이 어려운 일에 능한 것이 깊었기 때문에 우의 말을 듣고 마음에 마땅하다고 여김이 있어서 믿음으로 삼은 것이 이와 같았다. … 요의 시극은 이 어려움에 능하였던 것이다.')"

○ 添此句.
'비상인소급야(非常人所及也)'의 경우, 이 구절을 더하였다.

○ 新安陳氏曰 : "觀舜斯言, 則舜眞能克艱矣."975)
'어차역가견의(於此亦可見矣)'에 대해, 신안 진씨(新安陳氏: 陳師凱)가 말하였다. "순(舜)의 이 말을 보면 순(舜)이 진실로 어려운 일에 능하였던 것이다."

○ 王氏曰 : "舜后也, 故但言堯克艱事, 孔子對'一言興邦', 下文惟及君而不及臣, 意亦類此."976)
왕씨(王氏: 王安石)가 말하였다. "순(舜)은 임금이기 때문에 다만 요(堯)가 어려운 일에 능하였음을 말하였고, 공자(孔子)는 '한 마디 말로 나라를 일으킴'에 대답하였으니, 아랫글에서 오직 임금만 언급하고 신하를 언급하지 않은 것도 생각하건대 또한 이와 같다."

○ 當考.977)
'정자(程子)'에 대해서는 마땅히 살펴봐야 한다.

○ 一作'尤'.
'유(尤)'는 어떤 판본에는 '우(尢)'로 썼다.

---

975) 호광(胡廣) 등 찬, 『서경대전(書經大全)』의 소주에서 발췌한 것이다. 그 전문은 다음과 같다. "新安陳氏曰 : '舜ета本有克艱之心, 故深信禹克艱之誨, 允若玆, 深信其當如此也. 惟帝時克, 以克艱, 歸之堯, 惟堯能如此, 謙言已, 未能如此也. 今觀舜斯言, 則舜眞能克艱, 亦可知矣.'(신안 진씨가 말하였다. '… 지금 순의 이 말을 보면 순이 진실로 어려운 일에 능하였던 것을 또한 알 수 있다.')"
976) 호광(胡廣) 등 찬, 『서경대전(書經大全)』의 소주에서 발췌한 것이다. 그 전문은 다음과 같다. "王氏曰 : '舜后也, 故但言堯克艱事, 今按, 定公問一言興邦, 孔子對以君難臣不易, 下文惟及君而不及臣, 意亦類此.'(왕씨가 말하였다. '순은 임금이기 때문에 다만 요가 어려운 일에 능하였음을 말하였고, 지금 살펴보건대, 정공이 한 마디 말로 나라를 일으킴을 물음에 공자가 임금이 어렵게 여기고 신하가 쉽게 여기지 않음으로 대답하였으니, 아랫글에서 오직 임금만 언급하고 신하를 언급하지 않은 것도 생각하건대 또한 이와 같다.')"
977) 이는 주자(朱子) 편, 『이정유서(二程遺書)』 권9, 「소일소문제사우설(少日所聞諸師友說)」에 실려 있으나 누구의 언설인지 분명하지 않다. 주자(朱子)·여조겸(呂祖謙) 동편, 『근사록(近思錄)』 권5, 「극치(克治)」에는 '明道先生曰' 아래에 이 내용이 실려 있다. 그리고 『주자어류(朱子語類)』 권9, 「정자지서이(程子之書二)」에도 실려 있으니, 그 전문은 다음과 같다. "或問: '程子有言, 舍己從人, 最爲難事, 己者我之所有, 雖痛舍之, 猶懼守己者固而從人者輕也. 此說發明得好.' 曰: '此, 程子爲學者言之, 若聖人分上, 則不如此也. 無適也, 無莫也, 義之與比. 曰痛舍, 則大段費力矣.'(어떤 이가 물었다. '정자가 한 말에 자기를 버리고 남을 좇는 것이 가장 어려운 일이다. 자기라는 것은 내가 가지고 있는 것이니, 비록 통렬하게 버린다고 하더라도 오히려 자기를 지키는 것에는 굳게 하고 남을 좇는 것에는 가벼이 할까 두려운 것이라고 하였는데, 이 말이 드러내 밝힌 것이 좋습니다.' 말하였다. '이것은 정자가 배우는 이를 위하여 말한 것이다. 만약 성인이라면 위와 나누어서 이와 같지 않다. 오로지 주장함도 없고, 부정함도 없어서 의와 더불어 따르는 것이다. 통렬하게 버린다고 한 것은 대단히 힘을 쓴 것이다.')"

○ 沙溪曰 : "'尤', 古'猶'字也.978)
사계(沙溪: 金長生)가 말하였다. "'유(尤)'는 옛날에 '유(猶)'자이다."

○ 按, 以此而推之, 於『論語』'有恆'註979), 則有可互證矣.
살펴보건대, 이것으로써 미루어보건대, 『논어(論語)』 '유항(有恆)'의 주에 서로 증명할 만한 것이 있다.

○ '蓋'以下, 論也.
'구수기자고이종인자경야(懼守己者固而從人者輕也)'에서 볼 때, '개(蓋)' 이하는 논변(論辨)한 것이다.

[2-1-3-4]

益曰 : "都. 帝德廣運, 乃聖乃神, 乃武乃文, 皇天眷命, 奄有四海, 爲天下君."

익(益)이 말하였다. "아름답습니다. 요임금의 덕이 광대하고 운행하여 성스럽고 신기하며 굳세고 아름다우니, 크고 넓은 하늘이 돌아보고 명하여 온 세상을 다 소유하여 천하의 임금으로 삼았습니다."

詳說

○ 按, 『朱子大全』云 : "'都', 歎美之辭也, '都'者, 君子之居;

---

978) 『사계선생유고(沙溪先生遺稿)』 권9, 「연석문대(筵席問對)·갑자삼월십팔일(甲子三月十八日)」에 실려 있다. 그 내용은 다음과 같다. "此'尤'字, 臣以爲'尤'字之誤也. '尤', 古'猶'字也, '尤'·'尤'字, 相似, 故因而訛舛也.(이 '우'자는 신이 생각하건데 '유'자가 잘못 적은 것입니다. '유'는 옛날의 '유'자이니, '우'와 '유'자는 서로 비슷하기 때문에 이에 말미암아 잘못 섞이는 것입니다.)" 이밖에 『사계선생유고(沙溪先生遺稿)』 권10, 「어록(語錄)송시열록(宋時烈錄)」과 『송자대전(宋子大全)』 권212, 「어록(語錄)·사계선생어록(沙溪先生語錄)」에도 실려 있다. 그 전문은 다음과 같다. "嘗進講『論語』, '不可以作巫醫'註, 雖小道, 尤不可以無恆, 余進曰: '此尤字, 明是尤字, 以字相似而訛誤也. 尤, 古猶字也.' 上意不以爲然矣.(일찍이 『논어』를 진강할 적에 '가히 무당과 의원도 되지 못할 것이다.'의 주에서 비록 작은 도라도 더욱 항덕이 없어서는 안 된다고 하였는데, 내가 나아가서 말하기를, '이 우자는 분명히 유자입니다. 글자가 서로 비슷해서 잘못 적은 것입니다. 유는 옛날에 유자입니다.'라고 하니, 주상의 뜻이 그렇다고 여기지 않았다.)"

979) 『論語』'有恆'註: 『논어집주대전(論語集註大全)』 권13, 「자로(子路)」. "子曰 : '南人有言曰: 人而無恆, 不可以作巫醫. 善夫!'(공자가 말하였다. '남방 사람이 말하기를, 사람으로서 항덕이 없으면 가히 무당과 의원도 되지 못할 것이라고 하니, 착하도다!')" 집주에서 "'巫', 所以交鬼神; '醫', 所以寄死生. 故雖賤役, 而尤不可以無恆, 孔子稱其言而善之.('무'는 귀신과 사귀는 것이고, '의'는 죽고 삶을 맡기는 것이다. 그러므로 비록 비천한 직업이나 더욱 항덕이 없어서는 안 되니, 공자가 그 말을 칭찬하여 좋게 여긴 것이다.)"라고 하였는데, 『논어집주』와 『논어집주대전』 등에는 '유(尤)'자가 '우(尤)'자로 표기되어 있다.

'鄙'者, 野人之居. 故古者, 謂野爲鄙, 謂都爲美也."980)
내가 살펴보건대,『주자대전(朱子大全)』에서 이르기를, "'도(都)'는 아름다움을 찬탄(贊嘆)한 말이니, '도(都)'라는 것은 군자의 거처이고, '비(鄙)'라는 것은 야인(野人)의 거처이기 때문에 옛날에 야(野)를 일러 비루하다고 하였으며, 도(都)를 일러 아름답다고 하였다."

集傳

'廣'者, 大而無外;'運'者, 行之不息, 大而能運, 則變化不測. 故自其大而化之而言, 則謂之聖;自其聖而不可知而言, 則謂之神;自其威之可畏而言, 則謂之武;自其英華發外而言, 則謂之文. '眷', 顧;'奄', 盡也. 堯之初起, 不見於經, 傳稱'其自唐侯, 特起爲帝', 觀益之言, 理或然也. 或曰:"舜之所謂'帝'者, 堯也;羣臣之言'帝'者, 舜也, 如'帝德罔愆'·'帝其念哉'之類, 皆謂舜也. 蓋益因舜尊堯, 而遂美舜之德, 以勸之, 言不特堯能如此, 帝亦當然也." 今按, 此說所引比類, 固爲甚明. 但益之語, 接連上句'惟帝時克'之下, 未應遽舍堯而譽舜, 又徒極口以稱其美, 而不見其有勸勉規戒之意, 恐唐虞之際, 未遽有此諛佞之風也. 依舊說贊堯爲是.

'광(廣)'은 커서 밖이 없는 것이고, '운(運)'은 운행하여 그치지 않는 것이니, 크고 운행을 잘하여 변화를 헤아릴 수 없다. 그러므로 그 광대함으로 감화시키는 것에서 말하면 '성(聖)'이라고 이르며, 그 성스러움으로 알 수 없는 것에서 말하면 '신(神)'이라 이르며, 그 위엄이 두려워할 만한 것에서 말하면 '무(武)'라고 이르며, 그 아름답게 피어서 밖에 드러난 것에서 말하면 '문(文)'이라고 이른다. '권(眷)'은 돌아봄이고, '엄(奄)'은 다함이다. 요(堯)가 처음 일어난 것이 경서(經書)에는 보이지 않고, 전(傳)에서 "그 당(唐)나라 제후에서 특별히 일어나 황제가 되었다."고 칭송하였으니, 익(益)의 말을 보면 이치에 혹시 그럴 듯하다. 어떤 이가 말하기를, "순(舜)이 이른바 '제(帝)'라는 것은 요(堯)이고, 많은 신하들이 말한 '제(帝)'라는 것은 순(舜)이니, '임금의 덕이 지나침이 없다.'는 것과 '임금은 생각해야 한다.'는 따위는 모두 순(舜)을 이른 것이다. 대개 익(益)은 순(舜)이 요(堯)를 높임에 말미암아

---

980)『주자대전(朱子大全)』 권65,「잡저(雜著)·상서(尙書)·대우모(大禹謨)」. "'都', 嘆美之辭也. '都'者, 君子之居;'鄙'者, 野人之居. 故古者, 謂野爲鄙, 謂都爲美也. '廣'者, 大而無外;'運'者, 行之不息, 大而能運, 則變化不測. ….('도'는 아름다움을 찬탄하는 말이니, '도'라는 것은 군자의 거처이고, '비'라는 것은 야인의 거처이기 때문에 옛날에 야를 일러 비루하다고 하였으며, 도를 일러 아름답다고 하였다. '광'이라는 것은 커서 밖이 없는 것이고, '운'이라는 것은 운행함이 그치지 않는 것이니, 크고 운행을 잘하여 변화를 헤아릴 수 없는 것이다. ….)"

마침내 순(舜)의 덕(德)을 찬미하여 권면한 것이니, 다만 요(堯)가 능히 이와 같을 뿐 아니라 순(舜)임금도 또한 마땅히 그러해야 함을 말한 것이다."라고 하였다. 이제 살펴보건대, 이 말에 인용한 비교의 유형이 진실로 매우 분명하다. 다만 익(益)의 말이 위 구절의 '유제시극(惟帝時克)'의 아래에 잇닿아 있으니, 응당 갑자기 요(堯)를 버리고 순(舜)을 접촉하지 않았으며, 또 다만 온갖 말을 다하여 그 아름다움을 칭송하여 권면하고 바르게 경계하는 뜻이 있음을 볼 수 없으니, 아마도 당우(唐虞)의 때에도 갑자기 이 아첨하는 풍습이 있지 않았을 것이다. 옛날 말에 의거하여 요(堯)를 찬미한 것은 옳다고 본다.

詳說

○ 西山眞氏曰 : "益之勉舜, 全在'廣運'二字."981)

'행지불식(行之不息)'에 대해, 서산 진씨(西山眞氏: 眞德秀)가 말하였다. "익(益)이 순(舜)을 권면한 것은 전부 '광운(廣運)'의 두 글자에 있다."

○ 新安陳氏曰 : "'廣', 聖德之全體也; '運', 聖德之大用也."982)

신안 진씨(新安陳氏: 陳師凱)가 말하였다. "'광(廣)'은 성덕(聖德)의 전체이고, 운(運)'은 성덕(聖德)의 큰 쓰임이다."

○ 陳氏大猷曰 : "'廣', 如天之無不覆; '運', 如天之行, 健不息."983)

진씨 대유(陳氏大猷: 陳大猷)가 말하였다. "'광(廣)'은 하늘이 덮어주지 않음이 없음과 같은 것이고, '운(運)'은 하늘의 운행이 강건하여 쉬지 않음과 같은 것이다."

---

981) 호광(胡廣) 등 찬, 『서경대전(書經大全)』의 소주에서 발췌한 것이다. 그 전문은 다음과 같다. "西山眞氏曰 : '廣運而與天同德, 故能受天之命, 益之勉舜, 全在廣運二字.'(서산 진씨가 말하였다. '광대하고 운행하여 하늘과 덕을 같이하기 때문에 하늘의 명을 받을 수 있으니, 익이 순을 권면함은 전부 광운의 두 글자에 있다.')"
982) 호광(胡廣) 등 찬, 『서경대전(書經大全)』의 소주에서 발췌한 것이다. 그 전문은 다음과 같다. "新安陳氏曰 : '廣, 聖德之全體也; 運, 聖德之大用也. 聖神全體之不可見者, 武文大用之不可見者也, 其可見者, 卽不可見者之發見呈露也.'(신안 진씨가 말하였다. '광은 성덕의 전체이고, 운은 성덕의 큰 쓰임이다. ….')"
983) 호광(胡廣) 등 찬, 『서경대전(書經大全)』의 소주에서 발췌한 것이다. 그 전문은 다음과 같다. "陳氏大猷曰 : '廣, 如天之無不覆; 運, 如天之行, 健不息. 聖神, 如天之造化不測; 武文, 如天之春生秋殺. 聖神, 自其妙於無迹者言之; 武文, 自其顯於可見者言之, 知天德, 則知帝德矣.'(진씨 대유가 말하였다. '광은 하늘이 덮어주지 않음이 없음과 같은 것이고, 운은 하늘의 운행이 강건하여 쉬지 않음과 같은 것이다. ….')"

○ 見『孟子』「盡心」.984)

'즉위지신(則謂之神)'의 내용이『맹자(孟子)』「진심(盡心)」에 보인다.

○ 見『左』「襄三十一年」.985)

'자기위지가외(自其威之可畏)'의 내용이『좌전(左傳)』「양공(襄公) 31년」에 보인다.

○ 見『禮記』「樂記」.986)

'자기영화발외(自其英華發外)'의 내용이『예기(禮記)』「악기(樂記)」에 보인다.

○ 薛氏曰 : "聖神·武文, 卽廣運之所發也."987)

'즉위지문(則謂之文)'에 대해, 설씨(薛氏: 薛肇明)가 말하였다. "성신(聖神)과 무문(武文)은 곧 광운(廣運)이 드러난 것이다."

○ 陳氏大猷曰 : "聖神, 如天之造化不測; 武文, 如天之春生秋殺, 聖神, 自其妙於無迹者言之; 武文, 自其顯於可見者言之."988)

---

984) 『맹자집주대전(孟子集註大全)』 권14, 「진심장구하(盡心章句下)」. "浩生不害問曰 : '樂正子, 何人也?' 孟子曰 : '善人也, 信人也.' '何謂善? 何謂信?' 曰 : '可欲之謂善, 有諸己之謂信. 充實之謂美, 充實而有光輝之謂大. 大而化之之謂聖, 聖而不可知之之謂神. 樂正子, 二之中, 四之下也.'(호생불해가 물었다. '악정자는 어떤 사람입니까?' 맹자가 말하였다. '착한 사람이며, 미더운 사람이다.' '무엇을 착하다고 하며, 무엇을 미덥다고 합니까?' 맹자가 말하였다. '하고자 할 만한 것을 착하다고 이르며, 그것이 자기에게 있는 것을 미덥다고 이른다. 착함을 가득 채우는 것을 아름답다고 이르며, 가득 채워서 광채가 있는 것을 위대하다고 이른다. 위대하게 되어 그것에 감화되는 것을 성스럽다고 이르며, 성스러워서 알 수 없는 것을 신묘하다고 이른다. 악정자는 두 가지의 가운데이고, 네 가지의 아래이다.')"
985) 『춘추좌전주소(春秋左傳注疏)』 권40, 「양공(襄公) 31년」. "公曰 : '善哉. 何謂威儀?' 對曰 : '有威而可畏謂之威, 有儀而可象謂之儀. 君有君之威儀, 其臣畏而愛之, 則而象之, 故能有其國家, 令聞長世臣, 有臣之威儀, 其下畏而愛之, 故能守其官職, 保族宜家順. 是以下, 皆如是; 是以上下, 能相固也. 衛詩曰: 威儀棣棣, 不可選也.'(공이 말하였다. '좋다. 무엇을 일러서 위의라고 합니까?' 대답하여 말하였다. '위엄이 있어서 두려워할 만한 것을 위라고 하며, 거동이 있어서 본받을 만한 것을 의라고 한다. ….)"
986) 호광(胡廣) 등 찬, 『예기대전(禮記大全)』 권18, 「악기(樂記)」. "德者, 性之端也; 樂者, 德之華也. 金·石·絲·竹, 樂之器也; 詩, 言其志也, 歌, 咏其聲也; 舞, 動其容也. 三者, 本於心然後, 樂器從之. 是故, 情深而文明, 氣盛而化神, 和順積中而英華發外, 惟樂不可以爲僞.(덕이라는 것은 성정의 실마리이고, 음악이라는 것은 덕의 꽃이다. 금·석·사·죽은 음악의 기구이고, 시는 그 뜻을 말하는 것이다. 노래는 그 소리를 읊는 것이고, 춤은 용모를 움직이는 것이다. 세 가지가 마음에 근본한 뒤에 악기가 이에 따른다. 이러므로 감정이 깊어야 문채가 밝고, 기운이 융성해야 조화가 신묘하며, 화순함이 마음속에 쌓여야 아름다운 꽃이 밖에 드러난다. 오직 음악은 거짓으로 해서는 안 된다.)"
987) 호광(胡廣) 등 찬, 『서경대전(書經大全)』의 소주를 수용한 것이다.
988) 호광(胡廣) 등 찬, 『서경대전(書經大全)』의 소주에서 발췌한 것이다. 그 전문은 다음과 같다. "陳氏大猷曰 : '廣, 如天之無不覆: 運, 如天之行健不息. 聖神, 如天之造化不測; 武文, 如天之春生秋殺, 聖神, 自其妙於無迹者言之; 武文, 自其顯於可見者言之, 知天德, 則知帝德矣.(진씨 대유가 말하였다. '… 성신은 하늘의 조화를 헤아릴 수 없음과 같은 것이고, 무문은 하늘이 봄에 낳고 가을에 죽임과 같은 것이니, 성신은 자취

진씨 대유(陳氏大猷: 陳大猷)가 말하였다. "성신(聖神)은 하늘의 조화를 헤아릴 수 없음과 같은 것이고, 무문(武文)은 하늘이 봄에 낳고 가을에 죽임과 같은 것이니, 성신(聖神)은 자취 없는 것에 그 오묘함으로부터 말하였고, 무문(武文)은 볼 수 있는 것에 그 드러남으로부터 말하였다."

○ 音現.
'현(見)'은 음이 현(現)이다.

○ 句.
'불현어경(不見於經)'에서 문장이 끊어진다.

○ 去聲.989)
'전(傳)'은 거성(去聲: 주석)이다.

○ 見『史記』「五帝紀」.990)
'특기위제(特起爲帝)'의 내용이 『사기(史記)』「오제기(五帝紀)」에 보인다.

○ 『諺解』主'皇天'釋之, 合夏商.991)
'위(爲)'자는 『언해(諺解)』에서 '황천(皇天)'을 위주로 해석하였는데, 다시 헤아려 보아야 한다.

○ 孔氏曰: "益因舜言, 又美堯也, 言堯有此德, 故爲天所命, 所以勉舜也."992)
'이혹연야(理或然也)'에 대해, 공씨(孔氏: 孔安國)가 말하였다. "익(益)이 순(舜)의 말에 말미암아 또 요(堯)를 아름답게 여겼으니, 요(堯)가 이 덕을 지니고 있기 때문에 하늘이 명한 것이 되며, 이로써 순(舜)을 권면한 것이다."

없는 것에 그 오묘함으로부터 말하였고, 무문은 볼 수 있는 것에 그 드러남으로부터 말하였으니, 하늘의 덕을 알면 임금의 덕을 아는 것이다.')"
989) 호광(胡廣) 등 찬, 『서경대전(書經大全)』의 소주를 수용한 것이다.
990) 사마천(司馬遷) 찬, 『사기(史記)』 권1, 「오제본기(五帝本紀)」. "而弟放勳立, 是爲帝堯."
991) 『언해(諺解)』의 해석은 "皇天이 眷命하샤 四海를 다 두샤 天下에 君을 삼으셨습니다."라고 하여 황천(皇天)이 '위(爲)'의 주어가 된 것을 말한다.
992) 호광(胡廣) 등 찬, 『서경대전(書經大全)』의 소주를 수용한 것이다.

○ 皆見後節.

'여제덕망건·제기념재지류(如帝德罔愆·帝其念哉之類)'의 경우, 모두 뒤의 단락에 보인다.

○ 本文無當然意.

'제역당연야(帝亦當然也)'의 경우, 본문에는 당연하다는 뜻이 없다.

○ 平聲.993)

'응(應)'은 평성(平聲: 응당)이다.

○ 上聲.

'사(舍)'는 상성(上聲: 버리다)이다.

○ 平聲.994)

'예(嚮)'는 평성(平聲: 접촉하다)이다.

○ 論也.

'의구설찬요위시(依舊說贊堯爲是)'에서 볼 때, 논변이다.

[2-1-3-5]

禹曰: "惠迪, 吉; 從逆, 凶, 惟影·響."

우(禹)가 말하였다. "도(道)에 순응하면 길하고, 거슬러 따르면 흉(凶)하니, 오직 그림자와 메아리 같습니다."

集傳

'惠', 順; '迪', 道也; '逆', 反道者也, '惠迪'·'從逆', 猶言順善·從惡也. 禹言: "天道可畏, 吉凶之應於善惡, 猶影響之出於形聲也", 以見不可不艱者以此, 而終上文之意.

---

993) 호광(胡廣) 등 찬, 『서경대전(書經大全)』의 소주를 수용한 것이다.
994) 『광운(廣韻)』에 의하면 그 뜻이 '칭찬하다, 찬미하다'일 경우에는 "羊洳切, 去.(양과 여의 반절이니, 거성이다.)"라 하였고, 그 뜻이 '기뻐하다, 안락하다, 접촉하다'일 경우에는 "以諸切, 平.(이와 제의 반절이니, 평성이다.)"이라고 하였다.

'혜(惠)'는 순응함이고, '적(迪)'은 도(道)이고, '역(逆)'은 도(道)를 뒤엎는 것이니, '혜적(惠迪)'과 '종역(從逆)'은 선(善)에 순응하고 악(惡)을 좇는다고 말함과 같다. 우(禹)가 말하기를, "천도(天道)는 두려울 만하니, 길흉(吉凶)이 선악(善惡)에 상응함이 그림자와 메아리가 형체와 소리에서 나오는 것과 같다."고 하였으니, 어렵게 여기지 않을 수 없음을 이로써 나타내어 윗글의 뜻을 마친 것이다.

詳說

○ 按,『朱子大全』云: "字本訓'由', 故又以爲所當由之道也."[995]

'도야(道也)'에 대해, 살펴보건대, 『주자대전(朱子大全)』에 이르기를, "글자의 본래 훈(訓)이 '유(由)'이기 때문에 또 마땅히 말미암아야 하는 도(道)라고 한 것이다."라고 하였다.

○ 有形則必有影, 有聲則必有響.

'유영향지출어형성야(猶影響之出於形聲也)'에서 볼 때, 형체가 있으면 반드시 그림자가 있고, 소리가 있으면 반드시 메아리가 있는 것이다.

○ 音現.

'현(見)'은 음이 현(現)이다.

○ 釋於此.

'이차(以此)'에서 '현(見)'자를 여기에서 풀이한다.

○ 論也.

'이종상문지의(而終上文之意)'에서 볼 때, 논변한 것이다.

[2-1-3-6]

益曰: "吁! 戒哉. 儆戒無虞, 罔失法度, 罔遊于逸, 罔淫于

---

[995] 『주자대전(朱子大全)』 권65,「잡저(雜著)·상서(尙書)·대우모(大禹謨)」. "'迪', 道也, 字本訓'由', 故又以爲所當由之道也. 言: '天道無常, 隨人所行之順逆, 而應之以禍福, 猶影響·形聲.' 以終上文之意, 見所以不可艱者以此.('적'은 도이니, 글자 본래의 훈이 '유'이기 때문에 마땅히 말미암아야 하는 도라고 한 것이다. 말하기를, '천도는 무상하여 사람이 행해야 할 도를 따르거나 거스름에 따라서 재앙과 길복을 상응하니, 그림자와 메아리가 형체와 소리 같다.'고 하였다. 윗글을 마치는 뜻으로써 어렵게 여기지 않을 수 없음을 이로써 보인 것이다.)"

|樂, 任賢勿貳, 去邪勿疑. 疑謀勿成, 百志惟熙. 罔違道, 以干百姓之譽, 罔咈百姓, 以從己之欲, 無怠無荒, 四夷來王."|

익(益)이 말하였다. "아! 경계하소서. 헤아림이 없을 때를 경계하여 법도를 잃지 말아 안일함에 실컷 놀지 말고 즐거움에 지나치지 말며, 어진 선비를 임용하되 두 마음을 품지 마시고 사악한 간신을 제거하되 의심하지 마소서. 의심스런 계책을 이루지 말아야 모든 생각이 넓어질 것입니다. 바른 도(道)를 어기면서 백성들의 칭찬을 구하지 말며, 백성들을 거스르면서 자신의 욕구를 좇지 마소서. 나태하지 않고 황폐하지 않으면 사방의 오랑캐들이 와서 왕을 뵐 것입니다."

詳說

○ '樂', 音洛. '去', 上聲. '譽', 『諺』音誤. '咈', 符勿反.996)
'락(樂)'은 음이 락(洛)이다. '거(去)'는 상성(上聲: 제거하다)이다. '여(譽)'는 『언해(諺解)』의 음이 잘못되었다.997) '불(咈)'은 부(符)와 물(勿)의 반절이다.

集傳

先吁後戒, 欲使聽者精審也, '儆', 與警同. '虞', 度; '罔', 勿也. '法度', 法則·制度也. '淫', 過也. 當四方無可虞度之時, '法度', 易至廢弛, 故戒其失墜; '逸樂', 易至縱恣, 故戒其遊淫, 言此三者所當謹畏也. '任賢', 以小人間之, 謂之'貳'; '去邪', 不能果斷, 謂之'疑'. '謀', 圖爲也, 有所圖爲, 揆之於理而未安者, 則不復成就之也. '百志', 猶『易』所謂'百慮'也. '咈', 逆也. 九州之外, 世一見曰'王'. 帝於是八者, 朝夕戒懼, 無怠於心, 無荒於事, 則治道益隆, 四夷之遠, 莫不歸往, 中土之民, 服從可知. 今按, 益言八者, 亦有次第, 蓋人君, 能守法度, 不縱逸·樂, 則心正身修, 義理昭著, 而於人之賢否, 孰爲可任, 孰爲可去, 事之是非, 孰爲可疑, 孰爲不可疑, 皆有以審其幾微, 絶其蔽惑. 故方寸之間, 光輝明白, 而於天下之事, 孰爲道義之正而不可違, 孰爲民心之公而不可咈, 皆有以處之不失其理, 而毫髮私意, 不入於其間, 此其懲戒

---

996) 채침(蔡沈) 편, 『서경집전(書經集傳)』에는 "'樂', 音洛. '咈', 符勿反.('락'은 음이 락이다. '불'은 부와 물의 반절이다.)"으로 되어 있고, 호광(胡廣) 등 찬, 『서경대전(書經大全)』의 소주에는 "'樂', 音洛. '去', 上聲.('락'은 음이 락이다. '거'는 상성이다.)"으로 되어 있다.
997) 『광운(廣韻)』에 의하면 그 뜻이 '칭찬하다, 찬미하다'일 경우에는 "羊洳切. 去.(양과 여의 반절이니, 거성이다.)"라 하였고, 그 뜻이 '기뻐하다, 안락하다, 접촉하다'일 경우에는 "以諸切. 平.(이와 제의 반절이니, 평성이다.)"이라고 하였는데, 『언해(諺解)』의 음이 '예'로 되어 있어 '여'가 되어야 함을 말한 것이다.

之深旨, 所以推廣大禹'克艱惠迪'之謨也. 苟無其本, 而是非取舍, 決於一己之私, 乃欲斷而行之, 無所疑惑, 則其爲害, 反有不可勝言者矣, 可不戒哉.

먼저 탄식하고 뒤에 경계한 것은 듣는 이로 하여금 자세하게 살피도록 한 것이다. '경(儆)'은 경(警)과 같다. '우(虞)'는 헤아림이고, '망(罔)'은 물(勿)이다. '법도(法度)'는 법칙과 제도이다. '음(淫)'은 지나침이다. 사방을 헤아릴 수 없을 때를 만나면 '법도'는 없어짐에 이르기 쉽기 때문에 그 잃음을 경계하였으며, '편안함과 즐거움'은 멋대로 함에 이르기 쉽기 때문에 그 실컷 놀고 지나침을 경계하였으니, 이 세 가지는 마땅히 삼가고 두려워해야 하는 것임을 말한 것이다. '어진 선비를 임용함'에 소인으로써 이간질함을 '이(貳)'라고 이르며, '사악한 간신을 제거함'에 능히 과단하지 못함을 '의(疑)'라고 이른다. '모(謀)'는 도모함이니, 도모하는 것이 있음에 사리(事理)를 헤아려서 안심하지 못하는 것은 다시 성취하지 못하는 것이다. '백지(百志)'는 『주역(周易)』에서 이른바 '백려(百慮)'와 같다. '불(咈)'은 거스름이다. 구주(九州)의 밖에서 대를 이어 한결같이 알현하는 것을 '왕(王)'이라고 한다. 황제가 이에 여덟 가지로 아침저녁 경계하고 두려워하면서 마음에 나태함이 없고 정사에 황폐함이 없으면 다스리는 도가 더욱 융성하여 사방 오랑캐의 먼 곳에서 돌아오지 않음이 없을 것이니, 나라 안의 백성들이 복종함은 알 만한 것이다. 이제 살펴보건대, 익(益)이 여덟 가지를 말함에도 차례가 있으니, 대개 임금이 능히 법도를 지켜서 편안함과 즐거움에 멋대로 하지 않으면 마음이 바르고 몸이 닦이며 의리가 밝게 드러나서 사람의 어질고 어질지 못함에 있어서 누가 임용할 만하고 누가 제거할 만하며, 정사의 옳고 그름에 있어서 무엇이 의심할 만하고 무엇이 의심할 만하지 않은가를 모두 그 기미를 살펴서 가려짐과 미혹됨을 끊음이 있는 것이다. 그러므로 마음속에서 빛나고 명백하여 천하의 일에 무엇이 도의(道義)의 바름이 되어서 어길 수 없으며, 무엇이 백성 마음의 공정함이 되어서 거스를 수 없는가를 모두 처리함에 그 이치를 잃지 않아서 털끝만한 사사로운 뜻이 그 사이에 들어가지 않으니, 이는 징계하는 깊은 뜻으로 위대한 우(禹)의 '어렵게 여기고 도(道)에 순응하라'는 계책을 미루어 넓힌 것이다. 만일 그 근본이 없어 옳고 그름의 취하고 버림을 한 사람의 사사로움에 결단하고, 이에 단정하여 행하고자 하여 의혹하는 것이 없으면 그 해로움이 됨을 도리어 모조리 말할 수 없을 것이니, 경계하지 않을 수 있겠는가.

詳說

○ 按,『朱子大全』云 : "古文作'敬', 開元改今文."998)
'여경동(與警同)'에 대해, 살펴보건대,『주자대전(朱子大全)』에 이르기를, "고문(古文)『상서(尚書)』에는 '경(敬)'으로 썼는데, 개원(開元) 때 금문(今文)『상서(尚書)』로 고쳤다."라고 하였다.

○ 入聲.999)
'탁(度)'은 입성(入聲: 헤아리다)이다.

○ 入聲.
'당사방무가우탁(當四方無可虞度)'에서 '탁(度)'은 입성(入聲: 헤아리다)이다.

○ 去聲, 下同.1000)
'이(易)'는 거성(去聲: 쉽다)이니, 아래도 같다.

○ 音始.1001)
'시(弛)'는 음이 시(始)이다.

○ 添此句, 以見'儆戒無虞'一句之並包下三句.
'언차삼자소당근외야(言此三者所當謹畏也)'의 경우, 이 구절을 더하여 '경계무우(儆戒無虞)'의 한 구절이 아래의 세 구절[罔失法度·罔遊于逸·罔淫于樂]을 아울러 포함하고 있음을 보인 것이다.

○ 去聲.1002)
'간(間)'은 거성(去聲: 이간하다)이다.

---

998)『주자대전(朱子大全)』권65,「잡저(雜著)·상서(尚書)·대우모(大禹謨)」. "先吁後戒, 欲使聽者精審. '儆'與警同, 古文作'敬', 開元改今文. 虞, 度也. ….(먼저 탄식하고 뒤에 경계한 것은 듣는 이로 하여금 자세하게 살피도록 한 것이다. '경'은 경과 같으니, 고문『상서』에는 '경'으로 썼는데 개원 때 금문『상서』로 고쳤다. '우'는 헤아림이다. ….)"
999) 호광(胡廣) 등 찬,『서경대전(書經大全)』의 소주에는 "達洛反.(달과 락의 반절이다.)"으로 되어 있다.
1000) 호광(胡廣) 등 찬,『서경대전(書經大全)』의 소주에는 "音異, 下同.(음이 이이니, 아래도 같다.)"으로 되어 있다.
1001) 그 뜻이 '버려지다, 무너지다'일 경우에『광운(廣韻)』에서 "施是切, 上.(시와 시의 반절이니, 상성이다.)"이라고 하였다.
1002) 호광(胡廣) 등 찬,『서경대전(書經大全)』의 소주를 수용한 것이다.

○ 都玩反, 下同.1003)
'단(斷)'는 도(都)와 완(玩)의 반절이니, 아래도 같다.

○ 去聲.
'즉불부(則不復)'에서 부(復)는 거성(去聲: 다시)이다.

○ 「繫辭」.1004)
'『역』(『易』)'은 「계사(繫辭)」이다.

○ 音現.
'세일현(世一見)'에서 견(見)은 음이 현(現)이다.

○ 一君立, 一來見天子.
'세일현왈왕(世一見曰王)'의 경우, 하나는 임금을 옹립하는 것이고, 하나는 직접 와서 천자를 알현(謁見)하는 것이다.

○ 林氏曰 : "所謂'不倦以終之'1005)也."1006)
'무황어사(無荒於事)'에 대해, 임씨(林氏: 林之奇)가 말하였다. "이른바 '게을리 하지 않고 끝마침'이다."

○ 去聲.
'치(治)'는 거성(去聲: 다스리다)이다.

○ 添此句.

1003) 호광(胡廣) 등 찬, 『서경대전(書經大全)』의 소주에는 "都玩反.(도와 완의 반절이다.)"으로 되어 있다.
1004) 호광(胡廣) 등 찬, 『주역전의대전(周易傳義大全)』 권23, 「계사하전(繫辭下傳)」. "『易』曰 : '憧憧往來, 朋從爾思.' 子曰 : '天下何思何慮. 天下同歸而殊塗, 一致而百慮, 天下何思何慮.'(『주역』에서 말하기를, '우왕좌왕하며 가고 오면 벗만 네 생각을 좇을 것이다.'라고 하였는데, 공자가 말하였다. '천하가 무엇을 생각하며 무엇을 염려하리오. 천하가 돌아가는 곳이 같더라도 길이 다르며, 일치하더라도 생각이 여러 가지이니, 천하가 무엇을 생각하며 무엇을 염려하리오.')"
1005) '不倦以終之': 『양자법언(揚子法言)』 권1에서 "學以治之, 思以精之, 朋友以磨之, 名譽以崇之, 不倦以終之, 可謂好學也已矣.(배워서 성품을 다스리며, 생각하여 도에 정밀히 하며, 벗으로써 절차탁마하며, 명예로써 숭상하며, 게을리 하지 않음으로써 끝마치니, 배우기를 좋아한다고 아를 수 있을 뿐이다.)"라고 하였다.
1006) 호광(胡廣) 등 찬, 『서경대전(書經大全)』의 소주에서 발췌한 것이다. 그 전문은 다음과 같다. "林氏曰 : '無怠無荒, 所謂不倦以終之也. 舜大聖人, 益所戒, 乃如此可見聖賢兢業之誠矣.'(임씨가 말하였다. '나태하지 않음과 황폐하지 않음은 이른바 게을리 하지 않고 끝마침이다. ….')

'즉치도익융(則治道益隆)'의 경우, 이 구절을 더하였다.

○ 補此句.
'복종가지(服從可知)'의 경우, 이 구절을 보탰다.

○ 一.
'능수법도(能守法度)'에서 볼 때, 첫째이다.

○ 二·三.
'부종일·락(不縱逸·樂)'에서 볼 때, 둘째와 셋째이다.

○ 四.
'숙위가거(孰爲可去)'에서 볼 때, 넷째이다.

○ 五.
'숙위불가의(孰爲不可疑)'에서 볼 때, 다섯째이다.

○ 六. ○疑謀勿成.
'절기폐혹(絶其蔽惑)'에서 볼 때, 여섯 번째이다. ○의심하는 일은 이루지 말라는 것이다.

○ 志熙.
'광휘명백(光輝明白)'의 경우, 뜻이 밝은 것이다.

○ 七.
'숙위도의지정이불가위(孰爲道義之正而不可違)'에서 볼 때, 일곱째이다.

○ 八.
'숙위민심지공이불가불(孰爲民心之公而不可咈)'에서 볼 때, 여덟째이다.

○ 上聲.1007)

1007) 호광(胡廣) 등 찬, 『서경대전(書經大全)』의 소주를 수용한 것이다.

'처(處)'는 상성(上聲: 처리하다)이다.

○ '不入於其間', 罔干譽, 罔從欲.
'불입어기간(不入於其間)'의 경우, 명예를 구하지 말며, 욕구를 좇지 말라는 것이다.

○ 王氏曰 : "'罔失法度'以下, 修之身者也; '任賢勿貳'以下, 修之朝者也; '罔違道'以下, 施之天下者也."[1008]
왕씨(王氏: 王安石)가 말하였다. "'망실법도(罔失法度)'이하는 자신을 닦는 것이고, '임현물이(任賢勿貳)'이하는 조정을 닦는 것이고, '망위도(罔違道)'이하는 천하에 베푸는 것이다."

○ 照上二節.
'소이추광대우극간혜적지모야(所以推廣大禹克艱惠迪之謨也)'의 경우, 위의 두 구절을 참조한 것이다.

○ 吳氏曰 : "此, 益又言'克艱'之目也."[1009]
오씨(吳氏: 吳棫)가 말하였다. "이것은 익(益)이 또 '극간(克艱)'의 조목을 말한 것이다."

○ '今按'以下, 論也.
'금안(今按)'이하는 논변한 것이다.

○ 心正身修.
'구무기본(苟無其本)'의 경우, 마음이 바르고 몸이 닦이는 것이다.

○ 上聲.
'이시비취사(而是非取舍)'에서 사(舍)는 상성(上聲: 버리다)이다.

[1008] 호광(胡廣) 등 찬, 『서경대전(書經大全)』의 소주를 수용한 것이다.
[1009] 호광(胡廣) 등 찬, 『서경대전(書經大全)』의 소주를 수용한 것이다.

○ 先擧是非, 以便於文.
먼저 시비(是非)를 든 것은 문맥을 편하게 한 것이다.

○ 疑謀成之.
'무소의혹(無所疑惑)'의 경우, 의심하는 일이 그것을 이루는 것이다.

○ 平聲.1010)
'승(勝)'은 평성(平聲: 다)이다.

○ 又申論其上六者.
'가불계재(可不戒哉)'의 경우, 또 그 위의 여섯 가지를 거듭 논한 것이다.

○ 新安陳氏曰 : "自'克艱', 至此五節, 文意相連, 實一時之言. 禹以'克艱'告舜, 舜不自居, 歸'時克'於堯. 故益因言'帝德廣運'以美堯, 禹又申其未盡之蘊, 以'迪吉逆凶'戒舜. 故益因盡言畫一以戒舜, 然則以'廣運'節, 爲美舜者, 其非明矣."1011)
신안 진씨(新安陳氏: 陳師凱)가 말하였다. "'극간(克艱)'부터 이 다섯 구절까지는 글의 뜻이 서로 이어지니 실제로 한 때의 말이다. 우(禹)가 '극간(克艱)'으로써 순(舜)에게 말함에, 순(舜)이 스스로 차지하지 않고 '시극(時克)'을 요(堯)에게 돌렸다. 그러므로 익(益)이 이에 '제덕광운(帝德廣運)'을 말하여 요(堯)를 찬미하니, 우(禹)가 또 다하지 못한 속뜻을 진술함에 '적길역흉(迪吉逆凶)'으로써 순(舜)을 경계한 것이다. 그러므로 익(益)이 이에 일률적으로 말하여 순(舜)을 경계하였으니, 그렇다면 '광운(廣運)'의 단락으로써 순(舜)을 찬미한 것으로 여기는 것은 명확한 것이 아니다."

[2-1-3-7]

禹曰 : "於! 帝. 念哉. 德惟善政, 政在養民, 水·火·金·

1010) 호광(胡廣) 등 찬, 『서경대전(書經大全)』의 소주에는 "音升.(음이 승이다)"으로 되어 있다.
1011) 호광(胡廣) 등 찬, 『서경대전(書經大全)』의 소주에서 발췌한 것이다. 그 전문은 다음과 같다. "新安陳氏曰 : '自克艱, 至此五節, 文義相連, 實一時之言. 禹以克艱告舜, 舜不自居, 歸時克於堯. 故益因言帝德廣運, 以美堯, 禹又申其未盡之蘊, 以迪吉凶戒舜. 故益因盡言畫一以戒舜, 若然則以廣運一節, 爲美舜者, 其非明矣.'(신안 진씨가 말하였다. '….')"

> 木·土·穀, 惟修; 正德·利用·厚生, 惟和, 九功惟敍, 九敍
> 惟歌, 戒之用休, 董之用威, 勸之以九歌, 俾勿壞."

우(禹)가 말하였다. "아! 임금이여. 생각하소서. 덕이야말로 정사(政事)를 선량하게 하고 정사는 백성을 길러줌에 있으니, 수(水)·화(火)·금(金)·목(木)·토(土)와 곡식이 오직 닦이며, 정덕(正德)과 이용(利用)과 후생(厚生)이 조화로워야 아홉 가지 공(功)이 펴지며, 아홉 가지가 펴진 것을 노래로 읊거든 경계하고 깨우쳐서 아름답게 여기며, 독책하여 두렵게 하고 권면하기를 구가(九歌)로써 하여 무너지지 않게 하소서."

詳說

○ '於', 音烏. '壞', 胡罪反, 『諺』音誤.1012)
'오(於)'는 음이 오(烏)이다. '회(壞)'는 호(胡)와 죄의 반절이니, 『언해(諺解)』의 음이 잘못되었다.

集傳

益言儆戒之道, 禹歎而美之, 謂: "帝當深念益之所言也." 且德, 非徒善而已, 惟當有以善其政; 政, 非徒法而已. 在乎有以養其民, 下文, '六府'·'三事', 卽養民之政也. '水·火·金·木·土·穀, 惟修'者, 水克火·火克金·金克木·木克土而生五穀, 或相制以洩其過, 或相助以補其不足, 而六者無不修矣. '正德'者, 父慈·子孝·兄友·弟恭·夫義·婦聽, 所以正民之德也. '利用'者, 工作什器·商通貨財之類, 所以利民之用也. '厚生'者, 衣帛食肉·不飢不寒之類, 所以厚民之生也. 六者旣修, 民生始遂, 不可以逸居而無敎. 故爲之惇典敷敎, 以正其德, 通功易事, 以利其用, 制節謹度, 以厚其生, 使皆當其理而無所乖, 則無不和矣. '九功', 合六與三也. '敍'者, 言九者各循其理, 而不汨陳以亂其常也. '歌'者, 以九功之敍而詠之歌也, 言九者旣已修和, 各由其理, 民享其利, 莫不歌詠而樂其生也. 然始勤終怠者, 人情之常, 恐安養旣久, 怠心必生, 則已成之功, 不能保其久而不廢. 故當有以激勵之, 如下文所云也. '董', 督也. '威', 古文作'畏', 其勤於是者, 則戒喩而休美之; 其怠於是者, 則督責而懲戒之. 然又以事之出於勉强者, 不能久, 故復卽其前日歌詠之言, 協之律呂, 播之聲音, 用之鄕人, 用之邦國, 以勸相之, 使之歡欣鼓舞, 趨事赴功, 不能自已, 而

1012) 채침(蔡沈) 찬, 『서경집전(書經集傳)』과 호광(胡廣) 등 찬, 『서경대전(書經大全)』의 소주에는 "'於', 音烏.('오'는 음이 오이다.)"로 되어 있다.

前日之成功, 得以久存而不壞, 此『周禮』所謂'九德之歌'·'九韶之舞', 而太史公所謂'佚能思初, 安能惟始, 沐浴膏澤, 而歌詠勤苦者也.' 葛氏曰: "「洪範」, 五行, 水·火·木·金·土而已, 穀, 本在木行之數, 禹以其爲民食之急, 故別而附之也."

익(益)이 경계하는 도를 말하니, 우(禹)가 감탄하고 찬미하여 이르기를, "임금께서는 마땅히 익(益)이 말한 것을 깊이 생각하십시오."라고 한 것이다. 또 덕(德)은 다만 착하기만 할 따름이 아니라 오직 마땅히 그 정사(政事)를 좋게 함이 있어야 하고, 정사는 다만 법령이기만 할 따름이 아니라 그 백성들을 길러줌이 있음에 달여 있으니, 아랫글의 '육부(六府)'와 '삼사(三事)'는 곧 백성을 기르는 정사인 것이다. '수(水)·화(火)·금(金)·목(木)·토(土)·곡(穀)이 닦여졌다'는 것은 수(水)는 화(火)를 이기고, 화(火)는 금(金)을 이기고, 금(金)은 목(木)을 이기고, 목(木)은 토(土)를 이겨서 오곡(五穀)을 생산함에 혹은 서로 제지하여 그 지나친 것을 새게 하고, 혹은 서로 도와서 부족한 것을 보충하여 여섯 가지가 닦이지 않음이 없는 것이다. '정덕(正德)'이라는 것은 어버이는 자애롭고 자식은 효도하며 형은 우애롭고 아우는 공경하며 남편은 올바르고 아내는 청종함이니, 백성의 덕을 바르게 하는 것이다. '이용(利用)'이라는 것은 장인은 여러 기물을 만들고, 장수는 재물을 소통하는 따위이니, 백성의 씀을 이롭게 하는 것이다. '후생(厚生)'이라는 것은 비단옷을 입고 고기를 먹으며 굶주리지 않고 춥지 않게 하는 따위이니, 백성의 삶을 두텁게 하는 것이다. 여섯 가지가 이미 닦여서 백성의 삶이 비로소 이루어짐에 편안히 거처하면서 가르침이 없을 수 없기 때문에 백성을 위하여 오전(五典)[1013]을 도탑게 하고 오교(五敎)[1014]를 펼쳐서 그 덕을 바르게 하며, 분업으로 일을 이루고 서로 일을 바꾸어 그 쓰임을 이롭게 하며 예절을 제정하고 법도를 삼가 하여 그 삶을 도탑

1013) 오전(五典): 호광(胡廣) 등 찬, 『서경대전(書經大全)』권1, 「우서(虞書)·순전(舜典)」. "오전을 삼가 아름답게 하도록 하였는데 백성들이 오전을 능히 따르게 되었다.(愼徽五典, 五典克從.)" 집전(集傳)에서 "'휘'는 아름다움이다. '오전'은 오상이니, 부자유친과 군신유의와 부부유별과 장유유서와 붕우유신이 이것이다. '종'은 따름이니, 『좌씨전』에서 이른바 '가르침을 어김이 없다.'는 것이다.(徽, 美也. 五典, 五常也, 父子有親·君臣有義·夫婦有別·長幼有序·朋友有信, 是也. 從, 順也, 『左氏』所謂'無違敎'也.)"라고 하였다. 공안국(孔安國)은 "'오전'은 오상의 가르침이니, 아버지의 올바름과 어머니의 자애로움과 형의 우애로움과 동생의 공경함과 자식의 효도함이다.('五典, 五常之敎, 父義·母慈·兄恭·弟恭·子孝.')"라고 하였다.
1014) 오교(五敎): 호광(胡廣) 등 찬, 『서경대전(書經大全)』권1, 「우서(虞書)·순전(舜典)」. "순임금이 말하였다. '설아! 백성들이 서로 친목하지 않고, 오품이 공순하지 않아서 너를 사도로 삼으니, 공경히 다섯 가지 가르침을 펼치되 너그러운 마음으로 대하라.(帝曰: 契! 百姓不親, 五品不遜, 汝作司徒, 敬敷五敎, 在寬.')" 집전(集傳)에서 "'친'은 서로 친목함이다. '오품'은 부자와 군신과 부부와 장유와 붕우의 다섯 가지의 명분과 지위와 등급이다. '손'은 공순함이다. '사도'는 교육을 관장하는 벼슬이다. '부'는 펼침이다. '오교'는 부자유친과 군신유의와 부부유별과 장유유서와 붕우유신이니, 다섯 가지의 당연한 도리로써 교화의 명령 삼은 것이다.('親', 相親睦也. '五品', 父子·君臣·夫婦·長幼·朋友五者之名位等級也. '遜', 順也. '司徒', 掌敎之官. '敷', 布也. '五敎', 父子有親·君臣有義·夫婦有別·長幼有序·朋友有信, 以五者當然之理, 而爲敎令也.)"

게 하여 모두 그 도리에 합당하여 어그러지는 것이 없게 하면 조화롭지 않음이 없는 것이다. '구공(九功)'은 육부(六府)와 삼사(三事)를 합한 것이다. '서(敍)'라는 것은 아홉 가지가 각각 그 이치에 좇되 어지럽게 늘어놓아 그 떳떳함을 어지럽히지 않음을 말한다. '가(歌)'라는 것은 구공(九功)이 펼쳐진 것으로써 읊어서 노래하는 것이니, 아홉 가지가 이미 닦이고 조화로워 각각 그 이치에 말미암으면 백성들이 그 이로움을 누려서 노래하고 읊으면서 그 삶을 즐거워하지 않는 이가 없음을 말한 것이다. 그러나 처음에 부지런하다가 끝에 게을러지는 것이 일반적인 사람의 마음이니, 편안하게 길러짐이 이미 오래되면 나태한 마음이 반드시 생겨서 이미 이룬 공을 오래도록 보존하지 못하고 없애지 않을까 염려하였기 때문에 마땅히 격려함이 있으니, 아랫글에서 말한 것과 같다. '동(董)'은 독책(督責)함이고, '위(威)'는 고문(古文)『상서(尙書)』에 '외(畏)'로 썼으니, 이것에 부지런히 하는 사람이면 경계하고 깨우쳐서 아름답게 여긴 것이고, 이것을 게을리 하는 사람이면 독책하여 징계한 것이다. 그러나 또 일이 억지로 힘쓴 데서 나온 것은 오래갈 수 없기 때문에 다시 전날에 노래하고 읊은 말에 나아가서 율려(律呂)에 맞추고 성음(聲音)에 베풀어서 마을 사람들에게 사용하고 나라에 사용하여 그들을 권장하고 도와서 즐겁고 기뻐서 고무되게 하면 나랏일에 달려가고 직무에 나아가서 스스로 그치지 않아서 전날의 성공이 오래도록 보존되고 무너지지 않을 수 있으니, 이것이 『주례(周禮)』에서 이른바 '구덕(九德)의 노래'와 '구소(九韶)의 춤'이라는 것이고, 태사공(太史公)이 이른바 '편안하게 능히 시초를 생각하고 편안하게 처음을 생각하며 고택(膏澤)에 목욕하면서 근고(勤苦)함을 노래하고 읊는다.'는 것이다. 갈씨(葛氏: 葛興仁)1015)가 말하였다. "「홍범(洪範)」의 오행(五行)은 수(水)·화(火)·목(木)·금(金)·토(土)일 따름이고, 곡(穀)은 본래 목행(木行)의 수(數)에 있었는데, 우(禹)는 백성의 양식이 급한 것이라 여겼기 때문에 구별하여 여기에 붙인 것이다."

詳說

○ 承上節.
'익언경계지도(益言儆戒之道)'의 경우, 위의 단락을 이은 것이다.

○ 補'益言'字.
'제당심념익지소언야(帝當深念益之所言也)'의 경우, '익언(益言)'자를 보탠 것이다.

1015) 갈씨(葛氏: 葛興仁): 갈흥인은 송대 학자로, 생평이 자세하지 않다.

○ '徒善'·'徒法', 出『孟子』「離婁」.1016)

'비도법이이(非徒法而已)'에서 볼 때, '도선(徒善)'과 '도법(徒法)'은 『맹자(孟子)』「이루(離婁)」에 나온다.

○ 王氏炎曰 : "水以制火, 火以煉金, 金以治木, 木以墾土, 土以生穀, 此六府之序."1017)

'혹상조이보기부족(或相助以補其不足)'에 대해, 왕씨 염(王氏炎: 王炎)1018)이 말하였다. "물이 불을 억제하고 불이 쇠를 단련하고 쇠가 나무를 다스리고 나무가 흙을 개간하고 흙이 곡식을 생산하니, 이것이 육부(六府)의 차례이다."

○ '而六者無不修矣', 朱子曰 : "水如隄防灌溉, 金如五兵田器, 火如出火·納火·禁焚萊之類, 木如斧斤以時之類."1019)

1016) 『맹자집주대전(孟子集註大全)』 권7, 「이루장구상(離婁章句上)」. "孟子曰: '離婁之明, 公輸子之巧, 不以規矩, 不能成方負; 師曠之聰, 不以六律, 不能正五音; 堯·舜之道, 不以仁政, 不能平治天下. 今有仁心仁聞, 而民不被其澤, 不可法於後世者, 不行先王之道也. 故曰: '徒善不足以爲政; 徒法, 不能以自行.'(맹자가 말하였다. '이루의 눈 밝음과 공수자의 기교라도 그림쇠나 곱자로써 하지 않으면 네모나 동그라미를 이룰 수 없고, 사광의 귀 밝음이라도 여섯 가락으로써 하지 않으면 다섯 소리를 바르게 할 수 없고, 요임금과 순임금의 도라도 어진 정치로써 하지 않으면 천하를 화평하게 다스릴 수 없는 것이다. 이제 어진 마음과 어진 명성이 있는데도 백성들이 그 인택을 입지 못하여 후세에 본받을 수 없는 것은 선왕의 도를 행하지 않았기 때문이다. 그러므로 말하기를, 한갓되이 착함만으로는 정사를 함에 충분하지 못하고, 한갓되이 법령만으로는 스스로 시행할 수 없다고 한 것이다.')" 집주에서 "'徒', 猶空也. 有其心無其政, 是謂'徒善'. 有其政無其心, 是謂'徒法'.('도'는 공과 같다. 그 마음은 있는데 그 정사가 없으면 이를 일러 '도선'이라고 한다. 그 정사는 있는데 그 마음이 없으면 이를 일러 '도법'이라고 한다.)"라고 하였다.

1017) 호광(胡廣) 등 찬, 『서경대전(書經大全)』의 소주에서 발췌한 것이다. 그 전문은 다음과 같다. "王氏炎曰: '政之大要, 莫切於養民, 六府, 養民之具也. 正德, 所以養其心; 利用·厚生, 所以養其身. 溝澮之導, 豬之蓄, 井之汲, 水之脩也. 鑽燧有變, 焚萊有禁, 火之脩也. 産之於地, 取之有時, 鎔範而成之, 金之脩也. 植於山林, 斲之有時, 掄材而取之, 木之脩也. 辨肥瘠, 相高下, 以植百物, 土之脩也. 播種有節, 穀之脩也. 水以制火, 火以煉金, 金以治木, 木以墾土, 土以生穀, 此六府之序. 無恒産則無恒心, 六府脩然後, 可以正民. 德生富而後, 教以正德爲先, 三事之序也. 織紝而衣, 耒耜而耕, 釜甑而爨, 資六府以利用也. 老有奉, 幼有長, 鰥寡廢疾, 皆有養資六府, 以厚生也. 六府, 出於天地, 而脩之在人; 三事, 行於天下, 而和之在人.'(왕씨 염이 말하였다. '정치의 대요는 백성을 기르는 것보다 절실한 것이 없으니, 육부는 백성을 기르는 도구이다. … 물이 불을 억제하고 불이 쇠를 단련하고 쇠가 나무를 다스리고 나무가 흙을 개간하고 흙이 곡식을 생산하니, 이것이 육부(六府)의 차례이다. ….')"

1018) 왕씨염(王氏炎: 王炎): 왕염(1137-1218)은 남송대의 학자로 자가 회숙(晦叔) 또는 회중(晦仲)이고, 호가 쌍계(雙溪)이며, 무원(婺源) 사람이다. 효종 5년(1169)에 진사과에 급제하여 벼슬길에 올라 담주교수(潭州敎授)·태학박사(太學博士)·비서랑(秘書郞)·군기감(軍器監) 등을 역임하였다. 주희(朱熹)와 교류가 도타웠으며, 장식(張栻)과 함께 강론하였다. 저술로는 『쌍계유고(雙溪類稿)』·『쌍계시여(雙溪詩餘)』·『논어해(論語解)』·『성서소전(尙書小傳)』·『독역필기(讀易筆記)』·『상수계의(象數稽疑)』·『예기해(禮記解)』·『춘추연의(春秋衍義)』·『노자해(老子解)』 등이 있다.

1019) 호광(胡廣) 등 찬, 『서경대전(書經大全)』의 소주에서 발췌한 것이다. 그 전문은 다음과 같다. "問: '水·火·金·木·土·穀, 惟脩; 正德·利用·厚生, 惟和, 正德, 是正民之德否?' 朱子曰: '固是. 水如隄防灌溉, 金如五兵田器, 火如出火·納火·禁焚萊之類, 木如斧斤以時之類.' 良久云: '古人設官掌此六府, 蓋爲民惜此物, 不使之妄用. 非如今世之民, 用財無節也. 戒之用休, 言戒諭以休美之事; 勸之以九歌, 感動之意. 但不知所謂九歌者如何. 「周官」有九德之歌, 大抵禹曰說綱目, 其詳不可考矣.'(물었다. '수·화·목·금·토·곡이 잘 닦여지며, 덕

'이육자무불수의(而六者無不修矣)'에 대해, 주자(朱子: 朱熹)가 말하였다. "물은 제방으로 막고 물을 대어 주며, 쇠는 다섯 가지 병기나 농기구를 만들며, 불은 불을 내거나 불을 금하거나 잡초 태움을 금함과 같은 따위이며, 나무는 도끼를 시기에 맞추어야 함과 같은 따위이다."

○ 王氏炎曰 : "辨肥瘠, 相高下, 以植百物, 土之修也; 播種有宜, 耨穫有節, 穀之修也."1020)
왕씨 염(王氏炎: 王炎)이 말하였다. "기름짐과 메마름을 구별하고 높고 낮음을 가려서 온갖 식물을 심는 것은 흙의 닦음이고, 씨를 뿌림에 마땅함을 두고 김매고 수확함에 절도를 둠은 곡식의 닦음이다."

○ 見『禮記』「禮運」.1021)
'부자·자효·형우·제공·부의·부청(父慈·子孝·兄友·弟恭·夫義·婦聽)'의 경우,『예기(禮記)』「예운(禮運)」에 보인다.

○ 器以十數之, 故謂器爲什.
'공작십기(工作什器)'의 경우, 기물(器物)은 10으로써 세기 때문에 기물을 이름에 십(什)이라고 하는 것이다.

을 바르게 함과 씀을 이롭게 함과 삶을 두텁게 함이 오직 조화를 이룬다고 하였는데, 정덕은 백성의 덕을 바르게 하는 것입니까?' 주자가 말하였다. '진실로 옳다. 물은 제방으로 막고 물을 대어 주며, 쇠는 다섯 가지 병기나 농기구를 만들며, 불은 불을 내거나 불을 금하거나 잡초 태움을 금함과 같은 따위이며, 나무는 도끼를 시기에 맞추어야 함과 같은 따위이다.' 한참 뒤에 말하였다. '옛 사람이 벼슬을 설치하여 이 육부를 관장한 것은 대개 백성이 이 물건을 아끼기 때문에 하여금 망령되이 쓰지 않게 한 것이니, 지금 세상의 백성들이 재물을 씀에 절약함이 없는 것과 같지 않다. 경계하고 깨우쳐 아름답게 여긴다는 것은 경계하여 아름다운 일을 깨우침을 말하며, 구가로써 권면한다는 것은 감동하는 뜻이다. 다만 이른바 구가라는 것이 어떤 것인지 모르겠다. 「주관」에 구덕지가가 있는데, 대저 우는 다만 강목만 있어 그 상세한 것은 상고할 수 없다.')" 이는 『주자어류(朱子語類)』권78,「상서일(尙書一)·대우모(大禹謨)」에 실려 있다.
1020) 호광(胡廣) 등 찬,『서경대전(書經大全)』의 소주에서 발췌한 것이다. 그 내용은 다음과 같다. "王氏炎曰 : '政之大要, 莫切於養民, 六府, 養民之具也. 正德, 所以養其心; 利用·厚生, 所以養其身. 辨肥瘠, 相高下, 以植百物, 土之脩也. 播種有宜, 耨穫有節, 穀之脩也. ….'(왕씨 염이 말하였다. '정치의 대요는 백성을 기르는 것보다 절실한 것이 없으니, 육부는 백성을 기르는 도구이다. … 기름짐과 메마름을 구별하고 높고 낮음을 가려서 온갖 식물을 심는 것은 흙의 닦음이고, 씨를 뿌림에 마땅함을 두고 김매고 수확함에 절도를 둠은 곡식의 닦음이다. ….')"
1021) 호광(胡廣) 등 찬,『예기대전(禮記大全)』권9,「예운(禮運)」. "何謂人情. 喜·怒·哀·懼·愛·惡·欲, 七者, 弗學而能. 何謂人義. 父慈·子孝·兄良·弟弟·夫義·婦聽·長惠·幼順·君仁·臣忠, 十者, 謂之人義. 講信修睦, 謂之人利; 爭奪相殺, 謂之人患.(무엇을 일러 인정이라고 하는가. 기뻐함과 성냄과 슬퍼함과 두려워함과 사랑함과 미워함과 욕심냄이니, 일곱 가지는 배우지 않고도 할 수 있는 것이다. 무엇을 일러 인의라고 하는가. 어버이의 자애로움과 자식의 효도함과 형의 온량함과 아우의 공경함과 남편의 올바름과 아내의 청종함과 어른의 은혜로움과 어린아이의 유순함과 임금의 어짊음과 신하의 충성함이니, 이 열 가지를 일러서 인의라고 한다. 신의를 익히고 화목을 닦는 것을 일러서 인리라고 하며, 다투어 빼앗고 서로 죽이는 것을 일러서 인환이라고 한다.)"

○ 去聲. 1022)

'의(衣)'는 거성(去聲: 입다)이다.

○ 見『孟子』「梁惠王」. 1023)

'의백식육·불기불한지류(衣帛食肉·不飢不寒之類)'의 내용이 『맹자(孟子)』 「양혜왕(梁惠王)」에 보인다.

○ 見『孟子』「滕文公」. 1024)

'불가이일거이무교(不可以逸居而無敎)'는 『맹자(孟子)』 「등문공(滕文公)」에 보인다.

○ 去聲.

'위(爲)'는 거성(去聲: 위하다, 대하다)이다.

○ 見下篇. 1025)

'돈전(惇典)'의 경우, 아래편에 보인다.

1022) 호광(胡廣) 등 찬, 『서경대전(書經大全)』의 소주를 수용한 것이다.
1023) 『맹자집주대전(孟子集註大全)』 권1, 「양혜왕장구상(梁惠王章句上)」. "五畝之宅, 樹之以桑, 五十者, 可以衣帛矣; 雞豚狗彘之畜, 無失其時, 七十者, 可以食肉矣. 百畝之田, 勿奪其時, 數口之家, 可以無飢矣; 謹庠序之敎, 申之以孝悌之義, 頒白者, 不負戴於道路矣; 七十者, 衣帛食肉; 黎民, 不飢不寒, 然而不王者, 未之有也.(다섯 묘의 택지에 뽕나무를 심으면 쉰 살 된 이가 비단옷을 입을 수 있고, 닭과 돼지와 개 등의 가축을 기름에 있어서 그 시기를 놓치지 않으면 일흔 살 된 이가 비단옷을 입고 고기를 먹을 수 있습니다. 백 묘의 전답에 그 때를 빼앗지 않으면 여러 식구의 가족이 굶주림이 없을 수 있으며, 상과 서에서의 교육을 근엄하게 하여 효도와 공경의 의미를 명백히 하면 머리 희끗한 사람이 길에서 짐을 지거나 이고 다니지 않을 것입니다. 일흔 살 된 노인이 비단옷을 입고 고기를 먹으며, 백성들이 굶주리거나 헐벗지 않는데도 천하의 왕을 하지 못한 사람은 없습니다.)"
1024) 『맹자집주대전(孟子集註大全)』 권5, 「등문공장구상(滕文公章句上)」. "后稷, 敎民稼穡, 樹藝五穀, 五穀熟而民人育, 人之有道也, 飽食煖衣, 逸居而無敎, 則近於禽獸, 聖人有憂之, 使契, 爲司徒, 敎以人倫, 父子有親, 君臣有義, 夫婦有別, 長幼有序, 朋友有信.(후직이 백성에게 농사를 가르쳐서 다섯 가지 곡식을 심어서 기르게 함에 다섯 가지 곡식이 익어서 백성들이 길러졌나니, 사람이 도리를 가져야 하는 것은 음식에 배부르고 의복에 몸을 따뜻하게 하여 편안하게 살면서 가르침이 없으면 곧 짐승에 가까워지기 때문에 성인이 그것을 근심함이 있어 설로 하여금 사도로 삼아서 사람들에게 인륜을 가르치게 하였으니, 부모와 자식에게는 친애함이 있으며, 임금과 신하에게는 의리가 있으며, 남편과 아내에게는 분별됨이 있으며, 어른과 아이에게는 차례가 있으며, 벗과 벗에게는 믿음이 있어야 하는 것이다.)"
1025) 호광(胡廣) 등 찬, 『서경대전(書經大全)』 권8, 「주서(周書)·낙고(洛誥)」. "孺子來相宅, 其大惇典殷獻民, 亂爲四方新辟, 作周恭先.(유자께서 이곳에 와서 집터를 보시니, 전장과 은나라의 어진 백성을 크게 돈독히 하고 다스려서 사방의 새 임금이 되어 주나라의 공손함의 솔선이 되소서.)"

○ 見上篇.1026)

'부교(敷敎)'의 경우, 윗편에 보인다.

○ 見『孟子』「滕文公」.1027)

'통공역사(通功易事)'는 『맹자(孟子)』 「등문공(滕文公)」에 보인다.

○ 見『孝經』.1028)

'제절근도(制節謹度)'는 『효경(孝經)』에 보인다.

○ 蘇氏曰 : "'利用'·'厚生', 先言'正德'者, 德不正, 雖有粟, 吾得而食諸."1029)

'이후기생(以厚其生)'에 대해, 소씨(蘇氏: 蘇軾)가 말하였다. "'이용(利用)'과 '후생(厚生)'에서 먼저 '정덕(正德)'을 말한 것은 덕이 바르지 않으면 비록 곡식이 있더라도 내가 그것을 먹을 수 있겠는가."

○ 去聲.

'사개당(使皆當)'에서 당(當)은 거성(去聲: 적합하다, 마땅하다)이다.

○ 王氏炎曰 : "六府, 出於天地, 而修之在人; 三事, 行於天下, 而和之在人."1030)

1026) 호광(胡廣) 등 찬, 『서경대전(書經大全)』 권1, 「우서(虞書)·순전(舜典)」. "帝曰 : '契! 百姓不親, 五品不遜, 汝作司徒, 敬敷五敎, 在寬.'(순임금이 말하였다. '설아! 백성들이 서로 친목하지 않고, 오품이 공순하지 않아서 너를 사도로 삼으니, 공경히 다섯 가지 가르침을 펼치되 너그러운 마음으로 대하라.')"

1027) 『맹자집주대전(孟子集註大全)』 권6, 「등문공장구하(滕文公章句下)」. "曰 : '子不通功易事, 以羨補不足, 則農有餘粟, 女有餘布. 子如通之, 則梓·匠·輪·輿, 皆得食於子, 於此有人焉, 入則孝, 出則悌, 守先王之道, 以待後之學者, 而不得食於子, 子何尊梓·匠·輪·輿, 而輕爲仁·義者哉.'(맹자가 말하였다. '자네가 공력을 주고받으며 일을 서로 나누지 않고, 남는 힘으로써 부족한 일을 보태주지 않으면 농부에게는 남아도는 곡식이 있으며, 여자에게는 남아도는 포백이 있을 것이다. 자네가 만일에 하는 일을 도우면 목수와 수레공이 모두 자네에게 밥을 받아먹을 수 있을 것이지만, 여기에 어떤 사람이 들어가서는 효도하고 나가서는 공경하며 선왕의 도를 지키면서 뒤에 배우는 이들을 기다리되 자네에게 밥을 받아먹지 못할 것이니, 어찌 목수와 수레공은 높이고 인과 의를 행하는 이는 가벼이 여기는가.')"

1028) 『효경주소(孝經注疏)』 권2, 「제후장(諸侯章)」. "在上不驕, 高而不危; 制節謹度, 滿而不溢.(윗자리에 있으면서 교만하지 않으면 지위가 높아져도 위태롭지 않으며, 쓰는 것을 검약하고 예법에 맞게 삼가 행하면 가득 차더라도 넘치지 않을 것이다.)"

1029) 호광(胡廣) 등 찬, 『서경대전(書經大全)』의 소주를 수용한 것이다.

1030) 호광(胡廣) 등 찬, 『서경대전(書經大全)』의 소주에서 발췌한 것이다. 그 내용은 다음과 같다. "王氏炎曰 : '政之大要, 莫切於養民, 六府, 養民之具也. 正德, 所以養其心; 利用·厚生, 所以養其身. … 六府, 出於天地, 而修之在人; 三事, 行於天下, 而和之在人.'(왕씨 염이 말하였다. '정치의 대요는 백성을 기르는 것보다 절실한 것이 없으니, 육부는 백성을 기르는 도구이다. 정덕은 그 마음을 기르는 것이고, 이용과 후생은 그

'즉무불화의(則無不和矣)'에 대해, 왕씨 염(王氏炎: 王炎)이 말하였다. "육부(六府)는 천지(天地)에서 나왔으되 닦는 것이 사람에게 달려 있고, 삼사(三事)는 천하에 행해지되 조화가 사람에게 달려있다."

○ 見「洪範」.1031)
'이불골진이난기상야(而不汩陳以亂其常也)'에서 '골진(汩陳)'은「홍범(洪範)」에 보인다.

○ 詠之於歌.
'이구공지서이영지가야(以九功之敍而詠之歌也)'의 경우, 노래를 읊는 것이다.

○ 音洛.
'락(樂)'은 음이 락(洛)이다.

○ 朱子曰:"九歌, 今亾不可考, 恐是君臣相戒, 如賡歌之類.『韶』與『武』, 今皆不可考, 但此九歌, 便是作『韶』樂之本.『韶』樂, 只是和而已, 功以九敍, 故樂以九成."1032)

몸을 기르는 것이다. … 육부는 천지에서 나왔으되 닦는 것이 사람에게 달려 있고, 삼사는 천하에 행해지되 조화가 사람에게 달려있다.')"
1031) 호광(胡廣) 등 찬,『서경대전(書經大全)』권6,「주서(周書)·홍범(洪範)」. "箕子乃言曰: '我聞, 在昔鯀, 陻洪水, 汩陳其五行, 帝乃震怒, 不畀洪範九疇, 彝倫攸斁. 鯀則殛死, 禹乃嗣興, 天乃錫禹洪範九疇, 彝倫攸叙.'(기자가 이에 말하였다. '내가 들으니, 옛날에 곤이 홍수를 막아 그 오행을 어지럽게 늘어놓자 상제가 몹시 노하여 홍범구주를 내려주지 않으니, 떳떳한 인륜이 무너지게 되었다. 곤이 귀양 가서 죽고 우가 이에 뒤를 이어 일어나자 하늘이 우에게 홍범구주를 내려 주니, 떳떳한 인륜이 펼쳐지게 되었다.')"
1032) 호광(胡廣) 등 찬,『서경대전(書經大全)』의 소주에서 발췌한 것이다. 그 전문은 다음과 같다. "問: '戒之用休, 董之用威, 勸之以九歌, 林氏謂自戒·自董·自勸, 未知此説. 如何?' 曰: '九歌, 今亾其詞, 不可稽考. 以理觀之, 恐是君臣相戒, 如賡歌之類.『韶』與『武』, 今皆不可考. 但『書』所謂正德·利用·厚生, 惟和, 九功惟叙, 九叙惟歌, 戒之用休, 董之用威, 勸之以九歌, 此便是作『韶』樂之本. 看得此歌, 本是下之人作歌, 不知當時如何取之以爲樂, 却以此勸下之人.' 又曰: '『韶』樂, 只是和而已. 功以九叙, 故樂以九成. 所謂九德之歌, 九韶之舞也.'(물었다. '경계하여 아름답게 여기며, 독책하여 두렵게 하며, 권면하기를 구가로 하였는데, 임씨가 스스로 경계하고 스스로 독책하고 스스로 권장하는 것이라고 하였으니, 이 말을 모르겠습니다. 어떻습니까?' 말하였다. '구가는 지금 그 가사가 없어서 상고할 수 없다. 이치로 본다면 아마도 임금과 신하가 서로 경계하는 것으로 갱가와 같은 따위일 것이다.『소』와『무』는 지금 모두 상고할 수 없다. 다만『서경』에서 이른바 정덕과 이용과 후생이 조화를 이루어, 아홉 가지 공이 펼쳐지고, 아홉 가지 펼쳐진 것이 노래로 읊어 경계하여 아름답게 하고, 독책하여 위엄스럽게 하고, 권면하기를 아홉 노래로써 하였으니, 이것이 바로『소』의 음악을 지은 근본이다. 이 노래를 보면 본래 아랫사람이 노래를 지은 것인데, 당시에 어떻게 이것을 취해서 음악을 만들고, 도리어 이것으로써 아랫사람들을 권면했는지 알 수 없다.' 또 말하였다. '『소』의 음악은 다만 조화로울 따름이다. 공으로써 아홉 가지를 펼쳤기 때문에 음악으로써 아홉 가지를 이룬 것이다. 이른바 아홉 가지 덕의 노래이고 아홉 가지『소』의 춤이라는 것이다.')" 이는『주자대전(朱子大全)』권60,「서(書)·답반자선(答潘子善)」및『주자어류(朱子語類)』권25,「논어칠(論語七)·팔일편(八佾篇)·자위소진미의장(子謂韶盡美矣章)」의 내용을 발췌한 것이다.

'막줄가영이낙기생야(莫不歌詠而樂其生也)'에 대해, 주자(朱子: 朱熹)가 말하였다. "아홉 가지 노래는 지금 없어서 상고할 수 없으나, 아마도 임금과 신하가 서로 경계하는 것으로 갱가(賡歌)1033)와 같은 따위일 것이다.『소(韶)』와『무(武)』도 지금 상고할 수 없지만, 다만 이 아홉 가지 노래는 곧『소(韶)』음악의 근본이 되었을 것이다.『소(韶)』의 음악은 단지 조화로움일 따름이니, 공으로써 아홉 가지를 펼쳤기 때문에 음악으로써 아홉 가지를 이룬 것이다."

○ 又曰:"想那時田野自有此歌."1034)
또 말하였다. "생각하건대 그 때에 자연스럽게 이 노래가 있었던 것이다."

○ 按,「益稷」所言'九成', 豈指此'九歌'歟.
내가 살펴보건대,「익직(益稷)」에서 말한 '구성(九成)'이 어찌 이 '구가(九歌)'를 가리키겠는가.

○ 以下四句.
'여하문소운야(如下文所云也)'의 경우, '계지(戒之)' 이하의 네 구절이다.

○ 二字通用.
'고문작외(古文作畏)'의 경우, 두 글자가 통용된다.

○ 今文註之, 引用古文, 固也; 此以古文, 而乃引古文者, 只與「益

1033) 갱가(賡歌): 서로 주고받으며 화답하는 시가(詩歌)를 말한다. 순임금의 갱가(賡歌)가 최초의 창화가(唱和歌)이다.「익직(益稷)」에 실려 있는 갱가(賡歌)의 내용은 다음과 같다. "순임금이 이로써 노래를 지어 말하기를, '하늘의 명을 받들어 오직 때에 맞게 하고 오직 기미를 살펴야 하리라.'라 하고, 이에 노래하여 말하였다. '신하들이 즐거우면 임금님은 일어나고, 모든 관리들도 빛나리라.'라고 하였다. 고요가 손을 모아 머리를 조아리며 큰 소리로 말하였다. '헤아리소서! 이끌고 일어나서 일을 일으키되 삼가고 이에 본받으며 공경하소서! 자주 살펴 이에 이루시고 공경하소서!' 또 이어서 노래하여 말하였다. '임금님이 명철하면 신하들도 선량하여 뭇 일들이 편안해지리라.' 또 노래하여 말하였다. '임금님이 번잡하고 잘면 신하들이 게을러져서 모든 일이 무너지리라.' 임금이 절하며 말하기를, '그리하리라. 가서 공경하리라.'라고 하였다.(帝庸作歌曰:'勅天之命, 惟時惟幾.'乃歌曰:'股肱喜哉, 元首起哉, 百工熙哉.'皋陶拜手稽首, 颺言曰:'念哉! 率作興事, 愼乃憲, 欽哉! 屢省乃成, 欽哉!'乃賡載歌曰:'元首明哉, 股肱良哉, 庶事康哉.'又歌曰:'元首叢脞哉, 股肱惰哉, 萬事墮哉.'帝拜曰:'兪! 往欽哉!')"
1034) 호광(胡廣) 등 찬,『서경대전(書經大全)』의 소주에서 발췌한 것이다. 그 전문은 다음과 같다. "問戒之用休, 董之用威, 并九歌.'曰:'正是匡之·直之·輔之·翼之之意, 九歌, 只是九功之敍可歌, 想那時田野自有此歌, 今不可得見.'(경계하여 아름답게 여기며, 독책하여 위엄스럽게 하며 아울러 구가'에 대해 물었더니, 말하였다. '바로 바르게 하고 곧게 하며 보충해주고 도와준다는 뜻이니, 구가는 다만 구공이 펼쳐진 것으로 노래할만한 것인데, 생각하건대 그 때 전야에 자연스럽게 이 노래가 있었을 것이지만 지금은 볼 수 없다.')" 이는『주자어류(朱子語類)』권78,「상서일(尙書一)·대우모(大禹謨)」에서 발췌한 것이다.

稷」註言今文者, 相類. 是因「皐陶謨」‘威’字, 並推通於此而冠之, 以該凡『書』中諸‘威’字者也. 蓋此‘畏’字, 改作‘威’字, 以從諸今文之例而註之, 如此云.

금문(今文)에서 주석은 고문(古文)을 인용하는 것이 한결같지만, 여기서 고문(古文)으로써 이에 고문(古文)을 인용한 것은 다만 「익직(益稷)」의 주에서 금문(今文)을 말한 것과 서로 유사하다. 이것은 「고요모(皐陶謨)」의 ‘위(威)’자에 말미암아 아울러 미루어 이것과 통하게 하여 맨 위에 두고서 무릇 『서경(書經)』 가운데 여러 ‘위(威)’자를 포괄한 것이다. 대개 이 ‘외(畏)’자를 ‘위(威)’자로 고쳐 썼는데, 금문(今文)의 예를 좇아서 주석한 것이 이와 같은 것이다.

○ 添‘勤’·‘怠’字.
‘즉독책이징계지(則督責而懲戒之)’의 경우, ‘근(勤)’과 ‘태(怠)’를 더하였다.

○ 上聲.
‘강(强)’은 상성(上聲: 힘쓰다, 억지로)이다.

○ 去聲.
‘부(復)’는 거성(去聲: 다시)이다.

○ 去聲.[1035]
‘상(相)’은 거성(去聲: 돕다)이다.

○ 陳氏經曰 : "畏慕有時而忘, 不若使心有所樂, 樂則無時而忘."[1036]
‘불능자이(不能自已)’에 대해, 진씨 경(陳氏經: 陳經)이 말하였다. "외모(畏慕)함에 때때로 잊어버림이 있으므로 마음으로 하여금 즐거워하는 것을 두게 하는 것만 못하니, 즐거워하면 때때로 잊어버림이 없는 것이다."

1035) 호광(胡廣) 등 찬, 『서경대전(書經大全)』의 소주를 수용한 것이다.
1036) 호광(胡廣) 등 찬, 『서경대전(書經大全)』의 소주에서 발췌한 것이다. 그 전문은 다음과 같다. "陳氏經曰 : ‘人情始勤終怠, 安保其不壞, 故戒以休, 使知勤者有休美, 則心有所慕 ; 董以威, 使知怠者有刑威, 則心有所畏. 然畏慕有時而忘, 不若使心有所樂, 樂則無時而忘. 故勸以九歌, 感動於自然, 非有勉强矯拂, 將樂事勸功, 而忘其勞, 斯可見九功永久不壞也.'(진씨 경이 말하였다. ‘사람의 심정이 처음에는 부지런하다가 끝에는 나태하여 … 그러나 외모함에 때때로 잊어버림이 있으므로 마음으로 하여금 즐거워하는 것을 두게 하는 것만 못하니, 즐거워하면 때때로 잊어버림이 없는 것이다. ….')"

○ 呂氏曰 : "'俾'字, 宜詳味, 俾之者, 蓋聖人財成輔相, 無窮之心."1037)

'득이구존이불괴(得以久存而不壞)'에 대해, 여씨(呂氏: 呂祖謙)가 말하였다. "'비(俾)'자는 마땅히 상세하게 음미해야 하니, '비(俾)'라는 것은 대개 성인이 재탁하여 이루게 하고 도와주는 한없는 마음이다."

○ 「大司樂」.1038)

'『주례』(『周禮』)'는 「대사악(大司樂)」이다.

○ 『史記』「樂書」.1039)

'태사공(太史公)'은 『사기(史記)』「악서(樂書)」이다.

○ 勞時.

'일능사초(佚能思初)'의 경우, 수고로울 때이다.

○ 思也.

'유(惟)'는 생각함이다.

○ 危時.

'안능유시(安能惟始)'의 경우, 위태로운 때이다.

○ 以『周禮』·『史記』證之.

'목욕고택이가영근고자야(沐浴膏澤而歌詠勤苦者也)'의 경우, 『주례(周禮)』와 『사기(史記)』로써 증명하였다.

1037) 호광(胡廣) 등 찬, 『서경대전(書經大全)』의 소주에서 발췌한 것이다. 그 전문은 다음과 같다. "呂氏曰 : '俾字, 宜詳味, 消息盈虛者, 天理之常; 輔相財成者, 君道之大, 天下之理, 盛必有衰, 成必有壞. 今九功既敍盛也, 聖人所以戒之董之勸之, 無非使之勿至於壞. 俾之者, 蓋聖人財成輔相, 以贊消息盈虛之理, 使之盛而不衰, 成而不壞也, 聖人無窮之心, 可見矣.'()

1038) 『주례주소(周禮注疏)』권22, 「춘관종백하(春官宗伯下)·대사악(大司樂)」. "九德之歌, 九磬之舞, 於宗廟之中奏之.(아홉 가지 덕의 노래와 아홉 가지 소의 춤을 종묘 가운데서 연주하다.)"

1039) 『사기(史記)』권24, 「악서(樂書)」. "君子不爲約則脩德, 滿則棄禮, 佚能思初, 安能惟始, 沐浴膏澤, 而歌詠勤苦, 非大德, 誰能如斯.(군자는 검약하지 않으면 덕을 닦고 가득차면 예를 버린다. 편안하게 능히 시초를 생각하고 편안하게 처음을 생각하며, 고택에 목욕하면서 근고함을 노래하고 읊는다. 큰 덕이 아니면 누가 능히 이와 같을 수 있겠는가.)"

○ 當考.

'갈씨(葛氏)'는 마땅히 상고해야 한다.

○ 唐孔氏曰 : "此言'五行', 與「洪範」之次, 不同, 「洪範」以生數 爲次; 此以相克爲次."1040)

'고별이부지야(故別而附之也)'에 대해, 당나라 공씨(唐孔氏: 孔穎達)가 말하였다. "여기서 말한 '오행(五行)'은 『홍범(洪範)』의 차례와 같지 않으니, 「홍범(洪範)」은 생수(生數)1041)로써 차례를 삼았고, 여기서는 상극(相克)으로써 차례를 삼았다."

○ 按, 「洪範」生數, 是天地生五行之序也. 若五行自相生之序, 則 木·火·土·金·水, 配於四時·五方者, 是也.

내가 살펴보건대, 『홍범(洪範)』의 생수(生數)는 천지(天地)가 오행(五行)을 낳는 차례이다. 만약 오행(五行)을 상생(相生)의 차례로부터 하면 목(木)·화(火)·토(土)·금(金)·수(水)이니, 사시(四時)와 오방(五方)에 배합하는 것이 이것이다.

○ 新安陳氏曰 : "五行相克, 正『洛書』之序, 此亦禹則『洛書』之一端."1042)

신안 진씨(新安陳氏: 陳師凱)가 말하였다. "오행(五行)이 상극(相克)함은 바로 『낙서(洛書)』의 차례이니, 이 또한 우(禹)가 『낙서(洛書)』를 본받은 한 부분이다."

[2-1-3-8]

帝曰 : "兪. 地平天成, 六府三事允治, 萬世永賴時乃功."

임금이 말하였다. "그러하다. 땅이 다스려짐에 하늘이 이루어져서 육부(六府)와 삼사(三事)가 진실로 다스려져 아주 오래도록 길이 힘입음은 바로 너의 공(功)이다."

詳說

1040) 호광(胡廣) 등 찬, 『서경대전(書經大全)』의 소주를 수용한 것이다.
1041) 생수(生數): 오행(五行)이 상생(相生)하는 수를 말한다. 『홍범(洪範)』에서 "오행은 첫째는 수이고, 둘째는 화이고, 셋째는 목이고, 넷째는 금이고, 다섯째는 토이다.(五行: 一曰水, 二曰火, 三曰木, 四曰金, 五曰土.)"라고 하였는데, 공안국(孔安國)은 "모두 그 나는 수이다.(皆其生數.)"라고 하였다.
1042) 호광(胡廣) 등 찬, 『서경대전(書經大全)』의 소주를 수용한 것이다.

○ 去聲.1043)

'치(治)'는 거성(去聲: 다스리다)이다.

集傳

水·土治曰'平', 言水·土旣平, 而萬物得以成遂也. '六府', 卽水·火·金·木·土·穀也, 六者, 財用之所自出, 故曰'府'; '三事', 正德·利用·厚生也, 三者, 人事之所當爲, 故曰'事'. 舜因禹言養民之政, 而推其功以美之也.

물과 땅이 다스려지는 것을 '평(平)'이라 하니, 물과 땅이 이미 다스려져서 만물이 성장하고 성숙하게 된 것을 말한다. '육부(六府)'는 곧 수(水)·화(火)·금(金)·목(木)·토(土)·곡(穀)이니, 여섯 가지는 재용(財用)이 부터 나오는 것이기 때문에 '부(府)'라 하였고, '삼사(三事)'는 정덕(正德)·이용(利用)·후생(厚生)이니, 세 가지는 사람이 하는 일에서 마땅히 해야 하는 것이기 때문에 '사(事)'라고 하였다. 순(舜)이 우(禹)가 백성을 기르는 정사를 말함으로 말미암아 그 공(功)을 미루어 찬미한 것이다.

詳說

○ '而萬物得以成遂也', 天成.

'이만물득이성수야(而萬物得以成遂也)'의 경우, 하늘이 이루는 것이다.

○ 張氏曰 : "天施之功, 始成也."1044)

장씨(張氏: 張九成)가 말하였다. "천지(天地)의 공이 비로소 이루어진 것이다."

○ 二事相因, 非相對也.

두 일이 서로 말미암으며 서로 대립하는 것이 아니다.

○ 朱子曰 : "地平天成, 包得下面, 六府·三事在."1045)

1043) 채침(蔡沈) 찬, 『서경집전(書經集傳)』에서 "'治', 去聲.('치'는 거성이다.)"이라고 하였다.
1044) 호광(胡廣) 등 찬, 『서경대전(書經大全)』의 소주에서 발췌한 것이다. 그 전문은 다음과 같다. "張氏曰 : '天施地生, 洪水之患, 地不得以生, 天雖蔵之, 亦無自而成. 今地旣平, 天之功, 始成也.'(장씨가 말하였다. '… 이제 땅이 이미 다스려져서 하늘의 공이 비로소 이루어진 것이다.')"
1045) 호광(胡廣) 등 찬, 『서경대전(書經大全)』의 소주에서 발췌한 것이다. 그 전문은 다음과 같다. "朱子曰 : '地平天成, 是包得下面六府·三事.' 問'六府·三事, 林少潁云: 六府, 本平天; 三事, 行平人. 吳才老說: 上是施, 下是功, 未知孰是.' 曰: '林說是.'(주자가 말하였다. '땅이 다스려짐에 하늘이 이루어진다는 것은 아랫면의 육부와 삼사를 포괄하는 것이다.' 물었다. ….)" 이는 『주자어류(朱子語類)』 권78, 「상서일(尙書一)·대

주자(朱子: 朱熹)가 말하였다. "땅이 다스림에 하늘이 이룬다는 것은 아랫면의 육부(六府)와 삼사(三事)를 포괄하는 것이다."

○ 王氏炎曰 : "天地之藏, 其出不窮者也."1046)
'고왈부(故曰府)'에 대해, 왕씨염(王氏炎: 王炎)이 말하였다. "천지(天地)의 저장창고이니, 그 나옴이 다하지 않는 것이다."

○ 林氏曰 : "六府, 本乎天; 三事, 行乎人."1047)
'고왈사(故曰事)'에 대해, 임씨(林氏: 林之奇)가 말하였다. "육부(六府)는 하늘에 근본하고, 삼사(三事)는 사람에 행해진다."

○ 上節.
'순인우언양민지정(舜因禹言養民之政)'에서 볼 때, 위의 단락이다.

○ 乃汝也.
'이추기공(而推其功)'의 경우, 바로 너이다.

○ 俞.
'이미지야(以美之也)'의 경우, '유(俞: 그러하다)'이다.

○ 呂氏曰 : "禹之功, 與天地相終始也."1048)

우모(大禹謨)」에서 발췌한 것이다. 그 전문은 다음과 같다. "'地平天成', 是包得下面六府·三事在." "劉潛夫問 '六府三事, 林少潁云: 六府本乎天, 三事行乎人; 吳才老說: 上是施, 下是功, 未知孰是?' 曰: '林說是.' 又問: '戒之用休, 董之用威, 幷九歌.' 曰: '正是匡之, 直之, 輔之, 翼之意. 九歌, 只是九功之敍可歌, 想那時田野自有此歌, 今不可得見'."

1046) 호광(胡廣) 등 찬, 『서경대전(書經大全)』의 소주에서 발췌한 것이다. 그 전문은 다음과 같다. "王氏炎曰 : '謂之府, 天地之藏, 其出不窮者也.'(왕씨염이 말하였다. '이르기를 부라고 한 것은 천지의 저장창고이니, 그 나옴이 다하지 않는 것이다.')"

1047) 호광(胡廣) 등 찬, 『서경대전(書經大全)』의 소주에서 발췌한 것이다. 그 전문은 다음과 같다. "問: '六府·三事, 林少潁云: 六府本乎天. 三事行乎人; 吳才老說: 上是施, 下是功, 未知孰是. 曰: '林說是.'(물었다. '육부와 삼사를 물었는데, 임소영은 육부는 하늘에 근본하고 삼사는 사람에게 행해지는 것이라 말하였고, 오재로는 위는 베푸는 것이고 아래는 일하는 것이라 하였으니, 누가 옳은지 모르겠습니다.' 말하였다. '임씨의 말이 옳다.')" 이는 『주자어류(朱子語類)』 권78, 「상서일(尙書一)·대우모(大禹謨)」에서 발췌한 것이다. 위의 내용과 같다.

1048) 호광(胡廣) 등 찬, 『서경대전(書經大全)』의 소주에서 발췌한 것이다. 그 전문은 다음과 같다. "呂氏曰 : '雖歷萬世之遠, 不能外天地, 以有生外六府·三事, 以爲治, 是禹之功, 與天地相終始也.'(여씨가 말하였다. '비록 만세의 멀리까지 거치더라도 천지를 벗어날 수 없어서 … 우의 공이 천지와 더불어 서로 끝과 시작인 것이다.')"

여씨(呂氏: 呂祖謙)가 말하였다. "우(禹)의 공이 천지(天地)와 더불어 서로 끝과 시작인 것이다."

[2-1-3-9]
帝曰: "格. 汝禹. 朕宅帝位, 三十有三載, 耄期, 倦于勤, 汝惟不怠, 摠朕師."

순임금이 말하였다. "어서 오시오. 그대 우(禹)여. 짐이 임금 자리에 있은 지 33년이니 늙어서 부지런히 해야 할 정사에 게을러지니, 너는 오직 나태하지 않고 짐의 무리를 통솔하라."

詳說
○ '耄', 莫報反. '摠', 坊本, 作'總'.1049) ○'格', 來也. '宅', 居也.1050)

'모(耄)'는 모(莫)와 보(報)의 반절이다. '총(摠)'은 방각본에 '총(總)'으로 썼다. ○'격(格)'은 옴이다. '택(宅)'은 지냄이다.

集傳
九十曰'耄'; 百年曰'期'. 舜至是, 年已九十三矣. '摠', 率也. 舜自言: "旣老, 血氣已衰, 故倦於勤勞之事, 汝當勉力不怠, 而摠率我衆也", 蓋命之攝位之事. 堯命舜曰: "陟帝位", 舜命禹曰: "摠朕師"者, 蓋堯欲使舜眞宅帝位, 舜讓不嗣, 後惟居攝, 亦若是而已.

90세를 '모(耄)'라 하고, 10세를 '기(期)'라고 하니, 순(舜)이 이때에 이르러 나이가 이미 93세였다. '총(總)'은 거느림이다. 순(舜)이 스스로 말씀하기를, "이미 늙어서 혈기가 이미 노쇠하기 때문에 부지런히 힘써야 하는 일에 게을러지니, 너는 마땅히 힘써서 나태하지 않아서 나의 무리를 통솔하라."고 하였으니, 대개 임금 자리를 대신하는 일을 명령한 것이다. 요(堯)는 순(舜)에게 명함에 "임금 자리에 오르라."고 하였는데, 순(舜)은 우(禹)에게 명함에 "짐의 무리를 통솔하라."고 한 것은 대개 요(堯)는 순으로 하여금 진정 임금 자리에 있게 하고자 하였는데 순(舜)이

1049) 『상서주소(尙書注疏)』에는 '總', 채침(蔡沈) 찬, 『서경집전(書經集傳)』에는 '摠', 호광(胡廣) 등 찬, 『서경대전(書經大全)』에는 '總', 내각본에는 '緫'으로 되어 있다.
1050) 채침(蔡沈) 찬, 『서경집전(書經集傳)』에는 "'耄', 莫報反.('모'는 모와 보의 반절이다.)"으로 되어 있다. 호광(胡廣) 등 찬, 『서경대전(書經大全)』에는 소주가 없다.

사양하여 잇지 않고 뒤에 오직 임금 자리를 대신하는 자리에 있었으니, 또한 이와 같을 따름이다.

詳說

○ 見『禮記』「曲禮」.1051)
'백년왈기(百年曰期)'은 『예기(禮記)』「곡례(曲禮)」에 보인다.

○ 句.
'순지시(舜至是)'에서 문장이 끊어진다.

○ 以三十徵庸·三十在位而推之.
'년이구십삼의(年已九十三矣)'의 경우, 서른에 불러들여 임용하고 서른에 임금 자리에 있은 것으로써 미루어본 것이다.

○ 張氏曰 : "禹惜寸陰, 過門不入, 不怠, 可知也."1052)
'여당면력불태(汝當勉力不怠)'에 대해 장씨(張氏: 張九成)가 말하였다. "우(禹)가 매우 짧은 시간조차 아껴서 집의 문을 지나면서도 들어가지 않았으니, 게을리 하지 않은 것을 알 만하다."

○ 補此句.
'개명지섭위지사(蓋命之攝位之事)'의 경우, 이 구절을 보탠 것이다.

○ 上篇.1053)
'척제위(陟帝位)'에서 볼 때, 위의 편이다.

1051) 『예기대전(禮記大全)』 권1, 「곡례상(曲禮上)」. "人生十年曰幼學, 二十曰弱冠, 三十曰壯有室, 四十曰强而仕, 五十曰艾服官政, 六十曰耆指使, 七十曰老而傳, 八十九十曰耄. 七年曰悼, 悼與耄, 雖有罪, 不加刑焉. 百年曰期頤.(사람이 태어난 지 열 해를 유라고 하니 배워야 하며, 스무 해를 약이라고 하니 관례를 올리며, 서른 해를 장이라고 하니 아내를 두며, 마흔 해를 강이라고 하니 벼슬을 하며, 쉰 해를 애라고 하니 관청 정사에 힘쓰며, 예순 해를 기라고 하니 남을 지시하고 부리며, 일흔 해를 노라고 하니 가업을 자식에게 전하며, 여든 해와 아흔 해를 모라고 한다. 일곱 해를 도라고 하니, 도와 모는 비록 죄가 있어도 형벌을 가하지 않는다. 백 해를 기라 하니, 봉양해야 한다.)"
1052) 호광(胡廣) 등 찬, 『서경대전(書經大全)』의 소주를 수용한 것이다.
1053) 호광(胡廣) 등 찬, 『서경대전(書經大全)』 권1, 「우서(虞書)·순전(舜典)」. "帝曰 : '格. 汝舜! 詢事考言, 乃言, 厎可績, 三載, 汝陟帝位.' 舜, 讓于德, 弗嗣.(요임금이 말하였다. '오너라. 그대 순이여! 행한 일을 자문하고 한 말을 살폈는데, 너에 대하여 하는 말이 가상하게 공적이 3년 동안 이루었다고 하니, 네가 임금 자리에 오르도록 하라.' 순은 덕이 있는 이에게 사양하고 임금 자리를 이어받지 않았다.)"

○ 句.
'순양불사(舜讓不嗣)'에서 문장이 끊어진다.

○ 按, 『朱子大全』云: "總堯之衆爾, 未能遽宅帝位也, 故其命禹."1054)
'후유거섭(後惟居攝)'에 대해, 살펴보건대, 『주자대전(朱子大全)』에서 이르기를, "요(堯)의 무리를 통솔하는 것일 뿐이지만, 갑자기 임금 자리에 있을 수 없었기 때문에 우(禹)에게 명한 것이다."라고 하였다.

○ '堯命'以下, 論也.
'역약시이이(亦若是而已)'에서 볼 때, '요명(堯命)' 이하는 논변한 것이다.

[2-1-3-10]

禹曰: "朕德罔克, 民不依; 皐陶邁種德, 德乃降, 黎民懷之, 帝念哉. 念茲在茲, 釋茲在茲, 名言茲在茲, 允出茲在茲, 惟帝念功."

우(禹)가 말하였다. "저의 덕(德)은 능하지 못하여 백성들이 귀의하지 않는데, 고요(皐陶)는 힘써 행하여 덕을 펼쳐서 덕이 마침내 아래로 내려져 백성들이 사모하니, 임금께서는 생각하소서. 이를 생각해도 이에 있으며, 이를 버려도 이에 있으며, 이를 이름하여 말함도 이에 있으며, 진실로 이에서 나옴도 이에 있으니, 임금께서는 그의 공을 생각하소서."

集傳

'邁', 勇往力行之意. '種', 布; '降', 下也. 禹自言: "其德不能勝任, 民不依

1054) 『주자대전(朱子大全)』 권65, 「잡저(雜著)·상서(尚書)·대우모(大禹謨)」. "九十曰耄, 百年曰期. 舜至是年已九十三矣. '總', 率也. 舜自言: '旣老, 血氣已衰, 故倦於勤勞之事. 而汝乃能不怠於其職.' 故命之以攝帝位而率衆臣也. 堯命舜曰: '陟帝位', 舜命禹曰: '總朕師'者, 蓋堯欲使舜眞宅帝位, 舜讓弗嗣, 後惟居攝, 總堯之衆爾, 未能遽宅帝位也, 故其命禹亦若是而已.(아흔 해를 모라 하고, 백 해를 기라고 한다. 순이 이때의 나이가 이미 아흔 셋이었다. '총'은 거느림이다. 순이 스스로 말하기를, '이미 늙어서 혈기가 이미 쇠약하기 때문에 부지런히 힘써야 할 일에 게을리 하였다. 그러나 너는 이에 능히 그 직무를 게을리 하지 말라.'고 하였다. 그러므로 임금 자리를 대신 행하여 많은 신하들을 거느리라고 명한 것이다. 요는 순에게 명하기를 '임금 자리에 오르라'고 하였는데, 순은 우에게 명하기를 '짐의 무리를 거느리라'고 한 것은 대개 요는 순으로 하여금 진실로 임금 자리에 있게 하고자 한 것인데, 순이 사양하여 잇지 않고 뒤에 오직 임금 자리를 대신하면서 요의 무리를 거느릴 뿐이었고 갑자기 임금 자리에 있을 수 없었기 때문에 우에게 명하기를 또한 이와 같이 하였을 따름이다.)

歸, 惟皐陶, 勇往力行, 以布其德, 德下及於民, 而民懷服之, 帝當思念之而不忘也." '玆', 指皐陶也. 禹遂言: "念之而不忘, 固在於皐陶; 舍之而他求, 亦惟在於皐陶; 名言於口, 固在於皐陶; 誠發於心, 亦惟在於皐陶也. 蓋反覆思之, 而卒無有易於皐陶者, 惟帝深念其功, 而使之攝位也."

'매(邁)'는 용감하게 가고 힘써 행하는 뜻이다. '종(種)'은 펼침이고, '강(降)'은 내림이다. 우(禹)가 스스로 말하기를, "그 덕이 임무를 이길 수 없으면 백성들이 귀의하지 않는데, 오직 고요(皐陶)만이 용맹하게 가고 힘써 행하여 그 덕을 펼쳐서 덕이 아래로 백성에게 미쳐서 백성들이 품고 복종하니, 임금은 마땅히 이를 생각하고 잊지 않아야 합니다."라고 한 것이다. '자(玆)'는 고요(皐陶)를 가리킨다. 우(禹)가 마침내 말하기를, "생각하여 잊지 않음도 진실로 고요에게 있고, 버리고 다른 것을 구해도 또한 오직 고요에게 있고, 입에서 명명하여 말한 것도 진실로 고요에게 있고, 진실로 마음에서 드러낸 것도 또한 오직 고요에게 있습니다. 대개 반복하여 생각해도 끝내 고요와 바꿀 사람이 있지 않으니, 오직 임금께서는 그의 공을 깊이 생각하여 그로 하여금 임금 자리를 굳게 지키게 하십시오."라고 한 것이다.

詳說

○ 去聲, 下同.
'하(下)'는 거성(去聲: 내리다, 내려가다)이니, 아래와 같다.

○ 平聲.
'승(勝)'은 평성(平聲: 이겨낼 수 있다.)이다.

○ 克.
'임(任)'은 이김이다.

○ 陳氏經曰 : "皐陶所掌者, 刑, 至威之中, 至愛存焉, 雖刑也而實種德也."1055)

1055) 호광(胡廣) 등 찬, 『서경대전(書經大全)』의 소주에서 발췌한 것이다. 그 전문은 다음과 같다. "陳氏經曰 : '皐陶所掌者刑, 德安, 在至威之中, 至愛存焉慈祥惻怛之, 寓雖刑也, 而實種德也.'(진씨경이 말하였다. '고요가 관장한 것은 형벌이나 덕으로 편안하게 하여 지극히 위엄스러운 가운데 있어도 지극한 사랑이 있어서 자상하고 가엾게 여겨 슬퍼하였으니, 머무는 데서 비록 형벌을 내리더라도 실제로는 덕을 펼친 것이다.')"

'덕하급어민(德下及於民)'에 대해, 진씨경(陳氏經: 陳經)이 말하였다. "고요(皐陶)가 관장한 것은 형벌이니, 지극히 위엄스러운 가운데 있어도 지극한 사랑이 있어서 비록 형벌이라도 실제로는 덕을 펼친 것이다."

○ 按,『朱子大全』云: "宜使攝位."1056)
'이민회복지(而民懷服之)'에 대해, 살펴보건대,『주자대전(朱子大全)』에서 이르기를, "마땅히 하여금 임금 자리를 잡게 하다."라고 하였다.

○ 每句二'玆'字, 上虛而下實, 觀註釋, 可知也.
'지고요야(指皐陶也)'에서 볼 때, 매 구의 두 '자(玆)'자는 위가 허사(虛辭)이고 아래가 실사(實辭)이니, 주석을 보면 알 수 있다.

○ 按,『朱子大全』, 有'我'字.1057)
'우수언(禹遂言)'에 대해, 살펴보건대,『주자대전(朱子大全)』에는 '아(我)'자가 있다.

○ 上聲.
'사(舍)'는 상성(上聲: 버리다)이다.

○ 按,『朱子大全』, 有'無能及之者'五字.1058)

1056) 『주자대전(朱子大全)』 권65, 「잡저(雜著)·상서(尙書)·대우모(大禹謨)」. "'邁', 勇往力行之意. '種', 布; '降', 下也. 禹自言: '其德不能勝任, 民不依歸, 惟皐陶勇往力行, 以布其德, 其德下及於民, 而民懷服之, 宜使攝位, 帝當思念之而不忘也. '玆', 指皐陶也. ….('매'는 용감하게 가고 힘써 행하는 뜻이다. '종'은 펼침이고, '강'은 내림이다. 우가 스스로 말하기를, '그 덕이 임무를 이길 수 없으면 백성들이 귀의하지 않는데, 오직 고요만이 용맹하게 가고 힘써 행하여 그 덕을 펼쳐서 덕이 아래로 백성에게 미쳐서 백성들이 품고 복종하니, 마땅히 임금 자리를 잡게 하여 임금은 마땅히 이를 생각하고 잊지 않아야 합니다.'라고 한 것이다. '자'는 고요를 가리킨다. ….)"

1057) 『주자대전(朱子大全)』 권65, 「잡저(雜著)·상서(尙書)·대우모(大禹謨)」. "禹遂言: '我念其可以率帝之衆者, 惟在於皐陶; 舍皐陶而求之, 亦無能及之者. 則是亦惟在於皐陶耳.' 又言: '名言於口者, 以爲惟在於皐陶, 而允出於心者, 亦以爲惟在於皐陶. 蓋反覆思之而卒無有以易於皐陶者, 惟帝深念其功, 而使之攝位也.' 舜命禹宅百揆, 而禹讓稷·契·皐陶, 此不及稷·契者,『史記』載稷·契, 皆帝嚳之子, 與堯爲兄弟, 意其至是必已不復存矣.(우가 마침내 말하기를, '제가 생각건대 임금의 무리를 통솔할 수 있는 이는 오직 고요에게 있고, 고요를 버리고 다른 것을 구해도 또한 능히 미칠 수 있는 이가 없으니, 곧 이 또한 오직 고요에게만 있는 것입니다.'라 하고, 또 말하기를, '입에서 명명하여 말한 것도 오직 고요에게 있다 여기고, 진실로 마음에서 나온 것도 또한 오직 고요에게 있다고 여겼습니다. 대개 반복하여 생각해도 끝내 고요와 바꿀 사람이 있지 않으니, 오직 임금께서는 그의 공을 깊이 생각하여 그로 하여금 임금 자리를 굳게 지키게 하십시오.'라고 한 것이다. 순이 우에게 백규에 앉으라고 명했는데 우가 직과 설과 고요에게 사양하였는데, 여기에서 직과 설을 언급하지 않은 것은『사기』에 실려 있는 직과 설이 모두 제곡의 아들로서 요와 형제가 되니, 생각하건대 이에 이르러서 반드시 다시 두어서는 안 될 것이다.)"

1058) 위와 같음.

'사지이타구(舍之而他求)'에 대해, 살펴보건대, 『주자대전(朱子大全)』에는 '무능급지자(無能及之者)'가 있다.

○ 此'固'·'亦'二字, 有彼此之分, 而重在'固'字.
'역유재어고요(亦惟在於皐陶)'의 경우, 여기의 '고(固)'·'고(亦)' 두 글자는 피차의 구분이 있는데, 무게가 '역(亦)'자에 있다.

○ 按, 『朱子大全』, '口'·'心'下, 皆有'者以爲'三字.1059)
'성발어심(誠發於心)'에 대해, 살펴보건대, 『주자대전(朱子大全)』에는 '구(口)'와 '심(心)' 아래에 모두 '자이위(者以爲)'의 세 글자가 있다.

○ 此'固'·'亦'二字, 有內外之分, 而重在'亦'字.
'역유재어고요야(亦惟在於皐陶也)'의 경우, 여기의 '고(固)'·'고(亦)' 두 글자는 안팎의 구분이 있는데, 무게가 '역(亦)'자에 있다.

○ 朱子曰 : "'念茲在茲, 釋茲在茲', 用舍, 皆在此人; '名言茲在茲, 允出茲在茲', 語默, 皆在此人."1060)
주자(朱子: 朱熹)가 말하였다. "'이를 생각해도 이에 있으며, 이를 버려도 이에 있다'는 것은 임용함과 임용하지 못함이 이 사람에게 달려있고, '이를 이름하여 말함도 이에 있으며, 진실로 마음에서 나옴도 이에 있다'는 것은 말함과 말하지 않음이 모두 이 사람에 달려있다는 것이다."

○ 又曰 : "諸說, 皆以禹欲舜念皐陶, 而林氏以爲禹自言其念之如此, 林說是."1061)

1059) 위와 같음.
1060) 호광(胡廣) 등 찬, 『서경대전(書經大全)』의 소주에서 발췌한 것이다. 그 전문은 다음과 같다. "朱子曰 : '念茲在茲, 釋茲在茲, 用舍, 皆是此人; 名言茲在茲, 允出茲在茲, 語默, 皆出, 則誠實之所發見者也.'(주자가 말하였다. '이를 생각해도 이에 있으며, 이를 버려도 이에 있다'는 것은 임용됨과 임용되지 못함이 모두 이 사람의 일이고, '이를 이름하여 말함도 이에 있으며, 진실로 마음에서 나옴도 이에 있다'는 것은 말함과 말하지 않음이 모두 이 사람에게서 나옴이니, 성실함이 드러난 것이다.)" 이는 『주자어류(朱子語類)』권 78, 「상서일(尙書一)·대우모(大禹謨)」에서 발췌한 것이다. 그 전문은 다음과 같다. "'念茲在茲, 釋茲在茲', 用捨, 皆在於此人; '名言茲在茲, 允出茲在茲', 語默, 皆在此人. '名言', 則名言之; '允出', 則誠實之所發見者也.('이를 생각해도 이에 있으며, 이를 버려도 이에 있다'는 것은 임용됨과 임용되지 못함이 모두 이 사람에게 달려있다는 것이고, '이를 이름하여 말함도 이에 있으며, 진실로 마음에서 나옴도 이에 있다'는 것은 말함과 말하지 않음이 모두 이 사람에게 달려있다는 것이다. '명언'은 이름을 말하는 것이고, '윤출'은 성실함이 드러나는 것이다.)"

또 말하였다. "여러 말들이 모두 우(禹)가 순(舜)이 고요(皐陶)를 생각하기 바란다고 하였는데, 임씨(林氏: 林之奇)는 우(禹)가 스스로 이와 같이 생각함을 말한 것이라 하였으니, 임씨의 말이 옳다."

○ 與上下'念'字, 所指不同.
위와 아래의 '념(念)'자가 가리키는 것이 같지 않다.1062)

○ 音福.
'복(覆)'은 음이 복(福)이다.

○ 總申四句.
'이졸무유역어고요자(而卒無有易於皐陶者)'에서 볼 때, 네 구절에서 총괄하여 표명한 것이다.

○ 補此句.
'이사지섭위야(而使之攝位也)'의 경우, 이 구절을 보탠 것이다.

○ 按, 『朱子大全』云: "舜命禹宅百揆, 而禹讓稷·契·皐陶, 今不及稷·契者, 『史記』載稷·契, 皆帝嚳之子, 與堯爲兄弟, 意其至是必已不復存矣."1063)
내가 살펴보건대, 『주자대전(朱子大全)』에서 이르기를, "순(舜)이 우(禹)에게 백규(百揆)에 앉으라고 명했는데 우(禹)가 직(稷)과 설(契)과 고요(皐陶)에게 사양하였는데, 이제 직(稷)과 설(契)을 언급하지 않은 것은 『사기(史記)』에 실려 있는

1061) 호광(胡廣) 등 찬, 『서경대전(書經大全)』의 소주에서 발췌한 것이다. 그 전문은 다음과 같다. "問: '念茲在茲, 釋茲在茲, 名言茲在茲, 允出茲在茲, 諸說, 皆以禹欲舜念皐陶, 而林氏以爲禹自言其念之如此, 未知二說如何.' 曰: '林說是.' 舜命禹宅百揆, 而禹讓稷·契·皐陶, 今不及稷·契者. 『史記』載稷·契, 皆帝嚳之子, 與堯爲兄弟, 意其至是, 必已不復存矣.'(물었다. '이를 생각해도 이에 있으며, 이를 버려도 이에 있으며, 이를 이름하여 말함도 이에 있으며, 진실로 마음에서 나옴도 이에 있다고 하였는데, 여러 말들이 모두 우가 순이 고요를 생각하기 바란다고 하였는데, 임씨는 우가 스스로 이와 같이 생각함을 말한 것이라 하였으니, 두 말이 어떠한지 모르겠습니다.' 말하였다. '임씨의 말이 옳다.' …)" 이는 『주자대전(朱子大全)』 권60, 「서(書)·답반자선(答潘子善)」과 『주자대전(朱子大全)』 권65, 「잡저(雜著)·상서(尙書)·대우모(大禹謨)」에 실려 있다.
1062) 위의 '제념재(帝念哉)'는 백성들이 고요(皐陶)를 그리워한 것을 생각해달라는 것이고, 아래의 '제념공(帝念功)'은 우(禹)가 세운 공을 생각해달라는 것이다.
1063) 『주자대전(朱子大全)』 권65, 「잡저(雜著)·상서(尙書)·대우모(大禹謨)」에 실려 있으며, 호광(胡廣) 등 찬, 『서경대전(書經大全)』의 소주에도 실려 있다.

직(稷)과 설(契)이 모두 제곡(帝嚳)의 아들로서 요(堯)와 형제가 되니, 생각하건 대 이에 이르러 반드시 다시 두어서는 안 될 것이다."라고 하였다.

○ 張氏經1064)曰 : "禹所遜, 獨皐陶者, 自禹之外諸臣, 未有先皐陶者, 孟子論道之傳, 亦曰'禹皐陶見而知之',1065) 『書』稱堯·舜·禹'稽古', 獨以皐陶配之."1066)

장씨진(張氏震: 張震)1067)이 말하였다. "우(禹)가 사양한 이가 오직 고요(皐陶)였 던 것이고, 우(禹)로부터 바깥의 여러 신하 중에는 고요(皐陶)를 우선으로 한 이 가 있지 않았다. 맹자(孟子)가 도(道)가 전해짐을 논함에 또한 '우(禹)와 고요(皐陶)는 그 도(道)를 직접 보고서 알았다'고 하였으며, 『서경(書經)』에서는 요(堯) 와 순(舜)과 우(禹)를 칭하면서 '계고(稽古)'함에 오직 고요(皐陶)로써 짝지었던 것이다."

○ 龜山楊氏曰 : "孟子曰:'舜以不得禹·皐陶爲己憂',1068) 子夏亦言:'選於衆, 擧皐陶',1069) 餘人不與焉."1070)

1064) '經'이 아니라 '震'이 되어야 한다.
1065) 『맹자집주대전(孟子集註大全)』 권14, 「진심장구하(盡心章句下)」. "孟子曰 : '由堯·舜, 至於湯, 五百有餘歲, 若禹·皐陶則見而知之, 若湯則聞而知之.'(맹자가 말하였다. '요와 순으로부터 탕에 이르기까지가 5백여년이니, 우와 고요 같으면 그 도를 직접 보고서 알았으며, 탕 같으면 그 도를 들어서 알았다.')"
1066) 호광(胡廣) 등 찬, 『서경대전(書經大全)』의 소주에서 발췌한 것이다. 그 전문은 다음과 같다. "張氏震曰 : 禹所遜, 獨皐陶者, 孟子論道之傳, 亦曰若禹皐陶見而知之, 『書』稱堯·舜·禹稽古, 獨以皐陶配之. 揚雄論絶德, 亦曰舜以孝, 禹以功, 皐陶以謨. 以是觀之, 自禹之外諸臣, 未有能先皐陶者也.'(장씨진이 말하였다. '우가 사양한 이가 오직 고요였던 것이니, 맹자가 도가 전해짐을 논함에 또한 우와 고요는 그 도를 직접 보고서 알았다고 하였으며, 『서경』에서는 요와 순과 우를 칭하면서 계고함에 오직 고요로써 짝지었던 것이다. … 이로써 본다면 우로부터 바깥의 여러 신하 중에는 능히 고요를 우선으로 한 이가 있지 않았다.')"
1067) 장씨진(張氏震: 張震): 장진은 남송대의 학자로 자가 진보(眞父)이다. 벼슬은 중서사인(中書舍人)과 효종(孝宗) 때 전중시어사(殿中侍御史)를 역임하였다. 저서로는 『시해(詩解)』 등이 있다.
1068) 『맹자집주대전(孟子集註大全)』 권5, 「등문공장구상(滕文公章句上)」. "堯, 以不得舜, 爲己憂; 舜, 以不得禹·皐陶, 爲己憂, 夫以百畝之不易, 爲己憂者, 農夫也.(요임금은 순을 얻지 못함으로써 자기의 근심을 삼고, 순임금은 우와 고요를 얻지 못함으로써 자기의 근심을 삼았으니, 무릇 10무를 다스리지 못함으로써 자기의 근심을 삼는 사람은 농부인 것이다.)"
1069) 『논어집주대전(論語集註大全)』 권12, 「안연(顔淵)」. "子夏曰 : '富哉. 言乎. 舜有天下, 選於衆, 擧皐陶, 不仁者遠矣; 湯有天下, 選於衆, 擧伊尹, 不仁者遠矣.'(자하가 말하였다. '풍부하도다. 말씀이여! 순임금이 천하를 두심에 무리에서 골라서 고요를 거용하시니 어질지 않은 사람들이 멀어지고, 탕임금이 천하를 두심에 무리에서 골라서 이윤을 거용하시니 어질지 않은 사람들이 멀어진 것이다.')"
1070) 호광(胡廣) 등 찬, 『서경대전(書經大全)』의 소주에서 발췌한 것이다. 그 전문은 다음과 같다. "問:'舜之時, 在廷之臣, 亦多矣. 至傳禹以天下, 而禹獨推皐陶, 何也?' 龜山楊氏曰:'舜徒得此兩人, 而天下已治故也, 禹總百揆而皐陶施刑, 內外之治擧矣. 古者兵刑之官, 合爲一. 觀舜之命皐陶, 蠻夷猾夏, 是其責也, 則皐陶之職, 所施於外者爲詳. 故皐陶雖不可以無禹, 而禹亦不可以無皐陶, 是以當禪之欲傳位, 禹獨推之, 餘人不與焉. 孟子曰: 舜以不得禹·皐陶, 爲己憂, 而子夏亦言: 舜有天下, 選於衆, 擧皐陶, 不仁者遠矣, 蓋有見乎此.'(… 구산 양씨가 말하였다. '순은 다만 이 두 사람을 얻어서 천하가 이미 다스려졌기 때문이다. … 맹자가

구산 양씨(龜山楊氏: 楊時)[1071]가 말하였다. "맹자(孟子)가 말하기를, '순(舜)은 우(禹)와 고요(皐陶)를 얻지 못한 것을 자기 근심으로 삼았다.'라 하였고, 자하(子夏) 또한 말하기를, '많은 사람 중에서 골라서 고요(皐陶)를 거용(擧用)하였다.'라고 하였으되 나머지 사람은 들지 않았다."

[2-1-3-11]

帝曰: "皐陶. 惟茲臣庶, 罔或干予正, 汝作士, 明于五刑, 以弼五敎, 期于予治, 刑期于無刑, 民協于中, 時乃功, 懋哉."

순임금이 말하였다. "고요야! 오직 이 신하와 백성들이 혹시 나의 정사를 범함이 없는 것은 네가 사사(士師)[1072]가 되어 다섯 형벌을 밝혀서 오품(五品)의 가르침을 도와 나의 정치가 이루어지도록 기대하였기 때문이다. 형벌을 쓰되 형벌이 없기를 기약하고 백성들이 중도에 맞게 하는 것이 바로 너의 일이니, 힘쓰도록 하라."

詳說

○ 去聲.
'치(治)'는 거성(去聲: 다스리다)이다.

集傳

'干', 犯; '正', 政; '弼', 輔也. 聖人之治, 以德爲化民之本, 而刑特以輔其所不及而已. '期'者, 先事取必之謂. 舜言: "惟此臣庶, 無或有干犯我之政者, 以爾爲士師之官, 能明五刑, 以輔五品之敎, 而期我以至於治, 其始雖不免於用刑, 而實所以期至於無刑之地. 故民亦皆能協於中道, 初無有過不及之差, 則刑果無所施矣, 凡此皆汝之功也. '懋', 勉也, 蓋不聽禹之讓, 而稱皐陶之

말하기를, 순은 우와 고요를 얻지 못한 것을 자기 근심으로 삼았다 하였고, 자하 또한 말하기를, 순이 천하를 소유함에 많은 사람 중에서 골라서 고요를 거용하니 어질지 못한 이들이 멀어졌더라고 하였으니, 대개 이것을 보인 것이다.')

[1071] 구산 양씨(龜山楊氏 : 楊時): 양시(153-1135)는 복송의 학자로 자가 중립(中立)이고, 호가 구산(龜山)이며, 남검주(南劍州) 사람이다. 먼저 정호(程顥)와 정이(程頤)에게 배워서 유작(游酢)·여대림(呂大臨)·사양좌(謝良佐)와 함께 '정문사대제자(程門四大弟子)'라고 불렸으며, 나종언(羅從彦)·이동(李侗)과 함께 '남검삼선생(南劍三先生)'이라고도 불려졌다. 뒤늦게 벼슬에 나아가서 용도각직학사(龍圖閣直學士)에 이르렀으며, 만년에는 구산(龜山)에 은거하여 강학하니 학자들이 구산선생(龜山先生) 또는 구산 양씨(龜山楊氏)라고 불렀다. 시호는 문정(文靖)이다. 저서로는 『구산집(龜山集)』·『구산어록』·『이정수언(二程粹言)』 등이 있다.

[1072] 사사(士師): 옛날에 법령과 형옥(刑獄)을 관장하던 벼슬로 사사(士史)라고도 쓴다. 『주례(周禮)』 「추관(秋官)·사사(士師)」에 "士師之職, 掌之五禁之法, 以左右刑罰: 一曰宮禁, 二曰官禁, 三曰國禁, 四曰野禁, 五曰軍禁.(사사의 직무는 나라의 다섯 금령의 법을 관장하여 형벌을 좌우함이니, 첫째는 궁궐의 금령이고, 둘째는 관청의 금령이고, 셋째는 나라의 금령이고, 넷째는 재야의 금령이고, 다섯째는 군대의 금령이다.)"이라고 하였다.

美, 以勸勉之也.

'간(干)'은 범함이고, '정(正)'은 정사이고, '필(弼)'은 도움이다. 성인(聖人)의 다스림은 덕(德)으로써 백성을 교화하는 근본을 삼아서 형벌(刑罰)은 다만 미치지 못하는 것을 도울 따름이다. '기(期)'라는 것은 일에 앞서서 기필함을 취하려는 것을 이른다. 순(舜)이 말하기를, "오직 이 신하와 백성들이 간혹이라도 나의 정사를 범하는 이가 없게 된 것은 네가 사사(士師)의 관리가 되어서 능히 다섯 가지 형벌을 밝혀서 오품(五品)의 가르침을 도와 네가 다스림에 이르도록 기대하였기 때문이니, 그 처음에는 비록 형벌을 씀을 벗지 못하였으나 실제로 형벌이 없는 경지에 이름을 기필하였던 것이다. 그러므로 백성들이 또한 모두 중도(中道)에 맞아서 애초에 지나치고 미치지 못함의 차이가 없다면 형벌을 과연 시행할 곳이 없을 것이니, 무릇 이는 모두 너가 할 일이다."라고 하였다. '무(懋)'는 힘씀이니, 대개 우(禹)의 사양함을 들어주지 않고 고요(皐陶)의 아름다움을 칭찬하여 권면한 것이다.

詳說

○ 去聲.
'선(先)'은 거성(去聲: 일찍 하다, 신속하다)이다.

○ 補'以'字, 其意至於'治'字.
'이이위사사지관(以爾爲士師之官)'의 경우, '이(以)'자를 보태서 그 뜻이 '치(治)'자에까지 이르렀다.

○ 陳氏大猷曰 : "明五刑, 智也; 法, 守也. 期無刑, 仁也, 法外意也.."1073)
'이실소이기지어무형지지(而實所以期至於無刑之地)'에 대해, 진씨 대유(陳氏大猷: 陳大猷)가 말하였다. "다섯 가지 형벌을 밝히는 것은 지혜이고, 법령은 지키는 것이다. 형벌이 없음을 기약함은 어짊이니, 법령 밖의 뜻이다."

1073) 호광(胡廣) 등 찬, 『서경대전(書經大全)』의 소주에서 발췌한 것이다. 그 전문은 다음과 같다. "陳氏大猷曰 : '明五刑, 智也; 法, 守也. 期無刑, 仁也, 法外意也. 協於中, 則不犯正, 不待論也. 程子曰: 中則不違於正, 正未必中也. 禹之功脫民於昏墊, 以全其生皐之功, 使民復其所受之中, 以全其所以生也.'(진씨 대유가 말하였다. '다섯 가지 형벌을 밝히는 것은 지혜이고, 법령은 지키는 것이다. 형벌이 없음을 기약함은 어짊이니, 법령 밖의 뜻이다. 중도에 맞으면 정사를 범하지 않음이니, 논할 게 못된다. 정자가 말하기를, 중은 정에서 어긋나지 않으나, 정은 중을 기필하지 못한다고 하였다. ….')"

○ 補此句.
'즉형과무소시의(則刑果無所施矣)'의 경우, 이 구절을 보탰다.

○ 補此句.
'개불청우지양(蓋不聽禹之讓)'의 경우, 이 구절을 보탰다.

○ 仍勉之以無刑也.
'이권면지야(以勸勉之也)'에서 볼 때, 거듭해서 형벌이 없도록 권면한 것이다.

[2-1-3-12]
皐陶曰 : "帝德罔愆, 臨下以簡, 御衆以寬; 罰弗及嗣, 賞延于世; 宥過無大, 刑故無小; 罪疑惟輕, 功疑惟重; 與其殺不辜, 寧失不經, 好生之德, 洽于民心, 玆用不犯于有司."

고요(皐陶)가 말하였다. "임금의 덕이 잘못됨이 없어서 아랫사람에게 간략함으로써 임하고 많은 사람들을 너그러움으로써 통솔하며, 형벌은 자식들에게 미치지 않고 상훈(賞勳)은 대대로 미치게 하며, 과오로 지은 죄는 큰 것 할 것 없이 용서하고 고의로 지은 죄는 작은 것 할 것 없이 형벌하며, 죄가 의심스러운 것은 가볍게 처리하고 공이 의심스러운 것은 무겁게 치하하며, 죄 없는 이를 죽인 것보다는 차라리 법도를 지키지 못한 실수를 낫다고 여겨 살리기를 좋아하는 은덕이 백성들 마음을 흡족하게 하였습니다. 이 때문에 백성들이 관리들을 범하지 않는 것입니다."

詳說
○ 去聲.1074)
'호(好)'는 거성(去聲: 좋아하다)이다.

集傳
'愆', 過也. '簡'者, 不煩之謂. 上煩密, 則下無所容, 御者急促, 則衆擾亂. '嗣'·'世', 皆謂子孫, 然嗣親而世疏也. '延', 遠及也. 父子罪不相及, 而賞則

1074) 호광(胡廣) 등 찬, 『서경대전(書經大全)』의 소주를 수용한 것이다.

遠延于世, 其善善長而惡惡短, 如此. '過'者, 不識而誤犯也. '故'者, 知之而故犯也. 過誤所犯, 雖大, 必宥; 不忌故犯, 雖小, 必刑, 卽上篇所謂'眚災肆赦'·'怙終賊刑'者也. 罪已定矣, 而於法之中, 有疑其可重可輕者, 則從輕以罰之; 功已定矣, 而於法之中, 有疑其可輕可重者, 則從重而賞之. '辜', 罪; '經', 常也. 謂'法可以殺, 可以無殺, 殺之, 則恐陷於非辜; 不殺之, 恐失於輕縱, 二者, 皆非聖人至公至平之意, 而殺不辜者, 尤聖人之所不忍也. 故與其殺之而害彼之生, 寧姑全之而自受失刑之責. 此其仁愛忠厚之至, 皆所謂'好生之德'也. 蓋聖人之法, 有盡而心則無窮. 故其用刑行賞, 或有所疑, 則常屈法以申恩, 而不使執法之意, 有以勝其好生之德, 此其本心, 所以無所壅遏, 而得行於常法之外. 及其流衍洋溢, 漸涵浸漬, 有以入于民心, 則天下之人, 無不愛慕感悅, 興起於善, 而自不犯于有司也. 皐陶以舜美其功, 故言此, 以歸功於其上, 蓋不敢當其褒美之意, 而自謂己功也.

'건(愆)'은 허물이다. '간(簡)'이라는 것은 번거롭지 않음을 이른다. 윗사람이 번거롭고 시시하면 아랫사람이 용납될 곳이 없고, 통솔하는 이가 급하고 재촉하면 많은 이가 어지럽게 된다. '사(嗣)'와 '세(世)'는 모두 자손을 이르나, '사(嗣)'는 친근하고 '세(世)'는 소원한 것이다. '연(延)'은 멀리 미침이다. 부모와 자식의 죄는 서로 미치지 않으며 상훈은 후세에까지 멀리 미치니, 선을 좋아하면 미침이 길어지고 악을 미워하면 미침이 짧아짐이 이와 같은 것이다. '과(過)'라는 것은 알지 못해 잘못으로 저지른 것이다. '고(故)'라는 것은 알면서 고의로 저지른 것이다. 실수하여 저지른 것은 비록 죄가 크더라도 반드시 용서해주며, 꺼리지 않고 고의로 저지른 것은 비록 죄가 작더라도 반드시 형벌하니, 곧 위편에서 이른바 '과오와 불행은 풀어서 놓아줌'과 '믿고 끝까지 다시 저지른 이는 죽이는 형벌을 가함'이라는 것이다. 죄가 이미 결정되었으나 법 가운데에서 무겁게 할 것인지 가볍게 할 것인지 의심스러운 것이 있으면 가볍게 할 것을 좋아서 처벌하고, 공이 이미 정해졌으나 법 가운데에서 무겁게 할 것인지 가볍게 할 것인지 의심스러운 것이 있으면 무겁게 할 것을 좋아서 상을 준다. '고(辜)'는 죄이고, '경(經)'은 떳떳한 법이다. '법이 죽일 수도 있고 죽이지 않을 수도 있을 때 죽이게 되면 죄 없는 이를 죽임에 빠뜨릴까 염려되고, 죽이지 않으면 가볍게 풀어줌에 잘못될까 염려되니, 두 가지는 모두 성인(聖人)의 지극히 공변되고 공정한 뜻이 아니지만 죄 없는 이를 죽이는 것은 더욱 성인이 차마 못하는 것이다. 그러므로 죽여서 그의 생명을 해치기보다는 차라리 우선 생명을 온전하게 하여 스스로 형벌을 잘못 행한 책임을 받음이 нат 것이다. 이것은 그 인애(仁愛)하고 충후(忠厚)함의 지극함이니, 모두 이른바 '살리기를 좋아하는 덕'이라는 것이다. 대개 성인의 법은 다함이 있어도 마음이 무궁하다. 그러므로 형벌을 쓰고 상훈을 시행함에 혹시 의심스러운 것이 있으면, 항상 법을 굽히고 은혜를 펴서 법을 집행하는 뜻으로 하여금 살리기를 좋아하는 덕을 이기지 않게 하였으니, 이는 그 본심(本心)에 막고 억누르는 것이 없어서 떳떳한 법의 밖에서도 행할 수 있는 것이다. 그것이 흘러가서 가득 차서 넘치고 점점 잠기고 젖어듦에 미쳐서 백성들 마음에 들어감이 있으면 천하의 사람들이 사랑하고 그리워하며 감동하고 기뻐하지 않음이 없어서 선(善)에 흥기하여 스스로 관리를 범하지 않는 것이다. 고요(皐陶)는 순(舜)이 그의 공을 찬미하였기 때문에 이것을 말하여 그 윗사람에게 공을 돌렸으니, 대개 감히 미덕을 기리는 뜻을 감당하여 스스로 자기의 공이라고 이르지 않았던 것이다.

詳說

○ 猶瑣也.
'밀(密)'은 쇄(瑣: 자질구레하다, 시시하다, 쩨쩨하다)와 같다.

○ 統也.
'어(御)'는 통솔함이다.

○ 嗣近世遠.
'연사친이세소야(然嗣親而世疏也)'이 경우, 사자(嗣子)는 가까운 것이고, 세자(世子)는 먼 것이다.

○ 去聲.
'기선선장이오(其善善長而惡)'에서 '오(惡)'는 거성(去聲: 미워하다)이다.

○ 見『公羊』「昭二十年」.[1075]
'여차(如此)'의 경우, 그 내용이『공양전(公羊傳)』「소공(昭公) 20년」에 보인다.

1075) 『춘추공양전주소(春秋公羊傳注疏)』 권23, 「소공(昭公) 20년」. "二十年春王正月. …君子之善善也長, 惡惡也短, 惡惡, 止其身, 善善, 及子孫.(20년 봄 문왕의 정월[음력 11월]이다. … 군자가 선을 좋아하면 미침이 길어지고, 악을 미워하면 미침이 짧아지니, 악을 미워함은 그 몸에 그치고, 선을 좋아함은 자손에게 미친다.)"

○ 句.
'과오소범(過誤所犯)'에서 문장이 끊어진다.

○ 後言輕.
'유의기가중가경자(有疑其可重可輕者)'의 경우, 뒤에 가벼움을 말하였다.

○ 後言重.
'유의기가경가중자(有疑其可輕可重者)'의 경우, 뒤에 무거움을 말하였다.

○ 不經.
'공실어경종(恐失於輕縱)'의 경우, 떳떳한 법령에 맞지 않음이다.

○ 吳氏曰 : "設辭, 以形容好生之德."1076)
'영고전지이자수실형지책(寧姑全之而自受失刑之責)'에 대해, 오씨(吳氏: 吳棫)가 말하였다. "말을 진술하며 살리기를 좋아하는 덕을 형용한 것이다."

○ 本心, 行於法外.
'이득행어상법지외(而得行於常法之外)'의 경우, 본심(本心)이 법의 테두리 밖에서 행해지는 것이다.

○ 申好生之德.
살리기를 좋아하는 덕을 펼침이다.

○ 朱子曰 : "'帝德罔愆'以下, 是聖人之心, 涵育發生, 眞與天地同德."1077)

1076) 호광(胡廣) 등 찬, 『서경대전(書經大全)』의 소주에서 발췌한 것이다. 그 전문은 다음과 같다. "吳氏曰 : '與其殺不辜, 寧失不經, 蓋設辭, 以形容好生之德.'(오씨가 말하였다. '죄 없는 이를 죽인 것보다는 차라리 법도를 지키지 못한 실수를 낫다고 여겼으니, 대개 말을 진술하며 살리기를 좋아하는 덕을 형용한 것이다.')"
1077) 호광(胡廣) 등 찬, 『서경대전(書經大全)』의 소주에서 발췌한 것이다. 그 전문은 다음과 같다. "朱子曰 : '但觀皐陶所言帝德罔愆以下一節, 便是聖人之心, 涵養發生, 眞與天地同德. 而物或自逆於理以干天誅, 則夫輕重取舍之間, 亦自有決然不易之理. 其宥過非私恩, 其刑故非私怒; 罪疑而輕非姑息, 功疑而重非過予, 如天地·四時之運, 寒涼肅殺, 常居其半, 而涵養發生之心, 未始不流行乎其間. 此所以好生之德洽於民心, 而自不犯于有司, 非既抵冒而復縱舍之.' 夫既不能止民之惡, 而又爲輕刑以誘之, 使得以肆其凶暴於人而無所忌, 則不惟彼見暴者無以自伸之爲冤, 而姦民之犯于有司者, 且將日以益衆, 亦非聖人匡直輔翼, 使民遷善遠罪之

주자(朱子: 朱熹)가 말하였다. "'제덕망건(帝德罔愆)' 이하의 한 구절은 곧 성인의 마음이 함양하고 발생함이니, 진실로 천지와 덕을 함께하는 것이다."

○ 陳氏經曰 : "帝德無過, 中也; 簡寬以下, 忠厚仁恕, 無非所以爲中."1078)
진씨경(陳氏經: 陳經)이 말하였다. "임금의 덕이 잘못하는 것이 없음은 중도(中道)이고, 간관(簡寬) 이하는 충후(忠厚)와 인서(仁恕)이니, 중도(中道)가 되는 것이 아님이 없다."

○ 一作'行'.1079)
'연(衍)'은 어떤 판본에는 '행(行)'으로 썼다.

○ 將廉反.
'점(漸)'은 장(將)과 렴(廉)의 반절이다.

○ 音恣.
'자(漬)'는 음이 자(恣)이다.

○ 一作'於',1080) 後不能悉記.
'유이입우(有以入于)'에서 우(于)는 어떤 판본에는 '어(於)'로 썼으니, 뒤에는 다 적지 않는다.

意也.'(주자가 말하였다. '다만 고요가 말한 제덕망건 이하의 한 구절은 곧 성인의 마음이 함양하고 발생함이니, 진실로 천지와 덕을 함께하는 것입니다. 그런데 물이 혹시 스스로 이치를 거슬러 하늘의 별을 범하면 저 경중과 취사의 사이에 따른 스스로 결코 바꿀 수 없는 이치가 있게 됩니다. 그 잘못을 용서하는 것은 사사로운 은혜가 아니고, 그 고의를 처형하는 것은 사사로운 분노가 아니며, 죄가 의심될 때 가벼운 형벌을 내리는 것은 임시적인 것이 아니고, 공이 의심될 때 무겁게 상훈을 내리는 것은 지나치게 수여하는 것이 아닙니다. 천지와 사시의 운행에는 춥고 쌀쌀하며 엄숙하게 죽임이 항상 그 반을 차지하되 함양하고 발생하는 마음은 처음부터 그 사이에 유행하지 않은 적이 없습니다. 이것은 살리기를 좋아하는 덕이 백성의 마음을 흡족하게 하여 스스로 관리를 범하지 않는 까닭이니, 이미 범하였는데도 다시 멋대로 놓아준다는 것이 아닙니다.' '무릇 이미 백성의 악을 그치게 할 수 없는데도 또 가벼운 형벌을 내려 악행을 유도하여 남에게 마음대로 흉포함을 부리면서 거리끼는 것이 없게 하면, 저 난폭함을 당한 사람이 스스로 원한을 씻을 수 없게 할 뿐만 아니라, 간사한 백성들이 관리를 범하는 것이 장차 날로 더욱 많아질 것이니, 또한 성인이 바로잡고 도와서 백성으로 하여금 선으로 옮겨가고 죄를 멀리하도록 하는 뜻이 아닙니다.')" 이는 『주자대전(朱子大全)』 권37, 「서(書)·답정경망(答鄭景望)·우별본(又別本)」에서 발췌한 것이다.
1078) 호광(胡廣) 등 찬, 『서경대전(書經大全)』의 소주에서 발췌한 것이다. 그 전문은 다음과 같다. "陳氏經曰 : '帝德無所過, 皆中也; 簡寬以下, 忠厚仁恕, 無非所以爲中.'(진씨 경이 말하였다. '임금의 덕이 잘못하는 것이 없음은 모두 중도이고, 간관 이하는 충후와 인서이니, 중도가 되는 것이 아님이 없다.')"
1079) 출처가 자세하지 않다.
1080) 채침(蔡沈) 찬, 『서경집전(書經集傳)』에는 '於'로 되어 있다.

○ 四句, 論也.
'이자위기공야(而自謂己功也)'에서 볼 때, 네 구절은 논변한 것이다.

○ 新安陳氏曰 : "舜以無刑, 爲皐陶之功; 皐陶推原, 所以無刑本 於帝好生之德, 而不敢以爲己功也. 舜欲遜禹, 禹欲遜皐陶, 時 禹·皐陶, 皆在帝前. 數章相聯, 皆一時對面應答之言也."1081)
신안 진씨(新安陳氏: 陳師凱)가 말하였다. "순(舜)은 형벌이 없는 것을 고요(皐 陶)의 공이라 여겼고, 고요는 본원을 추구함에 형벌을 없앤 것이 임금의 살리기 를 좋아하는 덕에 근본한 것이며, 감히 자기의 공이라고 여기지 않았던 것이다. 순(舜)은 우(禹)에게 손위(遜位)하고자 하였고, 우(禹)는 고요(皐陶)에게 손위(遜 位)하고자 하였으니, 이때 우(禹)와 고요(皐陶)는 모두 임금의 앞에 있었다. 여러 장이 서로 이어졌으니, 모두 한때에 대면하고 응답한 말이다."

[2-1-3-13]
帝曰 : "俾予, 從欲以治, 四方風動, 惟乃之休."
순임금이 말하였다. "나로 하여금 바라는 대로 다스려져서 사방이 풍교(風敎)에 감동하니, 오직 너의 아름다운 공이다."

詳說
○ 去聲.
'치(治)'는 거성(去聲: 다스리다)이다.

集傳
民不犯法而上不用刑者, 舜之所欲也. "汝能使我, 如所願欲以治, 敎化四達, 如風鼓動, 莫不靡然, 是乃汝之美也." 舜又申言以重歎美之.
백성들이 법을 범하지 않아서 윗사람이 형벌을 쓰지 않는 것은 순(舜)이 바라던

1081) 호광(胡廣) 등 찬, 『서경대전(書經大全)』의 소주에서 발췌한 것이다. 그 전문은 다음과 같다. "新安陳氏 曰 : '舜以無刑爲皐陶之功, 皐陶推原所以無刑, 本於帝好生之德, 而不敢以爲己功也. 舜欲遜禹, 禹欲遜皐 陶, 禹·皐陶, 是時皆在帝之前. 數章相聯, 皆一時對面應答之言也.'(신안 진씨가 말하였다. '순은 형벌이 없 는 것을 고요의 공이라 여겼고, 고요는 본원을 추구함에 형벌을 없앤 것이 임금의 살리기를 좋아하는 덕 에 근본한 것이며 감히 자기의 공이라고 여기지 않았던 것이다. 순은 우에게 손위하고자 하였고, 우는 고 요에게 손위하고자 하였으니, 우와 고요는 이때에 모두 임금의 앞에 있었다. 여러 장이 서로 이어졌으니, 모두 한때에 대면하고 응답한 말이이다.')"

것이다. "네가 능히 나로 하여금 만일 바라는 것대로 다스려서 풍교(風敎)가 사방에 이르게 한다면 마치 바람에 고동(鼓動)함과 같아서 쏠리지 않음이 없을 것이니, 이는 바로 너의 아름다움이다."라고 하였으니, 순(舜)이 또 거듭 말하면서 거듭 탄미한 것이다.

詳說

○ 承上節.
'민불범법이상불용형자(民不犯法而上不用刑者)'의 경우, 위의 단락을 이은 것이다.

○ 按,『朱子大全』, 有'至于'二字.1082)
'여소원욕이(如所願欲以)'에 대해, 살펴보건대,『주자대전(朱子大全)』에는 '지우(至于)'의 두 글자가 있다.

○ 去聲.
'중(重)'은 거성(去聲: 거듭)이다.

○ 申'時乃功'之意.
'이중탄미지(以重歎美之)'의 경우, '시내공(時乃功: 이는 너의 공이다)'의 뜻을 표명한 것이다.

○ 重美臯陶, 以答禹推讓之意, 然後下節, 遂復使禹攝位.
거듭하여 고요(臯陶)를 찬미하여 우가 미루어 사양한 뜻에 대답하였으니, 그런 뒤에 아래 단락에서 마침내 다시 우(禹)로 하여금 임금의 지위를 잡게 하였다.

[2-1-3-14]

帝曰 : "來. 禹. 洚水儆予, 成允成功, 惟汝賢, 克勤于邦, 克

1082)『주자대전(朱子大全)』권65, 「잡저(雜著)·상서(尙書)·대우모(大禹謨)」. "民不犯法而上不用刑者, 舜之所欲也. '汝能使我, 如其所願以至于治, 敎化之行, 如風鼓動, 莫不靡然, 是乃汝之美也.' 舜又申言以重歎美之. (백성들이 법을 범하지 않아서 윗사람이 형벌을 쓰지 않는 것은 순이 바라던 것이다. '네가 능히 나로 하여금 만일 바라는 것대로 다스려짐에 이르게 한다면 풍교의 행해짐이 마치 바람에 고동함과 같아서 쏠리지 않음이 없을 것이니, 이는 바로 너의 아름다움이다.'라고 하였으니, 순이 또 거듭 말하면서 거듭 탄미한 것이다.)"

儉于家, 不自滿假, 惟汝賢. 汝惟不矜, 天下莫與汝, 爭能; 汝惟不伐, 天下莫與汝, 爭功. 予懋乃德, 嘉乃丕績. 天之曆數, 在汝躬, 汝終陟元后."

순임금이 말하였다. "이리 오시오. 우여! 홍수가 나를 긴장시켰는데 믿음을 이루고 공을 이룸은 오직 그대의 현능(賢能)함이며, 나라에 근면하고 집안에 검소하여 스스로 자만하고 과시(誇示)하지 않음은 오직 그대의 현능(賢能)함이로다. 네가 오직 으스대지 않으나 천하에 너와 더불어 현능함을 다툴 이가 없으며, 네가 오직 자랑하지 않으나 천하에 너와 더불어 공덕을 다툴 이가 없을 것이다. 내가 너의 공덕을 성대하게 여기며 너의 아름다운 공적을 가상하게 여기노라. 하늘의 역수(曆數)가 너의 몸에 있으니, 네가 마침내 원후(元后)에 오를 것이다."

詳說

○ '洚', 音降, 1083) 又胡貢·胡工二反. 1084) '假', 上聲.

'강(洚)'은 음이 강(降)이니, 또는 호(胡)와 공(貢), 호(胡)와 공(工)의 두 반절이다. '가(假)'는 상성이다.

集傳

'洚水', 洪水也, 古文作'降'. 孟子曰: "水逆行, 謂之洚水", 蓋山崩水渾, 下流淤塞. 故其逝者輒復反流而泛濫決溢, 洚洞無涯也. 其災所起, 雖在堯時, 然舜旣攝位, 害猶未息. 故舜以爲天警懼於己, 不敢以爲非己之責而自寬也. '允', 信也. 禹奏言而能踐其言, 試功而能有其功, 所謂'成允成功'也. 禹能如此, 則旣賢於人矣, 而又能勤於王事, 儉於私養, 此又禹之賢也. 有此二美, 而又能不矜其能, 不伐其功. 然其功能之實, 則自有不可掩者, 故舜於此, 復申命之, 必使攝位也. '懋'·'楙', 古通用, '楙', 盛大之意. '丕', 大; '績', 功也. '懋乃德'者, 禹有是德而我以爲盛大. '嘉乃丕績'者, 禹有是功而我以爲嘉美也. '曆數'者, 帝王相繼之次第, 猶歲時·氣節之先後. 汝有盛德大功, 故知曆數當歸於汝, 汝終當升此大君之位, 不可辭也. 是時, 舜方命禹以居攝, 未卽

1083) 『광운(廣韻)』에서 "古巷切, 去.(고와 항의 반절이니, 거성이다.)"라고 하였으며, 『설문해자(說文解字)』에서는 "洚, 水不遵道.(강은 물이 물길을 따르지 않는 것이다.)"라고 하여 큰물이 범람하는 것이라고 하였다.
1084) 박문호는 『맹자집주상설(孟子集註詳說)』 권6, 「등문공하(滕文公下)」에서 "按, '洚'字, 爲水名, 則音降; 水逆行, 則音胡貢·胡工.('살펴보건대, '강'자는 강물 이름이 되면 음이 항(降)이고, 물이 거슬러 흐르면 음이 호와 공·호와 공이다.)"이라고 하였다.

天位, 故以終陟言也.

'강수(洚水)'는 홍수(洪水)이니, 고문(古文)에는 '강(降)'으로 되어 있다. 맹자(孟子)가 말하기를, "물이 거슬러 흘러가는 것을 강수(洚水)라고 한다."고 하였으니, 대개 산이 무너지고 물이 합쳐져서 아래 물길이 막혔기 때문에 그 흘러가던 것이 곧 다시 반대로 흘러서 범람하고 둑이 터져 넘쳐서 큰물이 넓게 흩어져 끝이 없는 것이다. 그 수재(水災)가 일어난 것이 비록 요(堯)의 때에 있었으나 순(舜)이 이미 임금 자리를 대행한 뒤에도 재해(災害)가 여전히 그치지 않았다. 그러므로 순(舜)이 하늘이 자기를 긴장시키고 두려워하게 한 것이라 여기고, 감히 자기의 책임이 아니라 하면서 스스로 느긋하지 않은 것이다. '윤(允)'은 믿음직함이다. 우(禹)가 말을 아룀에 능히 그 말을 실천하고 공(功)을 시험함에 능히 그 공이 있었으니, 이른바 '믿음을 이루고 공을 이루었다.'는 것이다. 우(禹)가 능히 이와 같았으면 이미 다른 사람보다 현능(賢能)한 것인데도 또 능히 나랏일에 근면하고 개인의 봉양함에는 검소하게 하였으니, 이것이 또 우(禹)의 현능(賢能)함이다. 이 두 가지 미덕이 있었으나 또 능히 그 현능함을 으스대지 않고 그 공덕을 자랑하지 않았다. 그러나 그 공덕과 현능(賢能)함의 실상은 스스로 가릴 수 없었기 때문에 순(舜)이 이에 다시 거듭 명하여 반드시 임금 자리를 대행하게 한 것이다. '무(懋)'와 '무(楙)'는 옛날에 통용되었으니, '무(楙)'는 성대함의 뜻이다. '비(丕)'는 큼이고, '적(績)'은 공적이다. '무내덕(懋乃德)'이라는 것은 우(禹)가 이 덕이 있음에 자기를 성대하게 여기는 것이다. '가내비적(嘉乃丕績)'이라는 것은 우(禹)가 이 공이 있음에 자기가 훌륭하고 아름답게 여기는 것이다. '역수(曆數)'라는 것은 황제와 임금이 서로 계승하는 차례이니, 세시(歲時)와 절기(節氣)의 앞서고 뒤섬과 같다. 네가 성대한 덕과 큰 공이 있기 때문에 역수(曆數)가 마땅히 너에게 돌아갈 것을 알았으며, 너는 마침내 마땅히 이 대군(大君)의 지위에 올라야 하니, 사양해서는 안 된다는 것이다. 이때에 순(舜)이 바야흐로 우(禹)에게 임금 자리에 올라 있을 것을 명하였는데, 아직 천자의 자리에 나아가지는 않았기 때문에 마침내 오를 것이라고 말한 것이다.

詳說

○ 「滕文公」.1085)

1085) 『맹자집주대전(孟子集註大全)』 권6, 「등문공장구하(滕文公章句下)」. "當堯之時, 水逆行, 氾濫於中國, 蛇龍居之, 民無所定, 下者爲巢, 上者爲營窟. 『書』曰: '洚水警余.' 洚水'者, 洪水也.(요임금 때를 만나서 물이

'맹자(孟子)'는 「등문공(滕文公)」이다.

○ 依據反. ○一作'甕'.1086)

'하류어(下流淤)'에서 '어(淤)'는 의(依)와 거(據)의 반절이다. ○어떤 판본에는 '옹(甕)'으로 썼다.

○ 去聲, 下同.

'부(復)'는 거성(去聲: 다시)이니, 아래도 같다.

○ 去聲.1087)

'검어사양(儉於私養)'에서 양(養)은 거성(去聲: 봉양하다)이다. ○

○ 新安陳氏曰 : "禹不貴尺璧而重寸陰, 菲飮食惡衣服, 克勤克儉之實也."1088)

신안 진씨(新安陳氏: 陳師凱)가 말하였다. "우(禹)는 한 자의 옥을 귀하게 여기지 않고 짧은 시각을 중히 여겼으며, 보잘 것 없는 음식과 좋지 않은 의복이 근면하고 검소함의 실질이었다."

○ 陳氏雅言曰 : "惟勤儉, 故不自滿假, 滿則必不勤, 假則必不儉也.."1089)

진씨 아언(陳氏雅言: 陳雅言)이 말하였다. "오직 근면하고 검소하기 때문에 스

거슬러 흘러서 나라 안에 넘쳐서 뱀과 용이 살게 되니, 백성이 머물 곳이 없어서 낮은 땅의 사람들은 다락을 만들었고, 높은 땅의 사람들은 동굴을 만들었다. 『서경』에 말하기를, '홍수가 나를 긴장하게 하였다.'고 하였으니, '강수'라는 것은 홍수이다.)"

1086) 『맹자집주대전(孟子集註大全)』 권6, 「등문공장구하(滕文公章句下)」의 집주에서 "'水逆行', 下流壅塞, 故水倒流而旁溢也.('수역행'은 아래로 물길이 막혔기 때문에 물이 거꾸로 흘러 옆으로 넘치는 것이다.)"라고 하였다.

1087) 호광(胡廣) 등 찬, 『서경대전(書經大全)』의 소주를 수용한 것이다.

1088) 호광(胡廣) 등 찬, 『서경대전(書經大全)』의 소주에서 발췌한 것이다. 그 전문은 다음과 같다. "新安陳氏曰 : '『通歷』曰 : 禹不貴尺璧而重寸陰, 『語』曰 : 禹菲飮食惡衣服, 克勤克儉之實也.'(신안 진씨가 말하였다. '『통력』에서 말하기를, 우는 한 자의 옥을 귀하게 여기지 않고 짧은 시각을 중히 여겼다 하였으며, 『논어』에서 말하기를, 우는 보잘 것 없는 음식과 좋지 않은 의복이 근면하고 검소함의 실질이었다고 하였다.')"

1089) 호광(胡廣) 등 찬, 『서경대전(書經大全)』의 소주에서 발췌한 것이다. 그 전문은 다음과 같다. "陳氏雅言曰 : '成允成功者, 功也; 克勤克儉者, 德也. 不自滿假者, 惟勤儉, 故不自滿假, 滿則必不勤, 假則必不儉也. 不矜不伐者, 惟不滿假. 故不矜伐. 滿假者, 矜伐之根本; 矜伐者, 滿假之枝葉. 禹之功能, 所以爲不可掩, 而益賢於人者也. 此舜將使攝位, 故極言其功德之盛, 如此.'(진씨 아언이 말하였다. '… 오직 근면하고 검소하기 때문에 스스로 자만하고 과시하지 않으니, 자만하면 반드시 근면하지 못하고, 과시하면 반드시 검소하지 못한다. ….')"

스로 자만하고 과시하지 않으니, 자만하면 반드시 근면하지 못하고, 과시하면 반드시 검소하지 못한다."

○ 大也.
'가(假)'는 큼이다.

○ 兩箇 '惟汝賢'.
'유차이미(有此二美)'의 경우, 두 개의 '유여현(惟汝賢)'이다.

○ 錯釋.
'불벌기공(不伐其功)'의 경우, 해석이 뒤섞인 것이다.

○ 陳氏雅言曰 : "惟不滿假, 故不矜伐, 滿假者, 矜伐之根本; 矜伐者, 滿假之枝葉."1090)
진씨 아언(陳氏雅言: 陳雅言)이 말하였다. "오직 자만하고 과시하지 않았기 때문에 으스대고 자랑하지 않았으니, 자만하고 과시하는 것은 으스대고 자랑함의 근본이고, 으스대고 자랑하는 것은 자만하고 과시하는 지엽이다."

○ 先言功, 以便文.
'연기공능지실(然其功能之實)'의 경우, 먼저 공(功)을 말하여 문맥을 편하게 하였다.

○ 王氏曰 : "天下, 愈服其能, 服其功."1091)
'즉자유불가엄자(則自有不可掩者)'에 대해, 왕씨(王氏: 王安石)가 말하였다. "천

1090) 호광(胡廣) 등 찬,『서경대전(書經大全)』의 소주에서 발췌한 것이다. 그 전문은 다음과 같다. "陳氏雅言曰 : '成允成功者, 功也; 克勤克儉者, 德也. 不自滿假者, 惟勤儉, 故不自滿假, 滿則必不勤, 假則必不儉也. 不矜不伐者, 惟不滿假. 故不矜伐. 滿假者, 矜伐之根本; 矜伐者, 滿假之枝葉. 禹之功能, 所以爲不可掩, 而益賢於人者也. 此舜將使攝位, 故極言其功德之盛, 如此.'(진씨 아언이 말하였다. '… 오직 자만하고 과시하지 않았기 때문에 으스대고 자랑하지 않았으니, 자만하고 과시하는 것은 으스대고 자랑함의 근본이고, 으스대고 자랑하는 것은 자만하고 과시하는 지엽이다. ….')"
1091) 호광(胡廣) 등 찬,『서경대전(書經大全)』의 소주에서 발췌한 것이다. 그 전문은 다음과 같다. "王氏曰 : '矜有執持之意, 伐有夸大之意, 故以矜言能; 以伐言功, 伐甚於矜也. 能過天下而不矜, 故天下愈服其能; 功高天下而不伐, 故天下愈服其功.'(왕씨가 말하였다. '… 현능함이 천하에 지나치되 으스대지 않았기 때문에 천하가 더욱 그 현능함에 복종하고, 공덕이 천하보다 높았으되 자랑하지 않았기 때문에 천하가 그 공덕에 복종한 것이다.')"

하가 더욱 그 현능함에 복종하고, 그 공덕에 복종한 것이다."

○ 先提.
'필사섭위야(必使攝位也)'의 경우, 먼저 제시한 것이다.

○ 與上'懋哉'之'懋', 不同.
'고통용(古通用)'의 경우, 위의 '무재(懋哉: 힘쓰도록 하다)'의 '무(懋)'와는 같지 않다.

○ 陳氏雅言曰 : "將使攝位, 故極言其功德之盛, 如此."1092)
'우유시공이아이위가미야(禹有是功而我以爲嘉美也)'에 대해, 진씨 아언(陳氏雅言: 陳雅言)이 말하였다. "장차 임금 자리를 잡게 하였기 때문에 그 공덕의 성대함을 지극하게 말한 것이 이와 같은 것이다."

○ 添此句. ○辭攝.
'불가사야(不可辭也)'의 경우, 이 구절을 더하였다. ○섭위(攝位)를 사양함이다.

○ 論也.
'고이종척언야(故以終陟言也)'에서 볼 때, 논변한 것이다.

[2-1-3-15]
人心惟危, 道心惟微, 惟精惟一, 允執厥中.

인심(人心)은 위태롭고 도심(道心)은 은미하니, 정(精)하게 하고 한결같아야 진실로 그 중도(中道)를 잡는 것이다.

集傳

'心'者, 人之知覺, 主於中而應於外者也. 指其發於形氣者言, 則謂之'人心';

1092) 호광(胡廣) 등 찬, 『서경대전(書經大全)』의 소주에서 발췌한 것이다. 그 전문은 다음과 같다. "陳氏雅言曰 : '成允成功者, 功也; 克勤克儉者, 德也. 不自滿假者, 惟勤儉, 故不自滿假, 滿則必不勤, 假則必不儉也. 不矜不伐者, 惟不滿假. 故不矜伐. 滿假者, 矜伐之根本; 矜伐者, 滿假之枝葉. 禹之功能, 所以爲不可掩, 而益賢於人者也. 此舜將使攝位, 故極言其功德之盛, 如此.'(진씨 아언이 말하였다. '… 이는 순이 장차 임금 자리를 잡게 하였기 때문에 그 공덕의 성대함을 지극하게 말한 것이 이와 같은 것이다.')"

指其發於義理者而言, 則謂之'道心'. 人心易私而難公, 故危; 道心難明而易昧, 故微. 惟能精而察之, 而不雜形氣之私, 一以守之, 而純乎義理之正, 道心常爲之主, 而人心聽命焉, 則危者安, 微者著, 動靜云爲, 自無過不及之差, 而信能執其中矣. 堯之告舜, 但曰'允執其中', 今舜命禹, 又推其所以而詳言之, 蓋古之聖人, 將以天下與人, 未嘗不以其治之之法, 幷而傳之, 其見於經者如此. 後之人君, 其可不深思而敬守之哉.

'심(心)'이라는 것은 사람의 지각이니, 마음속에 중심하여 외부에 대응하는 것이다. 형기(形氣)에서 나온 것을 가리켜서 말하면 '인심(人心)'이라 이르고, 의리(義理)에서 나온 것을 가리켜서 말하면 '도심(道心)'이라고 이른다. 인심(人心)은 사사롭기 쉽고 공정하기가 어렵기 때문에 위태한 것이며, 도심(道心)은 밝히기 어렵고 어둡기가 쉽기 때문에 은미한 것이다. 오직 정밀하게 살펴서 형기(形氣)의 사사로움을 섞이지 않게 하고, 한결같이 지켜서 의리의 바름에 순수하여 도심(道心)이 항상 주체가 되고 인심(人心)이 명령을 들어 따르면 위태한 것이 편안해지고 은미한 것이 드러나서 일상의 행동과 말하고 하는 일이 자연스럽게 지나치고 미치지 못함의 실수가 없어서 진실로 그 중도(中道)를 잡을 수 있는 것이다. 요(堯)가 순(舜)에게 말함에 다만 '윤집궐중(允執其中)'을 말하였는데, 이제 순(舜)이 우(禹)에게 명함에 또 그 까닭을 미루면서 자세히 말하였으니, 대개 옛날 성인(聖人)이 장차 천하를 남에게 주려고 함에 일찍이 다스리는 법을 아울러 전하지 않은 적이 없었으니, 그것이 경전(經傳)에 보인 것이 이와 같은 것이다. 후세의 임금들이 깊이 생각하여 공경히 지키지 않을 수 있겠는가.

詳說

○ 按, 『朱子大全』, '發', 作'生'; '者'上, 有'之私'二字.1093)

1093) 『주자대전(朱子大全)』 권65, 「잡저(雜著)·상서(尙書)·대우모(大禹謨)」. "'心'者, 人之知覺, 主於身而應事物者也. 指其生於形氣之私者而言, 則謂之'人心'; 指其發於義理之公者而言, 則謂之'道心'. 人心易動而難反, 故危而不安; 義理難明而易昧, 故微而不顯. 惟能省察於二者公私之間, 以致其精, 而不使其有毫釐之雜; 持守於道心微妙之本, 以致其一, 而不使其有頃刻之離, 則其日用之間, 思慮動作, 自無過不及之差, 而信能執其中矣. 堯之告舜, 但曰'允執厥中', 而舜之命禹, 又推其本末而詳言之, 蓋古之聖人, 將以天下與人, 未嘗不以其治之之法, 幷而傳之, 其可見於經者, 不過如此, 後之人君, 其可不深畏而敬守之哉.('심'이라는 것은 사람의 지각이니, 몸에 중심하여 사물에 대응하는 것이다. 그 형기의 사사로운 것에서 생긴 것을 가리켜서 말하면 '인심'이라 이르고, 그 의리의 공변된 것에서 나온 것을 가리켜서 말하면 '도심'이라고 이른다. 인심은 움직이기 쉽고 되돌리기가 어렵기 때문에 위태하여 불안하며, 의리는 밝히기 어렵고 어둡기가 쉽기 때문에 은미하여 드러나지 않는 것이다. 오직 능히 두 가지의 공변됨과 사사로움의 사이를 살펴서 그 정밀함을 이루어 털끝만큼의 섞임이 있게 하지 않고, 도심의 미묘한 근본을 잘 지켜서 그 한결같음을 이루어 짧은 시각이라도 떠남이 있지 않게 하면 날로 쓰는 사이에 사려하고 동작함에 자연스럽게 지나치고 미치지 못하는 실수가 없어서 진실로 그 중도를 잡을 수 있는 것이다. 요가 순에게 말함에 다만 '윤집궐중'을 말하

'지기발어형기자(指其發於形氣者)'에 대해, 살펴보건대, 『주자대전(朱子大全)』에는 '발(發)'은 '생(生)'으로 썼으며, '자(者)' 위에 '지사(之私)' 두 글자가 있다.

○ 朱子曰 : "口·鼻·耳·目·四肢之屬."1094)
주자(朱子: 朱熹)가 말하였다. "입과 코와 귀와 눈과 사지(四肢)의 붙이이다."

○ 南塘曰 : "九峯改註, 直云:'發於形氣, 則認作心上氣', 勉齋又爲氣動理隨·理動氣挾之論, 其以人心·道心分屬理氣之發, 實自九峯·勉齋始, 其後東陽許氏·雲峯胡氏祖述之. 至退·牛兩先生. 又益主張之, 使理氣二物, 判然有離合, 幸賴栗谷先生, 明辨其說. 曰:'發之者, 氣也; 所以發者, 理也. 氣發理乘, 一道之外, 更無他歧', 與孟子道'性善'同功. 近聞玄石朴公之論, 以爲退翁之言不可盡棄, 栗翁之言不可盡從, 其言又支離破碎, 而先生·長者, 亦有主張此論者云. 識者之憂歎, 庸有極乎."1095)

였는데, 순이 우에게 명함에 또 그 본말을 미루면서 자세히 말하였으니, 대개 옛날 성인이 장차 천하를 남에게 주려고 함에 일찍이 다스리는 법을 아울러 전하지 않은 적이 없었으니, 그것을 경전에서 볼 수 있는 것은 이와 같음에 지나지 않는다. 후세의 임금들이 깊이 두려워하여 공경히 지키지 않을 수 있겠는가.")

1094) 호광(胡廣) 등 찬, 『서경대전(書經大全)』의 소주에서 발췌한 것이다. 그 전문은 다음과 같다. "'問'人心, 是形氣之私; 形氣, 則是口·鼻·耳·目·四肢之屬.' 朱子曰:'固是.'又問:'如此則未可便謂之私欲.' 曰:'但此數段事, 屬自家體段上, 便是私有底物, 不比道便公共, 故上面便有箇私底根本. 且如危, 亦未便是不好, 只是有箇不好底根本.'('인심은 형기의 사사로움이니, 형기는 입과 코와 귀와 눈과 사지의 붙이이다.'에 대해서 물었는데, 주자가 말하였다. '진실로 옳다.' 또 물었다. '이와 같다면 곧 사욕이라고 이를 수 없을 것입니다.' 말하였다. '다만 이 몇 가지의 일은 자신의 몸에 속하는 것이니, 곧 사사롭게 지니고 있는 것이며, 도가 공공적인 것과는 비교할 수 없기 때문에 위에 사사로운 근본이 있는 것이다. 또 위태함과 같은 것은 또한 바로 좋지 않음이 아니고 다만 좋지 않음의 근본이 있는 것이다.')"이는 『주자어류(朱子語類)』권62,「중용일(中庸一)·장구서(章句序)」에서 발췌한 것이다. 그 전문은 다음과 같다. "問:'先生説, 人心, 是形氣之私; 形氣, 則是口·鼻·耳·目·四肢之屬.' 曰:'固是.' 問:'如此, 則未可便謂之私?' 曰:'但此數件物事屬自家體段上, 便是私有底物; 不比道, 便公共. 故上面便有箇私底根本. 且如危, 亦未便是不好, 只是有箇不好底根本.'(물었다. '선생의 말에 인심은 형기의 사사로움이고, 형기는 입과 코와 귀와 눈과 사지의 붙이이라고 하였습니다.' 말하였다. '….')"

1095) 한원진(韓元震), 『남당선생문집(南塘先生文集)』권30, 「잡저(雜著)·인심도심설(人心道心說)」에서 발췌한 것이다. 그 내용은 다음과 같다. "夫心一而已矣, 而其所以有人心·道心之不同, 何歟. … 故九峯則於「禹謨」註, 改'生'字, 以去'私'字, '私'字, 本自有意思, 則其指耳目口體而言者, 又煞分明矣. 今去'私'字, 而直云:'發於形氣, 則其認作心上氣', 後人亦難爲回互矣. 勉齋則又喜談'發於形氣, 而又推而爲氣動理隨·理動氣挾之論, 則其以人心·道心分屬理氣之發, 實自九峯·勉齋始矣, 眞所謂七十子未喪而大義先乖者也. 其後東陽許氏·雲峯胡氏之說, 尊信之祖述之矣. 及至我退·兩先生, 則又益主張之推衍之, 使理氣二物, 判然有離合, 而不復見其有渾融無閒之妙, 其弊可勝言哉. 幸賴我栗谷先生, 不由師傳, 默契道眞, 其於理氣不相離之妙, 人心無二本之處, 灼然自見, 故勇往直前, 明辨其說, 而其言曰:'發之者, 氣也; 所以發者, 理也. 氣發理乘, 一道之外, 更無他歧, 其言的確渾圓, 顚撲不破, 而雖建天地而不悖, 俟後聖而不惑矣, 直可與孟子之道'性善'·周子之言'無極', 同功而齊稱矣. 但於此'形氣'二字, 亦未深察, 故其於牛溪之問詰, 終未能說破, 而又不得不爲主理主氣, 微有兩邊底言以遷就之. 又嫌其語意有欠直截, 則遂以人心爲拚於形氣, 道心爲氣不用事,

남당(南塘: 韓元震)1096)이 말하였다. "구봉(九峯: 蔡沈)이 주자(朱子)의 주(註)를 고쳐서 곧바로 이르기를, '형기(形氣)를 드러내면 마음의 기운이라고 알게 된다.'고 하였으며, 면재(勉齋: 黃榦)1097)는 또 기(氣)가 움직임에 리(理)가 따르고 리(理)가 움직임에 기(氣)가 개입한다는 말을 하여 인심(人心)과 도심(道心)으로 나누어 이기(理氣)의 드러남에 속하게 하였으나 실제로는 구봉(九峯)과 면재(勉齋)로부터 시작하였고, 그 뒤에 동양 허씨(東陽許氏: 許謙)1098)와 운봉 호씨(雲峯胡氏: 胡炳文)1099)가 그것을 본받아서 서술하였다. 퇴계(退溪: 李滉)1100)와 우계(牛溪: 成渾)1101)의 두 선생에 이르러 또 더욱 주장하여 이기(理氣)의 두 가지

人心可善可可惡, 則不可直謂之揜於形氣. 凡情之發, 莫非氣發, 則道心不可謂氣不用事耳, 而皆不免爲後學之疑, 亦終不能折服牛溪之口, 是可恨也. 繼栗谷而興者, 又無分明詖破此'形氣'二字, 而追補其所未言者, 使其氣發理乘一途之言, 發揮昭著, 人無異辭, 則此又重可恨也. 近又竊聞玄石朴公之論, 以爲退翁之言不可盡棄, 栗翁之言不可盡從, 遂於兩家之言, 務爲公聽幷觀, 參合折衷之計, 而其言又支離破碎, 而益遠於栗翁, 反下於退溪, 而要其旨意之歸宿, 則不過以人心爲形氣之發而以道心爲形氣中之理而已. 世之學者, 見其說出於退·栗之後, 而又樂其渾全周遍, 以爲此眞天下必然之理而卽大舜用中之道也. 匍匐歸之者爲衆, 而退·栗兩是非之論, 近日先生·長者亦有主張此論者云. 遂固緬平世而未可容易打倒矣, 識者之憂歎, 庸有極乎. 若推本其弊源之所從起, 則依然只那'形氣'二字爲之祟耳. 一字不明之害, 至於此, 則學者之讀聖賢書者, 其可一字有忽乎. 乙酉臘月下澣, 書于牛灘精舍.(무릇 마음은 하나일 따름이다. 그 인심과 도심이 같지 않은 까닭은 무엇인가. … 그러므로 구봉이 「대우모」의 주에서 ….)"

1096) 남당(南塘 : 韓元震): 한원진(1682-1751)은 조선 후기 학자로 자가 덕소(德昭)이고, 호가 남당(南塘)이며, 본관이 청주(淸州)이다. 숙종 때 학행(學行)으로 천거되어 벼슬에 올랐으며, 권상하(權尙夏)의 강문팔학사(江門八學士) 가운데 한 사람으로 호론(湖論)의 인물성이론(人物性異論)을 주장하였다. 저서로는 『남당집(南塘集)』 외에 『역학계몽(易學啓蒙)』·『역학답문(易學答問)』·『주자언론동이고(朱子言論同異攷)』·『제천제영(堤川題詠)』등이 있다.
1097) 면재(勉齋: 黃榦): 황간(1152-1221)은 송대 학자로 자가 직경(直卿)이고, 호가 면재(勉齋)·삼산(三山)이고, 시호가 문숙(文肅)이며, 복주민현(福州閩縣) 사람이다. 황瑀(黃瑀)의 넷째 아들로 어려서부터 총영(聰穎)하였고, 1175년에 유청지(劉淸之)에게 배움을 청하였는데 기발한 재능을 본 유청지가 주자에게 학업을 배우도록 권하여 주자의 문하에 들어가서 공부하였으며, 뒤에 주자의 사위가 되었다. 주자의 학문을 지극하게 터득하여 주자의 4대 제자 가운데 한 명으로 추존되었다. 저서로는 『황면재문집(黃勉齋文集)』외에 『논어통석(論語通釋)』·『맹자강의(孟子講義)』등이 포함된 『오경강의(五經講義)』·『사서기문(四書紀聞)』등이 있으며, 『주자행장(朱子行狀)』을 지었다.
1098) 동양 허씨(東陽許氏 : 許謙): 허겸(1269-1337)은 원대 학자로, 자가 익지(益之)이고, 호가 백운(白雲) 또는 백운산인(白雲山人)이며, 절강성(浙江省) 동양(東陽) 사람이다. 어려서 어머니 도씨(陶氏)가 『효경(孝經)』·『논어(論語)』를 입으로 전수하여 공부를 시작하였고, 김이상(金履祥)의 문하에서 수학하였으며, 북산사선생(北山四先生)의 한 사람이 되었다. 저서로는 『백운집(白雲集)』·『시집전명물초(詩集傳名物鈔)』·『독사서총설(讀四書叢說)』·『독서총설(讀書叢說)』·『관사치홀기미(觀史治忽機微)』등이 있다.
1099) 운봉 호씨(雲峯胡氏: 胡炳文): 호병문(1250-1333)은 중국 원나라 때 학자로, 자는 중호(仲虎)이고, 호는 운봉(雲峯)이며, 무원고천(婺源考川) 사람이다. 주자학(朱子學)과 역학(易學) 공부에 조예가 있었으며, 저서로는 『운봉집(雲峯集)』·『사서통(四書通)』·『주역본의통석(周易本義通釋)』·『서집해(書集解)』·『춘추집해(春秋集解)』·『에서찬술(禮書纂述)』·『순정몽구(純正蒙求)』등이 있다.
1100) 퇴계(退溪: 李滉): 이황(151-1570)은 조선 중기의 학자로 본관이 진보(眞寶), 초명이 서홍(瑞鴻), 자가 경호(景浩), 처음에 계호(季浩), 호가 퇴계(退溪) 퇴옹(退翁), 시호가 문순(文純)이다. 저서로는 『퇴계집』·『주자서절요(朱子書節要)』등이 있다.
1101) 우계(牛溪: 成渾): 성혼(1535-1598)은 조선 중기의 학자로, 자가 호원(浩原)이고, 호가 우계(牛溪) 또는 묵암(默庵)이며, 본관이 창녕(昌寧)이다. 아버지는 성수침(成守琛)이고, 어머니는 파평윤씨(坡平尹氏)로 판관 윤사원(尹士元)의 딸이다. 서울 순화방(順和坊: 종로구 순화동)에서 태어났으며, 경기도 파주 우계에서 살았다. 명종 6년(1551)에 생원과 진사과의 초시에 모두 합격했으나 복시에는 응시하지 않고 학문에 전념하였다. 백인걸(白仁傑)의 문하에서 배웠고, 동향의 이이(李珥)와 친하게 사귀었으며, 이황(李滉)과 교유하였다. 저서로는 『우계집(牛溪集)』과 『주문지결(朱門旨訣)』·『위학지방(爲學之方)』등이 있다.

물건으로 하여금 확실하게 떨어지고 합하게 함이 있었으나 다행히 율곡(栗谷: 李珥)1102)선생에 힘입어서 그 말을 분명하게 분별되었다. '드러나는 것은 기(氣)이고, 드러나는 까닭은 리(理)이니, 기가 드러남에 리(理)가 탄다는 것은 한결같은 도리의 밖이어서 다시 다른 길이 없다.'고 말하였는데, 맹자(孟子)가 '성선(性善)'을 말한 것과 같은 일이다. 근래에 현석(玄石) 박공(朴公: 朴世采)1103)의 논변을 들어보니, 퇴옹(退翁: 李滉)은 다 버려서는 안 된다 하고 율옹(栗翁: 李珥)은 다 좇아서는 안 된다고 말하였다 하여 그 말이 또 갈가리 흩어지고 찢기며 깨지고 부서졌는데 선생과 큰 학자에도 또한 이러한 논조를 주장하는 이가 있었다. 학식과 식견 있는 이의 우환과 탄식이 어찌 극진이 있는가.)"

○ 按, 『朱子大全』, '者'上有'之公'二字.1104)
'지기발어의리자(指其發於義理者)'에 대해, 살펴보건대, 『주자대전(朱子大全)』에는 '자(者)' 위에 '지동(之公)'의 두 글자가 있다.

○ 程子曰：“仁義禮智之心.”1105)
'즉위지도심(則謂之道心)'에 대해, 정자(程子: 程頤)가 말하였다. "인의예지(仁義禮智)의 마음이다."

○ 朱子曰：“'人心'者, 氣質之心也；'道心'者, 兼得理在裏面.”1106) ○又曰：“道心爲主, 則人心亦化而爲道心, 「鄕黨」所記

1102) 율곡(栗谷: 李珥): 이이(1536-1584)는 조선 중기의 학자로 자가 숙헌(叔獻)이고, 호가 율곡(栗谷) 또는 석담(石潭)·우재(愚齋)이며, 본관이 덕수(德水)이다. 아버지는 증좌찬성 이원수(李元秀)이고, 어머니는 사임당 신씨(師任堂 申氏)이다. 명종 3년(1548)에 진사시에 합격하였고, 성혼과 사귀었으며, 이황과 교유하였다. 저서로는 『율곡집』 외에 『성학집요(聖學輯要)』·『격몽요결(擊蒙要訣)』·『기자실기(箕子實記)』·『학교모범(學校模範)』 등이 있다.
1103) 현석(玄石) 박공(朴公: 朴世采): 박세채(1631-1695)는 조선 후기의 학자로 자가 화숙(和叔)이고, 호가 현석(玄石) 또는 남계(南溪)이며, 본관이 반남(潘南)이다. 박세당(朴世堂)과 친족이며, 송시열(宋時烈)의 손자 송순석(宋淳錫)이 그의 사위이다. 송시열 이후 소론의 수장으로 되어 활동하였다. 저서로는 『남계독서기(南溪讀書記)』·『대학보유변(大學補遺辨)』·『심경요해(心經要解)』·『시경요의(詩經要義)』·『춘추보편(春秋補編)』·『남계예설(南溪禮說)』·『주자대전습유(朱子大全拾遺)』·『범학전편(範學全編)』·『학법총설(學法總說)』·『양명학변(陽明學辨)』·『남계수필록(南溪隨筆錄)』 등이 있다.
1104) 주 146과 같음.
1105) 호광(胡廣) 등 찬, 『서경대전(書經大全)』의 소주에서 발췌한 것이다. 그 전문은 다음과 같다. "程子曰：'人心, 是血氣做成, 故危；道心, 則是本來稟受, 得仁義禮智之心, 聖人以此.'(정자가 말하였다. '인심은 혈기가 만들어 이루어졌기 때문에 위험하고, 도심은 본래 타고나서 인의예지의 마음을 얻은 것이니, 성인이 이것으로써 한다.')" 이는 『주자어류(朱子語類)』 권78, 「상서일(尙書一)·대우모(大禹謨)」에서 발췌한 것이다.
1106) 『주자어류(朱子語類)』 권78, 「상서일(尙書一)·대우모(大禹謨)」에서 발췌한 것이다. 그 전문은 다음과 같다. "'人心'者, 氣質之心也, 可爲善, 可爲不善；'道心'者, 兼得理在裏面. '惟精', 是無雜；'惟一', 是終始不變, 乃能允執厥中.('인심'이라는 것은 기질의 마음이니 착할 수도 있고 착하지 않을 수도 있으며, '도심'이라는 것은 리를 아울러 얻어서 내면이 있는 것이다. ….)"

飮食衣服, 本是人心之發, 在聖人分上, 則渾是道心也."[1107]

주자(朱子: 朱熹)가 말하였다. "'인심(人心)'이라는 것은 기질의 마음이고, '도심(道心)'이라는 것은 아울러 리(理)를 얻어서 안에 있는 것이다." ○또 말하였다. "도심(道心)이 으뜸이 되면 인심(人心)은 또한 감화되어 도심(道心)이 된다. 「향당(鄕黨)」에 기재된 음식과 의복[1108]은 본래 인심(人心)의 드러남이나 성인(聖人)의 분수에 있어서는 곧 모두 도심(道心)이다."

○ 去聲, 下同.

'이(易)'는 거성(去聲: 쉽다)이니, 아래도 같다.

○ 朱子曰 : "'危'者, 危險, 欲墮·未墮之間, 若無道心以御之, 則一向入於邪惡, 又不止於危也."[1109]

'고위(故危)'에 대해, 주자(朱子: 朱熹)가 말하였다. "'위(危)'라는 것은 위험함이니, 떨어지려 하거나 아직 떨어지지 않은 사이에서 만약 도심(道心)으로써 다스리면 한결같이 사악함에 들어감이 없고 또 위험함에 머무르지 않는 것이다."

○ 朱子曰 : "惻隱·羞惡, 有時發見些子, 有時又不見了."[1110]

1107) 호광(胡廣) 등 찬, 『서경대전(書經大全)』의 소주에서 발췌한 것이다. 그 전문은 다음과 같다. "問: '人心·道心, 旣云上智何以更有人心.' 曰: '掐著痛抓著痒, 此是人心如何. 人自有人心·道心, 一箇生於血氣, 一箇生於理. 飢寒·痛痒, 此人心也; 惻隱·羞惡, 是非辭遜, 此道心也. 雖上智, 亦同一, 則危殆而難, 安一微妙; 而難見, 必使道心, 常爲一身之主, 而人心每聽命焉, 乃善也.'(물었다. ….)"; "道心爲主, 則人心亦化而爲道心矣. 如「鄕黨」所記飮食·衣服, 本是人心之發, 在聖人分上, 則渾是道心也.(도심이 으뜸이 되면 인심은 또한 감화되어 도심이 된다. 「향당」에 기재된 음식과 의복은 본래 인심의 드러남이나 성인의 분수에 있어서는 곧 모두 도심이다.)"; "但謂之人心, 則固未以爲悉皆邪惡; 但謂之危, 則固未以爲便至凶咎, 但旣不主於理而主於形, 則其流爲邪惡, 以至凶咎, 亦不難矣. 此其所以爲危, 非若道心之必善, 而無惡有安, 而無傾有准, 的而可據依也. 故必致精一於此兩者之間, 使公而無不善者, 常爲一身萬事之主, 而私而或不善者, 不得與焉, 則凡所云發, 不待擇於過不及之間, 而自然無不中矣.(다만 인심이라고 이르면 ….)"; "人心亦未全不好, 故只言危, 蓋從形體上言, 泛泛無定向, 故言其危. 聖人不以人心爲主, 而以道心爲主, 蓋人心倚靠不得人心, 如船道心如柁, 任船則所在無定向, 若執定柁則去住在我.(인심은 또한 온전하지 못하여 좋지 못하기 때문에 단지 위험하다고 말하였으니, ….)"; "道心, 是義理上發出來底; 人心, 是人身上發出來底. 雖聖人不能無人心, 如飢倦渴飮之類; 雖小人不能無道心, 如惻隱之心, 是問如何. 是惟微曰是道心, 暑瞥見些子便失了底意思, 惟危是人心, 旣從形骸上, 發出來易得流於惡.(도심은 의리상에서 나온 것이고, ….)" 이는 『주자어류(朱子語類)』 권62, 「중용일(中庸一)·장구서(章句序)」.; 『주자대전(朱子大全)』 권51, 「서(書)·답황자경(答黃子耕)·별지(別紙)」.; 『주자대전(朱子大全)』 권44, 「서(書)·답채계통(答蔡季通)」.; 『주자어류(朱子語類)』 권78, 「상서일(尙書一)·대우모(大禹謨)」.; 위와 같은 곳에서 발췌한 것이다.
1108) 「향당(鄕黨)」에 기록된 음식과 의복: 『논어집주대전(論語集註大全)』 권10, 「향당(鄕黨)」 참조.
1109) 호광(胡廣) 등 찬, 『서경대전(書經大全)』의 소주에서 발췌한 것이다. 그 전문은 다음과 같다. "問'程子曰: 人心, 人欲也.' 曰: '人心也, 未全是不好. 謂之危者, 危險, 欲墮未墮之間, 非有道心以御之, 則一向入於邪惡, 又不止於危也.'('정자가 말하기를 인심은 인욕이라'고 한 것에 대해서 물었는데, 말하였다. '인심은 온전하지 못하여 좋지 못하다. 위라는 것은 위험함이니, 떨어지려 하거나 아직 떨어지지 않은 사이에서 만약 도심으로써 다스리면 한결같이 사악함에 들어감이 없고, 또 위험함에 머무르지 않는 것이다.')"
1110) 『주자어류(朱子語類)』 권78, 「상서일(尙書一)·대우모(大禹謨)」에서 발췌한 것이다. 그 전문은 다음과 같

'고미(故微)'에 대해, 주자(朱子: 朱熹)가 말하였다. "측은(惻隱: 가엾고 불쌍히 여김)과 수오(羞惡: 부끄럽게 여기고 미워함)는 때때로 조금 드러나지만, 때때로 또 보지 못하는 것이다."

○ 朱子曰 : "識別得人心·道心."1111)
'유능정이찰지(惟能精而察之)'에 대해, 주자(朱子: 朱熹)가 말하였다. "인심(人心)과 도심(道心)을 식별할 수 있다."

○ 朱子曰 : "'擇善', '惟精'; '固執', '惟一'. '明辨', '惟精'; '篤行', '惟一'. '明善', '惟精'; '誠身', '惟一'. '格致', '惟精'; '誠意', '惟一'. 經中, 此意極多."1112)
'이순호의리지정(而純乎義理之正)'에 대해, 주자(朱子: 朱熹)가 말하였다. "'택선(擇善)'은 '유정(惟精)'이고, '고집(固執)'은 '유일(惟一)'이다. '명변(明辨)'은 '유정(惟精)'이고, '독행(篤行)'은 '유일(惟一)'이다. '명선(明善)'은 '유정(惟精)'이고, '성신(誠身)'은 '유일(惟一)'이다. '격물치지(格物致知)'는 '유정(惟精)'이고, '성의

다. '人心亦只是一箇. 知覺從饑食渴飮, 便是人心; 知覺從君臣·父子處, 便是道心. 微, 是微妙, 亦是微晦. 又曰: '形骸上起底見識, [或作從形體上生出來底見識] 便是人心; 義理上起底見識, [或作就道理上生出來底見識] 便是道心. 心則一也, 微則難明. 有時發見些子, 使自家見得, 有時又不見了. 惟聖人便辨之精, 守得徹頭徹尾, 學者則須是擇善而固執之.'(인심은 또한 다만 한 개이다. 굶주리면 먹고 목마르면 마시는 것부터 알아 깨닫는 것이 인심이고, 임금과 신하, 아버지와 아들에 처함부터 알아 깨닫는 것이 도심이다. 미는 미묘함이고, 또한 은미하여 어두움'이다. 또 말하였다. '형체에서 일어나는 견식이 [생략] 곧 인심이고, 의리에서 일어나는 견식이 [생략] 곧 도심이다. 마음은 하나이고, 미묘한 것은 밝히기 어렵다. 때때로 조금 드러나서 스스로 보게 할 수 있지만 때때로 또 보지 못하는 것이다. 오직 성인이라야 분별함이 정밀하여 해득함이 철두철미하니, 배우는 이는 모름지기 선함을 가려서 굳게 잡아야 한다.')
1111)『주자어류(朱子語類)』권78, 「상서일(尙書一)·대우모(大禹謨)」에서 발췌한 것이다. 그 전문은 다음과 같다. "'精', 是識別得人心·道心; '一', 是常守得定. '允執', 只是箇眞知.('정'은 인심과 도심을 알아서 구별하는 것이고, '일'은 항상 지켜서 안정되는 것이다. '윤집'은 다만 참된 앎이다.")
1112)『주자어류(朱子語類)』권78, 「상서일(尙書一)·대우모(大禹謨)」에서 발췌한 것이다. 그 전문은 다음과 같다. "程子曰:'人心人欲, 故危殆; 道心天理, 故精微. 惟精以致之, 惟一以守之, 如此方能執中.' 此言盡之矣. '惟精'者, 精審之而勿雜也; '惟一'者, 有首有尾, 專一也. 此自堯·舜以來所傳, 未有他議論, 先有此言. 聖人心法, 無人易此. 經中此意極多, 所謂'擇善而固執'之'擇善', 卽'惟精'也; '固執', 卽'惟一'也. 又如'博學之, 審問之, 謹思之, 明辨之', 皆'惟精'也; '篤行', 又是'惟一'也. 又如'明善', 是'惟精'也; '誠之', 便是'惟一'也. 『大學』'致知''格物', 非'惟精', 不可能; '誠意', 則'惟一'矣. '學', 則是學此道理. 孟子以後, 失其傳, 亦只是失此.(정자가 말하기를, '인심은 사람의 욕구이기 때문에 위태하고, 도심은 천리이기 때문에 정미하다. 오직 정밀해야 이를 수 있고, 오직 한결같아야 지킬 수 있는 것이니, 이와 같이 바야흐로 중용을 잡을 수 있다.'고 하였는데, 이 말은 극진하다. '유정'이라는 것은 정밀하게 살펴서 섞이지 않은 것이고, '유일'이라는 것은 머리를 두고 꼬리를 둠에 오로지 한결같은 것이다. 이것은 요와 순으로부터 이래로 전해온 것으로 다른 의논이 있지 않고 먼저 이 말만 있었다. 성인의 심법이니 이것을 바꿀 수 없다. 경서 가운데 이런 뜻은 매우 많으니, 이른바 '선함을 가려서 굳게 잡음'의 '택선'은 곧 '유정'이고, '고집'은 곧 '유일'이다. 또 '널리 배우고, 자세히 묻고, 삼가 생각하고, 밝게 분별함'은 모두 '유정'이고, '독행'은 또 '유일'이다. 또 '명선' 같은 것은 '유정'이고, '성지'는 바로 '유일'이다. '대학'의 '치지'와 '격물'은 '유정'이 아니면 할 수 없으며, '성의'는 '유일'이다. '학'이란 곧 이 도리를 배우는 것이다. 맹자 이후에 그 전함을 잃은 것은 또한 다만 이것을 잃은 것이다.")

(誠意)'는 '유일(惟一)'이다. 경서(經書) 가운데에는 이 뜻이 매우 많다."

○ 朱子曰 : "'人心', 如卒徒 ; '道心', 如將."1113)
'이인심청명언(而人心聽命焉)'에 대해, 주자(朱子: 朱熹)가 말하였다. "'인심(人心)'은 부하 군졸과 같고, '도심(道心)'은 장수와 같은 것이다."

○ 朱子曰 : "'人心'·'道心'·'精一'三句, 是'允執厥中'以前事."1114)
'이신능집기중의(而信能執其中矣)'에 대해, 주자(朱子: 朱熹)가 말하였다. "'인심(人心)'과 '도심(道心)'과 '정일(精一)'의 세 구는 '윤집궐중(允執厥中)' 이전의 일이다."

○ 一作'厥'.1115)
'기(其)'는 어떤 판본에는 '궐(厥)'로 썼다.

○ 見『論語』「堯曰」.1116)
'윤집기중(允執其中)'은 『논어(論語)』「요왈(堯曰)」에 보인다.

○ 所以能中之道. ○按, '所以'二字, 『朱子大全』, 作'本末'.1117)

1113) 『주자어류(朱子語類)』 권78, 「상서일(尙書一)·대우모(大禹謨)」에서 수용한 것이다.
1114) 호광(胡廣) 등 찬, 『서경대전(書經大全)』의 소주에서 발췌한 것이다. 그 내용은 다음과 같다. "問: '道心者, 喜怒哀樂未發之時, 所謂寂然不動者也 ; 人心者, 喜怒哀樂已發之時, 所謂感而遂通者也. 人當精審專一, 無過不及則中矣.' 曰: '恁地則人心·道心不明白. 人心, 人欲也. 危者, 危殆也. 道心, 天理也. 微者, 精微也. … '中', 只是箇恰好底道理. 堯告舜, 只這一句. 舜告禹, 又添人心·道心·精一三句, 又較子細. 三句, 是允執厥中以前事, 是舜告禹做工夫處. 堯告舜一句, 是舜已曉得那三句了, 不須更告. …'(물었다. '….' 말하였다. '이와 같이 인심과 도심은 명백하지 않다. 인심이라는 것은 사람의 욕심이다. 위라는 것은 위태함이다. 도심이라는 것은 천리이다. 미라는 것은 정미함이다. … '중'은 매우 좋은 도리이다. 요가 순에게 말함에 다만 이 한 구절로 하였다. 순이 우에게 말함에는 또 인심과 도심과 정일의 세 구절을 더하여 또 비교적 자세하였다. 세 구절은 윤집궐중 이전의 일이니, 순이 우에게 말하여 공부하게 한 곳이다. 요가 순에게 한 구절을 말하였는데, 이는 순이 이미 세 구절을 알고 있어서 모름지기 다시 말하지 않았다. ….')" 이는 『주자어류(朱子語類)』 권78, 「상서일(尙書一)·대우모(大禹謨)」에서 발췌한 것이다. 그 내용은 다음과 같다. "林恭甫說: '允執厥中, 未明.' 先生曰: '中, 只是箇恰好底道理. 允, 信也, 是眞箇執得. 堯當時告舜時, 只說這一句. 後來舜告禹, 又添得人心惟危, 道心惟微, 惟精惟一三句, 是舜說得又較子細. 這三句是允執厥中以前事, 是舜教禹做工夫處. 說道人心惟危, 道心惟微, 須是惟精惟一, 方能允執厥中. 堯當時告舜, 只說一句. 是時舜已曉得那箇了, 所以不復更說. 舜告舜時, 便是怕禹尙未曉得, 故恁地說. …'(임공보가 말하기를, ….)"
1115) 출처가 자세하지 않다.
1116) 『논어집주대전(論語集註大全)』 권20, 「요왈(堯曰)」. "堯曰 : '咨. 爾舜. 天之歷數, 在爾躬, 允執其中. 四海困窮, 天祿永終.' 舜亦以命禹.(요임금이 말하였다. '아! 그대 순이여. 하늘의 역수가 너의 몸에 있으니, 진실로 그 중용을 잡아라. 사해가 곤궁하면 하늘의 복록이 영원히 끝날 것이다.' 순임금도 또한 우에게 명하였다.)"
1117) 주 146과 같음.

'우추기소이(又推其所以)'에의 경우, 능히 중용(中庸)하는 도이기 때문이다. ○살펴보건대, '소이(所以)'의 두 글자는 『주자대전(朱子大全)』에는 '본말(本末)'로 썼다.

○ 益以三言.
'이상언지(而詳言之)'에서 볼 때, 세 가지를 더하여 말하였다.

○ 去聲.
'병(幷)'은 거성(去聲: 아울러, 함께)이다.

○ 音現.
'현(見)'은 음이 현(現)이다.

○ '堯之'以下, 論也, 而'敬'一字, 尤有力於中云.
'기가불심사이경수지재(其可不深思而敬守之哉)'에서 볼 때, '요지(堯之)'의 이하는 논변한 것인데, '경(敬)'의 한 글자는 더욱 중(中)에 힘을 줌이 있다.

[2-1-3-16]

無稽之言, 勿聽; 弗詢之謀, 勿庸.

상고함이 없는 말을 듣지 말며, 묻지 않은 계책을 쓰지 말라.

集傳

'無稽'者, 不考於古; '弗詢'者, 不咨於衆, 言之無據, 謀之自專, 是皆一人之私心, 必非天下之公論, 皆妨政害治之大者也. '言', 謂泛言, 勿聽, 可矣; '謀', 謂計事, 故又戒其勿用也. 上文, 旣言存心出治之本, 此又告之以聽言處事之要, 內外相資而治道備矣.

'무계(無稽)'라는 것은 옛것을 상고하지 않음이고, '불순(弗詢)'이라는 것은 많은 사람들에게 묻지 않음이니, 말의 근거 없음과 계책의 스스로 전횡(專橫)함은 모두 한 사람의 사사로운 마음이고 반드시 천하의 공변된 말이 아니니, 모두 정사를 방해하고 다스림을 훼방하는 큰일이다. '언(言)'은 보통 두루 하는 말이니 듣지 않는 것이 옳고, '모(謀)'는 일을 계획함을 이르기 때문에 또 쓰지 말라고 경계한 것이다. 윗글에서 이미 마음을 보존하여 다스림을 내는 근본을 말하였고, 여기서는 또 말을 듣고 일을 처리하는 요점을 말하였으니, 안과 밖에 서로 밑천으로 삼아서 다스리는 방도가 갖추어진 것이다.

詳說

○ 人心之流於惡者.
'시개일인지사심(是皆一人之私心)'의 경우, 사람 마음이 악(惡)으로 흘러가는 것이다.

○ 去聲, 下並同.
'치(治)'는 거성(去聲: 다스리다)이니, 아래도 아울러 같다.

○ 用重於聽.
'고우계기물용야(故又戒其勿用也)'의 경우, 씀이 들음보다 중요한 것이다.

○ 精一·執中.
'기언존심출치지본(既言存心出治之本)'의 경우, 정일(精一)과 집중(執中)이다.

○ 上聲.
'처(處)'는 상성(上聲: 거주하다, 머무르다)이다.

○ 論也.
'내외상자이치도비의(內外相資而治道備矣)'에서 볼 때, 논변한 것이다.

○ 陳氏經曰 : "'勿聽'·'勿用', 所以守護, 此中而勿失之."[1118]
진씨 경(陳氏經: 陳經)이 말하였다. "'물청(勿聽)'과 '물용(勿用)'은 지키고 보호함이니, 이것이 중용(中庸)하여 잃지 않는 것이다."

[1118] 호광(胡廣) 등 찬, 『서경대전(書經大全)』의 소주를 수용한 것이다.

[2-1-3-17]

可愛, 非君; 可畏, 非民. 衆非元后, 何戴, 后非衆, 罔與守邦, 欽哉, 愼乃有位, 敬修其可願. 四海困窮, 天祿永終. 惟口出好, 興戎, 朕言不再.

사랑할 만한 것은 임금이 아니며, 두려워할 만한 것은 백성이 아니겠는가. 민중은 큰 제후가 아니면 누구를 떠받들며, 큰 제후는 민중이 아니면 함께 나라를 지킬 수 없으니, 공경하여 네가 가진 지위를 삼가서 백성들이 원할 만한 것을 공경히 수행하라. 온 천하가 곤궁하면 하늘의 복이 영원히 끝날 것이다. 오직 입은 우호(友好)를 내기도 하고 전쟁도 일으키기도 하니, 짐은 말을 다시 하지 않을 것이다."

集傳

可愛非君乎. 可畏非民乎. 衆非君, 則何所奉戴; 君非民, 則誰與守邦. '欽哉', 言不可不敬也. '可願', 猶孟子所謂'可欲', 凡可願欲者, 皆善也. 人君當謹其所居之位, 敬修其所可願欲者, 苟有一毫之不善, 生於心, 害於政, 則民不得其所者多矣. 四海之民, 至於困窮, 則君之天祿, 一絶而不復續, 豈不深可畏哉. 此又極言安危·存亡之戒, 以深警之, 雖知其功德之盛, 必不至此, 然猶欲其戰戰兢兢, 無敢逸豫, 而謹之於毫釐之間, 此其所以爲聖人之心也. '好', 善也. '戎', 兵也. 言發於口, 則有二者之分, 利害之幾, 可畏如此. 吾之命汝, 蓋已審矣, 豈復夐有他說. 蓋欲禹受命而不復辭避也.

사랑할 만한 것은 임금이 아니겠는가. 두려워할 만한 것은 민중이 아니겠는가. 민중은 임금이 아니면 누구를 떠받들겠으며, 임금은 민중이 아니면 누구와 함께 나라를 지키겠는가. '흠재(欽哉)'는 공경하지 않아서는 안 됨을 말한 것이다. '가원(可願)'은 맹자(孟子)가 이른바 '가욕(可欲)'과 같으니, 무릇 원하고 바랄만한 것은 모두 선(善)인 것이다. 임금은 마땅히 그 차지한 지위를 삼가며 백성들이 원하고 바랄만한 것을 공경히 수행해야 하니, 진실로 한 터럭만한 착하지 못함이 마음에 생겨서 정사를 방해함이 있으면 백성들이 그 살 곳을 얻지 못하는 이가 많을 것이다. 온 세상의 백성들이 곤궁함에 이르면 임금의 하늘이 내리는 복록이 한번 끊어져서 다시 이어지지 않을 것이니, 어찌 깊이 두려워할 만하지 않겠는가. 이는 또 안위(安危)와 존망(存亡)의 경계를 지극하게 말하여 깊이 경계한 것이니, 비록 그 공덕의 성대함이 반드시 이것에 이르지 않을 것을 알지만, 오히려 두려워하고 조심하여 감히 안일하게 즐김이 없어서 터럭만한 사이조차도 삼가도록 한 것이니, 이것이 그 성인(聖人)의 마음이 되는 까닭이다. '호(好)'는 착함이다. '융(戎)'은 군사이다. 말이 입에서 나오면 두 가지의 구분이 있으니, 이익과 해악의 기미가 두려워할 만함이 이와 같은 것이다. 내가 너에게 명한 것이 대개 이미 자세하니, 어찌 다시금 다른 말을 두겠는가. 대개 우(禹)가 명령을 받아서 다시 사양하고 피하지 않도록 한 것이다.

詳說

○ 衆所戴.
'가애비군호(可愛非君乎)'의 경우, 민중이 받드는 것이다.

○ 邦之守.
'가외비민호(可畏非民乎)'의 경우, 나라를 지키는 것이다.

○ 按,『朱子大全』云: "此言可愛者君而可畏者民也. 君之所以可愛者, 以衆, 非君則無以奉戴而至於亂也. 民之所以可畏者, 以君, 非民則無與守邦而爲獨夫也."[1119]

'즉수여수방(則誰與守邦)'에 대해, 살펴보건대,『주자대전(朱子大全)』에서 이르기를, "이것은 사랑할 만한 것은 임금이고 두려워할 만한 것은 백성임을 말한 것이다. 임금이 사랑할 만한 것인 것은 민중 때문이지만 임금이 아니면 떠받듦이

[1119] 『주자대전(朱子大全)』 권65,「잡저(雜著)·상서(尙書)·대우모(大禹謨)」에서 발췌한 것이다. 그 전문은 다음과 같다. "此言可愛者君而可畏者民也. 君之所以可愛者, 以衆, 非君則無以奉戴而至於亂也; 民之所以可畏者, 以君, 非民則無與守邦而爲獨夫也. 故爲人君者, 當自警戒以謹守其所居之位, 修其所願欲之事, 欲其有以常保其位, 永爲下民之所愛, 戴而不至於危亡也. 若不恤其民, 使其至於困窮, 則天命去之, 一絶而不復續矣, 豈人君之所願欲也哉. 此又極言安危·存亡之戒, 以深警之. 雖知其功德之盛, 必不至此, 然猶欲其戰戰兢兢, 無敢逸豫而謹之於毫釐之間. 此其所以爲聖人之心也. '好', 和好也. '戎', 兵戒也. 蓋言發於口, 則有二者之分, 故我之命汝, 其慮已審矣, 登容復有他說乎.(이것은 사랑할 만한 것은 임금이고 두려워할 만한 것은 백성임을 말한 것이다. 임금이 사랑할 만한 것인 것은 민중 때문이지만 임금이 아니면 떠받듦이 없어서 어지러움에 이를 것이고, 백성이 두려워할 만한 것은 임금 때문이지만 백성이 아니면 함께 나라를 지킬 이가 없어서 외톨이 사내가 될 것이다. 그러므로 임금이 된 이는 마땅히 스스로 그 차지한 지위를 삼가 지킬 것을 경계하여 그 원하고 바라는 일을 수행하여 영원히 아래 백성의 사랑하는 것이 되고 받들어서 위태하고 멸망에 이르지 않을 것이다. 만약 그 백성을 불쌍히 여기지 않아서 곤궁함에 이르게 한다면 천명이 그를 버려서 한번 끊어짐에 다시 이어지지 않을 것이니, 어찌 임금이 원하고 바라는 것이겠는가. 이것은 또 안위와 존망의 경계를 지극하게 말하여 깊이 경계한 것이니, 비록 그 공덕의 성대함이 반드시 이것에 이르지 않을 것을 알지만, 오히려 두려워하고 조심하여 감히 안일하게 즐김이 없어서 터럭만한 사이조차도 삼가도록 한 것이니, 이것이 그 성인의 마음이 되는 까닭이다. '호'는 화호함이다. '융'은 군사의 경계함이다. 말이 입에서 나오면 두 가지의 구분이 있기 때문에 내가 너에게 명하여 그 사려함 이미 살피게 하였으니, 어찌 다시금 다른 말을 두겠는가.)"

없어서 어지러움에 이를 것이다. 백성이 두려워할 만한 것은 임금 때문이지만 백성이 아니면 함께 나라를 지킬 이가 없어서 외톨이 사내가 될 것이다."

○ 「盡心」.1120)
'맹자(孟子)'는 「진심(盡心)」편이다.

○ 見『孟子』「公孫丑」.1121)
'해어정(害於政)'의 내용이 『맹자(孟子)』「공손추(公孫丑)」이다.

○ 困窮之由.
'즉민부득기소자다의(則民不得其所者多矣)'의 경우, 곤궁(困窮)함의 이유이다.

○ 去聲, 下並同.
'부(復)'는 거성(去聲: 다시)이니, 아래도 아울러 같다.

○ 新安陳氏曰：" 舜之傳禹, 凡所得於堯之四句, 一一爲禹言之, 中間增益十三句, 義理益明, 敬戒益至."1122)

1120) 『맹자집주대전(孟子集註大全)』 권14, 「진심장구하(盡心章句下)」. "浩生不害問曰：'樂正子, 何人也?' 孟子曰：'善人也, 信人也.' '何謂善? 何謂信?' 曰：'可欲之謂善, 有諸己之謂信, 充實之謂美, 充實而有光輝之謂大. 大而化之之謂聖, 聖而不可知之之謂神, 樂正子, 二之中, 四之下也.'(호생불해가 물어 말하였다. '악정자는 어떤 사람입니까?' 맹자가 말하였다. '착한 사람이며, 믿음직한 사람이다.' '무엇을 착하다고 이릅니까? 무엇을 믿음직하다고 이릅니까?' 맹자가 말하였다. '사람들이 좋아할 만한 것을 선이라 이르고, 자기에게 두는 것을 믿음직하다 이르고, 선을 충실히 하는 것을 아름답다 이르고, 충실하여 광채가 있는 것을 위대하다 이르고, 위대하여 감화시키는 것을 성스럽다 이르고, 성스러워서 알 수 없는 것을 신묘하다 이른다. 악정자는 앞의 두 경지 가운데에 있고, 뒤의 네 가지의 경지의 아래에 있다.)" 그리고 『노자(老子)』에서 "不見可欲, 使民心不亂.(욕심을 일으키는 물건을 보지 않으면 백성의 마음을 어지럽히지 않는다.)"이라고 하였다.

1121) 『맹자집주대전(孟子集註大全)』 권3, 「공손추장구상(公孫丑章句上)」. "'何謂知言?' 曰：'詖辭, 知其所蔽; 淫辭, 知其所陷; 邪辭, 知其所離; 遁辭, 知其所窮. 生於其心, 害於其政; 發於其政, 害於其事, 聖人復起, 必從吾言矣.'('무엇을 일러 말을 아는 것이라고 합니까?' 맹자가 말하였다. '편벽한 말에 그 가려 속이는 것을 알며, 방탕한 말에 그 빠져 있는 것을 말하며, 삐뚤고 치우친 말에 그 어그러지고 갈라지는 것을 알며, 도망하고 피하는 말에 그 궁색한 것을 아는 것이다. 그 마음에서 생겨서 그 정사를 해치며, 그 정사에서 나와서 그 일을 해치니, 성인이 다시 일어나도 반드시 내 말을 좇을 것이다.')"

1122) 호광(胡廣) 등 찬, 『서경대전(書經大全)』의 소주에서 발췌한 것이다. 그 전문은 다음과 같다. "新安陳氏曰：'堯授舜, 舜授禹, 言有詳畧, 而精微之理, 敬畏之心, 戒愼之辭, 一也. 堯之傳舜曰：天之歷數, 在爾躬, 允執其中, 四海困窮, 天祿永終. 舜之傳禹, 凡所得於堯之四句, 一一爲禹言之, 中間不過增益十有三句, 令義理益明, 敬戒益至耳. 合〈堯曰〉·〈禹謨〉二篇而觀之, 可見矣.'(신안 진씨가 말하였다. '요는 순에게 전해주고 순은 우에게 전해줌에 말이 상략함이 있어서 정미한 이치와 경외의 마음과 경계하고 삼가는 말이 같았다. … 순이 우에게 전한 것은 모두 요에게 얻은 4구절인데, 하나하나 우를 위하여 말해줌에 중간에 더한 것이 13구에 지나지 않았으나 의리가 더욱 분명하고 경계함이 더욱 지극하게 하였을 뿐이다. ….')"

'일절이불부속(一絶而不復續)'에 대해, 신안 진씨(新安陳氏: 陳師凱)가 말하였다. "순(舜)이 우(禹)에게 전한 것은 모두 요(堯)에게 얻은 4구절인데, 하나하나 우(禹)를 위하여 말해줌에 중간에 13구를 더하여 의리(義理)가 더욱 분명하고 경계함이 더욱 지극하였다."

○ 主'可畏非民', 而補此句.
'기불심가외재(豈不深可畏哉)'의 경우, '가외비민(可畏非民)'을 위주로 하여 이 구절을 보탠 것이다.

○ 論也.
'차기소이위성인지심야(此其所以爲聖人之心也)'에서 볼 때, 논변한 것이다.

○ 蓋已審矣', 添二句.
'오지명여, 개이심의(吾之命汝, 蓋已審矣)'에서 볼 때, 두 구절을 더하였다.

○ 申釋言'不再'之意.
'개욕우수명이불부사피야(蓋欲禹受命而不復辭避也)'에서 볼 때, '부재(不再)'의 뜻을 거듭 해석하여 말한 것이다.

○ 陳氏大猷曰 : "'人心惟危'以下, 示心法, 傳道統也; '可愛非君'以下, 示治法, 傳治統也."1123)
진씨 대유(陳氏大猷: 陳氏猷)가 말하였다. "'인심유위(人心惟危)' 이하는 심법(心法)을 보여서 도통(道統)을 전한 것이고, '가애비군(可愛非君)' 이하는 치법(治法)을 보여서 치통(治統)을 전한 것이다."

[2-1-3-18]

禹曰 : "枚卜功臣, 惟吉之從." 帝曰 : "禹. 官占, 惟先蔽志, 昆命于 元龜, 朕志先定, 詢謀僉同, 鬼神其依, 龜筮協從, 卜不習吉." 禹拜稽首, 固辭, 帝曰 : "毋. 惟汝諧."

1123) 호광(胡廣) 등 찬, 『서경대전(書經大全)』의 소주를 수용한 것이다.

우(禹)가 말하기를 "공신들을 하나하나 점쳐서 오직 훌륭한 사람을 추구하소서." 라고 하니, 순임금이 말하였다. "우(禹)야! 관점(官占)은 오직 먼저 자기의 뜻을 결정하고 뒤에 큰 거북에게 명하는데, 짐의 뜻이 먼저 정해지고 여러 신하들에게 물어 상의함에 같았으며, 귀신(鬼神)이 이에 돕고 거북점과 시초점이 알맞게 따랐으니, 점괘는 거듭해서 길하지 않은 것이다." 우(禹)가 절하고 머리를 조아리며 굳이 사양하자, 순임금이 말하였다. "그러지 말라. 오직 그대만이 이에 알맞도다."

詳說

○ 如字.1124)

'계(稽)'는 본래의 음 대로 읽는다.

集傳

'枚卜', 歷卜之也. 帝之所言, 人事已盡, 禹不容復辭, 但請歷卜有功之臣, 而從其吉, 冀自有以當之者, 而己得遂其辭也. '官占', 掌占卜之官也. '蔽', 斷; '昆', 後; '龜', 卜; '筮', 蓍; '習', 重也. 帝言: "官占之法, 先斷其志之所向然後, 令之於龜, 今我志旣先定, 而衆謀皆同, 鬼神依順, 而龜筮已協從矣, 又何用叟枚卜乎. 況占卜之法, 不待重吉也." '固辭', 再辭也. '毋'者, 禁止之辭, 言: "惟汝, 可以諧此元后之位也."

'매복(枚卜)'은 모두 점치는 것이다. 임금이 말한 것은 인사(人事)가 이미 극진하여 우(禹)가 다시 사양함을 용납 받지 못하자 오직 공이 있는 신하들을 모두 점쳐서 그 훌륭한 사람을 추구할 것을 청하면서 스스로 이에 해당하는 이가 있어 자기가 그 사양함을 이룰 수 있기를 바란 것이다. '관점(官占)'은 점복(占卜)을 관장하는 관리이다. '폐(蔽)'는 결단함이고, '곤(昆)'은 뒤이고, '귀(龜)'는 거북점이고, '서(筮)'는 시초점이고, '습(習)'은 거듭함이다. 임금이 말하기를, "관점(官占)의 방법은 먼저 그 뜻이 향하는 것을 결단한 뒤에 거북에게 명령하는데, 이제 내 뜻이 먼저 결정되어 많은 신하들의 계책도 모두 같으니 귀신이 이에 따르고 거북점과 시초점이 이미 알맞게 따랐으니, 또 어찌 다시 모두 점치겠는가. 하물며 점복(占卜)의 법도는 거듭 좋음을 기대하지 않는다."라고 하였다. '고사(固辭)'는 두 번 사양하는 것이다. '무(毋)'라는 것은 금지하는 말이니, 말하기를, "오직 그대만이 이 큰 제후의 지위에 알맞을 수 있다."라고 한 것이다.

1124) 호광(胡廣) 등 찬, 『서경대전(書經大全)』의 소주에는 "'稽', 音啓.('계'는 음이 계이다.)"로 되어 있다.

詳說
○ 王氏曰 : "數物曰枚, 數事曰條. 木幹曰枚, 枝曰條."[1125]
'역복지야(歷卜之也)'에 대해, 왕씨(王氏: 王安石)가 말하였다. "물건을 세는 단위를 매(枚)라 하고, 일을 세는 단위를 조(條)라고 한다. 나무의 줄기를 매(枚)라 하고, 가지를 조(條)라고 한다."

○ 上諸節.
'제지소언(帝之所言)'의 경우, 위의 여러 단락이다.

○ 去聲.
'부(復)'는 거성(去聲: 다시)이다.

○ 專讓皐陶而不得, 故又廣其路而讓之.
'단청력복유공지신(但請歷卜有功之臣)'에서 볼 때, 오로지 고요(皐陶)에게 사양하고 얻지 않았기 때문에 또 그 길을 넓혀서 사양한 것이다.

○ 自以卜當於攝
'기자유이당지자(冀自有以當之者)'의 경우, 자기가 섭위(攝位)에 마땅함을 점친 것이다.

○ 都玩反, 下同.
'단(斷)'은 도(都)와 완(玩)의 반절이니, 아래도 같다.

○ 平聲, 下同.[1126]
'중(重)'은 평성(平聲: 거듭)이니, 아래도 같다.

○ 僉.
'중(衆)'은 첨(僉: 많은 신하)이다.

[1125] 호광(胡廣) 등 찬, 『서경대전(書經大全)』의 소주에서 발췌한 것이다. 그 전문은 다음과 같다. "王氏曰: '木幹曰枚, 枝曰條, 枚有條, 故數物曰枚, 數事曰條. 枚卜, 人人而卜之也.'(왕씨가 말하였다. '나무의 줄기를 매라 하고 가지를 조라고 하는데 매에 조가 있기 때문에 물건을 세는 단위를 매라 하고 일을 세는 단위를 조라고 한다. 매복은 사람마다 점치는 것이다.')"
[1126] 호광(胡廣) 등 찬, 『서경대전(書經大全)』의 소주에는 "'重', 平聲.('중'은 평성이다.)"으로 되어 있다.

○ 先釋'僉'字, 以便於文.
'이중모개동(而衆謀皆同)'의 경우, 먼저 '첨(僉)'자를 해석하여 문맥을 편하게 하였다.

○ 命.
'령(令)'은 명령이다.

○ 龜筮之協, 從是鬼神之依順也.
'이구서이협종의(而龜筮已協從矣)'의 경우, 거북점과 시초점의 알맞음은 귀신이 도와서 따름을 좇은 것이다.

○ 補此句.
'우하용갱매복호(又何用更枚卜乎)'의 경우, 이 구절을 보탠 것이다.

○ 夏氏曰:"汝已吉, 豈有更占他人而重吉者."[1127]
'부대중길야(不待重吉也)'에 대해, 하씨(夏氏: 夏僎)가 말하였다. "그대가 이미 길한데, 어찌 다시 다른 사람을 점쳐서 거듭 길한 이가 있겠는가."

○ 照前節, 而補'元后'字.
'가이해차원후지위야(可以諧此元后之位也)'의 경우, 앞의 단락을 참조하여 '원후(元后)'자를 보탠 것이다.

[2-1-3-19]

正月朔旦, 受命于神宗, 率百官, 若帝之初.

정월 초하루 아침에 신종(神宗)에게 명을 받아 모든 벼슬아치들을 통솔하되 순임금의 처음처럼 하였다.

集傳

'神宗', 堯廟也. 蘇氏曰:"堯之所從受天下者曰'文祖', 舜之所從受天下者

[1127] 호광(胡廣) 등 찬, 『서경대전(書經大全)』의 소주에서 발췌한 것이다. 그 전문은 다음과 같다. "夏氏曰: '汝已吉, 豈有更占他人而重吉者.'(하씨가 말하였다. '그대를 점쳐서 이미 길한데, 어찌 다시 다른 사람을 점쳐서 거듭 길한 이가 있겠는가.')"

曰'神宗', 受天下於人, 必告於其人之所從受者." 『禮』曰 : "有虞氏禘黃帝而郊嚳, 祖顓頊而宗堯." 則神宗爲堯, 明矣. '正月朔旦', 禹受攝帝之命于神宗之廟, 總率百官, 其禮一如帝舜受終之初等事也.

'신종(神宗)'은 요(堯)의 사당이다. 소씨(蘇氏: 蘇軾)가 말하기를, "요(堯)가 천하를 나아가서 받은 곳을 '문조(文祖)'라 하고, 순(舜)이 천하를 나아가서 받은 곳을 '신종(神宗)'이라 하니, 천하를 남에게 받게 되면 반드시 그 사람이 나아가서 받은 이에게 고유(告由)하는 것이다."라고 하였다. 『예기(禮記)』에서 말하기를, "유우씨(有虞氏)는 황제(黃帝)에게 체(禘)제사를 지내고 제곡(帝嚳)에게 교(郊)제사를 지내며, 전욱(顓頊)을 조(祖)로 삼고 요(堯)를 으뜸으로 삼았다."고 하였으니, 신종(神宗)이 요(堯)가 됨이 분명하다. '정월삭단(正月朔旦: 정월 초하루 아침)'에 우(禹)가 신종(神宗)의 사당에서 황제를 대신하는 명을 받아 모든 벼슬아치를 통솔하시되 그 예(禮)를 한결같이 순(舜)임금이 임금 자리를 이어서 받든 처음과 같이 한 것이다.

[詳說]

○ 『禮記』「祭法」.[1128]

'『예』(『禮』)'는 『예기(禮記)』「제법(祭法)」이다.

○ 引二說, 以證之.

'조전욱이종요(祖顓頊而宗堯)'에서 볼 때, 두 가지 말을 인용하여 증명한 것이다.

○ 呂[1129]氏曰 : "舜不當立堯廟, 然堯與舜, 皆黃帝之後, 其宗堯, 何嫌."[1130]

'즉신종위요의명의(則神宗爲堯明矣)'에 대해, 오씨(吳氏: 吳棫)가 말하였다. "순(舜)이 요(堯)의 사당에 서는 것이 마땅하지 않으나 요(堯)와 순(舜)이 모두 황제의

1128) 호광(胡廣) 등 찬, 『예기대전(禮記大全)』 권22, 「제법(祭法)」. "「祭法」, 有虞氏禘黃帝而郊嚳, 祖顓頊而宗堯. 夏后氏亦禘黃帝而郊鯀, 祖顓頊而宗禹. 殷人禘嚳而郊冥, 祖契而宗湯. 周人禘嚳而郊稷, 祖文王而宗武王.(「제법」에 유우씨는 황제에게 체제사를 지내고 제곡에게 교제사를 지냈으며, 전욱을 조로 삼고 요를 으뜸으로 삼았다. 하우씨도 또한 황제에게 체제사를 지내고 곤에게 교제사를 지냈으며, 전욱을 조로 삼고 우를 으뜸으로 하였다. ….)"
1129) 호광(胡廣) 등 찬, 『서경대전(書經大全)』의 소주에는 '吳'로 되어 있다.
1130) 호광(胡廣) 등 찬, 『서경대전(書經大全)』의 소주에서 발췌한 것이다. 그 전문은 다음과 같다. "吳氏曰 : '「祭法」, 必有所據舜受之天下, 今以授禹其宗堯爲宜, 或謂舜不當立堯廟, 然堯與舜, 皆黃帝之後, 其宗堯, 何嫌.'(오씨가 말하였다. '… 어떤 이는 이르기를, 순이 요의 사당에 서는 것이 마땅하지 않다고 하였으나, 요와 순이 모두 황제의 후손이니, 그 요를 받드는 것을 어찌 싫어하였겠는가.')"

○ 音征.

'정(正)'은 음이 정(征)이다.

○ 添'禮'·'事'字.

'기례일여제순수종지초등사야(其禮一如帝舜受終之初等事也)'의 경우, '예(禮)'와 '사(事)'자를 더하였다.

○ 按, 『朱子大全』云: "卽'齊七政', 修羣祀·朝諸侯等事也."[1131] 凡如此處, 恐不如仍舊之爲明備也. ○『朱子大全』所載, 止於此.

살펴보건대, 『주자대전(朱子大全)』에서 이르기를, "곧 '제칠정(齊七政)'이니, 여러 제사를 닦고 제후들을 조회하는 등의 일이다."라고 하였는데, 무릇 이와 같은 곳은 아마도 옛날에 밝혀서 갖추어놓은 것만 못하다. ○『주자대전(朱子大全)』에서 기재한 것은 여기서 그친다.

[2-1-3-20]

帝曰: "咨. 禹! 惟時有苗弗率, 汝徂征." 禹乃會羣后, 誓于師曰: "濟濟有衆. 咸聽朕命. 蠢玆有苗, 昏迷不恭, 侮慢自賢, 反道敗德, 君子在野, 小人在位, 民棄不保, 天降之咎, 肆予以爾衆士, 奉辭伐罪, 爾尙一乃心力, 其克有勳."

순임금이 말하기를 "아! 우여. 오직 이 유묘(有苗)가 따르지 않으니, 네가 가서 정벌하라."라고 하니, 우(禹)가 이에 여러 제후들을 모아놓고 군사들에게 맹세하여 말하였다. "많고 많은 군사들이여. 다 나의 명령을 들어라. 꾸물거리는 이 유묘(有苗)가 어둡고 미혹하며 공경하지 못하여 남을 업신여기고 스스로 잘난 척하며, 도를 어기고 덕을 무너뜨려 군자가 재야에

[1131]『주자대전(朱子大全)』권65,「잡저(雜著)·상서(尙書)·대우모(大禹謨)」에서 발췌한 것이다. 그 전문은 다음과 같다. "'正月', 次年正月也. '神宗', 或者以爲舜祖顓頊而宗堯, 因以神宗爲堯廟, 未知是否. '如帝之初', 卽上篇所記'齊七政', 修羣祀·朝諸侯等事也.('정월'은 다음 해의 정월이다. '신종'은 어떤 이가 순의 할아버지인 전욱이라고 하였으나 요를 으뜸으로 받든 것이며, 이에 신종을 요의 사당으로 여겼으니, 옳은지 그른지는 모르겠다. '여제지초'는 위편에서 기록한 '제칠정'이니, 여러 제사를 다스리고 제후들을 조회하는 등의 일이다.)" 칠정(七政)은 「순전(舜典)」에서 "在璿璣·玉衡, 以齊七政.(선기와 옥형으로 살펴 칠정을 고르게 하셨다.)"는 것을 말한다.

있고 소인이 좋은 자리에 있자 백성들이 유묘(有苗)의 임금을 버리고 보호하지 않으니 하늘이 재앙을 내리도다. 이러므로 내가 너희 많은 군사들을 거느리고 황제의 말씀을 받들어 죄를 지은 이들을 정벌하는 것이니, 너희들은 부디 마음과 힘을 한결같이 해야 능히 공훈을 세울 수 있도다."

詳說

○ '濟', 上聲. '蠢', 尺尹反.1132)

'제(濟)'는 상성(上聲: 많은 모양)이다. '준(蠢)'은 척(尺)과 윤(尹)의 반절이다.

集傳

'徂', 往也. 舜咨嗟言: "今天下, 惟是有苗之君, 不循敎命, 汝往征之", '征', 正也, 往正其罪也. '會', 徵會也. '誓', 戒也, 軍旅曰'誓'. 有會有誓, 自唐虞時已然, 『禮』言: "商作誓, 周作會", 非也. 禹會諸侯之師, 而戒誓以征討之意. '濟濟', 和整衆盛之貌. '蠢', 動也, 蠢蠢然無知之貌. '昏', 闇; '迷', 惑也. '不恭', 不敬也, 言"苗民昏迷不敬, 侮慢於人, 妄自尊大, 反戾正道, 敗壞常德, 用舍顚倒, 民怨天怒. 故我以爾衆士, 奉帝之辭, 伐苗之罪, 爾衆士, 庶幾同心同力, 乃能有功." 此上, 禹誓衆之辭也. 林氏曰 : "堯老而舜攝者, 二十有八年; 舜老而禹攝者, 十有七年, 其居攝也, 代總萬幾之政, 而堯舜之爲天子, 蓋自若也. 故國有大事, 猶稟命焉. 禹征有苗, 蓋在夫居攝之後, 而稟命於舜, 禹不敢專也, 以征有苗推之, 則知舜之誅四凶, 亦必稟堯之命, 無疑.

'조(徂)'는 감이다. 순(舜)이 탄식하여 말하기를, "지금 천하에 오직 이 유묘(有苗)의 임금만이 가르침과 명령을 좇지 않으니, 그대가 가서 정벌하라."고 하였다. '정(征)'은 바로잡음이니, 가서 그 죄를 바로잡는 것이다. '회(會)'는 불러서 모이는 것이다. '서(誓)'는 경계함이니, 군대에서는 '서(誓)'라고 한다. 회(會)가 있고 서(誓)가 있는 것은 당우(唐虞) 때부터 이미 그러하였으니, 『예기(禮記)』에서 말하기를, "상(商)나라에서는 서(誓)라고 쓰고, 주(周)나라에서는 회(會)라고 썼다."고 한 것은 잘못이다. 우(禹)가 제후의 군사들을 모아놓고 정벌하여 토죄(討罪)하는 뜻으로써 경계한 것이다. '제제(濟濟)'는 조화롭고 단정하며 많고 많은 모양이다. '준(蠢)'은 움직임이니, 꾸물꾸물 미련하고 우악스러운 모양이다. '혼(昏)'은 어둠이고, '미(迷)'는

1132) 채침(蔡沈) 찬, 『서경집전(書經集傳)』에는 "'蠢', 尺尹反.('준'은 척과 윤의 반절이다.)"으로 되어 있다. 호광(胡廣) 등 찬, 『서경대전(書經大全)』의 소주에는 "'濟', 子禮反. '蠢', 尺尹反.('제'는 자와 례의 반절이다. '준'은 척과 윤의 반절이다.)"으로 되어 있다.

미혹됨이다. '불공(不恭)'은 공경스럽지 못함이니 말하기를, "유묘(有苗)의 백성들이 어둡고 미혹하며 공경스럽지 못하여 남을 업신여기고 잘난 체하여 망령되이 스스로 존대(尊大)하고 바른 도에 어긋나고 떳떳한 덕(德)을 무너뜨려 등용할 사람과 버려질 사람이 뒤바뀌니, 백성들이 원망하고 하늘이 노여워하였다. 그러므로 내가 너희 많은 군사로써 임금의 말씀을 받들어 유묘(有苗)의 죄를 정벌하니, 너희 많은 군사들은 모쪼록 마음을 함께 하고 힘을 함께 해야 이에 공훈을 세울 수 있을 것이다."라고 하였다. 이 위는 우(禹)가 많은 군사들을 경계한 말이다. 임씨(林氏: 林之奇)가 말하였다. "요(堯)가 늙어서 순(舜)이 섭위(攝位)한 것이 28년이고, 순(舜)이 늙어서 우(禹)가 섭위한 것이 17년이니, 섭위하여 지내면서 수많은 기틀의 정사를 대신하여 총괄하였으나 요(堯)와 순(舜)이 천자인 것은 대개 그대로 같았다. 그러므로 나라에 큰일이 있으면 오히려 요(堯)와 순(舜)에게 명령을 받는 것이다. 우(禹)가 유묘(有苗)를 정벌한 것은 대개 섭위(攝位)하여 있은 뒤인데도 순(舜)에게 명령을 받아서 우(禹)가 감히 마음대로 하지 못하였으니, 유묘(有苗)를 정벌한 것으로 미루어 보면 순(舜)이 사흉(四凶)을 주벌(誅罰)할 때에도 또한 반드시 요(堯)에게 명령을 받은 것은 의심할 것이 없다."

詳說

○ 林1133)氏曰 : "指其君長則曰'有苗', 兼其君民則曰'苗民', 以種類言則曰'三苗'."1134)
'유시유묘지군(惟是有苗之君)'에 대해, 손씨(孫氏: 孫覺)가 말하였다. "그 군장(君長)을 가리키면 곧 '유묘(有苗)'라 하고, 그 군장을 아우르면 곧 '묘민(苗民)'이라 하고, 종류로써 말하면 곧 '삼묘(三苗)'라고 한다."

○ 率.
'순(循)'은 솔(率: 좇다, 따르다)이다.

○ 出『周禮』「士師」.1135)

1133) 호광(胡廣) 등 찬, 『서경대전(書經大全)』 및 내각본에는 '孫'으로 되어 있다.
1134) 호광(胡廣) 등 찬, 『서경대전(書經大全)』의 소주를 수용한 것이다.
1135) 『주례주소(周禮注疏)』 권34, 「추관(秋官)·사사(士師)」. "以五戒先後刑罰, 毋使罪麗于民. 一曰誓, 用之于軍旅. 二曰誥, 用之于會同. 三曰禁, 用諸田役. 四曰糾, 用諸國中. 五曰憲, 用諸都鄙.(다섯 가지로써 앞뒤의 형벌을 경계하여 백성들이 죄에 걸리지 말도록 한 것이다. 첫째는 서라 하니 군대에서 사용하였다. ….)"

'군려왈서(軍旅曰誓)'는 『주례(周禮)』 「사사(士師)」에 나온다.

○ 『禮記』「檀弓」. 1136)
'『예』(『禮』)'는 『예기(禮記)』 「단궁(檀弓)」이다.

○ 卽不敬之事.
'모만어인(侮慢於人)'에서 '모만(侮慢)'은 공경스럽지 못한 일이다.

○ 音怪.
'괴(壞)'는 음이 괴(怪)이다.

○ 上聲.
'사(舍)'는 상성(上聲: 버리다)이다.

○ 遠君子, 親小人.
'용사전도(用舍顚倒)'에서 볼 때, 군자(君子)를 멀리 하고, 소인(小人)을 가까이 하는 것이다.

○ 民棄其君, 而不爲保之.
'민원(民怨)'에서 볼 때, 백성이 그 임금을 버려서 보호하지 못해서이다.

○ 肆故也.
'고(故)'는 방자하기 때문이다.

○ 舜也.
'봉제(奉帝)'의 경우, 순(舜)이다.

○ 陳氏大猷曰 : "其預期之辭." 1137)
'내능유공(乃能有功)'에 대해, 진씨 대유(陳氏大猷: 陳大猷)가 말하였다. "그것을

1136) 호광(胡廣) 등 찬, 『예기대전(禮記大全)』 권4, 「단궁하(檀弓下)」. "殷人作誓而民始畔, 周人作會而民始疑. (은나라 사람이 맹서를 써서 백성이 비로소 배반하고, 주나라 사람이 회맹을 써서 백성이 비로소 혐의하였다.)"
1137) 호광(胡廣) 등 찬, 『서경대전(書經大全)』의 소주를 수용한 것이다.

미리 기약하는 말이다."

○ 又添此句.
'우서중지사야(禹誓衆之辭也)'의 경우, 또 이 구절을 더하였다.

○ 一作'機'.1138)
'기(幾)'는 어떤 판본에는 '기(機)'로 썼다.

○ 音扶.
'개재부(蓋在夫)'에서 '부(夫)'는 음이 부(扶)이다.

○ 流放竄殛.
'즉지순지주사흉(則知舜之誅四凶)'의 경우, 먼 곳으로 유배하고 추방하며 내쫓고 죽이는 것이다.

○ 論也.
'무의(無疑)'에서 볼 때, 논변한 것이다.

○ 按, 自此以下, 蔡註也. 夫朱子註經, 自有一副正法, 常依靠本文勢而釋之, 故讀者了然. 蔡氏則往往以論爲釋, 不盡依本文之勢, 且或仍用本文, 無他陪語, 又引用他說, 其界至或不明識, 讀者不能無憾云.
내가 살펴보건대, 이로부터 이하는 채침(蔡沈)의 주(註)이다. 무릇 주자(朱子)가 경문(經文)을 주석함에는 스스로 하나의 정법(正法)을 두고 항상 본문의 기세에 의지하여 해석하기 때문에 읽는 이가 명백하다. 채씨(蔡氏)는 이따금 논변으로써 해석하여 본문의 기세에 다 의지하지 않고, 또 간혹 거듭 본문을 사용함에 다른 보태는 말이 없고, 다른 말을 인용함에 그 경계가 간혹 분명하게 알지 못함에 이르니, 읽는 이가 유감이 없을 수가 없는 것이다.

1138) 채침(蔡沈) 찬, 『서경집전(書經集傳)』과 호광(胡廣) 등 찬, 『서경대전(書經大全)』에는 '幾'로 되어 있고, 내각본에는 '機'로 되어 있다.

[2-1-3-21]

三旬, 苗民逆命, 益贊于禹曰 : "惟德動天, 無遠弗屆, 滿招損, 謙受益, 時乃天道. 帝初于歷山, 往于田, 日號泣于旻天·于父母, 負罪引慝, 祗載見瞽瞍, 夔夔齊慄, 瞽亦允若. 至誠感神, 矧玆有苗." 禹拜昌言曰 : "俞." 班師振旅, 帝乃誕敷文德, 舞干羽于兩階, 七旬, 有苗格."

30일 동안 유묘(有苗)의 백성들이 명령을 거역하자 익(益)이 우(禹)를 도우면서 말하기를, "덕(德)은 하늘을 감동시켜 멀어도 이르지 않음이 없으니, 자만하면 덜어냄을 부르고 겸손하면 더함을 받는 것이 이것이 바로 천도(天道)입니다. 순임금이 처음 역산(歷山)에서 밭에 가서 날마다 하늘과 부모에게 울부짖어 죄를 떠맡고 악을 자기에게 돌려 공경히 일하여 고수(瞽瞍)를 뵙되 조심하여 공경하고 두려워하니, 고수 또한 믿고 따랐습니다. 지극한 정성은 신명(神明)을 감동시키니, 하물며 이 유묘(有苗)이겠습니까." 라고 하였다. 우(禹)가 좋은 말에 절하며 말하기를, "그렇도다." 라 하고는 군사를 돌려서 군대를 거두자 순임금이 마침내 문덕(文德)을 크게 펼쳐서 방패와 깃털로 두 섬돌에서 춤추었는데, 70일 만에 유묘(有苗)가 임금에게 이르렀다.

詳說

○ '屆', 音介. '號', 平聲. '見', 音現. '齊', 音齋. '諴', 音咸.1139)
'계(屆)'는 음이 개(介)이다. '민(旻)'는 음이 민(民)이다. '함(諴)'은 음이 함(咸)이다. '특(慝)'은 척(惕)과 덕(德)의 반절이다. '신(矧)'은 음이 신(哂)이다. '우(羽)는 왕(王)과 우(遇)의 반절이다.

集傳

'三旬', 三十日也, 以師臨之閱月, 苗頑, 猶不聽服也. '贊', 佐; '屆', 至也. 是時, 益蓋從禹出征, 以苗負固恃强, 未可威服, 故贊佐於禹, 以爲"惟德, 可

1139) 채침(蔡沈) 찬, 『서경집전(書經集傳)』에는 "'屆', 音介. '旻', 音民. '諴', 音咸. '慝', 惕德反. '矧', 音哂. '羽', 王遇反.('계'는 음이 개이다. '민'는 음이 민이다. '함'은 음이 함이다. '특'은 척과 덕의 반절이다. '신'은 음이 신이다. '우'는 왕과 우의 반절이다.)"으로 되어 있다. 호광(胡廣) 등 찬, 『서경대전(書經大全)』의 소주에는 "'號', 平聲.'旻', 音民. '慝', 惕德反. '見', 音現. '齊', 齋同. '諴', 音咸.('호'는 평성이다. '민'은 음이 민이다. '특'은 턱과 덕의 반절이다. '현'은 음이 현이다. '재'는 재와 같다. '함'은 음이 함이다.)"으로 되어 있다.

以動天, 其感通之妙, 無遠不至", 蓋欲禹還兵而增修其德也. '滿損'·'謙益', 卽『易』所謂"天道虧盈而益謙"者. '帝', 舜也. '歷山', 在河中府河東縣. 仁覆閔下, 謂之'旻'. '日', 非一日也, 言"舜耕歷山, 往于田之時, 以不獲順於父母之故, 而日號呼于旻天·于其父母", 蓋怨慕之深也. '負罪', 自負其罪, 不敢以爲父母之罪. '引慝', 自引其慝, 不敢以爲父母之慝也. '祇', 敬; '載', 事也, '瞍', 長老之稱, 言"舜敬其子職之事, 以見瞽瞍也." '齊', 莊敬也. '慄', 戰慄也. '夔夔', 莊敬戰慄之容也, 舜之敬畏小心而盡於事親者, 如此. '允', 信; '若', 順也, 言"舜以誠孝感格, 雖瞽瞍頑愚, 亦且信順之", 卽『孟子』所謂"厎豫也." 誠感物曰'誠'. 益又推極至誠之道, 以爲"神明, 亦且感格, 而况於苗民乎." '昌言', 盛德之言. '拜', 所以敬其言也. '班', 還; '振', 整也, 謂整旅以歸也. 或謂"出曰班師, 入曰振旅", 謂班師於有苗之國, 而振旅於京師也." '誕', 大也. '文德', 文命·德敎也. '干', 楯; '羽', 翳也, 皆舞者所執也. '兩階', 賓主之階也. '七旬', 七十日也. '格', 至也, 言班師七旬, 而有苗來格也. 舜之文德, 非自禹班師而始敷; 苗之來格, 非以舞干羽而後至, 史臣以禹班師而歸, 弛其威武, 專尚德敎, 干羽之舞, 雍容不迫, 有苗之至, 適當其時. 故作史者, 因卽其實, 以形容有虞之德, 數千載之下, 猶可以是而想其一時氣象也.

'삼순(三旬)'은 30일이니, 군대로써 정벌(征伐)[1140]한 지 한 달이 지나도록 묘(苗)가 완악(頑惡)하여 여전히 말을 듣고 복종하지 않은 것이다. '찬(贊)'은 도움이고, '계(啓)'는 이름이다. 이때에 익(益)이 대개 우(禹)를 좇아서 정벌함에 나섰는데, 묘(苗)가 땅의 험고(險固)함을 지고 강성함을 믿어 위엄으로 복종시킬 수 없었기 때문에 익(益)이 우(禹)를 도우며 이르기를, "오직 덕(德)만이 하늘도 감동시킬 수 있으니, 그 감동하여 통달하는 기묘함은 멀어도 이르지 않음이 없다."고 하였으니, 우(禹)가 군사를 돌려서 더욱 그 덕(德)을 닦고자 한 것이다. '만손(滿損)'과 '겸익(謙益)'은 곧 『주역(周易)』에 이른바 "천도(天道)는 가득함을 이지러지게 하고, 겸손함을 더해줌"이라는 것이다. '제(帝)'는 순(舜)이다. '역산(歷山)'은 하중부(河中府) 하동현(河東縣)에 있다. 인(仁)으로 천하를 덮어 아래 백성들을 불쌍하게 여기는 것을 '민(旻)'이라고 한다. '일(日)'은 하루가 아니니, 말하기를, "순(舜)이 역산(歷山)에서 밭을 갈음에 밭에 나갈 가실 때 부모에게 순응함을 얻지 못하였기 때

1140) 정벌(征伐): 『전국책(戰國策)』「서주책(西周策)」의 요굉(姚宏)의 주(注)에서 "'臨', 猶伐也.('임'은 벌과 같다.)"라고 하였다.

문에 날마다 하늘과 부모에게 울부짖었다."고 하였으니, 대개 원망하고 사모함이 깊었던 것이다. '부죄(負罪)'는 스스로 그 죄를 지고 감히 부모의 죄라고 하지 않는 것이다. '인특(引慝)'은 스스로 그 사특(邪慝)함을 끌어다가 감히 부모의 악(惡)이라고 하지 않는 것이다. '지(祗)'는 공경함이고, '재(載)'는 일이고, '수(瞍)'는 나이 많은 늙은이의 호칭이니, 순(舜)이 그 자식 직분의 일을 공경히 하여 고수(瞽瞍)를 보비는 것을 말한다. '제(齊)'는 엄숙하고 공경함이다. '율(慄)'은 벌벌 떨며 두려워함이다. '기기(夔夔)'는 엄숙하고 공경하며 벌벌 떨면서 두려워하는 모양이니, 순(舜)이 공경하고 두려워하며 조심하여 어버이를 섬김에 극진한 것이 이와 같았다. '윤(允)'은 믿음이고, '약(若)'은 순순함이다. 말하기를, "순(舜)이 정성과 효도로써 감동시켜 바로 잡았으니, 고수(瞽瞍)가 비록 완악하고 어리석었으나 또한 장차 순을 믿고 따랐다."고 하였으니, 곧 『맹자(孟子)』에서 이른바 '기뻐함에 이르렀다.'는 것이다. 정성이 물건을 감동시키는 것을 '함(誠)'이라고 한다. 익(益)은 또 지극한 정성의 도(道)를 미루어 극진히 하여 이르기를, "신명(神明)도 또한 장차 감격하는데 하물며 유묘(有苗)의 백성들에 있어서이겠는가."라고 한 것이다. '창언(昌言)'은 성대하게 덕(德)스런 말이다. '배(拜)'는 그 말을 공경하는 것이다. '반(班)'은 돌아옴이고, '진(振)'은 정돈함이니, 군대를 정돈하여 돌아오는 것을 이른다. 어떤 이는 이르기를 "군대가 나가는 것을 반사(班師)라 하고, 들어오는 것을 진려(振旅)라고 한다."고 하였으니, 군대가 유묘(有苗)의 나라에서 돌아오고 군사가 경사(京師)에서 정돈하는 것을 이른다. '탄(誕)'은 큼이다. '문덕(文德)'은 문명(文明)과 덕교(德敎)이다. '간(干)'은 방패이고, '우(羽)'는 일산(日傘)이니, 모두 춤추는 이가 잡는 것이다. '양계(兩階)'는 손님과 주인의 계단이다. '칠순(七旬)'은 70일이다. '격(格)'은 이름이니, 출정(出征)한 지 70일 만에 유묘(有苗)가 와서 이른 것을 말한다. 순(舜)의 문덕(文德)이 우(禹)가 출정(出征)함으로부터 비로소 펼쳐진 것이 아니고, 유묘(有苗)가 와서 이름이 방패와 일산으로 춤춘 뒤에 이른 것도 아니며, 사관(史官)이 우(禹)가 출정(出征)하여 돌아와서라고 여겼으니, 그 위엄과 무력을 풀고 오로지 덕교(德敎)를 숭상하여 방패와 일산의 춤이 조화롭게 즐거워 급박하지 않았는데 유묘(有苗)의 이름이 마침 그때를 만난 것이다. 그러므로 사책(史冊)을 짓는 이가 그 사실에 말미암아 유우(有虞)의 덕(德)을 형용하였으니, 수천 년의 뒤에도 오히려 이로써 그 한때의 기상(氣象)을 상상할 수 있다.

詳說

○ 二字, 見「益稷」.1141)

'묘완(苗頑)', 이 두 글자는 「익직(益稷)」에 보인다.

○ 呂氏曰 : "障蔽之深, 譬如春氣旣至, 而陰崖寒谷, 猶未發榮 ."1142)

'유불청복야(猶不聽服也)'에 대해, 여씨(呂氏: 呂祖謙)가 말하였다. "가리고 숨음의 깊음은 비유하면 봄기운이 이미 이름에 음산한 벼랑과 차가운 계곡에 여전히 꽃을 피우지 못하는 것과 같다."

○ 音旋, 下同.

'선(還)'은 음이 선(旋)이니, 아래도 같다.

○ 補此句.

'개욕우환병이증수기덕야(蓋欲禹還兵而增修其德也)'의 경우, 이 구절을 보탰다.

○ 「謙·彖傳」.1143)

'『역』(『易』)'은 「겸괘(謙卦)·단전(彖傳)」이다.

○ 非帝前之問答, 故又特訓之.

'순야(舜也)'의 경우, 임금 앞에서의 문답이 아니기 때문에 또 다만 뜻을 새긴 것이다.

○ 仁以覆之, 而閔此下民.

'인부민하(仁覆閔下)'의 경우, 인(仁)으로써 천하를 덮어서 이 아래 백성들을 불쌍히 여긴 것이다.

1141) 호광(胡廣) 등 찬, 『서경대전(書經大全)』 권2, 「우서(虞書)·익직(益稷)」. "苗頑, 弗卽工, 帝其念哉.(묘가 완악하여 공역에 나아가지 않으니, 임금께서는 그것을 생각하소서.)"

1142) 호광(胡廣) 등 찬, 『서경대전(書經大全)』의 소주에서 발췌한 것이다. 그 전문은 다음과 같다. "呂氏曰 : '苗民障蔽之深, 譬如春氣旣至, 而陰崖寒谷, 猶未發榮.'(여씨가 말하였다. '묘의 백성들이 가리고 숨음의 깊음은 비유하면 봄기운이 이미 이름에 음산한 벼랑과 차가운 계곡에 여전히 꽃을 피우지 못하는 것과 같다.')"

1143) 호광(胡廣) 등 찬, 『주역전의대전(周易傳義大全)』 권6, 「지산겸괘(地山謙卦)」. "「彖」曰 : '謙亨, 天道下濟而光明, 地道卑而上行. 天道虧盈而益謙, 地道變盈而流謙, 鬼神害盈而福謙, 人道惡盈而好謙, 謙尊而光卑而不可踰君子之終也.'(「단전」에서 말하였다. '겸이 형통함은 하늘의 도가 내려와 구제함에 빛나고 밝으며, 땅의 도가 낮은데도 올라가 유행하는 것이다. 하늘의 도는 가득 찬 것을 이지러지게 하며 겸손한 것은 더해주고,)"

○ 秋天也, 與「多士」註, 叅看.1144)
'위지민(謂之旻)'의 경우, 가을하늘이니, 「다사(多士)」의 주(註)와 참조하여 보아야 한다.

○ 『諺』釋, 泥此'耕'字, 而有違本文之勢.1145)
'언순경력산(言舜耕歷山)'의 경우, 『언해(諺解)』의 해석이 이 '경(耕)'자에 집착하여 본문의 흐름을 거슬렀다.

○ 見『孟子』「萬章」.1146)
'이불획순어부모지고(以不獲順於父母之故)'의 내용이 『맹자(孟子)』 「만장(萬章)」에 보인다.

○ 去聲.
'호(呼)'는 거성(去聲: 歎辭)이다.

○ 朱子曰 : "呼天而泣, 呼父母而泣."1147)

1144) 호광(胡廣) 등 찬, 『서경대전(書經大全)』 권8, 「주서(周書)·다사(多士)」의 주(註)에서 "'旻天', 秋天也, 主肅殺而言. 歎憫言: '旻天, 大降災害而喪殷, 我周受眷佑之命, 奉將天之明威, 致王罰之公, 勅正殷命而革之, 以終上帝之事.' 蓋推革命之公, 以開諭之也.('민천'은 가을 하늘이니, 숙살함을 위주로 하여 말한 것이다. 탄식하고 불쌍히 여겨 말하기를, '민천이 크게 재앙을 내려 은나라를 망하게 하였으되, 우리 주나라는 돌아보고 도와주는 명을 받고 하늘의 밝은 위엄을 받들어 임금의 형벌의 공정함을 이루어 은나라 명을 바로잡고 개혁하여 상제의 일을 마쳤다.'고 하였으니, 대개 이는 혁명의 공변됨을 미루어서 열어 깨우쳐 준 것이다.)"라고 하였다.
1145) 『언해(諺解)』에서 "帝가 처음 歷山에 가시어 田에 가시어 日로 旻天과 父母께 號하여 泣하시어"라고 하여 '경(耕)'자에 집착한 것을 지적한 것이다.
1146) 『맹자집주대전』 권9, 「만장장구상(萬章章句上)」. "帝使其子九男二女, 百官·牛羊·倉廩備, 以事舜於畎畝之中, 天下之士, 多就之者, 帝將胥天下而遷之焉, 爲不順於父母, 如窮人無所歸. 天下之士悅之, 人之所欲也, 而不足以解憂; 好色, 人之所欲, 妻帝之二女, 而不足以解憂; 富, 人之所欲, 富有天下, 而不足以解憂; 貴, 人之所欲, 貴爲天子, 而不足以解憂, 人悅之·好色·富貴, 無足以解憂者, 惟順於父母, 可以解憂.(요임금이 그 아들 아홉 사내와 두 딸로 하여금 모든 관직과 소·양과 곳집들을 갖추어 순임금을 밭이랑 가운데서 섬기게 하였으니, 천하의 선비가 그곳에 나아가는 이가 많았거늘 요임금이 장차 천하를 보고 제왕의 지위를 옮겨 주려고 하였더니, 부모님에게 순종하지 못하였는지라 곤궁한 사람이 돌아갈 곳이 없는 것처럼 여겼다. 천하의 선비가 기뻐함은 사람들이 하고자 하는 것이거늘 충분히 근심을 풀지 못하셨으며, 좋은 빛은 사람들이 하고자 하는 것이거늘 임금의 두 딸을 아내 삼으셨어도 충분히 근심을 풀지 못하셨으며, 부유함은 사람들이 하고자 하는 것이거늘 부유함에 천하를 두셨어도 충분히 근심을 풀지 못하셨으며, 고귀함은 사람들이 하고자 하는 것이거늘 고귀함에 천자가 되셨어도 충분히 근심을 풀지 못하셨으니, 사람들이 기뻐함과 좋은 빛과 부유함과 고귀함에서는 충분히 근심을 풀 것이 없었고, 오직 부모님께 순종하여야만 근심을 풀 수 있으셨다.)"
1147) 호광(胡廣) 등 찬, 『서경대전(書經大全)』의 소주에서 발췌한 것이다. 그 내용은 다음과 같다. "朱子曰 : '號泣于旻天, 呼天而泣也; 于父母, 呼父母而泣也. ….'(주자가 말하였다. '호읍호민천은 하늘에 탄식하며 우는 것이고, 우부모는 부모에게 탄식하며 우는 것이다. ….')" 위의 내용은 주자의 『맹자집주(孟子集註)』 권5, 「만장장구상(萬章章句上)」에 실려 있다.

'우기부모(于其父母)'에 대해, 주자(朱子: 朱熹)가 말하였다. "하늘에 탄식하며 울고, 부모에게 탄식하며 우는 것이다."

○ 亦見『孟子』「萬章」.1148)
'개원모지심야(蓋怨慕之深也)'의 내용이 『맹자(孟子)』「만장(萬章)」에 보인다.

○ 上聲.1149)
'장(長)'은 상성(上聲: 어른)이다.

○ 沙溪曰 : "'瞍, 無目也', 『史記』作'叟', 此註, 因『史記』, 訓之以'長老', 而傳者誤以'瞍'."1150)
'장로지칭(長老之稱)'에 대해, 사계(沙溪: 金長生)가 말하였다. "'수(瞍)는 눈이 없음이다.'라 하였는데, 『사기(史記)』에는 '수(叟)'로 썼고, 이 주(註)에는 『사기』에 연유해놓고 뜻을 새기기를 '장로(長老)'라고 하였으며, 주석을 달은 자들이 잘못하여 '수(瞍)'로써 한 것이다."

○ 按, 以「堯典」'瞽子'二字觀之, 其稱'瞍', 蓋亦以'無目'耳. 但本文下句, 又單言'瞽', 故姑以'叟'訓'瞍'歟.
내가 살펴보건대, 「요전(堯典)」의 '고자(瞽子)'1151) 두 글자로 보면, 그 '수(瞍)'

1148) 『맹자집주대전』 권9, 「만장장구상(萬章章句上)」. "萬章問曰 : '舜往于田, 號泣于旻天, 何爲其號泣也?' 孟子曰 : '怨慕也.'(만장이 물어 말하였다. '순임금이 밭에 가서 하늘을 향해 목 놓아 큰 소리로 우셨으니 어찌하여 목 놓아 큰 소리로 우셨습니까?' 맹자가 말하였다. '원망하면서도 사모해서이다.')"
1149) 호광(胡廣) 등 찬, 『서경대전(書經大全)』의 소주를 수용한 것이다.
1150) 신흠(申欽) 『상촌고(象村稿)』 권35, 「서독(書牘)·답사계(答沙溪)·별고(別稿)」에서 발췌한 것이다. 그 전문은 다음과 같다. "'別錄答問」. '瞽瞍'. 『書經』蔡氏註曰: '瞍, 長老之稱.' 考『韻會』, '瞍, 無目也. 目有睃無珠子.' 註說, 與無目之說, 不同. 蔡說可疑. '瞍'字, 『韻會』及『說文』, 皆曰'無目', 則瞍之爲無目, 無疑矣. 考 『史記』, 則'瞽瞍'之'瞍', 以'叟'載之, 豈蔡氏之註因『史記』之所載, 訓之曰'長老'耶. 蓋'瞽瞍'之'無目'與否. 見於傳記者不同, 『史記則曰'瞽瞍盲', 孔安國則曰'舜父有目而不能分別好惡, 故時人謂之瞽.'(『별록답문』. '고수'는『서경』채씨의 주에 '수는 장로의 칭호이다.'라 하였는데, 『운회』를 살펴보니, '수는 눈이 없음이니, 눈에 틈새는 있는데 눈동자가 없는 것이다.'라고 하여 주의 설명이 무목이라는 설명과 같지 않으니 채씨의 말을 의심할 만하다. '수'자는『운회』및『설문』에서 모두 '무목'이라 하여 곧 수가 무목이 됨은 의심이 없다. 『사기』를 살펴보니, '고수'의 '수'를 늙은'수'로 기재하였는데, 어찌 채씨의 주가 『사기』에 실린 것에 연유해놓고 뜻을 새기기를 '장로'라고 하였는가. 대개 '고수'가 '무목'인가 아닌가. 전의 기록한 것이 같지 않음을 보여『사기』에서는 '고수는 맹인이다'라 하고, 공안국은 '순의 아버지는 눈이 있는데도 좋고 나쁨을 분별할 수 없기 때문에 당시 사람들이 고수라고 이른 것이다.'라고 하였다.)"
1151) 앞의 「요전(堯典)」에서 "岳曰 : '瞽子, 父頑, 母嚚, 象傲, 克諧以孝, 烝烝乂, 不格姦.'(사악이 말하였다. '소경의 아들로 아버지는 완악하고 어머니는 어리석으며, 이복동생 상은 오만한데도 능히 효우로써 조화롭게 하여 점점 다스려서 간악함에 이르지 않게 하였습니다.')"라 하였고, 그리고 집전(集傳)에서 "'瞽', 無目之名, 言舜乃瞽者之子也, 舜父號瞽叟.('고'는 눈이 없는 사람의 명칭이니, 순이 바로 장님의 아들이며, 순의 아버지의 칭호가 고수임을 말한 것이다.)"라고 하였다.

라고 일컬은 것은 대개 또한 '눈이 없음' 때문일 뿐이다. 다만 본문 아래 구에서 또 오직 '고(瞽)'라고 말하였기 때문에 우선 '수(叟)'로써 '수(瞍)'라고 뜻을 새겼을 것이다.

○ 合二訓而爲訓, 故訓於其下.
'장경전율지용야(莊敬戰慄之容也)'에서 볼 때, 두 개의 뜻을 합하여 뜻으로 삼았기 때문에 그 아래에 새긴 것이다.

○ 「萬章」.1152)
'『맹자』(『孟子』)'는 「만장(萬章)」이다.

○ 至於悅豫.
'소위지예야(所謂厎豫也)'의 경우, 기뻐함에 이른 것이다.

○ 新安陳氏曰 :"益凡三致, 意謂天道之遠而德可動, 瞽瞍之頑而孝可若, 神明之幽而誠可感. 苗亦人耳, 豈有德之盛·感1153)之至而不可動者."1154)
'이황어묘민호(而況於苗民乎)'에 대해, 신안 진씨(新安陳氏: 陳師凱)가 말하였다. "익(益)은 모두 세 가지로 지극하였으니, 생각하건대 천도(天道)가 원대하여 덕에 감동할 수 있었고, 고수가 완악해도 효성이 순하였고, 신명이 그윽하여 정성에 감동할 수 있었던 것이다. 묘(苗)도 또한 사람일 뿐이니, 어찌 덕이 성대하고 정성이 지극한데 감동하지 않을 자이겠는가."

1152) 「만장(萬章)」이 아니라 「이루(離婁)」이다. 『맹자집주대전』 권7, 「이루장구상(離婁章句上)」의 내용은 다음과 같다. "舜, 盡事親之道而瞽瞍厎豫, 瞽瞍厎豫而天下化; 瞽瞍厎豫而天下之爲父子者定, 此之謂大孝.(순임금이 어버이 섬기는 도리를 다하여 고수가 기쁘고 즐거움에 이르렀으며, 고수가 기쁘고 즐거움에 이르러 천하 사람들이 감화(感化)되었으며, 고수가 기쁘고 즐거움에 이르러 천하의 아버지와 아들 사이가 된 이들이 안정되었으니, 이것을 일러서 큰 효도라고 하는 것이다.)"
1153) 호광(胡廣) 등 찬, 『서경대전(書經大全)』 및 내각본에는 '誠'으로 되어 있다.
1154) 호광(胡廣) 등 찬, 『서경대전(書經大全)』의 소주에서 발췌한 것이다. 그 전문은 다음과 같다. "新安陳氏曰 : '以禹不滿假, 不矜伐如此, 而益猶以滿損謙益爲言, 蓋就業不已之誠, 猶懼其有一毫, 非苗是己之心, 故以此開端, 而引帝之負罪, 夔夔以實之, 欲其謙謙之益勉也. 益又凡三致意, 謂天道之遠而德可動, 瞽瞍之頑而孝可若, 神明之幽而誠可感, 苗亦人耳, 豈有德之盛·誠之至而不可動者. 當不煩兵而自服也.'(신안 진씨가 말하였다. '… 익은 또 모두 세 가지로 지극하였으니, 생각하건대 천도가 원대하여 덕에 감동할 수 있었고, 고수가 완악해도 효성이 순하였고, 신명이 그윽하여 정성에 감동할 수 있었던 것이다. 묘도 또한 사람일 뿐이니 어찌 덕이 성대하고 정성이 지극한데 감동하지 않을 자이겠는가. 마땅히 군대를 번거롭게 하지 않고 스스로 굴복할 것이다.')"

○ 先釋'振', 後釋'班', 以便於事.
'위정려이귀야(謂整旅以歸也)'에서 볼 때, 먼저 '진(振)'을 해석하고, 뒤에 '반(班)'을 해석하여 사리를 편하게 하였다.

○ 出『左』「隱五年」.1155)
'출왈반사, 입왈진려(出曰班師, 入曰振旅)'의 내용은『좌전(左傳)』「은공(隱公) 5년」에 나온다.

○ 主苗國而言'出', 主帝都而言'入'. ○『諺』釋, 從下說, 合更詳.1156)
'이진려어경사야(而振旅於京師也)'의 경우, 묘(苗)나라를 위주로 해서는 '출(出)'을 말하였고, 제도(帝都)를 위주로 해서는 '입(入)'을 말하였다. ○『언해(諺解)』의 해석은 아래의 설명을 좇았으니 다시 상고해야 한다.

○ 照篇首.1157)
'문명(文命)'의 경우, 편 머리를 참조한 것이다.

○ 唐孔氏曰 : "益贊禹修德, 而帝自誕敷文德, 見君臣同心."1158)
'문명덕교야(文命德教也)'에 대해, 당공씨(唐孔氏: 孔穎達)가 말하였다. "익(益)이 우(禹)의 덕 닦음을 찬양함에 임금이 스스로 문적(文德)을 널리 펼쳤으니, 임금과 신하가 마음을 같이함을 보인 것이다."

○ 張氏曰 : "帝之文德, 素敷至此, 又誕敷之."1159)
장씨(張氏: 張九成)가 말하였다. "임금의 문덕(文德)이 평소에 펼쳐짐이 이에 이

1155) 출처가 분명하지 않다.『춘추좌전주소(春秋左傳注疏)』권2,「은공(隱公) 3년」. "三年而治兵. 入而振旅."
1156)『언해(諺解)』에서 "師를 班하고 旅를 振커늘"이라고 하여 집전(集傳)의 "'반(班)'은 돌아옴이고, '진(振)'은 정돈함이니, 군대를 정돈하여 돌아오는 것을 이른다. 어떤 이는 이르기를 '군대가 나가는 것을 반사(班師)라 하고, 들어오는 것을 진려(振旅)라고 한다.'고 하였으니, 군대가 유묘(有苗)의 나라에서 돌아오고 군사가 경사(京師)에서 정돈하는 것을 이른다."라고 한 설명을 그대로 좇았음을 지적한 것이다. 고무하거나 격려한다는 뜻으로 해석함이 잘 어울릴 듯하다.
1157)「대우모(大禹謨)」의 1장을 말한다. "曰若稽古大禹, 曰: '文命, 敷于四海, 祗承于帝.'(옛날 위대한 우를 상고하건대, '문덕의 가르침과 명령을 온 세상에 펴고 공경히 임금을 받들었다.'고 하였다.)"
1158) 호광(胡廣) 등 찬,『서경대전(書經大全)』의 소주를 수용한 것이다.
1159) 호광(胡廣) 등 찬,『서경대전(書經大全)』의 소주에서 발췌한 것이다. 그 전문은 다음과 같다. "張氏曰 : '帝之文德, 素敷至此, 又誕敷之, 聖人躬自厚之意.'(장씨가 말하였다. '임금의 문덕이 평소에 펼쳐짐이 이에 이르렀는데 또 널리 펼쳤으니, 성인이 몸소 스스로 도탑게 하는 뜻이다.')"

르렀는데, 또 널리 펼쳤던 것이다."

○ 龜山楊氏曰 : "舞干·羽, 是也."1160)
구산 양씨(龜山楊氏: 楊時)가 말하였다. "방패와 깃털로 춤을 춘 것이 이것이다."

○ 豎尹反.1161)
'순(楯)'은 수(豎)와 윤(尹)의 반절이다.

○ 唐孔氏曰 : "武舞執干, 文舞執羽."1162)
'개무자소집야(皆舞者所執也)'에 대해, 당공씨(唐孔氏: 孔穎達)가 말하였다. "무무(武舞)는 방패를 잡고, 문무(文舞)는 깃을 잡는다."

○ 朱子曰 : "舞干·羽之事, 想只是置三苗於度外, 而示以閒暇之意."1163)
'빈주지계야(賓主之階也)'에 대해, 주자(朱子: 朱熹)가 말하였다. "방패와 깃털로 춤을 춘 일은 생각하건대 다만 삼묘(三苗)를 도외시하고 한가함을 보인 뜻이다."

○ 按, 非必欲苗之格而爲此耳.
내가 살펴보건대, 반드시 묘(苗)가 이르게 하고자 이것을 한 것이 아닐 뿐이다.

○ 始終, 凡百日.

1160) 호광(胡廣) 등 찬, 『서경대전(書經大全)』의 소주에서 발췌한 것이다. 그 전문은 다음과 같다. "問 : '帝乃誕敷文德, 則自班師之後, 然後敷之也, 敷文德之事, 何以見?' 龜山楊氏曰 : '舞干·羽, 是也, 古之時, 文·武一道. 故干戈, 兵器也, 用之於戰陣, 則爲武; 用之於舞蹈, 則爲文. 敷文德云者, 己不爲武備矣. 君臣之間, 要當一德一心, 古之聖賢, 相與以濟大業, 蓋無不然者. ….'(… 구산 양씨가 말하였다. '방패와 깃털로 춤을 춘 것이 이것이니, 옛날에는 문과 무가 하나의 도이었다. 그러므로 방패와 창이 무기지만 전쟁터에서 그것을 사용하면 무가 되고, 춤을 춤에 그것을 사용하면 문이 되는 것이다. ….")"
1161) 호광(胡廣) 등 찬, 『서경대전(書經大全)』의 소주를 수용한 것이다.
1162) 호광(胡廣) 등 찬, 『서경대전(書經大全)』의 소주에서 발췌한 것이다. 그 전문은 다음과 같다. "唐孔氏曰 武舞執干文舞執羽"
1163) 호광(胡廣) 등 찬, 『서경대전(書經大全)』의 소주에서 발췌한 것이다. 그 전문은 다음과 같다. "朱子曰 : '號泣于旻天, 呼天而泣也; 于父母, 呼父母而泣也. 舞干·羽之事, 想只是置三苗于度外, 而示以閒暇之意.'(주자가 말하였다. '… 방패와 깃털로 춤을 춘 일은 생각하건대, 다만 삼묘를 도외시하고 한가함을 보인 뜻이다.')" 위의 내용은 『주자어류(朱子語類)』 권78, 「상서일(尙書一)·대우모(大禹謨)」에 실려 있다.

'칠십일야(七十日也)'의 경우, 처음부터 끝까지 모두 10일이다.

○ 音始.1164)
'시(弛)'는 음이 시(始)이다.

○ 以論釋之.
'유가이시이상기일시기상야(猶可以是而想其一時氣象也)'에서 볼 때, 논변함으로써 해석한 것이다.

○ 呂氏曰 : "班師而還, 略無凝滯, 干·羽舞階, 朝廷閒暇, 自然而然, 非故爲如此, 而有苗自格, 如春風流暢寒谷, 草木自皆發榮."1165)
여씨(呂氏: 呂祖謙)가 말하였다. "군대를 돌려서 돌아옴에 조금도 막히거나 걸림이 없었으며, 방패와 깃털로 섬돌에서 춤을 춘 것은 조정이 한가하여 자연스럽게 그러한 것이고 고의로 이와 같이 한 것이 아니었으며, 유묘(有苗)가 스스로 이른 것은 봄바람이 차가운 계곡에 흘러 퍼져서 풀과 나무에서 저절로 꽃이 핌과 같은 것이다."

○ 董氏鼎曰 : "一篇中, '后克艱', 至'時乃功', 發明克艱之旨; '格汝禹', 至'若帝之初', 紀述授受之辭, 而'征苗'一事, 則攝位後事也, 安得不以接二典之後, 冠三謨之首哉."1166)

1164) 호광(胡廣) 등 찬, 『서경대전(書經大全)』의 소주를 수용한 것이다.
1165) 호광(胡廣) 등 찬, 『서경대전(書經大全)』의 소주에서 발췌한 것이다. 그 전문은 다음과 같다. "呂氏曰 : '禹自會此理, 聞益之贊, 神領心受, 如曾子之唯. 便班師而還, 其從如響, 略無凝滯, 干羽舞階, 朝廷閒暇, 自然而然, 非故爲如此, 而有苗自格, 此如春風流暢寒谷, 草木自皆發榮也.'(여씨가 말하였다. '… 곧 군대를 돌려서 돌아옴에 그 좇음이 메아리 같아서 조금도 막히거나 걸림이 없었으며, 방패와 깃털로 섬돌에서 춤을 춘 것은 조정이 한가하여 자연스럽게 그러한 것이고 고의로 이와 같이 한 것이 아니었으며, 유묘(有苗)가 스스로 이르렀으니, 이는 봄바람이 차가운 계곡에 흘러 퍼져서 풀과 나무에서 저절로 꽃이 핌과 같은 것이다.')"
1166) 호광(胡廣) 등 찬, 『서경대전(書經大全)』의 소주에서 발췌한 것이다. 그 전문은 다음과 같다. "董氏鼎曰 : 禹雖以治水爲功, 而功之外有克艱之謨, 是謨也. 大關萬世爲君之道, 其功·其謨, 非皐陶·益·稷所得而先也. 且此篇所記, 又有舜·禹授受一大事, 安得不以接二典之後, 冠三謨之首哉. 大抵一篇之中, 自后克艱, 至時乃功, 皆所以發明究竟克艱之旨; 自格汝禹, 至帝之初, 皆所以紀述授受之辭, 而征苗一節, 則攝位後事也. 前一大節中, 其綱領, 在后臣克艱; 後一大節中, 其綱領, 在人心·道心二者, 皆於心上用功, 必能致察於人心·道心之間, 純乎義理之正, 而不雜于形氣之私, 則人心淨, 盡天理, 流行自然, 見得宇宙內事, 皆職分內事, 職分內事, 皆性分內事, 而於克盡君道之艱, 自見其當然, 有不必勉而能之者矣.'(동씨 정이 말하였다. '우가 비록 치수로써 공을 세웠으나 공 외에 난국을 극복하는 계책은 이 모이다. 대관절 만세에 임금이 되는 도가 그 공과 그 계책이지만, 고요와 익과 직보다 앞설 수 있는 것이 아니다. 또 이 편에 기록한 것에 또 순과 우

동씨정(董氏鼎: 董鼎)이 말하였다. "한편 가운데 '후극간(后克艱)'부터 '시내공(時乃功)'까지는 난국을 극복한 뜻을 드러내 밝힌 것이고, '격여우(格汝禹)'부터 '약제지초(若帝之初)'까지는 주고받은 말을 기술한 것인데, 묘(苗)를 정벌한 하나의 일은 곧 섭위(攝位)한 뒤의 일이다. 어찌 「요전(堯典)」·「순전(舜典)」의 뒤에 이어놓거나, 「대우모(大禹謨)」·「고요모(皋陶謨)」·「익직(益稷)」의 앞에 두지 않았는가."

가 주고받은 하나의 큰일이 있는데, 어찌 「요전」·「순전」의 뒤에 이어놓거나 「대우모」·「고요모」·「익직」의 앞에 두지 않았던가. 대저 한편 가운데 후극간부터 시내공까지는 모두 마침내 난국을 극복한 뜻을 드러내 밝힌 것이고, 격여우부터 약제지초까지는 모두 주고받은 말을 기술한 것인데, 묘를 정벌한 한 단락은 섭위한 뒤의 일이다. 앞의 하나의 큰 단락 가운데 그 강령은 임금과 신하가 난국을 극복함이고, ….')"

[2-1-4]
「고요모(皐陶謨)」

詳說

○ 說見「大禹謨」.
'해설이 「대우모(大禹謨)」에 보인다.

○ 或作'咎繇'字.1167)
'고요(皐陶)'는 간혹 '고요(咎繇)'자로 쓰기도 하였다.

○ 碧梧馬氏曰 : "此篇首尾, 皆與禹問答, 而謂之'謨'者, 實陳於帝之前也."1168)
벽오 마씨(碧梧馬氏: 馬廷鸞)1169)가 말하였다. "이 편의 머리와 꼬리는 모두 우(禹)와 묻고 대답한 것인데 '모(謨)'라는 것으로 이르렀으니, 실제는 임금 앞에서 진술한 것이다."

集傳

今文·古文, 皆有.
금문(今文)『상서(尙書)』와 고문(古文)『상서(尙書)』에 모두 있다.

1167) 고요(皐陶)는 고요(咎繇) 또는 고요(咎陶)라고도 썼으니, '구(咎)'는 '고(皐)'와 통하는 것이다.『초사(楚辭)』「이소경(離騷經)」에서 "湯·禹嚴而求合兮, 摯咎繇而能調.(탕과 우가 위엄스러워도 화합함을 구하였고, 고요를 이끌고 능히 조화롭게 하였도다)"라고 하였으며,『삼국지(三國志)』「촉지(蜀志)·제갈량전(諸葛亮傳)」에서 "咎繇大賢也, 周公聖人也.(고요는 큰 현인이고, 주공은 성인이다.)"라고 하였다.

1168) 호광(胡廣) 등 찬,『서경대전(書經大全)』의 소주에서 발췌한 것이다. 그 전문은 다음과 같다. "碧梧馬氏曰 : '此篇首尾, 皆與禹問答, 而謂之謨者, 實陳于帝之前也. 故揚雄曰皐陶以智爲帝謨.'(벽오 마씨가 말하였다. ''이 편의 머리부터 꼬리까지 모두 우와 묻고 대답한 것인데, 모라는 것으로 일컬었으니, 실제로는 임금 앞에서 진술한 것이다. 그러므로 양웅은 고요가 지혜로써 임금의 계책이 되었다고 하였다.')"

1169) 벽오 마씨(碧梧馬氏: 馬廷鸞): 마정란(1222-1289)는 송대 학자로 자가 상중(翔仲)이고, 호가 벽오(碧悟)이며, 요주(饒州) 낙평(樂平) 사람이다. 어려서 아버지를 잃고 가난한 가운데 뜻을 세워 독서하여 1247년에 과거에 합격하여 벼슬길에 들어서 재상까지 올랐다. 정직한 성품으로 정사에 부지런하고 백성을 사랑하여 명망이 있었다. 저서로는『벽오완방집(碧梧玩芳集)』외에『육경집전(六經集傳)』·『어맹회편(語孟會編)』·『초사보기(楚辭補記)』·『수사예편(洙泗裔編)』등이 있다.

[2-1-4-1]

曰若稽古臯陶, 曰: "允迪厥德, 謨明, 弼諧." 禹曰: "兪. 如何?" 臯陶曰: "都. 愼厥身修, 思永, 惇敍九族, 庶明勵翼, 邇可遠, 在茲." 禹拜昌言曰: "兪."

옛날 고요를 상고하였는데, 고요가 말하기를, "진실로 그 덕을 행하면 도모함이 밝아지며 보필함이 화합할 것입니다." 라고 하자 우(禹)가 말하였다. "그러한가. 어떠한 것인가?" 고요가 말하기를, "훌륭합니다. 그 몸을 닦음을 삼감에 생각을 오래도록 하며, 친족들을 돈독하게 베풀며, 여러 현량한 이들이 힘써 도우면 가까이서부터 멀리까지 나감이 이것에 달려 있습니다." 라고 하니, 우(禹)가 사리에 맞고 훌륭한 말에 절하며 말하였다. "그렇구나." 라고 하였다.

詳說

○ 平聲.

'계(稽)'는 평성(平聲: 상고하다)이다.

集傳

'稽古'之下, 卽記臯陶之言者, 謂考古臯陶之言, 如此也. 臯陶言: "爲君而信蹈其德, 則臣之所謀者無不明, 所弼者, 無不諧也." '兪如何'者, 禹然其言而復問其詳也. '都'者, 臯陶美其問也. '愼'者, 言不可不致其謹也. 身修則無言行之失, 思永則非淺近之謀, 厚敍九族, 則親親恩篤而家齊矣; 庶明勵翼, 則羣哲勉輔而國治矣. '邇', 近, '茲', 此也, 言近而可推之遠者, 在此道也, 蓋身修家齊國治而天下平矣. 臯陶此言, 所以推廣允迪謨明之義, 故禹復'兪'而然之也. ○又按, '典'·'謨', 皆稱'稽古', 而下文所記則異. '典'·'謨1170)'記事, 故「堯」·「舜」皆載其實; '謨', 主記言, 故「禹」·「臯陶」則載其謨, "后克艱厥后, 臣克艱厥臣", 禹之謨也; "允迪厥德, 謨明弼諧", 臯陶之謨也. 然禹謨之上, 增"文命敷于四海, 祗承于帝"者, 禹受舜天下, 非盡臯陶比例, 立言輕重, 於此可見.

'계고(稽古)' 아래에 곧 고요(臯陶)의 말을 기록한 것은 옛날 고요의 말을 상고하

1170) 채침(蔡沈) 찬, 『서경집전』과 호광(胡廣) 등 찬, 『서경대전(書經大全)』 및 내각본에는 모두 '主'로 되어 있다.

면 이와 같다고 말한 것이다. 고요가 말하기를, "임금이 되어 진실로 그 덕을 행하면 신하가 도모하는 것이 밝지 않음이 없고, 보필하는 신하가 화합하지 않음이 없다."고 한 것이다. '유여하(兪如何)'라는 것은 우(禹)가 그 말을 그렇다고 여기고서 다시 그 상세한 것을 물은 것이다. '도(都)'라는 것은 고요가 그 물음을 찬미한 것이다. '신(愼)'이라는 것은 그 삼감을 다하지 않을 수 없음을 말한 것이다. 몸이 닦이면 언행의 잘못이 없고 생각이 오래되면 천박한 계책이 아니며, 친족들에게 도탑게 펼치면 친척을 친애하고 은혜가 돈독하여 집안이 가지런해지며, 여러 현량한 이가 힘써 도우면 여러 명철한 이가 힘써 보필하여 나라가 다스려지는 것이다. '이(邇)'는 가까움이고, '자(玆)'는 이것이니, 가까이서부터 멀리까지 나감이 이 도(道)에 있음을 말한 것이다. 대개 몸이 닦이고 집안이 가지런해지고 나라가 다스려져서 천하가 화평하게 되는 것이다. 고요(皐陶)의 이 말은 진실로 그 덕을 행하면 도모함이 밝아진다는 뜻을 미루어 넓힌 것이기 때문에 우(禹)가 '유(兪)'를 반복하여 그렇다고 한 것이다. ○또 상고하건대, '전(典)'과 '모(謨)'에서 모두 '계고(稽古)'를 일컬었으나 아래글에 기록한 것이 다르다. '전(典)'은 일을 기록하는 것을 위주로 하는 것이기 때문에 「요전(堯典)」과 「순전(舜典)」에서 모두 사실을 기재하였고, '모(謨)'는 말을 기록하는 것을 위주로 하는 것이기 때문에 「대우모(大禹謨)」와 「고요모(皐陶謨)」에서 곧 그 계책을 기재하였으니, "임금이 그 임금함을 어렵게 여기고, 신하가 그 신하함을 어렵게 여겨야 한다."는 것은 우(禹)의 계책이고, "진실로 그 덕을 행하면 계책함이 밝아지고 보필하는 이가 화합한다.'는 것은 고요의 계책이다. 그러나 「대우모(大禹謨)」의 위에 "문명(文命)을 온 세상에 펴고 공경스럽게 순임금을 받들었다"는 것을 보탠 것은 우(禹)가 순(舜)에게 천하를 받은 것으로 고요(皐陶)와 비견되는 예를 다한 것이 아니니, 글을 쓰는 경중(輕重)을 여기에서 볼 수 있다.

詳說

○ 此'曰'字, 與'曰放勳'·'曰重華'·'曰文命'之爲史臣言者, 不同.

'여차야(如此也)'에서 볼 때, 여기 '왈(曰)'자는 '왈방훈(曰放勳)'·'왈중화(曰重華)'·'왈문명(曰文命)'의 사신(史臣)이 말한 것과는 같지 않다.

○ 蹈也, 與'惠迪'之'迪', 不同.

'적(迪)'은 밝음이니, '혜적(惠迪)[1171]'의'적(迪)'과 같지 않다.

○ 補'君臣'字.
'즉신지소모자무불명(則臣之所謀者無不明)'의 경우, '군신(君臣)'자를 보탰다.

○ 輔也.
'필(弼)'은 보필(輔弼)함이다.

○ 新安陳氏曰 : "君當信蹈古人之德, 蓋迪德之君, 則臣言易入, 故謨易以明, 而弼易以諧. 皐陶欲君迪德, 以爲己陳謨之地也."1172)
'무불해야(無不諧也)'에 대해, 신안 진씨(新安陳氏: 陳師凱)가 말하였다. "임금은 마땅히 옛사람의 덕을 믿어 행해야 하니, 대개 덕을 행하는 임금은 신하의 말을 받아들이기 쉽기 때문에 계책이 밝아지기 쉬우며 돕는 신하가 화합하기 쉬운 것이다. 고요(皐陶)는 임금이 덕을 행하기를 바라면서 자기가 계책을 진술하는 입장이라고 여긴 것이다."

○ 去聲, 下同.
'부(復)'는 거성(去聲: 다시)이니, 아래도 같다.

○ 非美己所將言也.
'고요미기문야(皐陶美其問也)'의 경우, 자기가 장차 말하려는 것을 찬미한 것이 아니다.

○ 去聲.
'행(行)'은 거성(去聲: 행위, 품행)이다.

1171) 위의 「대우모(大禹謨)」에서 "禹曰 : '惠迪, 吉; 從逆, 凶, 惟影·響.'(우가 말하였다. '도에 순응하면 길하고, 거슬러 따르면 흉하니, 오직 그림자와 메아리 같습니다.')" 집전(集傳)에서 "'惠', 順; '迪', 道也; '逆', 反道者也, '惠迪'·'從逆', 猶言順善·從惡也.('혜'는 순응함이고, '적'은 도이고, '역'은 도를 뒤엎는 것이니, '혜적'·'종역'은 선에 순응하고 악을 좇는다고 말함과 같다.)"라고 하였다.

1172) 호광(胡廣) 등 찬, 『서경대전(書經大全)』의 소주에서 발췌한 것이다. 그 전문은 다음과 같다. "新安陳氏曰 : '允迪厥德, 諧明弼諧, 孔註亦以爲皐陶之言, 但謂君當信蹈古人之德耳, 蓋迪德之君, 則臣言易入, 故謨易以明, 而弼易以諧. 皐陶欲君迪德, 以爲己陳謨之地也.'(신안 진씨가 말하였다. '윤적궐덕, 해명필해에서 공안국의 주에서 또한 고요의 말이라고 여기고 다만 임금은 마땅히 옛사람의 덕을 믿어 행해야 할 뿐이라고 말하였으니, 대개 덕을 행하는 임금은 신하의 말을 받아들이기 쉽기 때문에 계책이 밝아지기 쉬우며 돕는 신하가 화합하기 쉬운 것이다. 고요는 임금이 덕을 행하기를 바라면서 자기가 계책을 진술하는 입장이라고 여긴 것이다.')"

○ '身修'·'思永'之『諺』釋, 恐非文勢.1173)
'사영즉비천근지모(思永則非淺近之謀)'에서 볼 때, '신수(身修)'·'사영(思永)'의 『언해(諺解)』의 해석은 아마도 글의 흐름이 아닌 듯하다.

○ 李氏舜臣曰 : "'愼厥身修思永', 一書之要領, 修身者, 知人安民之本."1174)
이씨 순신(李氏舜臣: 李舜臣)1175)이 말하였다. "'신궐신수사영(愼厥身修思永)'이 하나의 글의 요령이니, 수신(修身)이라는 것은 사람을 알고 백성을 편안하게 하는 근본이다."

○ 西山眞氏曰 : "'愼'之一言, 又修身之本."1176)
서산 진씨(西山眞氏: 眞德秀)가 말하였다. "'신(愼)'이라는 한마디 말은 또 수신(修身)의 근본이다."

○ 王氏炎曰 : "皐陶之謨, 有三, 修身也, 知人也, 安民也, 而修身爲本, 故先言之."1177)
왕씨 염(王氏炎: 王炎)이 말하였다. "고요(皐陶)의 계책에 세 가지가 있으니, 수

1173) 『언해(諺解)』에서 "愼하여 그 身을 修하며 思를 永하며"라고 하여 집전의 "그 몸을 닦음을 삼감에 생각을 오래도록 하며"와 다른 해석임을 말한 것이다.
1174) 호광(胡廣) 등 찬, 『서경대전(書經大全)』의 소주에서 발췌한 것이다. 그 전문은 다음과 같다. "李氏舜臣曰 : '皐陶謨發端, 曰愼厥身修思永, 一書之要領也, 取人以身, 修身者, 知人·安民之本歟.'(이씨 순신이 말하였다. '고도모'의 발단에서 말한 신궐신수사영은 하나의 글의 요령이니, 사람을 취함에 몸으로써 한 것은 수신이라는 것이 사람을 알고 백성을 편안하게 하는 근본이어서다.')"
1175) 이씨 순신(李氏舜臣: 李舜臣): 이순신은 송대 학자로 자가 자사(子思)이고, 호가 융산(隆山)이다. 남송 효종 2년(1166)에 진사과에 급제하여 성도부교수를 지냈다. 주자 문하에서 수학하였으며, 특히 역학(易學) 연구에 매진하여 『역본전(易本傳)』 33권을 지었는데 전해지지 않는다. 그의 아들 이심전(李心傳)의 『병자학역편(丙子學易編)』이나, 동문수학한 풍의(馮椅)의 『후재역학(厚齋易學)』 등에서 그 내용을 엿볼 수 있다.
1176) 호광(胡廣) 등 찬, 『서경대전(書經大全)』의 소주에서 발췌한 것이다. 그 전문은 다음과 같다. "西山眞氏曰 : '皐陶陳謨, 未及他事, 首以謹修其身爲言, 蓋人君一身, 天下國家之本. 愼之一言, 又修之本也. 思永, 欲其悠久不息也, 爲君孰不知身之當修, 然心或放, 則能暫而不能久, 必悠久不息常思, 所以致謹然後, 謂之永. 否則朝勤夕怠, 乍作乍止, 果何益哉. 後世人主, 有初鮮終, 由不知思永也. 愼則敬而不忽, 思永則久而不忘, 修身之道備矣. 然後以親親·尊賢二者, 繼之, 九族必有親, 使均被恩; 衆賢必有以勸勵之, 使樂爲吾輔. 身爲之本, 而二者又各盡其道, 則自家, 可推之國; 自國, 可推之天下, 其道在此而已. 『中庸』九經之序, 其亦有所祖於此歟.'(서산 진씨가 말하였다. '고요가 계책을 진술함에 다른 일에 미치지 않고 가장 먼저 삼가 그 몸을 닦는 것으로써 말을 한 것은 대개 임금의 한 몸이 천하와 나라와 집안의 근본이어서다. 신이라는 한마디 말은 또 수신의 근본이다. ….')"
1177) 호광(胡廣) 등 찬, 『서경대전(書經大全)』의 소주에서 발췌한 것이다. 그 전문은 다음과 같다. "王氏炎曰 : '皐陶之謨, 有三, 修身也, 知人也, 安民也, 而修身爲本, 故先言之. 邇者, 既可由是, 推之國, 與天下, 無不可者, 其本在此而不在彼也, 在此者, 無他, 修身而已矣.'(왕씨 염이 말하였다. '고요의 계책에 세 가지가 있으니, 수신이며, 지인이며, 안민인데, 수신이 근본이 되기 때문에 먼저 말한 것이다. ….')"

신(修身)이며, 지인(知人)이며, 안민(安民)인데, 수신(修身)이 근본이 되기 때문에 먼저 말한 것이다."

○ 惇.

'후(厚)'는 도타움이다.

○ 陳氏曰 : "其厚之也, 有次序, 不至爲夷子之二本也."1178)

'후서구족(厚敍九族)'에 대해, 진씨(陳氏: 陳鵬飛)가 말하였다. "그 도타움에는 차례가 있어 이자(夷子)의 두 가지 근본이 됨에는 이르지 않는 것이다."

○ 庶.

'군(羣)'은 서(庶: 여러)이다.

○ 明.

'철(哲)'은 밝음이다.

○ 勵.

'면(勉)'은 힘씀이다.

○ 翼.

'보(輔)'는 익(翼: 돕다)이다.

○ 去聲, 下同.

'치(治)'는 거성(去聲: 다스리다)이니, 아래도 같다.

○ 西山眞氏曰 : "『中庸』九經之序, 其祖於此歟."1179)

1178) 호광(胡廣) 등 찬, 『서경대전(書經大全)』의 소주에서 발췌한 것이다. 그 전문은 다음과 같다. "陳氏曰 : '九族宜厚, 其厚之也, 有次序, 不至爲夷子之二本也.'(진씨가 말하였다. '구족은 마땅히 도타워야 하니 그 도타움에는 차례가 있어 이자의 두 가지 근본이 됨에는 이르지 않는 것이다.')"
1179) 호광(胡廣) 등 찬, 『서경대전(書經大全)』의 소주에서 발췌한 것이다. 그 전문은 다음과 같다. "西山眞氏曰 : '皐陶陳謨, 未及他事, 首以謹修其身爲言, 蓋人君一身, 天下國家之本, 愼之一言, 又修身之本也. 思永, 欲其悠久不息也, 爲君孰不知身之當修, 然心或放, 則能暫而不能久, 必悠久不息常思, 所以致謹然後, 謂之永. 否則朝勤夕怠, 乍作乍止, 果何益哉. 後世人主, 有初鮮終, 由不知思永也. 愼則敬而不忽, 思永則久而不忘, 修之道備矣. 然後以親親·尊賢二者, 繼之, 九族必有以篤叙之, 使均被吾恩; 衆賢必有以勸勵之, 使樂爲吾輔. 身爲之本, 而二者又各盡其道, 則自家, 可推之國; 自國, 可推之天下, 其道在此而已. 『中庸』九經之

'즉군철면보이국치의(則羣哲勉輔而國治矣)'에 대해, 서산 진씨(西山眞氏: 眞德秀)가 말하였다. "『중용(中庸)』의 구경(九經)1180)의 차례가 여기에 근거한 것이리라."

○ 添'道'字.
'재차도야(在此道也)'의 경우, '도(道)'자를 더하였다.

○ 補此句.
'개신수가제국치이천하평의(蓋身修家齊國治而天下平矣)'의 경우, 이 구절을 보탰다.

○ 朱子曰 : "'身修思永', 是'迪德'意; '庶明勵翼', 是'謨明弼諧'意."1181)
'소이추광윤적모명지의(所以推廣允迪謨明之義)'에 대해, 주자(朱子: 朱熹)가 말하였다. "'신수사영(身修思永)'은 '적덕(迪德)'의 뜻이고, '서명려익(庶明勵翼)'은 '모명필해(謨明弼諧)'의 뜻이다."

序, 其亦有所祖於此歟.'(서산 진씨가 말하였다. '…『중용(中庸)』의 구경(九經)의 차례가 그 또한 여기에 근거한 것이 있을 것이다.')"

1180) 『중용(中庸)』의 구경(九經): 『중용(中庸)』에 나오는 치국평천하(治國平天下)의 아홉 가지 목차이자 준칙이다. 그 내용은 다음과 같다. "凡爲天下·國家, 有九經, 曰 : '修身也, 尊賢也, 親親也, 敬大臣, 體群臣也, 子庶民也, 來百工也, 柔遠人也, 懷諸侯也.(무릇 천하와 나라와 집안을 다스림에 아홉 가지의 떳떳한 법도가 있으니 말하기를, '몸을 닦음과, 현량한 이를 높임과, 친한 이를 친히 대함과, 대신을 공경함과, 여러 신하들을 몸소 살핌과, 많은 백성들을 자식처럼 대함과, 온갖 장인들을 위무함과, 먼 곳 사람들을 안무함과, 제후들을 회사함이다.')"

1181) 호광(胡廣) 등 찬, 『서경대전(書經大全)』의 소주에서 발췌한 것이다. 그 전문은 다음과 같다. "問 : '允迪厥德, 謨明弼諧, 是形容皐陶之德, 或是皐陶之言.' 朱子曰 : '下文說謹厥身修思永, 是允迪厥德意; 庶明勵翼, 是謨明弼諧意, 恐不是形容皐陶底語.'(물었다. '진실로 그 덕을 행하면 도모함이 밝아지고 보필하는 신하가 화합하게 된다고 하였는데, 이것은 고요의 덕을 형용한 것이라 하고, 어떤 이는 고요의 말이라고 하였습니다.' 주자가 말하였다. '아래에서 말한 그 몸 닦음을 삼가며 생각을 오래도록 한다는 것은 윤적궐덕의 뜻이고, 여러 현량한 이가 힘써 돕는다는 것은 모명필해의 뜻이니, 아마도 고요의 말을 형용한 것은 아닌 듯하다.')"는 『주자어류(朱子語類)』 권78, 「상서일(尙書一)·고요모(皐陶謨)」에서 발췌한 것이다. 그 전문은 다음과 같다. "問 : '允迪厥德, 謨明弼諧, 說者云, 是形容皐陶之德, 或以爲是皐陶之言.' 曰 : '下文說愼厥身修思永, 是允迪厥德意; 庶明勵翼, 是謨明弼諧意, 恐不是形容皐陶底語.' 問 : '然則此三句, 是就人君身上說否?' 曰 : '是就人主身上說, 謨, 是人主謀謨, 弼, 是人臣輔翼, 與之和合, 如同寅協恭之意.'(물었다. '진실로 그 덕을 행하면 도모함이 밝아지고 보필하는 신하가 화합하게 된다고 하였는데 설명하는 이가 이르기를 이것은 고요의 덕을 형용한 것이라 하고, 어떤 이는 고요의 말이라고 하였습니다.' 말하였다. '아래에서 말한 그 몸 닦음을 삼가며 생각을 오래도록 한다는 것은 윤적궐덕의 뜻이고, 여러 현량한 이가 힘써 돕는다는 것은 모명필해의 뜻이니, 아마도 고요의 말을 형용한 것은 아닌 듯하다.' 물었다. '그렇다면 이 세 구절은 임금의 신상에 대해서 말한 것입니까?' 말하였다. '이것은 임금의 신상에 대해서 말한 것이다. 모는 임금이 도모함이고, 필은 임금의 신하가 보익함이며, 더불어 화합하는 것은 공경함을 함께 하고 공손함을 합한다는 뜻이다.')"

○ 先拜以致敬.
'고우부유이연지야(故禹復俞而然之也)'에서 볼 때, 먼저 절하여 공경함을 다한 것이다.

○ 陳氏經曰 : "禹·皐陶, 同列之際, 有合於心, 則都之俞之; 不合則吁之咈之, 或如何無非眞情實意之所發."1182)
진씨경(陳氏經: 陳經)이 말하였다. "우(禹)와 고요(皐陶)가 같은 반열일 때에 마음에 맞음이 있으면 훌륭하다 하고 그러하다 했으며, 맞지 않으면 탄식하고 아니다 하였으니, 혹시라도 어찌 진정하고 신실한 뜻이 나오는 것이 아님이 없었겠는가."

○ 蘇氏曰 : "謂禹·皐陶, 爲'古'者, 自今以上, 皆古, 何必異代.『春秋傳』皆云「夏書」, 安知非作於夏時乎."1183)
'전·모개칭계고(典·謨皆稱稽古)'에 대해, 소씨(蘇氏: 蘇軾)가 말하였다. "우(禹)와 고요(皐陶)에게 '고(古)'라고 이른 것은 지금부터 위를 모두 옛날이라고 한 것이니, 어찌 반드시 다른 시대였겠는가.『춘추전』에는 모두 '「하서(夏書)」'라고 말하였으니, 어찌 하(夏)나라 때에 지어진 것이 아님을 알았겠는가."

○ 事實. ○如史家之傳紀.
'고요순개재기실(故堯舜皆載其實)'의 경우, 사실이다. ○역사가의 전기와 같다.

○ 如史家之奏議.
'고우·고요즉재기모(故禹·皐陶則載其謨)'의 경우, 역사가의 주의(奏議)와 같다.

○ 在堯·舜與皐陶之間.

1182) 호광(胡廣) 등 찬,『서경대전(書經大全)』의 소주에서 발췌한 것이다. 그 전문은 다음과 같다. "陳氏經曰 : '禹·皐同列之際, 或都或俞, 或吁或咈, 或如何無非真情實意之所發. 有合於心, 則都之俞之; 不合則吁之咈之. 善之在人, 猶在已也, 故聞言而拜不爲諂; 善之在己, 猶在人也, 故自言而先, 曰都不爲矜.'(진씨경이 말하였다. '우와 고요가 같은 반열일 때에 혹은 훌륭하다 하고 혹은 그러하다 하며, 혹은 탄식하고 혹은 아니다 하여 혹시라도 어찌 진정하고 신실한 뜻이 나오는 것이 아님이 없었겠는가. 마음에 맞음이 있으면 훌륭하다 하고 그러하다 했으며, 맞지 않으면 탄식하고 아니다 하였다. ….')"
1183) 호광(胡廣) 등 찬,『서경대전(書經大全)』의 소주에서 발췌한 것이다. 그 전문은 다음과 같다. "蘇氏曰 : '虞氏南面, 謂禹·皐陶, 爲古者, 自今以上, 皆古, 何必異代.『春秋傳』引虞書, 皆云「夏書」, 安知非作於夏時乎.'(소씨가 말하였다. '우씨가 남면할 적에 우와 고요에게 일러서 고라고 한 것은 지금부터 위를 모두 옛날이라 하였으니, 어찌 반드시 시대가 다르겠는가.『춘추전』에는 '우서」를 인용함에도 모두「하서」라고 말하였으니, 어찌 하나라 때에 지어진 것이 아님을 알았겠는가.')"

'비진고요비례(非盡皋陶比例)'의 경우, 요(堯)·순(舜)과 고요(皋陶)의 사이에 있어서다.

○ 特圈而論之, 後多放此.
'어차가견(於此可見)'에서 볼 때, 특별히 동그라미(○)를 쳐서 논변하였으니, 뒤에도 대부분 이에 의거한다.

[2-1-4-2]

皋陶曰: "都. 在知人, 在安民." 禹曰: "吁. 咸若時, 惟帝其難之. 知人則哲, 能官人; 安民則惠, 黎民懷之. 能哲而惠, 何憂乎驩兜, 何遷乎有苗, 何畏乎巧言令色孔壬."

고요가 말하기를, "훌륭합니다. 사람을 앎에 달렸으며, 백성을 편안히 함에 달렸습니다." 라고 하니, 우(禹)가 말하였다. "글쎄. 다 이와 같이 하기란 오직 요(堯)도 어렵게 여겼다. 사람을 알면 인사에 분명하게 하여 인물을 벼슬에 앉힐 수 있으며, 백성을 편안히 하면 은혜롭게 대하여 백성들이 마음에 들 것이다. 임금이 명철하고 은혜로우면 어찌 환두(驩兜)를 걱정하겠으며, 어찌 유묘(有苗)를 내몰겠으며, 어찌 말을 잘하고 낯빛을 좋게 보이되 크게 간악한 마음을 품은 이를 두려워하겠는가."

集傳

皋陶因禹之'兪', 而復推廣其未盡之旨. 歎美其言, 謂'在於知人·在於安民'二者而已, '知人', 智之事; '安民', 仁之事也. 禹曰'吁'者, 歎而未深然之辭也. '時', 是也. '帝', 謂堯也, 言"旣在知人, 又在安民, 二者兼擧, 雖帝堯, 亦難能之." '哲', 智之明也. '惠', 仁之愛也, 能哲而惠, 猶言能知人而安民也. '遷', 竄. '巧', 好. '令', 善. '孔', 大也, 好其言, 善其色, 而大包藏凶惡之人也, 言"能哲而惠, 則智·仁兩盡, 雖黨惡如驩兜者, 不足憂; 昏迷如有苗者, 不足遷; 與夫好言善色大包藏姦惡者, 不足畏, 是三者擧不足害吾之治", 極言仁智功用, 如此其大也. 或曰: "巧言令色孔壬, 共工也. 禹言三凶而不及鯀者, 爲親者諱也."○楊氏曰: "'知人'·'安民', 此「皋陶」一篇之體要也. '九德'而下, 知人之事也, 天敍有典而下, 安民之道也, 非知人而能安民者, 未之有也."

고요가 우(禹)가 '유(兪)'라고 한 것에 말미암아 다시 다하지 못한 뜻을 미루어 넓힌 것이다. 고요가 그 말을 아름답게 여기고 '사람을 앎에 달렸으며 백성을 편안히 함에 달렸다'는 두 가지일 따름이라고 말하였으니, '사람을 앎'은 지(智)의 일이고, '백성을 편안히 함'은 인(仁)의 일이다. 우(禹)가 '우(吁)'라고 한 것은 칭탄하되 아주 그렇지는 않다는 말이다. '시(時)'는 이것이다. '제(帝)'는 요(堯)를 이르니, "이미 사람을 앎에 달렸으며, 또 백성을 편안히 함에 달렸다고 하여 두 가지를 아울러 들었는데, 비록 요임금이라 하더라도 또한 잘하기 어려울 것이다."라고 말한 것이다. '철(哲)'은 지혜의 밝음이고, '혜(惠)'는 인자한 사랑이니, 능히 명철하고 은혜롭다는 것은 능히 사람을 알고 백성을 편안히 한다고 말함과 같은 것이다. '천(遷)'은 쫓아냄이다. '교(巧)'는 좋음이다. '영(令)'은 선함이다. '공(孔)'은 큼이니, 그 말을 잘하고 낯빛을 좋게 보이되 크게 간악한 마음을 품은 사람이다. "능히 명철하고 은혜로우면 지(智)와 인(仁) 두 가지가 모두 극진하여 비록 패거리를 맺어 악행을 함이 환두(驩兜)와 같은 이라도 족히 근심할 것이 못되고, 어둡고 흐리멍덩함이 유묘(有苗)와 같은 이라도 족히 내쫓을 것이 못되고, 무릇 말을 잘하고 낯빛을 좋게 보이되 크게 간악한 마음을 품은 자라고 할지언정 족히 두려워할 것이 못되어 이 세 가지가 모두 족히 나의 다스림을 해칠 것이 못된다."고 말하였으니, 인(仁)과 지(智)의 공용(功用)이 이와 같이 큼을 지극하게 말한 것이다. 어떤 이는 말하기를, "말을 잘하고 낯빛을 좋게 보이되 크게 간악한 마음을 품은 이는 공공(共工)이다. 우(禹)가 삼흉(三凶)을 말하면서 곤(鯀)을 언급하지 않은 것은 어버이이기 때문에 숨긴 것이다."라고 하였다. ○양씨(楊氏 : 楊時)가 말하였다. "'사람을 앎'과 '백성을 편안히 함'은 「고요모(皐陶謨)」 한 편의 요점이다. '구덕(九德)' 이하는 사람을 아는 일이고, '천서유전(天敍有典)' 이하는 백성을 편안히 하는 방도이니, 사람을 하는 이가 아니면서 백성을 편안히 하는 이는 있지 않았다."

詳說

○ 去聲.
'부(復)'는 거성(去聲: 다시)이다.

○ 承上節.
'부추광기미진지지(復推廣其未盡之旨)'에서 볼 때, 위의 단락을 이은 것이다.

○ 亦美禹之兪.
　'탄미기언(歎美其言)'의 경우, 또한 우(禹)의 유(兪: 그렇다)를 아름답게 여긴 것이다.

○ 三句, 釋'咸若時'.
　'이자겸거(二者兼擧)'에서 볼 때, 세 구절은 '함약시(咸若時)'를 해석한 것이다.

○ 蒙「舜典」'壬人'訓.
　'이대포장흉악(而大包藏凶惡)'의 경우, 「순전(舜典)」의 '임인(壬人)1184)'을 받은 것이다.

○ 擧共工.
　'수당악(雖黨惡)'의 경우, 공공(共工)을 든 것이다.

○ 見上篇.1185)
　'혼미(昏迷)'는 위의 편에 보인다.

○ 音扶.
　'부(夫)'는 음이 부(扶)이다.

○ 靜言·象恭·庸違.1186)

1184) 임인(壬人):「순전(舜典)」에서 "열두 목백에게 물으며 말하였다. '곡식은 때를 잘 맞추어야 하니, 멀리 있는 이를 회유하고 가까이 있는 이를 길들이며, 덕 있는 이를 두터이 대접하고 어진 이를 참되게 믿으며, 간사한 이를 물리치면 오랑캐들도 무리를 거느리고 와서 복종할 것이다.'(咨十有二牧, 曰: '食哉惟時, 柔遠能邇, 惇德允元, 而難任人, 蠻夷率服.')"라 하였고, 집전에서 "'임'은 고문 『상서』에는 '임'으로 썼으니, 흉악함을 숨겨 감춘 사람이다.('任', 古文作'壬', 包藏凶惡之人也.)"라고 하였다. 그리고 『한서(漢書)』「원제기(元帝紀)」에서 "임인이 지위에 있어서 선량한 선비들이 막히고 가려진 것이다.(壬人在位, 而吉士雍蔽.)"라고 하였는데, 안사고(顔師古)는 "'임인'은 간사하고 아첨하는 소인이다.('壬人', 佞人也.)"라고 하였다.

1185) 「대우모(大禹謨)」에서 "蠢玆有苗, 昏迷不恭, 侮慢自賢, 反道敗德, 君子在野, 小人在位, 民棄不保, 天降之咎.(꾸물거리는 이 유묘가 어둡고 미혹하며 공경하지 못하여 남을 업신여기고 스스로 잘난 척하며, 도를 어기고 덕을 무너뜨려 군자가 재야에 있고 소인이 좋은 자리에 있자 백성들이 유묘의 임금을 버리고 보호하지 않으니 하늘이 재앙을 내리도다.)"라 하였고, 집전에서 "'昏, 闇; 迷, 惑也.('혼'은 어둠이고, '미'는 미혹됨이다.)"라고 하였다.

1186) 「요전(堯典)」에서 "帝曰: '疇咨若予采?' 驩兜曰: '都! 共工方鳩僝功.' 帝曰: '吁! 靜言庸違, 象恭滔天.'(요임금이 말하였다. '누가 나의 일을 순조롭게 할 수 있겠는가?' 환두가 말하였다. '아! 좋습니다. 공공이 장차 공력을 모아서 공적을 보여줄 것입니다.' 요임금이 말하였다. '아! 그렇지 않다. 쉬고 있을 때에는 말을 곧잘 하지만 쓰게 되면 그 말을 어기고 지키지 않으며, 겉으로만 공손하여 오만함이 하늘에 넘친다.')"라 하였으며, 집전에서 "'靜言庸違'者, 靜則能言, 用則違背也. '象恭', 貌恭而心不然也.('정언용위'는 쉬

'부호언선색대포장간악자(夫好言善色大包藏姦惡者)'의 경우, 정언(靜言)과 상공(象恭)과 용위(庸違)이다.

○ 去聲.
'치(治)'는 거성(去聲: 다스리다)이다.

○ 添二句.
'극언인지공용, 여차기대야(極言仁智功用, 如此其大也)'에서 볼 때, 두 구절을 더하였다.

○ 音恭.
'공(共)'은 음이 공(恭)이다.

○ 去聲.1187)
'위(爲)'는 거성(去聲: 때문)이다.

○ 此句, 出『公羊』「閔元年」.1188) ○論也.
'위친자휘야(爲親者諱也)'의 경우, 이 구절은 『춘추공양전(春秋公羊傳)』「민공(閔公) 원년」에 나온다. ○논변한 것이다.

○ 總一篇而論之.
'미지유야(未之有也)'에서 볼 때, 한 편을 총괄하여 논변한 것이다.

○ 陳氏大猷曰 : "知人然後, 能安民, 又其序也."1189)
진씨 대유(陳氏大猷: 陳大猷)가 말하였다 "사람을 안 뒤에 능히 백성을 편안히 할 수 있으니, 또 그 차례이다."

고 있을 때에선 말을 곧잘 하나 쓰게 되면 그 말을 어기고 지키지 않는 것이다. '상공'은 겉으로는 공손하나 마음은 그렇지 않은 것이다.)"라고 하였다.
1187) 호광(胡廣) 등 찬, 『서경대전(書經大全)』의 소주를 수용한 것이다.
1188) 『춘추공양전주소(春秋公羊傳注疏)』 권9, 「민공(閔公) 원년」. "爲尊者諱, 爲親者諱."
1189) 호광(胡廣) 등 찬, 『서경대전(書經大全)』의 소주에서 발췌한 것이다. 그 전문은 다음과 같다. "陳氏大猷曰 : '君道, 在知人·安民兩差. 知人然後, 能安民, 又其序也.'(진씨 대유가 말하였다. '임금의 도는 지인과 안인 두 가지에 달렸다. 사람을 안 뒤에 능히 백성을 편안히 할 수 있으니, 또 그 차례이다.')"

[2-1-4-3]

皐陶曰 : "都. 亦行有九德, 亦言其人有德, 乃言曰: '載采采'." 禹曰 : "何?" 皐陶曰 : "寬而栗, 柔而立, 愿而恭, 亂而敬, 擾而毅, 直而溫, 簡而廉, 剛而塞, 彊而義, 彰厥有常, 吉哉."

고요가 말하기를, "훌륭합니다. 모든 행실에 아홉 가지의 덕이 있으니, 모두 그 사람이 지닌 덕을 말한다면 이에 말하기를 '아무 일과 아무 일을 행하였다.' 고 하였습니다." 라고 하니, 우(禹)가 말하였다. "무엇인가?" 고요가 말하기를, "관대하되 엄숙하며, 유순하되 꿋꿋하며, 성실하되 삼가며, 잘 다스리되 조심하며, 온순하되 단호하며, 솔직하되 온화하며, 간이(簡易)하되 반듯하며, 굳세되 독실하며, 드세되 의로움이니 그 몸에 드러나고 떳떳함이 있어 길하다는 것입니다." 라고 하였다.

詳說

○ 去聲.1190)

'행(行)'은 거성(去聲: 행위, 행실)이다.

集傳

'亦', 總1191)也, '亦行有九德'者, 總言德之見於行者, 其凡有九也; '亦言其人有德'者, 總言其人之有德也. '載', 行; '采', 事也, 總言其人有德, 必言其行某事某事, 爲可信驗也. '禹曰何'者, 問其九德之目也. '寬而栗'者, 寬弘而莊栗也. '柔而立'者, 柔順而植立也. '愿而恭'者, 謹愿而恭恪也. '亂', 治也, '亂而敬'者, 有治才而敬畏也. '擾', 馴也, '擾而毅'者, 馴擾而果毅也. '直而溫'者, 徑直而溫和也. '簡而廉'者, 簡易而廉隅也. '剛而塞'者, 剛健而篤實也. '彊而義'者, 彊勇而好義也. '而', 轉語辭也, 正言而反應者, 所以明其德之不偏, 皆指其成德之自然, 非以彼濟此之謂也. '彰', 著也. 成德, 著之於身, 而又始終有常, 其吉士矣哉.

1190) 호광(胡廣) 등 찬, 『서경대전(書經大全)』의 소주에는 "'行', 胡孟反.('행'은 호와 맹의 반절이다.)"으로 되어 있다.
1191) 總: 『좌전(左傳)』「소공(昭公) 24년」. "「大誓」曰: '紂有億兆夷人, 亦有離德.'(「대서」에서 말하였다. '주가 수많은 이인을 두었으나 모두 마음이 같지 않았다.')"이라 하여 '역(亦)'을 모두 개(皆)의 뜻으로 썼다.

'역(亦)'은 모두이니, '역행유구덕(亦行有九德)'이라는 것은 덕이 행실에 나타난 것을 모두 말하는 것이니 그 조목은 아홉 가지가 있으며, '역언기인유덕(亦言其人有德)'이라는 것은 그 사람이 지닌 덕을 모두 말하는 것이다. '재(載)'는 행함이고, '채(采)'는 일이니, 그 사람이 지닌 덕을 모두 말함에 반드시 그가 아무 일과 아무 일을 행하였다고 말하여 믿고 징험할 수 있다는 것이다. '우왈가(禹曰可)'라는 것은 아홉 가지 덕(德)의 조목을 물은 것이다. '관이율(寬而栗)'이라는 것은 관대하되 엄숙함이다. '유이립(柔而立)'이라는 것은 유순하되 꼿꼿함이다. '원이공(愿而恭)'이라는 것은 성실하되 삼가는 것이다. '난(亂)'은 다스림이니, '난이경(亂而敬)'이라는 것은 다스리는 재주가 있되 조심함이다. '요(擾)'는 길들임이니, '요이의(擾而毅)'라는 것은 온순하되 단호함이다. '직이온(直而溫)'이라는 것은 솔직하되 온화함이다. '간이렴(簡而廉)'이라는 것은 간이(簡易)하되 반듯함이다. '강이색(剛而塞)'이라는 것은 굳세되 독실함이다. '강이의(彊而義)'라는 것은 드세되 의로움이다. '이(而)'는 말을 전환하는 말이니, 바르게 말해도 반대로도 호응하는 것은 덕이 편벽되지 않음을 밝힌 것이니, 모두 그 이룬 덕(德)의 자연스러움을 가리키고, 저것으로써 이것을 구제함을 말한 것이 아니다. '창(彰)'은 드러남이니, 이룬 덕이 몸에 드러나고 또 처음부터 끝까지 떳떳함이 있는 것은 바로 길한 선비인 것이다.

詳說

○ 音現.
'현(見)'은 음이 현(現)이다.

○ 猶目也.
'기범(其凡)'의 경우, 목(目: 조목)과 같다.

○ 主德而言.
'기범유구야(其凡有九也)'의 경우, 덕(德)을 위주로 말한 것이다.

○ 主人而言.
'총언기인지유덕야(總言其人之有德也)'의 경우, 사람을 위주로 말한 것이다.

○ 如字, 下同.

'행(行)'은 본래의 음 대로 읽는다.

○ 添此句.
'위가신험야(爲可信驗也)'의 경우, 이 구절을 더하였다.

○ 彼所言.
'문기(問其)'에서 볼 때, 저 사람(고요)이 말한 것이다.

○ 唐孔氏曰 : "恭在貌, 敬在心. 愿者, 遲鈍, 外失於儀, 故言恭; 治者, 輕物, 內失於心, 故稱敬."1192)
'유치재이경외야(有治才而敬畏也)'에 대해, 당나라 공씨(孔氏: 孔穎達)가 말하였다. "공(恭)은 외모에 있고 경(敬)은 마음에 있는 것이다. '원(愿)'이라는 것은 느리고 둔하여 겉으로 예의를 잃기 때문에 공(恭)을 말하였고, '치(治)'라는 것은 사물을 가벼이 여겨 안으로 마음을 잃기 때문에 경(敬)을 일컬은 것이다."

○ 蘇氏曰 : "才過人者, 患於恃才而不敬."1193)
소씨(蘇氏: 蘇軾)가 말하였다. "재주가 남보다 뛰어난 이는 재주를 믿고 공경스럽지 못할까 염려되는 것이다."

○ 猶順也.
'순야(馴也)'의 경우, 순(順)과 같다.

○ 去聲.
'이(易)'는 거성(去聲: 간이하다, 쉽다)이다.

○ 去聲.

1192) 호광(胡廣) 등 찬, 『서경대전(書經大全)』의 소주에서 발췌한 것이다. 그 전문은 다음과 같다. "唐孔氏曰 : 恭在貌, 敬在心. 愿者, 遲鈍, 外失於儀, 故言恭; 治者, 輕物, 內失於心, 故稱敬. 剛·强相近, 剛是性, 彊是志.'(당공씨가 말하였다. '공은 외모에 있고 경은 마음에 있는 것이다. 원이라는 것은 느리고 둔하여 겉으로 예의를 잃기 때문에 공을 말하였고, 치라는 것은 사물을 가벼이 여겨 안으로 마음을 잃기 때문에 경을 일컬은 것이다. 강과 강은 서로 가까우니, 강은 성이고 강은 뜻이다.')"
1193) 호광(胡廣) 등 찬, 『서경대전(書經大全)』의 소주에서 발췌한 것이다. 그 전문은 다음과 같다. "蘇氏曰 : '橫流而濟曰亂, 故才過人, 可以濟; 大難者曰亂, 亂臣十人, 是也. 才過人者, 患於恃才而不敬.'(소씨가 말하였다. '… 재주가 남보다 뛰어난 이는 재주를 믿고 공경스럽지 못할까 염려되는 것이다.')"

'호(好)'는 거성(去聲: 좋아하다)이다.

○ '彊勇而好義也', 唐孔氏曰 : "剛·彊相近, 剛是性, 彊是志."1194)
'강용이호의야(彊勇而好義也)'에 대해, 당나라 공씨(孔氏: 孔穎達)가 말하였다. "강(剛)과 강(彊)은 서로 가까우니, 강(剛)은 성(性)이고 강(彊)은 뜻이다."

○ 朱子曰 : "九德, 凡十八種, 是好底氣質, 每兩件, 一家鬪合將來."1195)
주자(朱子: 朱熹)가 말하였다. "아홉 가지의 덕은 무릇 18가지이니, 좋은 기질인 것이다. 매양 두 가지가 한 집안처럼 조화를 이루어 화합해야 장차 이르는 것이다."

○ 西山眞氏曰 : "指氣稟之性."1196)
서산 진씨(西山眞氏: 眞德秀)가 말하였다. "기품(氣稟)의 성(性)을 가리킨 것이다."

○ 下三事, 恐非反應, 蓋上六句, 如'溫而厲'文勢, 下三句, 如'恭而安'文勢.
'정언이반응자(正言而反應者)'에서 볼 때, 아래의 세 가지 일은 반대로 호응함이 아니니, 대개 위의 여섯 구절은 '온이려(溫而厲)'의 글 흐름과 같으며, 아래 세 구절은 '공이안(恭而安)'의 글 흐름과 같다.

1194) 호광(胡廣) 등 찬,『서경대전(書經大全)』의 소주에서 발췌한 것이다. 그 전문은 다음과 같다. "唐孔氏曰 : '恭在貌, 敬在心. 愿者, 遲鈍, 外失於儀, 故言恭; 治者, 輕物, 內失於心, 故稱敬. 剛·强相近, 剛是性, 彊是志.'(당공씨가 말하였다. '공은 외모에 있고 경은 마음에 있는 것이다. … 강과 강은 서울 가까우니, 강은 성이고 강은 뜻이다.')"
1195) 호광(胡廣) 등 찬,『서경대전(書經大全)』의 소주에서 발췌한 것이다. 그 전문은 다음과 같다. "朱子曰 : '… 九德, 凡十八種, 是好底氣質, 每兩件, 一家鬪合將來.(주자가 말하였다. '… 아홉 가지의 덕은 무릇 18가지이니, 좋은 기질인 것이다. 매양 두 가지가 한 집안처럼 조화를 이루어 화합해야 장차 이르는 것이다.')" 이는 『주자어류(朱子語類)』 권78, 「상서일(尙書一)·고요모(皐陶謨)」에서 발췌한 것이다. 그 전문은 다음과 같다. "皐陶九德, 只是好底氣質, 然須兩件湊合將來, 方成一德, 凡十八種.(고요의 아홉 가지의 덕은 다만 좋은 기질일 뿐이다. 그러나 모름지기 두 가지가 조화를 이루어 화합해야 장차 이르러 바야흐로 하나의 덕을 이룰 수 있으니, 무릇 18가지이다.)" 그리고 명나라 마명형(馬明衡) 찬, 『상서의의(尙書疑義)』 권1, 「우서(虞書)·고요모(皐陶謨)」에서도 일부 내용이 보인다. "朱子謂: '九德十八種, 每兩件, 鬪合將來.'(주자가 말하였다. '아홉 가지의 덕은 18종이니 ….')"
1196) 호광(胡廣) 등 찬,『서경대전(書經大全)』의 소주에서 발췌한 것이다. 그 전문은 다음과 같다. "西山眞氏曰 : '先儒, 以九德爲人之性, 蓋指氣稟而言. 若天命之性, 則渾然全體, 無所偏也.'(서산 진씨가 말하였다. '선대의 유학자들은 아홉 가지의 덕을 사람의 성으로 여겼으니, 대개 기품을 가리켜서 말하고, 천명의 성 같으면 혼연한 전체여서 치우치든 것이 없다.')"

○ 「舜典」'直溫寬栗', 主敎者言, 故爲以彼濟此之義; 此則主有其德者言, 故爲自然成德之義. 然旣曰'氣質之性', 則亦有間於本然之全者. 看來. 上六事, 有相濟之意; 下三事, 有相成之意云.

'비이피제처지위야(非以彼濟此之謂也)'에서 볼 때, 「순전(舜典)」의 '직온관율(直溫寬栗)'은 가르침을 위주로 하여 말하였기 때문에 저것으로써 이것을 구제하는 뜻이 되며, 이것은 그 덕이 있는 것을 위주로 하여 말하였기 때문에 자연스럽게 덕을 이룬 뜻이 된다. 그러나 이미 '기질지성(氣質之性)'을 말하였으면 또한 본연의 온전함이 끼어있는 것이다. 보아하니 위의 여섯 가지 일에는 서로 구제하는 뜻이 있고, 아래의 세 가지 일에는 서로 이루는 뜻이 있다.

○ 補'士'字.

'기길사의재(其吉士矣哉)'의 경우, '사(士)'자를 보댔다.

○ 劉氏正一曰: "「立政」曰: '庶常吉士'[1197], 知常德, 所以爲吉士也."[1198]

유씨정일(劉氏正一: 劉正一)[1199]이 말하였다. "「입정(立政)」에서 '서상길사(庶常吉士)'라고 하였으니, 떳떳한 덕을 아는 것이 선량한 선비가 되는 것이다."

○ 葉氏曰: "常而不全, 不害爲德; 德而不常, 皆矯僞耳."[1200]

섭씨(葉氏: 葉夢得)[1201]가 말하였다. "떳떳하되 온전하지 못함은 덕 됨에 해롭지

[1197] 호광(胡廣) 등 찬, 『서경대전(書經大全)』 권9, 「주서(周書)·입정(立政)」. "大都·小伯·藝臣·表臣百司·太史·尹伯, 庶常吉士.(대도의 백과 소도의 백과 예인과 표신인 백사와 태사와 윤백이 많고 떳떳한 선량한 선비였습니다.)"

[1198] 호광(胡廣) 등 찬, 『서경대전(書經大全)』의 소주에서 발췌한 것이다. 그 전문은 다음과 같다. "劉氏正一曰: '常之爲義, 大矣. 曰常德, 曰吉士, 其揆一也. 「皐陶謨」曰: 彰厥有常吉哉; 「立政」曰: 庶常吉士, 則知吉士未始不有常德, 而常德所以爲吉士也.'(유씨 정일이 말하였다. '떳떳함이라는 뜻이 크도다. 상덕이라 하고, 길사라 함에 그 헤아림은 하나이다. … 「입정」에서 말하기를 '많은 떳떳한 선량한 선비라고 하였으니, 선량한 선비가 떳떳한 덕이 있지 않음에서 시작하지 않음을 알 수 있으니 떳떳한 덕이 선량한 선비가 되는 것이다.')"

[1199] 유씨정일(劉氏正一: 劉正一): 유정일은 당대 학자이다. 당나라 목종(穆宗) 장경(長慶) 3년(823)에 강서(江西) 봉신현(奉新縣)의 지현(知縣)으로 백성들을 이끌고 토성을 쌓았다.

[1200] 호광(胡廣) 등 찬, 『서경대전(書經大全)』의 소주에서 발췌한 것이다. 그 전문은 다음과 같다. "葉氏曰: '觀人, 不求其全而求其常, 常而不全, 不害爲德; 德而不常, 皆矯僞耳.'(섭씨가 말하였다. '사람을 살펴봄은 그 완전함을 구하지 않고 그 떳떳함을 구하는 것이다. 떳떳하되 완전하지 못함은 덕 됨에 해롭지 않지만, 덕스럽되 떳떳하지 못함은 모두 속이는 것일 뿐이다.')"

[1201] 섭씨(葉氏: 葉夢得): 섭몽득(1077-1148)은 송대 문인으로 자는 소온(少蘊)이고, 호는 석림(石林)이며, 소주(蘇州) 장주(長洲) 사람이다. 소성(紹聖) 4년(197)에 진사과에 급제하여 한림학사를 거쳐 호부시랑·강동안무대사 등을 역임하였다. 만년에 호주(湖州) 변산(弁山) 영롱산(玲瓏山) 석림(石林)에 은거하여 호를 석림거사

않지만, 덕스럽되 떳떳하지 못함은 모두 속이는 것일 뿐이다."

○ 臨川吳氏曰 : "此下, 至'懋哉', 言知人之事; '天聰', 至'有土', 言安民之事."1202)

임천 오씨(臨川吳氏: 吳澄)가 말하였다. "이 아래에서 '무재(懋哉)'1203)까지는 사람을 아는 일을 말하였고, '천총(天聰)'에서 '유토(有土)'1204)까지는 백성을 편안히 하는 일을 말하였다."

[2-1-4-4]

日宣三德, 夙夜浚明有家, 日嚴祇敬六德, 亮采有邦, 翕受敷施, 九德咸事, 俊乂在官, 百僚師師, 百工惟時, 撫于五辰, 庶績其凝.

날마다 세 가지 덕을 밝힌다면 밤낮으로 그 집안을 다스려 밝힐 것이며, 날마다 여섯 가지 덕을 엄숙하게 공경한다면 그 나라를 밝혀 보좌할 것이니, 화합하여 받아들이고 널리 펼쳐서 등용하면 아홉 가지의 덕을 지닌 사람들이 모두 그 일을 일삼고 뛰어난 이가 관직에 있어서 모든 관료들이 서로 스승삼고 본받으며, 모든 장인들이 오직 때에 알맞게 계절에 순응하여 많은 공적을 이룰 것입니다.

詳說

○ 『諺』音誤.1205)

'순(浚)'은 『언해(諺解)』의 음이 잘못되었다.

(石林居士)라 하고 시문을 많이 지었으니, 『석림연어(石林燕語)』·『석림사(石林詞)』·『석림시화(石林詩話)』 등이 있다. 장서(藏書)가 많아서 『춘추(春秋)』·『예기(禮記)』·『논어(論語)』·『맹자(孟子)』 등에 대해 논변하고 해석한 저서가 있는데, 특히 『춘추언(春秋讞)』·『춘추고(春秋考)』·『춘추전(春秋傳)』의 세 가지 책이 유명하며, 『건강집(建康集)』이 전한다.

1202) 호광(胡廣) 등 찬, 『서경대전(書經大全)』의 소주에서 발췌한 것이다. 그 전문은 다음과 같다. "臨川吳氏曰 : '此以下, 自亦行有九德, 至政事懋哉懋哉, 言知人之事; 自天聰明, 至敬哉有上, 言安民之事.'(임천 오씨가 말하였다. '이 아래의 역행유구덕부터 정사무재무재까지는 사람을 아는 일을 말하였고, 천총명부터 경제유토까지는 백성을 편안히 하는 일을 말하였다.')

1203) '무재(懋哉)': 아래의 [2-1-4-6]를 말하는 것이다.
1204) '천총(天聰)'에서 '유토(有土)': 아래의 [2-1-4-7]를 말하는 것이다.
1205) 채침(蔡沈) 찬, 『서경집전(書經集傳)』과 호광(胡廣) 등 찬, 『서경대전(書經大全)』의 소주에는 "'浚', 音峻.('준'은 음이 준이다.)"으로 되어 있다. 『언해(諺解)』에 '쥰'으로 되어 있음을 말한 것이다. 『광운(廣韻)』에는 "私閏切, 去.(사와 윤의 반절이니, 거성이다.)"라고 하여 본음이 '슌(순)'이라고 하였다.

集傳

'宣', 明也. '三德'·'六德'者, '九德'之中, 有其三, 有其六也. '浚', 治也. '亮', 亦明也. '有家', 大夫也; '有邦', 諸侯也. '浚明'·'亮采', 皆言家邦政事明治之義, 氣象則有大小之不同, 三德而爲大夫, 六德而爲諸侯, 以德之多寡, 職之大小, 槩言之也. 夫'九德', 有其三, 必日宣而充廣之, 而使之益以著; '九德', 有其六, 尤必日嚴而祗敬之, 而使之益以謹也. '翕', 合也. 德之多寡, 雖不同, 人君惟能合而受之, 布而用之, 如此, 則九德之人, 咸事其事, 大而千人之俊, 小而百人之乂, 皆在官使, 以天下之才, 任天下之治, 唐虞之朝, 下無遺才而上無廢事者, 良以此也. '師師', 相師法也, 言百僚皆相師法, 而百工皆及時以趨事也. '百僚'·'百工', 皆謂百官, 言其人之相師, 則曰'百僚'; 言其人之趨事, 則曰'百工', 其實一也. '撫', 順也. '五辰', 四時也. 木·火·金·水, 旺於四時, 而土則寄旺於四季也, 「禮運」曰: "播五行於四時"者, 是也. '凝', 成也, 言百工趨時, 而衆功皆成也.

'선(宣)'은 밝힘이다. '삼덕(三德)'과 '육덕(六德)'이라는 것은 '아홉 가지의 덕(德)' 가운데서 그 세 가지를 가지고 그 여섯 가지를 가진 것이다. '준(浚)'은 다스림이다. '량(亮)'은 또한 밝음이다. '유가(有家)'는 대부(大夫)이고, '유방(有邦)'은 제후(諸侯)이다. '준명(浚明)'과 '양채(亮采)[1206]'는 모두 집안과 나라의 정사가 밝게 다스려지는 뜻을 말한 것인데, 기상(氣象)은 크고 작음의 같지 않음이 있으니 세 가지 덕으로서는 대부가 되고, 여섯 가지 덕으로서는 제후가 되어 덕의 많고 적음과 직무의 크고 작음으로써 대략 말한 것이다. 무릇 '아홉 가지의 덕'에 그 세 가지가 있으면 날로 밝혀서 채우고 넓혀 더욱 드러나게 해야 할 것이고, '아홉 가지의 덕'에 그 여섯 가지가 있으면 더욱 반드시 날로 엄숙하게 공경하여 더욱 삼가도록 해야 할 것이다. '흡(翕)'은 화합함이다. 덕의 많고 적음이 비록 같지 않으나 임금이 오직 화합하여 받아들이고 널리 펼쳐서 등용할 수 있음이 이와 같으면 아홉 가지의 덕을 지닌 사람이 다 그 일을 일삼아 크게는 천 사람보다 뛰어난 재덕(才

[1206] 양채(亮采): 정사를 보좌함이다. 「순전(舜典)」에서 "순이 말하였다. '아! 사악아. 공로를 떨쳐 일으켜 요임금의 사업을 넓힐 이 있으면 백규에 자리하게 하여 여러 일을 밝히고 무리들을 순하도록 하겠다.'(舜曰: 咨! 四岳. 有能奮庸, 熙帝之載, 使宅百揆, 亮采惠疇.)" 집전에서 "'양'은 밝음이고, … 어떤 해설에는 '양은 관찰함이다.'라고 하였다. 순이 말하기를, '공로를 떨쳐 일으켜 요임금의 사업을 넓힐 이 있으면 백규에 자리하게 하여 여러 일을 밝히고 무리들을 순하게 이루도록 하겠다.'고 하였다.('亮', 明; … 一說, '亮, 相也.' 舜言: '有能奮起事功, 以廣帝堯之事業, 使居百揆之位, 以明亮庶事, 而順成庶類也.')"라고 하였다. 손성연(孫星衍)은 "이것은 나라를 도와 일삼는 것이니, 봉토가 있는 자의 신하를 말한다.(此言助事有邦, 謂有土者之臣.)"라고 하였다. 이로 볼 때 '양(亮)'은 밝다는 뜻과 살핀다는 뜻과 돕는다는 뜻을 지닌 것이 된다.

德)과 작게는 백 사람보다 뛰어난 치능(治能)[1207]이 모두 관직에 있어 그 재능을 부릴 수 있으니 천하의 인재로써 천하의 정치를 맡김에 당(唐)과 우(虞)의 조정에서 아래로 버려진 인재가 없고 위로 없애버린 일이 없는 것은 진실로 이 때문이었다. '사사(師師)'는 서로 스승삼고 본받는 것이니, 모든 관료가 모두 서로 스승삼고 본받아서 모든 공관(工官)이 모두 제때에 미쳐 일을 추향(趨向)하는 것이다. '백료(百僚)'와 '백공(百工)'은 모두 백관(百官)을 이르니, 그 사람들이 서로 스승삼음으로는 '백료'라 하고, 그 사람들이 일을 추향(趨向)함으로는 '백공'이라고 하니, 그 실제는 동일한 것이다. '무(撫)'는 순응함이다. '오신(五辰)'은 사계절이다. 목(木)·화(火)·금(金)·수(水)가 사계절에 왕성함에 토(土)가 사계절에 붙어서 왕성하니, 「예운(禮運)」에 말하기를, "오행을 사계절에 펼친다."고 한 것이 이것이다. '응(凝)'은 이룸이니, 모든 공관(工官)이 제때에 알맞게 모든 공적을 모두 이룸을 말한 것이다.

詳說

○ 夏氏曰 : "治而深之之謂."[1208]

'치야(治也)'에 대해, 하씨(夏氏: 夏僎)가 말하였다. "다스리되 깊이 하는 것을 이른다."

○ 一作 '小大'. [1209]

'직지대소(職之大小)'의 경우, 어떤 판본에는 '소대(小大)'로 썼다.

○ 音扶.

'부(夫)'는 음이 부(扶)이다.

○ 馬氏曰 : "日宣日嚴, 所謂有常也."[1210]

'이사지익이근야(而使之益以謹也)'에 대해, 마씨(馬氏: 馬融)[1211]가 말하였다.

[1207] 재덕(才德) … 치능(治能): 공안국(孔安國)과 공영달(孔穎達)은 '준덕·치능지사(俊德·治能之士)'라고 하였
[1208] 호광(胡廣) 등 찬, 『서경대전(書經大全)』의 소주에서 발췌한 것이다. 그 전문은 다음과 같다. "夏氏曰 : '浚與濬通, 治而深之之謂.'(하씨가 말하였다. '준과 준은 통하니, 다스리되 깊이 하는 것을 이른다.')"
[1209] 출처가 자세하지 않다.
[1210] 호광(胡廣) 등 찬, 『서경대전(書經大全)』의 소주에서 발췌한 것이다. 그 전문은 다음과 같다. "馬氏曰 : '彰有常, 乃吉, 日宣日嚴, 所謂有常也.'(마씨가 말하였다. '밝게 드러남에 떳떳함이 있으면 이에 길하니, 날로 밝고 날로 엄숙함은 이른바 떳떳함이 있는 것이다.')"

"밝고 날로 엄숙함은 이른바 떳떳함이 있는 것이다."

○ 補'人君'字.
'유능합이수지(惟能合而受之)'에서 볼 때, '인군(人君)'자를 보탰다.

○ 葉氏曰 : "皐陶旣論知人之事, 故因言官人之道."1212)
'포이용지(布而用之)'에 대해, 섭씨(葉氏: 葉夢得)가 말하였다. "고요(皐陶)가 이미 사람을 아는 일을 논하였기 때문에 이에 벼슬아치의 도를 말한 것이다."

○ 補'人'字.
'즉구덕지인(則九德之人)'의 경우, '인(人)'자를 보탰다.

○ 添一'事'字.
'함사기사(咸事其事)'의 경우, 하나의 '사(事)'자를 더하였다.

○ 音潮.
'조(朝)'는 음이 조(潮)이다.

○ 六句論也.
'양이차야(良以此也)'에서 볼 때, 여섯 구절은 논변한 것이다.

○ 如'贊贊'之文勢.
'상사법야(相師法也)'에서 볼 때, '찬찬(贊贊)1213)'의 문세와 같다.

○ '而百工皆及時以趨事也', 添'趨事'字.
'이백공개급시이추사야(而百工皆及時以趨事也)'의 경우, '추사(趨事)'자를 더하였다.

1211) 마씨(馬氏: 馬融): 마융(79-166)은 동한(東漢)의 학자로, 자가 계장(季長)이고, 부풍(扶風) 무릉(茂陵) 사람이며, 동한의 명장 마원(馬援)의 종손이다. 어려서부터 글재주가 있었으며, 학식이 넓고 고문경학(古文經學)에 뛰어났다. 만년에 동관(東觀)에서 유학(儒學)의 전적을 교감하였는데 이로 인해 병들어 관직을 떠났다가 한나라 환제(桓帝) 연희(延熹) 9년(166)에 죽었다. 어려서 유학자 지순(摯恂)에게 배웠고, 그의 제자로는 노식(盧植)·정현(鄭玄) 등이 있다. 저서로는 『마계장집(馬季長集)』 등이 있다.
1212) 호광(胡廣) 등 찬, 『서경대전(書經大全)』의 소주를 수용한 것이다.
1213) 찬찬(贊贊): 뒤의 「고요모(皐陶謨)」 [2-1-4-8]에 나오는 말이다. 그 내용은 다음과 같다. "고요가 말하였다. '제가 아는 것은 없지마는 날로 돕고 도를 이룰 것을 생각합니다.'(皐陶曰 : '予未有知, 思曰贊贊襄哉.')"

○ 林氏曰 : "百工之事, 皆得其時."1214)
임씨(林氏: 林之奇)가 말하였다. "모든 공관(工官)의 일이 모두 그 때를 얻는 것이다."

○ 『諺』釋, 恐非註意, 蓋 '時'字, 以各其一時言, 五辰通四時, 言若如『諺』釋, 則 '時辰' 二字, 意疊.1215)
『언해(諺解)』의 해석은 아마도 주(註)의 뜻이 아니니, 대개 '시(時)'자는 각각 그 한 때로써 말한 것이다. 오진(五辰)은 사계절과 통하니, 말이 『언해(諺解)』의 해석과 같다면 '시(時)'와 '진(辰)'의 두 글자는 뜻이 중첩되는 것이다.

○ 四時季月.
'이토칙기왕어사계야(而土則寄旺於四季也)'의 경우, 사계절의 마지막 달(3월·6월·9월·12월)이다.

○ 『禮記』.1216)
'「예운」(「禮運」)'은 『예기(禮記)』이다.

[2-1-4-5]

無敎逸欲有邦, 兢兢業業. 一日二日, 萬幾. 無曠庶官. 天工, 人其代之.

안일함과 욕심을 교화하고 명령하여 나라를 두게 하지 말고, 삼가며 두려워하게 하십시오. 하루 이틀 사이에 기미가 크게 됩니다. 모든 관직을 없애지 마소서. 하늘의 일을 사람이 대신하는 것입니다.

1214) 호광(胡廣) 등 찬, 『서경대전(書經大全)』의 소주를 수용한 것이다.
1215) 『언해(諺解)』에는 "百工이 時로 五辰을 撫하여 모든 績이 그 凝하리이다."라고 하여 주(註)에 모든 공관(工官)이 제때에 알맞게 모든 공적을 모두 이룰 것이라는 말과 다름을 말하였다. 이에 『언해(諺解)』의 해석과 같다면 '시(時)'와 '진(辰)'의 두 글자는 뜻이 중첩되는 것이라고 보았다.
1216) 호광(胡廣) 등 찬, 『예기대전(禮記大全)』 권9, 「예운(禮運)」. "故天秉陽垂日星, 地秉陰竅於山川. 播五行於四時, 和而後, 月生也. 是以三五而盈三五而闕. 五行之動, 迭相竭也, 五行·四時·十二月, 還相爲本也(그러므로 하늘은 양을 잡아 해와 별을 드리우고, 땅은 음을 잡아 산과 내에 통한다. 오행을 사시에 뿌려서 화순한 뒤에 달이 생긴다. 이로써 15일에 찼다가 15일에 사라진다. 오행의 움직임은 번갈아 서로 다하니, 오행과 사시와 열두 달에 돌면서 서로 근본이 된다.)"

集傳

'無'는 與毋通하니 禁止之辭라. '敎'는 非必敎令이요 謂上行而下效也니 言天子當以勤儉率諸侯요 不可以逸欲導之也라. '兢兢'은 戒謹也요 '業業'은 危懼也라. '幾'는 微也니 『易』曰 : "惟幾也故로 能成天下之務라." 하니 蓋禍患之幾는 藏於細微하여 而非常人之所豫見이요 及其著也하여는 則雖智者라도 不能善其後라. 故로 聖人於幾에 則兢業以圖之하니 所謂 '圖難於其易하고 爲大於其細'者가 此也라. '一日二日'者는 言其日之至淺이요 '萬幾'者는 言其幾事之至多也니 蓋一日二日之間에 事幾之來가 且至萬焉이니 是可一日而縱欲1217)乎아. '曠'은 廢也니 言不可用非才하여 而使庶官曠廢厥職也라. '天工'은 天之工也라. 人君이 代天理物하니 庶官所治가 無非天事라. 苟一職之或曠이면 則天工廢矣니 可不深戒哉아.

'무(無)'는 무(毋)와 통하니, 금지하는 말이다. '교(敎)'는 반드시 교화하고 명령하는 것이 아니라, 위에서 실행함에 아래가 본받는 것을 이르니, 천자는 마땅히 근면하고 검소함으로 제후를 거느려야 하고, 안일함과 욕심으로 인도해서는 안 됨을 말한 것이다. '긍긍(兢兢)'은 경계하고 삼감이다. '업업(業業)'은 위태롭게 여기고 두려워함이다. '기(機)'는 기미이니, 『주역(周易)』에서 말하기를, "오직 기미를 알아채기 때문에 천하의 일을 이루는 것이다."라고 하였으니, 대개 재앙과 우환의 기미가 미세한 것에 감춰있어 보통사람들이 미리 짐작할 수 있는 것이 아니며, 그 드러남에 미쳐서는 비록 지혜로운 이라도 그 뒤처리를 잘할 수 없는 것이다. 그러므로 성인이 기미에 대해 삼가고 두려워하여 도모하는 것이니, 이른바 '환난(患難)은 안이(安易)할 때에 도모하고, 큰일은 그 작은 일에서 다스린다.'는 것이 이것이다. '일일이일(一日二日)'이라는 것은 그 날짜가 지극히 짧음을 말한 것이고, '만기(萬機)'는 그 기미의 일이 지극히 많음을 말한 것이니, 대개 하루 이틀 사이에 일의 기미가 옴이 장차 만 가지에 이르니, 하루라도 제멋대로 하고 욕심대로 할 수 있겠는가. '광(曠)'은 없애는 것이니, 인재(人才)가 아닌 사람을 등용하여 여러 관리로 하여금 그 직무를 없애게 해서는 안 됨을 말한 것이다. '천공(天工)'은 하늘의 일이다. 임금은 하늘을 대신하여 사물을 다스리므로 여러 관리들이 다스리는 것이 하늘의 일이 아님이 없다. 만일 하나의 직무라도 간혹 없앤다면 하늘의 일이 없어지는 것이니, 깊이 경계하지 않을 수 있겠는가.

1217) 縱欲: 호광(胡廣) 등 찬, 『서경대전(書經大全)』 권4, 「상서(商書)·이훈(伊訓)」. 집전에서 "異時에 太甲이 欲敗度하고 縱敗禮어늘 伊尹先見其微하여 故拳拳及此라.(다른 때에 태갑이 욕심대로 하여 법도를 무너뜨리고, 제멋대로 하여 예의를 무너뜨렸는데, 이윤은 먼저 그 기미를 보았기 때문에 정성스럽게 이에 미친 것이다.)"라고 하였다.

詳說

○ 補二字.
'언천자(言天子)'의 경우, 두 글자를 보탠 것이다.

○ 承上節.
'제후(諸侯)'는 '유방(有邦)[1218]'이니, 위의 단락에서 받아들인 것이다.

○ 陳氏雅言曰 : "人君, 不可教有邦逸欲."[1219]
'불가이일욕도지야(不可以逸欲導之也)'에 대해, 진씨 아언(陳氏雅言: 陳雅言)이 말하였다. "임금은 나라를 둠에 안심함과 욕심을 가르쳐서는 안 된다."

○ 「繫辭」.[1220]
'『역』『易』'은 「계사(繫辭)」이다.

○ 周子曰 : "動而未形有無之間者, 幾也."[1221]
'이비상인지소예견(而非常人之所豫見)'에 대해, 주자(周子: 周敦頤)가 말하였다. "움직이되 있고 없음의 사이에 나타나지 않는 것이 기미이다."

○ 朱子曰 : "幾者, 理雖已萌, 事則未著."[1222]
주자(朱子: 朱熹)가 말하였다. "'기(幾)'라는 것은 이치는 비록 이미 싹텄으나 사물은 아직 드러나지 않은 것이다."

[1218] 유방(有邦): 바로 위 단락의 집전에 나오는 "'유가'는 대부이고, '유방'은 제후이다.('有家', 大夫也; '有邦', 諸侯也.)"라는 내용을 받아들인 것이다.
[1219] 호광(胡廣) 등 찬, 『서경대전(書經大全)』의 소주에서 발췌한 것이다. 그 전문은 다음과 같다. "陳雅言曰 : '人君, 不可教有邦逸欲者, 何哉. 以一日二日, 爲至淺, 而萬幾爲至多也, 不可以非才曠庶官, 以皆天之工而有人代之也. 知萬幾之可畏, 則必兢業以圖之, 而不至於以逸欲教之也; 知天工之可畏, 則必能擇人以居之, 而不至於以非才曠庶官矣. 無教無曠, 是兩陳其所當戒; 幾與天, 是兩陳其所當畏.'(진씨 아언이 말하였다. '임금은 나라를 둠에 안심함과 욕심을 가르쳐서는 안 된다는 것은 무엇인가. ….')"
[1220] 호광(胡廣) 등 찬, 『주역전의대전(周易傳義大全)』 권22, 「계사상전(繫辭上傳)」. "夫『易』, 聖人之所以極深而硏幾也. 唯深也故, 能通天下之志; 唯幾也故, 能成天下之務; 唯神也故, 不疾而速, 不行而至. 子曰 : '『易』有聖人之道四焉者, 此之謂也.'(무릇 『주역』은 성인이 깊음을 다하고 기미를 살피는 것이니. 깊기 때문에 세상의 뜻을 형통시킬 수 있으며, 기미이기 때문에 세상의 일을 이룰 수 있으며, 신묘하기 때문에 빨리 하지 않아도 빠르며 가지 않아도 이르는 것이다. 공자가 말하였다. '『주역』에 성인의 도가 네 가지 있다는 것은 이것을 이른 것이다.')"
[1221] 호광(胡廣) 등 찬, 『서경대전(書經大全)』의 소주를 수용한 것이다.
[1222] 호광(胡廣) 등 찬, 『서경대전(書經大全)』의 소주를 수용한 것이다.

○ 去聲.
'소위도난어기이(所謂圖難於其易)'에서 '이(易)'는 거성(去聲 : 쉽다)이다.

○ 見『史記』「太史公自序」.1223)
'차야(此也)'에서 볼 때 그 내용이 『사기(史記)』「태사공자서(太史公自序)」에 보인다.

○ 添此句, 以終首句意.
'시가일일이종욕호(是可一日而縱欲乎)'의 경우, 이 구절을 더함에 마지막과 머리 구절의 뜻으로써 하였다.

○ 陳氏大猷曰 : "'非', 無其人之爲; '曠', 非其人之爲曠."1224)
'이사서관광폐궐직야(而使庶官曠廢厥職也)'에 대해 진씨 대유(陳氏大猷: 陳氏大猷)가 말하였다. "그 사람이 없앰을 하지 말게 하는 것이 아니라, 그 사람이 없앰을 함이 아닌 것이다."

○ 事也.
'천지공야(天之工也)'는 일이다.

○ 陳氏雅言曰 : "'無敎'·'無曠', 是兩陳其所當戒; '幾'與'天', 是兩陳其所當爲."1225)
'가불심계재(可不深戒哉)'에 대해, 진씨 아언(陳氏雅言: 陳雅言)이 말하였다.

1223) 사마천(司馬遷) 찬, 『사기(史記)』 권130, 「태사공자서(太史公自序)」에서 "圖難於易, 爲大於細."라고 한 것을 말한다. 그러나 이 말은 이보다 앞서 『예기대전(禮記大全)』 권1, 「곡례상(曲禮上)」에서 "馬氏曰 : '察馬之力, 必以年數, 馬之年, 必以齒, 凡此戒其慢君物也. 先王制禮, 圖難於其易, 爲大於其細, 凡以止邪於未形而已耳.'(마씨가 말하였다. '…선왕의 예를 제정함에 ….')"라 하고, 또 『춘추대전(春秋大全)』 권11, 「민공(閔公)」, "此明爲國者, 不知圖難於其易, 爲大於其細, 雖有知者, 亦不能善其後矣.)"라고 하였다.
1224) 호광(胡廣) 등 찬, 『서경대전(書經大全)』의 소주에서 발췌한 것이다. 그 전문은 다음과 같다. "陳氏大猷曰 : '功成之後, 逸欲易生, 逸, 豫怠遊宴之類; 欲, 聲色嗜好之類, 逸欲, 生治功隳矣, 惟戒逸欲而存兢業, 則此心淸明剛健, 事之幾微, 無不洞燭. 逸欲少肆兢業少間, 則此心昏惰, 何以察微眇而圖之.' 又曰 : '天子能以一心察天下之幾不能, 以一身兼天下之務, 任之庶官而已, 不可使曠, 無其人之爲曠, 非其人之爲曠也. 君雖兢業, 官或曠廢, 亦危亂之道, 終以無曠庶官, 欲君臣同克艱以保治也. 天下之事, 無一不出於天, 天不自爲人代之, 一官曠則一事闕矣. 天工人代一句, 結上文, 以生下文之意.'(진씨 대유가 말하였다. … 또 말하였다. '… 그 사람이 없앰을 하지 말게 하는 것이 아니라, 그 사람이 없앰을 함이 아닌 것이다. ….')"
1225) 호광(胡廣) 등 찬, 『서경대전(書經大全)』의 소주에서 발췌한 것이다. 그 내용은 다음과 같다. "陳氏雅言曰 : '人君, 不可敎有邦逸欲者, 何哉. … 無敎·無曠, 是兩陳其所當戒; 幾與天, 是兩陳其所當爲.'(진씨 아언이 말하였다. '… 무교와 무광은 두 가지로 그 마땅히 경계해야 할 것을 진술한 것이고, 기와 천은 두 가지로 그 마땅히 해야 할 것을 진술한 것이다.')"

"'무교(無敎)'와 '무광(無曠)'은 두 가지로 그 마땅히 경계해야 할 것을 진술한 것이고, '기(幾)'와 '천(天)'은 두 가지로 그 마땅히 해야 할 것을 진술 한 것이다."

○ 臨川吳氏曰 : "承上文, 言天子所以用九德之人者, 蓋不能自治天職故也."1226)
임천 오씨(臨川吳氏: 吳澄)가 말하였다. "윗글을 이어서 천자가 아홉 가지의 덕을 지닌 사람을 등용해야 하는 까닭을 말한 것이니, 대개 스스로 천직(天職)을 다스릴 수 없기 때문이다."

○ 陳氏大猷曰 : "'天工人代'一句, 結上文, 以生下文之意."1227)
진씨 대유(陳氏大猷: 陳大猷)가 말하였다. "'천공인대(天工人代)'의 한 구절은 윗글을 맺어서 아랫글의 뜻을 살린 것이다."

[2-1-4-6]

天敍有典, 勅我五典, 五, 惇哉; 天秩有禮, 自我五禮, 有庸哉.
同寅協恭, 和衷哉. 天命有德, 五服, 五章哉, 天討有罪, 五刑,
五用哉, 政事, 懋哉懋哉.

하늘이 차례대로 법을 둠에 우리의 오전(五典)1228)을 바로잡아 다섯 가지를 돈후하게 하며, 하늘이 차례대로 예를 둠에 우리의 오례(五禮)1229)로부터 하여 다섯 가지를 떳떳하게 하십시

1226) 호광(胡廣) 등 찬, 『서경대전(書經大全)』의 소주에서 발췌한 것이다. 그 전문은 다음과 같다. "臨川吳氏曰 : '承上文, 言天子所以用九德之人者, 蓋不能自治天職故也. 蓋天子所事, 皆天之事, 天以此事付之君, 君不能自治而分之人, 是庶官所治之事, 皆代天而爲之也, 其可有一職之曠廢乎.'(임천 오씨가 말하였다. '윗글을 이어서 천자가 아홉 가지의 덕을 지닌 사람을 등용해야 하는 까닭을 말한 것이니, 대개 스스로 천직(天職)을 다스릴 수 없기 때문이다. 대개 천자가 일삼는 것은 모두 하늘의 일이니, ….')"
1227) 호광(胡廣) 등 찬, 『서경대전(書經大全)』의 소주에서 발췌한 것이다. 그 전문은 다음과 같다. "陳氏大猷曰 : … 又曰 : '… 非果其人之爲曠, 非其人之爲曠也. … 天工人代一句, 結上文, 以生下文之意.'(진씨 대유가 말하였다. … 또 말하였다. '… 그 사람이 없앰을 하지 말게 하는 것이 아니라, 그 사람이 없앰을 함이 아닌 것이다. … 천공인대의 한 구절은 윗글을 맺어서 아랫글의 뜻을 살린 것이다.')"
1228) 오전(五典): 호광(胡廣) 등 찬, 『서경대전(書經大全)』 권1, 「우서(虞書)·순전(舜典)」에서 "오전을 삼가 아름답게 하도록 하였는데 백성들이 오전을 능히 따르게 되었다.(愼徽五典, 五典克從.)"라고 하였는데, 집전에서 "'오전'은 오상이니, 부자유친과 군신유의와 부부유별과 장유유서와 붕우유신이 이것이다.('五典', 五常也, 父子有親·君臣有義·夫婦有別·長幼有序·朋友有信, 是也.)"라고 하였다. 이와 달리 공안국(孔安國)은 "'오전'은 오상의 가르침이니, 아버지의 신의와 어머니의 자애와 형의 우애와 아우의 공경과 아들의 효도이다.('五典', 五常之敎, 父義·母慈·兄友·弟恭·子孝.)"라고 하였다.
1229) 오례(五禮): 공(公)·후(侯)·백(伯)·자(子)·남(男)의 다섯 제후의 조빙(朝聘)하는 예이다. 또는 『주례(周禮)』에

오. 임금과 신하가 공경함을 함께 하고 공손함을 합하여 충정(衷情)을 화합하게 하십시오. 하늘이 덕이 있는 이에게 명함에는 오복(五服)1230)으로 다섯 가지의 광채를 드러내며, 하늘이 죄가 있는 이를 토벌함에는 오형(五刑)1231)으로 다섯 가지의 죄인에 적용하면서 정사에 힘쓰고 힘쓰십시오.

集傳

'敍'者, 君臣·父子·兄弟·夫婦·朋友之倫敍也. '秩'者, 尊卑·貴賤·等級隆殺之品秩也. '勑', 正; '惇', 厚; '庸', 常也. '有庸', 馬本, 作'五庸'. '衷', '降衷'之'衷', 卽所謂'典禮'也. '典禮', 雖天所敍秩, 然正之, 使敍倫而益厚; 用之, 使品秩而有常, 則在我而已. 故君臣當同其寅畏, 協其恭敬, 誠一無間, 融會流通, 而民彝物則, 各得其正, 所謂'和衷'也. '章', 顯也. '五服', 五等之服, 自九章, 以至一章, 是也. 言天命有德之人, 則五等之服, 以彰顯之; 天討有罪之人, 則五等之刑, 以懲戒之. 蓋爵賞刑罰, 乃人君之政事, 君主之, 臣用之, 當勉勉而不可怠者也. ○楊氏曰 : "'典禮', 自天子出, 故言'勑我'·'自我', 若夫爵人於朝, 與衆共之; 刑人於市, 與衆棄之, 天子不得而私焉, 此其立言之異也."

'서(敍)'라는 것은 임금과 신하, 아버지와 아들, 형과 아우, 남편과 아내, 벗 사이의 차례이다. '질(秩)'이라는 것은 높고 낮음, 귀하고 천함, 등급의 높고 낮음의 인물의 차례이다. '칙(勑)'은 바로잡음이고, '돈(惇)'은 두터움이고, '용(庸)'은 떳떳함이다. '유용(有庸)'은 마씨(馬氏: 馬融)1232)의 본(本)에는 '오용(五庸)'으로 썼다. '충(衷)'은 '강충(降衷)'의 '충(衷)'이니, 곧 이른바 '전례(典禮)1233)'이다. '전례(典禮)'는

서 말한 길례(吉禮)·흉례(凶禮)·군례(軍禮)·빈례(賓禮)·가례(嘉禮)의 다섯 가지 예제(禮制)를 가리키기도 한다.
1230) 오복(五服):『주례(周禮)』에서 말한 천자(天子)·제후(諸侯)·경(卿)·대부(大夫)·사(士)의 다섯 가지 복식(服式)을 가리킨다.
1231) 오형(五刑):『주례(周禮)』에서 말한 "다섯 가지 형벌을 관장하여 모든 백성의 죄를 거르는 것이니, 묵죄가 5백이고. 의죄가 5백이고, 궁죄가 5백이고, 월죄가 5백이고, 살죄가 5백이다.(掌五刑之法, 以麗萬民之罪, 墨罪五百, 劓罪五百, 剕罪五百, 宮罪五百, 殺罪五百.)"라고 한 것을 가리킨다. 호광(胡廣) 등 찬,『서경대전(書經大全)』권1,「우서(虞書)·순전(舜典)」에서 "옛날의 모범적인 형벌로써 본받아 유형으로써 다섯 가지 형벌을 용서하며(象以典刑, 流宥五刑)"라고 하였는데, 집전에서 "사람에게 떳떳한 형벌을 보여줌은 이른바 묵형(墨刑)·의형(劓刑)·비형(剕刑)·궁형(宮刑)·대벽(大辟)의 다섯 가지 형벌이 바른 것이다.(示人以常刑, 所謂墨·劓·剕·宮·大辟五刑之正也.)"라고 하였다. 또 "다섯 형벌에 죄벌을 받게 하되 다섯 형벌의 죄벌 받음을 세 곳에서 행하게 하며(五服有服, 五服三就)"라고 하였다.
1232) 마씨(馬氏: 馬融): 마융(79-166)은 동한(東漢)의 학자로, 자가 계장(季長)이고, 부풍(扶風) 무릉(茂陵) 사람이며, 동한의 명장 마원(馬援)의 종손이다. 어려서부터 글재주가 있었으며, 학식이 넓고 고문경학(古文經學)에 뛰어났다. 만년에 동관(東觀)에서 유학(儒學)의 전적을 교감하였는데 이로 인해 병들어 관직을 떠났다가 한나라 환제(桓帝) 연희(延熹) 9년(166)에 죽었다. 어려서 유학자 지순(摯恂)에게 배웠고, 그의 제자로는 노식(盧植)·정현(鄭玄) 등이 있다. 저서로는『마계장집(馬季長集)』등이 있다.

비록 하늘이 차례 정한 것이나 그것을 바로잡아서 인륜을 차례대로 행하여 더욱 도탑게 하도록 하며, 그것을 활용하여 인물이 차례대로 행하여 떳떳함이 있게 함은 나에게 달렸을 따름이다. 그러므로 임금과 신하는 마땅히 공경함과 두려움을 함께 하여 그 공경함을 좇아서 정성되고 한결같음에 간격이 없고 화합하고 널리 통하여 백성의 떳떳한 성품과 사물의 법칙이 각각 그 바름을 얻어야 하니, 이른바 '화충(和衷)'인 것이다. '장(章)'은 드러남이다. '오복(五服)'은 다섯 등급의 복식(服式)이니, 9장(九章)부터 1장(章)까지가 이것이다. 하늘이 덕이 있는 사람을 임명하면 다섯 등급의 복식으로써 널리 알려 드러내며, 하늘이 죄가 있는 사람을 토벌하면 다섯 등급의 형벌로써 징계함을 말한다. 대개 관작(官爵)으로 상주고 형벌로써 징계함은 바로 임금의 정사이니, 임금이 주관하고 신하가 사용함에 마땅히 힘쓰고 힘써 게을리 해서는 안 되는 것이다. ○양씨(楊氏: 楊時)가 말하였다. "'전례(典禮)'는 천자로부터 나오기 때문에 '칙아(勅我)'와 '자아(自我)'를 말하였는데, 무릇 조정에서 사람을 벼슬시킬 것 같으면 많은 사람들과 함께 하고, 저자에서 사람을 형벌할 것 같으면 많은 사람들과 함께 버려서 천자가 사사로이 할 수 없으니, 이것이 말을 한 것이 다른 이유이다."

詳說

○ 此既非『孟子』之序, 又非『中庸』之序, 當以「舜典」註爲正. 「武成」・「周官」・「君牙」同.

'군신·부자·형제·부부·붕우지륜서야(君臣·父子·兄弟·夫婦·朋友之倫敍也)'에서 볼 때, 이것은 이미 『맹자(孟子)』의 차례[1234]가 아니고, 또 『중용(中庸)』의 차례[1235]

1233) 전례(典禮): 제도(制度)와 예의(禮儀)이다. 호광(胡廣) 등 찬, 『주역전의대전(周易傳義大全)』 권22, 「계사상전(繫辭上傳)」에서 "성인이 천하의 움직임을 보고서 그 회통함을 관찰하여 그 떳떳한 예를 행하며, 말을 달아서 그 길함과 흉함을 결단하였다. 그러므로 효라고 이르는 것이다.(聖人有以見天下之動, 而觀其會通, 以行其典禮, 繫辭焉, 以斷其吉凶. 是故謂之爻.)"라고 하였다. 이에 주자는 "'전례(典禮)'는 떳떳한 예의와 떳떳한 법도와 같다.(典禮, 猶常禮・常法.)"고 하였다.

1234) 『맹자(孟子)』의 차례: 『맹자집주대전(孟子集註大全)』 권5, 「등문공장구상(滕文公章句上)」에서 "후직이 백성에게 농사를 가르쳐서 다섯 가지 곡식을 심어서 기르게 함에 다섯 가지 곡식이 익어서 백성들이 길러졌나니, 사람이 도리를 가져야 하는 것은 음식에 배부르고 의복에 몸을 따뜻하게 하여 편안하게 살면서 가르침이 없으면 곧 짐승에 가까워지기 때문이다. 성인이 그것을 근심함이 있어 설로 하여금 사도로 삼아서 사람들에게 인륜을 가르치게 하였으니, 부모와 자식에게는 친애함이 있으며, 임금과 신하에게는 의리가 있으며, 남편과 아내에게는 분별됨이 있으며, 어른과 아이에게는 차례가 있으며, 벗과 벗에게는 믿음이 있어야 하는 것이다. 방훈이 말하기를, '위로하며 권면하며, 잡아주며 고쳐주며, 도와주며 이뤄주어 스스로 얻게 하고 또 좇아서 진작하여 덕스럽게 하라.'고 하였으니, 성인이 백성을 근심함이 이와 같은데 어느 겨를에 경작을 하겠는가?(后稷, 敎民稼穡, 樹藝五穀, 五穀熟而民人育, 人之有道也, 飽食煖衣, 逸居而無敎, 則近於禽獸. 聖人, 有憂之, 使契爲司徒, 敎以人倫, 父子有親, 君臣有義, 夫婦有別, 長幼有序, 朋友有信. 放勳曰: '勞之來之, 匡之直之, 輔之翼之, 使自得之, 又從而振德之.' 聖人之憂民, 如此, 而暇耕乎?)"라 하였

도 아니니, 마땅히 「순전(舜典)」의 주(註)1236)를 바른 것으로 삼아야 한다. 「무성(武成)」·「주관(周官)」·「군아(君牙)」1237)도 같다.

○ 去聲.1238)

'쇄(殺)'는 거성(去聲: 작다, 줄이다)이다.

○ 朱子曰 : "'天秩', 便是那'天敍'裏面物事, 都是天做下來."1239)

'존비·귀천·등급융쇄지품질야(尊卑·貴賤·等級·隆殺之品秩也)'에 대해, 주자(朱子: 朱熹)가 말하였다. "'천질(天秩)'은 곧 그 '천서(天敍)' 속의 사물이니, 모두 하늘

고, 그 아래 단락에서 "상·서·학·교를 설치하고 만들어서 가르쳤으니, … 모두 인륜을 밝히는 것입니다. 인륜이 위에서 밝으면 일반 백성들이 아래에서 친하게 지내는 것입니다.(設爲庠·序·學·校, 以敎之, … 皆所以明人倫也. 人倫, 明於上; 小民, 親於下.)"라 하고, 집주에서 "'륜'은 차례이니, 부자유친·군신유의·부부유별·장유유서·붕우유신이며, 이는 사람에게 있어서 중대한 윤리이다.('倫', 序也, 父子有親·君臣有義·夫婦有別·長幼有序·朋友有信, 此人之大倫也.)"라고 한 것을 가리킨다.

1235) 『중용(中庸)』의 차례: 『중용장구대전(中庸章句大全)』 하(下)에서 "천하에 두루 통달하는 도가 다섯이고, 이것을 행하는 것이 셋이니, 임금과 신하, 아버지와 아들, 남편과 아내, 형과 아우, 벗들의 사귐이라는 다섯 가지는 천하에 두루 통달하는 도이고, 지와 인과 용의 세 가지는 천하에 두루 통달하는 덕이니, 이것을 행하는 것은 하나입니다.(天下之達道五, 所以行之者三, 曰君臣也, 父子也, 夫婦也, 昆弟也, 朋友之交也五者, 天下之達道也; 知·仁·勇三者, 天下之達德也, 所以行之者一也.)"라 하고, 장구에서 "'달도'라는 것은 천하에 예나 지금이나 함께 말미암는 길이니, 곧 『서경』에서 이른바 '오전'이고, 『맹자』에서 이른바 '부자유친과 군신유의와 부부유별과 장유유서와 붕우유신)'이 이것이다.('達道'者, 天下古今所共由之路, 卽『書』所謂'五典', 『孟子』所謂'父子有親·君臣有義·夫婦有別·長幼有序·朋友有信, 是也.)"라고 한 것을 가리킨다.

1236) 「순전(舜典)」에서 "오전을 삼가 아름답게 하도록 하였는데 백성들이 오전을 능히 따르게 되었으며,(愼徽五典, 五典克從)"라 하고, 집전에서 "오전'은 오상이니, 부자유친과 군신유의와 부부유별과 장유유서와 붕우유신이 이것이다.('五典', 五常也, 父子有親·君臣有義·夫婦有別·長幼有序·朋友有信, 是也.)"라고 한 것을 가리킨다. 그리고 『논어집주대전(論語集註大全)』 권18, 「미자(微子)」의 집주에서도 "'륜'은 차례이니, 사람의 큰 윤리로 다섯 가지가 있으니, 부자유친·군신유의·부부유별·장유유서·붕우유신이 이것이다.('倫', 序也, 人之大倫, 有五, 父子有親·君臣有義·夫婦有別·長幼有序·朋友有信, 是也.)"라고 하였다.

1237) 「무성(武成)」·「주관(周官)」·「군아(君牙)」: 이는 모두 『주서(周書)』의 편명이다.

1238) 호광(胡廣) 등 찬, 『서경대전(書經大全)』의 소주에는 "'殺', 所介反.('쇄'는 소와 개의 반절이다.)"으로 되어 있다.

1239) 호광(胡廣) 등 찬, 『서경대전(書經大全)』의 소주에서 발췌한 것이다. 그 전문은 다음과 같다. "朱子曰 : '天敍·天秩·天命·天討, 旣曰天, 便自有許多般在其中. 天人一理, 只有一箇, 分不同. 因其生而第之, 以其所當處者, 謂之敍; 因其敍而與之, 以其所當得者, 謂之秩. 天敍, 便是自然底, 故君便敎他, 居君之位; 臣便敎他, 居臣之位; 父便敎他, 居父之位; 子便敎他, 居子之位. 天秩, 便是那天敍裏面物事, 如天子祭天地, 諸侯祭山川, 大夫祭五祀, 庶人祭其先. 天子八, 諸侯六, 大夫四, 士二, 皆是有這箇敍, 便是他這箇自然之秩. 許多典禮, 都是天敍·天秩下了, 聖人只是因而勅正之, 因而用出去而已. 凡其所謂冠婚喪祭之禮, 與夫典章制度·文物禮樂·車輿衣服, 無一件是聖人自做底, 都是天做下了, 聖人只是依傍他天理行將去. ….'(주자가 말하였다. '천서·천질·천명·천토에서 이미 천이라 한 것은 곧 저절로 수많은 것들이 그 가운데 있어서이다. 하늘과 사람은 하나의 이치이서 다만 하나가 있을 뿐이고 나누어져 같지 않을 뿐이다. 그 태어남으로 인하여 마땅히 처해야 할 것으로써 차례 짓는 것을 서라고 이르며, 그 차례함으로 인하여 마땅히 얻어야 할 것으로써 허여하는 것을 질(秩)이라고 한다. 천서는 곧 자연스러운 차례이니, … 천질은 곧 그 천서 속의 사물이니 …. 수많은 전례는 모두 천서와 천질(天秩) 아랫니, 성인이 다만 이로 인하여 바르게 하고, 이로 인하여 사용하여 왔을 뿐이다. 무릇 그 이른바 관혼상제의 예는 저 전장제도와 문물예악과 거여의복과 더불어 하나도 성인이 스스로 지은 것이 없고, 모두 하늘이 지은 것인데, 성인이 다만 그 천리에 의거하여 행하여 왔을 뿐이다. ….')" 이는 『주자어류(朱子語類)』 권78, 「상서일(尚書一)·고요모(皐陶謨)」에서 발췌한 것이다.

이 지은 것이다."

○ 按, 五禮, 指五典之禮, 先儒謂'吉·凶·軍·賓·嘉'1240)者, 恐非蔡傳之意.
　내가 살펴보건대, 오례(五禮)는 오전(五典)의 예(禮)를 가리키니, 선대 유학자가 '길례(吉禮)·흉례(凶禮)·군례(軍禮)·빈례(賓禮)·가례(嘉禮)라고 이른 것은 아마도 채침(蔡沈) 집전(集傳)의 뜻이 아니다.

○ 從也.
　'자(自)'는 부터이다.

○ 融.
　'마(馬)'는 융(融)이다.

○ 當從之.
　'작오용(作五庸)'에서 볼 때, 마땅히 좇아야 한다.

○ 見「湯誥」.1241)
　'강충지충(降衷之衷)'의 내용이 「탕고(湯誥)」에 보인다.

○ 敍而倫之.
　'사서륜(使敍倫)'의 경우, 펼쳐서 차례를 정하는 것이다.

○ 品而秩之.
　'사품질(使品秩)'의 경우, 인물대로 차례를 정하는 것이다.

○ 一釋二'我'字意.
　'즉재아이이(則在我而已)'에서 볼 때, 한 번에 두 개 '아(我)'자의 뜻을 해석한

1240) 『주례주서(周禮注疏)』권14, 「지관(地官)·보씨(保氏)」에서, 정현(鄭玄)의 주에 "五禮, 吉·凶·軍·賓·嘉."라고 하였다.
1241) 호광(胡廣) 등 찬, 『서경대전(書經大全)』권4, 「상서(商書)·탕고(湯誥)」. "惟皇上帝, 降衷于下民, 若有恒性, 克綏厥猷, 惟后.(오직 훌륭하신 상제가 하민들에게 길복을 내려주어 순조롭게 떳떳한 본성을 가졌으니, 능히 그 도에 편안하게 하는 이는 오직 군주인 것이다.)"

것이다.

○ 呂氏曰 : "'寅'·'恭'·'惇'·'典, 庸禮之根源也."1242)
'협기공경(協其恭敬)'에 대해, 여씨(呂氏: 呂祖謙)가 말하였다. "'공경함'과 '공손함'과 '돈후함'과 '법도'는 떳떳한 예의 근원이다."

○ 去聲.1243)
'간(間)'은 거성(去聲: 틈새, 간격)이다.

○ 見『詩』「烝民」.1244)
'이민이물칙(而民彝物則)'의 내용이 『시경(詩經)』「증민(烝民)」에 보인다.

○ 和其衷.
'소위화충야(所謂和衷也)'의 경우, 그 충심(衷心)을 화합하게 함이다.

○ 與「益稷」'五服', 異.
'오등지복(五等之服)'의 경우, 「익직(益稷)」의 '오복(五服)1245)'과 다르다.

○ 爵之.
'언천명유덕지인(言天命有德之人)'에서 볼 때, 벼슬을 준 것이다.

○ 本文重言'五'字, 皆致丁寧之意.
'이징계지(以懲戒之)'에서 볼 때, 경문에서 '오(五)'자를 거듭하여 말하였으니, 모

1242) 호광(胡廣) 등 찬, 『서경대전(書經大全)』의 소주에서 발췌한 것이다. 그 전문은 다음과 같다. "呂氏曰 : '寅·恭·惇·典, 庸禮之根源也. 君臣聚精會神, 與天無間, 則所惇所庸, 皆天之典禮, 否則爲虛文矣. 賞罰當純乎天, 此心當懋勉不已, 一有息息賞罰, 我之賞罰, 非天之賞罰矣.'(여씨가 말하였다. '공경함과 공손함과 돈후함과 법도는 떳떳한 예의 근원이다. 임금과 신하가 정기를 모으고 정신을 합쳐서 하늘과 간격이 없으면….')"
1243) 호광(胡廣) 등 찬, 『서경대전(書經大全)』의 소주를 수용한 것이다.
1244) 호광(胡廣) 등 찬, 『시전대전(詩傳大全)』 권18, 「대아(大雅)·탕지십(蕩之什)·증민(烝民)」. "天生烝民, 有物有則. 民之秉彝, 好是懿德.(하늘이 많은 백성들을 낳으시고, 사물마다 법칙을 두게 하셨도다. 백성들이 떳떳한 법도를 지니고, 아름다운 도덕을 좋아하였도다.)"
1245) 오복(五服): 「우서(虞書)·익직(益稷)」에서 "오복의 제도를 도와 이루되 5천 리에 이르게 하다(弼成五服, 至於五千)"라고 하였는데, 여기서 오복(五服)은 5백리를 한 구획으로 삼아 멀고 가까운 지역을 나눈 것이니, 후복(侯服)·전복(甸服)·수복(綏服)·요복(要服)·황복(荒服)을 말한다. 여기서 '복(服)'는 천자에게 복종하여 섬긴다는 뜻이다. 또 「주서(周書)·강고(康誥)」에서는 후복(侯服)·전복(甸服)·남복(男服)·채복(采服)·위복(衛服)이라고 하였다.

두 정녕한 뜻을 다한 것이다.

○ 新安陳氏曰 : "自'無曠庶官', 已引上臣與君, 各盡其責. 故同寅協恭, 政事懋懋, 皆當合君臣說, 諸家所忽, 蔡傳最有照應."1246)

'신용지(臣用之)'에 대해, 신안 진씨(新安陳氏: 陳師凱)가 말하였다. "'무광서관'부터 이미 상신(上臣)과 임금을 끌어들여 각각 그 책무를 다하게 하였다. 그러므로 공경함을 함께 하고 공손함을 화합하여 정사를 힘쓰고 힘쓴다는 것은 모두 마땅히 임금과 신하가 화합해야 한다는 말이다. 여러 학자들이 소홀히 한 것은 채침(蔡沈)의 집전에서 가장 서로 일치하게 대응함이 있었다."

○ 陳氏大猷曰 : "至是則君師之道, 代天理物之責, 盡矣, 此盡發上文天工人代之意."1247)

'당면면이불가태자야(當勉勉而不可怠者也)'에 대해. 진씨 대유(陳氏大猷: 陳大猷)가 말하였다. "여기에 이르러 천자의 도리인 하늘을 대신하여 사물을 다스리는 책무를 다하였으니, 이는 윗글의 하늘의 일을 사람이 대신하는 뜻을 다 드러낸 것이다."

○ 見『論語』「季氏」.1248)

1246) 호광(胡廣) 등 찬, 『서경대전(書經大全)』의 소주에서 발췌한 것이다. 그 전문은 다음과 같다. "新安陳氏曰: '蔡傳, 政事懋懋處, 亦云君主之臣用之, 諸家所忽, 最有照應. 蓋事無曠庶官, 已引上臣與君, 各盡其責. 故同寅協恭, 政事懋懋, 皆當合君臣說. 有庸, 當作五庸. 五禮, 當主吉·凶·軍·賓·嘉者, 爲是.'(신안 진씨가 말하였다. '채침의 집전에서 정사무무처에 또한 임금이 주장하고 신하가 행한다고 하여 여러 학자들이 소홀히 한 것을 가장 서로 일치하게 대응함이 있었다. 대개 일함에 모든 관직을 없애지 말라 하고 이미 상신과 임금을 끌어서 각각 그 책무를 다하게 하였다. 그러므로 공경함을 함께 하고 공손함을 화합하여 정사에 힘쓰고 힘쓴다는 것은 모두 마땅히 임금과 신하가 화합해야 한다는 말이다. 유용은 마땅히 오용으로 써야 한다. 오례는 마땅히 길례·흉례·군례·빈례·가례라고 주장하는 것이 옳다.')"

1247) 호광(胡廣) 등 찬, 『서경대전(書經大全)』의 소주에서 발췌한 것이다. 그 전문은 다음과 같다. "陳氏大猷曰: '人受天地之中, 以生能者, 養之以福, 不能者敗以取禍, 故全是衷者, 爲德, 是不失天之所賦也. 故天命之君, 必體福, 善之天制五等之服, 以章其德, 戾是衷者爲罪, 是失天之所賦也. 故天討之君, 必體禍, 淫之天用五等之刑, 以威其罪, 爵賞刑罰, 乃政事之大者, 當勉勉而不可怠也. 典禮, 敎化也, 所以盡感發之妙; 服刑, 政事也, 所以盡勸懲之方, 皆承天以從事, 而寅恭懋勉, 又四者之本也. 非寅恭懋勉, 則典禮服刑, 將失其當, 烏能與天無間哉. 至是則君師之道, 代天理民之責, 盡矣, 此盡發上文天工人代之意.'(진씨 대유가 말하였다. '… 여기에 이르러 천자의 도리인 하늘을 대신하여 사물을 다스리는 책무를 다하였으니, 이는 윗글의 하늘의 일을 사람이 대신하는 뜻을 다 드러낸 것이다.')"

1248) 『논어집주대전(論語集註大全)』 권16, 「계씨(季氏)」. "孔子曰: '天下有道, 則禮樂·征伐, 自天子出; 天下無道, 則禮樂·征伐, 自諸侯出. 自諸侯出, 蓋十世, 希不失矣; 自大夫出, 五世, 希不失矣; 陪臣, 執國命, 三世, 希不失矣.'(공자가 말하였다. '천하에 도가 있으면 예악과 정벌이 천자로부터 나오고, 천하에 도가 없으면 예악과 정벌이 제후로부터 나오니, 제후로부터 나오면 10세대에 잃지 않음이 드물고, 대부로부터 나오면 5세대에 잃지 않음이 드물고, 배신이 나라의 명을 잡으면 3세대에 잃지 않음이 드물 것이다.')"

'자천자출(自天子出)'은 『논어(論語)』 「계씨(季氏)」에 보인다.

○ 音扶.
'부(夫)'는 음이 부(扶)이다.

○ 音潮.
'조(朝)'는 음이 조(潮)이다.

○ 見『禮記』「王制」. 1249)
'여중기지(與衆棄之)'는 『예기(禮記)』 「왕제(王制)」에 보인다.

○ 不言我.
'차기립언지이야(此其立言之異也)'에서 볼 때, 자기를 말하지 않았다.

○ 此節文勢, 與賡歌略同, 蓋深致責難之意云.
이 단락의 글의 흐름은 주고받으며 화답(和答)하는 갱가(賡歌)와 대략 같으니, 대개 깊이 책난하는 뜻을 이루었다.

[2-1-4-7]

天聰明, 自我民聰明; 天明畏, 自我民明威. 達于上下, 敬哉. 有土.

하늘이 밝게 듣고 밝게 봄이 우리 백성이 듣고 봄으로부터 하며, 하늘이 선량한 이를 밝혀주고 사악한 이를 두렵게 함이 우리 백성이 밝혀주고 두렵게 함으로부터 합니다. 그리하여 위와 아래가 통달하니, 공경해야 합니다. 땅을 소유한 임금들이여."

集傳

'威', 古文作'畏', 二字通用. '明'者, 顯其善. '畏'者, 威其惡. 天之聰明, 非

1249) 호광(胡廣) 등 찬, 『예기대전(禮記大全)』 권5, 「왕제(王制)」. "凡官民材, 必先論之, 論辨然後, 使之; 任事然後, 爵之; 位定然後, 祿之, 爵人於朝, 與士共之; 刑人於市, 與衆棄之.(무릇 백성 가운데 인재를 관직에 등용할 적에는 반드시 먼저 논변하여 논변한 뒤에 부리며, 일을 맡겨본 뒤에 벼슬을 내리며, 지위가 안정한 뒤에 봉록을 주니, 조정에서 사람에게 벼슬을 줄 적에는 사와 더불어 같이 하고, 저자에서 사람을 처형할 적에는 많은 사람들과 더불어 버리도록 한다.)"

有視聽也, 因民之視聽, 以爲聰明; 天之明畏, 非有好惡也, 因民之好惡, 以爲明畏. '上下', 上天下民也. '敬', 心無所慢也. '有土', 有民社也. 言 "天人一理, 通達無間, 民心所存, 卽天理之所在, 而吾心之敬, 是又合天民而一之者也, 有天下者, 可不知所以敬之哉."

'위(威)'는 고문(古文) 『상서(尙書)』에 '외(畏)'로 썼으니, 두 글자가 통용되었다. '명(明)'이라는 것은 그 선량함을 드러내는 것이다. '외(畏)'라는 것은 그 사악함을 두렵게 하는 것이다. 하늘이 밝게 듣고 밝게 봄은 보고 들음이 있는 것이 아니고 백성들이 보고 들음에 말미암아 밝게 듣고 밝게 보는 것이며, 하늘이 밝혀주고 두렵게 함은 좋아하고 미워함이 있는 것이 아니고 백성들이 좋아하고 미워함에 말미암아 밝혀주고 두렵게 하는 것이다. '상하(上下)'는 위는 하늘이고 아래는 백성이다. '경(敬)'은 마음에 태만한 것이 없음이다. '유토(有土)'는 백성과 사직(社稷)을 소유한 것이다. 말하기를, "하늘과 사람은 하나의 이치여서 막힘없이 환히 통함에 간격이 없으니 백성의 마음이 있는 곳은 곧 천리(天理)가 있는 곳이며, 내 마음의 경(敬)은 또 하늘과 백성을 합하여 하나로 만드는 것이다. 천하를 소유한 사람이 공경해야 하는 까닭을 몰라서야 되겠는가."라고 한 것이다.

詳說

○ 林氏曰 : "'天明畏', 馬本作'天明威', '畏'·'威', 不必分也."[1250]

'이자통용(二字通用)'에 대해, 임씨(林氏: 林之奇)가 말하였다. "'천명외(天明畏)'는 마씨(馬氏: 馬融)의 본(本)에 '천명위(天明威)'로 썼으니, '외(畏)'와 '위(威)'는 구분할 필요가 없다."

○ 自.

'인(因)'은 자(自: 부터)이다.

○ 並去聲, 下同.[1251]

'호오(好惡)'는 아울러 거성(去聲: 좋아하다, 싫어하다)이니, 아래도 같다.

1250) 호광(胡廣) 등 찬, 『서경대전(書經大全)』의 소주에서 발췌한 것이다. 그 전문은 다음과 같다. "林氏曰 : '天明畏, 馬本作天明威; 自我民明威, 古文作自我民明畏, 畏·威, 不必分也.'(임씨가 말하였다. '천명외는 마씨의 본에 천명위로 썼고, 자아민명위는 고문에 자아민명외로 썼으니, 외와 위는 구분할 필요가 없다.')"
1251) 호광(胡廣) 등 찬, 『서경대전(書經大全)』의 소주에는 "並去聲.(아울러 거성이다.)"로 되어 있다.

○ 唐孔氏曰 : "天無心, 以人心爲心."1252)
'이위명외(以爲明畏)'에 대해, 당나라 공씨(孔氏: 孔安國)가 말하였다. "하늘은 마음이 없으므로 사람의 마음으로써 마음으로 삼는다."

○ 與「堯典」'上下', 有異.
'상천하민야(上天下民也)'의 경우, 「요전(堯典)」의 '상하(上下)1253)'와 다름이 있다.

○ 按, '敬'字, '九德'註, 以'畏'釋之; '六德'註, 以'謹'釋之; 此又以'心無慢'訓之, 合此三訓, 其義乃足.
'심무소만야(心無所慢也)'에 대해, 살펴보건대, '경(敬)'자는 '구덕(九德)'의 주에서는 '외(畏)'로써 해석하였고,1254) '육덕(六德)'의 주에서는 '근(謹)'으로써 해석하였고,1255) 여기서는 또 '심무만(心無慢)'으로써 새겼으니, 이 세 가지 새김을 합쳐야 그 뜻이 이에 충족할 것이다.

○ 主天子而言.
'유민사야(有民社也)'에서 볼 때, 천자를 위주로 하여 말한 것이다.

○ 去聲.
'간(間)'은 거성(去聲: 사이, 간격)이다.

○ 新安陳氏曰 : "此因上文, 言'天敍'·'天秩'·'天命'·'天討', 而申言天人合一之理."1256)
'가부자소이경지재(可不知所以敬之哉)'에 대해, 신안 진씨(陳師凱)가 말하였다.

1252) 호광(胡廣) 등 찬, 『서경대전(書經大全)』의 소주에서 발췌한 것이다. 그 전문은 다음과 같다. "唐孔氏曰 : 天無心, 以民心爲心, 即『泰誓』所謂天視自我民視, 天聽自我民聽.'(당공씨가 말하였다. '하늘은 마음이 없으므로 사람의 마음으로써 마음으로 삼으니, 곧 「태서」에서 이른바 하늘이 봄은 우리 백성이 보는 것으로부터 하고, 하늘의 들음은 우리 백성이 듣는 것으로부터 한다는 것이다.')"
1253) 상하(上下): 「요전(堯典)」에서 "위와 아래에 이르렀다(格于上下)"고 한 것을 말한다. 집전에서 "'상'은 하늘이고, '하'는 땅이다.('上', 天 ; '下'는 地也.)"라고 하였듯이 차이가 있음을 밝힌 것이다.
1254) 위의 [2-1-4-3]의 집전에서 "'난이경'이라는 것은 다스리는 재주가 있되 조심함이다.('亂而敬'者, 有治才而敬畏也.)"라고 하여 '경(敬)'을 '외(畏)'로 해석한 것을 말한다.
1255) 위의 [2-1-4-4]의 집전에서 "'아홉 가지의 덕'에 그 여섯 가지가 있으면 더욱 반드시 날로 엄숙하게 공경하여 더욱 삼가도록 해야 할 것이다.('九德', 有其六, 九必日嚴而祇敬之, 而使之益以謹也.)"라고 하여 '지경(祇敬)'을 '근(謹)'으로 해석한 것을 말한다.
1256) 호광(胡廣) 등 찬, 『서경대전(書經大全)』의 소주를 수용한 것이다.

"이는 윗글에 말미암아 '천서(天敍)'·'천질(天秩)'·'천명(天命)'·'천토(天討)'를 말하여 천인합일(天人合一)의 이치를 거듭 말한 것이다."

○ 武夷胡氏曰 : "'天秩', 至'有土', 皐陶之學, 極精粹."[1257]
무이 호씨(武夷胡氏: 胡安國)[1258]가 말하였다. "'천질(天秩)'에서 '유토(有土)'까지는 고요(皐陶)의 학문이니 지극히 정밀하고 순수하다."

[2-1-4-8]

皐陶曰 : "朕言惠, 可厎行." 禹曰 : "俞. 乃言, 厎可績."
皐陶曰 : "予未有知, 思曰贊贊襄哉."

고요가 말하기를, "저의 말이 순리(順理)하여 실행함에 이를 수 있습니다."라고 하니, 우(禹)가 말하였다. "그러한가. 너의 말이 실행함에 이르면 공적이 있을 것이다."라고 하였다. 고요가 말하기를, "저는 아는 게 없지마는 날마다 돕고 도와 다스림을 이룰 것을 생각하고 있습니다."라고 하였다.

集傳

'思曰'之'曰', 當作'日'. '襄', 成也. 皐陶謂: "我所言, 順於理, 可致之於行." 禹然其言, 以爲: "致之於行, 信可有功." 皐陶謙辭, "我未有所知." 言不敢計功也, 惟思日贊助於帝, 以成其治而已.

'사왈(思曰)'의 왈(曰)은 마땅히 '일(日)'로 써야 한다. '양(襄)'은 이룸이다. 고요가 말하기를, "제가 말한 것이 이치에 순응하여 실행함에 이를 수 있습니다."라고 하니, 우(禹)가 그 말을 그렇다고 여겨 이르기를, "실행함에 이르면 진실로 공적이 있을 것이다."라고 하였다. 고요는 겸손한 말로 "저는 아는 게 없습니다."라고 하였으니, 감히 공을 따질 수 없고 오직 날로 임금을 돕고 도와 그 다스림을 이룰 것을 생각할 따름을 말한 것이다.

1257) 호광(胡廣) 등 찬, 『서경대전(書經大全)』의 소주에서 발췌한 것이다. 그 전문은 다음과 같다. "西山眞氏曰 : '武夷胡氏嘗擧「皐陶謨」天敍至有土章曰: 皐陶之學, 極純粹.'(시산 진씨가 말하였다. '무이 호씨가 일찍이 「고요모」의 천서에서 유토장까지를 들면서 말하기를, 고요의 학문이 지극히 순수하다고 하였다.')"
1258) 무이 호씨(武夷胡氏: 胡安國) : 호안국(174-1138)은 북송의 학자로, 또 이름이 호적(胡迪)이고, 자가 강후(康候)·자인(子寅)·명중(明仲)이고, 호가 청산(青山)·치당(致堂)이며, 건안(建安) 사람이다. 학자들이 무이선생(武夷先生)이라 불렀으며, 후세에는 시호가 문정(文定)이라서 호문정공(胡文定公)이라고도 불렀다. 『춘추』 연구에 집중하여 『춘추전(春秋傳)』을 지었고, 또 『자치통감거요보유(資治通鑒擧要補遺)』 등의 저서가 있다.

詳說

○ 以下篇及『易』「大畜」九三, 證之, 可見也.

'당작일(當作日)'에서 볼 때, 아래편[1259] 및 『주역(周易)』「대축괘(大畜卦)」의 구삼(九三)[1260]으로써 증명하면 알 수 있다.

○ 沙溪[1261]曰 : "栗谷釋乃善, 將至於可績, 與蔡傳不同. 然於本經文理甚順, 恐爲得也."[1262]

'신가유공(信可有功)'에 대해, 우계(牛溪: 成渾)[1263]가 말하였다. "율곡(栗谷: 李珥)의 해석이 이에 좋으니 장차 가상할 공적에 이를 것이라고 하여 채침(蔡沈)의 집전과 같지 않다. 그러나 본 경문의 문리(文理)가 매우 순조로우니 아마도 터득하였나 보다."

○ 按, 此與「舜典」之底可績, 其釋不容異同, 當以「舜典」註爲正.[1264]

[1259] 아래편: 「익직(益稷)」에서 "순임금이 말하기를, '오시오. 우여. 그대도 또한 좋은 말을 해보시오.'라고 하니, 우(禹)가 절하고 말하기를, '훌륭하십니다. 임금이시여. 제가 무슨 말을 하겠습니까. 저는 날마다 부지런하고 부지런하게 힘쓸 것을 생각합니다.'라고 하였다.(帝曰 : '來. 禹. 汝亦昌言.' 禹拜曰 : '都. 帝. 予何言. 予思日孜孜.')"라고 하여 '사일(思日)'이라고 한 것을 말한다.

[1260] 호광(胡廣) 등 찬, 『주역전의대전(周易傳義大全)』 권10, 「대축괘(大畜卦)」. "구삼은 좋은 말이 쫓아감이니, 어려워도 곧음이 이로우며, 날마다 수레 타기와 호위를 익히면 이로움이 가는 것에 있을 것이다.(九三, 良馬逐, 利艱貞, 日閑輿衛, 利有攸往.)"라고 하였는데, 본의(本義)에서 "'왈'은 마땅히 '일월'의 '일'이 되어야 한다.('日, 當爲'日月'之'日'.)"고 한 것을 말한다.

[1261] '沙溪'가 아니라 '牛溪'이다.

[1262] 『율곡선생전서(栗谷先生全書)』 권32, 「어록하(語錄下)·우계집(牛溪集)」. "「舜典」乃言'底可績'註, 致之於行, 信可有功, 栗谷釋乃言將至於可績, 與蔡註不同. 然於本經文理甚順, 恐爲得也.(「순전」에서 이에 '지가적'을 말한 주에서는 실행함에 이르러 진실로 공적을 소유할 수 있을 것이라고 말하였는데, 율곡의 해석은 바로 장차 공적을 이룰 수 있음에 이를 것이라고 말하여 채침의 주와 같지 않다. 그러나 본 경문의 문리를 매우 순조로우니, 아마도 터득하였나 보다.)"

[1263] 우계(牛溪: 成渾): 성혼(1535-1598)은 조선 중기의 학자로, 자가 호원(浩原)이고, 호가 묵암(默庵) 또는 우계(牛溪)이며, 본관이 창녕(昌寧)이다. 할아버지는 지중추부사(知中樞府事) 성세순(成世純)이고, 아버지는 현감 성수침(成守琛)이며, 어머니는 파평 윤씨(坡平尹氏) 판관 윤사원(尹士元)의 딸이다. 서울 순화방(順和坊: 종로 순화동)에서 태어났고, 경기도 파주 우계에서 살았다. 명종 6년(1551)에 생원과 진사의 초시에 모두 합격했으나 복시에는 응시하지 않고 학문에 전념하였으며, 백인걸(白仁傑)의 문하에서 『상서(尙書)』를 배웠다. 그 뒤 이이(李珥)와 친하게 사귀었고, 이황(李滉)을 만나 학문적 영향을 받았다. 이이와 서신을 통해 사칠이기설(四七理氣說)을 논의하였다. 이황과는 이기호발설(理氣互發說)에 대해 논변하였다. 관직에는 크게 뜻을 두지 않았는데 특지로 통정대부(通政大夫)·병조참지(兵曹參知)·이조참의·이조참판에 이르렀다. 저서로는 『우계집(牛溪集)』과 『주문지결(朱門旨訣)』·『위학지방(爲學之方)』 등이 있다.

[1264] 「순전(舜典)」에서 "帝曰 : '格. 汝舜! 詢事考言, 乃言, 底可績, 三載, 汝陟帝位.' 舜, 讓于德, 弗嗣.(요임금이 말하였다. '오너라. 그대 순이여! 행한 일을 자문하고 한 말을 살폈는데, 너에 대하여 하는 말이 가상하게 공적을 3년 동안 이루었다고 하니, 네가 임금 자리에 오르도록 하라.' 순은 덕이 있는 이에게 사양하고 임금 자리를 이어받지 않았다.)"라 하였고, 집전에서 "詢舜所行之事, 而考其言, 則見汝之言, 致可有功, 於今三年矣, 汝宜升帝位也.(순이 행한 일을 자문하고 그 한 말을 살폈는데, 곧 너에 대하여 한 말을 보니 가상하게 공적을 이룬 것이 지금까지 3년이라고 하였다. 네가 마땅히 임금 자리에 올라야 한다.)"라고 해석

내가 살펴보건대, 이것은 「순전(舜典)」의 '지가적(底可績)'과 그 해석이 서로 같지 않은 것이니, 마땅히 「순전(舜典)」의 주(註)로써 바른 것으로 삼아야 한다.

○ 補此句.
'언불감계공야(言不敢計功也)'의 경우, 이 구절을 보탰다.

○ 補'帝'字.
'유사일찬조어제(惟思日贊助於帝)'의 경우, '제(帝)'자를 보탰다.

○ 張氏曰 : "'贊贊'所助, 非一事也."[1265]
장씨(張氏: 張載)가 말하였다. "'찬찬(贊贊)'의 돕는 것은 하나의 일이 아니다."

○ 陳氏大猷曰 : "贊而又贊, 贊之不已也."[1266]
진씨 대유(陳氏大猷: 陳大猷)가 말하였다. "돕고 또 도와서 돕기를 그치지 않는 것이다."

○ 去聲.
'치(治)'는 거성(去聲: 다스리다)이다.

○ 補'治'字.
'이성기치이이(以成其治而已)'의 경우, '치(治)'자를 보탰다.

한 것을 말한다.
1265) 호광(胡廣) 등 찬, 『서경대전(書經大全)』의 소주를 수용한 것이다.
1266) 호광(胡廣) 등 찬, 『서경대전(書經大全)』의 소주를 수용한 것이다.

연구번역자 소개

신창호(申昌鎬)
현) 고려대학교 교수, 고려대학교 박사(동양철학/교육사철학 전공), 고려대학교 교육문제연구소 소장, 평생교육원장. 한국교육철학학회 회장, 한중철학회 회장 역임, 현) 한국학중앙연구원 이사
저서에 「『중용』 교육사상의 현대적 조명」(박사학위논문), 『유교의 교육학 체계』 외 다수의 논문·번역·저서가 있음

김학목(金學睦)
전) 고려대학교 연구교수, 건국대학교 박사(한국철학 전공), 해송학당 원장(동양학·사주명리 강의)
저서에 「박세당의 『신주도덕경』 연구」(박사학위논문), 『한국주역대전』 외 다수의 논문·번역·저서가 있음

조기영(趙麒永)
전) 고려대학교 연구교수, 연세대학교 박사(한문학 전공), 서정대 교수·연세대국학연구원 연구원
저서에 「하서 김인후 시 연구」(박사학위논문), 『한국시가의 정신세계』 외 다수의 논문·번역·저서가 있음

황봉덕(黃鳳德)
전) 고려대학교 연구교수, 성균관대학교 박사(문학 전공). 한중철학회 총무이사. 시습학사 사무국장
저서에 「李德懋 士小節 硏究」(박사학위논문), 『譯註 貞觀政要集論』 『國譯 通鑑節要增損校註Ⅰ』 외 다수의 논문·번역·저서가 있음

김언종(金彥鐘)
현) 고려대학교 명예교수, 國立臺灣師範大學 박사(韓國經學 전공), 한국고전번역원 이사 및 고전번역학회 회장 역임, 현) 한국고전번역원장
저서에 「丁茶山論語古今注原義總括考徵」(박사학위논문), 『(역주)시경강의』 외 다수의 논문·번역·저서가 있음

임헌규(林憲圭)
현) 강남대학교 교수, 한국학중앙연구원 박사(동양철학 전공). 동양고전학회 회장 역임, 현) 강남대학교 참인재대학장
저서에 『유가의 심성론 연구-맹자와 주희를 중심으로』(박사학위논문), 『공자에서 다산 정약용까지 - 유교 인문학의 동서철학적 성찰』 외 다수의 논문·번역·저서가 있음

허동현(許東賢)
현) 경희대학교 교수. 고려대학교 박사(한국근대사 전공). 경희대학교 학부대학 학장·한국현대사연구원 원장 역임. 현) 국사편찬위원장
저서에 「1881년 조사시찰단 연구」(박사학위논문), 『한국의 국가 형성과 민주주의』 외 다수의 논문 번역 저서가 있음

서집전상설 1

초판 1쇄 | 2024년 8월 15일

책임역주(주저자) | 신창호
전임역주 | 김학목·조기영·황봉덕
공동역주 | 김언종·임헌규·허동현
편   집 | 강완구
디자인 | S-design
브랜드 | 우물이있는집
펴낸곳 | 써네스트
펴낸이 | 강완구
출판등록 | 2005년 7월 13일 등록번호 제2017-000293호
주   소 | 서울시 마포구 망원로 94, 203호
전   화 | 02-332-9384   팩   스 | 0303-0006-9384
이메일 | sunestbooks@yahoo.co.kr
홈페이지 | www.sunest.co.kr
ISBN 979-11-94166-31-3 94140 값 28000원
         979-11-94166-30-6 94140 (전 7권)
* <우물이 있는 집>은 써네스트의 인문브랜드입니다.

이 책은 신저작권법에 따라 보호받는 저작물이므로 무단 전재와 복제를 금하며, 내용의 전부 또는
일부를 재사용하려면 반드시 저작권자와 도서출판 써네스트 양측의 동의를 받아야 합니다.
정성을 다해 만들었습니다만, 간혹 잘못된 책이 있습니다. 연락주시면 바꾸어 드리겠습니다.